CB

Adolf H. Borbein

DAS ALTE GRIECHENLAND

Geschichte und Kultur der Hellenen

Mit Beiträgen von Christof Boehringer, Fritz Gschnitzer, Wolfram Hoepfner, Eva Hofstetter, Wolfgang Schuller, Ulrich Sinn, Irma Wehgartner, Gerhard Zimmer und Konrad Zimmermann

C. Bertelsmann

Dank

Der Verlag möchte seinen ganz besonderen Dank all jenen zum Ausdruck bringen, die wesentlich zum Zustandekommen dieses Werks beigetragen haben:
den Altertümerverwaltungen und Museumsleitern, die durch ihr freundliches Entgegenkommen zahlreiche Neuaufnahmen von Denkmälern und Kunstwerken ermöglicht haben; den Institutionen, Fotoagenturen und Fotografen, die Bildmaterial zur Verfügung stellten und die Reproduktionserlaubnis erteilten; den Verlagshäusern, deren Publikationen die Zitate in den Beiträgen dieses Bandes entnommen werden konnten; Herrn Eberhard Thiem, ohne dessen reichen Fundus an Bildmaterial dieses Werk nicht möglich gewesen wäre.

Umwelthinweis:
Dieses Buch und der Schutzumschlag wurden auf chlorfrei gebleichtem Papier gedruckt.
Die Einschrumpffolie – zum Schutz vor Verschmutzung – ist aus umweltverträglichem und recyclingfähigem PE-Material.

Der Band enthält 507 Abbildungen und 44 graphische Darstellungen

Frontispiz: Wagenlenker. Delphi, Museum
Vorsatz: Gesimsblock vom Erechtheion. München, Glyptothek

Idee, Konzeption und Redaktion: topic GmbH, München-Karlsfeld
Ausführung des Layouts: Hubert K. Hepfinger, Freising
Graphische Darstellungen: J. Denkinger (155, 161, 171, 174, 212), W. Hoepfner (194, 229, 237, 238), M. Steuerer (197, 200, 206, 446/447), G. Zimmer (398, 406)
Ungekürzte Buchgemeinschafts-Lizenzausgabe
der Bertelsmann Club GmbH, Rheda-Wiedenbrück
der Buchgemeinschaft Donauland Kremayr & Scheriau, Wien
und der angeschlossenen Buchgemeinschaften

Umschlaggestaltung: HTG Werbeagentur, Bielefeld
Umschlagfotos: Archiv für Kunst und Geschichte, Berlin
Satz: fb Werbeservice, München
Reproduktionen: Hofmüller, Linz
Druck + Bindung: Mohndruck Graphische Betriebe GmbH, Gütersloh
Printed in Germany 1998 · Buch-Nr. 194555 · ISBN 3-572-00989-8

Vorwort

Vertraut und fremd zugleich ist unserer Zeit das alte Griechenland. Nah und scheinbar vertraut ist es als touristisches Erlebnis, als kulturelle Beigabe zu Sonne, Meer, Bouzouki-Musik und Retsina-Wein. Fern gerückt ist es als Teil der Welt, in der wir täglich leben, fremd geworden, wenn auch nicht vergessen: Antikenmuseen finden ihr Publikum, »klassizistische« Architekturen stehen in unseren Städten und werden benutzt, altgriechische Theaterstücke erscheinen gelegentlich auf dem Spielplan, und die Auseinandersetzung mit dem griechischen Mythos in Literatur und Kunst ist noch nicht zum Erliegen gekommen. Vorherrschend aber bleiben Ferne und Abstand.

Fremd geworden waren die alten Griechen den Europäern schon mehrfach auch in früheren Epochen. Doch Fremdheit wurde damals zur Chance und könnte es heute wieder werden: ein Anlaß, Neugier zu entwickeln, genauer hinzuschauen, sich ohne Vorurteil auf Entdeckung und Begegnung einzulassen. Nicht nur rückgewandte Schwärmer, vielmehr Frauen und Männer, die auf der Höhe ihrer Zeit und mitten im Leben standen, haben immer wieder gerade die Griechen bewundert und geliebt. Sie haben versucht, das alte Griechenland zu begreifen: ein kleines Land mit kargen Böden, angewiesen auf Import von Nahrung, Export überzähliger Menschen, angewiesen auf Kontakt und Austausch. Dafür lag Griechenland sehr günstig am Mittelmeer in einer Region, wo einst der internationale Handel blühte und der Verkehr am dichtesten war. In diesem kleinen, politisch zersplitterten, wirtschaftlich keineswegs gut gestellten Land wurden Konzeptionen entwickelt, die Maßstäbe setzten: für das geordnete Zusammenleben von Bürgern und die Definition der Pflichten des Menschen gegenüber anderen und sich selbst, sodann für die Gestaltung des menschlichen Lebensraumes durch Architektur und Stadtplanung, schließlich für die Selbstdarstellung der Gemeinschaft und des Individuums mit den Mitteln der Kunst. Nach dem Sinn menschlichen Daseins und der Rolle des Menschen in der Welt haben die alten Griechen besonders intensiv und mit besonderer Nüchternheit gefragt. Die Antworten, die sie fanden und die sie in Worten wie in Bildern formulierten, erwiesen sich als geeignet zur Verallgemeinerung, konnten auch von anderen und in späteren Jahrhunderten diskutiert werden.

Die folgende Darstellung des alten Griechenland konzentriert sich auf das erste Jahrtausend v. Chr., auf den Zeitraum von der »geometrischen« bis zum Ende der »hellenistischen« Epoche. Die vorgeschichtlichen Perioden, auch die minoische und mykenische Kultur wurden ausgespart; sie sind weit mehr als ein »Vorspiel« zur griechischen Kultur im engeren Sinne und verdienen eine eigene gründliche Schilderung. Was sich in den nachchristlichen Jahrhunderten in Griechenland ereignete, kann zwar in mancher Hinsicht als ein »Nachspiel« gelten, wird aber historisch verständlich erst im größeren Zusammenhang des römischen und dann des byzantinischen Kaiserreiches.

Unsere Darstellung konzentriert sich außerdem auf die materielle Kultur; es wäre vermessen, wollte man die griechische Literatur und Philosophie, Homer, Sappho, Thukydides, Platon und Aristoteles innerhalb einer Kulturgeschichte in einem notwendig knappen »Literatur«-Kapitel abhandeln. Aber auch die bildende Kunst wird nicht als solche zum Thema: Sie ist in ihren verschiedenen Erscheinungsformen überall präsent als Hauptquelle unserer Erkenntnisse über die materielle Kultur und der in ihr sich ausdrückenden Bedürfnisse, Vorstellungen und Absichten. Die Fülle der Zeugnisse – erhalten gebliebene Werke, durch Grabungen wiedergewonnene oder durch Forschungen rekonstruierte Befunde – wird in ausgewählten Beispielen vorgeführt. Elf Kapitel behandeln Teilbereiche und thematisieren einzelne Aspekte, die uns heute für das Verstehen des alten Griechenland wichtig zu sein scheinen. Sichtbar werden soll vor allem der historische Zusammenhang, der die verschiedenen Phänomene miteinander verbindet. Die einzelnen Kapitel demonstrieren Fragestellungen und Methoden heutiger Forschung. Beides ist abhängig von den sich wandelnden Interessen der Wissenschaftler wie ihrer Zeitgenossen und ändert sich entsprechend. Historische und archäologische Forschung erschöpft sich nicht in der Feststellung »nackter« Tatsachen – was eine historische »Tatsache« ist, bleibt ohnehin ein Problem. Sie versucht vielmehr, Vergangenheit zu begreifen, und das gelingt nur auf der Grundlage aktueller Erfahrung von Geschichte und Leben. Historische Forschung ist also nie abgeschlossen; deshalb beschäftigt sich die Archäologie nicht allein mit Neufunden, sondern immer erneut mit den altbekannten Objekten, auf die übrigens die frischen Funde nicht selten ein neues Licht werfen. Die Auseinandersetzung mit den alten Griechen, ihrer Kultur und Kunst ist ein fortdauernder Prozeß. Jede Generation muß und wird ihr eigenes Bild von der Vergangenheit, also auch von den Griechen gewinnen, muß und wird entscheiden zwischen Vertrautheit und Fremdheit. Sich der Vergangenheit stellen bedeutet aber in jedem Fall: offen sein für das andere, sich selbst und die eigene Lage im Spiegel des anderen genauer zu erkennen und besser zu verstehen.

Berlin, im Juli 1994 — Adolf Heinrich Borbein

Inhaltsverzeichnis

Blick von Delphi in die Ebene von Amphissa

Attische Grabstele eines Ehepaars. Athen, Nationalmuseum

Weihrelief mit Apotheose des Homer. London, British Museum

Kap Sunion mit dem Heiligtum des Poseidon

Hera-Tempel in Paestum, Unteritalien

Kleobis und Biton. Delphi, Museum

Attisch rotfigurige Amphora. Berlin, Antikensammlung

Terrakottakopf mit Goldschmuck. Tarent, Museo Archeologico

Münzschatz von Hija e Korbit. Tirana, Archäologisches Museum

Bronzekopf aus Porticello. Reggio Calabria, Museo Nazionale

Tempel von Segesta, Sizilien

Cella des Tempels von Bassae, Arkadien

Geschichte

GRIECHENLAND im Altertum ist räumlich weit mehr als das, was heute den griechischen Staat umfaßt. Freilich entspricht das heutige Staatsgebiet in etwa dem, was man auch für das Altertum als Mutterland bezeichnen kann. Die Griechen sind in einer ersten Welle im zweiten vorchristlichen Jahrtausend eingewandert und haben sich erst in einem längeren Prozeß als einheitliches Volk herausgebildet. Vom europäischen Mutterland aus sind sie dann um 1100 v. Chr. an die kleinasiatische Küste übergesetzt, so daß die Ägäis zu einem griechischen Binnenmeer wurde. Es dauerte dann gut zwei Jahrhunderte bis zum Beginn einer ebenfalls zwei Jahrhunderte umfassenden großen Auswanderungsbewegung, in deren Verlauf die Griechen fast die gesamte Küste Siziliens bis tief ins Hinterland hinein, die Küsten Unter- und Mittelitaliens, Südfrankreichs, teilweise Südspaniens, Libyens und schließlich des gesamten Schwarzen Meeres mit Städten besiedelten – wie Frösche um einen Teich herum, wie Platon sagt – und somit auch diese Gebiete zu einem Teil der griechischen Welt machten.

Nach abermals rund zweihundert Jahren expandierte Griechenland ein letztes Mal, diesmal nach Osten, bis zum Indus: Die Eroberungen Alexanders des Großen erschlossen der griechischen Zivilisation die Räume des Perserreiches, das den gesamten Vorderen Orient einschließlich Ägyptens umfaßte; zwar ging mit zeitweiliger Ausnahme Baktriens, etwa des heutigen Afghanistan, das Gebiet östlich von Mesopotamien politisch wieder verloren, jedoch wirkte die griechische Kultur weit über die hellenistischen Nachfolgestaaten des Alexanderreiches hinaus. Sie prägte auch das Römische Reich, das seit dem 3. Jahrhundert v. Chr. seinerseits die östliche Mittelmeerwelt Stück für Stück seiner Herrschaft unterwarf.

Das also ist der Raum, in dem sich die griechische Geschichte abgespielt hat. Er wirkt so uneinheitlich, wie man nur denken kann. Schon das europäische Festland ist zerklüftet – sowohl horizontal wie vertikal. Tief einschneidende Meeresbuchten lassen entfernte Teile des Landes sichtbar werden; ausgedehnte Halbinseln erstrecken sich weit in das Meer hinein. Es gibt nur wenige Ebenen von einiger Ausdehnung, die bebaubar sind. Der größte Teil des Landes ist gebirgig, vieles davon unfruchtbar. Vielleicht läßt sich in dieser Beschaffenheit des Landes einer der Gründe dafür sehen, daß auch die griechische Bevölkerung und ihre Staatenwelt so wenig einheitlich waren. Wenn man auf die Inseln des Ägäischen Meeres blickt oder besser noch, wenn man von ihnen aus um sich schaut, dann ist das Meer überall. Es trennte die Griechen nicht, sondern verband sie miteinander durch die intensive Seefahrt; doch scheint es so gewesen zu sein, daß sie sich nur ungerne seinen Launen anvertrauten.

Was für das europäische Festland gesagt wurde, gilt genauso für die kleinasiatische Küste, ja noch mehr: Sie ist zersplittert und unübersichtlich wie kaum ein anderes Gebiet. Und doch liegt alles besonders nahe beieinander. Wer die griechisch-persischen Auseinandersetzungen und Kriege richtig verstehen will, sollte einmal von Samos aus zum kleinasiatischen Festland hinüberblicken – die Meerenge verdient ihren Namen, denn sie ist fast nur einen Steinwurf breit.

Anders sieht es dort aus, wohin die Griechen auf der Suche nach Ackerland über das Meer gefahren sind. Die von ihnen gegründeten Städte an den Küsten des Mittelmeeres und des Schwarzen Meeres liegen meistens in fruchtbaren

Blick von Delphi in die Ebene von Amphissa. Das berühmte Orakelheiligtum des Apollon liegt in 570 m Meereshöhe vor den steil aufragenden Felswänden der Phädriaden, die zum Massiv des Parnassos gehören. Nach Süden senkt sich der Kessel der Phädriaden zum Tal des tief eingegrabenen Pleistos-Baches, das hinunterführt zur Bucht von Itea am Südende der mit Ölbäumen bestandenen Ebene von Amphissa. Beim heutigen Itea lag Kirrha, die Hafenstadt der Phoker. Von diesem Stamm erhielt die Landschaft ihren Namen Phokis. Kirrha übte bis zum ersten Heiligen Krieg (600–590) die Herrschaft über das Heiligtum aus.

Ebenen, oft an Flußmündungen. Und vollends vielgestaltig sind die im Hellenismus von Griechen besiedelten weiträumigen Länder des Vorderen Orients.

Minoer und Mykener

Wann die griechische Geschichte beginnt, ist zum Teil Ansichtssache. Läßt man sie mit der minoischen Kultur auf Kreta einsetzen, wird ein nichtgriechisches Volk miteinbezogen; man orientiert sich in erster Linie an dem Raum späterer griechischer Geschichte, aber auch an den Traditionen der griechischen Sage und an der Tatsache, daß die minoische Zivilisation auf eine sehr frühe Form des Griechentums eingewirkt hat. Unter diesen Voraussetzungen kann man also davon erzählen, daß aus ungeklärten Gründen zu Beginn des zweiten vorchristlichen Jahrtausends eine schon vorher auf Kreta ansässige Bevölkerung komplizierte Palastanlagen in Knossos, Phaistos, Mallia und Kato Zakros errichtete (dazu kleinere Siedlungen ähnlichen Typs an weiteren Orten), die Zentren politischer Organisationen und durchkalkulierter Abgabensysteme waren. Auf Thera, dem heutigen Santorin, fanden sich Bauten verwandter Art, und auch an anderen Plätzen außerhalb Kretas kamen archäologische Funde zutage, die von der Anwesenheit der Minoer zeugen. Ihre Sprache kennen wir nicht, denn Tontäfelchen in ihrer Linear A genannten Schrift konnten noch nicht gelesen werden. So läßt sich auch über ihre innere Organisation wenig sagen, wir können nur aus der Anordnung der Schriftzeichen auf eine wirtschaftliche Abgabenorganisation schließen, während die materielle Hinterlassenschaft einschließlich der Kunstwerke den Eindruck einer unkriegerischen Kultur vermittelt, in der die Frauen eine bedeutende Rolle spielten.
In der zweiten Hälfte des Jahrtausends trat auf der Peloponnes eine weitere Kultur in Erscheinung, die in vielem der minoischen ähnelte. Auch sie hatte ein durchorganisiertes

Linke Seite: Große Treppe und Propylon des Palastes von Phaistos. Von den Quadermauern der Fassade flankiert, führt in der Nordostecke des Westhofes eine Freitreppe mit zwölf Stufen von 13,60 m Breite zum Propylon empor. Auf der Rundbasis in der Mitte des Eingangs stand eine Holzsäule, die mit den seitlichen Anten das Gebälk trug. Im Hintergrund sieht man die Mesara-Ebene. Fast gleichzeitig mit Knossos ausgegraben, bezeugt der Palast von Phaistos ähnlich eindrucksvoll die hohe Baukunst der minoischen Kultur auf Kreta. Wie Knossos wird auch Phaistos in den Homerischen Epen erwähnt. Von dort soll Idomeneus, der Enkel des Minos, mit den Achäern nach Troja gezogen sein.

Oben: Ruinen des Palastes von Mallia. Die von einer offenen Stadt umgebene minoische Palastanlage liegt an der Nordküste Kretas am Fuß des Lassithi. Ihr alter Name ist unbekannt; im Unterschied zu Knossos und Phaistos war sie in griechischer Zeit offenbar vollständig aus der Erinnerung verschwunden.

Folgende Doppelseite: Blick von der Küste bei Epidauros nach Osten über den Saronischen Golf. Rechts erstreckt sich die Halbinsel Methana ins Meer; links ist die Insel Angistrion sichtbar und dahinter Ägina mit dem 524 m hohen Gipfel des Oros, einst der heilige Berg des Zeus Hellanios. Am Horizont zeichnet sich die Halbinsel Attika ab.

Abgabensystem, und ihre künstlerischen Darstellungen sind oft von den minoischen kaum zu unterscheiden. Jedoch brachte diese Kultur gegen Ende ihrer Existenz mächtige Burgen hervor – die bekanntesten in Mykene und Tiryns –, und man kann ihre ebenfalls auf Tontäfelchen überlieferte Schrift, die wir Linear B nennen, lesen: Diese Leute, die wir nach ihrer eindrucksvollsten Siedlung Mykener nennen, sprachen Griechisch, aber es sieht so aus, als hätten sie erst durch einen wie auch immer gearteten Zusammenstoß mit den Minoern zu ihrer zivilisatorischen Form gefunden.
Möglicherweise haben die Mykener Kreta erobert, aber um 1200 v. Chr. fielen sie wahrscheinlich selbst einer Invasion zum Opfer, die ihre Burgen zerstörte. Die Invasoren, wohl die sogenannten Seevölker, zogen weiter, verheerten große Teile des Vorderen Orients – das Hethiterreich ist um diese Zeit untergegangen – und wurden erst von Ägypten zum Stehen und zum Verschwinden gebracht. Was in Griechen-

land übrigblieb, setzte seine Existenz auf weit niedrigerem Niveau fort. Die Schrift hörte auf, eine gesellschaftliche Organisation ist nicht mehr zu erkennen, und es gibt fast keine Zeugnisse einer materiellen Kultur. Immerhin ist wohl in dieser Zeit ein weiterer griechischer Stamm von Norden eingewandert, die Dorer. Andere Griechen, Ioner und Äoler, zogen damals über die Ägäis und besiedelten die kleinasiatische Westküste. Durch die nun vor sich gehenden Mischungsprozesse wurde das historische griechische Volk geboren.

Die Dunklen Jahrhunderte

Die um das Jahr 1000 v. Chr. einsetzende Epoche nennen wir sowohl der mangelnden Quellen als auch des anscheinend niedrigen Lebensniveaus wegen die Dunklen Jahrhunderte, doch gelingt es der Archäologie mehr und mehr, etwas Licht in dieses Dunkel zu bringen. So zeigt das Fürstengrab von Lefkandi auf Euböa, daß es da und dort doch ausgebildete herrschaftliche Strukturen und auch nicht zu verkennende Verbindungen mit dem Vorderen Orient gegeben hat, durch die Luxusgüter ihren Weg nach Griechenland fanden. Die Vermittler dieser Beziehungen dürften die Phöniker von der syrisch-palästinensischen Küste gewesen sein, deren Präsenz gerade in den frühen Jahrhunderten des ersten vorchristlichen Jahrtausends in der Ägäis archäologisch immer deutlicher wird.

Im übrigen stammen unsere Kenntnisse über die gesellschaftlichen und politischen Verhältnisse in Griechenland aus Rückschlüssen aus den beiden unter dem Namen Homer überlieferten Epen *Ilias* und *Odyssee*. Die *Ilias* schildert eine Episode aus dem sagenhaften Krieg der Griechen gegen Troja, die etwas spätere *Odyssee* die Abenteuer der Heimkehr eines der Helden, eben des Odysseus. Im 8. Jahrhundert fixiert, wollen beide Epen zwar über eine mythische Vorzeit berichten, spiegeln aber doch alles in allem nur die Verhältnisse der Dunklen Jahrhunderte mit ihren Partikularkönigen und großen Adeligen wider. Athen spielte noch eine marginale Rolle, obwohl es mit der Keramik geometrischen Stils bereits die erste große eigenständige Leistung auf künstlerischem Gebiet hervorbrachte.

Die archaische Zeit

Einer künftig vielleicht deutlicher hervortretenden etwaigen Eigenständigkeit unerachtet, waren die Dunklen Jahrhunderte die Periode, in der sich untergründig die ab 800 v. Chr. einsetzende archaische Zeit mit ihrer überbordenden Fülle an politischen und kulturellen Erscheinungen vorbereitete. Am greifbarsten treten die Bevölkerungszunahme und ihre Wirkung zutage. Die Siedlungsarchäologie hat Bevölkerungskonzentrierungen feststellen können, und ebenso hat die Analyse von Gräberfeldern ergeben, daß die Bevölkerung kontinuierlich zunahm. Das be-

Die 1967 begonnenen Ausgrabungen auf Thera (Santorin) legten nahe dem Dorf Akrotiri an der Südküste der Insel Teile einer Siedlung frei, die bei dem Vulkanausbruch in der Mitte des 2. Jahrtausends v. Chr. untergegangen ist. Neben großen Mengen von Keramik – lokalen sowie importierten minoischen und mykenischen Gefäßen – wurden bedeutende Wandmalereien entdeckt. Die Abbildung zeigt einen Ausschnitt aus dem 40 cm hohen Fries, der über Fensterhöhe an den Wänden eines Zimmers im Obergeschoß des »Westhauses« entlanglief. Dargestellt sind eine Küstenlandschaft mit Hafenstadt und eine Flotte auf See. In dem von Wasserläufen durchzogenen Gebirge oberhalb der Siedlung setzt ein Löwe zwei fliehenden Hirschen nach. Jenseits des Bachs, der neben der Stadt mündet, liegen vereinzelte Landhäuser. Die Stadt selbst ist dicht mit mehrstöckigen Häusern bebaut. Auf den Flachdächern sieht man Männer, die nach der Flotte Ausschau halten. Diese besteht aus insgesamt acht großen Kriegsschiffen, alle vom gleichen Typ. Ihre lange Bugspitze ist mit Symbolen, einem Schmetterling und einer Blume, geschmückt; das Heck endet in einem Löwen- oder Greifenkopf. Am Heck befindet sich eine Kajüte aus Holzstangen und Rinderfellen; in ihr sitzt der Kommandant. Davor steht der Steuermann, mit beiden Händen das große Steuerruder haltend, und vor ihm wiederum der Antreiber, der die Ruderer im Takt zu halten hat. Unter dem Mast in der Mitte verfügt jedes Schiff über ein geräumiges Zeltdach, das vielleicht vom Segel gedeckt ist. Darunter sitzen paarweise Krieger; hier und da sieht man ihre abgelegten Helme. Während die Krieger mit langen Mänteln bekleidet sind, trägt die Mannschaft den aus vielen minoischen Darstellungen bekannten Hüftschurz. Schwärme von spielenden Delphinen begleiten die Flotte. Das weiteste Schiff nähert sich bereits dem Ziel, einer größeren Hafenstadt (nicht im Bild), in der Frauen minoischen Typs und Männer in Fellmänteln die Ankommenden erwarten. Doppelhörner bekrönen die Gebäude. Athen, Nationalmuseum

wirkte angesichts der beschränkten Anbauflächen im Mutterland einen ständig wachsenden inneren Druck. Die Griechen versuchten ihm seit dem 8. Jahrhundert dadurch zu entgehen, daß sie in großem Stil auswanderten. Voraussetzung dafür waren geographische Kenntnisse, die sie teils von den Phönikern übernommen haben dürften, teils aber auch durch eigene frühe Fahrten erworben hatten, Luxuswaren tauschend oder auch raubend. Aber jede Auswanderungsexpedition über das riesige Meer blieb ein Abenteuer, das auf sich zu nehmen wirklich nur die nackte Not zwang. Einen Eindruck von dem, was Seefahrer erwartete, vermittelten die Odysseus-Geschichten.

Trotzdem bildeten sich fast überall in Griechenland – Athen und Sparta waren die großen Ausnahmen – Auswanderungsgruppen. Gelegentlich zwangsweise zusammengestellt, stets unter Führung eines Adeligen und ohne Beteiligung von Frauen, zogen sie aus, an fremden Küsten Städte zu gründen und dort ihr Auskommen zu finden. Auf diese Weise wurden die Küsten Siziliens mit Selinunt, Akragas (Agrigent), Syrakus und Zankle (Messina) griechisch, die Unteritaliens mit Kyme, Poseidonia (Paestum), Rhegion (Reggio di Calabria), Lokroi Epizephyrioi, Metapont und Tarent; in Südfrankreich entstanden Nikaia (Nizza), Antipolis (Antibes) und Massalia (Marseille), in Spanien Emporion (Ampurias) und Mainake, am Schwarzen Meer Tomis (Konstanza), Histria, Olbia, Pantikapaion (Kertsch), Phasis (Poti), Trapezunt und Sinope. Wo schon

Die Erinnerung der Griechen an das »goldreiche« Mykene hat durch Schliemanns Entdeckung der Schachtgräber von Mykene im Jahr 1876 ihre Bestätigung gefunden. Diese Fürstengräber aus dem 16. Jahrhundert v. Chr. enthielten wahre Schätze an Gold- und Silbergerät, goldverzierten Waffen, Schmuck, Diademen, Brustplatten und Masken aus Gold. Eine der fünf Totenmasken aus dem Gräberrund A benannte Schliemann als »Agamemnon« (links). Das 1951 entdeckte ältere Gräberrund B außerhalb des Mauerrings der Burg barg eine weitere Maske aus Elektron.
In einem Kuppelgrab bei Vaphio in Lakonien wurden zwei Goldbecher aus der Zeit um 1500 v. Chr. gefunden. Ihre reliefierte Wandung ist zusammen mit dem Boden aus einem Blech getrieben. In der Bildmitte des einen Bechers (rechts) sieht man einen im Netz gefangenen Stier, der mit voller Wucht in die zwischen zwei Bäumen gespannte Falle gerast ist. Nach beiden Seiten stürmen Stiere davon; der eine flieht in gestrecktem Galopp (oben rechts), der andere schüttelt zwei Männer ab, die ihn an der Flucht zu hindern suchen (oben links). Der zweite Becher (unten links und rechts) zeigt einen Mann, der einem Stier einen Strick um den linken Hinterlauf gebunden hat und das brüllende Tier wegführt, während drei weitere ihm folgen. Athen, Nationalmuseum

andere Mächte waren, blieben die Griechen fern. So mieden sie den ägyptischen und karthagischen Einflußbereich in Nordafrika und gründeten dort als einzige Kolonie Kyrene in Libyen. Auch Westsizilien überließen sie den Karthagern. An der dicht besiedelten syrisch-phönikischen Küste hat die Archäologie nur die griechischen Handelsstützpunkte Tell Sukas und Al Mina feststellen können.
Die Kolonisation bot zwar ein Ventil für den steigenden Druck im Mutterland, konnte ihn aber nicht abstellen. Kriege um Fruchtland nahmen zu – die Annexion Messeniens durch Sparta ist ein Beispiel dafür. Die Bauernsoldaten (Hopliten) wurden politisch immer wichtiger und forderten entsprechend mehr Rechte vom Adelsstaat, der sich nach der undramatischen Beseitigung des offenbar nicht sehr starken Königtums gebildet hatte. Hinzu kam das Beispiel der Kolonien, wo Städte und ihre Verfassungen durch rationale Akte gegründet worden waren. So setzte ein Wandel der politischen Verhältnisse in den Städten ein, die dergestalt neu geregelt und festgelegt wurden, daß man breitere Schichten – in aller Regel nach wie vor Bauern – an der Politik beteiligte. In einigen Fällen geschah das durch Gesetzgeber, auf die man sich im Wege des Konsenses geeinigt hatte. Manche der überlieferten Namen sind sagenhaft, wie Charondas in Katane, Zaleukos in Lokroi Epizephyrioi oder Lykurg in Sparta, andere aber historisch wie Pittakos auf Lesbos und Solon in Athen, von dessen politischen Gedichten einige erhalten blieben. An anderen Orten gelang der Ausgleich nicht sofort, so daß ehrgeizige Adelige die sozialen Unruhen als Sprungbrett zur Alleinherrschaft nutzen konnten. Besonders in wirtschaftlich fortgeschrittenen Städten errangen Tyrannen die Macht: Kypselos und sein Sohn Periander in Korinth, Peisistratos in Athen, Polykrates auf Samos, Thrasybulos in Milet, Gelon und Hieron I. in Syrakus. Die Tyrannenherrschaft hatte selten über eine Generation hinaus Bestand. Von den Zeitgenossen keineswegs einhellig abgelehnt, förderte sie objektiv den Prozeß der Ablösung vom Adelsstaat.
Die archaische Zeit war eine Epoche glänzender kultureller Leistungen. Die ersten großen Tempel wurden gebaut, die orientalisierende sowie die schwarz- und die rotfigurige athenische Vasenmalerei entstanden, die Großplastik rief bereits die Bewunderung der Zeitgenossen hervor, und gegen Ende der Epoche traten die ersten Münzen mit künstlerisch gestalteten Darstellungen auf. Mehr, als man früher geglaubt hat, bildete sich in Auseinandersetzung mit den vorderasiatischen Kulturen heraus – so etwa auch die Bezeichnung der Alleinherrschaft als Tyrannis –, aber das spezifische Charakteristikum ist doch griechisch.
Das gilt insbesondere für die Literatur. Zu ihr soll auch die Philosophie gerechnet werden, die in Ionien entstand, also im griechischen Westkleinasien. Zum erstenmal fragten hier individuell benennbare, in Prosa schreibende und publizierende Männer in rationaler, nicht mehr religiöser oder mythischer Weise nach den Grundlagen von Mensch

Selinunt, das alte Selinus, bildete den äußersten griechischen Vorposten gegen die von Elymern und Karthagern beherrschte Westspitze Siziliens. Gegründet wurde die Stadt im 7. Jahrhundert v. Chr. von dem Syrakus benachbarten Megara Hyblaia, einer Tochterstadt von Megara bei Korinth. Ein zwischen zwei Flußniederungen gegen das Meer vortretendes Plateau nahm die Akropolis auf, nördlich davon erstreckte sich die Wohnstadt. Vom Burgplateau war ein Drittel, ein Areal von drei Hektar, für die Götter abgeteilt. Dort erhoben sich vier große Peripteroi und mehrere kleine Tempel. Sie wurden in der Spätantike durch einen Erdstoß gestürzt. 1926 hat man eine Säulenreihe des Tempels C (linke Seite) wieder aufgerichtet. Das Vorbild dieses um 550 v. Chr. erbauten ältesten Peripteros von Selinunt war offenbar der Apollon-Tempel von Syrakus (Abb. S. 196); Grundriß und Abmessungen sind fast gleich, die Säulen jedoch viel schlanker. Im Osten der Stadt, jenseits des Hypsas, der in den heute versandeten Hafen mündete, liegt ein weiterer heiliger Bezirk mit drei großen Peripteraltempeln, die zwischen 530 und 450 v. Chr. entstanden sind. Einer davon, der Hera geweihte Tempel E (oben) aus frühklassischer Zeit, wurde wieder aufgerichtet.

Durch folgende Götter sind Sieger die Selinuntier. Durch Zeus sind wir Sieger und durch Phobos und durch Herakles und durch Apollon und durch Poseidon und durch die Tyndariden (Kastor und Polydeukes) und durch Athena und durch Malophoros (Demeter) und durch Pasikrateia (Persephone) und durch die übrigen Götter, durch Zeus aber am meisten. Nachdem der Friede eingetreten ist, ist beschlossen worden, ein Werk aus Gold zu errichten und darauf diese Namen einzugraben, an die Spitze zu setzen den des Zeus, im Tempel des Apollon; das Gold aber soll 60 Talente sein.

Inschrift aus der Mitte des 5. Jahrhunderts v. Chr.

und Natur: Thales, Anaximander und Anaximenes von Milet, Heraklit von Ephesos. Von ihren Werken blieben nur Fragmente erhalten, während die Dichtungen Homers wie durch ein Wunder vollständig überliefert sind. Sie haben ihren Ursprung in mündlich vorgetragenen anonymen Gesängen der Dunklen Jahrhunderte, aber die schriftlich fixierte Form, die wir heute kennen, stammt aus der Archaik. Im 7. Jahrhundert trat der erste als Persönlichkeit greifbare Dichter auf, der böotische Bauer Hesiod. Er schilderte in den *Werken und Tagen* das Leben der Bauern und in der *Theogonie* die Götterwelt. Wie die Homerischen Epen sind diese beiden langen Gedichte in Hexametern verfaßt. Ganz neue, höchst komplizierte Versmaße benutzten dann die Lyriker, das heißt Dichter, die ihre Verse zur Lyra vortrugen. Der wohl berühmteste ist Alkaios, ein Adeliger aus Lesbos, der tief in die politischen Kämpfe des sich umwandelnden Adelsstaates verstrickt war; seine Gedichte haben stark auf Horaz gewirkt. Etwa gleichzeitig mit Alkaios lebte auf Lesbos die Dichterin Sappho; sie war ebenfalls hochadeliger Herkunft und widmete sich der kollektiven Erziehung adeliger Mädchen. Für Mädchenchöre dichtete in Sparta Alkman, während Tyrtaios zur Eroberung Messeniens aufrufende Gesänge verfaßte. Der Krieger Archilochos von Paros, der an der Kolonisation von Thasos beteiligt war, dichtete in Jamben wilde Schmähgedichte auf alles, was er haßte, und das war nicht wenig. Schließlich der Thebaner Pindar: Seine feierlichen Lieder auf Sieger

bei den gesamtgriechischen Festen in Olympia, Delphi, Korinth und Nemea entstanden im 5. Jahrhundert, sind aber im Charakter ganz spätarchaisch; sie haben eine starke Wirkung auf die deutsche Dichtung ausgeübt.
Die panhellenischen Feste waren diejenigen Institutionen, in denen die politisch in zahlreichen Einzelstaaten organisierten Griechen ihre gemeinsame Identität fanden; sie stellten daher mehr dar als nur religiöse und sportliche Veranstaltungen, und das nicht nur deshalb, weil teilweise auch künstlerische Wettkämpfe stattfanden. Außer den älteren Olympischen Spielen sind sie alle in der archaischen Zeit entstanden und blieben ihr dauernder Ausdruck.

Die Perserkriege

Den Einschnitt, der die archaische Zeit beendete, brachte eine von außen herandringende Herausforderung. Sie kam vom Perserreich, dem letzten und größten der altorientalischen Großreiche. Sein Gründer Kyros (559–529) besiegte 546 v. Chr. den Lyderkönig Kroisos und unterwarf die Griechenstädte Kleinasiens. Unter Großkönig Dareios I. (521–486) setzte 513 v. Chr. ein persisches Heer am Bosporus nach Europa über. Der Feldzug gegen die Skythen an der unteren Donau blieb zwar erfolglos, aber Thrakien und Makedonien verloren ihre Unabhängigkeit. Im Jahr 500 erhoben sich die kleinasiatischen Griechen unter Führung des Tyrannen Aristagoras von Milet gegen die Perser. Trotz

Links oben: Sappho und Alkaios. Das in Agrigent gefundene Weingefäß mit Ausguß (Höhe 52,5 cm) hat die Form eines Wollkorbs (Kalathos). Diese Form ist so ungewöhnlich wie das Thema des Vasenbilds, das dem Brygos-Maler zugeschrieben wird (um 470 v. Chr.). Die Dichterin und der Dichter von der Insel Lesbos sind inschriftlich bezeichnet. Beide halten in der Linken das Barbiton und in der Rechten das Plektron zum Anreißen der Saiten. Sappho hat ihr Spiel unterbrochen, um Alkaios zu lauschen, der gesenkten Hauptes singt; die Töne sind durch kleine Kreise vor seinem Mund angedeutet. München, Antikensammlungen

Links unten: Szene aus der Odyssee *auf einer attischen Lekythos. Um 510 v. Chr. Unter Widdern hängend, flüchten Odysseus und seine Gefährten aus der Höhle des Polyphem. München, Antikensammlungen*

Rechts: Chalkidischer Krater mit Gestalten der Ilias. *Um 540 v. Chr. Beischriften benennen das linke Paar als Helena und Paris, das rechte als Andromache und Hektor. Paris erscheint als leichtbewaffneter Bogenschütze, Hektor ist als Hoplit schwer gerüstet. Hinter ihm reitet sein Knappe Kebriones mit einem Beipferd heran. Der Maler hat das Geschehen also in seine eigene Zeit versetzt; er läßt den Helden nicht mit dem homerischen Streitwagen, sondern zu Pferd in den Kampf ziehen. Dargestellt ist der schwermütige Abschied zwischen Andromache und Hektor im 6. Gesang der* Ilias, *allerdings ohne den kleinen Sohn Astyanax, der vor dem Helmbusch des Vaters erschrickt. Andromache ist streng verhüllt und hat den Blick auf Hektor gerichtet, während Helena das Gesicht von Paris, der in Flügelschuhen heraneilt, abkehrt. So schildert es der 3. Gesang der* Ilias: *Aphrodite hat Paris vor dem Ansturm des Menelaos gerettet und mit Helena zusammengeführt; diese aber wendet die Augen ab und spricht: »O wärest du doch getötet worden von dem gewaltigen Mann, der mein früherer Gatte war!« Würzburg, Martin-von-Wagner-Museum*

anfänglicher Erfolge wurde der Aufstand niedergeschlagen. Die Perser vernichteten 494 die ionische Flotte bei Lade und zerstörten Milet.
Es waren nicht unbedingt nationale Motive, die den Ionischen Aufstand ausgelöst hatten, und auch die Unterstützung aus dem griechischen Mutterland war recht kümmerlich. Allerdings hatte Athen ein kleines Hilfskontingent geschickt. Diese Hilfe nahm Dareios zum Anlaß, eine Strafexpedition nach Griechenland zu entsenden. Der Norden unterwarf sich, erst an der attischen Küste stellte sich ein kleines Heer, das fast nur aus Athenern bestand, dem Vormarsch entgegen. Zur Überraschung aller wurden die Perser in einer Landschlacht bei Marathon (490) geschlagen. Die Spartaner, an sich die Tüchtigsten im Verteidigungsbündnis, waren aus religiösen Gründen verhindert gewesen und konnten nur noch nachträglich das Schlachtfeld besichtigen. Natürlich stellte diese Niederlage für die Perser nur eine vorläufige Schlappe dar; jetzt machten sie erst richtig Ernst. Zehn Jahre später rückten sie unter dem persönlichen Befehl des neuen Großkönigs Xerxes (486–465) mit den Kontingenten des Riesenreiches heran, von den Kolchern des fernen Georgien bis hin zur phönikischen Kriegsflotte. Aber auch die kleinasiatischen Griechen waren aufgeboten, während sich umgekehrt keineswegs alle europäischen Griechen der Koalition der Verteidiger, dem Hellenenbund, anschlossen; so fehlten etwa die Thebaner. Am Thermopylenpaß siegten die Perser mit Leichtigkeit, trotz des später verherrlichten Heldenmutes der Spartaner unter ihrem König Leonidas. Athen wurde geräumt und von den Persern verwüstet. Nach quälenden Diskussionen im Kriegsrat stellte sich die griechische Flotte vor der Südküste Attikas dem Feind und errang in der Meerenge bei der Insel Salamis einen glänzenden Sieg. Xerxes, der den Verlauf der Seeschlacht von einem am Strand errichteten Thron verfolgt hatte, verließ Griechenland, aber der Krieg war noch nicht zu Ende. 479 mußte mit ungewissem Ausgang weitergekämpft werden, die Griechen konnten jedoch in zwei weiteren Treffen die Oberhand behalten: zu Lande bei Plataiai westlich von Attika und zur See beim kleinasiatischen Kap Mykale an der Meerenge von Samos. Etwa gleichzeitig konnten sich die Griechen Siziliens ihrer Gegner erwehren: Gelon von Syrakus besiegte 480 die Karthager in der Schlacht von Himera, sein Bruder Hieron 474 die etruskische Flotte in der Seeschlacht von Kyme.
Nachdem die Perser abgeschlagen waren, zogen sich Sparta und seine Verbündeten aus der Koalition zurück. Aber die eben befreiten Griechen Kleinasiens und der Inseln fühlten sich noch nicht sicher und wollten weiterkämpfen. Auf ihre Bitte hin übernahm Athen die Führung in einem neuen Bündnis, das wegen seines sakralen und politischen Mittelpunktes auf Delos von uns heute meist Attisch-Delischer Seebund genannt wird. Jahr um Jahr fuhren die Griechen mit ihrer Kriegsflotte aus und drängten in Kämpfen zu Land und zur See die Perser immer weiter zurück. Die Wende kam erst, als sie sich in den fünfziger Jahren an einem ägyptischen Aufstand gegen die persische Herrschaft beteiligten und ihre Hilfsflotte dabei vernichtet wurde. Da der Seebund inzwischen auch mit Sparta und seinen Verbündeten auf der Peloponnes im Krieg stand, hatte er seine Kräfte überspannt. 449 wurden die Kämpfe mit Persien auf der Grundlage des Status quo eingestellt und 446 ein dreißigjähriger Friede mit Sparta geschlossen. Zum erstenmal seit einem halben Jahrhundert herrschte in Griechenland Friede; aber die Verhältnisse hatten sich grundlegend gewandelt.

Der Aufstieg Athens

Zunächst einmal hatte der Seebund seinen Charakter verändert: Aus dem militärischen Oberbefehl war eine Herrschaft Athens und aus Verbündeten waren Untertanen geworden. Architektonischer Ausdruck der athenischen Vor-

Links: »Siegestempel« von Himera. Bei dem 1930 in der Unterstadt von Himera freigelegten dorischen Peripteros handelt es sich vermutlich um einen der Tempel, die Theron von Akragas und Gelon von Syrakus Diodor zufolge nach ihrem Sieg über die Karthager (480 v. Chr.) gestiftet haben.

Oben links: Themistokles. Das in einer römischen Kopie in Hermenform überlieferte Porträt des attischen Feldherrn ist eines der frühesten griechischen Bildnisse mit individuellen Gesichtszügen. Der Sieger über die Perser bei Salamis (480 v. Chr.) wurde in der um 470 v. Chr. geschaffenen Statue gewiß nicht »nach dem Leben« dargestellt, doch sollten unkonventionelle Details in der Augen-Stirn-Partie ausdrücken, daß Themistokles sich von seinen Mitbürgern auch physiognomisch unterschied.
Ostia, Museum

Oben rechts: Perikles hat zwischen 460 und 430 v. Chr. die Politik Athens maßgebend bestimmt. Sein Porträt, das in mehreren römischen Kopien nach einer um 430 v. Chr. geschaffenen Statue erhalten ist, verzichtet auf die Wiedergabe individueller Züge und zeigt den Staatsmann und Bürger als Idealfigur. Perikles muß sich selbst so stilisiert haben. Der Helm des Strategen verweist auf das Amt, das dem Staatsmann seinen Einfluß sicherte.
London, British Museum

machtstellung sollte der Parthenon auf der Akropolis sein. In Athen war inzwischen die Demokratie entstanden. Nach dem Sturz der Tyrannis durch das Eingreifen Spartas um 510 v. Chr. war der athenische Staat durch den Adeligen Kleisthenes neu organisiert worden. Manche nennen diesen Zustand bereits Demokratie, und möglicherweise wurden damals schon die wichtigsten Institutionen geschaffen, von bestimmender politischer Tätigkeit des Volkes hört man aber noch nichts.

Als nach dem Ionischen Aufstand mit einem Angriff der Perser gerechnet werden mußte, entbrannte eine Debatte um die erfolgversprechendste Strategie. Während der athenische Adelige und ehemalige persische Untertan Miltiades für die traditionelle Verteidigung zu Land eintrat, setzte der ebenfalls adelige Themistokles auf den Kampf zur See. Das hätte jedoch eine politische Aufwertung der wenig und nichts Besitzenden bedeutet, die als Ruderer für die Kriegsflotte gebraucht wurden. Zunächst behielt das

Konzept des Miltiades die Oberhand, und tatsächlich siegte Athen in der Feldschlacht bei Marathon unter seinem Oberbefehl. Nach Miltiades' Tod (489) aber konnte Themistokles seine Machtstellung festigen. Er erreichte, daß die neun Archonten nicht mehr gewählt, sondern durch das Los bestimmt wurden, also an politischem Gewicht verloren, und daß durch das jetzt erstmals angewandte Scherbengericht alle Opponenten vom Volk verbannt wurden. Der Seesieg bei Salamis (480) machte nicht nur Themistokles zum Helden ganz Griechenlands, sondern stellte auch innenpolitisch die Weichen für die Demokratie.

Die Tendenz dahin verstärkte sich nach einem eher konservativen Zwischenspiel im Lauf der nächsten Jahrzehnte, wohl durch die Auswirkung des Seebunds. Zum einen machte die ständige erfolgreiche Kriegführung und die damit verbundene Beute das Volk selbstbewußt, zum anderen wurde es durch die außerordentlichen Aufgaben, die die Organisation des Seebunds an Athen stellte, vor allem in seinen zentralen Institutionen, der Volksversammlung und dem Rat der Fünfhundert, immer stärker aktiviert. Als in den fünfziger Jahren Diäten für die durch das Los bestimmten Ratsmitglieder und die Richter in den Volksgerichten eingeführt werden mußten, zeigte sich, daß die Demokratie zum Durchbruch gekommen war; eine immer größere Anzahl von in Stein gehauenen Volksbeschlüssen dokumentiert das bis in unsere Tage.

Der Peloponnesische Krieg

Der 446 v. Chr. geschlossene Friede dauerte nur 15 Jahre. Unter der Führung des Adeligen Perikles, der im Amt des Strategen Jahr um Jahr immer wieder vom Volk bestätigt wurde, baute Athen seine Herrschaft über den Bund auch mit kriegerischen Mitteln weiter aus. 431 kam es zum Zusammenstoß der beiden innergriechischen Machtbildungen, des athenischen Seebundes und Spartas mit seinen Bundesgenossen auf der Peloponnes. Die Peloponnesier befürchteten, Athen werde immer mehr Griechenstädte unter seine Herrschaft bringen, und waren entschlossen, jedes weitere Ausgreifen zu verhindern. Anlaß für den Kriegsausbruch war ein Handelsboykott Athens gegen Megara für das gesamte Seereich.

Luftbild von Korinth. Der Burgberg Akrokorinth, ein 575 m hoher isolierter Kalkklotz, überragt im Süden die am Einfallstor aller Straßen in die Peloponnes und am Schnittpunkt des Ost-West-Verkehrs über den Isthmos gelegene Stadt. Vom griechischen Korinth blieb nur wenig erhalten; der Zerstörung von 146 v. Chr. folgte eine hundertjährige Verödung bis zur Neugründung durch Julius Caesar. Zu den Resten aus früherer Zeit gehören vor allem die Säulen des archaischen Apollon-Tempels auf dem Hügel nördlich über der Agora. Die römischen Bauten um den über 200 m langen und etwa 100 m breiten Markt wurden teilweise auf alten Mauern errichtet. Von seiner Nordseite führte eine Prachtstraße zu dem 2,5 km entfernten Hafen Lechaion am Korinthischen Golf. Kenchreai, der zweite Hafen am Saronischen Golf, lag etwa 7 km südöstlich der Stadt.

Der Krieg verlief uneinheitlich in mehreren Etappen. Die ersten zehn Jahre standen im Zeichen der strategischen Konzeption des Perikles, der 429 einer ganz Attika verheerenden Epidemie erlag: Evakuierung der ländlichen Bevölkerung in die Festung Athen-Piräus und Angriffe auf feindliches Gebiet zur See. Die attischen Bauern kampierten also zwischen den »Langen Mauern«, ein die Seuche fördernder Umstand, während das peloponnesische Heer unter dem spartanischen König Archidamos (nach dem diese Phase »Archidamischer Krieg« heißt) mehrfach in Attika einfiel. Die Athener ihrerseits setzten sich unter dem Feldherrn Demosthenes und dem bis dahin nur als radikaler Demokrat hervorgetretenen nichtadeligen Kleon in Pylos in Messenien fest und nahmen dabei 120 Spartiaten gefangen – ein schwerer Schlag für den an Menschen knappen Staat. Im Gegenzug versuchte ein spartanisches Heer unter Brasidas in Thrakien, Athens Bündnerstädte zum Abfall zu bringen. Bei dem Kampf um die Stadt Amphipolis fielen Brasidas und Kleon. 421 wurde ein Friede geschlossen, der nach dem konservativen athenischen Verhandlungsführer »Friede des Nikias« heißt.

Auf beiden Seiten war man mit dem Frieden nicht einverstanden. Korinth und Böotien hätten Athen lieber besiegt gesehen, und in Athen stellte sich der genialische Neffe des Perikles, Alkibiades, auf die Seite derjenigen, die Sparta niederringen wollten. Ein Stellvertreterkrieg auf der Peloponnes mißlang, immerhin aber konnte Athen die neutrale Insel Melos gewaltsam annektieren. Thukydides hat dieses Ereignis im *Melierdialog* (5,85–116) als Beispiel für den Zynismus der Macht für alle Zeiten gültig kommentiert.

Schließlich entsandte Athen 415 v. Chr. in der sogenannten Sizilischen Expedition auf Initiative des Alkibiades, aber gegen den Rat des Nikias eine gewaltige Flotte nach Sizilien, um dort Sparta zu treffen, indem es die Stadt Segesta gegen Syrakus unterstützte. Von seinen Gegnern des Religionsfrevels angeklagt, wurde Alkibiades aus Sizilien zurückbeordert. Er ging nach Sparta, und auf seinen Rat hin griff Sparta 414 in Sizilien ein. Im folgenden Jahr wurden Flotte und Heer der Athener vernichtet. Nikias kam ums Leben. Alkibiades jedoch hatte den Spartanern den zusätzlichen Rat gegeben, sich in der kleinen Stadt Dekeleia in Attika festzusetzen und Attika von dort aus planmäßig zu verwüsten. Das geschah seit 413 in dem Kriegsabschnitt, der danach Dekeleischer Krieg genannt wurde. Ein Jahr darauf begann der Ionische Krieg: Sparta schloß mit Persien einen Vertrag, in dem es die persische Oberhoheit über die kleinasiatischen Griechenstädte anerkannte, um als Gegenleistung Hilfsgelder für seine neu geschaffene Kriegsflotte zu erhalten. Trotz athenischer Seesiege bei Kyzikos – unter dem wieder auf athenischer Seite kämpfenden Alkibiades, der später erneut ins Exil ging und dort umkam – und bei den Arginuseninseln siegte Sparta endgültig 405 bei Aigospotamoi. 404 zog der Oberkommandierende Lysander unter Flötenmusik in Athen ein; diese Musik wurde von Flötenspielerinnen der athenischen Oligarchen ge-

Links oben und unten: Nemea, der Ort der Nemeischen Spiele, liegt in einem Tal der Argolis mit Ausgang zur Küstenebene des Korinthischen Golfs und gehörte zum Gebiet der Stadt Kleonai. Das Heiligtum galt als Grabstätte des Heros Opheltes und war Zeus geweiht, der als wolkenversammelnder Herr der Berge und des Himmels auf dem beherrschenden Berg des Tales, dem Apesas (heute Phukas), verehrt wurde. Um 450 v. Chr. wurde Kleonai von Argos unterworfen; seither hatte Argos die Leitung der Wettkämpfe inne, die alle zwei Jahre zu Ehren des Zeus stattfanden. Siegespreis war ein Eppichkranz. Im 4. Jahrhundert v. Chr. entstand auf den Fundamenten eines Vorgängerbaus ein neuer Zeus-Tempel aus verputztem Kalkstein; drei der durch Erdbeben gestürzten Säulen wurden wieder aufgerichtet (oben). Aus der gleichen Zeit stammen auch die Anlagen für die Spiele: Stadion (unten), Theater, Hippodrom, Gymnasion und Palästra.

Rechts: Sparta. Blick vom Akropolishügel zum Taygetos, der im Westen der Eurotasebene über 2400 m hoch aufsteigenden Gebirgskette. Das Theater am Fuß des Hügels stellt die einzige bedeutende Ruine Spartas dar.

Folgende Doppelseite: Paestum, das alte Poseidonia am Golf von Poseidoniate (heute Golf von Salerno), wurde gegen 700 v. Chr. von der achäischen Kolonie Sybaris gegründet. Im Stadtgebiet, das ein fast 5 km langer Mauerring umschließt, sind zwei den Göttern geweihte Bezirke ausgegrenzt: im Norden das Heiligtum der Athena und im Süden das der Hera. Neben dem archaischen Hera-Tempel, der sogenannten »Basilica« (rechts im Bild), wurde in frühklassischer Zeit ein neuer Tempel nach dem Vorbild des Zeus-Tempels in Olympia erbaut.

Wenn Sparta verödete und nur die Tempel und Grundmauern der Bauten blieben, würden gewiß die Spätern nach Verlauf langer Zeit voller Unglauben seine Macht im Vergleich zu seinem Ruhm bezweifeln – und doch haben die Spartaner vom Peloponnes zwei Fünftel zu eigen und sind die Vormacht des Ganzen und noch vieler Verbündeten außerhalb; aber da sie nicht in einer Stadt beisammenwohnen und keine kostbaren Tempel und Bauten haben, sondern nach altgriechischem Brauch dorfweise siedeln, so könnte Sparta eher armselig wirken. Wenn es aber Athen ebenso ginge, so würde seine Macht nach der sichtbaren Erscheinung der Stadt doppelt so hoch geschätzt werden, als sie ist. Thukydides 1, 10, 2 ff.
(Übersetzung von Georg Peter Landmann)

spielt, die nun ihre Stunde gekommen sahen. Athen mußte seine Mauern schleifen und dem Peloponnesischen Bund beitreten. Bereits 411 hatte unter dem Eindruck der Niederlagen der Demokratie mit der »Herrschaft der Vierhundert« ein oligarchisches Zwischenspiel stattgefunden; nun regierten in Athen dreißig Oligarchen diktatorisch von Spartas Gnaden.

Kampf um die Hegemonie

Statt den Griechenstädten nach dem Sieg über Athen und den Seebund die versprochene Autonomie zu gewähren, errichtete Sparta eine noch drückendere Herrschaft. Lysander bestand auf dem Recht des Siegers. Von Sparta kontrollierte Zehnmännerherrschaften (Dekarchien) wurden in den Städten installiert und Besatzungen unter einem spartanischen Kommandanten (Harmosten) hineingelegt. In Athen allerdings, das Sparta zum Mißvergnügen seiner Alliierten Korinth und Theben nicht ausgetilgt hatte, tolerierte es alsbald die in einem Aufstand gegen das grausame oligarchische Regime der dreißig »Tyrannen« wiederhergestellte Demokratie, deren herausragender Vorkämpfer Thrasybulos war; eine für die Oligarchen verschiedenen Typs erlassene Amnestie wurde denkwürdigerweise auch eingehalten. Sparta gab überhaupt bald das Dekarchie- und Harmostensystem auf, das bei seiner Menschenknappheit und dem ständig drohenden Helotenaufstand nicht durchzuhalten gewesen wäre. Der allzu selbstherrliche Lysander wurde entmachtet.
Zudem änderte sich die große außenpolitische Machtkonstellation sehr schnell. Sparta hatte den Peloponnesischen Krieg dank persischer Subsidien gewonnen und dafür die Griechenstädte des kleinasiatischen Festlandes preisgegeben, die 479 v. Chr. befreit worden waren. Dann aber unterstützte es den gescheiterten Usurpationsversuch des mit Lysander befreundeten Prinzen Kyros und eröffnete

schließlich im Jahre 400 wieder den Krieg gegen Persien, um den seiner Herrschaft in Griechenland schadenden Makel des Verrats an den ionischen Städten loszuwerden. Dieser in Kleinasien unter König Agesilaos geführte Krieg, an dem sich Athen als Bundesgenosse beteiligen mußte, erzielte keinen durchschlagenden Erfolg, zumal der Athener Konon die persische Flotte befehligte. Er mußte vollends abgebrochen werden, als sich 395 in Spartas Rücken ein militärisches Bündnis aus den sehr unterschiedlichen Partnern Korinth, Theben, Argos und Athen gebildet hatte, das, von Persien mit Geld unterstützt, Spartas Herrschaft beenden wollte. Auch in diesem sogenannten Korinthischen Krieg, der sich fast zehn Jahre lang hinzog, gab es keinen eindeutigen Sieger. Immerhin konnte Athen sich aus den drückenden Bestimmungen des Friedensvertrages von 404 lösen. Nach Konons triumphalem Einzug in seiner Heimatstadt wurden nicht nur die Langen Mauern wieder errichtet, Athen trieb auch wieder eine eigenständige Politik, in deren Verlauf es sich unter Thrasybulos erneut in der Nordägäis und am Bosporus festsetzen konnte. Gleichwohl blieb Sparta die führende Macht in Griechenland. 386 zeigten sich alle Kriegsparteien zum Frieden bereit. Demütigend war freilich, daß ausgerechnet der Perserkönig einseitig den Frieden verkündete, der daher als Königsfrieden in die Geschichte einging. Allen Griechenstädten mit Ausnahme der kleinasiatischen, die unter persische Herrschaft kamen, wurde die Autonomie zugesichert.

In der Folgezeit versuchten Sparta, Athen und schließlich Theben, die Vorherrschaft in Griechenland zu erringen. Sparta gerierte sich zunächst als Garant des Königsfriedens und ging überall in Wahrung der Autonomieklausel und seiner eigenen Stellung gegen Machtzusammenballungen vor. Es beendete 386 v. Chr. Thebens Herrschaft über das geeinte Böotien, erzwang 385 die Auflösung der Großsiedlung Mantineia und legte 382 eine Besatzung in die Kadmeia, die Burg von Theben. 379 wurde Olynth auf der Chal-

kidike zum Frieden genötigt und mußte einen staatsähnlichen Städtebund unter seiner Führung auflösen.
Im selben Jahr 379 aber befreite sich Theben von Sparta, verjagte die Besatzung und erneuerte den Böotischen Bund. Schließlich gelang es 377 Athen, das vorher schon Einzelverträge abgeschlossen hatte, seinen Seebund wieder zu errichten. Nach wenigen Jahren wies er fast den gleichen Mitgliederbestand auf wie hundert Jahre vorher der erste Seebund. Zwar fehlten die Städte des kleinasiatischen Festlandes, dafür trat jetzt sogar Theben bei. Allerdings waren die Kompetenzen Athens nun vertraglich begrenzt. Die Mitgliedsstädte hatten aus den Erfahrungen der Vergangenheit gelernt und wollten bei allem offensichtlichen Bedürfnis nach einem überregionalen Zusammenschluß verhindern, daß Athen wieder eine unumschränkte Herrschaft organisieren und ausüben konnte. Es war Athen untersagt, Einfluß auf die Verfassungen der verbündeten Städte zu nehmen, Besatzungen oder Beamte dahin zu beordern, Tribut zu erheben (wohl aber gab es allgemeine Kostenbeiträge) und Kolonien im Gebiet von Mitgliedern des Seebunds anzulegen. Auch athenische Privatleute durften dort keinen Landbesitz erwerben.
Thebens aktive Mitgliedschaft im neu geschaffenen Seebund war jedoch nur von kurzer Dauer. In Reaktion auf die spartanische Herrschaft ging Theben unter seinen beiden führenden Staatsmännern Pelopidas und Epaminondas seinerseits daran, eine eigene Herrschaft in Griechenland aufzurichten, und dehnte seinen Einfluß immer weiter aus, sogar bis nach Makedonien, dessen Prinz Philipp zeitweilig als Geisel in Theben weilte. 371 v. Chr. scheiterte einer der vielen Versuche, anstelle der rivalisierenden Bündnis- und Herrschaftssysteme einen gemeingriechischen Frieden *(koine eirene)* zu schließen, an Thebens Ambitionen beziehungsweise an Spartas Widerstand dagegen. Im selben Jahr wurde Sparta in einer Vernichtungsschlacht bei Leuktra in Böotien von Epaminondas besiegt. Von 700 Spartiaten fielen 350, so daß Sparta schon allein physisch nicht mehr in der Lage war, seine Herrschaft aufrechtzuerhalten. Es war eingetreten, was die Spartiaten schon immer befürchtet und zu verhindern gesucht hatten. 369 konnten die Böoter das seit Jahrhunderten helotisierte Messenien befreien, das von nun an wieder einen eigenen griechischen Staat bildete.
Der Aufstieg Böotiens unter Thebens Führung beunruhigte Athen, zumal da Böotien mit Persien in vertragliche Beziehungen trat und offen danach trachtete, einen Zugang zur Ägäis zu gewinnen und durch den Bau einer Flotte selbst eine Seemacht zu werden. Athen näherte sich deshalb dem nun ungefährlich gewordenen Sparta an und straffte die Seebundorganisation, indem es wieder Athener in der Ägäis ansiedelte, freilich nicht im Gebiet von Partnerstädten. Thebens Anstrengungen gingen jedoch vorwiegend dahin, auf der Peloponnes Spartas Einfluß gänzlich auszuschalten und dessen Nachfolge anzutreten; es griff dort

Linke Seite: Um 470 v. Chr. weilte Aischylos auf Einladung Hierons in Syrakus und soll dort die Perser wiederaufgeführt haben. Auf die Gründung der Stadt Aitna durch Hieron schrieb er das Festspiel »Die Frauen von Aitna«. Im Theater von Syrakus begründeten im 5. Jahrhundert v. Chr. Phormis und Epicharmos mit ihren Götter- und Heroentravestien die sizilische Komödie. Auch Dramen von Sophokles und Euripides wurden dort gespielt. Das aus dem gewachsenen Fels gehauene Theater geht in seiner heutigen Form auf Hieron II. zurück, der seit 275 v. Chr. über Syrakus gebot, 269 den Königstitel annahm und als Verbündeter Roms bis zu seinem Tod im Jahr 215 an der Macht blieb.

Oben: Syrakus sah sich 415-413 v. Chr. durch die athenische Expedition bedroht und seit 409 durch die Karthager. Im Zuge des Karthagereinfalls gelangte Dionysios I. zur Tyrannis. Er umgab Syrakus mit einem neuen Befestigungsgürtel und errichtete auf der strategisch bedeutsamen Höhe Epipole nordwestlich der Stadt das Fort Euryalos.

mehrfach militärisch in Auseinandersetzungen ein, wobei lakonische Heloten und Perioken sich teilweise als unzuverlässig erwiesen, im ganzen aber doch zu Sparta hielten. 362 v. Chr. blieb Theben in der Schlacht bei Mantineia zwar siegreich, jedoch fiel Epaminondas. Nach seinem Tod war es schlagartig mit der Vormacht Thebens in Griechenland vorbei – eine Tatsache, die zeigt, wie schwach verankert auch diese Hegemonie war. Als einzige ernst zu nehmende Macht blieb noch Athen. Aber 357 brach auf Initiative des Dynasten von Karien, Maussollos, ein Aufstand gegen die zunehmend straffere Herrschaft Athens im Seebund los. Es war außerstande, die Abtrünnigen niederzuzwingen, und am Ende des zwei Jahre dauernden Bundesgenossenkriegs erstreckte sich die athenische Macht nur noch auf die Kykladen und Teile der nördlichen Ägäis.

Literatur der klassischen Zeit

Die knapp zwei Jahrhunderte der klassischen Zeit Griechenlands boten im Peloponnesischen Krieg und in den nicht abreißenden Vormachtkämpfen Musterbeispiele für die innergriechische Zwietracht, aber sie erbrachten mit der Herausbildung und Vollendung der athenischen Demokratie und dem attischen Seebund auch konstruktive und positive Leistungen, die in der historischen Erinnerung die Zeiten überdauert haben. Das gilt erst recht auf kulturellem Gebiet. Von Architektur und bildender Kunst ist an anderer Stelle die Rede; hier soll nur auf die literarischen Leistungen hingewiesen werden, die sich seltsamerweise fast ganz auf Athen konzentrierten, von dort aber in die gesamte griechische Welt ausstrahlten.

An erster Stelle steht das Theater, das regelrecht in Athen erfunden wurde. Seine Anfänge gegen Ende des 6. Jahrhunderts v. Chr. wurzelten im Kult für den Gott Dionysos, aber nach den Perserkriegen wurden die Dramenaufführungen eine feste Institution der athenischen Demokratie. Jedes Jahr gab es Wettbewerbe für Tragödien- und Komödiendichter, deren Stücke man im Fall der Annahme jeweils nur ein einziges Mal aufführte, wobei sie untereinan-

der um den ersten, zweiten und dritten Platz rivalisierten. Die Tragödien des Aischylos, des Sophokles und des Euripides und die Komödien des Aristophanes sind zu Vorbildern für das gesamte europäische Theater geworden.

Auch die Geschichtsschreibung hat Athen als Ursprungsort. Zwar stammte Herodot, der erste Historiker der Weltgeschichte überhaupt, aus dem kleinasiatischen Halikarnaß, sein Geschichtswerk verfaßte und veröffentlichte er jedoch im Athen des 5. Jahrhunderts. Er schilderte darin das Epochenereignis der Perserkriege, aber so, daß er in den ersten zwei Dritteln des Buches die Vorgeschichte und die gesamte Verfaßtheit der beteiligten Mächte darstellte, also auch ausgiebig Kulturgeschichte schrieb. Der Athener Thukydides verengte dann mit seiner Darstellung des Peloponnesischen Krieges die Geschichte auf politische und Machtfragen, da er in diesen aber anthropologische Grundkonstanten sah, gelangte er zu einer vertieften Geschichtsbetrachtung und hat damit ebenfalls auf alle spätere Geschichtsschreibung eine ungeheure Wirkung ausgeübt.

Thukydides' Geschichtsbild war dergestalt philosophisch verankert, daß er, der neuen Denkrichtung der Sophisten folgend, die Gesellschaft scharf und analytisch betrachtete. Diese Sophisten, eine Art radikaler Aufklärer, die aus vielen Teilen Griechenlands kamen, sind durch den wirkungsmächtigsten aller Philosophen, durch den Athener Sokrates, in Verruf gekommen. Er warf ihnen, gewiß nicht ohne Grund, Rabulistik, Gewissenlosigkeit und Selbstsucht vor, während er selbst es darauf anlegte, durch unablässiges Fragen und Diskutieren allen Sachverhalten so weit auf den Grund zu gehen wie möglich. Sokrates' eigene Selbstlosigkeit zeigte sich darin, daß er seine Lehre, die eigentlich nur eine Methode war, nicht schriftlich niederlegte, sondern nur immer und überall fragte und fragte. Die Art und Weise seiner radikalen Infragestellungen wurde allerdings mit derjenigen der Sophisten verwechselt und ihr Inhalt als Nihilismus angesehen, so daß Sokrates von dem durch die totale Niederlage im Peloponnesischen Krieg verunsicherten athenischen Volk in einem der berühmtesten Prozesse der Weltgeschichte wegen Gottlosigkeit zum Tode verurteilt wurde und 399 den tödlichen Schierlingsbecher trank.

Sokrates' entscheidende Rolle wird daran sichtbar, daß alle Philosophen vor ihm als »Vorsokratiker« bezeichnet werden. Sein Schüler Platon begründete die Ideenlehre, die bestimmend wurde für alle spätere abendländische Philosophie. Platon zog sich zwar aus dem athenischen Polisleben zurück, versuchte aber doch, mit Hilfe der syrakusanischen Tyrannen seine Staatsutopie zu verwirklichen, und scheiterte dabei kläglich. Sein bedeutendster Schüler wiederum war der aus Stageira auf der Chalkidike stammende, aber in Athen wirkende Aristoteles. Er war ein Wirklichkeitssüchtiger, der die Realitäten auf politischem, gesellschaftlichem, ethischem und naturwissenschaftlichem Gebiet in einer ungeheuren Arbeitsleistung nicht nur sam-

Links außen: Xenophon. Römische Kopie nach einer verlorenen Bronzestatue, die vermutlich in Athen nach dem Tod Xenophons aufgestellt wurde. Der Historiker und Sokratiker ist im Alter von fast 80 Jahren gegen 350 v. Chr. gestorben. Einige Jahre vorher hatte seine Vaterstadt Athen die über ihn verhängte Verbannung aufgehoben.
Alexandria, Griechisch-Römisches Museum

Links innen: Platon. Das in zahlreichen Marmorkopien römischer Zeit überlieferte Bildnis des Philosophen geht wahrscheinlich auf eine Bronzestatue zurück, die der attische Bildhauer Silanion nach Platons Tod (348/347 v. Chr.) geschaffen und ein Perser namens Mithradates in der Akademie zu Athen den Musen geweiht hat.
München, Glyptothek

Rechts: Nike des Paionios. Das Bild der Siegesgöttin stand auf einem 9 m hohen dreikantigen Pfeiler vor der Ostseite des Zeus-Tempels in Olympia. In den Pfeiler war eine Weihinschrift eingemeißelt und darunter in kleineren Buchstaben die Künstlerinschrift. Danach haben die Messenier und Naupaktier dieses Denkmal zum Dank für ihre Siege über die Spartaner gestiftet und Paionios von Mende (auf der Chalkidike) das Werk geschaffen. Nike kommt, den Sieg bringend, im Fluge vom Olymp herab. Von den langen geöffneten Schwingen sind noch die Ansätze auf den Schultern erhalten. Der Wind preßt das Gewand der Göttin an ihren Körper und bauscht es in schwungvoll bewegten Faltenbögen. Mit ausgebreiteten Armen hielt sie den Mantel, der sich wie ein Segel hinter ihr blähte. Der Stein unter ihren Füßen bedeutet Luft oder Wolke, durch die ein Adler, der Vogel des Zeus, seitlich hindurchstößt.
Olympia, Museum

Philosophie zu treiben ist für einen König nicht nur nicht notwendig, sondern sogar hinderlich; dagegen soll er auf wirkliche Philosophen hören und ihnen folgen.
Aristoteles, Fragment 647
(aus der Schrift »Über das Königtum«)

melte, sondern auch gedanklich ordnete und durchdrang. Spätere Generationen sahen in Aristoteles »den Philosophen« schlechthin, und seine Schriften erlangten im Mittelalter kanonische Geltung.

Das Jahrhundert der nachsokratischen Philosophie war auch das der Rhetorik als Kunst. Entstanden ist sie noch im 5. Jahrhundert, und zwar auf Sizilien. Gorgias von Leontinoi kam 428 v. Chr. als Gesandter nach Athen und entzückte die Athener mit seiner Redekunst, die er auch unterrichtete, denn die demokratischen Institutionen der Stadt boten die beste Gelegenheit zur Anwendung. Schon vorher hatte Perikles mit seinem Charisma als Staatsmann und Redner das Volk für seine Politik einnehmen können. Aber erst gegen Ende des Jahrhunderts traten in großer Zahl Berufsredner in Prozessen und rhetorisch geschulte Politiker vor der Volksversammlung auf, die so ausgefeilte Reden hielten, daß man diese als literarische Kunstwerke veröffentlichte. Am berühmtesten wurden Aischines und Demosthenes, nicht allein wegen der Qualität ihres Stils, sondern auch aufgrund der Tatsache, daß sie Gegner in der Schicksalsfrage der griechischen Politik des zweiten Jahrhundertdrittels waren: Wie soll man sich gegenüber Makedonien verhalten, der neu aufkommenden Macht im Norden? Aischines plädierte dafür, sich realpolitisch den Fakten zu beugen, Demosthenes rief unerbittlich zum Widerstand auf – Aischines hat recht behalten, aber Demosthenes hat bis heute die feurigen Herzen für sich.

Der Aufstieg Makedoniens

Makedonien, im Norden des heutigen griechischen Staatsgebiets gelegen, war ein Königreich von fast homerischer Struktur: König, Adelige, wehrhafte Bauern. Die Griechen akzeptierten nur das Königsgeschlecht als echt griechisch. Offenbar hing wirklich sehr viel von den individuellen Fähigkeiten des Königs ab. Seit 360 v. Chr. nämlich regierte Philipp II., dem es in einem gewaltigen Prozeß vorwiegend militärischer, aber auch politisch-diplomatischer Anstrengungen gelang, zunächst Makedonien selbst zu einigen und zu stabilisieren, dann immer weitere Teile Griechenlands unter seine Herrschaft zu bringen. Mit dem Sieg über ein griechisches Koalitionsheer bei Chaironeia in Böotien setzte er 338 den Schlußpunkt. Ein Jahr später schlossen sich die meisten griechischen Staaten in Korinth zu einem Bund zusammen, aber nun unter der Führung des Makedonenkönigs. Gleich sollte es weitergehen mit einem Angriff gegen Persien, angeblich als Rache für die Zerstörungen des Xerxes-Zuges von 480. Ein makedonisches Heer stand bereits in Kleinasien, da wurde Philipp 336 ermordet.
Allein vom Willen dieses einen Königs kann die makedonische Expansion nicht diktiert worden sein, denn Philipps Sohn und Nachfolger Alexander III. setzte nach einer kurzen Stabilisierungszeit gleichfalls zum Krieg gegen Persien an. Seine Schlag auf Schlag aufeinanderfolgenden Siege – Granikos, Issos, Tyros, Ägypten, Gaugamela, Baktrien, Indus – haben schon die Zeitgenossen mit ungläubigem Staunen verfolgt, und als der Held im Alter von 33 Jahren 323 v. Chr. in Babylon starb, wurde er schon längst »der Große« genannt.
Ganz gewiß und glücklicherweise dürfen wir auch heute noch von Alexanders persönlicher Leistung und seinem Charisma hingerissen sein; ohne ihn wäre vieles anders gekommen. Trotzdem zeigt die Folgezeit, daß auch hier eine allgemeine Entwicklung zugrunde lag. Schon während des ganzen 4. Jahrhunderts waren Griechen und die griechische Zivilisation in immer stärkerem Ausmaß in den von Persien beherrschten Vorderen Orient eingedrungen, und die Hellenisierung dieses Gebietes sollte der bestimmende Faktor bis zum Arabersturm bleiben. Aber von Dauer war auch die politische Beherrschung des Ostens, denn das Alexanderreich brach nicht genauso schnell wieder zusammen, wie es entstanden war, vielmehr erwies sich das makedonisch-griechische Königtum bis zum Auftreten der Römer als stabil.

Die hellenistische Staatenwelt

Die Reichseinheit ging allerdings sofort wieder verloren. Da Alexander keinen regierungsfähigen Nachfolger hinterlassen hatte, stritten seine Generäle, die Diadochen, jahrzehntelang um das Erbe und mußten sich schließlich mit der jeweiligen Königsherrschaft begnügen: Ptolemaios

Linke Seite: In Aigai, dem heutigen Vergina, hatten die makedonischen Könige seit dem 7. Jahrhundert ihre Hauptstadt; um 406 v. Chr. übernahm Pella diese Funktion. Aigai blieb königliche Begräbnisstätte und Nebenresidenz. Der Palast wurde 1861 entdeckt; er umschloß einen Peristylhof mit dorischen Säulen.

Oben: Das Philippeion in Olympia. Philipp II. von Makedonien stiftete nach seinem Sieg bei Chaironeia (338 v. Chr.) in das Zeus-Heiligtum einen Rundbau mit 18 ionischen Säulen, in dessen Cella von Leochares geschaffene Goldelfenbein-Standbilder des Königs und seiner Familie aufgestellt wurden.

und seine Nachfahren herrschten als die Ptolemäerdynastie über Ägypten, Seleukos und die Seleukiden über den Osten, die nach Antigonos Monophthalmos (dem Einäugigen) benannten Antigoniden über Makedonien. Die Grenzen wechselten in zahlreichen Kriegen. So verloren die Antigoniden in der Entscheidungsschlacht von Ipsos 301 v. Chr. Kleinasien und Syrien. Die Ptolemäer herrschten eine Zeitlang in der Ägäis, an der kleinasiatischen Südküste und in Palästina. Das Seleukidenreich konnte zwar Ägypten zurückdrängen, schrumpfte aber von Osten her immer mehr zusammen. Kleinere Reiche bildeten sich heraus, so das von Pergamon an der kleinasiatischen Westküste; das von Pontos im Nordosten Kleinasiens, das nie zum Alexanderreich gehört hatte, später unter Mithradates bis zum Bosporanischen Reich auf der Krim reichte und den letzten hellenistischen Widerstand gegen Rom leistete; das Makkabäerreich in Palästina, das 164 v. Chr. aus einem religiös inspirierten Aufstand gegen die Seleukiden und hellenisierte Juden entstanden war, sich aber bald selbst hellenisierte; das graeco-baktrische Reich im heutigen Afghanistan, das zeitweilig tief nach Indien hinein ausgriff.

Die politische Welt des Hellenismus – wie diese dritte und letzte große Epoche der griechischen Geschichte genannt wird – bestand aber nicht nur aus den neuen Monarchien Makedoniens und des Ostens. Zunächst einmal gab es noch einige der alten Stadtstaaten. Sparta war zwar nicht mehr bedeutend und litt an inneren Konflikten, aber es besaß von der Vergangenheit her noch großes Prestige und brachte in den Reformkönigen Agis und Kleomenes eindrucksvolle, die Phantasie beflügelnde Gestalten hervor. Athen stellte durchaus noch eine Macht dar; nur zeitweise unter makedonischer Kontrolle, wußte es sich lange Zeit aus den großen Konflikten herauszuhalten, bis es sich 86 v. Chr. unvorsichtigerweise Mithradates anschloß und von dem Römer Sulla erobert wurde. Dazu kamen neue Mächte in der traditionellen Form des Stadtstaates, am wichtigsten Rhodos, das jetzt im Hellenismus als Handelsmacht auch ein beachtlicher politischer Faktor wurde.

Besonders kennzeichnend für das hellenistische Griechenland waren aber die Bünde, gleichberechtigte Zusammenschlüsse von Staaten mit gemeinsamen Organen. Sie sind nicht über Nacht entstanden und reichten teilweise weit in die Vergangenheit zurück; ihre ausgeprägte Form und überregionale politische Bedeutung erlangten sie aber

Der sogenannte Alexander-Sarkophag wurde 1887 in der Königsnekropole von Sidon gefunden. Er ist aus pentelischem Marmor gemeißelt, die farbige Bemalung außergewöhnlich gut erhalten. Ionische Schmuckbänder säumen den Sargkasten, der Deckel ist einer ionischen Tempelarchitektur nachgebildet. Die Reliefs geben an einer Lang- und einer Schmalseite Kämpfe zwischen Griechen und Persern wieder, an den Gegenseiten Jagdszenen. Das Schlachtenbild beginnt mit Alexander (oben links); den Löwenhelm auf dem Haupt, sprengt er in den Kampf, in der erhobenen Rechten die Lanze führend, die wie Zügel und Zaumzeug aus Metall angesetzt war. Gruppen kämpfender Griechen und Perser zu Fuß und zu Pferde schließen sich an (rechts und oben rechts). Die Fortsetzung an der Schmalseite (links) zeigt zwischen Kämpferpaaren einen galoppierenden Perser, der seine Lanze auf einen Griechen schleudert. Die Personen der Jagdszenen (unten links und rechts) tragen teils griechische, teils persische Tracht. In dem Reiter, dessen Pferd von einem Löwen zerfleischt wird, hat man den Fürsten erkannt, der in dem Sarkophag bestattet war – wahrscheinlich Abdalonymos, den Alexander nach der Schlacht bei Issos als König von Sidon einsetzte. Istanbul, Archäologisches Museum

erst jetzt. Die beiden wichtigsten waren der Achäische Bund auf der Peloponnes und der Ätolische Bund in Mittelgriechenland. Die Achäer brachten zwei große Staatsmänner hervor, Aratos und Philopoimen. Die Ätoler standen oft auf seiten der Römer und werden in der Überlieferung vorwiegend als eher unkultivierte, brutale Gesellen gekennzeichnet, während die Achäer besser wegkommen; vielleicht liegt das aber daran, daß unsere wichtigste Quelle, der Historiker Polybios, selbst achäischer Politiker gewesen ist. Freilich – allen griechischen Staaten, gleichgültig, wie sie verfaßt waren, ist der Zusammenstoß mit Rom zum Schicksal geworden.

Im Westen des Mittelmeerraumes war mit Rom inzwischen eine nichtgriechische Macht herangewachsen, die durch einen komplizierten Prozeß in die innergriechischen Auseinandersetzungen hineingezogen wurde. Dabei war keineswegs nur nackte Aggressionslust im Spiel. Die römische Republik hatte am Ende des 3. Jahrhunderts v. Chr. in einem Kampf auf Leben und Tod die phönikische Tochterstadt Karthago in Nordafrika niedergezwungen – auch das übrigens nicht aufgrund von vornherein feststehender imperialistischer Absichten. In diesem Zweiten Punischen Krieg trat der makedonische König Philipp V. auf die Seite des karthagischen Feldherrn Hannibal; das blieb zwar ohne besondere Auswirkungen, erfüllte die Römer aber doch mit Mißtrauen. So kamen sie im Jahr 200 einem griechischen Hilfeersuchen gegen Expansionsbestrebungen Philipps sofort nach, zogen aber nach ihrem Sieg in der Entscheidungsschlacht bei Kynoskephalai 197 wieder ab, nachdem T. Quinctius Flamininus in einem dramatischen Akt bei den Isthmischen Spielen die Freiheit der Griechen verkündet hatte.

Dieser Vorgang wiederholte sich mehrmals in der ersten Hälfte des 2. Jahrhunderts v. Chr. – 188 nach dem Krieg mit dem Seleukidenkönig Antiochos III., dem Großen, und 168 nach dem Krieg mit dem Makedonenkönig Perseus. Jedesmal griffen die Römer auf Bitten griechischer Staaten und aus eigener Sorge vor einer Machtzusammenballung im Osten ein, und jedesmals zogen sie sich wieder zurück, versagten aber bei der Aufgabe, in Griechenland eine sich selbst tragende stabile Ordnung zu hinterlassen. Die Folge war, daß sich in Griechenland immer mehr zielloser Haß gegen Rom ansammelte, das seine faktische Macht so planlos, ja immer ungeschickter einsetzte. Am Ende eines letzten großen Krieges, den der Achäische Bund gegen Rom provoziert hatte, wurde Korinth im Jahre 146 v. Chr. von den Römern dem Erdboden gleichgemacht. Sie lösten den Achäischen Bund auf und unterstellten seine Gebiete dem Statthalter der 148 errichteten Provinz Macedonia. Später bildete Griechenland die römische Provinz Achaia.

Den noch verbliebenen hellenistischen Königreichen erging es ähnlich. Attalos III., der letzte König von Pergamon, vererbte 133 v. Chr. sein Reich testamentarisch den Römern, die es zur Provinz Asia machten. 67 v. Chr. errichtete der römische Feldherr Pompeius aus dem, was vom Seleukidenreich übriggeblieben war, die Provinz Syria. Als Octavian, der spätere Augustus, im Bürgerkrieg gegen Marc Anton 30 v. Chr. Ägypten betrat, tötete sich dessen letzte Königin Kleopatra VII. selbst, und Ägypten wurde ins Römische Reich eingegliedert. Minder wichtige Staaten wurden durch die Einsetzung abhängiger Fürsten und Dynasten mit Rom verbunden.

Die hellenistische Weltkultur

Damit war das Ende der griechischen politischen Geschichte gekommen. Völlig anders sah es im Bereich der Kultur und Zivilisation aus, denn Rom selbst war im Laufe seines Aufstiegs zur Macht immer stärker mit der hellenistischen Kultur in Beziehung getreten und ist von ihr entscheidend geprägt worden. Hatte schon in der archaischen und klassischen Periode Griechenlands ein lebhafter kultureller Austausch stattgefunden, so wurde die hellenistische Zivilisation wahrhaft international und kosmopolitisch. Freilich handelte es sich nicht um eine Mischkultur, wie man früher geglaubt hat, die aus einer Verbindung mit den Kulturen der Völker des Alexanderreiches hervorgegangen ist. Von einzelnen übernommenen Elementen abgesehen war diese Kultur griechisch, und als solche hat sie fast die ganze damals bekannte Welt überzogen: von den Theatern und Gymnasien im fernen Baktrien oder im jüdischen Jerusalem über die Tatsache, daß im Westen das erste Geschichtswerk eines Römers, des Q. Fabius Pictor, um 200 v. Chr. in griechischer Sprache erschienen ist, weil das Publikum, das erreicht werden sollte, Griechen waren, bis hin zu dem ebenfalls auf griechisch geschriebenen Neuen Testament.
Die Träger der hellenistischen Kultur waren ethnisch nicht immer Griechen. Der Begründer derjenigen Philosophie, die zur folgenreichsten Weisheitslehre werden sollte, kam aus Kition auf Zypern, einer phönikisch geprägten Stadt. Es war Zenon, der ab 300 v. Chr. in Athen lehrte, und zwar, da ihm die Mittel für ein eigenes Grundstück fehlten, in einer öffentlichen Wandelhalle, einer Stoa. Daher nannte man diese Philosophenschule »die von der Stoa« und ihre Anhänger »Stoiker«. Ihre Ethik und Pflichtenlehre hat über

Linke Seite: Demosthenes. Römische Marmorkopie nach einer Bronzestatue des attischen Bildhauers Polyeuktos, die 280 v. Chr., 42 Jahre nach Demosthenes' Tod, auf der Athener Agora aufgestellt wurde. Der große Redner steht in gefaßter Haltung mit vor dem Leib verschränkten Händen; aber der Ausdruck des zerfurchten Gesichts, der tiefliegenden Augen und zusammengepreßten Lippen zeigt die schmerzliche Resignation des leidenschaftlichen Demokraten, der die Freiheit Athens vergeblich verteidigt hat. Kopenhagen, Ny Carlsberg Glyptotek

Rechts: Die Marmorstatue eines älteren Mannes mit Bart stand im Apollon-Heiligtum von Delphi. Sie war Teil einer um 300 v. Chr. dorthin geweihten Gruppe mit mindestens drei Figuren, darunter der Porträtstatue einer Frau. Die Benennung des Mannes, der sich im Typus des Bürgers präsentiert, bleibt ungewiß. Delphi, Museum

Kaiser Marc Aurel bis hin zu Friedrich dem Großen gewirkt. Die andere bedeutende Philosophie des Hellenismus war der Epikureismus, den der Athener Epikur begründete. Seine Lehre geriet in den Ruf, eine reine Genußphilosophie zu sein, während sie in Wirklichkeit das anzustrebende Wohlbefinden als Ausgeglichenheit und Seelenfrieden verstand. Auch der Kynismus, die dritte große und praktisch wirksame neue Philosophie, wurde später verzerrt aufgenommen: Was als Zynismus weiterlebte, bedeutete ursprünglich Bedürfnislosigkeit als Mittel zur individuellen Unabhängigkeit. Der berühmteste Kyniker war Diogenes aus Sinope, einer Stadt an der Südküste des Schwarzen Meeres.

War Athen also alles in allem die Hauptstadt der griechischen Philosophie geblieben, so gab es für andere Bereiche jetzt auch weitere Zentren. Durch eine gezielte Kulturpolitik wetteiferten die hellenistischen Könige miteinander um Prestige in der griechischen Welt, das sich auch politisch ausmünzen ließ, und ihre Hauptstädte wurden zu Brennpunkten der hellenistischen Zivilisation, insbesondere das ägyptische Alexandria. Wie die seleukidische Hauptstadt Antiocheia am Orontes war Alexandria nicht nur Residenz, sondern auch eine internationale Großstadt. Es lebte dort eine starke jüdische Gemeinde, deren Hebräischkenntnisse bereits so gering waren, daß man seit dem 3. Jahrhundert v. Chr. eine griechische Übersetzung der Bibel anfertigte, die Septuaginta; die griechischsprachige Literatur der Juden Alexandrias wurde zu einem bedeutenden Bestandteil jüdischer Literatur. In Alexandria befand sich aber vor allem die kulturelle Institution des Hellenismus par excellence: das Museion mit der berühmten Bibliothek. Es war im Zuge der inneren und äußeren Kulturpolitik Ptolemaios' I. gegründet worden. Griechische Gelehrte und Dichter (und gelehrte Dichter) konnten dort frei von materieller Sorge ihrer Tätigkeit nachgehen, wohnen und sich miteinander austauschen. Im Gebäude des Museion befanden sich außer den Wohnräumen auch Säle für Zusammenkünfte und Kulträume. Der systematisch zusammengetragene Bücherbestand der öffentlichen Bibliothek ging in die Hunderttausende. Pergamon besaß eine ähnlich bedeutende Bibliothek.

Die berühmtesten und erfolgreichsten Dichter der früh- und hochhellenistischen Zeit waren Mitglieder des Museion: Kallimachos von Kyrene, Verfasser von Kleinepen und Aita, das heißt Herkunftssagen von Städten, Kulturen und Bräuchen, Apollonios von Rhodos, der Dichter des Argonautenepos, und Theokrit von Syrakus, der Schöpfer der bukolischen Dichtung. Da die alexandrinische Bibliothek auf Vollständigkeit hin konzipiert war, legte Kallimachos ausführliche Kataloge an. Ebenso wurde die Wissenschaft der Wiederherstellung authentischer Texte von Dichtungen der Vergangenheit gepflegt, die Philologie; ihre wichtigsten Vetreter waren Zenodot von Ephesos, Aristophanes von Byzantion und Aristarch von Samothrake. Mit Ausnahme von Theokrit und Kallimachos amtierte jeder der Genannten als Direktor der Bibliothek, einige waren sogar Prinzenerzieher. Beide Funktionen hatte auch der Universalgelehrte Eratosthenes von Kyrene, der durch die Berechnung des Erdumfangs bekannt wurde. Aristarch von Samos lehrte das heliozentrische System, konnte sich damit aber nicht durchsetzen. Daß Alexandria keineswegs das Monopol auf dem Gebiet der Naturwissenschaften besaß, zeigt der Syrakusaner Archimedes; auch er hielt sich zwar eine Zeitlang in Alexandria auf, wirkte ansonsten jedoch in seiner Heimatstadt und wurde dort 212 v. Chr. bei der Eroberung durch die Römer erschlagen.

In der Herkunft der Dichter und Gelehrten und ihren wechselnden Aufenthaltsorten tritt ein Kosmopolitismus zutage, der trotz ähnlicher Erscheinungen vorher ein besonderes Kennzeichen der Epoche gewesen ist. Das ließe

Links: Buckliger Bettler. Die 6,7 cm hohe Bronze ist um 250 v. Chr. entstanden, wohl in Alexandria. Existenzen am Rande der Gesellschaft sind ein beliebtes Thema der hellenistischen Kleinkunst. Die häßlichen Züge menschlichen Elends werden nicht mehr bloß karikierend dargestellt, sondern in nüchterner Beobachtung realistisch erfaßt. Hamburg, Museum für Kunst und Gewerbe

Rechts: Bildnis eines alten Dichters. Bronzene Replik des Kopfes einer gegen 200 v. Chr. geschaffenen Statue, die vermutlich einen Dichter der Vergangenheit darstellte, vielleicht den Bauerndichter Hesiod. Geistige Erregung und dichterische Inspiration glühen in diesem Greis, so sehr Mühsal und Sorgen eines arbeitsreichen, kargen Lebens ihre Spuren bei ihm hinterlassen haben. Neapel, Museo Nazionale

sich noch an vielen anderen Vertretern von Technik und Naturwissenschaft einschließlich der Medizin aufzeigen – Wissensgebiete, die nach der fast gänzlichen Lösung von den moralischen und religiösen Bindungen der Polis im Hellenismus aufblühten, auf internationale Kommunikation angewiesen waren und sie auch praktizierten.

Desgleichen gelangte die Geschichtsschreibung auf einen neuen Höhepunkt, der den allgemeinen Verhältnissen entsprach. Im nachhinein ist in die hellenistische Politik dadurch eine Art Zielrichtung gekommen, daß schließlich alles auf die römische Herrschaft zulief. Das aber war vorab nicht einmal zu erahnen. Zuerst nahm ganz einfach das große Abenteuer des Alexander-Zuges die Gemüter gefangen. Wie klug und rational Alexander selbst war, geht daraus hervor, daß er – ganz im Sinne seines Lehrers Aristoteles – schon zu Beginn des Zuges neben Naturwissenschaftlern auch Historiographen mitnahm, die das Unternehmen beschreiben sollten. Schon während des Zuges und erst recht nach Alexanders Tod schossen die Erlebnisberichte von Mitziehenden ins Kraut, die heute unter der Sammelbezeichnung »Alexanderhistoriker« zusammengefaßt werden; sie sind sämtlich nur noch in Fragmenten erhalten. Zum Teil waren es derartige Phantasieprodukte, daß einer, der sich durch Miterleben an höchster Stelle und durch klaren Blick auszeichnete, nämlich Ptolemaios, der erste König Ägyptens, ein betont nüchternes Werk verfaßte, das dann der erhaltenen Alexander-Geschichte des Arrian aus der römischen Kaiserzeit als Grundlage diente.

Im übrigen mußte sich den Zeitgenossen das Bild eines ziellosen Auf und Ab unablässig miteinander Krieg führender Reiche aufdrängen – und dieses Bild herrscht wegen seiner nicht geringen Realitätsnähe bis heute. Alles vermittelte den Eindruck eines Geschehens, in dem das unberechenbare Schicksal, die Tyche (oder lateinisch Fortuna), blind waltete. Demgemäß gab es zwar durchaus Zusammenstellungen von Ereignissen oder Lokal- und Regionalgeschichten, aber dem Zeitgeist entsprach am ehesten die sogenannte dramatische Geschichtsschreibung, die das Schwergewicht auf die emotionale Schilderung erregender oder schrecklicher Ereignisse legte, etwa von Städtebelagerungen und -eroberungen.

Erst durch die römische Expansion war die griechische Geschichtsschreibung wieder so herausgefordert, daß sie noch einmal das Niveau von Herodot und Thukydides erreichte, ja es vielleicht sogar überbot. Polybios, Staatsmann des Achäischen Bundes, wurde mit vielen anderen führenden Männern in ein Zwangsexil nach Rom gebracht, wo er das Glück hatte, im Hause der Scipionenfamilie leben und somit die römische Politik jahrzehntelang aus nächster Nähe beobachten zu können. Aus dieser Erfahrung beschrieb und erklärte er in seinem glücklicherweise zum Teil erhaltenen Geschichtswerk für das griechische Publikum den Prozeß der römischen Expansion – zwar zum Bewunderer Roms geworden, aber doch mit innerer Anteilnahme am Schicksal des eigenen Volkes, dem er später in vielen Funktionen noch helfen konnte. Das Werk des Polybios, das reichhaltige Faktenerzählung und eine auf den Schultern der Vorgänger stehende bewundernswerte Reflexionshöhe miteinander vereinigt, ist also ein eindrucksvolles Zeugnis dafür, daß der griechische Geist über den politischen Niedergang dadurch triumphierte, daß er ihn selbst analysierte und für die Folgezeit gültig darstellte.

Frauen und Gesellschaft in der griechischen Geschichte

Nach dem Überblick über die allgemeine Geschichte erscheint es angebracht, eine sonst oft vernachlässigte Komponente zur Sprache zu bringen, nämlich die Frauengeschichte. Dabei soll versucht werden, die Geschichte der griechischen Frau nicht isoliert, sondern im gesamthistorischen Zusammenhang darzustellen.

Pergamon wurde durch die Attaliden zu einer der glanzvollsten Königsstädte des Hellenismus ausgestaltet. Eumenes II. (197–159) errichtete auf einer Terrassenstufe unterhalb des Athena-Heiligtums den Großen Altar, der sich jetzt in Berlin befindet (Abb. S. 436/437); am Ort verblieben nur die Fundamente (links innen). Das Theater (oben) wurde in den steilen Westhang des Burgbergs hineingebaut. Sein Zuschauerraum ist weniger als halbrund, dafür dehnt er sich mit 87 Sitzreihen zu außergewöhnlicher Höhe. Das Große Gymnasion ist in drei Terrassen gestaffelt; die mittlere trägt den Hof der Palästra (links außen).

Das einzige, was sich generalisierend über die griechische Frau im öffentlichen Leben sagen läßt, ist, daß sie keine politischen Rechte hatte – doch dieser Sachverhalt gilt für die gesamte Geschichte und hat sich erst in jüngster Zeit radikal geändert. Im übrigen muß nach Epochen, Gesellschaften, Gesellschaftsschichten und Funktionen unterschieden werden. Wenn wir das minoische Kreta und das mykenische Griechenland beiseite lassen – zwei Zivilisationen, die vor der Herausbildung des historischen Griechentums existiert haben –, dann tritt uns ein Bild der griechischen Gesellschaft und damit eines von der Rolle der Frau erstmals mit den Homerischen Epen vor Augen. Diese Großgedichte, in sonst überlieferungslosen Jahrhunderten mündlich entstanden, über Generationen weitergetragen und schließlich im 8. Jahrhundert v. Chr. fixiert, sind natürlich kein naturgetreues Spiegelbild der Gesellschaft, sondern zunächst Dichtung. Was den politischen und sozialen Hintergrund ihres Inhalts darstellt, stammt aus der Zeit vor der endgültigen Fassung, ist aber keineswegs einheitlich und überdies lückenhaft. Trotzdem läßt sich einiges darüber sagen. *Ilias* und *Odyssee* spielen fast ausschließlich in der Oberschicht. Zwar ist gelegentlich, besonders in der etwas späteren *Odyssee*, auch von Dienerinnen die Rede, aber die allermeisten Frauen sind Gattinnen oder Töchter von Königen und bedeutenden Adeligen. Sie regieren und beaufsichtigen das Hauswesen, das man sich freilich eher in den Dimensionen eines größeren Bauernhofes vorzustellen hat. Daraus wurde gefolgert, in der homerischen Gesellschaft habe es zwei voneinander gesonderte Tätigkeitsbereiche von Mann und Frau gegeben – Krieg und Politik auf der einen, Haus und Familie auf der anderen Seite – und diese beiden Bereiche hätten gleichwertig nebeneinander gestanden. So richtig das erstere ist, so zweifelhaft erscheint das letztere, denn es gibt mehrfach Stellen, in denen sich eine Frau zu Krieg und Politik äußert, dann jedoch regelmäßig vom Mann wieder ins Haus, zu ihrem Tätigkeitsbereich, zurückgeschickt wird, nie aber ist das Umgekehrte der Fall. Gleichwohl sind die Frauen hochgeachtete Angehörige der Adelsgesellschaft.

Möglicherweise trat in der darauffolgenden Adelsgesellschaft eine Änderung ein, aber sicher ist das nicht. Freilich sprechen zwei schriftliche Zeugnisse – wenn sie denn zutreffend interpretiert sind – eine neue Sprache. Der böotische Bauerndichter Hesiod sieht um 700 v. Chr. in der Frau nur ein nicht arbeitendes, essendes, sexuell verführendes und zu viele Kinder gebärendes Übel, und etwa hundert Jahre später äußert sich der Dichter Semonides von Samos im sogenannten Weiberkatalog ähnlich über die Frauen und belegt sie mit dem Tierreich entnommenen Schimpfnamen. Das sieht so aus, als sei die Achtung vor der Frau erheblich gesunken. Sucht man nach einer Erklärung dafür, liegt der Gedanke nicht fern, daß die vielfach bezeugte soziale Not infolge ständig zunehmender Übervölkerung etwas damit zu tun hatte. Es war die Zeit der griechischen Kolonisation, die in ebendieser Not ihre Hauptursache hatte und die dazu führte, daß große Teile der Küsten des Mittelmeeres und des Schwarzen Meeres griechisch besiedelt wurden. Die Frauen hatten übrigens keinen Anteil daran; die auswandernden Männer nahmen sich in ihren neuen Siedlungsgebieten einheimische Frauen.

Es gibt aber auch Gegenzeugnisse. Zum einen finden auch Hesiod und Semonides freundliche Worte für Frauen, und zum anderen läßt die sonstige literarische Überlieferung ganz andere Klänge den Frauen gegenüber vernehmen. So spricht die an adelige Mädchen gerichtete Chorlyrik nur in Tönen höchster Ehrfurcht und Bewunderung von ihnen. Die archaische Zeit hat sogar die größte Dichterin Griechenlands hervorgebracht, Sappho. Sie selbst war adelig, erzog adelige Mädchen, von denen sie in ihren Gedichten auch spricht, und vor allem: sie ist von beiden Geschlechtern gelesen und hoch geachtet worden. Eine Gruppe archäologischer Denkmäler weist in dieselbe Richtung, nämlich die Korai oder Koren. Diese lebensgroßen Standbilder prächtiger und prächtig gekleideter Mädchen dienten wie das männliche Pendant, die unbekleideten Kuroi, als Grabstatuen oder Weihgaben, Macht und Vornehmheit ihrer Familien bekundend. Hier findet sich keine Spur von Abwehr oder Verachtung.

Ein dritter Sachverhalt differenziert freilich auch dieses Bild. Die archaische Zeit war die Epoche, in der erstmals zwei geschlechtliche Verhaltensweisen auftraten, die in der ganzen Folgezeit andauern sollten, nämlich das Phänomen der männlichen Knabenliebe und die Institution des Hetärentums. Beides zeugt davon, daß griechische Männer ein seltsam gebrochenes Verhältnis zum anderen Geschlecht bekommen hatten. Ein Erklärungsversuch kann hier unterbleiben, versucht werden muß aber, die widersprüchlichen Sachverhalte auf einen Nenner zu bringen: zunehmende Mißachtung oder weiterhin Achtung der Frau?

Der Schlüssel zur Beantwortung dieser Frage liegt vielleicht im Gesichtspunkt des Schichtspezifischen. Auch wenn im Bereich des Adels keine wesentliche Änderung in der Stellung und Wertschätzung der Frau sichtbar ist, kann in der bäuerlichen Sphäre, deren Verhältnisse Hesiod zum Gegenstand seiner Dichtung gemacht hat, sehr wohl aus den geschilderten Gründen eine Veränderung stattgefunden haben. Freilich wissen wir von den unteren Schichten in der homerischen Zeit nur wenig. Tatsache aber ist, daß Übervölkerung und soziale Not in der archaischen Zeit stark zunahmen, Krieg und Politik somit immer wichtiger wurden. Da die Frau nie Anteil daran gehabt hat, relativierte sich ihre Bedeutung im öffentlichen Leben.

Ohne weitere Umstände begeben wir uns jetzt in die klassische Zeit, also in das 5. und 4. Jahrhundert, und hier in das demokratische Athen. Dieser politisch und kulturell wichtigste griechische Staat bietet die weitaus beste Quellenlage. Wenn es heute überhaupt außerhalb von Fachkreisen Vorstellungen von griechischen Frauen gibt, dann beziehen sie sich auf Athen.

Die athenische Demokratie war – ohne jede Schwärmerei sei es gesagt – die bisher freieste Staatsform der Geschichte, mit der intensivsten und breitesten Beteiligung des Volkes, das keinerlei andere Bindungen kannte. Vierzigmal tagte im Jahr das zentrale Organ, die Volksversammlung. Die Normalbeteiligung betrug 6000 Mann und darüber, bei einer Gesamtzahl der Berechtigten in einer Größenordnung von 25 000. Dazu kamen ungezählte Ämter, Gremien und Kommissionen bis hin zu den mit Hunderten besetzten Volksgerichten. Diese Verfassung war knapp 200 Jahre stabil und machte Athen zur führenden Macht Griechenlands. Von heutigen Vorstellungen ausgehend sollte man meinen, daß ein solches Ausmaß von Selbstbestimmung auch Frauen betroffen haben müsse; paradoxerweise ist jedoch eher das Gegenteil festzustellen.

Kore. Um 500 v. Chr. Die Mädchenstatue aus parischem Marmor stand als Weihgeschenk an Athena auf der Akropolis in Athen. Die rechte Hand hielt wohl eine Schale oder eine Weihgabe, die linke raffte das Gewand zur Seite. Über einem fein gefältelten Ärmelchiton trägt das Mädchen einen Mantel aus schwerem Wollstoff, der über der rechten Schulter gesteckt ist und den Körper in vertikalen, an den Säumen abgetreppten Falten verhüllt. Das kunstvoll frisierte Haar fällt in langen Lockensträhnen über Brust und Rücken herab und rahmt in zarten Wellen das versonnene Gesicht. Den Scheitel ziert ein Diadem, große runde Scheiben schmücken die Ohren. Reiche farbige Bemalung ergänzte die detaillierte Schilderung von Kleidung und Schmuck, die den sozialen Rang und die Schönheit der jungen Frau widerspiegeln.
Athen, Akropolis-Museum

Links: Attisches Grabrelief. Um 380 v. Chr. Wie die Inschrift auf dem Balken über den Figuren besagt, wurde die Stele für Theano errichtet, die Gattin des Ktesileos aus Erythrai. Sie sitzt in aufrechter Haltung auf einem Hocker, eine kleine Bank unter den Füßen, und zieht mit der Rechten das um die Schultern gelegte Tuch nach vorn. Der Mann steht vor ihr, auf seinen Stock gestützt und die Hände in einer Geste verschränkt, die Fassung und Schicksalsergebenheit ausdrücken mag wie der Blick, den er auf der Frau ruhen läßt. In den kanonisch geformten, als vollkommen stilisierten Gestalten und ihrer Haltung kommen die ethischen und politischen Wertvorstellungen der Gesellschaft im klassischen Griechenland zum Ausdruck. Athen, Nationalmuseum

Rechts: Der »Klagefrauensarkophag« aus der Königsnekropole von Sidon ist das Werk eines ostgriechischen Künstlers aus der Mitte des 4. Jahrhunderts v. Chr. Die Wände des Sarkophagkastens geben im Relief die Architektur einer Halle mit ionischen Säulen wieder. Zwischen den Säulen sind vor einer umlaufenden Rampe trauernde Frauen dargestellt. Alle sind in Haltung und Gebärde voneinander unterschieden, die meisten gehen auf Vorbilder der attischen Grabkunst zurück. Auch in den Giebeldreiecken befindet sich eine Gruppe klagender Frauen. Um den Sockel zieht sich ein vielfiguriger Fries mit Jagddarstellungen. An der Balustrade auf dem dachförmigen Deckel sieht man einen Zug von Viergespannen und einzelnen Pferden mit ihren Führern sowie trauernde Männer in asiatischer Tracht. Wahrscheinlich war in dem Sarkophag König Stratos I. von Sidon bestattet, der um 360 v. Chr. gestorben ist. Von ihm wird berichtet, daß er ein schwelgerisches Leben führte und sich viele Hetären von der Peloponnes kommen ließ. Istanbul, Archäologisches Museum

Wie ich gehört habe, sind infolge des damaligen Unglücks des Staates (zur Zeit des Peloponnesischen Krieges) viele Bürgerfrauen Ammen, Tagelöhnerinnen, Gehilfinnen bei der Weinlese geworden und auch viele wiederum aus Armut zu Reichtum gelangt.

Demosthenes, 57. Rede, 45

Daß die Frauen keine politischen Rechte hatten, wäre an sich nichts Besonderes, ausgesprochen seltsam aber mutet es an, daß sie in der athenischen Demokratie sogar noch weiter zurückgedrängt erscheinen. Bei anderen antiken Gesellschaften, die Frauen ebenfalls politische Rechte versagten, ist doch häufig in politischen Zusammenhängen vom Verhalten und von Ansichten realer Frauen die Rede – etwa in Rom und in Sparta –, woraus man schließen kann, daß dieses Verhalten und diese politischen Ansichten für wichtig erachtet wurden. Aus Athen haben wir ganze drei Beispiele dafür: Elpinike, die Schwester Kimons, Hipparete, die Frau des Alkibiades, und Agariste, die Frau eines Alkmeonides. Aber nicht einmal diese Frauen waren für die Demokratie typisch, denn sie gehörten der Oberschicht an. Normale Athenerinnen kamen in politischem Kontext nicht vor.

Wie ist das zu erklären? Anscheinend müssen wir uns von der landläufigen Vorstellung lösen, daß größere Freiheit allgemein auch mehr Freiheit für die Frau bedeutete. Hier scheinen andere Bewußtseinsprozesse abgelaufen zu sein. Statt uns darüber zu wundern, daß trotz eines nie wieder erreichten Ausmaßes an Demokratie die Frauen ausgeschlossen blieben, sollten wir vielleicht einmal umgekehrt fragen, ob das uns beunruhigende Phänomen nicht gerade wegen der Demokratie eingetreten ist. Wir erinnern uns, daß in der archaischen Zeit die Bedeutung der Frau aufgrund der zunehmenden existentiellen Wichtigkeit von Krieg und Politik zurückging, denn von beidem war sie ausgeschlossen. Nun stellte die athenische Demokratie ja nichts anderes dar als eine ungeheure Intensivierung von Politik und ihre Verlagerung auf alle Schichten der bisher schon Freien, also auch der Unterschichten. Das geschah nicht aus staatstheoretischen oder gar menschenrechtlichen Überlegungen heraus, sondern weil diese Schichten – in den Perserkriegen – militärisch unentbehrlich geworden waren. Man sollte also die Ursache für die politische Inexistenz der Frau nicht in einem – womöglich vorsätzlichen – Herausdrängen aus bisher innegehabten Positionen su-

chen, denn solche Positionen hatte sie nie; vielmehr handelte es sich eher um ein Sichentfernen der Männer in Richtung auf immer intensivere Politik.

Ist das einfach so hingenommen worden? Gewiß hat es keine Emanzipationsbewegung gegeben, wenn man darunter den bewußten politischen Kampf unter Führung von Frauen um größere Rechte versteht. Gesehen wurde das Problem aber doch. Die Philosophen Platon und Aristoteles gingen in ihren staatstheoretischen Überlegungen von der Gleichberechtigung der Frau aus. Das war im 4. Jahrhundert v. Chr. Auch schon aus dem 5. Jahrhundert gibt es Belege dafür, daß die Minderberechtigung der Frau als solche diskutiert wurde. Hierzu gehören die drei Frauenstücke des Komödiendichters Aristophanes: In den *Ekklesiazusen* (die Frauenvolksversammlung) wird die reale Situation auf den Kopf gestellt, die Frauen machen unter Ausschluß der Männer die Politik; in den *Thesmophoriazusen* (die Frauen beim Thesmophorienfest) schleicht sich ein als Frau verkleideter Mann in die Frauen vorbehaltenen Festlichkeiten ein; in *Lysistrate* schließlich zwingen die vereinigten Frauen die Männer dadurch zur Beendigung des Krieges, daß sie sich ihnen geschlechtlich verweigern. Natürlich war das alles als schrecklich komisch gedacht und wurde gewiß auch so aufgenommen. Aber das Entscheidende ist, daß diese Thematik mit durchaus frauenfreundlicher Tendenz überhaupt aufkommen konnte, derartige Themen also keineswegs außerhalb des Denkhorizontes lagen.

Noch deutlicher wird das bei dem Dramatiker Euripides, dessen Stoffe oft Frauen betreffen. Er äußert so tiefe Einsichten über die weibliche Existenz, daß er abwechselnd als Frauenfeind und Frauenfreund angesehen worden ist. Ein Blick in eines seiner berühmtesten Stücke, *Medea*, zeigt jedenfalls, daß hier ernsthafte Klage über die Position der Frau vorgebracht wird, nicht nur von Medea selbst (die nicht als Barbarin, sondern ganz im griechischen Bezugssystem dargestellt ist), sondern auch vom Chor, der aus korinthischen Frauen besteht.

Geändert hat sich freilich nichts, dazu waren die von uns heute erschließbaren Diskussionen und Thematisierungen wohl doch zu vage und zuwenig konkret. Vielleicht aber war die Position der Athenerin in der Öffentlichkeit doch nicht so niedergedrückt und niederdrückend, wie es sich viele heute vorstellen. Dabei geht es weniger um die alte Streitfrage, ob die Athenerinnen das Theater besucht haben (verboten war es ihnen keinesfalls, sie haben auch zugeschaut, allerdings wohl in weit geringerer Anzahl als die Männer und eher von den hinteren Plätzen), als um die Frage, ob sie ihr Leben in »orientalischer Eingeschlossenheit« fristen mußten und allgemeiner Mißachtung ausgesetzt waren.

Daß die Athenerinnen nahezu eingesperrt gewesen seien, ist ein weitverbreitetes modernes Vorurteil, das teils auf frühneuzeitlichen Reiseberichten aus dem damals türkischen Griechenland, teils auf naiv aufgenommenen antiken Textstellen beruht. Selbstverständlich waren die Athenerinnen aushäusig, die Marktfrauen bei Aristophanes und viele Einzelgeschichten in der sonstigen Überlieferung zeigen das. Wenn doch von Frauen die Rede ist, die sich im Hause aufhielten, dann handelte es sich entweder um unverheiratete Mädchen, über deren Lebenswandel in fast allen Kulturen besonders gewacht wurde, oder um Frauen der Oberschicht, die sich ein Leben in vornehmer Zurückgezogenheit leisten konnten, ein auch in anderen Schichten verbreitetes Ideal.

Zu der Auffassung, die Athenerinnen seien besonderer Mißachtung ausgesetzt gewesen, trugen nicht nur frauenfeindliche Äußerungen bei, wie sie sich in allen Kulturen finden, sondern auch der oft zitierte Satz einer Prozeßrede: die Athener hätten Hetären der Lust wegen, Nebenfrauen zur Pflege des Körpers und Ehefrauen zwecks Zeugung legitimer Kinder sowie zur Führung des Haushalts. Diese Stelle ist selbst von nüchternen Interpretinnen und Interpreten in dem Sinne ausgelegt worden, daß sich die Athener mit den schönen Dingen des Lebens außerehelich versorgten, während sie ihren Ehefrauen die beschwerlichen Lasten des Kindergebärens und der Hausarbeit aufbürdeten – und sie seien sogar so zynisch gewesen, diese Maxime offen auszusprechen. Vom Sprecher ist die Wertung der verschiedenen Frauenrollen aber gerade umgekehrt gemeint gewesen. Nicht die lustspendende Hetäre steht an oberster Stelle und wird am höchsten geachtet, sondern die legitime Ehefrau. Das ist dem Satz selbst zu entnehmen, geht aber auch aus dem Zusammenhang der Rede hervor: Sie richtet sich nämlich gegen eine Frau, die beschuldigt wird, eine bloße Hetäre zu sein und sich illegalerweise in die Rolle einer respektablen athenischen Ehefrau hineingedrängt zu haben.

Friesplatten mit Szenen des Kampfes zwischen Griechen und Amazonen vom Mausoleum in Halikarnassos. Schon Homer erwähnt das kriegerische Frauenvolk der Amazonen in Asien, und die Kämpfe, die Theseus und andere Heroen der Vorzeit gegen sie zu bestehen hatten, sind ein häufiges Thema der griechischen Kunst. So ist die Amazonomachie in den Westmetopen des Parthenon und im Cellafries des Apollon-Tempels von Bassae dargestellt. Auch das berühmte Grabmal des Maussollos war damit geschmückt. Maussollos herrschte von 377 bis 353 v. Chr. in Karien als Satrap der Perserkönige Artaxerxes II. und III. 359 verlegte er seine Residenz von Mylasa nach Halikarnassos (das heutige Bodrum im Südwesten der Türkei), wo als Mittelpunkt der neugestalteten Stadt das Grabmonument des Dynasten entstand. Nach Maussollos' Tod übernahm seine Schwester und Gemahlin Artemisia die Herrschaft; sie war für antike Autoren die Bauherrin des Maussolleion, das im Altertum zu den Weltwundern zählte und im 13. Jahrhundert durch Erdbeben zerstört wurde. Der Entwurf stammte von dem Architekten Pytheos. Auf dem rechteckigen Unterbau mit umlaufenden Relieffriesen erhob sich ein ionischer Säulenbau. Das Pyramidendach bekrönte ein Viergespann. Als Bildhauer der Reliefs sind Skopas, Timotheos, Bryaxis und Leochares überliefert.
London, British Museum

Welche Achtung athenischen Ehefrauen entgegengebracht wurde, läßt sich künstlerischen Darstellungen entnehmen. Daß die edlen Frauengestalten des athenischen Dramas nur schwer hätten konzipiert werden können, wenn in der Realität die Frauen eine verachtete, in Kinderzimmer und Küche fronende Gruppe gewesen wären – dieser Gedanke hat viel für sich, wenngleich er natürlich nicht beweiskräftig ist. Aber in die gleiche Richtung weisen die Schöpfungen der Großplastik, vor allem die Grabstelen für Frauen. Ihre Reliefs bekunden eindrucksvoll den Schmerz des Mannes über die Trennung, ebenso die Grabgedichte. Auch wenn der so ausgedrückte Schmerz nicht immer wirklich gefühlt, oft bloße Konvention gewesen sein mag, so heißt das eben, daß Achtung und nicht Mißachtung das war, was die Konvention forderte.

Ganz anders lagen die Verhältnisse in Sparta, ebenfalls scheinbar paradox wie in Athen, jedoch auf eine umgekehrte Weise. Der Ausdruck »spartanisch« ist nicht umsonst in unseren Sprachgebrauch eingegangen: Die Lebensform spartanischer Männer war in der Tat so spartanisch, wie es im Buche steht. Sie lebten in Zeltgemeinschaften zusammen und verzichteten auf jede kulturelle Betätigung – es gab keine Literatur, keine bildende Kunst, keine Baukunst. Ihre einzige Aufgabe sahen die Spartiaten in der dauerhaften Unterdrückung der Heloten, ihr Leben bestand aus Wehrertüchtigung und Kriegführung. Man sollte daher meinen, daß die spartanischen Frauen erst recht an den Rand gedrängt waren und ein besonders kümmerliches Dasein führten, aber genau das Gegenteil scheint der Fall gewesen zu sein.

Die antiken Quellen sprechen übereinstimmend davon, daß die Spartanerinnen eine von den anderen Griechen als schockierend empfundene Freiheit genossen haben. Nun ist es nicht einfach, nachweisbare Fakten über die inneren Verhältnisse Spartas zu ermitteln, denn erstens haben die Spartaner selbst nichts geschrieben und zweitens nach Möglichkeit niemanden herein- und keine Nachrichten hinausgelassen. Wir sind also auf das angewiesen, was vom Hörensagen anderswo verbreitet war. Danach sollen die Spartanerinnen geschlechtlich freizügig gewesen sein, große Selbständigkeit in wirtschaftlichen und Vermögensdingen besessen und ein kräftiges Wort in der Politik mitgeredet haben. Daß sie in den Ruf kamen, sittenlos zu sein, beruhte vielleicht auf einem Mißverständnis, hervorgerufen durch mangelnde direkte Kenntnis, hat aber wie die relative Autonomie in wirtschaftlichen Angelegenheiten gewiß etwas damit zu tun, daß die spartanischen Frauen wegen der politisch-militärischen Beanspruchung der Männer oft von diesen getrennt auf dem Lande lebten, um die dort arbeitenden Heloten zu beaufsichtigen. Mit der Helotenfurcht hängt dann auch das Gewicht zusammen, das weiblichen Ansichten über Politik und Krieg zugebilligt wurde. An sich sollte man meinen, in Sparta sei die Trennung der Lebensbereiche Politik und Haus besonders strikt gewesen. Es kam jedoch der alles andere bestimmende Faktor hinzu, daß die unterdrückten und absolut rechtlosen Heloten zu ihren spartiatischen Unterdrückern in einem ungefähren Zahlenverhältnis von sieben zu eins standen.

Die spartanischen Frauen gehörten also einer sehr prononciert ausgebildeten Herrenschicht als konstitutiver Bestandteil an. Sie waren in doppelter Hinsicht zur Aufrechterhaltung der Herrschaft nötig und wurden daher hoch geschätzt. Zum einen produzierten sie den erforderlichen Nachwuchs an Kriegern, stand die kleine Herrenschicht doch unter der ständigen Drohung, eines Tages zu wenige Männer zu haben – eine Drohung, die 371 v. Chr. Wirklichkeit wurde, als in der Schlacht bei Leuktra von den 700 Spartiaten über die Hälfte fielen und Spartas Rolle damit ausgespielt war. Zum anderen hatten die Frauen ihre Funktion in der Vermittlung des überaus männlich-kriegerischen Selbstverständnisses der Spartaner, und insofern war ihre politische Haltung wichtig. Darüber gab es zahlreiche Anekdoten. So soll eine Spartanerin auf die Frage, wie es denn komme, daß die Frauen Spartas im Gegensatz zu den anderen Griechinnen einen so starken Einfluß auf ihre Männer hätten, geantwortet haben, sie würden ja auch als einzige wirkliche Männer gebären; oder man erzählte von einer Mutter, die ihrem in den Krieg ziehenden Sohn die Mahnung mit auf den Weg gab, entweder mit dem Schild oder auf dem Schild wiederzukommen, also nur als Sieger oder tot. Das politische Selbstverständnis der Spartanerinnen war demnach kein spezifisch weibliches – wie auch immer ein solches auszusehen hätte –, sondern es glich ganz dem männlichen. Dem entsprach die spartanische Sitte, nur in zwei besonderen Fällen Tote durch einen Grabstein zu ehren: einen Mann, der in der Schlacht gefallen, und eine Frau, die im Kindbett gestorben war.

Im Hellenismus, also mit der Eroberung des Vorderen Orients bis zum Indus und seiner Erschließung für die griechische Zivilisation, änderten sich für die griechischen Frauen grundlegend die politischen und allgemeinen Bedingungen ihrer Existenz. Anders als in der archaischen Kolonisationsbewegung wanderten jetzt nämlich auch die Frauen aus und bildeten zusammen mit den Männern die führende Schicht in Kleinasien, Syrien, Mesopotamien und Ägypten. Politisch im engeren Sinne hat sich das für sie zwar nicht ausgewirkt, denn die zahlreichen neugegründeten griechischen Städte erhielten Verfassungen, in denen die Frauen von vornherein nicht vorkamen. Aber ihre Position glich sich der der Männer insofern an, als das politische Leben in diesen Städten, die sämtlich in mehr oder weniger ausgeprägter Abhängigkeit vom übergeordneten Königtum standen, ohnehin nicht mehr von der lebensbestimmenden Kraft war wie im Mutterland der klassischen Zeit, und auch dort wurde in den Teilen, die ihre Selbständigkeit behalten konnten, die Demokratie nicht mehr so allumfassend praktiziert wie früher. Dementsprechend können wir jetzt beobachten, daß Frauen als einzelne Persönlichkeiten im öffentlichen Bereich hervortraten. Vielleicht hatten sie in Einzelfällen sogar politische Ämter inne, jedenfalls wurden sie wie bisher nur Männer von politischen Instanzen öffentlich geehrt, wenn sie sich, meistens in wirtschaftlicher Hinsicht, um die jeweilige Stadt verdient gemacht hatten. Die nicht kollektive, sondern individuelle Auswanderungsbewegung ließ also bisherige Restriktionen in den einzelnen Poleis gegenstandslos werden und begünstigte eine Angleichung auch der öffentlichen Stellung von Frauen und Männern.

Mit aller Deutlichkeit trat das an der Staatsspitze zutage. Die neuen Staaten waren Monarchien und hatten die jeweilige Dynastie als staatliche Zentralmacht institutionalisiert; die weiblichen Mitglieder gehörten dazu. In der Tat hat die hellenistische Zeit zahlreiche eindrucksvolle Königinnen hervorgebracht, vor allem in Ägypten – von Arsinoe II. bis zu Kleopatra VII., der berühmten Kleopatra. Aber auch der syrischen Seleukidendynastie entstammten kraftvolle Herrscherinnen. Mit Dynamis regierte eine Königin über das Bosporanische Reich im nördlichen Schwarzmeergebiet beim Übergang zur römischen Kaiserzeit, und noch an deren Ende trat mit Zenobia, der Herrscherin des Reiches von Palmyra, eine Königin hellenistischen Zuschnitts auf. Gleichwohl fällt ein Wermutstropfen in den Becher: So selbständig und folgenreich diese Königinnen agierten, sosehr sie von ihren männlichen Gegen- oder Mitspielern in der Politik akzeptiert wurden, sosehr sie sich in Inschriften und auf Münzen als Personen eigenen Rechtes präsentierten – ihre Legitimität mußte immer, und sei es auch nur durch einen ganz dünnen Strang, von einem männlichen Herrscher hergeleitet werden; nur mit

Komödienszene. Hellenistisches Fußbodenmosaik aus einer römischen Villa im Pompeji. Das 42 cm hohe Mosaikbild ist um 100 v. Chr. nach einer Vorlage des 3. Jahrhunderts entstanden und links oben von Dioskurides aus Samos signiert. Vielleicht handelt es sich um die erste Szene von Menanders Synaristesai *(Frauen beim Frühstück). Eine alte Kupplerin, die sich auf Liebeszauber versteht, und ihre Tochter haben die junge Frau in der Mitte besucht und in bürgerlich gepflegter Umgebung ein Frühstück angeboten bekommen. Am rechten Bildrand steht auf Befehle wartend ein kleiner Dienersklave. Die drei Frauen tragen Theatermasken, die Kupplerin, mit einem Weingefäß in der Hand, die einer häßlichen Alten.*
Neapel, Museo Nazionale

ΔΙΟΣΚΟΥΡΙΔΗΣ ΣΑΜΙΟΣ ΕΠΟΙΗΣΕ

Links: Kleopatra VII. (69-30). Noch ein zweiter Marmorkopf im Vatikan und Münzbilder überliefern die Bildniszüge der berühmten ägyptischen Königin. Sie trägt die Königsbinde im Haar, das mit roter Farbe bedeckt war, wohl als Untergrund für eine Goldauflage.
Berlin, Antikensammlung

Rechts innen: Alexander der Große. Römische Marmorkopie in Hermenform nach einer um 330 v. Chr. geschaffenen Bronzestatue. Alexander ließ sich mit Achill vergleichen und wie ein jugendlicher Heros darstellen.
Paris, Musée du Louvre

Rechts außen: Bildnis eines hellenistischen Herrschers. Der um 200 v. Chr. geschaffene Marmorkopf gehörte zu einer überlebensgroßen Statue, die auf der Akropolis von Pergamon stand und vermutlich einen pergamenischen König darstellte. Die individuellen Züge treten gegenüber dem zurück, was seit Alexander dem Großen gängige Formensprache des Herrscherporträts war: die energische Kopfwendung, der nach aufwärts und in die Ferne gerichtete Blick, die vorgewölbte Stirn mit den emporgezogenen Augenbrauen, der üppige Lokkenkranz.
Berlin, Antikensammlung

Wenn ihr euch, nicht etwa viele Generationen, geschweige denn die unendliche Zeit, nein, nur diese letzten fünfzig Jahre vor Augen haltet, dann könnt ihr hier die gefährliche Macht der Tyche erkennen. Hätte vor fünfzig Jahren ein Gott den Persern oder dem König der Perser, den Makedonen oder dem König der Makedonen die Zukunft geweissagt, meint ihr, sie hätten geglaubt, daß heute nicht einmal der Name der Perser bleiben würde, die doch damals fast die ganze bewohnte Erde beherrschten, und daß die Makedonen, deren Name damals ganz unbekannt war, sich ihres ganzen Reiches bemächtigen würden? Polybios 29, 21 (Übersetzung von Hans Drexler)

ihm zusammen oder in seiner Vertretung konnten sie handeln, als Ehefrau, Mutter oder Schwester. Das dürfte mit der Tatsache zusammenhängen, daß jedenfalls in der Antike der Krieg als letzte Instanz der Herkunft von Politik überhaupt anzusehen ist.

Über die Rolle der Frau in Recht und Wirtschaft während der klassischen Zeit sind wir vor allem aus Athen unterrichtet. Gegenüber anderen griechischen Staaten lassen sich hier ähnliche spezifische Restriktionen feststellen wie im politischen Bereich. Noch am vergleichbarsten ist die familienrechtliche Situation. Jede Frau stand rechtlich unter einem Vormund, einem *kyrios* (Herr). Zunächst war das ihr Vater, nach dessen Tod der nächste männliche Blutsverwandte. Der *kyrios* verheiratete das Mädchen mit dem zukünftigen Ehemann durch einen Vertrag, an dem das Mädchen keinen rechtlichen Anteil hatte, es war nur Gegenstand. Mit der Heirat wurde der Ehemann zum *kyrios* der Frau. Sie bekam eine Mitgift, die zu ihrem Unterhalt bestimmt war und im Fall der Scheidung zurückgegeben werden mußte. Die Scheidung war einfach: Man schied sich selbst durch Auseinandergehen, wurde also nicht durch eine dritte Instanz geschieden; die Frau hatte die Scheidung allerdings dem Archon gegenüber anzuzeigen. Eine Frau, die ihren Mann verließ, kehrte in ihre frühere Vormundschaft zurück. Die Anzeigepflicht sollte sicherstellen, daß dem Archon bekanntgemacht wurde, wie es um die Situation der einzelnen Familien oder Sippen, *oikoi*, bestellt war. Er hatte nämlich dafür zu sorgen, daß jeder *oikos* erhalten blieb. Um das zu gewährleisten, mußte jede Frau ohne näheren männlichen Verwandten jemanden aus ihrer Sippe heiraten. Der Archon gab regelmäßig die Frauen bekannt, die einen solchen Status hatten, und forderte den nächsten männlichen Verwandten auf, sich zu melden und diese Frau, die *epikleros*, zu heiraten. Die Sorge um den Erhalt des *oikos* erklärt sich aus wirtschaftlichen und sakralen Rücksichten, die jedoch ihrerseits bisher noch nicht erklärt werden konnten.

Das gleiche gilt für die vermögensrechtliche Beschränkung, der die athenische Frau der klassischen Zeit unterlag. Gesetze kennen wir nicht, lediglich Nachrichten über den tatsächlichen Zustand. Darunter befindet sich nun keine einzige Quelle, aus der hervorginge, daß eine Frau über mehr Eigentum als ihre persönlichen Sachen verfügt habe. Wir müssen hier nicht die verzwickten Fragen des griechischen Eigentumsbegriffes abhandeln, sondern es soll genügen festzustellen, daß in unserem verhältnismäßig reichhaltigen Quellenmaterial keine Athenerin erscheint, die etwa – und sei es durch ihren *kyrios* – über Sklaven oder Häuser oder Grundstücke eine Verfügung getroffen hat. Dieser Sachverhalt ist bisher ganz unerklärt geblieben. Der Hinweis auf die Sorge um das Zusammenhalten des Vermögens in dem jeweiligen *oikos* erscheint zwar plausibel, aber dann müßte erklärt werden, warum diese Sorge zu solchen Konsequenzen führte.

Anderswo in Griechenland war das nämlich anders geregelt. Von Sparta berichtet Aristoteles – und zwar tadelnd –, daß dort den Frauen ein Fünftel des Bodens gehöre. In hellenistischer Zeit wandte sich der spartanische Reformkönig Agis IV. an seine Mutter und deren Freundinnen, um von ihnen finanzielle Unterstützung für das Startkapital zu bekommen, mit dem er neu zu schaffende Bauernstellen ausstatten wollte. Auch aus Delphi, Böotien, Tenos und Kalymnos gibt es inschriftliche Zeugnisse, aus denen hervorgeht, daß Frauen mit der größten Selbstverständlichkeit über bedeutendere Vermögensgegenstände verfügten. Ein Teil dieser Inschriften stammt aus nachklassischer Zeit, doch spricht nichts gegen die Annahme, daß hier eine lange Rechtstradition vorliegt.

Für den vorderasiatischen Teil der hellenistischen Welt haben wir zwar keine Inschriften, die über die privatrechtliche Stellung der Frau Auskunft geben könnten, dafür aber zwei mindestens ebenso authentische Quellen beziehungsweise Quellengruppen, nämlich das Neue Testament und die ägyptischen Papyri. Bei diesen handelt es sich um Papier, das mit allem möglichen beschrieben wurde und im trockenen Wüstensand erhalten blieb. Außer literarischen Texten sind auf diese Weise auch Akten, Briefe und überhaupt Aufzeichnungen aller Art überliefert worden. Daraus ergibt sich eine fraglos selbständige Position der Frau im Rechtsleben. Wir haben zwischen Frau und Mann abgeschlossene Ehe-, Erbschafts- und Scheidungsverträge. In Eheverträgen wird nicht nur die übliche – aus dem Satz *pater semper incertus* zu erklärende – eheliche Treue der Frau festgelegt, sondern auch die des Mannes.

Im Wirtschaftsleben spielten Frauen unangefochten die Rolle der selbständigen Geschäftsfrau. Wenn sie einen *kyrios* brauchten, so beschränkte sich dessen Funktion bei Geschäftsabschlüssen auf die eines bloß anwesenden Katalysators, ja es scheint sogar so gewesen zu sein, daß für aufstrebende ägyptische Frauen der *kyrios* ein anzustrebendes Statussymbol war, das die Zugehörigkeit zum griechischen Kulturkreis signalisierte. Mit Apollonia, der Frau des Dryton, hat Sarah Pomeroy den geschäftlichen Werdegang einer tüchtigen Griechin aus dem hellenistischen Ägypten rekonstruieren können.

Die gleiche Sachlage ergibt sich aus den Schriften des Neuen Testaments, das noch viel zuwenig für die Sozialgeschichte ausgewertet ist. Seine vorwiegend aus dem Jahrhundert nach Christi Geburt stammenden Texte spiegeln hoch- und späthellenistische Lebensverhältnisse in Palästina und im Ägäisgebiet wider. Auch hier begegnen uns zahlreiche selbständige Frauen und Geschäftsfrauen, von der Apostelin Junia in Rom über die Missionarin Priska aus Korinth und Phöbe, die den Brief an die Römer überbringt – eine gefahrvolle Funktion für eine von Korinth nach Rom allein reisende Frau –, bis hin zur Geschäftsfrau Lydia in Philippi, die resolut ihre Angestellten sämtlich auf den christlichen Glauben taufen läßt.

Staat, Gesellschaft, Wirtschaft

Die Geschichte der Griechen in dem mehr als tausendjährigen Zeitraum von den frühesten Schriftquellen (den mykenischen Tontäfelchen in Linear-B-Schrift um 1200 v. Chr.) bis zum Aufgehen im römischen Weltreich im 1. Jahrhundert v. Chr. war so reich an Wechselfällen, an weitreichenden Entwicklungen und tiefgreifenden Umwälzungen, daß von Zuständen und Einrichtungen, die für alle Phasen dieser Geschichte einigermaßen gleichmäßig charakteristisch wären, nicht die Rede sein kann. Um dem vielfältigen Wandel der geschichtlichen Wirklichkeit gerecht zu werden, müßte man das jeweilige Bild der griechischen Welt in einer Reihe zeitlich aufeinanderfolgender Querschnitte zeichnen, also etwa die mykenische Zeit, die »Dunklen Jahrhunderte«, die archaische, die klassische und die hellenistische Zeit in besonderen Abschnitten behandeln, und zwar jedes Zeitalter so, daß neben den gerade für dieses Zeitalter bezeichnenden auch die aus der Vergangenheit ererbten Elemente ebenso Berücksichtigung finden würden wie die Vorstufen und ersten Anzeichen der Neuerungen, die dann dem nachfolgenden Zeitraum sein Gesicht geben sollten. Mit anderen Worten, eine Darstellung dieser Art würde ohne viele, auch umfangreiche und ermüdende Wiederholungen nicht auskommen und überhaupt viel Platz beanspruchen, der hier nicht zur Verfügung steht. So müssen wir einen anderen Weg gehen, der zugleich den Vorzug hat, den aus reichlich fließenden Quellen am besten bekannten und für die Kulturgeschichte der Menschheit bedeutsamsten Zeitraum, die große Zeit der griechischen Literatur und Kunst, in den Mittelpunkt zu stellen: Wir werden uns im folgenden auf die Zustände und Entwicklungen der archaischen und klassischen Zeit, das heißt des 8. bis 4. Jahrhunderts, konzentrieren. Das ist die Zeit einer bunten Vielfalt mehr oder weniger selbständiger Zwerg-, Klein- und Mittelstaaten, zugleich die Zeit eines stürmischen, aber geradlinigen Aufschwungs auf allen Lebensgebieten und der bruchlos sich anschließenden Reifezeit und Hochblüte. Von den Zuständen und Entwicklungen des so abgegrenzten Zeitraums läßt sich eine in sich zusammenhängende, nicht zeitlich, sondern systematisch geordnete Darstellung geben. Auf die wichtigsten Abweichungen einerseits der frühzeitlichen, andererseits der hellenistischen Verhältnisse und Institutionen wird dann am jeweiligen systematischen Ort nur kurz hinzuweisen sein.

Grabstele des Hieron und der Lysippe. Die 1879 in Rhamnus gefundene Reliefplatte aus pentelischem Marmor war von einem architektonischen Rahmen umgeben. Der Giebel und ein Block der Basis, beide mit Inschriften versehen, wurden bei neueren Grabungen entdeckt. Wie bei vielen Denkmälern dieser Art zeigte das Ehepaar seine Verbundenheit in der Geste des Handschlags. Das Relief datiert um 320 v. Chr. Wenig später, zwischen 317 und 307, erließ Demetrios von Phaleron ein Gesetz zur Einschränkung des Gräberluxus, das den attischen Grabreliefs ein Ende setzte. Athen, Nationalmuseum

Die griechischen Staaten

Entstehung und äußere Entwicklung

Um die Zeit des Einsetzens schriftlicher Quellen, gegen 1200 v. Chr., zerfiel Griechenland, in jedem Fall Kreta, die Peloponnes und das östliche Mittelgriechenland, in eine Mehrzahl ziemlich großer Königreiche, deren zentralistische und bürokratische Verwaltung in großen Palästen ihren Mittelpunkt hatte; als derartige Mittelpunkte sind zur Zeit Knossos, Pylos, Mykene und Theben erkennbar, weitere zu vermuten. Seit etwa 1200 v. Chr. führten – wohl durch Wandervölker verursachte – Katastrophen und Verfallsprozesse zum Untergang dieser Reiche; in den nun folgenden – wenigstens für uns schriftlosen – »Dunklen Jahrhunderten« entschwinden sie für immer unserem Blick.

Während desselben Zeitraums rollten Wellen griechischer, vereinzelt auch nichtgriechischer Wandervölker aus dem Norden und Nordwesten über Griechenland und die

Inseln bis an die kleinasiatische Westküste, zum Teil noch weiter bis Südkleinasien und Zypern. Sie bildeten, vergleichbar etwa den germanischen Wandervölkern des ausgehenden Altertums, politische Verbände wie in ihrer früheren Heimat, so auch auf der Wanderung und, soweit die geographischen Verhältnisse es zuließen, auch noch an ihren neuen Wohnsitzen; viele dieser sogenannten Stammstaaten haben sich bis in die vollhistorischen Zeiten etwa seit dem 7. und 6. Jahrhundert v. Chr. (und zum Teil weit darüber hinaus bis in die hellenistische Zeit) erhalten, in der Regel unter ihrem alten Namen aus der Wanderzeit, von dem der Name ihrer neuen Heimat abgeleitet ist wie der der Lombardei oder Burgunds von den Langobarden und Burgundern; so ist zum Beispiel vom Volksnamen *Boiō-toi*, »die Boioter«, der Landesname *Boiōt-iā*, »Böotien«, abgeleitet.
Andere dieser Stammesverbände der Wanderzeit sind wenigstens in den sagenhaften Erzählungen aus der Frühzeit und anhand der gleichartigen, weil altererbten politischen, sozialen und kultischen Institutionen der aus ihnen hervorgegangenen Stadtstaaten noch gut greifbar, so vor allem die großen Stämme der Ioner und der Dorer, die weite Teile des östlichen Mittelgriechenlands, der Peloponnes, der ägäischen Inselwelt und des westkleinasiatischen Küstengebietes in Besitz genommen, aber eben wegen der übermäßigen Ausdehnung ihrer neuen Siedlungsgebiete ihre politische Einheit früh verloren haben.
Im Inneren vieler Stammstaaten und erst recht in den durch deren Zerfall entstandenen Freiräumen bildeten sich, nachweisbar seit dem 8. Jahrhundert v. Chr., politische Verbände einer anderen Art, die sogenannten Stadtstaaten. Diese neuartigen Verbände umfaßten das einer »Stadt« *(polis)* – in den weit überwiegend agrarischen Verhältnissen der älteren Zeit eher ein geschützt gelegenes, meist auch künstlich befestigtes Großdorf – zugeordnete Gebiet mit vielen, wenigen oder auch gar keinen Dörfern.

Linke Seite: Luftbild der Burg von Mykene. Der Fürstensitz, nach dem die mykenische Epoche benannt wird, liegt im nordöstlichen Winkel der Argolis auf einem 278 m hohen Berg. Ihren Mauerring von über 900 m Länge erhielt die Burg zu Beginn des 13. Jahrhunderts v. Chr. Der Zwinger im Vordergrund führt zum »Löwentor«. Rechts davon liegt das Schachtgräberrund A.

Oben: Luftbild der Burg von Tiryns. Wohl als Bollwerk der Fürsten von Mykene gegen Angriffe vom Meer her errichtet, erhebt sich die Burg von Tiryns auf einem langgestreckten, etwa 25 m hohen Felsrücken in der Küstenebene des Golfes von Nauplia. Eine aus zyklopischen Steinen bis zu 9 m hoch aufgetürmte Ringmauer von 700 m Länge umzieht den Burghügel.

»Si-ra-ro: aus der ›Sammlung‹: 202 männliche Schafe, 750 weibliche Schafe, 125 männliche Ziegen, 240 weibliche Ziegen, 21 männliche Schweine, 60 weibliche Schweine, 2 männliche Rinder, 10 weibliche Rinder.« Linear-B-Täfelchen von Knossos, Co 907

Si-ra-ro ist ein Ortsname aus dem westlichen Kreta; genauere Lesung und Lokalisierung sind derzeit nicht möglich. Das Täfelchen verzeichnet den Bestand der königlichen Viehherden in dem dieser Ortschaft zugeordneten Landgebiet.

Es war in der Regel ein mehr oder weniger ansehnliches Stück guten Acker- und Gartenlandes zwischen Bergen, die vor allem der Weide und Holznutzung dienten, und gegebenenfalls der Küste. Von den Inseln zerfielen die größeren meist in eine Mehrzahl von Stadtgebieten, die kleineren bildeten oft nur ein einziges, soweit sie nicht einfach zum Gebiet einer benachbarten Stadt gehörten. In jedem Fall hatte eine solche Polis (das Wort bezeichnete nicht nur die zentrale Siedlung, sondern auch das ganze Gemeinwesen) ihren Namen vom Hauptort; der Staat Korinth zum Beispiel hieß offiziell *hoi Korinth-ioi*, »die von Korinth *(Korinthos)*«. Schon anhand der Namengebung sind also Stadt- und Stammstaaten eindeutig zu unterscheiden: Bei jenen heißt die Bürgerschaft, nach griechischer Auffassung der Staat, nach einer Ortschaft, bei diesen umgekehrt das Land nach dem Stamm.

Wie wir soeben gesehen haben, waren die Poleis politische Gebilde sehr verschiedener Größe; sie konnten übrigens, wie die Stammstaaten auch, durch Eroberung oder freiwilligen Anschluß größer, durch Abspaltung kleiner werden. Ganz verschieden war aber auch ihre politische Stellung. Viele Poleis, wie zum Beispiel die Städte Thessaliens oder Böotiens, blieben dem Stammstaat eingeordnet, in dessen Grenzen sie sich gebildet hatten; viele andere erlangten früher oder später die volle Unabhängigkeit; wieder andere mußten sich größeren Städten unterordnen, meist als heeresfolge-, seltener auch tributpflichtige »Bundesgenossen«. Daß es übrigens ähnliche Verhältnisse der Unterordnung auch zwischen Stammstaaten gab, überrascht nicht; die Thessaler etwa, das heißt der Stamm, der die beiden großen Ebenen Thessaliens bewohnte, errangen spätestens im 6. Jahrhundert v. Chr. die Oberherrschaft über eine größere Anzahl kleiner Stammstaaten des umliegenden Berglandes und des südlich sich anschließenden Spercheiosgebietes.

In der spätarchaischen und klassischen Zeit, etwa vom 6. bis zum 4. Jahrhundert v. Chr., umfaßte das Gebiet der Stammstaaten (der *ethnē*, »Völker«, wie die Griechen sagten) den Großteil des griechischen Mutterlandes, nämlich das festländische Nord- und Mittelgriechenland mit Ausnahme einiger korinthischer und elischer Kolonien an der Westküste und der Gebiete von Megara und Athen, dazu den Nordsaum der Peloponnes (das Gebiet der peloponnesischen Achäer). Im gebirgigen Inneren der Peloponnes lebten die Arkader zeitweise in politisch isolierten Stadtstaaten und Talschaften, zu anderen Zeiten fanden sie zur alten Stammeseinheit zurück.

Unabhängige Stadtstaaten nahmen die Küsten- und küstennahen Gebiete im Westen, Süden und Nordosten der Peloponnes ein, so daß, aufs Ganze gesehen, stadtstaatlich geordnete Gebiete sich nur wie ein schmaler, vielfach unterbrochener Saum vom südlichen Epirus bis Attika um den weitaus größeren, geschlossenen Bereich stammstaatlicher Ordnung zogen.

Auf den Inseln dagegen sowie in den älteren (west- und südkleinasiatischen) und jüngeren Kolonialgebieten herrschte überall die entwicklungsgeschichtlich jüngere, wohl vorderasiatischen Vorbildern nachgebildete stadtstaatliche Ordnung. Soweit hier das Bedürfnis bestand, über die einzelne Stadt hinausgreifende politische Ordnungen zu schaffen – und dieses Bedürfnis wurde immer stärker, je mehr sich die zwischenstaatlichen Auseinandersetzungen, die Bedrohung durch außer- und innergriechische Mächte, verschärften –, trug man ihm durch Bündnisse Rechnung und durch ganze Bündnissysteme, die sich zu Staatenbünden auswachsen konnten. Hierher gehören vor allem der um Sparta gescharte Peloponnesische Bund, der gut zwei Jahrhunderte (von einem nicht näher bestimmbaren Zeitpunkt im 6. Jahrhundert v. Chr. bis in die sechziger Jahre des 4. Jahrhunderts) Bestand hatte, und die beiden Seebünde Athens (477–404 und 377–338); hierher gehören auch die hartnäckig wiederholten und zeitweise recht erfolgreichen Bemühungen der größten Stadt Siziliens, Syrakus, und ihrer Tyrannen, Sizilien und den äußersten Süden Italiens unter ihre Herrschaft zu bringen, Bemühungen, denen erst die römische Eroberung im späten 3. Jahrhundert v. Chr. ein definitives Ende setzte.

Daß es neben den unabhängigen Stadtstaaten zahlreiche Poleis innerhalb der fortbestehenden Stammstaaten gab, haben wir schon gesehen. Die stärkeren unter ihnen trieben zeitweise ihre eigene Politik, auch machten sich Tendenzen zur Loslösung vom Stammstaat geltend, die nach der Maxime *divide et impera* von auswärtigen Mächten wie Sparta und Athen begünstigt werden mochten. Im allgemeinen wurden sie bald überwunden und zugleich die stammstaatliche Ordnung in der Richtung weitergebildet, daß den Städten eine fest bestimmte Rolle als Gliedern des Gesamtstaates zugewiesen wurde. So entwickelten sich, namentlich seit dem 4. Jahrhundert v. Chr., weithin Ordnungen, die denen unserer modernen Bundesstaaten recht

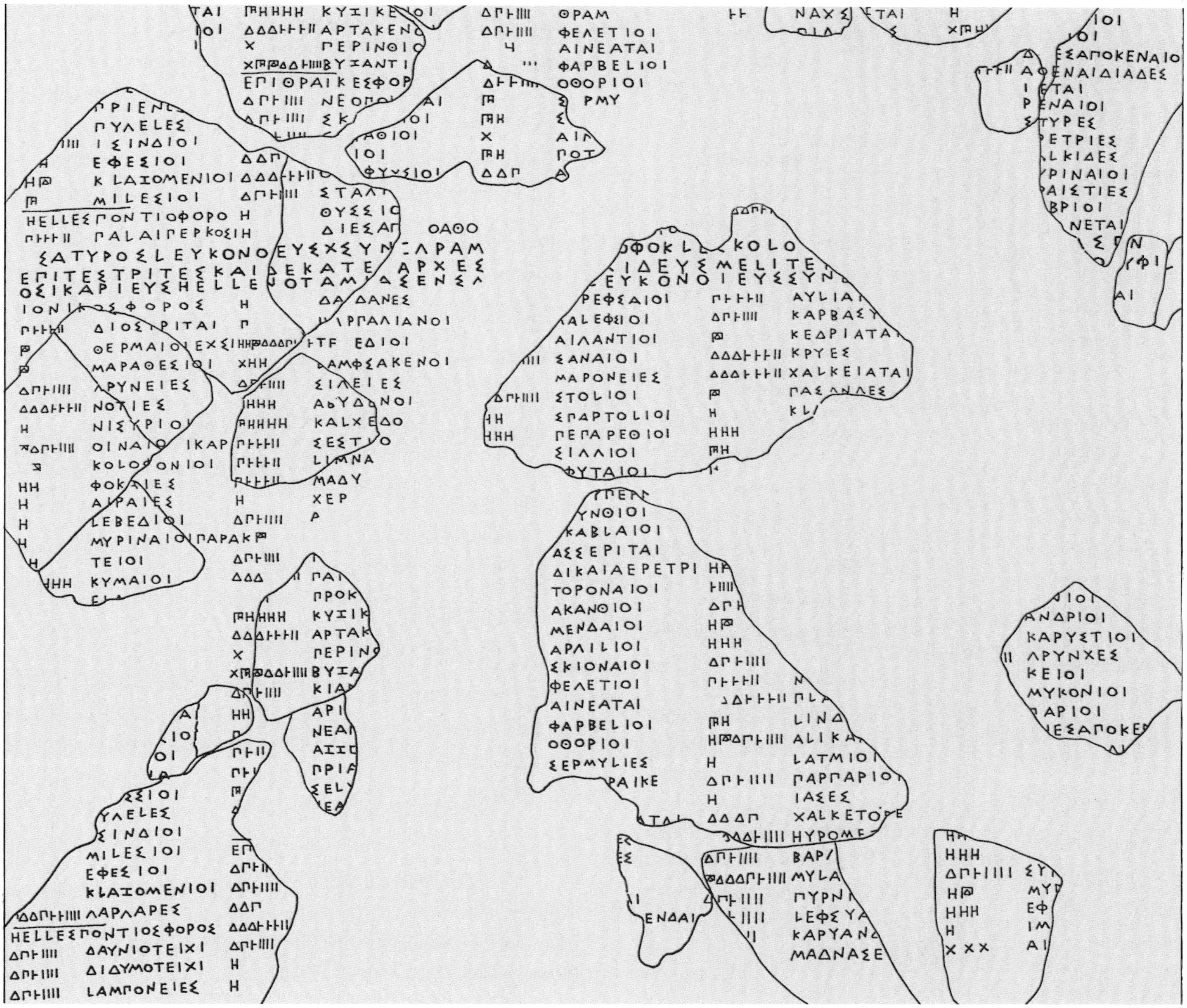

Links außen: Tontafeln in Linear-B-Schrift aus dem Palast von Pylos (Messenien). Athen, Nationalmuseum

Links innen: Kupferbarren aus einem um 1200 v. Chr. bei Kap Gelidonya gesunkenen Schiff. Die Form erinnert an gespannte Rinderhäute. Bodrum, Museum

Oben: Die Attischen Tributlisten aus dem Jahre 440/439 illustrieren die große Zahl griechischer Staaten (Nachzeichnung der Fragmente von Liste 13). Zeilen mit großen Buchstaben nennen die Tributbezirke. In den Spalten sind rechts die Bundesstaaten verzeichnet, links steht in Ziffern der Betrag, den sie gezahlt haben.

Es entsteht denn also ein Staat, wie mir scheint, wenn jeder von uns nicht sich selbst genug ist, sondern viele Bedürfnisse hat...
So nimmt also jeder den einen für dieses, einen andern für ein anderes Bedürfnis zu Hilfe; und da der Bedürfnisse viele sind, so bekommen wir viele Genossen und Helfer auf einen Wohnplatz zusammen, und dieses Zusammenwohnen nennen wir Staat...

Platon, *Politeia* 369 b (Übersetzung von Wilhelm S. Teuffel)

ähnlich waren. Vereinzelt entstanden Bundesstaaten auch ohne die Grundlage eines altererbten Stammstaates, so – im 4. Jahrhundert v. Chr. – durch Zusammenschluß aller Städte der langgestreckten Insel Euböa und – unter der Führung der Molosserkönige – der Stämme und Städte der großen Landschaft Epirus im Nordwesten Griechenlands. Eine Vorstellung von der Zahl und Größe der griechischen Staaten der klassischen Zeit mögen uns einige – zum Großteil nur grob geschätzte – Zahlen vermitteln. Im eigentlichen Griechenland und im Bereich der Inseln und Küsten der Ägäis gab es damals mehr als 350 selbständige oder doch nur völkerrechtlich, nicht staatsrechtlich gebundene Staaten. Sie waren sehr ungleich verteilt: Auf dem griechischen Festland einschließlich der Peloponnes gab es »nur« etwa 35 verhältnismäßig große Staaten, eine Vielzahl meist sehr kleiner Staaten dagegen auf den Inseln und im nördlichen und östlichen Küstenbereich der Ägäis. Auch die Einwohnerzahlen lassen sich nur grob schätzen, genauer ge-

sagt nur die Zahl der erwachsenen Bürger männlichen Geschlechts, für die uns verhältnismäßig viele Angaben über die Stärke des militärischen Aufgebots und ganz wenige überlieferte Bürgerzahlen zur Verfügung stehen. Danach hatte Athen, damals wohl der bevölkerungsreichste Staat in Griechenland und im Umkreis der Ägäis, um die 20 000 bis 30 000 Bürger, einige wenige »große« Poleis und Ethne zählten um die Zehntausend, viele kleine Stadtstaaten und auch mancher kleine Stammstaat nur einige Hundert bis wenige Tausend, mancher Zwergstaat noch nicht einmal soviel. Frauen und Kinder, Sklaven und Freigelassene sowie die ortsansässigen Ausländer, die (in Athen und anderswo) sogenannten Metöken, sind dabei nicht mitgezählt, so daß die Einwohnerzahlen, für uns nicht greifbar, in jedem Fall weit über jenen Bürgerzahlen lagen. Das ändert nichts daran, daß die griechische Staatenwelt der klassischen Zeit, wie schon früher bemerkt, eine Welt von Klein- und Zwergstaaten und nur ganz wenigen Mittelstaaten (im Sinne jener Zeit, nicht der unsrigen) war.

Mit dem Anbruch des hellenistischen Zeitalters schien sich das von Grund auf zu ändern. Der König eines bisher eher unbedeutenden, von nahen Verwandten der Griechen bewohnten Nachbarlandes, Philipp II. von Makedonien, erhob dieses Land in wenigen Jahren zur Großmacht, indem er zugleich sein unmittelbares Gebiet etwa verdoppelte und ganz Thrakien unter seine Herrschaft brachte. Gegen Ende seiner Regierung, 338 v. Chr., brach er den Widerstand einer großen griechischen Koalition und faßte dann die meisten Staaten Griechenlands zu einem Staatenbund in der äußeren Form einer gesamtgriechischen Friedensorganisation, dem sogenannten Korinthischen Bund, zusammen. Sein Sohn Alexander eroberte in wenigen Jahren das Perserreich, so daß nun an die Stelle zugleich des eher lose gefügten und von Verfallserscheinungen gezeichneten Großreiches im Osten und der griechischen Kleinstaatenwelt die Herrschaft eines einzigen Mannes getreten war. Aber die neue Ordnung hatte keinen Bestand. Nach dem frühen Tod Alexanders (323 v. Chr.) zerfiel das Reich noch in derselben Generation in drei große Königreiche mit den Zentren in Makedonien, Ägypten und Syrien, während die griechischen Stadt- und Stammstaaten wieder ihre eigene Politik zu treiben begannen. Und auch dabei blieb es nicht. Die bewundernswerte Staatskunst der ersten großen Könige aus den Häusern der Antigoniden, Ptolemäer und Seleukiden konnte nicht verhindern, daß ihre Reiche schon im 3. Jahrhundert v. Chr. an den Rändern abbröckelten und zugleich in ihrem inneren Gefüge sich lockerten. Allenthalben kamen lokale und regionale Gewalten zu neuer Entfaltung. In Asien waren das meist sogenannte Dynasten, wörtlich »Machthaber«; man stellte sie unter diese allgemeine und unverbindliche Bezeichnung, solange sie noch nicht den Königstitel angenommen hatten. Sie waren makedonischer, persischer oder einheimischer Abkunft und entzogen schon im Laufe des 3. Jahrhunderts v. Chr. nicht nur die

Linke Seite: Orchomenos in Arkadien. Im Norden und Süden des 936 m hohen Stadtbergs liegen von Bergen umschlossene Ebenen; die südliche gehörte ganz zu Orchomenos, die nördliche zur Hälfte.

Oben: Lindos, eine der drei alten Städte auf Rhodos, liegt etwa in der Mitte der Ostküste der Insel. Die Akropolis mit dem Heiligtum der Athena Lindia steigt auf nahezu senkrechtem Felsen unmittelbar aus dem Meer 116 m hoch empor. Im Norden bildet der Burgfelsen eine größere, im Süden eine kleinere Hafenbucht.

Folgende Doppelseite: Blick vom Hügel des Areopag auf die Akropolis von Athen. In mykenischer Zeit war auf dem Akropolisfelsen eine Burg mit einer aus riesigen Steinen getürmten Mauer; danach wurde die Akropolis zum heiligen Bezirk der Götter, den das klassische Jahrhundert mit unvergleichlichen Bauten schmückte.

»Vertrag zwischen den Eleiern und Euwaoiern (?): Bündnis soll sein 100 Jahre, beginnend mit diesem Jahr. Wenn aber etwas not tut, sei es Wort oder Tat, sollen sie einander beistehen, in allem anderen und was den Krieg betrifft. Wenn sie einander aber nicht beistehen, sollen die Vertragsbrecher ein Talent Silber an den Olympischen Zeus als Weihgeschenk entrichten. Wenn jemand diese Inschrift vernichtet, sei es ein Privatmann, eine Amtsperson oder eine Gemeinde, soll er in dem Fluch inbegriffen sein, der hier geschrieben steht.«

Text eines Staatsvertrages zwischen Elis und Eua (?) auf einem Bronzetäfelchen aus Olympia, etwa 6. Jahrhundert v. Chr. Die traditionelle Lesung des Namens des zweiten Vertragspartners als Erwaoiois und damit die Beziehung auf die Stadt Heraia im nordwestlichen Arkadien ist nicht mehr aufrechtzuerhalten, seitdem man weiß, daß der Name der Göttin Hera niemals ein -w- enthalten hat. Man liest jetzt besser Euwaoiois zum Ortsnamen Eua; vielleicht handelt es sich um die Stadt dieses Namens in der Kynuria.

meisten Länder im »Oberen Asien«, sondern auch mehr als die Hälfte Kleinasiens der Seleukidenherrschaft. In den eigentlich griechischen Gebieten kamen viele Poleis und Ethne zu neuer Freiheit, Macht und Blüte, allen voran die reiche und seemächtige Handelsstadt Rhodos und die beiden großen Ethne beiderseits des Korinthischen Golfes, Ätoler und Achäer, die jetzt ihre alten Grenzen weit überschritten, indem sie immer neue Städte und Kleinstämme als gleichberechtigte Glieder in ihre bundesstaatlichen Organisationen aufnahmen. So entstanden in Griechenland – zum erstenmal seit dem Untergang der mykenischen Königreiche – große Flächenstaaten; eben ihre Entstehung zeigt, daß die politische Gestaltungskraft des Griechentums keineswegs erloschen war.
Die römische Eroberung hat dann alles abgeschnitten, nicht mit einem Schlag, aber doch im Verlauf eines etwa zweihundertjährigen Aufsaugungsprozesses. Auf ihn einzugehen, ist hier nicht der Ort.

Innere Entwicklung

Die Kleinheit der altgriechischen Staaten bedeutete ein hohes Maß an lokaler Freiheit und Selbstbestimmung. In engem Zusammenhang damit steht die erstaunliche Entfaltung bürgerlicher und individueller Freiheit, die dem antiken Griechentum einen hervorragenden Platz in der politischen Entwicklung der Menschheit sichert.

Im mykenischen Griechenland herrschten reiche und mächtige Könige, gestützt auf eine bürokratische Verwaltung, ein entwickeltes Steuersystem und ansehnliche Streitkräfte, deren Kern die Streitwagenkorps bildeten. Die lokale Verwaltung aber lag in der Hand der örtlichen Gemeinde; sie verfügte über einen großen Teil des Bodens und vergab Parzellen davon als Amts- und Pachtgüter; die Bezeichnung dieser Gemeinde, *dāmos*, ist dasselbe Wort, das später – uns in der attischen Form *dēmos* geläufig – die souveräne Bürgerschaft der »demokratischen« Polis bezeichnet hat. Man darf also wohl von einer dualistischen Grundstruktur der mykenischen Staaten sprechen: ein monarchisch geleiteter, zentralistischer Staatsapparat auf der einen, Selbstverwaltung bäuerlicher Gemeinschaften auf der anderen Seite.

Die Stürme der »Dunklen Jahrhunderte« zerschlugen die Königreiche; die örtlichen Gemeinden blieben erhalten, und auch die neu eingedrungenen Wanderstämme brachten etwas wie eine primitive Demokratie mit. In den Homerischen Epen des 8. Jahrhunderts v. Chr. und in den ältesten historischen Überlieferungen, die in eben diese Zeit zurückreichen, läßt sich eine gemeinsame dreiteilige Grundstruktur politischer Ordnungen in allen griechischen Staaten erkennen. Die letzten und wichtigsten Entscheidungen lagen bei der Versammlung aller Bürger oder Stammesangehörigen; in den laufenden Geschäften beriet und entschied ein Rat der »Alten«, das heißt bejahrter, angesehener Männer (*gerontes*, dazu das Kollektivum *gerousiā*); an der Spitze zugleich des Rates und des ganzen Gemeinwesens stand ein Mann, der sein lebenslängliches Amt in der Regel von seinen Vorfahren geerbt hatte. Wir pflegen diesen *basileus* als »König« zu bezeichnen, und in der Tat haben die Griechen auch wirkliche Monarchen, etwa die Könige orientalischer Reiche, mit diesem Wort benannt; aber in mykenischer Zeit hatte der König *wanax* geheißen (das Wort bezeichnet später allgemein den »Herrn«), während der *g*^{w}*asileus (= basileus)* nur ein bescheidener Vorsteher gewesen war. Mit anderen Worten, der Basileus der archaischen Zeit war weder dem Namen noch der Sache nach ein König, er war nur der Repräsentant und Leiter eines nach genossenschaftlichen Grundsätzen geordneten Gemeinwesens.

Auch diese bescheidene Stellung blieb dem Basileus nicht erhalten. Noch in demselben 8. Jahrhundert v. Chr., dem frühesten, für das uns Schriftquellen in alphabetischer Schrift zur Verfügung stehen, setzte eine Entwicklung ein, die fast überall in der griechischen Welt – hier früher, dort später, aber spätestens im 6. Jahrhundert v. Chr. – dazu

Links: Ausschnitt aus dem Großen Gesetz von Gortyn auf Kreta. Die Inschrift aus der Mitte des 5. Jahrhunderts v. Chr. wurde von einem älteren Rundbau unbekannter Bestimmung in den Umgang des römischen Odeions versetzt. Ihre zwölf Kolumnen mit je 52 Zeilen, die von rechts nach links und von links nach rechts geschrieben sind (Bustrophedon), betreffen das Personen-, Familien-, Erb-, Vermögens- und Schuldrecht. Der Text im dorischen Dialekt verwendet ein Alphabet mit 18 Buchstaben (Eta, Pi, Chi, Psi und Omega fehlen).

Rechts: Relief einer Urkundenstele, die gegen 400 v. Chr. auf der Akropolis von Athen errichtet wurde. Hera und Athena, die Stadtgöttinnen von Samos und Athen, reichen sich die Hand. Athena trägt den attischen Helm; die Lanze hat sie zum Zeichen friedlicher Begegnung mit der Spitze zum Boden gerichtet, den Schild an einen Baum gelehnt. Hera hält in der erhobenen Linken das Zepter. Die Inschrift bezieht sich auf einen Freundschafts- und Bündnisvertrag zwischen den beiden Staaten. Athen, Akropolis-Museum

Das walten die Götter! Wer wegen eines Freien oder Sklaven prozessieren will, soll ihn vor dem Urteil nicht wegführen. Wenn er ihn aber wegführt, so soll er (der Richter) verurteilen wegen eines Freien zu zehn Stateren, wegen eines Sklaven zu fünf, weil er ihn wegführt, und er soll verfügen, daß er ihn freigebe binnen drei Tagen. Wenn er ihn aber nicht freigibt, so soll er ihn verurteilen wegen eines Freien zu einem Stater, wegen eines Sklaven zu einer Drachme für jeden Tag, bis er ihn frei gibt. Über die Zeit aber soll der Richter unter seinem Eide entscheiden. Wenn er aber die Wegführung leugnet, soll der Richter, falls nicht ein Zeuge aussagt, unter seinem Eide entscheiden. Wenn aber die eine Partei behauptet, daß er ein Freier, die andere, daß er ein Sklave sei, dann sollen diejenigen durchdringen, welche behaupten, daß er ein Freier sei.

Großes Gesetz von Gortyn, Kolumne I, 1–17
(Übersetzung von Josef Kohler und Erich Ziebarth)

führte, daß an die Stelle des einen nach Erbrecht bestellten Oberhauptes von der Volksversammlung gewählte Beamte mit beschränkter, in der Regel einjähriger Amtszeit traten, anfangs meist ein einzelner, dann immer häufiger mehrstellige Kollegien; auch stellte man neben das höchste Amt weitere Beamte oder Beamtenkollegien mit spezieller Zuständigkeit, zum Beispiel Reiterführer, Richter, Schatzmeister, Heiligtumsverwalter und so weiter. Auf diese Weise wurde die Ordnung des Gemeinwesens eindeutig republikanisch; die Griechen standen damit in ihrer Umwelt zunächst allein da, doch führte das griechische Vorbild etwa seit dem 6. Jahrhundert v. Chr. auch anderswo, und zwar zuerst in Italien, zur Ersetzung des »Königtums« durch Wahlämter.

Auf der anderen Seite blieb in manchen am Rande gelegenen oder besonders konservativen griechischen Staaten das sogenannte Königtum bis in die klassische, zum Teil bis in die hellenistische Zeit erhalten: in Epirus und Thessalien (und bei den benachbarten, den Griechen nahe verwandten Makedonen), auf der fernen Insel Zypern, in der Kolonie Kyrene in Libyen, in Argos und in Sparta; hier, in Sparta, in der – bis heute nicht erklärten – Gestalt eines Doppelkönigtums, eines Nebeneinanders zweier Könige aus zwei verschiedenen Häusern. Der Fortbestand des »Königtums« schloß übrigens auch in diesen Gebieten die kräftige Entwicklung republikanischer Institutionen (Wahlämter, Rat und Volksversammlung) nicht aus.

Richten wir, nach der Erwähnung dieser Ausnahmen, unseren Blick wieder auf die allgemeine Verfassungsentwicklung in der griechischen Welt. Die soeben skizzierte Ablösung des »Königtums« durch eindeutig republikanische Institutionen ist uns nur im Ergebnis, nicht in ihrem Verlauf greifbar; denn an eigentlichen Geschichtsquellen ist der Zeitraum, in dem sie sich vollzog, noch sehr arm. So können wir über die Ursachen dieses Verfassungswandels nur Vermutungen anstellen. Doch liegt die Annahme eines inneren Zusammenhangs mit der stürmischen wirtschaftlichen, gesellschaftlichen und kulturellen Entwicklung des Griechentums in archaischer Zeit von vornherein nahe. Er dürfte zunächst einmal darin bestehen, daß die allgemeine Entwicklung jetzt dem Staat immer neue und größere Aufgaben stellte, namentlich auf den Gebieten der Rechtspflege und der Gestaltung der sozialen Verhältnisse. Zur Erfüllung dieser Aufgaben hätte der »König« eines wachsenden und zunehmend differenzierten Stabes bedurft, dessen Aufbau ihm nach und nach eine echt monarchische Stellung verschafft hätte. Dies aber vertrug sich nicht mit dem Selbstbewußtsein und Freiheitsdrang, Ehrgeiz und

Messene im Südwesten der Peloponnes wurde 369 v. Chr. gegründet als Hauptstadt des neuen messenischen Staates, der nach Spartas Niederlage bei Leuktra entstand. Der 9 km lange Mauerring (oben) ist der besterhaltene Griechenlands. Er umschließt den 800 m hohen Gipfel des Ithome mit dem alten Heiligtum des Zeus Ithomathas und die Mulde im Westen des Berges. Dort wurde die sogenannte Agora (rechte Seite) freigelegt, vermutlich das von Pausanias erwähnte Asklepieion. Der 67 x 72 m große Platz war ringsum von Säulenhallen und Gebäuden umgeben. Den Eingang bildete ein Propylon in der Mitte der Ostseite (im Bild hinten); nördlich schließt sich ein Odeion an (unten), südlich ein quadratischer Raum mit vier Innenstützen und an drei Seiten umlaufenden Sitzbänken, vielleicht der Versammlungssaal des inschriftlich bezeugten Rates der Synedroi.

Als die Erregung sich gelegt hatte und fünf Tage vorüber waren, hielten die Verschwörer Rat über die Verfassung des Reiches, und es wurden folgende Reden gehalten, die zwar einigen Hellenen unglaublich erscheinen, die aber trotzdem wirklich gehalten wurden. Otanes sprach sich dafür aus, die Herrschaft an das ganze persische Volk zu geben. Er sagte: »Ich halte dafür, daß nicht wieder ein einziger über uns König werden soll. Das ist weder erfreulich noch gut. Ihr wißt, wie weit Kambyses sich von seinem Hochmut hat hinreißen lassen; ihr habt auch den Hochmut des Magers gekostet. Wie kann die Alleinherrschaft etwas Rechtes sein, da ihr gestattet ist, ohne Verantwortung zu tun, was sie will? Auch wenn man den Edelsten zu dieser Stellung erhebt, wird er seiner früheren Gesinnung untreu werden. Das Gute, das er genießt, erzeugt Überhebung, und Neid ist dem Menschen schon angeboren. Wer aber diese zwei hat, hat alle Schlechtigkeit beisammen. Er begeht viele Verbrechen: einige, übersättigt, aus Selbstüberhebung, andere wieder aus Neid. Freilich sollte er ohne Mißgunst sein, denn ihm als Herrscher gehört ja alles. Doch das Gegenteil davon ist der Fall. Er mißgönnt den Edelsten Leben und Luft, er freut sich der Elendesten. Trefflich weiß er den Verleumdungen sein Ohr zu leihen. Am sonderbarsten von allem ist, daß er sich über maßvolle Anerkennung ärgert, weil man nicht ehrerbietig genug sei, und sich über hohe Ehrerbietung ärgert, weil man ein Schmeichler sei. Und damit ist das Schlimmste noch nicht gesagt: Er rührt an die altüberlieferten Ordnungen, er vergewaltigt die Weiber, er mordet, ohne rechtlich zu verurteilen. Die Herrschaft des Volkes aber hat vor allem schon durch ihren Namen – Gleichberechtigung aller – den Vorzug; zweitens aber tut sie nichts von all dem, was ein Alleinherrscher tut. Sie bestimmt die Regierung durchs Los, und diese Regierung ist verantwortlich; alle Beschlüsse werden vor die Volksversammlung gebracht. So meine ich denn, daß wir die Alleinherrschaft abschaffen und das Volk zum Herrscher machen; denn auf der Masse beruht der ganze Staat.«
Das also war die Meinung, die Otanes aussprach. Megabyzos dagegen riet zur Oligarchie und sagte: »Was Otanes über die Abschaffung des Königtums sagt, ist auch meine Meinung. Wenn er aber rät, die Menge zum Herrn zu machen, so hat er damit nicht das Rechte und Beste getroffen. Es gibt nichts Unverständigeres und Hochmütigeres als die blinde Masse. Wie unerträglich, daß wir die Selbstüberhebung der Tyrannen mit der Selbstüberhebung des zügellosen Volkes vertauschen sollen! Jener weiß doch wenigstens, was er tut; aber das Volk weiß es nicht. Woher sollte dem Volke Vernunft kommen? Es hat nichts gelernt und hat auch in sich selber keine Vernunft. Ohne Sinn und Verstand, wie ein Strom im Frühling, stürzt es sich auf die Staatslenkung. Nur wer den Persern Unheil sinnt, spreche vom Volk! Wir sollten vielmehr einem Ausschuß von Männern des höchsten Adels die Regierung übertragen. Zu diesen Männern gehören wir ja selber. Es ist doch klar, daß von den Adligsten auch die edelsten Entschlüsse ausgehen.«
Das war die Meinung, die Megabyzos aussprach. Als dritter sagte Dareios seine Meinung und sprach: »Was Megabyzos gegen die Masse gesagt hat, billige ich, nicht aber, was er über die Oligarchie sagt. Drei Verfassungen sind möglich; nehmen wir sie alle in ihrer höchsten Vollendung an, stellen wir uns also die vollkommenste Demokratie, die vollkommenste Oligarchie und die vollkommenste Monarchie vor, so verdient die letztere, behaupte ich, bei weitem den Vorzug. Es gibt nichts Besseres, als wenn der Beste regiert...
In der Oligarchie, wo viele sich um das Allgemeinwohl verdient machen wollen, pflegt es zu heftigen Privatfehden zu kommen. Jeder will der Erste sein und seine Meinung durchsetzen... Herrscht dagegen das Volk, so kann es nicht ausbleiben, daß Schlechtigkeit und Gemeinheit sich einstellen. Drängt sich aber die Schlechtigkeit in die Sorge um die Allgemeinheit, so kommt es zwar nicht zu Fehden unter diesen Schlechten, aber umgekehrt zu festen Verbrüderungen. Sie verschwören sich gleichsam, um den Staat auszubeuten...
Ich meine, weil wir durch einen Alleinherrscher die Freiheit gewonnen haben, müssen wir daran festhalten, und überhaupt sollten wir die altüberlieferte Verfassung nicht umstoßen...«

Herodot, *Historien* 3, 80–82 (Übersetzung von August Horneffer)

Machtstreben der örtlichen Großen, der – nach den Maßen dieser kleinen Gemeinwesen – reichen und vornehmen Männer und Geschlechter; sie zogen es vor, dem »König« als gewählte Vertrauensmänner der Bürgerschaft zur Seite zu treten, ihn dann ganz zu verdrängen und der wachsenden Vielfalt staatlicher Aufgaben durch Vermehrung und Differenzierung der Wahlämter Rechnung zu tragen.
In der Tat ist das soziale und wirtschaftliche Übergewicht des Adels in den Quellen der archaischen und noch der frühklassischen Zeit bis weit ins 5. Jahrhundert v. Chr. gut greifbar; die Dichtung und die geschichtlichen Überlieferungen dieser Zeiten sprechen in einem fort von Glanz und Ruhm der Adligen, von ihrem friedlichen Wettstreit, aber auch von ihren gewaltsamen Auseinandersetzungen und lassen keinen Zweifel daran, daß der Adel in den damaligen griechischen Staaten meist die herrschende, mindestens aber die führende Stellung einnahm. Wir vernehmen aber auch schon sehr früh, seit Homer und Hesiod, die Klagen der kleinen Leute über den Mißbrauch adliger Macht und die Forderung nach einer besseren, einer gerechten Ordnung (und dann wieder die Klagen der Adligen über die Umkehr aller von der Tradition geheiligten Verhältnisse). Die archaische Zeit war also ein Zeitalter nicht nur der Adelsherrschaft, sondern auch der Ständekämpfe. Gewaltsame Umstürze waren häufig; nicht selten gelang es einzelnen Großen, die Alleinherrschaft zu erringen. Aber mochten sie auch mit starker Hand und gut regieren, diese »Tyrannen« (so nannte man sie mit einem wohl aus Kleinasien entlehnten Wort für den »Herrscher«) hielten sich in der Regel nicht lange; ihre Herrschaft endete wenn nicht schon in der ersten, dann jedenfalls in der zweiten oder dritten Generation; zur dauernden Einrichtung wurde sie nirgends, ihr Fall stärkte am Ende nur den Freiheitswillen und Freiheitsstolz des Adels und der ganzen Bürgerschaft. Republikanische Freiheit wurde immer mehr zum allgemein hochgehaltenen Grundprinzip griechischer Staatsordnung, das man dem aus vielfachen Begegnungen vertrauten Erscheinungsbild orientalischer »Despotie« selbstbewußt entgegenhielt.
Die heftigen inneren Auseinandersetzungen führten aber nicht nur zu blutigen Umstürzen und zeitweisem Verlust der inneren Freiheit; auf die Länge gesehen bewirkten sie, im Zuge der Bemühungen um die Wiederherstellung und Festigung des inneren Friedens, eine bedeutsame Weiterentwicklung der Verfassungen mit der allgemeinen Tendenz zu einem besseren Rechtsschutz, auch für die Schwachen, und mehr Gleichberechtigung, Selbst- und Mitbestimmung für alle Bürger. Wichtige Schritte in dieser Richtung waren etwa die inschriftliche Aufzeichnung des bisher nur mündlich tradierten Rechtes (wie sie in Athen Drakon im späten 7., Solon im frühen 6. Jahrhundert v. Chr. durchführten, gewiß nicht als erste in der griechischen Welt), die Aufwertung und Verselbständigung der Volksversammlung gegenüber dem Rat, die Ersetzung des kleinen Adelsrates

mit lebenslänglicher Mitgliedschaft durch einen jährlich neu gewählten, vielköpfigen Rat. Die Ämter wurden zunächst allen zugänglich, die ein bestimmtes Mindesteinkommen oder -vermögen aufweisen konnten, also nicht nur den Vornehmen; dann senkte man schrittweise diese Zensussätze und ging schließlich vielfach so weit, die meisten Ämter durch das Los statt durch Wahl zu besetzen, also auf die Auswahl der Besten zu verzichten und buchstäblich allen gleiche Chancen zu geben. Vielfach kam es auch zu einer umfassenden Neuordnung der Magistratur mit weiterer Vermehrung der Stellenzahl, allgemeiner Durchführung des Kollegialitätsprinzips, Entmachtung oder Abschaffung des regierenden Oberamtes, Übertragung magistratischer Aufgaben auf Ratsausschüsse; auch legte man großen Wert auf die Verantwortlichkeit und Rechenschaftspflicht aller Amtsträger und auf die Überprüfung politischen Verhaltens und politischer Entscheidungen durch vielköpfige Gerichtshöfe.

Diese Ablösung der Adelsherrschaft durch das seit dem 5. Jahrhundert v. Chr. als Demokratie (»Volksherrschaft«) bezeichnete System politischer Ordnung verlief, wie dem Leser wohl schon deutlich geworden ist, in einem langen Prozeß, und zwar sehr ungleich von Ort zu Ort, insbesondere auch mit großen Unterschieden im zeitlichen Ablauf. Wie in fast allen Dingen, so waren auch auf diesem Gebiet die Inseln und Küstengebiete der Ägäis (außer Kreta) den Griechen der meisten mutterländischen und westmittelmeerischen Gebiete in der Entwicklung voraus; seit den Perserkriegen übernahm dann Athen die Führung auch im Demokratisierungsprozeß und wurde, als der mächtigste aller griechischen Staaten, für viele andere Staaten zum Vorbild, während sein Rivale Sparta zum Vorkämpfer derer wurde, die an der maßgebenden Stellung der Begüterten und Vornehmen im Staatsleben festhielten, also an einem System, das bei den Gegnern als Oligarchie, »Regierung der Wenigen«, verrufen war.

Griechische Festungsmauern bestanden noch während des 5. Jahrhunderts fast ausschließlich aus Lehmziegeln über einem meist weniger als mannshohen Steinsockel. Seit dem 4. Jahrhundert wurden sie immer häufiger in voller Höhe aus mörtellos gefügtem Quaderwerk errichtet. In Herakleia am Latmos, der heute an einem Binnensee gelegenen ehemaligen Hafenstadt in der Bucht von Milet, stehen noch große Teile der 6,5 km langen und mit 45 Türmen bewehrten Befestigung aus der Zeit nach 300 v. Chr. aufrecht (oben). Ähnlich gut erhalten ist die Mauer von Aigosthena (linke Seite), dem Grenzort der Megaris gegen Böotien.

Gott! – (ein unverständliches Wort). So hat die Stadt beschlossen: Wenn einer im Kosmos war (das heißt Mitglied des regierenden Magistratskollegiums der Stadt), darf derselbe Mann zehn Jahre lang nicht im Kosmos sein. Wenn er dennoch im Kosmos ist, schuldet er selbst den doppelten Betrag des von ihm gesprochenen Urteils und ist auf Lebenszeit nicht mehr wählbar; und was er als Mitglied des Kosmos verfügt hat, ist gänzlich ungültig. Schwören soll der Kosmos und die Damioi (»die der Gemeinde«) und die Zwanzig der Stadt.

Steininschrift mit dem Text eines Volksbeschlusses aus der kretischen Stadt Dreros, etwa 7. Jahrhundert v. Chr.

Es wäre aber verfehlt, diese besondere Situation des 5. Jahrhunderts v. Chr. zu verallgemeinern und die griechische Demokratie für eine speziell athenische Errungenschaft zu halten: Sie hat ihre ersten, entscheidenden Schritte in verschiedenen Teilen der griechischen Welt getan, sie war niemals auf Athen und sein Herrschaftsgebiet beschränkt und hat sich im weiteren Verlauf der Dinge, wie wir gleich sehen werden, überall in der griechischen Welt, im Prinzip wenigstens, durchgesetzt.

Die schweren, primär machtpolitischen Auseinandersetzungen, die im Peloponnesischen Krieg (431–404) gipfelten, ließen überall in der griechischen Welt die sozialen Auseinandersetzungen und inneren Kämpfe neu aufflammen, da sich die jeweilige Opposition mit dem äußeren Feind zu verbinden, die jeweilige Schutzmacht ihre Freunde und Gesinnungsgenossen zu begünstigen pflegte. Vor allem in den vielen kleinen Staaten, die äußerer Einwirkung hilflos ausgeliefert waren, folgte ein Umsturz dem anderen, während die größeren im allgemeinen eher imstande waren, den inneren Frieden und die verfassungsmäßige Ordnung zu wahren. Aufs Ganze gesehen lagen die Dinge so auch noch in spätklassischer und hellenistischer Zeit, doch führten schlimme Erfahrungen und eine gewisse allgemeine Ermattung und Kompromißbereitschaft zu einer wechselseitigen Annäherung oligarchischer und demokratischer, konservativer und fortschrittlicher Verfassungstypen. Dem Namen nach setzte sich im Laufe der Zeit überall die Demokratie durch; offen oligarchische Verfassungen wurden immer seltener und starben im Laufe des 3. Jahrhunderts v. Chr. ganz aus; jede anständige Verfassung gab sich von da an demokratisch. Die Wirklichkeit aber sah ein wenig anders aus.

Zunächst gab es auch jetzt, wie zu allen Zeiten der griechischen Geschichte seit dem 7. Jahrhundert v. Chr., von Zeit zu Zeit Männer, die ihre Stadt tatsächlich allein beherrschten, nicht selten als Vertrauensmänner einer auswärtigen Macht, namentlich eines der hellenistischen Könige; sie galten natürlich, mindestens nach ihrem Tod oder Sturz, als Tyrannen, als Gewaltherrscher außerhalb jeder Legalität. Grundsätzlich bedeutsamer ist die Tatsache, daß in spätklassischer und hellenistischer Zeit demokratische Verfassungen zwar immer weitere Verbreitung und ihre Prinzipien schließlich allgemeine Anerkennung fanden, daß sie aber nicht mehr in Richtung auf noch mehr Freiheit, Gleichheit und Volksherrschaft weitergebildet wurden, sondern mehr und mehr Institutionen annahmen, die ihnen die Züge einer gemäßigten Verfassung verliehen; sie sollten zwischen den Interessen der Wohlhabenden und der kleinen Leute einen Ausgleich finden und der inneren Ordnung eine gewisse Stabilität sichern.

So band man etwa Beschlüsse der Volksversammlung in bestimmten wichtigen Angelegenheiten an eine Mindestzahl der Anwesenden oder an eine qualifizierte Mehrheit, oder man verlangte, um wenigstens Übereilung und Zufallsmehrheiten auszuschließen, zweimalige Beschlußfassung in derselben Sache. Die Gesetzgebung, das heißt die Festlegung allgemeingültiger, den Volksbeschlüssen übergeordneter Normen, entzog man soweit wie möglich der Volksversammlung und unterwarf sie komplizierten, einem gerichtlichen Verfahren ähnlichen Prozeduren: Die für alle verpflichtende Ordnung sollte dem wechselnden Mehrheitswillen entzogen sein. Die Magistrate, in der extremen Demokratie ihrer Macht und Handlungsfähigkeit weitgehend beraubt, wurden wieder gestärkt, neue Oberämter mit echter Regierungsfunktion geschaffen, denen man vielfach auch wieder die Leitung von Rat und Volk anvertraute.

Das Interesse breiterer Kreise der Bürgerschaft an der Politik war jetzt, von Krisenzeiten abgesehen, eher gering; eine beschränkte Zahl erfahrener Politiker aus wohlhabenden und traditionsreichen Familien teilte sich im allgemeinen in die Führung der Geschäfte und in die Macht. Man darf

Links: Zisterne beim Theater von Delos, 3. Jahrhundert v. Chr. Das über die Sitze des Theaters herabfließende Regenwasser wurde aus der Orchestra in Kanälen zu der 6,50 m breiten und 22,50 m langen Zisterne geleitet. Parallel verlaufende Bogen aus Keilsteinen tragen Trennwände, über denen Deckplatten lagen.

Oben: Brunnenhaus von Ialysos auf Rhodos, 4. Jahrhundert v. Chr. Die aus Kalkstein erbaute Krene liegt am Südabhang des Burgberges, etwa 30 m unterhalb des Plateaus. Eine in den Fels gehauene Leitung brachte das Wasser hinter die rückwärtige Mauer. Von dort ergoß es sich durch Löwenköpfe in das Becken, dessen vordere Einfassung aus Pfeilern und dazwischen eingelassenen Platten besteht. Die Brüstungsplatten sind ebenfalls mit Wasserspeiern versehen. Daraus floß das Wasser auf den Boden der einst gedeckten Säulenhalle, die die Fassade des Brunnenhauses bildete. An einem der Pfeiler wurde das »heilige Gesetz« zur Benutzung des Brunnens eingemeißelt.

Götter! Glaukides Sohn des Sosippos hat den Antrag gestellt: Nachdem die Choregen Auteas Sohn des Autokles und Philoxenides Sohn des Philippos ihre Choregie schön und eifrig wahrgenommen haben, mögen die Demoten beschließen, sie mit einem goldenen Kranz im Wert von je 100 Drachmen zu bekränzen, (und zwar) im Theater anläßlich der Komödienaufführung in dem Jahr nach dem Archon Theophrastos, damit auch die anderen, zukünftigen Choregen mit Eifer bei der Sache sind. Der Demarch Hegesileos und die Schatzmeister sollen ihnen für ein Opfer zehn Drachmen geben.
Diesen Beschluß sollen die Schatzmeister auf einer steinernen Stele aufschreiben und im Theater aufstellen, damit die Aixoneis die Dionysien immer so schön wie möglich feiern.

Beschluß des attischen Demos Aixone
für zwei Choregen, 313/312 v. Chr.

wohl sagen, die politische Lebensform, in der die griechischen Stadt- und Bundesstaaten der hellenistischen Zeit schließlich zu einer gewissen Stabilität wenigstens ihrer inneren Ordnung fanden, war eine Regierung weniger im Namen der Mehrheit unter Wahrung (gemäßigt) demokratischer Formen. Als die Römer im 2. und 1. vorchristlichen Jahrhundert auf die inneren Verhältnisse der griechischen Staaten immer stärker einwirkten, verstärkten sie nur diese Tendenzen, die schon lange vor ihrem ersten Eingreifen wirksam gewesen waren.
Außerhalb der eigentlich griechischen Gebiete dominierte in der hellenistischen Welt eine grundsätzlich und praktisch gänzlich andersartige Staatsform, die Herrschaft der Könige und Dynasten makedonischer, persischer und einheimischer Abstammung. Wir können davon hier nur ganz kurz sprechen. Zunächst müssen wir feststellen, daß diese Königs- und Dynastenherrschaften nicht nur an griechische, sondern in größtem Umfang auch an makedonische und persische sowie an lokale und regionale Traditionen Vorderasiens und Ägyptens anknüpften. Konstruiert waren sie im allgemeinen als persönliche und erbliche Herrschaft eines einzelnen Mannes, der mit Hilfe der ihm persönlich verpflichteten Krieger und Beamten über eine Mehrzahl oder Vielzahl von Städten, Stämmen und Ländern gebot, die ihrerseits nach ihren angestammten lokalen oder regionalen Traditionen geordnet blieben und vielfach auch eine mehr oder weniger ausgedehnte Selbstverwaltung besa-

ßen. In Makedonien waren die traditionellen Grundsätze der Stammesverfassung auch in hellenistischer Zeit noch so mächtig, daß alle Makedonen als Bürger *eines* Gemeinwesens gesehen wurden (die anderen Reiche kannten eine allgemeine Staatsangehörigkeit nicht), ihre allgemeine Versammlung (in der neueren Literatur gern als »Heeresversammlung« bezeichnet) mit bestimmten verfassungsmäßigen Rechten ausgestattet war und in offiziellen Texten neben dem König (dem »König der Makedonen«, wie sein voller Titel hieß) »die Makedonen« als zweiter Träger des Staates genannt wurden.

Besondere Hervorhebung verdient die Tatsache, daß die hellenistischen Herrscher weithin griechische Kolonien anzulegen oder auch Städten der Einheimischen griechisches Stadtrecht zu verleihen pflegten. Auf diesem Weg verbreiteten sich politische Ordnungen der uns vertrauten, echt griechischen Art, also Demokratien im Sinne jener Zeit, weit über den Orient; namentlich Syrien und Palästina sowie das östliche und südliche Kleinasien wurden auf diese Weise zum Großteil auch politisch hellenisiert, sie wurden zu Gebieten, in denen sich, unter der fortbestehenden Herrschaft der Könige natürlich, ein Stadtstaat griechischen Typs an den anderen reihte. Sie alle bestanden in römischer Zeit fort, überlebten also die Reiche, denen sie ihren Ursprung verdankten.

Die Staatsaufgaben

Unter allen Aufgaben griechischer Staaten stand eine weit voran: die Selbstbehauptung in der Auseinandersetzung mit anderen Staaten, also der Krieg (der natürlich auch ein Angriffskrieg sein und der Eroberung dienen konnte). Die mykenischen wie die hellenistischen Königreiche verdankten ihren Ursprung dem Krieg und waren vor allem für ihn organisiert; aber auch die Stadt-, Stamm- und Bundesstaaten der archaischen, klassischen und hellenistischen Zeit lebten die meiste Zeit im Krieg und waren weitgehend von ihm geprägt. Sie führten ihn in erster Linie mit ihrem Bürgeraufgebot; es genügte im allgemeinen, wenn die Bürger einmal im Jahr für wenige Tage oder Wochen ins Feld zogen und im übrigen jederzeit bereit waren, sich hinter den Mauern ihrer Stadt zu verteidigen. Den Kern griechischer Aufgebote bildeten die Schwerbewaffneten, die Hopliten, in der fest geschlossenen Schlachtreihe, der Phalanx; sie waren vom 6. bis zum 3. Jahrhundert v. Chr. allen anders bewaffneten und anders kämpfenden Kriegern, auch den Reitern und Bogenschützen der Perserkönige, weit überlegen. Es waren vor allem die Bauern, daneben viele Handwerker, die sich die teure Rüstung leisten konnten. Die wohlhabende Jugend kämpfte vielfach zu Pferd, seitdem im Laufe der archaischen Zeit die Reiter an die Stelle der Wagenkämpfer getreten waren; doch blieben gute, kampfkräftige Reiter in der griechischen Welt selten, die große Ausnahme waren die makedonischen und thessalischen Reiter, die Alexander dem Großen als die entscheidende Waffe gegen die Perser dienten. Auch an Leichtbewaffneten mit Speer, Bogen oder Schleuder fehlte es nicht; die Bewohner einiger armer Bergländer waren Spezialisten auf diesem Gebiet.

Das Befestigungswesen wurde früh entwickelt und auf einen hohen Stand gebracht; man denke an die mykenischen Burgen und an die Mauerringe und Akropolen griechischer Städte von der archaischen bis in die hellenistische Zeit, die auch Zwergstaaten eine leidlich gesicherte Existenz ermöglichten. Denn die Belagerungskunst bestand die längste Zeit vor allem im Einschließen und Aushungern und zeigte sich daher wenig effektiv; Städte fielen meist durch Überrumpelung und Verrat oder gar nicht. Systematische Anstrengungen, Befestigungsanlagen durch Einsatz von Belagerungsmaschinen und weittragenden Wurf-

Vorhergehende Doppelseite, linke und rechte Seite: Reliefs vom Heroon in Trysa, etwa 400 v. Chr. Das Grabmonument einer lykischen Fürstenfamilie hat einen aus dem gewachsenen Fels gehauenen Sarkophag inmitten eines Hofes, den 3 m hohe Mauern umschlossen. Sie waren an den Innenwänden ringsum mit Reliefriesen geschmückt, auf der Torseite im Süden auch außen. Die Themen sind der griechischen Heldensage entnommen. Eine Bildfolge schildert die Belagerung und Eroberung einer Stadt. Die Angreifer gehen von ihren Schiffen an Land (linke Seite), bestürmen im Schutz der Schilde die Stadtmauer, von deren Zinnen die Verteidiger einen Steinhagel auf sie niedergehen lassen (oben), und dringen in ein Stadttor ein (oben rechts). Entsetzt fahren die im Schlaf überraschten Bewohner vom Lager auf (vorhergehende Doppelseite).
Wien, Kunsthistorisches Museum

»(Str) Unter Onasimos Sohn des Nearchos, am 13. Panamos
– Probuloi waren
(Lak) Neaithos Sohn des Gorgidas,
(Dys) Philon Sohn des Eukleidas,
(Ank) Phinton Sohn des Sosistratos;
Prodikoi waren
(Omb) Cherikles Sohn des Charippos,
(Ast) Archippos Sohn des Aristeidas,
(Pet) Charixenos Sohn des Chairylos;
Polemarchen waren
(Gaps) Theodotos Sohn des Empedokles,
(Kra) Eukleidas Sohn des Silanos,
(Ank) Sosippos Sohn des Aristophanes;
Phatarchos war
(Tio) Timon Sohn des Kallikrates –
wurden den Hieromnamonen
(Ski) Aristeus Sohn des Simon,
(Ast) Theodoros Sohn des Pyramos,
(Alch) Timasipolis Sohn des Timasipolis
auf Beschluß des Rates und des Volkes von den Darlehen,
die geschuldet waren aus den vorangegangenen Jahren,
dem Gott zurückgegeben 300 Silbertalente.«

Beurkundung einer Darlehensrückzahlung auf einem Bronzetäfelchen aus Lokroi in Süditalien, um 300 v. Chr. Die in der Übersetzung in Klammern gesetzten Abkürzungen vor den Personennamen bezeichnen jeweils die Unterabteilung der Bürgerschaft, der die betreffende Person angehört.

geschützen zu überwinden, unternahm man – nach orientalischem Vorbild – seit dem späten 5. und frühen 4. Jahrhundert v. Chr.; aber die gleichen technischen Mittel standen bald auch den Belagerten zur Verfügung, und so blieb die Belagerung ein schwieriges, zeitraubendes Geschäft, dem oft genug der Erfolg versagt war.
Übrigens war vielfach nicht nur der Hauptort, die Polis selbst, befestigt, sondern auch andere Siedlungen und strategisch wichtige Punkte im Landgebiet, namentlich an der Küste und an den Landgrenzen; so konnte man den Feinden schon das Eindringen ins Land erschweren und die Bevölkerung bei überraschenden feindlichen Einfällen schnell in Sicherheit bringen.
Seit dem 5. Jahrhundert v. Chr. bauten und unterhielten einige größere Staaten bedeutende Kriegsflotten. Auf den Decks kämpften Hopliten und Leichtbewaffnete, als Ruderer dienten die Ärmeren unter den eigenen Bürgern und angeworbene Ausländer, ganz selten auch Sklaven.
Söldner haben in der griechischen Welt zu allen Zeiten eine große Rolle gespielt. Auf sie waren vor allem die Tyrannen angewiesen, die den eigenen Mitbürgern nicht trauen konnten. Aber auch freie Staaten nahmen für eine beschränkte Zeit griechische oder nichtgriechische Söldner in Dienst, etwa als Spezialisten bestimmter Waffengattungen oder für längere auswärtige Feldzüge und Besatzungsdienste, die man der eigenen Bürgermiliz nicht gern zumutete. Auf der anderen Seite traten Griechen massenhaft als Reisläufer in die Dienste fremder Herrscher, vor allem der ägyptischen, persischen und makedonischen Könige; auch die hellenistischen Könige waren auf diese Söldner in großem Umfang angewiesen und siedelten viele von ihnen als Berufskrieger auf Königsland an.
Bei aller Bedeutung des Kriegswesens wäre es natürlich falsch, sich griechische Staaten allein oder weit überwiegend auf diesem Gebiet tätig zu denken. Doch können wir

andere wichtige Tätigkeitsfelder hier nur stichwortartig andeuten.
In vorderster Linie standen einerseits die Rechtspflege, andererseits der Kult der Staatsgötter, das heißt zugleich die festliche Repräsentation des Gemeinwesens, wobei die großen Götterfeste und die zugehörigen Spiele die ganze Bürgerschaft in fröhlichem Zusammensein vereinigten. Auch unter den öffentlichen Bauten spielten die Tempelbauten im allgemeinen wohl die größte Rolle; dazu kamen Rathäuser, Amtsgebäude, Markthallen, Theater, Sportstätten, Badeanlagen und so weiter; in den Königreichen traten die Paläste in den Vordergrund.
Viel Aufmerksamkeit erforderte, in einer räumlich weit ausgedehnten Welt mit überaus zahlreichen Staaten aller Größenordnungen, die Pflege der zwischenstaatlichen Beziehungen; die wichtigsten Mittel waren die Aussendung von Gesandtschaften, der Abschluß zwischenstaatlicher Verträge, die offizielle Teilnahme an überörtlichen, namentlich an den gesamtgriechischen Festen und die Ernennung von auswärtigen Staatsgastfreunden, sogenannten Proxenoi, mit der man sich nicht nur für manchen Dienst bedanken, sondern auch Mächtigen schmeicheln und sie für die eigene Sache gewinnen konnte.
Weiter sorgte man für Ordnung auf den Straßen und Märkten, baute Häfen kunstvoll aus und nahm sich (in bescheidenem Umfang) auch der Fahrwege im eigenen Gebiet und der wichtigsten Verbindungsstraßen zu den Nachbarn an. Sehr wichtig waren Bau und Erhaltung von Wasserleitungen und Brunnen, vielerorts auch von Zisternen und Bewässerungsgräben.
Erinnern wir uns weiter, daß die griechischen Städte und die Dorfgemeinden ihres Gebietes von alters her Agrargemeinden waren: Sie hatten also die Nutzung von Wald und Weide zu regeln, für ihre Bürger nach Möglichkeit neues Acker- und Gartenland zu gewinnen (etwa durch Rodung von Wäldern oder Trockenlegung von Sümpfen) und dieses Land aufzuteilen. Hierher gehört auch die Schaffung neuer Bauernstellen auf neu erobertem Land, wie sie etwa Athen im 5. und 4. Jahrhundert v. Chr. in großem Umfang betrieben hat, und die Anlage von Kolonien, soweit sie auf staatliche Initiative erfolgte und vom Staat organisiert wurde. Insofern bemühten sich die griechischen Gemeinwesen zu allen Zeiten, die »Nahrung« *(trophē)* ihrer Bürger sicherzustellen. Demokratische Staaten versuchten darüber hinaus, möglichst allen bedürftigen Bürgern wenigstens eine bescheidene Existenz zu sichern, etwa durch planmäßige Förderung des Gewerbes, durch öffentliche Arbeiten, durch Tagegelder für die Teilnahme an Gerichtssitzungen und an der Volksversammlung, ja durch Hinterbliebenen- und Invalidenrenten; am weitesten ging in diese Richtung das Athen des späten 5. Jahrhunderts v. Chr.
Das Grundnahrungsmittel Getreide war in weiten Teilen der griechischen Welt knapp, der heimische Anbau mußte wenigstens in schlechten Zeiten (etwa in Dürrejahren oder Kriegsnöten) durch Getreideimporte ergänzt werden; auf die Sicherung dieser Importe und eines mäßigen Getreidepreises auch in Notzeiten wandte man allgemein viel Mühe und scheute dafür auch erhebliche Ausgaben nicht.

Grabstele für einen Jüngling. Um 430/420 v. Chr. 1829 auf Ägina gefunden. Der frontal stehende Jüngling blickt zur Seite der wie zum Abschiedsgruß erhobenen Rechten. In der harabhängenden linken Hand hält er ein Vögelchen. Neben ihm steht traurig sein Pais, der Dienerknabe, der wohl das Gerät seines Herrn für die Palästra trug. (Der untere Teil der Stele ist verloren.) Der Pais lehnt an einem Pfeiler, auf dem gleich einer Akroterfigur eine Katze sitzt. Über ihr hängt ein Vogelbauer, dessen Gitterstäbe in Malerei ausgeführt waren. Athen, Nationalmuseum

Die ständische Ordnung: Freie und Sklaven, Bürger und Fremde, Adel und Gemeine

Von der Gleichheit aller Menschen mochte in der Philosophie und in philosophisch angehauchter Dichtung die Rede sein, in der griechischen Wirklichkeit galt sie sowenig wie irgendwo und irgendwann sonst in der Geschichte der Menschheit. Sehen wir von den durch Alter und Geschlecht begründeten Unterschieden ab – nur der erwachsene Mann war wehrfähig, nur er hatte politische, nur er die vollen bürgerlichen Rechte –, dann gab es in der griechischen Welt, wie überall sonst im Altertum, zunächst einmal die fundamentale Scheidung in Freie und Unfreie; die Unfreien können wir auch als Sklaven bezeichnen, wenn wir diesen Begriff nicht enger und merkmalreicher fassen wollen als die Griechen selbst.
Sklave war, wer im Eigentum einer anderen, natürlichen oder juristischen, Person stand. Dieses Eigentumsverhältnis wurde durch die Geburt (von unfreien Eltern oder, nach örtlich verschiedenen Regeln, wenigstens von einem unfreien Elternteil), durch Kauf oder durch Aufzucht eines Findlings (das heißt eines ausgesetzten Kindes) begründet; in die Sklaverei verkauft wurden Kriegsgefangene (soweit sie nicht von Angehörigen und Freunden oder von ihren Mitbürgern freigekauft worden waren) und – nach älterem, strengem Recht – zahlungsunfähige Schuldner. Das Los der Kriegsgefangenschaft konnte übrigens nicht nur die kämpfenden Männer, sondern jeden ereilen, der in die Hände der Feinde geriet; oft genug wurde die ganze Bevölkerung einer eroberten Stadt, Männer, Frauen und Kinder, in die Sklaverei verkauft.
Da nach einem überall gültigen alten Grundsatz jeder Sklave, der in seine Heimat zurückkehrte, sein Bürgerrecht und damit die Freiheit wiedererlangte, waren Sklaven, von den im Lande bereits als Unfreie geborenen abgesehen, immer fremder Herkunft. Die meisten stammten aus nichtgriechischen Ländern, wo das Angebot reichlich und die Ware preiswert war; von dort her kamen zu den vorhin genannten Personenkategorien noch freigeborene Kinder hinzu, die von ihren Eltern verkauft wurden.
Sklaven konnten die Freiheit wiedererlangen, wenn ihnen die Flucht gelang, wenn sie freigekauft oder – das war der

häufigste Fall – von ihren Eigentümern freigelassen wurden. Die Freilassung erfolgte oft in der Form einer Weihung oder eines Verkaufs des Sklaven an eine Gottheit, das heißt einen Tempel; auf diese Weise schützte man ihn vor Verletzung und Anfechtung seiner Freiheit. Übrigens war die Freilassung häufig mit der Auflage verbunden, bis zum Tode des Freilassers oder eines seiner Angehörigen bei diesem zu bleiben und ihm zu dienen.

Die wirtschaftliche, gesellschaftliche und rechtliche Lage der Sklaven war sehr verschieden. Eine besondere Stellung nahmen die unfreien Bauern ein, die sich bis in die klassische, zum Teil bis in die hellenistische Zeit in einigen Gebieten mit besonders altertümlicher Gesellschaftsordnung fanden: die Heloten im Gebiet Spartas, das heißt in Lakonien und Messenien, die Penesten in Thessalien und wie sie sonst hießen; auch einige überseeische Kolonien hatten Unfreie dieser Art. Diese bäuerliche Unfreiheit ging, soviel wir sehen, auf die Unterwerfung der bodenständigen Bevölkerung durch Eroberer und Kolonisten zurück, war also anderen Ursprungs als die Sklaverei, wie sie sonst allgemein üblich war. Doch arbeiteten auch die Heloten, Penesten und ihresgleichen nicht nur als zinspflichtige Bauern, sie mußten auch andere Dienste tun, auch im Haushalt und im persönlichen Gefolge ihrer Herren.

Die gewöhnlichen Sklaven, die wir zur Unterscheidung von den unfreien Bauern Kaufsklaven nennen können, dienten meist als Arbeitskräfte im Haushalt, in der Werkstatt, im Büro, in den Bergwerken, als Begleiter auf der Straße und auf der Reise, als Burschen und Waffenträger im Krieg; in deutlich geringerem Umfang wurden sie in der Landwirtschaft eingesetzt. Junge Sklavinnen mochte man als Prostituierte ausbeuten, sie konnten aber auch die Gunst und Liebe ihres Herrn gewinnen und ihm Kinder gebären. Man konnte Sklaven auch vermieten oder sie ihre eigenen Geschäfte treiben lassen; so oder so bezog man einen festen Geldbetrag und brauchte sich sonst um nichts zu kümmern. Insgesamt war die Rolle der Sklaven im häuslichen Leben sehr groß, entsprechend eng oft die menschlichen Beziehungen zum Herrn und zu seinen Familienangehörigen; auch aus dem Wirtschaftsleben waren sie nicht wegzudenken, doch geht die verbreitete Anschauung, im alten Griechenland habe die Wirtschaft im wesentlichen auf der Arbeit der Sklaven beruht, an der geschichtlichen Wirklichkeit vorbei.

Auch die Rechtsstellung der Sklaven war nicht immer und überall die gleiche; doch kann man sagen, daß sie rechtlich zwar durchwegs schlechter gestellt waren als die Freien, aber keineswegs rechtlos. Zwei Punkte verdienen hervorgehoben zu werden: Unfreie lebten vielfach in anerkannter Ehe und hatten Kinder auch im Rechtssinn; sie waren im Geschäftsleben rechtsfähig und konnten Geld und anderen (beweglichen) Besitz ansammeln, ja sich aus eigenen Mitteln freikaufen. Als Freigelassene konnten dann sie und ihre Nachkommen zu Vermögen und gesellschaftlichem

Linke Seite: Herrschaftliches Haus in Pella mit Peristyl und Fußbodenmosaiken aus bunten Kieseln. Pella, seit König Archelaos (413-399) die Hauptstadt Makedoniens, hatte einen regelmäßigen Stadtplan mit rechtwinklig sich schneidenden Straßen. Das um 300 v. Chr. entstandene Haus nahm die Fläche einer ganzen Insula von 111,50 x 47 m ein und besaß drei Höfe.

Oben: »Haus des Hermes« auf Delos. Das nach einem dort gefundenen Hermeskopf benannte Haus mit zweigeschossigem Peristyl ist eines der reichen Wohnhäuser hellenistischer Zeit auf der Kykladeninsel, die sich damals zu einem bedeutenden Handelszentrum entwickelte. Delos wurde 166 v. Chr. durch Rom zum Freihafen erklärt und zum Sitz vieler fremder Kaufmannsgruppen.

Unter dem Archon Damosthenes, im Monat Bukatios, hat Kleobula von Delphi dem Pythischen Apollon zu folgenden Bedingungen eine weibliche Person namens Zopyra verkauft – früher hieß sie Simon – um den Preis von zwei Minen Silber, wie Zopyra es dem Gott anvertraut hat, auf daß sie frei sei und unantastbar für alle ihr ganzes Leben lang; sie kann tun, was sie will, und weggehen, wohin sie will. Garanten nach dem Gesetz: Dexikrates und Peisilaos von Delphi. Wenn aber jemand auf Zopyra, die früher Simon hieß, greift, sollen die Verkäuferin Kleobula und die Garanten Peisilaos und Dexikrates dem Gott den Kauf sicherstellen; wenn sie ihn aber nicht sicherstellen, kann der Betrag nach dem Gesetz von ihnen eingetrieben werden. In gleicher Weise sollen aber auch alle, die vorbeikommen, berechtigt sein, sie als eine freie Person dem Zugriff zu entziehen, ohne sich irgendeiner Verurteilung oder Buße auszusetzen. Zeugen: der Apollon-Priester Athambos, die Archonten Peisilaos und Kleodemos, (sowie) Dionysios Sohn des Ariston der Böoter und Kallikon, Agaseas und Aristion von Delphi.

Freilassungsinschrift auf der Polygonalmauer in Delphi, 182 v. Chr.

Ansehen kommen, erlangten aber nicht (wie in Rom) das Bürgerrecht.

Die Freien ihrerseits schieden sich in Bürger, das heißt Einheimische und Staatsangehörige, und Fremde (Ausländer), in deren Stellung auch die Freigelassenen eintraten. Das Bürgerrecht vererbte sich, wobei es in der Regel auf den Vater ankam; seit dem 5. Jahrhundert v. Chr. verlangten viele Staaten, auch das demokratische Athen, bürgerliche und zugleich eheliche Abstammung von Vater und Mutter, doch halfen individuelle Privilegien dem Mangel nicht selten ab. Das Bürgerrecht konnte auch verliehen werden, in der Regel durch Beschluß der Volksversammlung als der Trägerin der höchsten Gewalt; man verlieh es nicht oft, meist an Einzelpersonen und ihre Nachkommen als besondere Ehre und zum Dank für geleistete Dienste, insbesondere auch dann, wenn man sie als Flüchtlinge aufnahm. In hellenistischer Zeit vereinbarten befreundete Staaten nicht selten die sogenannte Isopolitie: Dann durfte sich jeder Angehörige beider Staaten im anderen Staat niederlassen und dort das Bürgerrecht in Anspruch nehmen. Seltener kam es vor, daß ein Staat, der aus irgendwelchen Gründen – etwa infolge von Kriegsnöten oder weil sein Gebiet im Verhältnis zur Bürgerzahl zu groß war – an Menschenmangel litt, zu bestimmten Bedingungen massenhaft Neubürger aufnahm, die schon lange (als Ausländer) im Lande sitzen oder auch erst jetzt zuziehen mochten. Wer sich an einer Koloniegründung beteiligte, erhielt außer dem Bürgerrecht noch gleiche Landlose wie alle anderen Kolonisten, also eine ausreichende materielle Grundlage für ein neues Leben. In der griechischen Welt gab es zu allen Zeiten viele Verbannte, Flüchtlinge und Auswanderer: Die Kolonisation erlaubte es den meisten, eine neue Heimat zu finden, wenn sie nur wollten.

Viele zogen es allerdings vor, auf ein neues Bürgerrecht zu verzichten und sich irgendwo als Ausländer niederzulassen, in der gegenüber den bloß durchreisenden oder nur vorübergehend anwesenden Fremden privilegierten Rechtsstellung eines dauernd im Lande wohnhaften und wohnberechtigten Ausländers, eines Metöken, wie man in Athen sagte (anderswo gab es auch andere Benennungen für diese Rechtsstellung). Das waren – neben denen, die darauf warteten, bei einem Umschwung der Dinge in ihre Heimat zurückzukehren – vor allem Geschäftsleute und Gewerbetreibende, die in einer großen, hochentwickelten Stadt wie Athen, Korinth oder Rhodos bessere Geschäfte machen konnten als in ihrer kleinen, zurückgebliebenen Heimatstadt. Die Zahl dieser Metöken kam an manchen Orten wohl der Bürgerzahl nahe; sie lebten in gesicherten, oft sehr guten Verhältnissen, waren in der Gesellschaft den Bürgern gleichgeachtet und konnten es wohl verschmerzen, daß sie vom politischen Leben ausgeschlossen waren oder doch nur hinter der Bühne daran teilhaben konnten. Haus- und Grundbesitz zu erwerben war ihnen als Nichtbürgern in der Regel versagt (individuelle Privilegien halfen allerdings auch hier); das schloß sie von der Landwirtschaft weitgehend aus und verwies sie erst recht auf Handel und Gewerbe, in denen sie oft mehr leisteten und bedeuteten als die Bürger (unter denen vielfach die Wohlhabenden durch politischen Ehrgeiz und politische Pflichten von ihren Geschäften abgezogen wurden).

Das Recht nicht nur dieser dauernd im Lande wohnhaften Ausländer, sondern aller Fremden war in Griechenland wenigstens seit klassischer Zeit gut geschützt durch eine gut entwickelte Fremdengerichtsbarkeit, durch zwischenstaatliche Verträge über das Fremdenrecht, durch die vielfach großzügig gehandhabte Gastfreundschaft. Auf diese Weise kompensierte man einigermaßen die engen Grenzen, über die man sonst vielfach gestolpert wäre. Die Isopolitieverträge schufen auch auf diesem Gebiet weitere großzügige Abhilfe. Auf der anderen Seite boten die immer nahen Grenzen auch den Vorteil, daß man sich der heimischen Rechtsprechung, der politischen Verfolgung und den persönlichen Feinden verhältnismäßig leicht entziehen konnte. Selbst im Krieg war es üblich, Frauen und Kinder, Hab und Gut (auch das Vieh) in einem neutralen Nachbarstaat in Sicherheit zu bringen.

Innerhalb der bürgerlichen Bevölkerung gab es im allgemeinen keine scharfen sozialen Grenzen. Große und Kleine, Arme und Reiche mochten einander verachten beziehungsweise beneiden und hassen, auch erbittert bekämpfen, es gab aber fließende Übergänge, und dem sozialen Aufstieg waren keine unüberschreitbaren Grenzen gesetzt; jede reich gewordene Familie wurde alsbald zu den vornehmen Familien gezählt, wobei die Einheirat eine große Rolle spielte. Das gilt jedenfalls für die ältesten uns erkennbaren, die in den Homerischen Epen belegten Verhältnisse und gilt ebenso für die klassische und hellenistische Zeit; in der archaischen Zeit hat sich der herrschende Adel offenbar vielfach um eine schärfere Abgrenzung nach dem Kriterium der Abstammung bemüht, dieses Ziel aber auf die Dauer nicht erreicht. Mit anderen Worten: Im Sinne einer ständischen Ordnung gezogene scharfe Trennungslinien grenzten wohl Freie und Sklaven, Bürger und Fremde gegeneinander ab, innerhalb der Bürgerschaft aber konnten sich solche Grenzen auf die Dauer nicht ausbilden. Die soziale Abstufung innerhalb der Bürgerschaft bestimmte sich vielmehr nach den jeweiligen wirtschaftlichen Verhältnissen.

Das in diesem Teilabschnitt Gesagte gilt, wie einzelne Bemerkungen schon gezeigt haben dürften, im ganzen auch für die hellenistische Zeit, aber nur für die eigentlich griechischen Gebiete unter Einschluß Makedoniens. In den Reichen des Ostens lagen die Dinge viel komplizierter, weil sich hier die von Ort zu Ort verschiedenen bodenständigen und die weithin noch wirksamen persischen Institutionen und Traditionen mit sehr verschiedenen Formen und Graden der Hellenisierung kreuzten. Dies im einzelnen auszuführen ist an dieser Stelle nicht möglich, jede Verallgemeinerung aber wäre trügerisch, zumal die Quellen zwar für bestimmte Gebiete (wie vor allem Ägypten) reichlich fließen, für andere aber uns gänzlich im Stich lassen. So sei nur das eine bemerkt, daß hier überall die ständische Gliederung durch ein weiteres Kriterium, das der nationalen Herkunft, wesentlich mitbestimmt war.

Lebensgrundlagen und Wirtschaftsformen

Die alten Griechen lebten, im Mutterland wie in den Kolonien, wie in den ältesten Zeiten so noch am Ende ihrer selbständigen Geschichte, zunächst einmal von der Landwirtschaft. Dies nicht nur in dem Sinn, daß Ackerbau, Gartenbau und Viehzucht den Großteil ihrer Nahrung produzierten (der Ertrag des Fischfangs und Getreideimporte aus der Fremde traten nur ergänzend hinzu), sondern auch insofern, als das Einkommen aus der Landwirtschaft, aufs Ganze gesehen, unter allen – durchaus vielfältigen – Einkommensarten immer an erster Stelle stand, unter dem Gesichtspunkt der gesellschaftlichen Bedeutung vielleicht mehr noch als unter rein wirtschaftlichen Aspekten. Denn

Der Bildniskopf eines Afrikaners, Überrest einer Bronzestatue, wurde 1861 in den Ruinen des Apollon-Tempels von Kyrene in Libyen gefunden. Die Augen waren in Glasfluß farbig eingesetzt, die gesondert eingelegten Lippen mit einem Silberbelag versehen. Die Stilformen weisen auf eine Entstehungszeit gegen die Mitte des 4. Jahrhunderts v. Chr. Man hat in dem Dargestellten einen König von Numidien oder Mauretanien vermutet, aber auch einen siegreichen Athleten. London, British Museum

als die normale Form der Existenz des Bürgers, also des freien Mannes in seiner Heimat, galt immer die des Bauern oder doch des Mannes, der sich zwar anderen privaten und öffentlichen Geschäften widmen mochte, aber wenigstens einen Teil seines Einkommens aus seinem Grundbesitz bezog und eben durch das Eigentum an Grund und Boden (das man Nichtbürgern im allgemeinen versagte) in seiner Heimat fest verwurzelt war. In den älteren Zeiten lebten in der Tat die meisten Bürger, auch die Reichen und Vornehmen und ebenso die Kleinhäusler und Landarbeiter, allein oder überwiegend von der Landwirtschaft; später spielten zwar Handel und Gewerbe (und andere gewinnbringende Tätigkeiten) wenigstens in den größeren, weltoffenen Städten eine große Rolle und ließen hier das Einkommen aus der Landwirtschaft an Bedeutung weit zurückfallen, aber im größeren Teil der griechischen Welt lebte man auch jetzt noch in agrarisch geprägten Verhältnissen, und überall pflegten die Angehörigen der sozial und politisch maßgebenden Schichten einen erheblichen Teil ihres Vermögens, mochte es auch aus ganz anderen Quellen stammen, in Landbesitz anzulegen. Gründung einer Kolonie, das hieß immer noch zunächst einmal Zuweisung von Landlosen an alle Siedler; die leitenden Beamten hellenistischer Könige erhielten als Lohn für ihre Dienste große Landgüter; Militärkolonisten erhielten gleichfalls Land, aus dessen Ertrag sie ihren Lebensunterhalt und die Kosten für ihre Ausrüstung zu bestreiten hatten.

Innerhalb der Landwirtschaft spielten, soweit wir zurückschauen können, die Hauptrolle immer Acker- und Gartenbau oder, um es mit den Begriffen der Griechen selbst zu sagen, der Anbau krautiger Pflanzen, die man ins gepflügte Feld aussäte, einerseits, die Kultur fruchttragender Bäume und Sträucher, die man pflanzte, auf der anderen Seite. Hauptnahrungsmittel war immer das Getreide; Hülsenfrüchte dienten vor allem der Ernährung des einfachen Volkes; unter den Baumfrüchten standen, schon seit mykenischer Zeit, Wein und Olivenöl im Vordergrund, dann folgte die Feige, dann mit Abstand anderes Obst. Man zog auch, gleichfalls seit mykenischer Zeit, Gemüse- und Gewürzpflanzen in bunter Vielfalt.

Nicht alle diese Produkte fanden sich überall in der griechischen Welt in gleicher Art, Menge und Güte; daher gab es immer einen lebhaften Austausch, indem teils die Produzenten selbst, teils die Händler die Überschüsse dort auf den Markt brachten, wo sie gesucht waren; und es gab bald auch bewußte Spezialisierung der örtlichen Landwirtschaft auf die Produkte, die im Hinblick auf diesen überörtlichen Austausch den meisten Gewinn verhießen. Ernstliche Probleme gab es nur an einer Stelle, beim Grundnahrungsmittel Getreide, dessen Anbau in großen Teilen Griechenlands von der Natur nicht begünstigt wird; es mußte an vielen Orten, wenigstens in schlechten Zeiten, importiert werden, auch aus Gebieten am Rande oder außerhalb der griechischen Welt.

Linke Seite: Ölbaumhain in Ostkreta. Auf der ersten Anhöhe sieht man die Ruinen von Gurnia, einem minoischen Städtchen mit engen Straßen, dicht nebeneinander liegenden Häusern und einem kleinen Palast auf dem Plateau des Hügels.

Oben: Ebene mit Getreidefeldern am Ilikisee (Hyle) in Böotien. Ausblick nach Süden vom Orakelheiligtum des Apollon Ptoion im Ptoiongebirge. Dort fanden die Ptoia statt, Spiele der böotischen Städte mit musischen Agonen.

Die Viehzucht stand zwar hinter Acker- und Gartenbau deutlich zurück und verlor wohl auch im Laufe der Entwicklung langsam an Bedeutung, weil man das Kulturland auf Kosten des Weidelandes erweiterte; wichtig genug blieb sie immer. Schafe und Ziegen weideten auf den Brachfeldern und vor allem auf den Bergen, die Schweine im Wald, Rinder und Pferde eher in den feuchten Niederungen: Die Viehzucht nutzte also vor allem Ressourcen, von denen Acker- und Gartenbau keinen Gebrauch machten; zugleich waren diese wegen des Düngers und wegen der Arbeitsleistungen der Zug- und Tragtiere, vor allem der Pflugstiere, auf Ergänzung durch die Viehhaltung angewiesen. Während Acker- und Gartenland sich in der Regel im Individualeigentum befanden, stand das Weideland als Gemeindeland allen Bürgern offen; aber es waren im allgemeinen wohl (anders als vielfach im heutigen Griechenland) dieselben Grundbesitzer, die zugleich Ackerbau, Gartenbau und Viehzucht, insgesamt also eine vielseitige Landwirtschaft trieben.

Großflächige Güter waren in Griechenland schon von der Natur nicht begünstigt; großer Besitz war meist weit verstreut, und er nahm insgesamt im allgemeinen wohl nur den kleineren Teil des Landes ein. Daß die bäuerlichen Familienbetriebe überwogen, zeigen am besten die für die klassische und hellenistische Zeit überlieferten ansehnlichen Hoplitenzahlen. In archaischer Zeit mag der Adel da und dort versucht haben, die Bauern massenhaft zu Hintersassen herabzudrücken; aber dieser Versuch ist wohl überall gescheitert, und es waren eben die Bauern, die die Entwicklung zu gemäßigten Verfassungen und weiter zur Demokratie trugen.

Der Fischfang hat in Griechenland zu allen Zeiten die Landwirtschaft wirksam ergänzt; anders als diese diente er von jeher in erster Linie nicht der Selbstversorgung, sondern der Belieferung des Marktes. Zu einem Geschäft großen Ausmaßes entwickelte sich in einigen Gegenden der Thunfischfang; eingesalzener Thunfisch wurde weithin exportiert.

Wir kommen zum Gewerbe. Handwerkliche Tätigkeit spielte sich zunächst in großem Umfang im eigenen Haus ab und diente der Selbstversorgung. Das gilt vor allem von der Zubereitung der Nahrung und der Herstellung der Kleidung – beides in erster Linie Aufgabe der Frauen. Auch für die Errichtung einfacher Gebäude, für die Verfertigung von Möbeln, Werkzeugen und dergleichen – dies Männerarbeit – war man nicht unbedingt auf den Spezialisten ange-

Götter! Das Land (ist Eigentum) der Poiassier. Wer darauf wohnt, hat am 10. Tag des Monats Bakchion 30 Drachmen zu zahlen. Wenn er aber nicht zahlt, muß er aus den Grundstücken abziehen. Die Abgaben hat er nach Poiassa zu bringen. Das Haus hat er aufrecht und unter Dach zu halten. Kultivierte Bäume darf er nicht schlagen. Das Land (ist Eigentum) der Poiassier. Wer darauf wohnt, hat als Pachtzins 30 Drachmen jährlich zu zahlen, am 10. Tag des Monats Bakchion. Wenn er aber nicht zahlt, muß er aus den Grundstücken abziehen gemäß der Stele, die im Pythion von Poiassa gesetzt ist.

Zwei Grenzsteine aus Poieessa (Poiassa) auf der Insel Keos, mit dem Text zweier Pachtverträge, um 400 v. Chr.

Als die Meder und die Kitier die Stadt Idalion im Jahr des Philokypros Sohn des Onasagoras belagerten, forderten König Stasikypros und die Polis (der) Idalier den Arzt Onasilos Sohn des Onasikypros und seine Brüder auf, die Menschen, die im Kampf verwundet worden waren, ohne Bezahlung (durch die Verwundeten) ärztlich zu betreuen. Und so sind der König und die Stadt übereingekommen, dem Onasilos und seinen Brüdern anstelle von Lohn und Gratifikation zu geben aus dem Oikos des Königs und aus der Polis, ein Talent Silber. Oder aber, anstelle dieses Silbertalents, mögen der König und die Stadt geben dem Onasilos und seinen Brüdern, von dem Königsland, das im Distrikt Alampria liegt, das Landstück in der Niederung (?), das an den Weingarten (?) des Onkas grenzt, und alle dort befindlichen jungen Pflanzen; alles sollen sie haben (zum Nießbrauch) mit allen Produkten zum Verkauf, auf Lebenszeit (?), ohne Besteuerung. Wenn aber einer den Onasilos oder seine Brüder oder die Enkel des Onasikypros von diesem Landstück vertreibt, dann soll der, der sie vertreibt, an Onasilos und seine Brüder oder an die Kinder diese Geldsumme zahlen: ein Talent Silber.
Und an Onasilos allein, ohne die anderen Brüder, sind der König und die Stadt übereingekommen zu geben anstelle der Gratifikation außer dem Lohn an Silber vier Pelekeis und zwei Doppelminen von Idalion. Oder es sollen auch der König und die Stadt dem Onasilos anstelle des Silbers geben von dem Land des Königs in der Ebene Melania das Landstück, das an den (Wein)garten des Amenias grenzt, und alle jungen Pflanzen, die sich darauf befinden, (das Landstück), das sich bis an den Fluß Drymios erstreckt und bis (zum Besitz) der Priesterin der Athena; und den Garten im Ackerland des Simis, den Diweithemis Sohn des Armanes als (Wein)garten besaß, der sich erstreckt bis (zum Besitz) des Pasagoras Sohn des Onasagoras, und alle jungen Pflanzen, die sich darauf befinden, soll er alles haben (zum Nießbrauch) mit allen Produkten zum Verkauf, auf Lebenszeit (?), ohne Besteuerung. Wenn einer den Onasilos oder die Kinder des Onasilos von diesem Landstück oder diesem Garten vertreibt, dann soll der, der vertreibt, dem Onasilos oder den Kindern folgende Geldsumme zahlen: vier Pelekeis und zwei Doppelminen von Idalion-Silber.
Und diese Tafel, mit diesen Worten beschriftet, deponierten der König und die Stadt bei der Göttin Athena von Idalion, mit den Eiden, diese Übereinkünfte nicht zu brechen, solange sie leben (?). Wofern jemand diese Übereinkünfte bricht, möge es ihm zum Sakrileg gereichen. Diese Landstücke und diese Gärten sollen die Kinder und Enkel des Onasikypros immer besitzen, die im Distrikt von Idalion sich aufhalten.

Inschrift der Bronze von Idalion auf Zypern, um 475 v. Chr. (Übersetzung von Reinhard Koerner)

Links: Olivenernte. Attische Halsamphora des Antimenes-Malers mit schwarzfiguriger Bemalung. Spätes 6. Jahrhundert v. Chr. Wie auch heute noch werden die Ölfrüchte mit langen Stöcken vom Baum geschlagen und am Boden aufgesammelt. London, British Museum

Rechts: Rinderherde. Ausschnitt aus einem Außenbild einer rotfigurigen Trinkschale des Töpfers Kachrylion und des Malers Euphronios. Gegen 500 v. Chr. Dargestellt ist die Entführung der Rinder des Geryoneus durch Herakles' Gefährten. München, Antikensammlungen

wiesen. Aber es gab doch Spezialisten, soweit wir zurückschauen können, nicht nur in mykenischer Zeit – im Luxus der Paläste wird uns ihre große Zahl und Vielfalt kaum überraschen –, sondern auch in den viel einfacheren Verhältnissen des Homerischen Epos und dann wieder, in schnell aufsteigender Linie, in den nachhomerischen Jahrhunderten. Diese Spezialisten waren zunächst vielfach Wanderhandwerker, da es an einem Ort allein zuwenig Nachfrage gab; doch waren andere, wie der Schmied und der Töpfer, schon aus technischen Gründen auf eine ständige Werkstatt angewiesen, und im Laufe der Zeit wurde diese in fast allen Zweigen des Handwerks üblich. Die Nachfrage stieg laufend infolge des Bevölkerungszuwachses und der gestiegenen Ansprüche, nicht zuletzt aber deshalb, weil man immer weniger Arbeiten im eigenen Haus durchführte. In der klassischen und hellenistischen Zeit ernährte das Handwerk, vor allem in den größeren und wirtschaftlich gut entwickelten Städten, schon einen großen Teil der Bevölkerung, nicht nur der Bürger, sondern mehr noch der Metöken; zu den selbständigen Handwerkern kamen dann natürlich ihre unfreien Arbeitskräfte, manchmal wohl auch freie Lohnarbeiter. Wohlhabende Gewerbetreibende mit einer größeren Zahl von Arbeitskräften wurden häufiger, von Fabriken oder Industriebetrieben allerdings sollte man nicht sprechen.
Unterschiede in der Verfügbarkeit bestimmter Rohstoffe, örtlich verschiedene Techniken und Stiltraditionen, nicht zuletzt der Vorsprung der großen Zentren in der gewerblichen Entwicklung brachten es mit sich, daß handwerkliche, besonders kunstgewerbliche Produkte in großem Umfang Gegenstand des Fernhandels wurden. Die Erzeugnisse bestimmter Städte genossen ein hohes Ansehen, sie wurden von weither nachgefragt und in großem Umfang,

auch in nichtgriechische Länder, exportiert. Der Handel lebte nicht zuletzt von diesen Gütern des gehobenen Bedarfs; daneben spielten agrarische Produkte, besonders Getreide und Wein, sowie seltene, geschätzte Baustoffe, namentlich Schiffbauholz und gute Bausteine, eine große Rolle; eine noch größere spielte wohl der Sklavenhandel, der nun wieder in größtem Umfang die griechische mit der außergriechischen Welt verband. Alles in allem gab der Handel vielen Leuten zu leben, im allgemeinen wohl nicht schlecht; von einer weitgehenden Konzentration in wenigen Händen, von der Ansammlung großer Reichtümer einzelner Kaufleute allerdings ist in den Quellen kaum etwas zu spüren. Übrigens lag der Handel wie das Gewerbe zu einem großen Teil nicht in der Hand der Bürger, sondern der Metöken und durchziehender Fremder; der Händler war viel unterwegs, sein Beruf mit der vielseitigen, zeitraubenden politischen Tätigkeit eines griechischen Bürgers kaum vereinbar. Soviel über den Fernhandel, das Geschäft der *emporoi*, »Kauffahrer«. Der lokale Detailhandel bedeutete demgegenüber sehr wenig; die Krämer *(kapēloi)* in ihren Läden waren kleine Leute, die man im allgemeinen geringschätzte.

Die geographischen Gegebenheiten banden den Handel – es ist jetzt wieder vom Fernhandel die Rede – in der Hauptsache an den Seeweg. Mit dem Handel mußten sich also auch Schiffahrt und Schiffbau kräftig entwickeln. Dabei konnten die wichtigsten Hafenstädte die Geschäfte weitgehend auf sich konzentrieren. Der hervorragende Platz der großen Küsten- und Inselstädte Westkleinasiens und des Meerengengebietes, weiter Athens und der Städte um die Landenge von Korinth (da man die Fahrt um die Peloponnes wegen der gefürchteten Stürme an den felsigen Vorgebirgen lieber vermied), schließlich der großen Kolonien in Unteritalien und Sizilien in der wirtschaftlichen, politischen und kulturellen Entwicklung der griechischen Welt erklärt sich in erster Linie aus dieser Tatsache, wobei

Linke Seite: Rhodischer Teller aus Kamiros. Um 630/610 v. Chr. Innenbild mit Helden der Ilias*, die durch Beischriften benannt sind. Menelaos und Hektor kämpfen um den Leichnam des Euphorbos, der beim Versuch, die Rüstung des gefallenen Patroklos an sich zu bringen, von Menelaos getötet wurde. Die Krieger tragen die Bewaffnung von Hopliten: Lanze, Rundschild, Helm, Glokkenpanzer und Beinschienen. London, British Museum*

Oben: Lakonische Trinkschale aus Vulci in Etrurien. Gegen 560 v. Chr. König Arkesilas von Kyrene überwacht das Abwiegen von Silphion. Die als Gewürz und Arznei begehrte Droge wurde aus dem gummiartigen Saft der gleichnamigen Pflanze gewonnen, der mit Mehl oder Kleie versetzt in den Handel kam. Herstellung und Vertrieb waren Monopol der Könige von Kyrene, einer von Dorern aus Thera gegründeten Kolonie in Libyen. Ein Zeltdach und ein Sonnenhut schützen König Arkesilas vor der Sonne Afrikas. Er sitzt auf einem Klappstuhl, hält das Zepter in der Linken und begleitet mit der Rechten seine Anweisungen. Hinter seinem Rücken geht ein Gecko auf Fliegenjagd, unter dem Stuhl liegt ein Gepard. Vögel und ein Äffchen sitzen auf dem Querbalken, an dem das Zelt und die Waage befestigt sind. Von rechts fliegt ein Kranich heran. Unten wird das kostbare Gut in Säcken gehortet. Paris, Cabinet des Médailles

man bedenken muß, daß Seefahrt und Handel nicht nur viel Geld einbrachten (nicht zuletzt füllten ihre Abgaben die städtischen Kassen), sondern auch weitgespannte Beziehungen vermittelten.

Hinter dem Seeverkehr trat der Verkehr zu Lande weit zurück. Von größerer Bedeutung waren noch am ehesten die Transporte innerhalb der einzelnen Territorien, von den Wäldern, Feldern und Dörfern in die Stadt und zwischen der Stadt und dem – häufig ein Stück weit entfernten – Hafen; diesem örtlichen Verkehr standen auch die besten Straßen zur Verfügung. Die Fahr- und Saumwege über Land dienten vor allem den vielen Heereszügen und dem regelmäßigen, massenhaften Besuch großer Heiligtümer und Feste, in weit geringerem Maße dem Warentransport. Sie waren im Vergleich mit den Kunststraßen des Alten Orients und später der Römer bescheiden genug, vermochten aber doch, oft in wohlüberlegter Trassenführung, auch größere natürliche Hindernisse, namentlich steile

Gebirgszüge, zu überwinden; sie waren gerade im schwierigen Gelände fest und dauerhaft angelegt und haben dem Verkehr bis nahe an unsere Gegenwart gedient.
Die Erwerbstätigkeit der Griechen beschränkte sich nicht auf Landwirtschaft und Fischerei, Handwerk und Handel und das Verkehrs- und Transportwesen. Es gab eine bunte Fülle anderer, zum Teil recht einträglicher oder auch hoch angesehener Erwerbstätigkeiten. Man wird zuerst vielleicht an den Bergbau denken: Er war seiner Natur nach immer an bestimmte Örtlichkeiten gebunden und in der griechischen Welt des Altertums nur an wenigen Stellen von größerem wirtschaftlichen Gewicht; am wichtigsten waren wohl die Goldbergwerke in Thrakien und die attischen Silbergruben. Weiter verbreitet war die Gewinnung wertvoller Steine für Bauten und Bildwerke. Aber wir müssen auch an die Seher denken und die anderen Spezialisten des Sakralwesens, an die Ärzte, an Berufssportler und Sportlehrer, an die Lehrer überhaupt, an Redenschreiber (das heißt Anwälte), Vortragskünstler, Schauspieler und Musiker, an Architekten, Bildhauer und Maler, an die »Schreiber« als Spezialisten nicht nur der Schreibkunst, sondern auch der Verwaltung. Die meisten dieser Berufe wurden vor allem auf ständigen weiten Reisen ausgeübt, sie vermittelten also viel Weltkenntnis und viele persönliche Beziehungen und verschafften schon deshalb diesen reisenden Spezialisten hohes Ansehen; ihre Bedeutung für die Entstehung, Erhaltung und Festigung der kulturellen Einheit der griechischen Welt kann nicht leicht überschätzt werden.
Auch von der Ausübung öffentlicher Funktionen im sakralen und profanen Bereich konnte man leben oder doch wenigstens zusätzliches Einkommen daraus beziehen. Es sei nur an die Tagegelder für die Teilnahme an Sitzungen und die Ausübung von Ämtern erinnert, wie sie namentlich in der Demokratie in großem Umfang eingeführt wurden, oder an den verbreiteten Mißbrauch von Macht und Einfluß, um sich die eigene Tasche zu füllen, des weiteren an die oft mit ansehnlichen Einkünften verbundenen Priesterstellen, die man erben, durch Wahl erlangen oder auch kaufen konnte.
Quantitativ weit wichtiger als all dies war eine Art des Erwerbs, die leicht übersehen wird, daß nämlich der Krieg nicht nur viel kosten, sondern auch viel einbringen konnte: Land, das man eroberte und aufteilte; die Kriegsbeute, vor

Links oben: Unfertige Kolossalstatue in den Steinbrüchen der Kykladeninsel Naxos, etwa 600 v. Chr. Der 10,45 m lange Block wurde aus dem dort anstehenden Marmor herausgesägt, mit Spitzhammer und Spitzmeißel bearbeitet, aber dann liegen gelassen, weil Risse zutage traten. Die lang gewandete bärtige Gestalt sollte vielleicht den Gott Dionysos darstellen.

Links unten: Säulentrommeln in den Kalktuffbrüchen von Selinunt (Cave di Cusa).

Rechts: In den Latomien von Syrakus entstanden durch den Abbau des Kalksteins unter Tage tiefe Grotten. Nach der Niederlage des athenischen Expeditionsheeres im Jahr 413 v. Chr. wurden die Gefangenen in diesen Steinbrüchen interniert.

allem Menschen, die sich entweder freikaufen mußten oder in die Sklaverei verkauft (in der Frühzeit auch direkt als unfreie Arbeitskräfte eingesetzt) wurden, weiter Waffen, Schiffe, Vieh, Feldfrüchte, bewegliches Gut aller Art. Die Frage, wem eigentlich die Beute zufiel, ist nicht leicht und nicht allgemein zu beantworten. Grundsätzlich fiel sie wohl meist an den Staat (in die Beute eines gemeinsam erfochtenen Sieges teilten sich die Bundesgenossen nach der Stärke ihrer Kontingente). Aber die Krieger pflegten einzeln oder in Gruppen auch auf eigene Rechnung zu plündern, und auch die zunächst dem Staat zugefallene gemeinsame Beute wurde nachträglich oft genug, in älterer Zeit wohl regelmäßig, unter die Krieger aufgeteilt; der Feldherr und besonders verdiente Krieger erhielten ihre besonderen ansehnlichen Anteile.

Noch wichtiger aber als die Kriegsbeute war der Lohn für den Kriegsdienst selbst: Tausende geworbener Ruderer auf den Kriegsschiffen, Bürger und Fremde, bezogen einen ansehnlichen Tageslohn, besoldet wurden aber auch die Reiter und Hopliten aus der eigenen Bürgerschaft, wenn der Feldzug länger dauerte; vor allem aber trat die kriegerische Jugend insbesondere der westlichen Teile Griechenlands jahrhundertelang, von der archaischen bis in die hellenistische Zeit, massenhaft in den Kriegsdienst der Könige, Dynasten und Satrapen Makedoniens, Thrakiens, Vorderasiens und Ägyptens, das heißt, die Bevölkerung jener armen Landschaften bestritt einen wesentlichen Teil ihres Lebensunterhalts aus dem Reisläufertum. Seit dem 4. Jahrhundert v. Chr. gab es angesehene Söldnerführer aus allen Teilen Griechenlands, die in fremden Kriegsdiensten Reichtum und Macht gewannen, aber auch unter ihren eigenen Mitbürgern eine hervorragende Stellung einnahmen; wenn im klassischen und hellenistischen Griechenland irgendeine Tätigkeit fürstlichen Reichtum eintrug, dann war es diese.

Soviel zu den einzelnen Wirtschaftszweigen und Erwerbsarten. Eine Gesamtwürdigung der altgriechischen Wirtschaft muß zunächst feststellen, daß weder die engeren noch die weiteren Kreise, in denen sich wirtschaftliche Vorgänge abspielten, in sich geschlossene Systeme bildeten; immer wiesen bedeutsame Außenbeziehungen in einen weiteren Kreis hinaus. Das gilt zunächst vom einzelnen Hausstand (*oikos*, eigentlich »Haus«): Er nahm vor allem in älterer Zeit den Markt seltener in Anspruch, als dies später üblich wurde und für uns Heutige längst selbstverständlich ist; aber er konnte zu keiner Zeit der griechischen Geschichte auf den örtlichen Markt, auf Kauf, Verkauf und Tausch und auf fremde Dienstleistungen verzichten. Der

Linke Seite: Attische Trinkschale mit rot- und schwarzfiguriger Bemalung. Um 520/500 v. Chr. Das Rundbild im Schaleninnern zeigt einen jungen Mann, der eine Spitzamphora trägt, das übliche Transport- und Vorratsgefäß. Am Rand segeln vier Kriegsschiffe hintereinander her. Ihr Bug hat die Gestalt eines Tierkopfes. Die vielköpfige Mannschaft schlägt die Flut mit den Riemen. London, British Museum

Oben: Attische Trinkschale mit schwarzfiguriger Bemalung. Um 520/500 v. Chr. Die Außenbilder zeigen auf beiden Seiten den Angriff von Piraten auf ein Handelsschiff. Gleich wird sich der Rammsporn der Kriegsschiffe, die unter geschwellten Segeln und von Ruderern angetrieben in schneller Fahrt herankommen, in die hohe Bordwand der Kauffahrer bohren. London, British Museum

Mein großer Reichtum sind Speer und Schwert
und der schöne Schild, der Schutz des Leibes.
Damit nämlich pflüge ich, damit ernte ich,
damit keltere ich den süßen Wein von der Rebe,
damit heiße ich Herr der Sklavenschaft.
Die aber Speer und Schwert nicht zu halten wagen
und den schönen Schild, den Schutz des Leibes,
die fallen alle zu meinen Füßen nieder und küssen meine Knie,
indem sie mich ihren Herrn und großen König nennen.

Skolion (Trinklied) eines Kreters namens Hybrias
(bei Athenaios 15, 695 f – 696 a)

örtliche Markt wiederum war jederzeit mit anderen örtlichen Märkten durch lebhaften Austausch verflochten; die Staatsgrenzen waren viel zu eng gezogen, als daß von einer Autarkie des einzelnen Staates hätte die Rede sein können. Auch die griechische Welt im ganzen genügte sich nicht; im Gegenteil, der Handel mit den Barbarenländern, Ägypten, Phönikien, den Ländern um das Schwarze Meer, mit Karthago und den Etruskern dürfte den innergriechischen Handel an Bedeutung noch übertroffen haben, und dies schon seit der Frühzeit. Außerdem waren die wirtschaftlichen Beziehungen Griechenlands zur Außenwelt nicht auf den Handel beschränkt: Der Söldnerdienst im Perserreich und die persischen Subsidien für griechische Staaten konnten sich an wirtschaftlicher Bedeutung mit den Handelsbeziehungen wohl messen.

Ergibt sich unter dieser Fragestellung ein eher »modernistisches« Bild von der altgriechischen Wirtschaft, so müssen wir doch auf der anderen Seite an unsere frühere Feststellung erinnern, daß sie zu allen Zeiten von der Landwirtschaft dominiert war, zu der Gewerbe, Handel und Dienstleistungen nur ergänzend hinzutraten. Der sekundäre und tertiäre Sektor überwogen nur in vergleichsweise wenigen großen und fortschrittlichen Städten; wir täuschen uns darüber leicht, weil Athen seit dem 5. Jahrhun-

Hellenistischer Goldschmuck. Die Kette mit einem sogenannten Herakles-Knoten (links oben; Pforzheim, Schmuckmuseum) stammt angeblich aus Thessalien. Solche Schmuckstücke zierten den Oberschenkel von Damen knapp über dem Knie. Entsprechend längere Bänder dieser Art wurden auch als Hüftschmuck getragen. Die Kette besteht aus einem Bündel feinstgeflochtener Glieder aus dünnem Golddraht und endet gegen den Knoten hin in winzigen Frauenköpfchen, die Verschlußösen tragen. Die Knotenenden laufen in Löwenköpfen aus.
Ein Halsschmuck aus ähnlichen Kettenelementen (links Mitte; Pforzheim, Schmuckmuseum) gehört zu einem Fund unbekannter Herkunft, der offenbar das komplette Schmuckinventar eines Frauengrabes umfaßt: Fingerringe, Armreife, zwei Halsketten, Ohrringe, ein Diadem und andere Schmuckstücke. Bei dem abgebildeten Halsschmuck enden die beiden Ketten in Quasten mit Rosettenanhängern. Durch einen blattförmigen Schieber können sie in der Länge verstellt werden.
Wohl ägyptischer Herkunft ist der aus den Körpern zweier Schlangen gebildete Armreif (links unten; Pforzheim, Schmuckmuseum). Die Schwanzpartien sind zu einem Herakles-Knoten verschlungen, dem ein gefaßter Granat aufgesetzt ist.
Das mit Granaten und Achatperlen besetzte Diadem (rechts; München, Antikensammlungen) stammt aus Pantikapaion (Kertsch auf der Krim). Es ist als Lorbeerkranz vorgestellt und zeigt in der Mitte ebenfalls einen Herakles-Knoten, darüber eine von Seedrachen flankierte Flügelgöttin.

Verwunderung verdient dagegen in hohem Maße, daß die Stadt, obwohl sie sieht, wie viele Privatleute aus ihnen (den Bergwerken) zu Reichtum kamen, diese Leute nicht nachahmt. Denn wir, denen daran liegt, haben doch längst gehört, daß Nikias, der Sohn des Nikeratos, sich einst in den Silberbergwerken tausend Sklaven anschaffte, die er an den Thraker Sosias unter der Bedingung vermietete, daß dieser ihm für jeden pro Tag einen Obolos ohne Abzüge zahle und ihre Anzahl ständig unverändert halte. Auch Hipponikos hatte 600 Sklaven, die zu den gleichen Bedingungen vermietet wurden, die ihm am Tag eine Mine Reingewinn einbrachten; Philemonides aber besaß 300, wofür er eine halbe Mine bekam, anderen aber erbrachte die Vermietung so viel, wie (Arbeitskräfte) zur Verfügung standen. Aber warum soll man von früheren Vorgängen reden? Denn auch heute sind unter diesen Bedingungen viele Sklaven in den Silberbergwerken vermietet.

Xenophon, *Über die Einkünfte* 4, 14 ff.
(Übersetzung von Eckart Schütrumpf)

dert v. Chr. zu diesen wenigen Städten gehörte und wir angesichts der Quellenlage immer wieder versucht sind, alles durch die athenische Brille zu sehen.
Ein Wort noch zum Verhältnis von Natural- und Geldwirtschaft. Wir können uns hier ganz kurz fassen, da dem Münzwesen in diesem Band ein besonderes Kapitel gewidmet ist. In den ältesten Zeiten, bis Homer und noch darüber hinaus, überwog, wie nicht anders zu erwarten, die Naturalwirtschaft. Das kam unter anderem darin zum Ausdruck, daß das Vieh als allgemeines Zahlungsmittel diente und der Wert jedes teuren Gegenstandes in einer bestimmten Zahl von Rindern angegeben werden konnte. Man konnte aber auch schon mit einer bestimmten Menge von Gold, Silber oder Bronze zahlen, und Metallschätze (in Form von Barren, Geräten und Bruchmetall) wurden vielfach gehortet. Seit dem 7. Jahrhundert v. Chr. verbreitete sich dann, vom westlichen Kleinasien aus, die Münzprägung; die Münze war nun ein sehr bequemes Zahlungsmittel und

verdrängte bald alle anderen. Die Naturalwirtschaft allerdings konnte auch sie nicht völlig verdrängen, schon die große Bedeutung der Selbstversorgung mit landwirtschaftlichen Produkten schloß dies aus; denn der griechische Durchschnittsbürger, nicht nur der Bauer, bezog einen großen Teil seiner Lebensmittel nicht vom Markt, sondern von seinen eigenen Gütern und Viehherden, und er holte sich wohl auch Holz und Steine, wenn der Weg nicht zu weit war, direkt von den Bergen.

Einen Schritt weiter, nämlich zum unbaren Geld, führte die Entwicklung des Bankwesens seit dem 5. Jahrhundert v. Chr. Sie ging von den Tempelschätzen einerseits, den Tischen der Wechsler auf dem Marktplatz andererseits aus; sie führte zum Bankguthaben als einem Teil des Vermögens und zur Zahlung durch Bankanweisung.

Auch in diesem Teilabschnitt wäre zu den Verhältnissen in den hellenistischen Reichen des Ostens viel zu sagen; sie wichen von denen im altgriechischen Bereich auf allen Gebieten stark ab und waren natürlich auch von Land zu Land sehr verschieden. Wir müssen uns hier mit der allgemeinen Feststellung begnügen, daß die weiten Länder des Orients von den makedonischen Königen, von ihren Beamten und von den vielen griechischen Kolonisten systematisch erschlossen und ausgebeutet wurden, und zwar nur zum Teil in Anlehnung an die bodenständigen, traditionellen Formen der Privat- und Staatswirtschaft oder auch an die den Griechen selbst aus ihrer Heimat geläufigen Formen des Wirtschaftens (die sich auf den Orient nur schwer übertragen ließen), in großem Umfang vielmehr nach ganz neuen, rationellen Prinzipien. Was wir über den Glanz und Reichtum der hellenistischen Herrscher im 3. und zum Teil noch im 2. Jahrhundert v. Chr. erfahren, zeugt von den beträchtlichen Erfolgen dieser Anstrengungen; der politische Verfall hat dann vieles wieder zunichte gemacht, vieles konnte aber auch in die Zeiten der Pax Romana hinübergerettet werden.

Mythos und Religion

Die griechische Religion mit ihren einander widersprechenden Mythen, von Ort zu Ort verschiedenen Kulten und Glaubensvorstellungen hat im Lauf der Jahrhunderte vielerlei Einflüsse von innen und außen aufgenommen. Eine ihrer Wurzeln war die Religion des minoisch-mykenischen Kreta. Auf Kreta wurden mütterliche Gottheiten verehrt, Herrinnen der Berge, der Tiere, des Meeres, zuständig für die Gegenpole alles Lebens, Fruchtbarkeit und Tod. Ihnen waren junge männliche Götter zugeordnet, Vegetationsgottheiten, Herren der Tiere, verbunden mit der Befruchtung von Tieren und Pflanzen, Liebesgenossen der Großen Göttin oder Göttinnen, vielleicht auch der Königinnen. Sie wurden geboren und erlitten den Tod analog zu Wachstum und Absterben der Vegetation. Zeus, der erst Anfang des 2. Jahrtausends v. Chr. mit den einwandernden Achäern in den ägäischen Bereich kam, trat an die Stelle eines solchen jungen Gottes.

Apotheose des Homer. Weihrelief aus dem 2. Jahrhundert v. Chr. Nach der Künstlerinschrift stammt das 1,15 m hohe Marmorrelief von dem Bildhauer Archelaos aus Priene. Es ist wie ein hoher Berg geformt, dessen Gipfel, Abhang und Fuß Figuren bevölkern. Die im unteren Streifen sind um einen Rundaltar zum Opfer versammelt und am Sockel inschriftlich bezeichnet. Links thront mit Zepter und Buchrolle Homer, neben ihm knien die Ilias mit einem Schwert und die Odyssee mit einem Schiffsbug. Hinter dem Dichter steht, ihn bekränzend, Oikumene (Erdkreis), neben ihr der geflügelte Chronos (Zeit) mit zwei Schriftrollen. Am Altar vollziehen Historia als Priesterin und der Knabe Mythos als Diener das Opfer, ein Buckelrind ist das Opfertier. Mit Fackeln in den erhobenen Händen tritt die Poesie zum Altar heran; ihr folgen huldigend Tragödie und Komödie, beide im Theaterkostüm, Physis (Naturanlage) als Kind und vier Frauen: Arete (Tugend), Mneme (Gedächtnis), Pistis (Treue) und Sophia (Weisheit). Darüber sieht man eine Grotte, in der Apollon mit der Kithara vor dem delphischen Omphalos steht, und um ihn die neun Musen. Über allem thront Zeus, das Zepter führend und den Adler zu seinen Füßen. Er blickt auf Mnemosyne, die Mutter der Musen, die vor seinem Felsenthron stehend zu ihm emporsieht. Neben Apollons Grotte ist die Statue eines Mannes mit Buchrolle dargestellt, wahrscheinlich der Stifter des Reliefs. Der Dreifuß hinter ihm erinnert an seinen Sieg im Dichterwettstreit. *London, British Museum*

Die Geburt des Zeus wurde noch im 1. Jahrtausend v. Chr., in griechischer Zeit, rituell begangen: Gesang und Tanz um einen Altar sollten den Vegetationsgott herbeirufen, damit er die Natur erwecke. Aufgeführt wurde der Tanz von jungen Männern, die dazu Bronzeschilde schwangen. Dieser Waffentanz war Fruchtbarkeitsmagie und zugleich Initiationsritual. Die jungen Männer tanzten ihn wahrscheinlich nur einmal im Leben, denn er symbolisierte ihren Eintritt ins Erwachsenenalter: Sie wurden Angehörige der Männergemeinschaft, vielleicht auch eines geheimen Männerbundes. Vorher durchliefen sie eine zweimonatige Lehrzeit, die sie, von einem Lehrer zum Schein geraubt, abgesondert von der dörflichen Gemeinschaft in den Bergen zubrachten, um dort in Waffentanz, Kriegshandwerk und Jagd unterrichtet zu werden. Solche Initiationsrituale zum Zweck der Aufrechterhaltung sozialer Strukturen reichen in die Frühzeit der Menschheitsgeschichte zurück und sind ein allgemeines ethnologisches Phänomen.

Der Schildetanz der jungen Männer war sicher älter als der Mythos, der die Begründung dafür lieferte. Rhea mußte ihren Sohn Zeus heimlich gebären, denn ihm drohte das Schicksal seiner älteren Geschwister, die ihr Vater Kronos verschlungen hatte. Diesem war nämlich vorherbestimmt, ein stärkerer Sohn werde ihn als Herrscher ablösen. Rhea gab Kronos einen in Windeln gewickelten Stein, den er in der Annahme verschlang, es sei der neugeborene Sohn. Der aber wuchs im Verborgenen heran, bis die Zeit gekommen war, den Vater zum Ausspeien der Geschwister zu zwingen und die Stellung als höchster Gott zu übernehmen. Jugendliche Dämonen verhinderten die Entdeckung des Zeuskindes: »Kureten aber tanzten um dich herum den Waffentanz und schlugen dabei ihre Waffen aneinander, damit Kronos den Klang des Schildes und nicht dich kleines Kind vernähme« (Kallimachos, Zeus-Hymnus 52 ff.).

Während im griechischen Mythos ein Tod des Zeus unbekannt war, sind auf Kreta für mehrere Orte Zeus-Gräber überliefert. Am bekanntesten ist das Heiligtum auf dem

Berg Juchtas bei Archanes, das von etwa 2000 bis 800 v. Chr. genutzt wurde. Die im minoischen Kult häufigen Bergheiligtümer finden sich in der griechischen Religion wieder: Zeus und seine Familie residierten auf dem Olymp, Kronos wurde in Olympia auf dem Kronos-Hügel verehrt.

Die Entstehung der Welt und der Götter und die Abfolge der Göttergeschlechter

Am Anfang entstand Chaos, dann aber Gaia …
Hesiod, *Theogonie* 116

Anders als der Gott im Alten Testament war Zeus nicht Schöpfer der Welt, er war ein Gott der dritten Generation: Zeus mußte seinen Vater und dessen Geschwister, die Titanen, in einem zehnjährigen Kampf niederringen und im Tartaros einkerkern. Aufgeschrieben wurde dieser Mythos im 7. Jahrhundert v. Chr. von Hesiod. Mythen, in denen Götter einander in der Herrschaft ablösen, begegnen in orientalischen Texten des 2. Jahrtausends. Ursprünglich war danach die Herrschaft des Himmelsgottes, von Dauer die des Wettergottes. Zeus, der »Wolkenversammler« und »Blitzeschleuderer«, war auch Wettergott, Kronos' Vater Uranos Himmelsgott. Nicht geklärt ist, wann die Aufnahme von hethitischem, akkadischem und phönikischem Gedankengut in griechische Vorstellungen erfolgte, ob schon im 2. Jahrtausend oder kurz vor der Zeit Hesiods.
Hier tritt nicht nur eine weitere Wurzel der griechischen Religion zutage, es werden auch verschiedene Funktionen des Mythos deutlich. Mythos bedeutet Auseinandersetzung mit Unerklärlichem, Urgeschichte. Er ist der Beginn der Geschichtsbetrachtung und der philosophisch-theologischen Spekulation. In den Kämpfen der Götter – Zeus' und seiner Geschwister gegen die Titanen, gegen die Giganten, gegen Ungeheuer – spiegeln sich möglicherweise die großen Katastrophen am Ende des 2. Jahrtausends, die die

Linke Seite: Tympanon aus Bronze, in der Idäischen Höhle gefundene Weihgabe aus dem 8. Jahrhundert v. Chr. Die 1530 m hoch unter dem höchsten Gipfel des kretischen Idagebirges gelegene Grotte diente von der minoischen bis in die Zeit der römischen Kaiser als Heiligtum, wie die Weihgaben und ein Brandopferaltar bezeugen. Eine Inschrift aus römischer Zeit weist Zeus als Herrn der Kultstätte aus. Die Grotte galt als Ort seiner Geburt und Kindheit. Dort lag das Zeuskind in einer goldenen Getreideschwinge, von Nymphen betreut und genährt von der Ziege oder Nymphe Amalthea; Bienen spendeten ihm Honig, die Nymphe Adrasteia fertigte Spielzeug, und Kureten schlugen tanzend ihre Schilde, um sein Schreien zu übertönen. Auf dem Tympanon sind zwei geflügelte Dämonen dargestellt, die Becken schlagen, in der Mitte ein Gott, der über einen Stier hinwegschreitet und einen Löwen über seinem Haupt schwingt.
Heraklion, Archäologisches Museum

Oben: Neben der Idäischen galt die Höhle von Psychro im Diktegebirge Kretas als Stätte von Zeus' Geburt und Kindheit (außerdem der Berg Lykaion in Arkadien). Auch die Diktäische Grotte barg zahlreiche Votive. Die für die minoische Zeit typischen Höhlenheiligtümer wurden weiter genutzt und in die griechische Mythologie miteinbezogen.

minoisch-mykenische Kultur vernichteten: Erd- und Seebeben, der Ausbruch des Vulkans auf Thera/Santorin im mittleren 2. Jahrtausend, und kriegerische Zerstörungen wie der Untergang Trojas.

Der Mythos vom Sieg des Zeus über Kronos enthält darüber hinaus einen religionsgeschichtlichen Hinweis: Zeus kam relativ spät in den Ägäisbereich und mußte sich erst gegen die dort heimischen Götter der vorgriechischen bäuerlichen Bevölkerung durchsetzen. Kronos, einer dieser bäuerlichen Götter, wurde zum Gott der Unterdrückten. Die Athener feierten noch in der römischen Kaiserzeit nach dem Einbringen der Ernte das Kronos-Fest: Sklaven wurden von ihren Herren zum Essen eingeladen und zogen lärmend in der Stadt umher. Die Alltagsordnung war aufgehoben, ein idealer Zustand ohne Herrschaft und Arbeit wurde im Fest für einen Tag Wirklichkeit. Mit diesem Goldenen Zeitalter war Kronos verbunden als Gott der Urzeit vor Zeus. In Hera wiederum lebte die kretisch-kykladische

Muttergottheit fort. Trotz einer gewissen Kontinuität gelangte die griechische Religion einschließlich ihrer Mythen erst in einer Metamorphose nach dem Zusammenbruch der mykenischen Welt zu jener komplexen Gestalt, in der sie sich vom 10./9. Jahrhundert bis zum Ende der Antike darstellte.

»Wer in den zerstreuten Mythen, in der weitläufigen Geschichte, um sich eine Aufgabe zu suchen, ängstlich herumirrt, mit Gelehrsamkeit bedeutend oder allegorisch interessant sein will, der wird in der Hälfte seiner Arbeit oft bei unerwarteten Hindernissen stocken oder nach Vollendung derselben seinen schönsten Zweck verfehlen.« Goethe plädierte in seinen »Ratschlägen an den bildenden Künstler bei der Sujetwahl« (1798) für ein intuitives Erfassen des Mythos und hielt nicht viel von den verschiedenen Richtungen der Mythendeutung, wie sie bis ins 19. Jahrhundert betrieben wurde. Man deutete die Götter allegorisch, symbolisch oder als Naturerscheinungen und konnte so auch griechische Mythologie mit dem Christentum vereinbar machen. Demnach verkörperte Zeus die Luft, Ganymed den Nektar, der Apfel des Paris das Universum, Aphrodite die Schönheit oder das feuchte Element, Athena die Abenddämmerung. Teilweise sind solche Erklärungen auch richtig – Hephaistos war das Feuer, Ares der Krieg. Aber das alles ist nur ein einzelner Aspekt, das vielschichtige Wesen eines Gottes wird damit nicht erfaßt.

Seit Sigmund Freud werden die Mythen als Ausdruck menschlichen Urerlebens verstanden: Gaia gebar Uranos, den Himmel, aus sich selbst, nahm ihn zum Mann, und beide wurden Eltern gemeinsamer Kinder; Kronos und Zeus besaßen dann in ihren Götterfamilien eine patriarchalische Stellung. Wie im Mythos ein Anfangsstadium weiblicher Omnipotenz nach einer Phase der Gleichwertigkeit von Männlich und Weiblich ins Patriarchat übergeht, so ist der Mensch in der frühen Kindheit einem matriarchalen Regime unterworfen und später dem Patriarchat. Der kindliche Glaube an die Allmacht der Mutter wird enttäuscht, der Mensch findet sich mit seinem Schicksal konfrontiert, das Goldene Zeitalter in seiner Entwicklungsgeschichte ist beendet.

Neben dieser psychoanalytischen Deutung läßt der Gaia-Uranos-Mythos noch eine weitere Interpretation zu. Möglicherweise spiegelt sich darin auch der Übergang von einer prähistorischen Matrilinearität zur patriarchalischen Gesellschaftsordnung der Griechen. Das Mutterrecht, Indiz für eine matrilinear strukturierte Gesellschaft, galt im kleinasiatischen Lykien noch im 5. Jahrhundert v. Chr. Kreter sprachen vom Mutter-, nicht vom Vaterland. Die Bedeutung der weiblichen Gottheiten in vorgriechischer Zeit auf Kreta und den Kykladen macht ein größeres Ansehen der Frauen in den damaligen Gesellschaften wahrscheinlich. Die Erzählungen von Heras Eifersucht und ihrem Zorn auf Zeus deuten darauf hin, daß die vorgriechische Bevölkerung nicht widerstandslos die Zeus-Religion annahm und daß die patriarchalische Ordnung inneren Spannungen unterworfen war, sich jedoch immer wieder bestätigte.

Die Erschaffung der Menschen

Alle nämlich sind wir aus Erde und Wasser entstanden
Xenophanes, Fragment 29 (Snell)

»Ein goldenes Geschlecht mit Sprache begabter Menschen schufen am Anfang die unsterblichen Götter..., als zweites schufen danach wieder sie, die olympische Häuser bewohnen, ein viel schlechteres, ein silbernes Geschlecht... – Vater Zeus aber machte als drittes ein anderes Geschlecht von sprechenden Menschen, ein bronzenes...« So schildert Hesiod (*Erga* 109 ff.), wie ein Menschengeschlecht das andere ablöste, immer schlechter als das vorhergehende – mythische Begründung menschlicher Übel, Mühen und Plagen. Des weiteren beschreibt Hesiod die Erschaffung der Urfrau Pandora: Hephaistos formte sie auf Geheiß des Zeus aus Erde, Athena bekleidete sie, Peitho, die Überredung, und die Chariten, Göttinnen des pflanzlichen Wachstums, der Anmut und des Glanzes, schmückten sie,

Gigantomachie, vom Nordfries des Schatzhauses der Siphnier in Delphi, das kurz vor 525 v. Chr. erbaut wurde. Während die anderen Friese des Schatzhauses den Raub der Töchter des Leukipp durch die Dioskuren, das Parisurteil und den Trojanischen Krieg zum Thema haben, zeigt der Fries der Nordseite, die der Heiligen Straße zugekehrt ist, den Kampf der Götter und Giganten. Die Erdgöttin Gaia hatte die Giganten aus den Blutstropfen entstehen lassen, die der Himmelsgott Uranos vergoß, als sein Sohn Kronos ihn entmannte. Nach dem Sieg des Zeus über ihre Kinder, die Titanen, stiftete Gaia die Giganten zum Kampf gegen die olympischen Götter an. Zeus und die Seinen konnten nur mit Hilfe eines Sterblichen siegen, des Herakles. Von Osten her dringen die Götter auf die Giganten ein. Diese sind nicht wie sonst oft als Ungeheuer mit Schlangenbeinen dargestellt, sondern als Hopliten, ausgerüstet mit Helm, Schild, Panzer, Beinschienen, Lanze und Schwert; einige werfen auch Steinbrocken. Aus der linken Ecke (nicht im Bild) entfacht Hephaistos mit dem Blasebalg Feuer gegen zwei angreifende Giganten (links außen). Es folgen Dionysos im Pantherfell und Kybele auf ihrem mit Löwen bespannten Wagen. Vor den Löwen, die einen Giganten anfallen, richten Apollon und Artemis Pfeile auf drei sich hinter ihren Schilden bergende Gegner. Dazwischen sieht man einen fliehend sich umschauenden Giganten, der einen Kantharos als Helmzier trägt und den auch der beigeschriebene Name als »Kantharos« bezeichnet; von ihm wird Dionysos sein künftiges Trinkgefäß erbeuten. Auf der anschließenden Platte (oben) sind noch Reste von Zeus' Viergespann zu sehen. An der Seite des Göttervaters kämpfte vielleicht Herakles. Über einen Gefallenen gebeugt, holt Hera mit der Lanze zum Stoß aus. In ihrem Rücken erkennt man Athena mit der von Schlangen gesäumten Ägis. Ares stürmt über einen am Boden liegenden Toten hinweg. Hinter den Gegnern des Ares dringt Hermes, auf dem Kopf einen spitzen Filzhut, mit gezücktem Schwert auf zwei Giganten ein. Delphi, Museum

Am Anfang entstand Chaos (gähnende Leere), dann aber Gaia (die Erde) mit breiter Brust, immer sicherer Sitz aller Unsterblichen . . .
und der dunkle Tartaros im Innersten der Erde mit weiten Wegen,
und dann Eros, der schönste unter den unsterblichen Göttern . . .
Gaia aber gebar als ersten, gleich weit wie sie selbst,
den gestirnten Uranos (Himmel), damit er sie ganz umhülle . . .
Sie gebar auch das öde, im Wogenschwall tosende Meer,
Pontos, ohne ersehnte Liebesvereinigung. Dann aber
schlief sie mit Uranos und gebar den tiefwirbelnden Okeanos,
und Koios und Krios und Hyperion und Iapetos und Theia
und Rhea und Themis (Gesetz) und Mnemosyne (Erinnerung) . . .
Nach diesen wurde als jüngster der verschlagene Kronos geboren,
der gewaltigste unter den Kindern . . . Hesiod, *Theogonie* 116 ff.

machten sie anziehend und begehrenswert; die übrigen Götter aber verliehen ihr sämtliche schlechten Eigenschaften, Täuschung, Trug und vieles mehr, als Gegenmittel einzig die Hoffnung.

In einer Mythensammlung aus dem 1. Jahrhundert n. Chr. erfahren wir von Prometheus, daß er die Menschen aus Erde und Wasser formte. Dieses von der Tätigkeit des Töpfers und Tonbildners inspirierte Bild von der Erschaffung des Menschen aus Erde begegnet in vielen Kulturen. Die Griechen kannten auch den Sintflutmythos: Deukalion, Sohn des Prometheus, hatte den Rat seines Vaters beherzigt, in einer Truhe Proviant gesammelt und darin zusammen mit seiner Frau Pyrrha überlebt. Traurig über den menschenleeren Zustand der Welt, bevölkerte sie das Paar auf Zeus' Weisung wieder mit Menschen, indem es Steine hinter sich warf. Die von Deukalion geworfenen Steine wurden zu Männern, die Pyrrhas zu Frauen. ». . . ohne Bett aber schufen sie ein steinernes Geschlecht gleichen Stammes« (Pindar, Neunte olympische Ode 44 f.).

Nach den Vorstellungen der orphischen Kultvereinigung entstanden die Menschen aus der Asche der Titanen, die Zeus mit seinem Blitz vernichtete, als er sah, daß sie seinen Sohn Dionysos kochten und aßen. Damit hatten die Menschen Anteil am Göttlichen. Bei Platon findet sich im *Timaios* ein weiterer Mythos von der Entstehung der Menschen: Der Demiurg schuf aus den Urstoffen Feuer, Erde, Wasser und Luft die Welt entsprechend der idealen Welt der vollkommenen Urbilder und erteilte den aus herkömmlichen Mythen bekannten Göttern den Auftrag, die lebenden Geschöpfe dem eigenen Wesen gemäß hervorzubringen und ihre Seelen zu bilden.

Diese verschiedenen Aussagen über die Erschaffung der Menschen und wohl noch andere mehr waren nebeneinander möglich. Griechische Religiosität war tolerant: Es gab keine allgemein verbindliche Heilige Schrift, die Mythen mußten nicht »geglaubt« werden. Sie bildeten aber den Stoff der epischen Gedichte Homers und Hesiods, der Götterhymnen, der Chorlieder und der Tragödien; sie waren, dichterisch stets neu ausgeformt und in jeweils anderen Aspekten beleuchtet, unverzichtbarer Bestandteil der religiösen Feste. Diese Dichtungen ließen das Wesen der Gottheit aufscheinen, sie waren Ausdruck der Auseinandersetzung mit dem Göttlichen. Die Mythen waren elastisch genug, verschiedenartige Formen der Religiosität zu manifestieren. Auch wandten sich die Dichter an ein unterschiedliches Publikum, Hesiod an ein ländliches, Homer an ein adeliges, weswegen Götter, die für Bauern wichtig waren, wie Demeter und Dionysos, in *Ilias* und *Odyssee* keine Rolle spielen.

An die Götter glauben bedeutete, es dem Brauch entsprechend mit den Göttern halten, ihnen Opfer bringen, ihre Feste begehen und ihren Willen aus Vorzeichen erkennen. »Nur eines weiß ich«, sagte der Populärphilosoph Agatharchides im 2. Jahrhundert v. Chr., »daß man die Bräuche der Vorfahren beachten muß und daß es unnötig wäre, sich dafür bei anderen zu entschuldigen.« Griechische Religion legitimierte sich aus der Tradition.

Viele Quellen zu Kult, Mythos und Religion stammen aus Athen, die Vasen mit ihren Darstellungen, die Tragödien und Komödien. Daher erhellen sich attische Feste, Gebräuche und Vorstellungen besser als die anderer Landschaften.

Opfer und Ritual

Als Götter und Menschen sich schieden...

Hesiod, *Theogonie* 535

Jedes Jahr wurde auf der Akropolis in Athen im letzten Monat des attischen Jahres (Ende Juni/Anfang Juli) dem Zeus als Schutzherrn der Stadt ein Stier geschlachtet. Man trieb mehrere Stiere um den Altar, auf dem Gerste ausgestreut war und Kuchen lagen. Der Stier, der als erster von den Körnern oder dem Kuchen fraß, wurde zur Strafe dafür vom Priester mit der Doppelaxt getötet. Sofort nach dem tödlichen Streich ließ der Priester die Axt fallen und floh. Daraufhin fand ein Prozeß um den Stiermord statt, bei dem einer dem anderen die Schuld zuschob: Die Mädchen, die das Wasser zum Wetzen der Axt gebracht hatten, schoben sie auf den Schleifer, dieser auf den Priester und dieser wieder auf die Axt, die man zur Strafe im Meer versenkte. Nachdem das gebratene Fleisch des Stiers in einem gemeinsamen Mahl verspeist war, wurde das abgezogene Fell zusammengenäht und mit Heu ausgestopft, um so die Unversehrtheit des Stiers vorzutäuschen.

Zu Urzeiten gab es weder Jagd noch Tieropfer, »gemeinsame Mahlzeiten gab es damals nämlich, gemeinsame Sitze aber für unsterbliche Götter und sterbliche Menschen« (Hesiod, *Theogonie*). Seitdem der Mensch für seinen Lebensunterhalt Wild erlegte, versuchte er aus Furcht, diese Nahrungsquelle könne einmal versiegen, rituell seinen Eingriff in die Natur ungeschehen oder mit einer Gegengabe wiedergutzumachen. Bärenbestattungen aus der Neandertalerzeit, Schädel- und Langknochenfunde sibirischer Jägervölker bezeugen solche Urformen religiöser Handlungen. Ein Anteil der Beute wurde zurückgegeben, und zwar der, auf den der Mensch am leichtesten verzichten konnte: Knochen, Fett und Fell. Das Fell wurde so über Knochen und Fett gebreitet, als wäre das Tier noch unversehrt. Der Jäger spielte »Unschuldskomödie«. Da Hirtenvölker ebenso auf den Fortbestand der Tierarten angewiesen waren, übernahmen sie diese prähistorischen Jägerbräuche. Mit Göttern trat das Opfer erst später in Verbindung; ihr Anteil wurde nicht mehr zur Rekonstruktion des Opfertiers verwendet, sondern verbrannt.

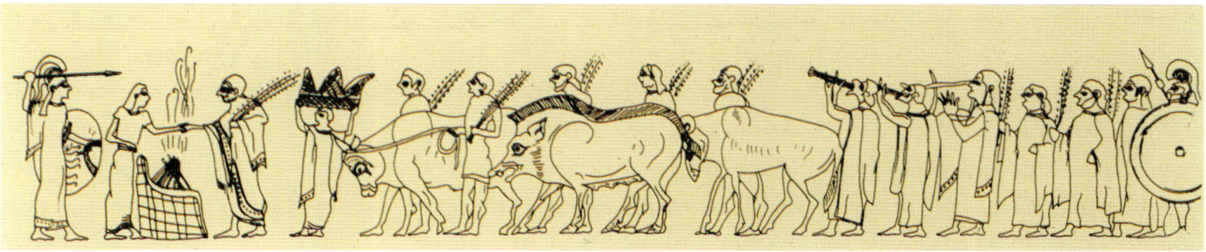

Linke Seite: Korinthische Votivtafel aus Holz mit Temperabemalung, um 540 v. Chr. Eine Familie schreitet zum Opfer. An der Spitze der Prozession geht die Kanephore (Korbträgerin), die auf dem Kopf den Korb mit Utensilien für das Opfer trägt; es folgen ein Knabe mit dem Opfertier, einem Schaf, zwei Jugendliche mit Musikinstrumenten, zwei Frauen mit Zweigen und Opferbinden und als letzter wohl der Familienvater. Über dem Bild eine Weihinschrift an die Nymphen in korinthischem Alphabet. Athen, Nationalmuseum

Rechts oben: Opfer an Apollon. Rotfiguriges Bild auf einem attischen Glockenkrater, um 440/430 v. Chr. Der Priester übergibt die für den Gott bestimmten Teile des Opfertiers dem Feuer. Wie das Kultbild auf der Säule trägt er einen Kranz aus Lorbeer, der dem Apollon heiligen Pflanze. Ein kleiner Ministrant reicht ihm auf einer Platte ein mit Zweigen geschmücktes weiteres Stück Opferfleisch. Das Feuerholz ist luftdurchlässig aufgeschichtet, der Altar mit Tierblut bespritzt. Frankfurt am Main, Museum für Vor- und Frühgeschichte

Rechts Mitte: Tieropfer an Athena Promachos. Bildfries einer attischen Bandschale, um 560 v. Chr. Athena Promachos, der »Vorkämpferin«, war auf der Akropolis von Athen ein Standbild errichtet. Der schild- und speerführenden Göttin wird ein Dreieropfer dargebracht, ein Rind, ein Schwein und ein Schaf. Zweigträger geleiten die Tiere zum Altar. Das Feuer brennt bereits, die Priesterin begrüßt den Opferherrn. Hinter ihm trägt ein Knabe einen dreihenkligen Korb mit Gerstenkörnern für das Voropfer und dem Opfermesser. Den Opfertieren folgen zwei Flöten- und ein Leierspieler, Zweigträger und Bewaffnete, teils zu Fuß, teils beritten, wohl die Veranstalter des Opfers.

Rechts unten: Widderopfer vor bärtiger Herme. Schwarzfiguriges Bild auf einem attischen Kolonettenkrater, um 520 v. Chr. Einer der Männer röstet am Bratspieß das Fleisch für den Festschmaus im hoch auflodernden Feuer, der andere schneidet es in Stücke. London, British Museum

Der Mythos schrieb nicht nur die Beschaffung des Feuers für die Menschen, sondern auch die Erfindung des Tieropfers Prometheus zu. Prometheus täuschte Zeus, ließ ihn die von glänzendem Fett bedeckten Rinderknochen nehmen anstelle von Fleisch und Eingeweiden. Hermes stahl am Abend nach seiner Geburt die Rinderherde seines Bruders Apollon, schlachtete am nächsten Morgen zwei Kühe, zerschnitt ihr Fleisch, steckte es auf Spieße und briet es, ebenso das Rückenstück und das in Eingeweide gefaßte Blut. Die Häute spannte er über Felsen – Rekonstruktion der Opfertiere und gleichzeitig verewigtes Opfer. Köpfe und Füße verbrannte Hermes als Gaben für die Götter und sonderte zusätzlich zwölf Teile vom Fleisch aus, die ebenfalls für die Götter bestimmt waren. Die Götter bekamen Ehrengaben, es erfolgte ein wirklicher Verzicht.

Kultische Reinheit

In der heiligen Göttin Bezirk, Fremder, komme mit reiner Seele, nachdem du dich mit Quellwasser besprengt hast!
Anthologia Palatina 14, 71

Tieropfer fanden meist vor einem Tempel in einem Heiligtum statt und verlangten bestimmte Vorbereitungen. So war beim Betreten des heiligen Bezirks kultische Reinheit erforderlich: Man hatte zuvor gebadet und saubere Gewänder angelegt. An den Eingängen standen Sprengwasserbecken zur symbolischen Reinigung, vergleichbar den Weihwasserkesseln in katholischen Kirchen. Darin staken Lorbeer- oder andere Zweige mit kathartischer (reinigender) Wirkung. Sinn der Reinigung war die Beseitigung von Befleckung, die verhinderte, daß die göttlichen Gaben zu den Menschen gelangten, sei es Fruchtbarkeit, glückliche Heimkehr oder wirtschaftlicher Erfolg. Beflekkung konnte durch Geschlechtsverkehr oder durch Kontakt mit Geburt und Tod erfolgen; wer ein Trauerhaus betrat oder eine Wöchnerin besuchte, war befleckt. Mord erforderte umfangreichere Maßnahmen der Entsühnung und Läuterung: Odysseus reinigte nach dem Freiermord seine Halle mit Schwefel. Mörder mußten entweder von den Verwandten des Ermordeten getötet oder außer Landes gejagt werden. Ein kathartisches Mittel war auch die Getreideschwinge, mit der im Alltag die Spreu vom Korn getrennt wurde; im Kult wirkte ihr Schwingen über den Anwesenden als Analogiezauber. Die Reinigung vor dem Umgang mit dem Heiligen verdeutlichte den Kontrast zum Profanen und verband die Kultgemeinschaft untereinander. Der tatsächlichen Nutzlosigkeit solcher symbolischer Handlungen war man sich bewußt: »... für Gute genügt schon ein kleiner Tropfen; einen schlechten Menschen aber reinigt selbst der ganze Ozean nicht mit seinen Fluten« (*Anthologia Palatina* 14, 71).

Die Anwesenheit eines Kindes, dessen Eltern noch am Leben waren, das also vom Geschick begünstigt und noch nicht mit der Befleckung des Todes in Berührung gekommen war, galt als förderlich für den Erfolg der Zeremonie. Ein Symbol des Heiligen, der Ausgrenzung des Profanen und kultischer Reinheit waren schließlich aus Zweigen oder Blumen geflochtene Kränze, die ihre Träger unter den Schutz der Gottheit stellten. In Aristophanes' *Plutos* bewahrt ein solcher Kranz einen Sklaven vor den Schlägen seines Herrn.

Ablauf des Tieropfers

Bedeutet nun opfern nicht die Götter beschenken, beten, die Götter um etwas bitten? Sokrates im *Euthyphron* 14 c

Die Opfergemeinschaft geleitete die mit Binden und vergoldeten Hörnern geschmückten Opfertiere in einer Prozession zum Altar. Opferherr, Flötenbläser, Korb- und Wasserträger(in), Fackel- und Zweigträger – diese Aufgaben innerhalb der Opfergemeinde zu übernehmen stellte ein Privileg dar. So tötete der Athener Harmodios den Tyrannen Hipparch, weil seine Schwester nicht Korbträgerin beim Panathenäenfest sein durfte. Im Opferkorb befand sich, von Körnern und Kuchen verdeckt, das Opfermesser. Der Korb wurde zusammen mit der Hydria, dem Gefäß mit Wasser zum Händewaschen, zur Heiligung des Ortes um den Altar getragen, vielleicht dreimal. Die Festgemeinde umstand den Altar oder saß in Reihen um ihn herum wie im Theater. Jedem einzelnen wurde Wasser über die Hände gegossen, ebenso wie über alle Geräte. Dann tauchte der Opferherr ein brennendes Scheit vom Altar ins Wasser und besprengte damit die Anwesenden. Die reinigende Wirkung des Wassers verband sich mit der des Feuers. Danach wurden die Opfertiere besprengt, oder sie bekamen Wasser zum Trinken, damit sie den Kopf senkten. Dies bedeutete, sie nickten, sie sagten ja zum eigenen Opfer. Während die Teilnehmer dem Opferkorb die ungeschroteten Gerstenkörner entnahmen und sie auf Altar und Opfertier warfen, betete der Opferherr mit zum Himmel erhobenen Armen. Dann griff er zum Messer, schnitt dem Opfertier Stirnhaare ab und warf sie ins Feuer. Damit war das Voropfer beendet, die eigentliche Opferung konnte erfolgen. Dem Opfertier wurde die Kehle so durchschnitten, daß das Blut auf den Altar spritzte. Ein lauter Aufschrei der Frauen markierte den Höhepunkt, den Tod des Tieres. Nachdem das Opfertier den Regeln entsprechend zerlegt

Die um 570 v. Chr. geschaffene Marmorstatue eines Kalbträgers von der Athener Akropolis war nach der Inschrift auf der Basis die Weihung eines Mannes namens Rhombos. Der Stifter hat in diesem Werk sein eigenes Bild der Stadtgöttin dargebracht. Mit seiner Opfergabe, einem Stierkalb, über den Schultern tritt er vor Athena hin. Opferträger und Opfertier sind durch die kreuzförmig sich verschränkenden Arme und Tierbeine zusammengeschlossen. Die großen Augensterne waren in farbigem Material eingesetzt. Das Haar ist korallenartig stilisiert und auf dem Schädel für die Bemalung aufgerauht. Am Kälbchen sind noch Reste blauer Bemalung erhalten. Athen, Akropolis-Museum

Oben: Befragung der Opferleber vor dem Aufbruch in die Schlacht. Rotfiguriges Bild auf einer Bauchamphora des Kleophrades-Malers, um 500 v. Chr. Ein Schwerbewaffneter hält ein Stück der Leber hoch, die ein bekränzter Knabe darreicht. Die Betrachtung verheißt keinen guten Ausgang, denn die Frau, vielleicht die Mutter des jungen Kriegers, und der Bogenschütze in skythischer Tracht heben bestürzt die Hände.
Würzburg, Martin-von-Wagner-Museum

Unten: Widderopfer für drei Heroen im Beisein Athenas. Bild auf einem apulischen Volutenkrater, um 350/340 v. Chr. Die Flügelfrau hat ihr Knie auf den Widder gesetzt und hebt das Messer zum tödlichen Stoß. Ein Altar ist nicht vorhanden, das Blut ergießt sich beim chthonischen Opfer in eine Grube.
Ruvo, Museo Archeologico Jatta

Rechte Seite: Der Seher vom Ostgiebel des Zeus-Tempels in Olympia, um 460 v. Chr.
Olympia, Museum

war, wurden die den Göttern zukommenden Teile verbrannt. Der Opferherr goß Wein ins Feuer, damit es durch den Alkohol aufflammte.

Anschließend bereitete man die gemeinsame Fleischmahlzeit und feierte im lebensbejahenden Schmaus die rituelle Bewältigung des Todes. Während des Mahls wurden Trankspenden dargebracht und Gebete gesprochen, wie Athena am Strand von Pylos in Mentors Gestalt betete: »Hör uns, Erderschütterer, die wir dich anfleh'n, ... schenke vor allem Ruhm ..., schenke jedoch sodann ... allen genehmes Entgelt für die herrliche Festhekatombe!« Dieses in der *Odyssee* (3, 55 ff) geschilderte Opfer an Poseidon bestand aus 81 Stieren.

Sinn des Opfers war neben einem besonderen oder allgemeinen Anliegen und der Gabe an die Götter auch sein sozialisierender Effekt: Das gemeinsame Beteiligtsein innerhalb der Kultgemeinschaft hob sich von der Alltagsgesellschaft ab und bestätigte sie gleichzeitig. »So selbstverständlich durchdringen sich Religion und gewöhnliche Existenz, daß jede Gemeinschaft, jede Ordnung durch ein Opfer begründet sein muß« (Walter Burkert).

Vernichtungsopfer

Zweien (Hunden) durchschnitt er den Hals, in den Scheiterhaufen sie werfend ... *Ilias* 23, 174

Von den Tieropfern nach olympischem Ritus unterschieden sich die mit Erde und Unterwelt verbundenen chthonischen oder Vernichtungsopfer, deren Adressaten die Totengötter, die Heroen, die Toten, die Winde waren. Sie fanden nicht an einem Altar statt, sondern an einer Opfergrube, in die das Blut aus der Kehle des geschächteten Tieres strömte. Das Opfertier wurde ganz verbrannt (Holokaust) oder vergraben, vom Fleisch also nicht gegessen. Auch in Krisensituationen und vor Schlachten opferte man nach chthonischem Ritus. Heere führten deshalb ganze Herden mit, meist Ziegen.

Plutarch berichtet in der Vita des Themistokles, daß der Seher und das Heer den Oberbefehlshaber der griechischen Flotte vor der Schlacht von Salamis dazu veranlaßten, anstelle von Tieren Dionysos Omestes, dem »Rohverschlinger«, drei schöne, prächtig gekleidete Kriegsgefangene, Neffen des persischen Königs Xerxes, zu opfern. Menschenopfer sind vor allem mit der Heroengeneration des Trojanischen Krieges verbunden; berühmtestes Beispiel ist die Opferung der Iphigenie, um die widrigen Winde zu bannen, die die Ausfahrt des Heeres nicht zuließen, oder um eine Windstille zu beenden. Solche Mythen spiegeln sicher die kultische Realität in prähistorischer Zeit. In einer Ausnahmesituation wie vor der Schlacht von Salamis, angesichts der Bedrohung für ganz Griechenland, konnte ein scheinbar überwundener Brauch wieder zum Durchbruch kommen. Durch Funde von Menschenknochen an griechischen Opferstätten lassen sich Menschenopfer in histori-

scher Zeit jedoch nicht nachweisen. Sie galten als barbarisch. In Kultlegenden und Mythen, die Lykaia betreffend, das Hauptfest Arkadiens für Zeus Lykaios, stand der Opfertod eines Knaben für das Ende der Kindheit.

Votive – Zweckgeschenke an die Götter

Nachgiebig sind selber die Götter ... Denn auch diese durch Räucheropfer und sanfte Gebete und durch Spendegüsse und Fettdampf stimmen die Menschen um mit Bitten *Ilias* 9, 497 ff.

Diese Verse Homers verdeutlichen einen weiteren Aspekt des Opfers: Der Mensch versuchte, Einfluß auf sein Geschick zu nehmen, er gab etwas, um eine Gegengabe zu bekommen, oder weil er eine bekommen hatte und um weitere bat. Man stiftete von einem Teil der Einkünfte etwa eine wertvolle Statue, die im Heiligtum aufgestellt wurde. Diese Art Opfer hatte ihren Ursprung in den bäuerlichen Erstlingsgaben. Auch die dauerhaft gewordenen Votivgaben sollten eine Versicherung für künftigen wirtschaftlichen Erfolg sein. Funde von Bratspießen in Heiligtümern waren ebenso wie die zahlreichen Tierfiguren – Rinder, Schafe, Ziegen, Kälber, auch auf der Schulter von Opferträgern – teils Erinnerung an erfolgte Tieropfer, teils Versprechen künftiger oder Ersatz tatsächlicher. Einer kleinen Stadt auf der Peloponnes drohte die Eroberung durch eine feindliche Übermacht. Die Einwohner gelobten, täglich eine Prozession und Opfer mit zahlreichen Tieren in Delphi abzuhalten, wenn Apollon ihre Stadt rettete. Nach Abzug der besiegten Feinde erwies sich die Einhaltung des Gelübdes bald als zu teuer, und so weihte man Prozession und Opfertiere in Bronze gefertigt.

Alltägliche Anlässe, sich durch das Versprechen einer Gabe Hilfe von der Gottheit zu erbitten, waren Krankheit, bevorstehende Geburt, Antritt einer Reise oder Sorge um Kinder. Der einzelne trat in persönlichen Kontakt zur Gottheit, Religion bedeutete Lebenshilfe. Nach Beendigung eines Lebensabschnitts geweihte Gaben, etwa vor der Hochzeit oder nach Beendigung des Arbeitslebens, sollten vielleicht auch eine Schuld gegenüber den Mächten einlösen, unter deren Schutz die vergangene Zeit stand.

Vorhergehende Doppelseite und links: Was Delphi dem griechischen Mutterland und den Kolonien im Westen bedeutete, das war den Ionern das Orakelheiligtum des Apollon von Didyma bei Milet. Der um 300 v. Chr. begonnene Dipteros wetteiferte mit den großen ionischen Tempeln in Samos und Ephesos. Sein doppelter Säulenkranz umgab die Mauern eines offenen Hofs, in dem sich die Orakelquelle und der heilige Lorbeerbaum Apollons befanden sowie ein Naiskos mit dem Kultbild. Zugang boten zwei tunnelartige Gänge (links).

Rechts innen: Dicke Polygonalmauern bergen die labyrinthartige Anlage des Nekromanteion von Ephyra, das mit dem überlieferten »Totenorakel am Acheron« identifiziert wird. Das Bauwerk entstand um 300 v. Chr.

Rechts außen: Das Wasser der Kastalischen Quelle diente der Pythia und Besuchern des Apollon-Heiligtums von Delphi zur rituellen Reinigung. Um es zu sammeln, wurde ein Becken aus dem gewachsenen Fels gehauen. Die Nischen an der Rückwand waren für Weihgaben bestimmt.

Der vielen Art von Seherkunst gab Ordnung ich...
Der Eingeweide Glätte, welche Farbe auch
wohl haben müsse, Göttern angenehm zu sein,
die Galle und der Leber bunte Wohlgestalt;
Gliedmaßen, fettumhüllt, Hüften lang und groß
verbrennend, bahnt ich zu der Deutung schwerer Kunst
den Weg der Menschheit... Aischylos, *Prometheus* 484. 493 ff.
(Übersetzung von Oskar Werner)

Der Sündenbock

Es gibt ein von den Vorfahren übernommenes Opfer, ...genannt die Austreibung des Heißhungers
Plutarch, *Tischgespräche* 8, 1

In Krisensituationen wie Hungersnot, Kriegsgefahr und Seuche genügten Gelübde und in Aussicht gestellte Gaben nicht mehr als Mittel zur Abhilfe. Die Stadt mußte sich vielmehr der Befleckung, die die Krise verursacht hatte, entledigen. Dazu war ein besonderer Reinigungsritus nötig, der auch präventiv vollzogen werden konnte. So geschah es in Athen beim Fest Thargelia, das menschliche Fruchtbarkeit und das Reifen der Ernte sichern sollte. Zwei Männer, soziale Außenseiter, vielleicht mit häßlichem Aussehen behaftet, fungierten dabei als Sündenböcke, einer stellvertretend für die Männer, einer für die Frauen. Sie wurden auf Staatskosten verpflegt, mit Ketten aus gedörrten Feigen behängt, mit Ruten geschlagen und – möglicherweise mit Steinwürfen – aus der Stadt getrieben, beladen mit sämtlichem Unheil. In Massalia/Marseille wurde bei außerordentlichem Anlaß ein Armer ein Jahr lang gut und reichlich von der Stadt bewirtet, dann mit Binden geschmückt, in heiligen Gewändern um die Stadt herumgeführt und unter Flüchen von einem Felsen gestürzt. Auf Leukas war es ein Verbrecher, der von den Klippen gestoßen wurde; er bekam jedoch Flügel angebunden und wurde hinterher aus dem Meer gefischt.

Sühne für vergangene Schuld und gewiß zugleich eine Versicherung gegen kommendes Unheil war die Austreibung des Sündenbocks bei den Lokrern. Ihr Ahnherr, der »kleine« Aias, hatte bei der Eroberung Trojas Kassandra am Kultbild der Athena vergewaltigt. Die Lokrer entsandten bis zum Beginn der christlichen Zeit jährlich zwei Mädchen aus vornehmen Familien als Tempeldienerinnen nach Troja. Auf dem Weg zum Athena-Heiligtum versuchten die Troer, sie zu fangen und zu steinigen. Entkamen die Mädchen dem Tod, mußten sie lebenslänglich mit geschorenen Haaren niedrige Tempeldienste verrichten. Das Ritual der Reinigung war zugleich Opfer. Menschenopfer wurden wahrscheinlich tatsächlich vollzogen, wenn nicht im letzten Moment Tiere als Ersatz dienten. Das Leben eines Verbrechers, eines Sklaven, eines Fremden oder Kriegsgefangenen zählte nicht viel.

Als eine Art freiwilliger Sündenbock nahm der Athener König Kodros beim Einfall der Dorer die Not der Gemeinschaft auf sich. Da ein Orakelspruch besagte, die Dorer könnten nur siegen, wenn Kodros nicht getötet würde, suchte der König den Tod in der Schlacht. So opferte sich der Beste der Stadt zu ihrer Rettung.

Eine profane »demokratische« Form der Austreibung des Sündenbocks stellte das Scherbengericht in Athen dar. Ausschlaggebend für die Verbannung eines potentiellen Tyrannen war meist nicht die Sorge um das Gemeinwohl, sondern der *ostrakismós* erwies sich als geeignetes Mittel, einen politischen Gegner auf zehn Jahre kaltzustellen.

Zeichendeutung und Orakel

Gänzlich verborgen ist ja den Menschen der Wille der Götter Solon, Fragment 17 (West)

In seinen »Erinnerungen an Sokrates« (1, 2) macht Xenophon geltend, es gebe keinen Beweis dafür, daß Sokrates nicht an die vom Staat anerkannten Götter glaubte. »Denn offensichtlich opferte er oft zu Hause, oft auf den öffentlichen Altären, und offenkundig machte er Gebrauch von der

Vorzeichendeutung.« Vorzeichen erhellten zwar nicht die Zukunft, aber sie wiesen den Menschen bei Entscheidungen. Man konnte einen Gott anrufen, solche Vorzeichen zu senden. Als Odysseus und seine Gefährten »die lange Fahrt bedachten«, baten sie »den Gott, ein Zeichen erscheinen zu lassen, und der wies es und hieß das Meer quer durch nach Euböa uns zu durchschneiden, damit wir aufs schnellste dem Übel entkämen« (*Odyssee* 3, 169 ff.).

Niesen, Stolpern, Gliederzucken konnten ebenso Vorzeichen sein wie eine unvorhergesehene Begegnung oder Begebenheit (ein am Abend krähender Hahn, eine Maus, die sich vor Hunger durch einen Lehmaltar beißt), Himmelserscheinungen und Regentropfen. »Aber heut wird nichts beschlossen ... Zeus verbietet's: Ein Regentropfen fiel mir auf die Nase«, heißt es in den *Acharnern* des Aristophanes. Vorzeichen konnten beherzigt oder mißachtet werden. Wenn man trotz ungünstiger Vorzeichen etwas unternahm, empfahlen sich geeignete Riten, um das Unheil abzuwenden: dreimal in den Busen spucken, Weißdorn aufhängen, Lorbeer kauen.

Bei jedem Tieropfer wurde während des gesamten Ablaufs genau beobachtet, ob es Glück oder Unglück verhieß: Das Tier mußte gutwillig zum Altar schreiten, rasch verbluten, die Flamme mußte hell auflodern. Plutarch berichtet in der Vita des Kimon von einem Opfer, bei dem das Blut gerann und Ameisen sich die Klümpchen holten. Die daran anschließende Unternehmung endete mit dem Tod des Opferherrn. Nur makellose Tiere wurden geopfert. Zeigte sich beim Schlachten an den Innereien eine Abnormität, wiederholte man das Opfer mit einem anderen Tier.

Besonders wichtig war die Beschaffenheit der Leber. Die Technik der Leberschau stammte aus Mesopotamien und wurde mehr noch als in Griechenland in Etrurien gepflegt. Bei der Lehrleber von Piacenza sind in die verschiedenen Randabschnitte Götternamen eingraviert; lag zum Beispiel im Abschnitt der Göttin Uni eine Abnormität vor, mußte diese Gottheit besänftigt werden. Die Leberschau wurde im Krieg vor einzelnen Unternehmungen auf Veranlassung des Feldherrn von Sehern durchgeführt. Fiel das Ergebnis ungünstig aus, konnte so lange weitergeschlachtet werden, bis ein günstiger Ausgang in Aussicht stand. Eigene Seher zog man auch zur Beobachtung und Deutung des Vogelflugs heran. Dabei kam es nicht nur auf die Flugrichtung an (rechts war die Glücksseite), sondern auch auf die Zahl der Vögel und ihr Verhalten; ebenso hatte es etwas zu besagen, ob überhaupt ein Vogel erschien und welcher. Im Mythos war es Prometheus, der die Menschen die Bedeutung der Vorzeichen lehrte. Das Woher und Warum von Bräuchen hat die Menschen also schon früh beschäftigt.

Anders als die Vorzeichen waren die Orakel ortsgebunden und einer bestimmten Gottheit zugehörig. In Olympia weissagten die Priester des Zeus aus dem Vogelflug und aus den Opfern, die am großen Aschenaltar dargebracht wurden. Bevor Zeus das Heiligtum von Olympia in Besitz nahm, war ein Erdspalt der Erdgöttin Gaia Sitz der Zukunftsdeutung gewesen. Ebenso hat Apollon in Delphi das Orakel der Gaia übernommen.

Die Besonderheit von Orakelstätten beruhte oft auf lokalen Gegebenheiten. So warf man in Lakonien Brote in einen Teich von beträchtlicher Tiefe, »See der Ino« genannt; schwammen sie, war es ein schlechtes Zeichen, versanken sie, ein gutes. In Delphi badete die Pythia in der Kastalischen Quelle, bevor sie das Adyton im Innern des Apollon-Tempels betrat und auf dem Dreifuß Platz nahm. Er stand über einer runden Bodenöffnung, aus der Dunst aufstieg. Daß vulkanische Dämpfe die Pythia in Ekstase versetzten,

ist durch den geologischen Befund widerlegt. Was jedoch ihre Verzückung auslöste, bleibt umstritten. Die wenigen Darstellungen der Pythia und die Praxis des Losorakels bei Alternativfragen lassen darauf schließen, daß es sich weniger um ein »psychopathisches« Rasen handelte als um eine ruhige, durch vorbereitende Rituale verursachte Beseeltheit. Die Worte und Handlungen der Pythia galten als von Apollon inspiriert. Ihre Aussprüche wurden von Priestern zu Hexametern geformt, aufgeschrieben und verkündet. In Didyma benetzte die Seherin ihre Füße mit Wasser aus der heiligen Quelle, atmete den Duft des Lorbeers ein, und der Gott sprach durch sie.

Das älteste Orakel und zugleich das älteste Zeus-Heiligtum war die heilige Eiche von Dodona, in deren Rauschen Zeus sich äußerte; es bestand, seit aus dem Norden einwandernde Stämme die Zeus-Religion mitgebracht hatten. Dies war den Griechen später nicht mehr bekannt. Homer nennt den Zeus von Dodona vorgriechisch, Herodot berichtet gar von einem ägyptischen Ursprung des Orakels: Eine schwarze Taube sei aus Ägypten hergeflogen, habe sich auf der Eiche in Dodona niedergelassen und befohlen, ein Zeus-Orakel einzurichten; nach einer anderen Version gründete eine aus Ägypten geraubte Priesterin die Orakelstätte. Der Ausgräber Sotirios I. Dakaris mutmaßte, daß auch in Dodona die Erdgöttin Gaia vor Zeus Orakelherrin war; zumindest sei ihr Kult dort älter als der des Zeus. Die Priester, Selloi genannt, waren an Tabus gebunden: »lagen am Boden die Selloi... mit nie gewaschenen Füßen« (*Ilias* 16, 234 f.). Diese Selloi oder Priesterinnen, die Tauben hießen, verkündeten die Orakelsprüche. Ratsuchende schrieben ihre Fragen auf Bleistreifen, deren Rückseite mit dem Namen des Fragestellers oder auch der Antwort versehen wurde. Meist ging es um Alltagsdinge. Ein Mann suchte Gewißheit darüber, ob sein Kind auch wirklich von ihm sei; andere wollten wissen, ob sie heiraten sollten oder wer ihr Geld gestohlen hat; die Bewohner von Korkyra erkundigten sich, welcher Gottheit sie Opfer bringen sollten, um sicher zu leben und reiche Ernten zu bekommen.

Das delphische Orakel wurde in politischen Fragen angegangen. Es spielte eine maßgebende Rolle bei den Koloniegründungen im 8. und 7. Jahrhundert. Die dem Lykurg zugeschriebene Verfassung Spartas wurde in Delphi zur Billigung vorgelegt. Kleisthenes ließ die Pythia aus hundert Heroennamen zehn auswählen, nach denen dann die von ihm gegründeten attischen Bezirke, die Phylen, benannt wurden. Während der Perserkriege riet Delphi zur Unterwerfung, weil es nicht mit einem griechischen Sieg rechnete. Seitdem wurde das delphische Orakel zur politischen Entscheidungsfindung weniger herangezogen als bei kultischen und privaten Fragen.

Odysseus befragte die Seele des Sehers Teiresias über seine Heimkehr. Im 2. Jahrhundert n. Chr. schrieb Lukian über einen Menippos, der eine Reise ins Jenseits unternahm, um von Teiresias die rechte Lebensweise zu erfahren. Teiresias hatte nach dem Tod nichts von seiner Seherkraft eingebüßt; er erkannte Odysseus auch namentlich, ohne ihm im Diesseits je begegnet zu sein. Es sind zahlreiche Totenorakelstätten überliefert. Wie Herodot berichtet, beschwor der Tyrann Periander von Korinth im Nekromanteion von Ephyra in Epirus die Seele seiner verstorbenen Frau, um das Versteck einer Geldsumme zu erfahren, die ein Freund ihm anvertraut hatte, und die Seele sprach. Aus dem 4. Jahrhundert v. Chr. ist in Ephyra eine labyrinthartige Anlage erhalten, die möglicherweise eine Reise in die Unterwelt vortäuschte: Der Orakelbefrager mußte dunkle Gänge passieren, Reinigungen und Opfer vollziehen; erst nach viermaligem Richtungswechsel war das Ziel erreicht. Vielleicht hörte man Stimmen und sah Geistererscheinungen, vielleicht rief der Genuß bestimmter Bohnen, die sich innerhalb der Anlage fanden, Halluzinationen hervor. Im Totenorakel von Lebadeia/Livadhia in Böotien wurde der ins Jenseits Reisende durch eine schmale Öffnung nach unten gezogen; bewußtlos kam er wieder nach oben – »später nicht weniger bei Verstand als vorher, und das Lachen kommt ihm auch wieder«, wußte Pausanias aufgrund eigener Erfahrung und von »Mitreisenden«.

Zeus – Vater der Götter und Menschen

Donner schleuderndes Kind der Rhea

Pindar, Fragment 144 (Snell)

Das nur bruchstückhaft überlieferte Epos *Kyprien*, niedergeschrieben im 7./6. Jahrhundert v. Chr., behandelte die Vorgeschichte des Trojanischen Krieges und setzte sich auch mit der Frage auseinander, warum Krieg entsteht. Die Erdgöttin Gaia klagte bei Zeus, die Menschen hätten sich zu stark vermehrt und belasteten ihre Brust zu sehr. »Zeus aber sah es voll Mitleid und plante in weiser Voraussicht, daß er von Menschen entlaste die allesernährende Erde. Und er entfachte den Streit, den großen, des ilischen Krieges, um dem Tod die Schwere zu nehmen. Die aber in Troja starben den Tod der Heroen; der Ratschluß des Zeus ward vollendet.« Zeus hätte die Menschen auch durch Blitz und Sintflut beseitigen können, er aber wählte die »humanere« Art der Vernichtung durch Krieg; denn vor Troja erwarben sich die Heroen unsterblichen Ruhm. Der Entschluß fiel

Linke Seite: Geburt der Athena. Schwarzfiguriges Bild auf einer attischen Halsamphora, 540/530 v. Chr. Nachdem Hephaistos mit der Axt Zeus' Schädel gespalten hat, springt die Göttin ans Licht. Zwei Eileithyien stehen Vater und Tochter bei. Unter dem Thron sitzt die Eule, Athenas heiliger Vogel, ein glückverheißendes Omen. Zu seiten der Szene stehen Poseidon und Ares; sie weisen auf Wesenszüge der Athena hin: Der Gott des Meeres, der Naturgewalt und der Pferde läßt an ihre Kulturtaten denken, den Bau des ersten Schiffs und die Zähmung des Pferds; Ares' blinder Kriegswut setzt sie den besonnenen Kampf entgegen.
Oldenburg, Stadtmuseum

Oben: Entführung der Europa. Skarabäus, grüner Achat, aus Zypern. Um 480 v. Chr. In Gestalt eines Stiers entführte Zeus die phönikische Königstochter über das Meer nach Kreta und zeugte mit ihr die späteren Könige Minos und Rhadamanthys.
Oxford, Ashmolean Museum

Unten: Marmorkopie des Omphalos, der sich, vom Agrinon, einem Netz wollener Bänder, umhüllt, im Adyton des Apollon-Tempels von Delphi befand. An diesem Steinmal, dem »Nabel« der Erde, trafen sich die beiden Adler, die Zeus von den Polen der Welt aussandte, um den Mittelpunkt festzulegen.
Delphi, Museum

Zeus schwer, er faßte ihn aus Sorge um den Fortbestand des Lebens auf der Erde. Seine Entscheidung wurde als richtig angesehen: Gaia trägt in der einzigen bildlichen Darstellung der Debatte den Namen Themis, »Recht«. Zeus gleicht hier wie in den Homerischen Gedichten einem mykenischen Herrscher. Die anderen Götter hatten beratende Funktion oder waren ausführendes Organ seiner Befehle; er war ihnen überlegen, sie mußten sich seinem Plan fügen. Man kann von einem Zeus-Monotheismus innerhalb des polytheistischen Systems sprechen: »Er aber ist König im Himmel, selbst hält er Donner und flammenden Blitz, nachdem er mit Macht seinen Vater Kronos besiegt hat. Gut teilte er alles den Unsterblichen zu und verlieh ihnen auch ihre Ehren« (Hesiod, *Theogonie* 71 ff.).
Der Blitz war das aus dem Orient übernommene Attribut des Wettergottes, über das bereits der hethitische Wettergott Teschub verfügte. Das Zepter, ein weiteres Attribut des Zeus, war Symbol der mykenischen Königswürde. Vom Adler, »dem schnellen Boten, der ihm selbst der liebste der Vögel und dessen Kraft die stärkste« (*Ilias* 24, 292 f.), hieß es, er sei gleichzeitig mit Zeus geboren und habe seinen Sieg im Titanen- und Gigantenkampf vorhergesagt. Zwei Adler ließ Zeus in entgegengesetzter Richtung losfliegen, um den Mittelpunkt der Erde zu bestimmen; in Delphi trafen sie sich. Der Adler war sein Waffenträger und Überbringer des Blitzes. In der Gestalt des Adlers raubte Zeus den trojanischen Königssohn Ganymed, »den Göttern gleich, als der schönste geboren unter den sterblichen Menschen« (*Ilias* 20, 232 f.).
Nicht nur Zeus' Siege über Widersacher, denen seine kultische Verehrung als »Zeus der Befreier« galt, auch die zahlreichen Liebesabenteuer demonstrierten seine Macht, analog einer patriarchalischen Familienordnung, die dem Herrn alle Freiheit gestattete. Antike Mythographien verzeichnen 115 Zeus-Frauen; dazu kommen noch einige Knaben. Da aus jeder Verbindung eines Gottes mit einer Sterblichen ein Sohn oder Zwillingssöhne hervorgingen – die einzige Ausnahme war Helena –, gab es eine große Zahl sterblicher Zeus-Söhne, auf die die Griechen wie auf Söhne anderer Götter ihre Stammbäume zurückführten. So galt Arkas, den die Artemis-Gefährtin Kallisto gebar, als Stammvater der Arkader; Europa wurde zur Stammutter der kretischen Könige. Zahlreich waren die Verwandlungen, deren sich Zeus bei seinen Abenteuern bediente, um leichter ans Ziel zu kommen: Schwan, Goldregen, Artemis, Amphitryon, Stier, Schlange und so weiter. Zeus hatte seinen Vater Kronos entmachtet und mußte fürchten, selbst das gleiche Schicksal zu erleiden. Deshalb verzichtete er auf die Meergöttin Thetis, denn ihr war ein Sohn prophezeit, stärker als sein Vater. Dem sterblichen Peleus vermählt, gebar Thetis den Helden Achill, und die Herrschaft des Zeus blieb erhalten. Seine erste Gemahlin Metis, Klugheit und List, verschlang er, als sie mit Athena schwanger ging, bevor sie den ihm gefährlichen Sohn auch nur empfangen konnte.

Io, o überaus großer Kuros,
sei mir gegrüßt, Kronos-Sohn,
allesbeherrschender Glanz, der du gegangen bist,
Anführer der Dämonen!
Komm für das Jahr zur Dikte,
und freu dich an Gesang und Tanz!

Wir spielen für dich auf Harfen
und dazu auf Flöten
und singen und stehen rings um deinen
gutummauerten Altar.

Io, o überaus großer Kuros,
sei mir gegrüßt, Kronos-Sohn,
allesbeherrschender Glanz, der du gegangen bist,
Anführer der Dämonen!
Komm für das Jahr zur Dikte,
und freu dich an Gesang und Tanz!

Denn hier nahmen wir dich in Empfang,
unsterbliches Kind, von Rhea,
mit Schilden und tanzten ...

Io, o überaus großer Kuros,
sei mir gegrüßt, Kronos-Sohn ...

O Herr, springe nun auf die Weinbehälter,
und spring in die schönwolligen Herden,
und in die Saatfelder springe,
und in die blühenden Häuser.

Io, o überaus großer Kuros,
sei mir gegrüßt, Kronos-Sohn ...

Und spring in unsere Städte,
und spring auf die das Meer befahrenden Schiffe,
und spring unter die Jugend in den Städten,
und spring auf Recht und Gesetz.

Io, o überaus großer Kuros,
sei mir gegrüßt, Kronos-Sohn ...

Hymnus aus Palaikastro auf Kreta

Auf der Schwelle des Zeus, da stehn zwei Vorratsgefäße
voller Gaben: das eine voll guter, das andre voll schlechter.
Wem sie zusammengemischt der donnerfreudige Zeus gibt,
der trifft bald mit Bösem zusammen und bald auch mit Gutem.
Wem er aber vom Schlechten gibt, den macht er zuschanden.

Ilias 24, 527 ff.
(Übersetzung von Roland Hampe)

Heilige Hochzeit von Zeus und Hera. Metope vom Pronaos des Heraion in Selinunt (Tempel E; Abb. S. 21), um 460 v. Chr. Zeus ruht zurückgelehnt auf einem Felsen, der ihm zum Thron dient. Wie es im griechischen Hochzeitsritus üblich war, ergreift er Hera am Handgelenk, um sie an sich heranzuziehen. Hera zeigt sich dem künftigen Gatten zum erstenmal entschleiert. Ihre hoheitsvolle Haltung, die festliche Kleidung mit dreifachem Gewand heben sich ab von dem lässigen Sitzen des halb entblößten Zeus. Er gibt sich unbefangen, »jovial«, Hera wahrt die unnahbare Würde der großen Göttin. Wie beim Zeus-Tempel von Olympia standen im Heraion von Selinunt über Pronaos und Opisthodom je sechs skulpierte Metopen. Die 1,60 m hohen Reliefplatten aus einheimischem Kalktuff waren mit einer feinen Stuckschicht grundiert und farbig bemalt; unbekleidete Teile der weiblichen Gestalten wurden in parischem Marmor angesetzt, der nicht so stark verwittert ist.
Palermo, Museo Archeologico

Zeus hatte die planende Einsicht nun in sich. Nicht nur den Menschen, auch den anderen Göttern blieben seine Überlegungen verborgen. Seine Macht übte er jedoch nicht willkürlich aus, sondern im Einklang mit Themis, dem festgesetzten, herkömmlichen Recht, im Mythos seine zweite Gemahlin. Zeus ergriff nicht Partei für die Menschen wie Athena oder Hera, vielmehr ließ er das ihnen verhängte Schicksal sich erfüllen. Der Zeitpunkt ihres Todes war vorherbestimmt, was ihnen sonst widerfuhr an Gutem und Schlechtem, teilte er zu, gemeinsam mit den Moiren, den Schicksalsgöttinnen. Auf den Armlehnen des Throns, den Phidias für das Kultbild in Olympia schuf, saßen aus Ebenholz geschnitzte Sphingen, die junge Männer zerfleischten – Verkörperungen des Todesloses und Trabanten des Zeus in seiner Eigenschaft als Schicksalsgott. Mit seiner Tochter Dike, dem ungeschriebenen, ewig gültigen Recht, wachte Zeus über die Interessen der Schwachen, Ausgelieferten. Er war Gott der Asylsuchenden und Hüter des Gastrechts, das Paris brach, als er Helena, die Frau seines Gastgebers, raubte; Zeus' Strafe war der Trojanische Krieg. Bei Zeus Horkios, dem Garanten des Eides, schworen die Athleten und Kampfrichter in Olympia. Unter seinem Schutz standen die menschlichen Gemeinschaften von der Familie bis zum Staat ebenso wie Hab und Gut. Zeus Chthonios, dem Wachstum auf der Erde und der Unterwelt verbunden, wahrte das Recht der Toten auf Bestattung.

Nach Hesiod hatte sich Zeus die Göttin Metis einverleibt und trug die Vernunft nun in sich. Von diesem Mythos führte der Weg weiter zu Zeus als Bezeichnung für ein abstraktes geistiges Prinzip, das durch Einsicht alles lenkt. Zu dieser Überzeugung gelangte um 500 v. Chr. der Philosoph Heraklit aus Ephesos in scharfer Absage an Homer und an die Verehrung von Götterbildern: »Das einzige allein Weise will nicht und will mit dem Namen Zeus benannt werden« (Fragment 32).

Im Unterschied zu anderen Göttern trat Zeus nie als Figur der Tragödie auf; er war alleinige, unerforschlich waltende Gottheit, Allmächtiger, Allverursacher, Allbewirker: »Zeus ist Luft, ist Erde, Zeus ist Himmel, Zeus ist das All und was darüber ist« (Aischylos, *Heliostöchter*). Das Auftreten der andern Götter lag im Mythos begründet; sie verkörperten Mächte, die im Menschen das Handeln bestimmten. Euripides beurteilte ihre vom Mythos vorgegebenen Handlungen oft als moralisch fragwürdig: Apollon forderte von Orest, die eigene Mutter Klytämnestra zu töten; seinen »unehelichen« Sohn Ion ließ er samt der Mutter im Stich. Die Lösungen des Mythos für die vom Schicksal gequälten Menschen erschienen fragwürdig; der Mensch blieb mit seiner Not allein. Daß Mythos und Wesen des Göttlichen oft unvereinbar waren, wurde zum Ausdruck gebracht und selbst die Existenz der Götter in Frage gestellt: »Wenn es Götter gibt, wirst du, wenn du gerecht bist, Edles erlangen; wenn aber nicht, was nützt es, Mühen zu ertragen?« (Euripides, *Iphigenie in Aulis* 1034 f.) Obgleich für menschliche Vorstellung nicht mehr faßbar, empfing Zeus Gebete und Opfer. Die Priesterinnen von Dodona sangen: »Zeus war, Zeus ist, Zeus wird sein. O großer Zeus!«

Der Streit der Göttinnen – Hera, Athena, Aphrodite

Der Schönen den Apfel

So lautete die Aufschrift des Apfels, den Eris, die Göttin des Streits, bei der Hochzeit der Eltern Achills unter die Gäste warf, sei es aus Rache, weil sie nicht eingeladen war, oder auf Zeus' Veranlassung, um den Trojanischen Krieg in die

Linke Seite: Memnons Zweikampf mit Achill. Rotfiguriges Außenbild einer attischen Trinkschale, um 520/510 v. Chr. Dem Äthiopenkönig Memnon, der auf seiten der Trojaner kämpfte, war vom Schicksal bestimmt, daß Achill ihn tötet. Seine Mutter Eos wendet sich an Zeus und Hera, die am rechten Bildrand thronen, um ein anderes Los für ihren Sohn zu erbitten. Zeus hätte zwar die Macht einzugreifen, muß sich aber nach der Ordnung richten, deren Aufrechterhaltung er gewährleistet. Hermes wiegt in seinem Auftrag die Seelen der Kämpfenden auf goldener Waage, die Memnons senkt sich zum Hades. Mit ausgebreiteten Armen wiederholt Thetis, die Mutter Achills, die Bewegung der Waage und setzt sich dafür ein, daß das Schicksal seinen Lauf nimmt. Rom, Villa Giulia

Oben: Das Urteil des Paris. Rotfiguriges Außenbild einer attischen Trinkschale, spätes 5. Jahrhundert v. Chr. Der trojanische Prinz Paris erwartet vor Säulen des Palasts sitzend die von Hermes geleiteten Göttinnen, um zu entscheiden, wer die Schönste von ihnen sei. Aphrodite schreitet siegesgewiß voran, ihren Sohn Eros präsentierend. Athena hat den Helm abgenommen, um sich zu zeigen. Hera, mit Zepter und Diadem, trägt ihren Löwen, Symbol für Kraft und Würde. Die Schönheitskonkurrenz der Göttinnen war mythischer Vorläufer von Wettbewerben auf Lesbos zu Ehren von Zeus und Hera. Berlin, Antikensammlung

Zeus aber, der König der Götter, wählte als erste Gemahlin Metis,
die das meiste wußte unter den Göttern und den sterblichen
Menschen. Aber als sie die eulenäugige Göttin Athena
gebären sollte, da betrog er listig ihren Sinn
mit schmeichelnden Worten und versenkte sie im eigenen Bauch,
durch die Einsicht der Gaia und des gestirnten Uranos;
so nämlich zeigten beide es ihm, damit nicht ein anderer
der ewigen Götter statt Zeus die Königswürde innehabe.
Denn ihre Kinder sollten überaus klug sein, so war es bestimmt;
als erstes sollte sie das eulenäugige Mädchen Tritogeneia
gebären ... dann aber ein Kind, König der Götter und Menschen,
mit übergewaltigem Herzen.
Zeus aber versenkte zuvor sie im eigenen Leib,
damit mit ihm zusammen die Göttin Gutes und Schlechtes berate.

Hesiod, *Theogonie* 886 ff.

Wege zu leiten. Die Göttinnen Hera, Athena und Aphrodite stritten sich um den Apfel. Zeus aber lehnte die Entscheidung ab. So führte Hermes die Rivalinnen zu dem trojanischen Prinzen Paris. Der lief zunächst entsetzt davon, um dann Aphrodite den Apfel zu überreichen. Als Gabe erhielt Paris von ihr die Verbindung mit Helena. Hera hatte ihm vergeblich die Herrschaft über Asien oder gar über die Welt versprochen, Athena kriegerischen Ruhm.

Diese Erzählung hat unverkennbar einen lehrhaften Sinn: Wie Troja ergeht es jenen Städten, deren Prinzen sich von der Liebesgöttin verlocken lassen. Zugleich wird die Herkunft Aphrodites deutlich, die in den orientalischen Religionen als bewaffnete Himmelskönigin die Wesenszüge von Hera und Athena mit denjenigen der Liebesgöttin in sich vereinte.

Die Schönheitskonkurrenz der Göttinnen ähnelte Schönheitswettbewerben, die auf der Insel Lesbos bei Festen für Zeus, Hera und Dionysos stattfanden: »... in das Heiligtum der seligen Götter ... wo Frauen aus Lesbos in schleppenden Peploi sich drehen und wenden zum Urteil über ihr Aussehen. Ringsum aber schallt der göttliche Klang des alljährlichen Rufens der Frauen ...« (Alkaios, Fragment 128). Neben der allgemeinen Begeisterung der Griechen für Wettkämpfe trat dabei das Bestreben zutage, der Gottheit von allem das Schönste zu weihen.

... dich aber, berühmteste äolische Göttin, Hervorbringerin von allem... Alkaios, Fragment, 129, 6 f. (Lobel-Page)

Hera, in vorgriechischer Zeit eine der mächtigsten Gottheiten im Ägäisraum, war Herrin der ältesten Tempel, Schützerin von Rindern, Pferden und ihren Weiden, von pflanzlichem Wachstum, Seefahrt und Handel. Zunächst wider-

Links: Thronende Hera. Die böotische Terrakottafigur aus dem 6. Jahrhundert v. Chr. ist nach dem Vorbild altertümlicher hölzerner Idole geformt. Eine Rosette an der Götterkrone und die Halsbandanhänger in Form von Granatäpfeln, einem Fruchtbarkeitssymbol, erweisen Hera als Vegetationsgottheit. Die beiden fliegenden Vögel auf ihrem Kleid lassen sich mit dem Rabenorakel beim Hera-Fest am Kithairon in Verbindung bringen. Der Baum, auf den sich zuerst ein Rabe setzte, wurde gefällt, um Hera-Bilder daraus zu fertigen.
Heidelberg, Antikenmuseum der Universität

Rechts: Heraion von Argos. Blick von der Terrasse des archaischen Tempels auf die Reste des klassischen Tempels vom Ende des 5. Jahrhunderts v. Chr., dessen Kultbild aus Gold und Elfenbein ein Werk Polyklets war. Das hoch über der fruchtbaren Ebene von Argos gelegene Heraion war das Hauptheiligtum Heras. Argeie, Argiverin, heißt die Göttin immer wieder bei Homer. Vier Hallen für Weihgaben, ein Bankettthaus in Form eines Peristyls und ein vierschiffiger Säulensaal für Geheimkulte umgaben den Tempel. Im Westen des heiligen Bezirks lag ein Gymnasion für die Teilnehmer an den Spielen zu Ehren Heras.

... Typhaon, das schreckliche
und beschwerliche Unheil für die Sterblichen,
den einst Hera geboren aus Zorn auf Vater Zeus,
weil der Kronide die gepriesene Athena
aus seinem Scheitel gebar;
sogleich aber erzürnte sich die erhabene Hera
und sprach in der Versammlung der Unsterblichen:
»Hört mir alle zu, ihr Götter und ihr Göttinnen alle,
wie der Wolkenversammler Zeus mich zu verachten anfängt,
erstmals, seit er mich zur treusorgenden Gemahlin gemacht hat;
und jetzt hat er ohne mich die eulenäugige Athena geboren ...«

Homerischer Hymnus an Apollon 306 ff.

setzte sie sich der Ehe mit Zeus. In Gestalt eines Kuckucks, »des Eindringlings in ein fremdes Nest«, gelang es ihm jedoch, Hera zu verführen, so daß sie »das erste Mal in Liebe sich vereinten, beide das Lager besteigend, geheim vor den eigenen Eltern« (*Ilias* 14,295 f.). Berühmt ist das eheliche Beilager, zu dem Hera mit Hilfe von Aphrodites Zaubergürtel Zeus verlockte, um ihn von den Kämpfen vor Troja abzulenken, wo sie gegen sein ausdrückliches Verbot den Griechen Unterstützung gewährte. Von einer Hochzeit oder einem ehelichen Beisammensein ohne listige Hintergedanken weiß der Mythos nichts.

Turbulent waren die für Hera überlieferten Kultgebräuche. Im Heraion auf Samos trug man ihr hölzernes Kultbild beim »Strickefest« zu einem Wasserbecken. Dort wurden Schmuck und Gewänder abgenommen und gewaschen, das altertümliche Bild mit Weidenzweigen »umstrickt« und dann allein gelassen. Die Priesterin »fand« das Kultbild wieder, badete es im Meer und brachte es zurück in den Tempel: Der Ausnahmezustand war beendet, die Alltagsordnung wiederhergestellt.

Eine Kultlegende berichtet von Seeräubern, die das Herabild des Nachts aus dem Tempel entführten. Da ihr Schiff mit dem Bild der Göttin an Bord nicht von der Stelle kam, ließen sie dieses am Strand von Samos zurück und versöhnten es mit Opferkuchen. Die Samier aber glaubten, das Bild sei davongelaufen, und banden es deshalb mit Weidenzweigen fest, aus Furcht, die Göttin, die das Wohlergehen ihrer Stadt gewährleistete, könnte sie verlassen. Gebundene oder gefesselte Götter waren ein sehr altes Phänomen; meist handelte es sich um gefährliche Gottheiten, deren Bilder nur an Festtagen gelöst wurden.

Vielleicht fand während des samischen Strickefests, wenn das gefesselte Kultbild im Weidenstrauch lag, die Heilige Hochzeit mit Zeus statt, oder es wurde zu einem anderen Zeitpunkt ein eigenes Hochzeitsfest gefeiert. Voraussetzung der jährlich begangenen Hochzeit war, daß Hera wie-

der jungfräulich wurde; dies bewirkte das Bad des Kultbilds im Meer.

In Böotien wurde jedes siebte Jahr von mehreren Städten unter Leitung der Stadt Plataiai die Hochzeit von Zeus und Hera gefeiert. Dabei legte man gekochte Fleischstücke im Wald nieder. Sobald ein Rabe eines davon holte und sich auf einen Baum setzte, um es zu fressen, wurde dieser Baum gefällt. Aus seinem Stamm schnitzte man brettförmige Frauenstatuen, die den Idolen der frühen Bronzezeit glichen - ein Hinweis auf das hohe Alter des Kultes. Die Bildwerke wurden bräutlich geschmückt, auf den Gipfel des Kithairon gebracht und zusammen mit Opfertieren auf einem riesigen Holzstoß verbrannt als Versöhnungsopfer für eine mächtige vorgriechische Gottheit der Fruchtbarkeit und des Todes. In der späteren mythischen Erklärung des Brauchs hieß es, Zeus habe sich einer List bedient, um die erzürnte Hera zu beschwichtigen: Er stellte ein Holzbild her und schmückte es wie eine Braut. Voller Eifersucht zerriß Hera das Gewand, freute sich, daß die Braut nicht echt war, und versöhnte sich mit Zeus.

Hera verkörperte die drei Stufen im Leben einer Frau: die Jungfrau, die in Hochzeit und Ehe Vollendung findende Frau und die vom Mann getrennte Frau. In ihrer Eigenschaft als Wahrerin der ehelichen Rechte empfing sie Opfer von Brautpaaren vor der Hochzeit. Ihre Töchter, die Eileithyien, standen den Gebärenden bei. Das Kultbild in Argos, dem Hauptheiligtum Heras, hielt eine bronzene Schere in der Hand, das Instrument der Hebammen zum Durchtrennen der Nabelschnur. Der machtvollen Göttin oblag es, Geburten herbeizuführen oder sie zu hemmen. Das widerfuhr Leto, als sie mit Apollon schwanger ging, und Herakles' Mutter Alkmene. Auch für die Versorgung menschlichen und tierischen Nachwuchses nach der Geburt war Hera zuständig. Sie zog den Nemeischen Löwen auf und stillte Herakles an der eigenen Brust, verlieh ihm dadurch Unsterblichkeit.

Im Bund mit Athena rühr auch die eigene Hand!
Sprichwort, überliefert von Zenobios (5, 93)

Trotz ihrer Jungfräulichkeit hatte Athena auch mütterliche Züge. Kaum war Zeus' Schädel von Hephaistos gespalten und Athena ihm entstiegen, da verliebte sich der Schmiedegott in die neugeborene Göttin. Athena erwehrte sich seiner Annäherung, der Same ergoß sich auf ihren Schenkel. Sie wischte ihn ab und schleuderte ihn auf die Erde. Die Erdgöttin Gaia nahm ihn auf und gebar davon Erichthonios, den sie der Beinahemutter Athena überreichte. Diese legte das Kind zusammen mit der ihr heiligen Schlange in einen runden Deckelkorb, vertraute den Behälter den drei Töchtern des Kekrops, des ersten athenischen Königs, zur Bewachung an und verbot ihnen streng, den Deckel zu öffnen. Während Pandrosos gehorchte, hoben ihre Schwestern Herse und Aglauros den Deckel. Die beiden Mädchen erschraken so vor der Schlange in dem Korb, daß sie sich den Nordabhang der Akropolis hinab in den Tod stürzten.

Dieser Mythos steht in Verbindung mit dem athenischen Arrhephorenfest. Zwei Arrhephoren, Trägerinnen von Unsagbarem, Heiligem oder Tauträgerinnen, lebten ein Jahr lang im Heiligtum der Stadtgöttin Athena Polias auf der Akropolis. Die ungefähr siebenjährigen Mädchen halfen bei der Webarbeit am Peplos, dem Gewand für das Kultbild der Athena. Am Ende ihrer Dienstzeit bekamen die Arrhephoren von der Priesterin verschlossene Körbe, deren Inhalt weder sie noch die Priesterin kannten. Sie trugen die Körbe in das Heiligtum der Aphrodite und des Eros am Nordabhang der Akropolis, das ein unterirdischer Gang mit dem Plateau der Akropolis verband. Anschließend brachten sie die Körbe mit einem anderen unbekannten Inhalt wieder nach oben.

Der Arrhephorenritus geht auf mykenische Baumkulte zurück. Nahe dem Bezirk der Athena Polias und der Wohnung

Links: Athena-Tempel in Poseidonia/Paestum. Athena war nicht nur Stadtgöttin Athens, sie war auch an anderen Orten die Herrin von Heiligtümern. Die unteritalische Kolonie Poseidonia weihte ihr gegen 500 v. Chr. einen Tempel auf der höchsten Erhebung des Stadtgebiets. Sein traditioneller Name ist »Ceres-Tempel«. Votivgaben, darunter zahlreiche Tonstatuetten der Göttin, die in einer Opfergrube unweit des Altars zutage kamen, lassen jedoch keinen Zweifel daran, daß Athena hier verehrt wurde.

Rechts: Thronende Athena. Für den alten Athena-Tempel auf der Akropolis von Athen hat der Bildhauer Endoios um 530 v. Chr. eine sitzende Athena aus Marmor geschaffen, die neben das aus Olivenholz geschnitzte alte Kultbild trat. Nach der Zerstörung des Tempels durch die Perser nahm der Athena-Bezirk des Erechtheion die beiden Bilder auf. Votive wie die um 500 v. Chr. entstandene Terrakottafigur überliefern ihr etwaiges Aussehen. Die Göttin sitzt in würdevoller Haltung auf einem Thron, dessen reichen Schmuck die Bemalung andeutet. Sie trägt ein hohes Diadem und – nur in Farbspuren erkennbar – die Ägis, ein um die Schultern gelegtes Ziegenfell, an dem vor der Brust das Gorgoneion hing. Der Anblick des Gorgonenhauptes konnte Sterbliche versteinern.
Berlin, Antikensammlung

... der Hellas bezwang in der Kunst, die einst
Pallas Athena erfand, als sie der frechen Gorgonen unheilvollen
Klagegesang verflocht; den hörte sie aus der Jungfrauen
furchtbaren Schlangenköpfen strömen in gräßlichem Leid,
als Perseus den dritten Teil der Schwestern (Medusa) vernichtete ...
Als die Jungfrau (Athena) aus diesen Nöten den lieben Mann
gerettet, da schuf sie die volltönende Flötenweise,
um die lauttönende Totenklage, aus Euryales hurtigen Kiefern
gezischt, nachzuahmen mit Hilfe der Instrumente.
Die Göttin hat sie erfunden, erfand sie aber zum Besitz der
sterblichen Menschen und nannte sie die Vielhäupterweise,
die hochberühmte, werbend für völkerversammelnde Wettkämpfe,
durchstreifend oft feines Erz und Schilfrohre,
... verläßliche Zeugen der Tänzer.

Pindar, Zwölfte pythische Ode 6 ff.
(auf den Sieg des Flötenspielers Midas bei den Pythien)

der Arrhephoren wuchs der heilige Ölbaum der Athena. Seine Pflege oblag einst Pandrosos, der gehorsamen Prinzessin und mythischen Vorläuferin der Arrhephoren. Oliven werden im Winter geerntet und müssen im trockenen Sommer wachsen. Aphrodite gewährte den Bäumen Wachstum und spendete den Tau. Pandrosos war »die alles Betauende« und der Gang ihrer kultischen Stellvertreterinnen wohl ein magischer Ritus für das Gedeihen des Ölbaums, der das Schicksal der Stadt verkörperte: Bei der Einnahme Athens durch die Perser verbrannte er. »Als aber am Tag danach die mit dem Opfer beauftragten Athener in den Tempel kamen, sahen sie, daß aus dem Stumpf ein ellenlanger Sprößling gewachsen war« (Herodot 8, 55).
Athena war Beschützerin der Ölbäume und Schirmherrin der Städte. Auch diese Eigenschaft reichte ins 2. Jahrtausend zurück. Im Mythos kommt sie darin zum Ausdruck, daß Athena Heroen wie Herakles, Odysseus und Diomedes Beistand leistete. Ihre Funktion als Göttin der Handwerker, Künstler, Philosophen und Politiker läßt sich daraus ableiten. Athena half aber nur dem, der sich ihrem Wesen entsprechend diszipliniert und überlegt verhielt.
Auf der Akropolis stand im Freien zwischen Erechtheion und Parthenon das Bild der Athena Promachos, der gewappneten »Vorkämpferin«, dem kultische Ehren zuteil wurden. Im Juli, gegen Ende des ersten Monats im athenischen Jahr, beging man in reicher Prachtentfaltung bei den Panathenäen den Geburtstag der Göttin: Eine feierliche Prozession zog stellvertretend für die gesamte Bevölkerung zur Akropolis, um dort Opfer für Athena in ihren verschiedenen Aspekten zu vollziehen. Das alte Sitzbild der Stadtgöttin empfing alle vier Jahre den neuen Peplos und jedes Jahr Tieropfer. Wir wissen von Opfern an Athena Nike (Sieg) und an Athena Hygieia (Gesundheit) und von Opfern am großen Altar für Athena Parthenos, die »Jungfrau«. Sie war die Göttin des demokratischen Athen, »die Göttin« schlechthin.

Göttin auf buntem Thron, listenreiche Tochter des Zeus, dich bitte ich … Sappho, Fragment 1 (Lobel-Page)

Für Aphrodite sind zweierlei Geburtsmythen überliefert. Nach dem einen entstand sie als mächtige Himmelskönigin aus dem abgeschnittenen Geschlechtsteil des Himmelsgottes Uranos, der andere gliederte sie als Tochter des Zeus und seiner Gemahlin Dione in die Zeus-Religion ein. Platon stellte im *Symposion* zwei verschiedene Aphroditen einander gegenüber: die edle Uranos-Tochter Aphrodite Urania, das alles befruchtende Element, und die unedle Zeus-Tochter, die dem ganzen Volk gemeinsame Aphrodite Pandemos. Tatsächlich stimmt diese sophistische Unterscheidung mit Wesenszügen der Göttin und Kultgegebenheiten überein. Die Aphrodite »des Volkes« war im politischen Sinn die aller Menschen aus Attika, die Theseus, einer der mythischen Ahnherren Athens, zur Polis zusammengeführt hatte. Tauben und Ziegenbock waren ihr heilig. Auf dem Bock ritt sie, und er wurde ihr geopfert, mit Taubenblut reinigte man ihr Heiligtum. Die heiligen Tiere der Aphrodite Urania waren Gans und Schwan, auf denen sie sich in die Lüfte erheben konnte (Abb. S. 296). Aphrodites orientalische Herkunft trat in der reichlichen Verwendung von Salbölen und Weihrauch in ihren Kulten ebenso zutage wie in vielen Mythen. Ihre Geliebten Anchises und Adonis kamen aus dem Osten. Der nur von Frauen ausgeübte private Adonis-Kult wurde auf Lesbos seit archaischer Zeit begangen, in Athen fand er erst im 4. Jahrhundert v. Chr. Anklang. Er entsprach wohl dem religiösen Bedürfnis gerade dieser Zeit politischer und sozialer Unsicherheit. Die Frauen sangen Klagelieder um den toten Adonis, den Sohn des Myrrhenbaums, der selbst einer tragischen Liebe entstammte, und sie pflanzten schnell sprie-

Links: Kauernde Aphrodite. Römische Marmorkopie aus der Villa Hadriana bei Tivoli nach einem Bronzeoriginal des bithynischen Bildhauers Doidalses, um 250 v. Chr. In kauernder Haltung beim Bade, blickte die Göttin vielleicht in einen Spiegel, den ihr Sohn Eros hielt. Die schlaffe Bauchdecke, Folge mehrerer Schwangerschaften, und die matronale Leibesfülle weisen Aphrodite als Muttergottheit aus. Rom, Museo Nazionale Romano

Rechts oben: Aphrodite und Eros beim Adonisfest. Bild auf einer attischen Lekythos, um 390 v. Chr. Die Trauerfeier für Adonis, den Geliebten der Aphrodite, war ein reines Frauenfest. Die Frauen pflanzten schnell sprießende und welkende Käuter in mit Erde gefüllte Tonscherben und stellten, auf Leitern hochsteigend, diese Adonis-Gärtchen auf die Dächer; sie vollzogen Weihrauchopfer und sangen Klagelieder. Karlsruhe, Badisches Landesmuseum

Rechts unten: Aphrodite mit dem Zauberrädchen. Bild auf einer kampanischen Lekythos, Anfang 4. Jahrhundert v. Chr. Nach der Eroberung Trojas will Menelaos seine zurückgewonnene Gemahlin Helena (links im Bild) töten. Eros hindert ihn daran, und Aphrodite dreht das Zauberrädchen, um seine Liebe zu Helena wiederzuerwecken. Solche vierspeichigen Rädchen, aus Bronze oder Holz gefertigt und auf einem Wollfaden gedreht, wurden auch tatsächlich bei Zauberhandlungen verwendet, sei es für Liebes-, Regen- oder Neumondzauber. Frankfurt, Museum für Vor- und Frühgeschichte

ßende und rasch verblühende Adonis-Gärtchen, Symbol für Werden und Vergehen.

Bewaffnete Kultbilder der Aphrodite auf Kythera, Akrokorinth und in Sparta bewahrten noch den kriegerischen Aspekt der orientalischen Ischtar-Astarte. In Theben verehrte man Aphrodite als Gemahlin des Kriegsgottes Ares. Aus der *Odyssee* erfahren wir, wie sie mit Ares ihren Gemahl Hephaistos betrog. Hermes und Aphrodite, der Totengeleiter und die Liebesgöttin, die den Griechen vertrautesten Götter, hatten im großgriechischen Lokroi einen gemeinsamen Kult. Die ältere mythische Überlieferung kannte diese Verbindung nicht, doch äußerte Hermes, als er das von Hephaistos' Netz im Bett gefangene Liebespaar Aphrodite und Ares erblickte: »Fesseln dreimal so viel, unendliche dürften mich halten, zusehen dürftet ihr Götter ..., dennoch läge ich gern bei der goldenen Aphrodite« (*Odyssee* 8,340 ff.). Hermaphrodit, Sohn des Hermes und der Aphrodite, gehört der jüngeren Tradition an.

Die im Orient verbreitete Prostitution im Kult der Liebesgöttin ist bei den Griechen nur für wenige Orte belegt. In Lokroi Epizephyrioi versahen Bürgertöchter kurz vor ihrer Hochzeit den Dienst als Hierodulen im Heiligtum der Aphrodite, doch durfte kein Einheimischer ihn beanspruchen. Anlaß für diesen ungriechischen Brauch war ein Gelübde der Stadt in Kriegsnot.

Die Kinder der Aphrodite, Eros, Himeros (Sehnsucht), Peitho (Überredung) und Harmonia (Einklang), hatten Anteil am Wesen der Mutter und waren ihre Erfüllungsgehilfen. Jungfräulichkeit war nur drei Göttinnen erlaubt, Athena, Artemis und Hestia. Alle anderen, die sich ihrer Macht widersetzten, bestrafte Aphrodite hart: Narkissos wies die Liebe der Nymphe Echo zurück und verliebte sich in sein eigenes Spiegelbild; Hippolytos wollte als Gefolgsmann der Artemis keusch leben und kam zu Tode. Im Mythos bekundet sich so das Gebot, keinen Bereich aus der Fülle des menschlichen Lebens zu mißachten.

Der Streit um das attische Land – Poseidon

Poseidon, isthmischer, der du dich am Tosen doppelten Meeres freust ... — *Anthologia Palatina* 6, 233

»Tritt man in den Tempel ein, den sie Parthenon nennen, so bezieht sich die ganze Darstellung im Giebel auf die Geburt der Athena, der rückwärtige Giebel aber enthält den Streit zwischen Poseidon und Athena um den Besitz des Landes« (Pausanias 1, 24, 5). Zeus sprach Athena das Land Attika zu, weil sie den Ölbaum dort pflanzte, aber Poseidon bestand auf seinem Anspruch und drohte zornentbrannt, Attika zu überschwemmen. Die Not der Bewohner angesichts der Flut war im Westgiebel des Parthenon dargestellt. Zeus rettete sie, indem er seinen Blitz zwischen die Streitenden fahren ließ und dadurch Versöhnung gebot. Athen blieb zwar Athenas Stadt, aber Poseidon besaß einen Altar in der

Der sogenannte Ludovisische Thron wurde 1887 in der Villa Ludovisi, auf dem Gelände der Gärten des Sallust in Rom, gefunden. Das um 460 v. Chr. entstandene dreiseitige Reliefwerk ist hufeisenförmig aus einem einzigen Marmorblock von 1,43 m Länge herausgehauen. Man hat zunächst einen Thron für ein Kultbild darin gesehen, dann die Einfassung für eine Opfergrube und die Windschutzflügel für einen Opferaltar, schließlich die Bekrönung einer der beiden vorgezogenen Windschutzwangen eines großen Altars mit Treppen. Auch die Darstellung auf der Hauptseite (oben) hat verschiedene Erklärungen gefunden. Am wahrscheinlichsten ist die Deutung als Geburt der Aphrodite aus dem Meer. Die auftauchende Göttin zieht sich mit ausgebreiteten Armen an den beiden Frauen empor, die auf Kieseln am Strand stehend sich hilfreich niederbeugen und ein Tuch vor sie halten. Es sind vielleicht Horen oder die Moiren, Schicksalsgöttinnen, denen sich Aphrodite Urania als dritte anschließt. Auf den Nebenseiten (links) sieht man eine nackte Flötenspielerin und eine in den Mantel gehüllte junge Frau, beide auf Polstern sitzend. Die eine ist wohl eine Hierodule, die andere eine Braut, die das Weihrauchopfer an Aphrodite vollzieht. Sie hat zur Kulthandlung den Mantel über den Kopf gezogen und entnimmt einer Dose Weihrauchkörner, um sie in dem vor ihr stehenden Thymaterion zu verbrennen.
Rom, Museo Nazionale Romano

Wie ich dieses Wachs mit Hilfe der Göttin schmelze,
so möge vor Liebe sogleich der Myndier Delphis schmelzen,
und wie dieses eherne magische Rädchen sich dreht
durch Aphrodite,
so möge sich jener drehen bei meiner Tür.

Zauberrädchen, ziehe mir in mein Haus diesen Mann!

Theokrit, Mimos des verlassenen Mädchens Simaitha 28 ff.

Nordhalle des Erechtheion, in dem Athena Polias als Stadtgöttin verehrt wurde. Dieselbe Familie stellte die Priester beider Gottheiten. Die Einigung zwischen Athena und Poseidon fand auf kultischer Ebene statt.

Poseidon war der urtümliche, mit den Elementen verbundene Gott, Athena die Kulturstifterin; Poseidon war Gott des Meeres und der Seefahrer, Athena baute das erste Schiff; Poseidon war mit Pferden verbunden, erschien in Pferdegestalt und zeugte das Flügelroß Pegasos, Athena erfand den Zügel.

Der Name Poseidon ist vorgriechisch. Die zahlreichen Beinamen des Gottes bei Homer belegen eine weit zurückreichende kultische Präsenz. Schon seit langem wurden dem Erdbebengott allenthalben Versöhnungsopfer dargebracht, um die Gefahr von Vulkanausbrüchen, Erdbeben und Flutwellen zu bannen. Solche Opfer konnten grausame Riten sein. Auf Lesbos versenkte man einen Stier und ein lebendiges Mädchen im Meer; ebenso wurden in Quellen Pferde als Versenkungsopfer dargebracht. Poseidon zählt sicher zu den ältesten namentlich faßbaren griechischen Gottheiten. Wie er in Athen der Athena weichen mußte, so in Argos der Hera und in Korinth dem Sonnengott Helios; mit Apollon einigte er sich gütlich. All das spricht für eine kultische Verehrung des Poseidon vor den anderen Göttern. Beim Kampf der Götter gegen die Giganten riß der »Erderschütterer« ein Stück der Insel Kos ab und begrub darunter seinen Gegner; daraus entstand die Insel Nisyros.

Der Dreizack wies Poseidon als Gott der Meere und der Fische aus, denn dieses Attribut war nichts anderes als das Arbeitsgerät der Fischer, die Harpune.
Die gegen Ende des 2. Jahrtausends von Griechenland nach Kleinasien auswandernden ionischen Stämme erwählten Poseidon zum Geleiter. Sein monumentaler Altar nordwestlich von Priene läßt vermuten, daß dort mehrere Städte Kleinasiens gemeinsam den Poseidon-Kult pflegten und Abordnungen zu den Festen schickten.

Apollon und Artemis, die göttlichen Geschwister

Einen Opferkuchen für Apollon und Artemis!
Inschrift aus Athen

Niobe beleidigte die Göttin Leto als Mutter, Zeus als Vater, indem sie sich brüstete, mehr Kinder zu haben als das göttliche Paar. Leto hatte Zeus die Zwillinge Apollon und Artemis geboren. Auf Geheiß ihrer Eltern töteten sie Niobes sieben Söhne und sieben Töchter. Niobe selbst verwandelte der Schmerz zu Stein. Apollon war der im Auftrag seines Vaters handelnde Rächer menschlicher Hybris, von Selbstüberschätzung und Größenwahn. Im 6. Jahrhundert v. Chr. wurde an seinem Tempel in Delphi der Spruch eingemeißelt: »Erkenne dich selbst!« Das bedeutete: Vergiß nie, daß du Mensch bist und kein Gott! Bereits Niobes Vater Tantalos mißachtete die Schranke zwischen Göttern und Menschen, als er seinen Sohn Pelops schlachtete und den Göttern zum Mahl vorsetzte, um ihre Allwissenheit auf die Probe zu stellen. »Und dennoch muß, wer sterblich ist, das rechte Maß beachten und darf nicht übermütig werden … Aber die, denen es gut geht, erwarten nie ihren Sturz …« (Aischylos, *Niobe*).

Laß, Gott Apollon, leiden die, die schuldig sind,
laß die verderben, wie nur du verderben läßt!
Archilochos, Fragment 26 (West)

Mit Apollon schwanger, irrte Leto umher auf der Suche nach einem Geburtsort für ihren Sohn; kein Land wollte den neuen Gott aufnehmen. Endlich zeigte sich die karge Insel Delos dazu bereit, verlockt von der Aussicht auf einen Apollon-Kult mit all seinen Einkünften. Aber Leto konnte nicht gebären, da Hera aus Eifersucht die Geburtsgöttin Eileithyia zurückhielt. Vielleicht erzählte ein nicht überlieferter Mythos, daß Hera schließlich ihren Stiefsohn akzep-

Links: Poseidon, Apollon und Artemis. Platte vom Ostfries des Parthenon, um 440 v. Chr. Der oben an der Außenseite der Cella angebrachte Fries stellte die Prozession der Athener am alle vier Jahre begangenen Fest der Stadtgöttin dar. Im Osten, an der Frontseite des Tempels, sah man die zwölf großen olympischen Götter sitzend den Festzug erwarten. Apollon wendet sich dem bärtigen Poseidon zu, der sicher in der erhobenen Linken den Dreizack hielt.
Athen, Akropolis-Museum

Rechts oben: Apollon zwischen Leto und Artemis. Die Statuetten von Mutter und Schwester sind nur halb so groß wie die Apollons (Höhe etwa 80 cm). Gefunden wurde die Gruppe im Apollon-Tempel von Dreros auf Kreta. Die im 7. Jahrhundert v. Chr. entstandenen Götterbilder sind frühe Beispiele für die sogenannte Sphyrelaton-Technik: Dünne Bronzebleche, auf dem Amboß getrieben, wurden über einen Holzkern genagelt. Die Augen waren aus anderem Material eingesetzt. Der Kopf Apollons ist behelmt, seine Hände hielten wohl Pfeil und Bogen.
Heraklion, Archäologisches Museum

Rechts unten: Blendung des Kyklopen Polyphem. Halsbild einer protoattischen Halsamphora, um 670/660 v. Chr. Odysseus rammt mit zwei Gefährten den Pfahl in das Auge des Riesen. Mit einer Hand versucht dieser den Pfahl abzuwehren, in der anderen hält er den Becher, mit dem Odysseus ihn trunken machte. Polyphem war ein Sohn Poseidons, und dessen Rache war fürchterlich. Poseidon galt als Stammvater vieler Geschlechter. Neben kultivierten Nachkommen wie dem Märchenvolk der Phäaken, deren Schiffe von selbst über das Meer fuhren, erzeugte er die Kyklopen und andere mythische Unholde, entsprechend seinem unheimlichen Wesen als Gott des Meeres und der wilden Naturgewalten.
Eleusis, Museum

Doch wenn Ochsen oder Löwen … malen könnten … und Kunstwerke herstellten wie die Menschen, dann würden Pferde pferdeähnliche Bilder der Götter, Ochsen ochsenähnliche malen.
Aber die Sterblichen meinen, Götter würden geboren und hätten ihre Kleidung, Stimme und Gestalt.
Xenophanes aus Kolophon, Fragment 14 und 15

tierte, wie sie es bei Herakles tat; denn es gab gemeinsame Kulte von Hera und Apollon. Wie dem auch sei, nach neun Tagen holte Iris, die Götterbotin, Eileithyia herbei. Leto schlang die Arme um die heilige Palme, stemmte die Knie in die weiche Wiese, und Apollon sprang ans Licht.
Auf der Geburtsinsel des Gottes der Reinheit mit todbringenden Pfeilen durften keine Menschenkinder geboren werden, und es durfte auch keiner dort sterben. Schwangere Frauen, Alte und Kranke wurden auf die Nachbarinsel Rheneia gebracht. Athen ließ in historischer Zeit zweimal Reinigungskampagnen auf Delos durchführen und vorhandene Gräber entfernen. Wir wissen von Festgesandtschaften griechischer Städte nach Delos auf eigens dafür gebauten Schiffen, von Chören, Opfern und Weihgeschenken. Der athenische Politiker Nikias institutionalisierte Opfer und Gebete für sein eigenes Wohlergehen, indem er auf Delos ein Grundstück stiftete, aus dessen Erträgen die Riten finanziert wurden.
Apollon hatte gemeinsame Wesenszüge mit dem babylonischen Sonnengott Schamasch: Er war der Leuchtende, Reine, Erhabene, der über die Gesetze wachte. Über das minoische Kreta – auch diese Insel suchte Leto bei ihrem Umherirren auf – kam er nach Griechenland. Eine konflikt-

freie Etablierung von Kultstätten kennzeichnete die Apollon-Religion: Die Insel Delos besaß keine Vorzüge, sie wurde erst durch den Apollon-Kult berühmt. In Delphi teilten sich Apollon und Dionysos das Heiligtum. Im Winter war Dionysos Herr des Heiligtums, Apollon hielt im Frühling mit der Vegetation Einzug. Klug ordnete er sich Zeus unter: »Ich aber werde den Menschen Zeus' untrüglichen Ratschluß künden«, heißt es im Homerischen Hymnus. Apollon war der Gott der Toleranz.

Auf Kreta ursprünglich vielleicht einer der jungen Vegetationsgötter, blieb Apollon in der griechischen Religion Beschützer des pflanzlichen Wachstums. Als Gott der Reinheit hielt er alles Schädliche von den Saaten fern, Feldmäuse, Heuschrecken, Getreidekrankheiten. Um ihn herbeizurufen, veranstaltete man Prozessionen mit der *kopo*, einem Olivenholzstab, der mit Lorbeer und Blumen, bunten Bändern und Kugeln geschmückt war. »Er kennt die Heilkunst, ist der Zeichen kundig und reinigt den andern die Häuser« (Aischylos, *Eumeniden* 62 f.).

Apollon war keine göttliche Gemahlin beschieden, und mit seinen Liebesabenteuern hatte er wenig Glück. Die Nymphe Daphne ließ sich lieber in einen Lorbeerbaum verwandeln, als daß sie den Gott erhörte. Kassandra verlieh er die Sehergabe als Werbegeschenk; da sie ihn zurückwies, verfügte er zur Strafe, daß keiner ihren Weissagungen glaubte. Koronis, die Mutter des Heilgottes Asklepios, betrog ihn mit einem Sterblichen. Marpessa sollte sich auf Geheiß des Zeus zwischen Apollon und dem sterblichen Idas entscheiden und wählte den Sterblichen. Ganz im Sinne des apollinischen Leitspruchs »Erkenne dich selbst!« achtete sie die den Menschen gesetzten Grenzen. Mit dem Gott hätte sie ein einziges Abenteuer gehabt, der Sterbliche blieb auch im Alter noch bei ihr.

Hör mich flehen, Hirschtrefferin, blonde Artemis, Kind des Zeus, Herrin der wilden Tiere! Anakreon 3,1 (Page)

Artemis half Leto bei der Geburt ihres Zwillingsbruders. Schon vor Apollon besaß sie auf Delos ein Heiligtum. Ihr Kult reichte bis in die Steinzeit zurück: Sie wachte über die Einhaltung der Bräuche beim Töten und Zerlegen der Jagd- und Opfertiere. Aktaion wurde von seinen eigenen Hunden zerfleischt, weil er der Göttin nachstellte; in der ursprünglichen Fassung des Mythos verstieß er wohl gegen die uralten Jagdgebote. Versöhnungsopfer für die Jagdgöttin war auch der Dienst fünf- bis zehnjähriger attischer Mädchen in Brauron. Sie hießen *arktoi*, »Bärinnen«, und stellten Ersatz für eine Bärin dar, die nach der Gründungssage einst an der Stelle des späteren Heiligtums regelwidrig getötet worden war. Bemalte Kelche aus Brauron zeigen die »Bärinnen« beim Tanz oder Lauf um Palme und Altar der Göttin. Durch den Aufenthalt im Heiligtum und vor der Hochzeit dargebrachte Weihgaben von Spielzeug, Haar oder Gewändern kauften sich die Mädchen von der Artemis' Macht los. Damit wurden sie im Sinne einer Initiation in den Kreis der Erwachsenen aufgenommen.

Artemis war nicht nur Herrin der Opfergemeinschaften, sondern auch der politischen Versammlungen, weil diese stets mit Tieropfern eröffnet wurden. Auswandernde Stämme und Gruppen erwählten sie zur Anführerin und Beschützerin, die durch Zeichen (Tierorakel) den Weg wies und die Orte künftiger Siedlungen bestimmte. Sie war Herrin der Wege und beschirmte die Reisenden. Wie ihr Bruder Apollon war Artemis zuständig für Reinheit, mythisch ausgedrückt in ihrer Jungfräulichkeit. Jäger- und Hirtenvölker vollziehen Reinigungsriten vor der Jagd: Sie waschen sich, legen saubere Kleidung an, überspringen ein

Vor ihrer Hochzeit brachte Timarete hier diese Pauken,
Diesen entzückenden Ball, auch von den Locken das Netz
Und die Puppen mitsamt den Puppengewändern als Jungfrau
Jungfrau Artemis dar, ihr der Limnatis, wie's ziemt...
Anthologia Graeca 6, 280
(Übersetzung von Hermann Beckby)

Rechts: Einzug des Apollon in Delos. Hauptbild einer Amphora von der Insel Melos. Um 650/630 v. Chr. Höhe 95 cm. Apollon lenkt einen von vier Flügelpferden gezogenen Wagen. Die Zügel hat er um seine Kithara geschlungen. Den Gott begleiten zwei hyperboräische Jungfrauen, in deren Land er den Winter verbrachte. Artemis, einen Hirsch am Geweih packend, empfängt den Bruder auf seiner Insel. Das Halsbild zeigt zwei schwerbewaffnete Krieger im Zweikampf um eine Rüstung.
Athen, Nationalmuseum

Links: Apollon tötet Tityos. Innenbild einer rotfigurigen Trinkschale des Penthesilea-Malers. Um 460/450 v. Chr. Durchmesser 39,5 cm. Der Sohn der Erdgöttin Gaia wollte sich an Apollons und Artemis' Mutter Leto vergreifen. Wie im Niobe-Mythos wird Apollon auch hier zum Rächer seiner Mutter, zum Verfolger und Vernichter desjenigen, der gegen die göttliche Ordnung verstößt. Gaia erkennt diese Ordnung an; sie flieht entsetzt, und ihr Sohn verliert seine Kraft, die ihre Berührung ihm gab.
München, Antikensammlungen

Feuer, räuchern die Fangplätze. Daher gehörte zu den Attributen der Artemis die Fackel, die sie vor allem in ihrer Erscheinungsform als Hekate, als nächtliche Zaubergöttin, schwang. Die Wasserbecken am Eingang der Heiligtümer hießen *hekateia*.

Als Göttin der Jagd kümmerte sich Artemis um den Fortbestand der Arten, ihr oblag die Sorge für die Jungtiere. Ebenso betreute sie den menschlichen Nachwuchs; sie war Geburtsgöttin und Schützerin der Jugend bis zur Hochzeit. Im Artemis-Hymnus des hellenistischen Dichters Kallimachos sitzt die Göttin als kleines Kind auf Zeus' Schoß und bittet: » ›Gib mir Mädchentum für immer, Papa, und viele Beinamen, damit mir nicht Apollon gleichkommt; gib mir Pfeile und Bogen ... die Fackel aber und den bis zum Knie geschürzten Chiton mit Fransen, damit ich die wilden Tiere erlegen kann. Von den Städten weise mir die zu, welche du willst; denn selten steigt Artemis herab zur Stadt; ich werde das Gebirge bewohnen, die Städte besuche ich nur, wenn Frauen, gequält von heftigen Wehen, mich um Hilfe rufen ...‹ So sprach das Kind und wollte die Wange des Vaters streicheln ...«.

Nach glücklicher Geburt weihten die Frauen der Artemis kostbare Gewänder; Gewandweihungen von Frauen, die bei der Geburt starben, galten dagegen der von Artemis nach Tauris entrückten Iphigenie, ihrer unsterblichen Priesterin. Besonders Frauen beteten zu Artemis, daß sie ihnen einen schmerzlosen Tod gewähre.

Für Mädchenreigen bei den Artemis-Festen in Sparta dichtete Alkman Chorlieder, in denen eine der Wurzeln der griechischen Tragödie faßbar wird. Das gilt ebenso für dabei stattfindende mimetische Rituale. Zum Beispiel wurde auf dem Altar Käse aufgehäuft, den junge Spartaner rauben mußten, was andere mit Peitschenhieben zu verhindern suchten – Nachklang eines blutigen Rituals und von Menschenopfern. Im Mythos bereitete Artemis Käse aus Löwenmilch für Hermes, den diebischen Gott.

Die Suche nach der verlorenen Tochter – Demeter, Persephone, Hades

Er packte die sich Sträubende und entführte die Jammernde auf goldenem Wagen ...

Homerischer Hymnus an Demeter 19 f.

Hades raubte im Einverständnis mit seinem Bruder Zeus Persephone, die Tochter der Demeter, der Göttin des Getreides, und machte sie zur Unterweltsherrscherin. Die Mutter irrte neun Tage mit Fackeln in Händen auf der Erde umher, ohne die Tochter zu finden. Endlich verriet der Sonnengott Helios, wo sie war. Daraufhin zog sich Demeter voll Zorn auf Zeus vom Olymp zurück und fand in Gestalt einer alten Frau Aufnahme bei König Keleos in Eleusis. Dem Mädchen Iambe oder Baubo gelang es, die Trauernde durch obszöne Späße zum Lachen zu bringen. Statt des angebotenen Weins erbat sich die Göttin einen Trunk aus

Wasser, Mehl und Kräutern und kümmerte sich dann als Amme um den neugeborenen Königssohn. Um ihn unsterblich und ewig jung zu machen, legte sie ihn jede Nacht in die Flammen des Herdfeuers. Als die Mutter des Kindes sie dabei überraschte und vor Schreck in Wehklagen ausbrach, wurde Demeter zornig, zeigte sich in ihrer göttlichen Gestalt und forderte zur Versöhnung einen Tempel. Darin ließ sie sich nieder, weiterhin voller Trauer und Groll über den Verlust ihrer Tochter. So kam jegliches pflanzliche Wachstum auf Erden zum Erliegen, den Menschen drohte der Hungertod, die Götter empfingen keine Opfer mehr. Daher befahl Zeus seinem Bruder Hades, Persephone zur Mutter zurückzuschicken. Aber sie hatte bei Hades einen Granatapfelkern genossen, so daß sie für immer an ihn und die Unterwelt gebunden blieb. Jedes Jahr im Frühling durfte sie jedoch aus der Unterwelt zur Mutter aufsteigen und zwei Drittel des Jahres bei ihr weilen. Versöhnt kehrte Demeter in den Olymp zurück, ließ Getreide und Früchte wieder wachsen und lehrte die eleusinischen Könige die Feier der Mysterien.

Diese Mysterien waren in mykenischer Zeit entstanden und seit dem 6. Jahrhundert v. Chr. athenisches Staatsfest. Bei ihrer Feier wurden Demeters Suche nach der Tochter und deren »Auferstehung« rituell nachvollzogen. Ursprünglich handelte es sich wohl um ein Versöhnungsritual für die Getreidegöttin, hinter dem die Angst vor dem Ausbleiben der Getreideernten stand. Nächst den Olympischen Spielen waren die Eleusinischen Mysterien das größte griechische Fest. Die Teilnehmer kamen nicht nur aus Attika, sondern von weit her. Männer, Frauen, Sklaven und Fremde waren gleichermaßen zugelassen, die sozialen Schranken des Alltags aufgehoben. Wer daran teilnehmen wollte, mußte lediglich die griechische Sprache beherrschen und von Blutschuld frei sein. Nahezu die gesamte Athener Bevölkerung war in die Mysterien eingeweiht. Ihre Anziehungskraft beruhte vor allem auf der Hoffnung auf ein glückseliges Weiterleben nach dem Tod, das Demeter den Eingeweihten verhieß, aber wohl auch auf der Verpflichtung zur Geheimhaltung. Es durften weder Einzelheiten des Rituals preisgegeben werden noch die heiligen

Linke Seite: Hekataion. 1. Jahrhundert v. Chr. In ihrer Erscheinungsform als nächtliche Zaubergöttin Hekate, die häufig dreigestaltig dargestellt ist, beschützte Artemis die Wege und Hauseingänge. Hekateia am Eingang von Heiligtümern trugen oft Becken mit Sprengwasser. Bei diesem Hekate-Mal symbolisieren Fakkeln in den Händen der drei Gestalten die von Artemis geforderte kultische Reinheit.
Basel, Sammlung Ludwig

Rechts: »Große Artemis«. Römische Marmorkopie des Kultbilds der Artemis Upis aus dem Prytaneion von Ephesos. Höhe 2,92 m. Die Stadtgöttin von Ephesos, deren Tempel zu den Weltwundern der Antike zählte, war eine griechische Umsetzung der anatolischen Großen Göttin. Der Sage nach ist das hölzerne Kultbild einst vom Himmel gefallen. Schmuck und Gewänder waren abnehmbar. Die früher als Brüste gedeuteten Beutel hält man jetzt für Stierhoden, die bei Stieropfern am Artemis-Fest zu Frühlingsbeginn der Statue als Fruchtbarkeitsträger umgehängt wurden.
Selçuk, Ephesus Museum

Oben und unten: Terrakottareliefs aus Lokroi, um 470/460 v. Chr. Die beiden Votivtäfelchen wurden mit zahlreichen anderen in einer Opfergrube gefunden. Das eine stellt den Raub der Persephone dar, das andere zeigt sie an Hades' Seite thronend. Persephone hält die Ähren ihrer Mutter Demeter und einen Hahn, Hades eine Phiale und ein Mohn- oder Asphodelosbündel.
Reggio, Museo Nazionale

Rechte Seite: Das Telesterion des Heiligtums von Eleusis, in dem sich die Teilnehmer an den Mysterien versammelten, war ein Säulensaal von quadratischem Grundriß mit über 50 m Seitenlänge, ringsum von acht theaterartig ansteigenden Schaustufen umgeben. Iktinos, der Architekt des Parthenon, hat den außergewöhnlichen Bau entworfen, der in langer Bauzeit mit Planänderungen ausgeführt wurde.

Geräte, die in verschlossenen Körben auf dem 30 Kilometer langen Prozessionsweg von Athen nach Eleusis mitgeführt wurden. Welcher Art die heiligen Geräte waren, können wir nur vermuten, denn das Schweigegebot wurde befolgt. Christlichen Schriftstellern, die nicht daran gebunden waren, ging es in erster Linie darum, die Mysterien lächerlich zu machen. Sie berichteten von sexuellen Praktiken und der Geburt eines Kindes. Weder das eine noch das andere läßt sich belegen.
Trotz der christlichen Polemik gegen den als Konkurrenz empfundenen Kult erfreuten sich die Mysterien bis zum Verbot durch Kaiser Theodosius im Jahr 394 großer Beliebtheit. Sie ermöglichten wahrscheinlich ein gefühlsmäßiges Miterleben des Schicksals der Göttinnen, Karfreitag und Osternacht im griechisch-orthodoxen oder im katholischen Ritus vergleichbar. Weil es um das kultische Einswerden mit den Göttinnen ging, war Dionysos-Bakchos, der Gott der Ekstase, des Aus-sich-Heraustretens, beteiligt. Eingeweiht wurden nur Erwachsene, die Mysterienweihe kann also auch als Eintrittszeremonie in die Erwachsenengemeinde der Polis angesehen werden. Die Weihe erfolgte in zwei Stufen: Im ersten Jahr wurde man Myste, im zweiten durfte man das Mysteriengeheimnis schauen, wahrscheinlich Ähren, die Gabe der Demeter. Die Feier zog sich mit ihren Vorbereitungen in Athen über eine Woche hin. Jeder Myste mußte zum Beispiel mit einem Ferkel zusammen ins Meer eintauchen und das Tier dann opfern. Im Telesterion, dem Mysterienhaus in Eleusis, wurde Demeters Suche nach Persephone und deren Wiederauftauchen als Begegnung mit dem Tod und Überwindung des Todes dargestellt. Die Feier fand nachts im Dunkeln statt. Gongschläge ahmten die Schreie der von Hades gepackten Persephone nach. Sicher begleiteten Gesänge die Kulthandlung. Wenn Persephone gefunden war, beglückwünschten sich alle und schwangen brennende Fackeln. Demeters Weihen gaben die Gewißheit eines seligen Weiterlebens nach dem Tod: »Dreimal selig, welche die Weihen geschaut haben und so in den Hades kommen; für sie allein gibt es dort Leben, für die anderen ist alles dort Unheil« (Sophokles, Fragment 837/Radt).

Herrin Demeter, die du die Ernten bringst ...
Homerischer Hymnus an Demeter 492

Während die Großen Mysterien von Männern und Frauen gemeinsam begangen wurden, nahmen an den meisten Demeter-Festen ausschließlich Frauen teil. So war das Thesmophorienfest in Athen verheirateten Frauen vorbehalten, die sich keinen Ehebruch hatten zuschulden kommen lassen. Es fand zur Zeit der Aussaat im Herbst statt, seine Riten sollten auf pflanzliche und menschliche Fruchtbarkeit einwirken. Da sie geheim waren, gibt es von ihnen keine Darstellungen. Zwei Tage vor dem Fest wurden geschlachtete Ferkel sowie Kuchen in Form von Schlangen und männlichen Geschlechtsteilen (Phalloi) in Gruben ge-

worfen. In der Nacht vor dem dritten Festtag holten »Schöpferinnen« die verwesten Reste wieder hervor und häuften sie auf die Altäre von Demeter und Persephone. Anschließend wurde der »geheiligte Kompost« unter das Saatgut gemischt. Die Frauen verbrachten die drei Festtage abgesondert im Demeter-Tempel, schliefen auf dem Boden und fasteten am zweiten Tag. Als weiterer, nicht geheimer Fruchtbarkeitszauber fand am Fuß der Akropolis ein rituelles Pflügen statt. Schweine und Ferkel waren die bevorzugten Opfertiere für Demeter und Persephone. Wie Getreideanbau war Schweinezucht eine Erfindung der Steinzeit. Beides fiel damals in den Zuständigkeitsbereich der Frauen. Im Kult hielt sich dies bis in historische Zeit.
Demeter war Mutter Plutos', des Reichtums, besonders des Getreideüberflusses. Der Mythos berichtete von ihrer Heiligen Hochzeit auf dreimal gepflügtem Saatfeld mit dem Heros Iasion. Geschlechtsverkehr in der Ackerfurche ist ein von Naturvölkern bekannter Analogiezauber. In Griechenland gab es außer Tänzen als Fruchtbarkeitszauber die Haloa, auf Tennen gefeierte ausgelassene Feste mit Banketten und obszönen Reden. Später nahmen hauptsächlich Hetären daran teil, die um künstliche Phalloi tanzten; zu fortgeschrittener Stunde gesellten sich Männer dazu.
Demeter war auch die Ernährung der Toten angelegen. Wie Hermes, der Totengeleiter, mußte sie Sterbende nicht verlassen – ein strenges Gebot für die anderen Götter.

Und dort traf er den Herrscher im Innern seines Palastes,
sitzend auf seinem Lager zur Seite der hohen Gemahlin
Homerischer Hymnus an Demeter 342 f.

Persephone, die »alle Bezwingende«, galt als Tochter des Zeus oder des Poseidon, der sich in Pferdegestalt mit Demeter vereint hatte. Ursprünglich die verjüngte Inkarnation ihrer Mutter, wurde sie zur unerbittlichen Herrscherin über die Toten. Hades blieb neben ihr eine schattenhafte

Links: Rückführung des Hephaistos. Bild auf einem Kolonettenkrater des Malers Lydos, um 550 v. Chr. Als Hera die verkrüppelten Füße ihres neugeborenen Sohnes Hephaistos sah, wurde sie zornig und schleuderte ihn vom Olymp. Um sich an seiner Mutter zu rächen, schickt ihr der erfindungsreiche Schmiedegott einen Zauberthron, von dem nur er sie wieder befreien kann. Dionysos macht ihn betrunken, und mit seinem Gefolge bringt er ihn auf einem Maultier zu Hera.
New York, Metropolitan Museum

Rechts: Weihrelief an die Eleusinischen Gottheiten. Das 1859 in Eleusis gefundene Marmorrelief ist mit 2,40 m Höhe die größte Weihtafel aus hochklassischer Zeit. Demeter, das Zepter in der Linken, übergibt dem eleusinischen Königssohn Triptolemos die Ähren, daß er die Menschen den Ackerbau lehre; ihre Tochter Persephone hält eine Fackel und bekränzt den Knaben. Ähren und Kranz waren ebenso wie der Schmuck der Kore aus vergoldeter Bronze angesetzt.
Athen, Nationalmuseum

Gestalt, er war der andere, der unterirdische Zeus. Bei der Verlosung der Macht unter den drei Kronos-Söhnen erhielt er das Reich unter der Erde, mit Häusern »schrecklich und moderig, welche die Götter selber verabscheuen. Aber die Erde ist allen gemein und der hohe Olympos« (*Ilias* 15,193). Hades blieb stets in der Unterwelt, nur zum Raub der Persephone hat er sie einmal verlassen.
Kultische Verehrung genoß Hades selten allein, Hades-Tempel sind unbekannt. Als Pluton, der Reichtum spendet, wurde er zusammen mit Demeter und Persephone verehrt. Die Trennung von Zeus und Hades entstammt der homerischen Religion. Der vorhomerische Zeus/Hades hatte sich in Gestalt einer Schlange Persephone genaht und mit ihr den ersten Dionysos gezeugt. Die Grenzen zwischen Hades, dem Gemahl der Persephone, und dem olympischen Zeus, der als Zeus Chthonios für die Toten und als Zeus Meilichios für die Fruchtbarkeit zuständig war, konnten verschwimmen.

Erfolgreiche Rache: Die Rückführung des Hephaistos – Dionysos, Hephaistos, Hermes, Ares

Hephaistos ist dargestellt, wie er seine Mutter aus den Fesseln befreit Pausanias 3, 17, 3

Hera schleuderte Hephaistos sogleich nach seiner Geburt vom Olymp, da seine verkrüppelten Beine ihren Zorn erregten. Die Meergöttinnen Thetis und Eurynome nahmen ihn auf; zum Dank schmiedete er ihnen Schmuck, »Schnallen, Ketten, Ohrgehänge«. Neun Jahre später nahm der verstoßene Sohn Rache an seiner Mutter. Er schickte ihr einen wunderbaren Thron mit unsichtbaren Fesseln. Hera setzte sich und konnte nicht mehr aufstehen. Da »keiner der olympischen Götter sie ohne ihn befreien konnte« (Alkaios), mußte Hephaistos herbeigeholt werden. Ares versuchte es mit Gewalt und scheiterte. Dionysos aber machte Hephaistos mit seiner Gabe, dem Wein, betrunken. Zusammen mit seinem Gefolge, den Wein bereitenden Silenen, und mit Hermes, dem Götterboten, führte er ihn dann zum Olymp, wo Hera endlich von ihren Fesseln befreit wurde. Sie akzeptierte nun ihren »behinderten« Sohn und auch ihren Stiefsohn Dionysos.

In der anfänglichen Ablehnung des Dionysos durch Hera spiegelte sich vielleicht der Widerstand der mykenischen Könige, deren Länder Hera beschützte, gegen den Gott der Ekstase, den die im 2. Jahrtausend einwandernden Stämme nach Griechenland mitbrachten, wo er sich mit einem auf den Weininseln Chios, Naxos, Thasos und Kreta ansässigen Vegetations- und Weingott zu Dionysos vereinte. Weinanbau war bereits den Hethitern bekannt; möglicherweise findet sich bei ihnen – unter anderem Namen – die früheste Spur des Dionysos. Euripides schilderte in den *Bakchen*, seiner vorletzten Tragödie, den Widerstand des Thebanerkönigs Pentheus gegen die dionysische Religion der Ekstase, des Einswerdens mit der Gottheit und der Symbiose von Mensch und wildem Tier. Der Gott setzte sich durch; er schlug Pentheus mit Wahnsinn, und seine Mutter Agaue trieb er zur Raserei, daß sie den eigenen Sohn in Stücke riß.

Sèmele-Sohn, Iakchos, Spender des Reichtums
Scholion zu Aristophanes, *Frösche* 479

Dionysos besaß Züge kretischer Vegetationsgottheiten, die geboren wurden und starben. Den ersten Dionysos, genannt Zagreus, zeugte Zeus mit Persephone, der er in Schlangengestalt beiwohnte. Auf Anstiften der eifersüchtigen Hera wurde Zagreus von den Titanen verzehrt. Athena entriß ihnen jedoch sein Herz. Zeus verschlang es und machte Semele, die thebanische Königstochter, zur Mutter des zweiten Dionysos. Wieder schritt die eifersüchtige Hera ein. Sie überredete die schwangere Semele, Zeus zu bitten, sich ihr in seiner göttlichen Erscheinung zu zeigen. Vom Blitz getroffen starb Semele. Zeus entnahm ihrem Leib die Frucht und nähte sie in seinen Schenkel ein. Als die Zeit der Geburt gekommen war, brachte er das Kind ans Licht und übergab es Nymphen als Ammen.
Während Zagreus, der erste Dionysos, vor allem in Mysterienkulten wie den Eleusinischen eine Rolle spielte, wurde der zweite Dionysos zu einem der großen Götter. Obwohl er seit dem 3. Jahrtausend im Ägäisraum heimisch war, gehörte das Fremde, Neuhinzugekommene zu seinem Wesen, wohl Ausdruck der andauernden Vorbehalte der Grie-

Links oben: Die Anthesterien feierten den übers Meer nach Athen gekommenen Dionysos. Die an seine Ankunft erinnernde Prozession führte ein Schiff mit, das auf einem Karren gezogen wurde. In dem Schiff saß der Dionysos-Priester als sein Gott verkleidet. Bildfries eines attisch schwarzfigurigen Skyphos, um 500 v. Chr. Bologna, Museo Civico

Links Mitte: An den Großen Dionysien in Athen wurde bei der Prozession ein bemalter Phallos aus Holz, mit Efeu und Bändern geschmückt, mitgeführt und angerufen. Außenbild einer attischen Trinkschale, um 560/550 v. Chr. Florenz, Museo Archeologico

Links unten: Am Lenäenfest schlüpften die Athenerinnen in die Rolle der Mänaden und feierten in seliger Entrücktheit mit Musik, Tanz und Wein den Gott der Ekstase. Sein Idol, ein Pfahl, an dem oben die bärtige Maske des Dionysos hängt, trägt ein besticktes Festgewand; seitlich stecken Efeuranken, an den Schultern sind Kuchen befestigt. Auf dem Tisch vor dem Idol stehen Weingefäße, in der Mitte der Kantharos des Dionysos, seitlich zwei Stamnoi. Eine der Mänaden füllt mit der Schöpfkelle ihren Skyphos, die anderen tanzen verzückt zum Klang des Tympanon. Umzeichnung des Bildes auf einem attisch rotfigurigen Stamnos, um 420 v. Chr. Neapel, Museo Nazionale

Rechte Seite, oben: Dionysos inmitten seines Thiasos von Satyrn und Mänaden. Rotfiguriges Bild auf einer attischen Amphora, um 500 v. Chr. In emphatischer Bewegung dahinschreitend, hält der Gott mit der Linken seine Gabe, die Weinrebe, wie eine Laube über den Kopf und in der Rechten den Kantharos. Der ihm folgende Silen trägt einen Weinschlauch und reicht die gefüllte Kanne dar. München, Antikensammlungen

Rechte Seite, unten: Mänade. Innenbild einer weißgrundigen Trinkschale des Brygos-Malers, um 490/480 v. Chr. Eine gewundene Schlange um den Kopf und um den Hals ein Pardelfell geknotet, eilt die Mänade beschwingt dahin. In den Händen hält sie den von Efeu umrankten Thyrsos und ein Raubtier. München, Antikensammlungen

chen, der Wegbereiter aller westlichen Kultur, gegenüber dem Ekstatischen.

In Athen wurden zu Frühlingsbeginn die Anthesterien gefeiert. Dieses dreitägige »Blütenfest« galt dem Vegetationsgott Dionysos, der von den Inseln über das Meer nach Athen kam. Seine Ankunft wurde in einer Prozession kultisch dargestellt, bei der man ein auf einem Karren gezogenes Schiff mitführte. In dem Schiff saß wahrscheinlich der als Gott kostümierte Dionysos-Priester.

Die Bauern brachten die Fässer mit dem neuen Wein in die Stadt. Am ersten Tag des Festes wurden sie feierlich geöffnet, und am zweiten fand unter Vorsitz des Dionysos-Priesters ein großes Wetttrinken statt, bei dem nicht gesprochen werden durfte. Jeder brachte dazu seinen eigenen – mit Wasser gemischten – Wein mit. Die Kannen mit einem Fassungsvermögen von über drei Litern waren eigens für diesen Zweck gefertigt. Aus drei bis fünf Zentimeter hohen Miniaturkännchen bekamen die Dreijährigen zum erstenmal Wein zu kosten. Als Vegetationsgott nahm Dionysos auch den menschlichen Nachwuchs unter seine Obhut. Für die Kinder war dies ein Weihefest, sie galten fortan als Mitglieder der religiösen Gemeinschaft. Das Blütenfest war zugleich Sühnefest für das Wohlergehen der Stadt; nur der Dionysos-Tempel stand offen, die der anderen Götter blieben verschlossen.

Am Abend des Kannenfestes, dem zweiten Tag des Blütenfestes, trat der Archon Basileus, der höchste Kultbeamte Athens, seine Frau an den Gott Dionysos ab, so wie Theseus im Mythos zugunsten des Dionysos auf Ariadne verzichtete, die kretische Prinzessin, mit deren Hilfe er im Labyrinth von Knossos den Minotauros bezwungen hatte. Beim kultischen Vollzug der Heiligen Hochzeit spielte wahrscheinlich der Dionysos-Priester die Rolle des Gottes. Es war ein Fruchtbarkeitszauber, ließ doch die Erde, als Hera Zeus zum ehelichen Beilager verführte, »unter ihnen junges Gras wachsen und tauigen Lotos und Krokos und Hyakinthos ...« (*Ilias* 14, 347 f.).

Der dritte Tag war Allerseelentag. Man dachte sich die Totenseelen anwesend, brachte ihnen Wasserspenden dar und bereitete dem Totengeleiter Hermes Brei aus allen Kornsorten. Die Kinder wurden von ihren Eltern auf Schaukeln gesetzt und angeschaukelt – Sühne für den Tod der Erigone. Die Tochter des ersten Weinbauern Attikas erhängte sich, als Bauern ihren Vater erschlugen, da sie den Wein, den er ihnen zu trinken gab, für Gift hielten. Am Abend des Topffestes, das so hieß, weil der Brei für Hermes in Töpfen gekocht wurde, verscheuchte man die Toten mit den Worten: »Zur Tür hinaus, ihr Keren (Totenseelen), das Blütenfest ist vorüber!«

Einem kathartischen Zweck, der Befreiung von Wahnsinn, dienten die Lenäen. Bei diesen Mänadenfesten übernahmen Bürgerinnen Athens die Rolle der Mänaden, der mythischen Ammen und Anhängerinnen des Dionysos, tanzten um sein Idol und feierten den Zustand seliger Entrücktheit. Ebenfalls dem Ekstasegott galten die athenischen

Links: Hermes als Geleiter in die Unterwelt. Bild auf einer weißgrundigen Lekythos des Thanatos-Malers, um 440 v. Chr. Hermes, mit Flügelhut, Reisemantel und dem Kerykeion in der Rechten, führt eine Frau zum Nachen des rohen Fährmanns Charon, der die Verstorbenen am Unterweltsfluß Acheron übersetzt. München, Antikensammlungen

Rechts: Der Totengeleiter Hermes und eine sich schmückende Frau. Bild auf einer weißgrundigen Lekythos des sogenannten Phiale-Malers, um 440/430 v. Chr. Die vornehm gekleidete junge Frau rückt sich mit beiden Händen ihr Diadem zurecht, das einer Brautkrone gleicht. Hermes hat sich auf einem Felsensitz niedergelassen und winkt ihr mit dem Finger. Daß der Weg ins Totenreich geht, deutet das Grabmal an, das mit dunklen Bändern umwunden in ihrem Rücken aufragt. München, Antikensammlungen

Ich aber werde dich zum Vollendung bringenden Mittler
der Unsterblichen und aller Sterblichen machen,
meinem Herzen vertraut und geehrt; aber dann gebe ich
dir den sehr schönen Stab von Glück und Reichtum,
golden, dreiblättrig, der dich unversehrt bewacht
und alles vollendet an Worten und guten
Taten, welche ich – sage ich – von der Stimme des Zeus erfahre...
Dies habe, Sohn der Maia, und um krummhornige
Rinder, die auf der Weide wohnen,
um Pferde kümmere dich und um arbeitduldende Maultiere
und um wildblickende Löwen und weißzahnige Eber,
um Hunde und Schafe, welche die weite Erde ernährt,
aller Herden Herr sei der berühmte Hermes.
Zum Hades aber sei er der einzige richtige Bote,
der, obgleich ohne Gegengabe, nicht das schlechteste Geschenk gibt.
Umgang aber hat er mit allen Sterblichen und Unsterblichen
gleichermaßen;
wenig nützt er, unendlich aber betört er
in finsterer Nacht Scharen sterblicher Menschen.

Homerischer Hymnus an Hermes 527 ff.

Dionysien in der zweiten Märzhälfte. Außer Theateraufführungen fand eine Phallosprozession statt, ursprünglich ein Versöhnungsritual für den erzürnten Gott, der sich zu wenig verehrt sah und die Geschlechtsteile der Männer von einer Krankheit befallen ließ oder sie mit Dauererektionen plagte. Das Idol des Theatergottes, ein mit Gewändern umhüllter Pfahl, den eine Maske bekrönte, ging auf mykenische Vorläufer zurück.

Dionysos war ursprünglich der Gott der Bauern; der athenische Tyrann Peisistratos, dessen Macht sich auf die Bauern stützte, machte seinen Kult zum Staatskult.

Hör mich, Gott Hephaistos, steh mir bei im Kampf,
ich fleh dich an! Archilochos, Fragment 108 (West)

Die Waffe des Hephaistos war das Feuer, damit kämpfte er gegen die Giganten. Er benutzte Blasebälge als Flammenwerfer oder bedrängte seine Gegner mit glühenden Metallklumpen. Den Fluß Skamander, der Achill in seinen Fluten ertränken wollte, drohte er trockenzulegen. Hephaistos beherrschte das Feuer und verfertigte mit seiner Hilfe Kunstwerke, die Paläste der Götter, die Waffen des Achill und »Automaten«: goldene Dreifüße, die gehen konnten, lebendige Dienerinnen aus Gold, die ihn stützten, und goldene Dämonen, die mit ihrem Gesang die Zuhörer Heimat und Heimkehr vergessen ließen.

Hephaistos war der Gott der bildenden Künstler und Handwerker. Sein Bild neben dem Brennofen in der Werkstatt sollte das Gelingen des Brandes gewährleisten, ebenso wie das der Athena, die gleichfalls Schutzgottheit der Handwerker war. Fackeln in Händen und angetan mit ihren schönsten Gewändern, opferten die Bürger Athens am Apaturienfest Hephaistos, ihrem mythischen Stammvater. Bei diesem Fest wurden die Kinder in die Gemeindelisten eingetragen.

Der Kult des Hephaistos reichte in vorgriechische Zeit zurück. Nicht nur die Verbindung mit dem Feuer und seine Tätigkeit sprechen dafür, sondern auch prähistorische Funde auf seiner Lieblingsinsel Lemnos. Dort war Hephaistos Vater von Dämonen, den Kabiren, und wurde mit diesen in einem uralten Mysterienkult verehrt, in den vorwiegend die einfache Bevölkerung eingeweiht war. Eine In-

schrift bezeugt ein burleskes Element in diesem Kult. Dem entspricht Homers Charakterisierung des hinkenden Schmiedegottes, der durch Selbstverspottung die anderen Götter zum Lachen bringt und die olympische Harmonie wiederherstellt. Als einziger »werktätiger« Gott wurde Hephaistos meist in Handwerkerkleidung dargestellt, mit kurzem Chiton und Kappe. Gleichwohl stand er den anderen Göttern im Rang nicht nach; die Griechen schätzten kunstvolles Handwerk.

O größter Herold zwischen Licht und Schattenwelt,
Freudenbringer, Spender des Guten!

Aischylos, *Choephoren* 124

Der Homerische Hymnus berichtet, wie Hermes, Sohn der Nymphe Maia und des Zeus, schon am Tag der Geburt fünfzig Kühe seines Bruders Apollon stahl. Um Verfolger in die Irre zu führen, ließ er die Rinder rückwärts gehen, selbst trug er riesige Sandalen aus Tamarisken- und Myrtenzweigen. In der Dämmerung des nächsten Morgens schlich er zurück in seine Wiege, eine Getreideschwinge. Hermes war der Patron der Diebe. Diebstahl war in Griechenland nicht unbedingt ehrenrührig; auf Kreta war es noch bis zur Mitte unseres Jahrhunderts Brauch, die Ziegen für den Hochzeitsschmaus aus fremder Herde zu stehlen. Das Diebische, Heimliche, das ständige Unterwegssein gehörte zum Wesen des Gottes Hermes.

Sein ältestes, prähistorisches Idol waren aufgeschichtete Steinhaufen, Grenzmarkierungen und Wegzeichen. Die spätere mythologische Erklärung überlieferte Antikleides nach dem Historiker Xanthos dem Lyder: »Nachdem Hermes auf Zeus' Befehl Argos, den Wächter der Io, getötet hatte, wurde ihm der Prozeß gemacht. Hera und die anderen Götter stellten ihn vor Gericht, weil er als erster von den Göttern die Befleckung des Todes auf sich geladen hatte. Als die Götter nun zu Gericht saßen, da scheuten sie sich vor Zeus, war Hermes doch seinem Befehl unterstellt gewesen. Einerseits wollten sie die Befleckung von sich abschieben, andererseits den Gott von Mord freisprechen. Erregt, wie sie waren, warfen sie gegen ihn die Stimmsteine, und so wurde vor den Füßen des Hermes ein Steinhaufen aufgetürmt.«

In archaischer Zeit kamen die sogenannten Hermen auf, Vierkantpfeiler mit Kopf, Armstümpfen zum Befestigen von Gewandweihungen und erigiertem Phallos – Demonstration männlicher Kraft zur Abwehr potentieller Angreifer von Gebietsgrenzen. In Steinmalen auf Gräbern, den Vorläufern der Grabstelen, ist eine zweite prähistorische Wurzel der Hermen faßbar. Sie markierten und schützten das Grab, den Grenzbereich zwischen Diesseits und Jenseits, in dem Hermes als Geleiter der Toten in die Unterwelt waltete.

In einer Berghöhle Arkadiens, verborgen vor Hera, geboren, war Hermes der Gott der Hirten und Bauern. Wie Hephaistos genoß er die Verehrung einfacher Leute. Ihm oblag die Sorge um das Kleinvieh. Nach dem Homerischen Hymnus war seine erste Tat die Erfindung der Lyra. Er baute das Instrument aus einer Schildkröte und gab es Apollon als Gegenleistung für die gestohlenen Kühe. Später erfand er auch die Syrinx, die Panflöte der Hirten. Hermes war Mittler zwischen Göttern und Menschen. Anders als sein mythischer Konkurrent Prometheus, der gleichfalls mit Schlauheit und Erfindungsgabe gesegnet und den Menschen hilfreich war, stellte er sich nie gegen Zeus, sondern führte willfährig dessen Aufträge aus.

Ich bin Gefolgsmann des Ares, des strengen Gebieters im Kriege Archilochos, Fragment 1 (West)

Der Kriegsgott Ares, nach seiner Kampfgefährtin Enyo, dem personifizierten Schlachtruf, auch Enyalios genannt, war Zeus »verhaßt unter den olympischen Göttern« (*Ilias* 5, 890). Er verkörperte nicht Tapferkeit und Sieg, sondern die düstere, mörderische Seite des Krieges, der den Menschen zum Schicksal wird. Die Inschrift einer Grabstatue aus Athen lautet: »Bleib stehen und trauere bei dem Grabmal des toten Kroisos, den unter den Kämpfenden in vorderster Linie der ungestüme Ares dahingerafft hat!« Die

Linke Seite: Weihrelief von der Athener Akropolis, um 510 v. Chr. Die Chariten, ein Dreiverein segenspendender Göttinnen, tanzen zur Musik eines Flötenspielers, einen kleinen Knaben im Reigen mitziehend.
Athen, Akropolis-Museum

Links: Herme von der Insel Siphnos, um 510 v. Chr. »Vierkantiger Hermes« hieß bei den Griechen das pfeilerförmige Idol mit Kopf, Armstümpfen und Glied. Nach dem Zeugnis des Thukydides (6, 17) standen solche Hermen in großer Menge in Athen, »sowohl bei den Türen von Privathäusern als auch vor heiligen Bezirken«.
Athen, Nationalmuseum

Rechts: Weihrelief an Athena von der Akropolis in Athen, um 460 v. Chr. Athena, in jugendlicher, mädchenhafter Gestalt, steht auf ihre Lanze gestützt gesenkten Hauptes vor einem Pfeiler. Den ernsten, sinnenden Ausdruck der Göttin hat man als Trauer gedeutet und den Pfeiler als Grabstein. Andere Erklärungsversuche gehen dahin, daß Athena Wache haltend vor einem Grenzstein steht oder als Hüterin der Gesetze vor einer Urkundenstele; daß auf dem Stein das Inventar ihres Heiligtums verzeichnet war oder daß es sich um einen jener Pfeiler handelt, die Start und Ziel der Wettläufer im Stadion markierten, das Relief also die Weihung eines siegreichen Athleten gewesen sei.
Athen, Akropolis-Museum

Abwertung des Ares spiegelte sich in verschiedenen Mythen: Athena, die Göttin der überlegten Kriegführung, entwaffnete Ares vor Troja und streckte ihn in den Staub. Sein blutrünstiger Sohn Kyknos, der aus Menschenschädeln einen Tempel baute, wurde von Herakles getötet. Athena, die mit ihrer Begleiterin Nike den Sieg verlieh, unterstützte Herakles im Kampf gegen Ares, bis der Blitz des Zeus die beiden trennte. Die Pferde des Ares unterlagen den Pferden Poseidons beim Wagenrennen des Pelops und Oinomaos, dem mythischen Vorläufer der Olympischen Spiele; der Kampf nach Regeln war nicht Sache des Ares. Doch war Ares geachteter Herr der Schlachten bei den Mykenern und bei den kriegerischen Thrakern. Die böotische Stadt Theben verehrte ihn als Schutzgott. Ihrem mythischen Gründer Kadmos gab Ares seine Tochter Harmonia, »Einklang«, die er mit Aphrodite gezeugt hatte, zur Frau: Die Gewährung des Gegenteils seiner selbst lag ebenfalls in seiner Macht.

Ein Sprößling des Ares war auch der Drache, der an der Stelle des späteren Theben hauste. Kadmos tötete ihn und verwendete die Drachenzähne als Saat. Der Drachensaat entsprangen bewaffnete Krieger, Nachkommen des Ares, die sich, kaum der Erde entstiegen, gegenseitig erschlugen – ein Bild der Sinnlosigkeit des Krieges.

Glaube und Kultausübung

Keiner, der gemäß den Gesetzen an die Götter glaubt, hat jemals freiwillig eine gottlose Tat begangen noch ein gesetzloses Wort gesagt Platon, *Gesetze* 885 b

Die Frauen von Troja opferten der Athena und flehten sie an, den griechischen Fürsten Diomedes zu Tode zu stürzen, aber »Athena versagte die Bitte«. Wie im Mythos, so blieben auch in der Realität die Rituale oft ohne Wirkung. Obwohl die Städte ihre Schutzgötter durch Weihgeschenke und

Kulthandlungen »versöhnten«, erlebten sie Zeiten der Not, brannten nieder oder gingen sogar völlig unter. Der Glaube an die traditionellen Götter schwand. An ihre Stelle traten Personifikationen, die Ausdruck der Sehnsüchte und Ängste der geplagten Menschen waren: Tyche (blinder Zufall, Geschick), Demos (Volk), Themis (rechte Ordnung), Homonoia (Eintracht), Eirene (Frieden). Diese Personifikationen abstrakter Begriffe besaßen menschengestaltige Kultbilder und erhielten Opfer. Antiocheia am Orontes wählte Tyche zur Stadtgöttin. Eirene, die Friedensgöttin, die Idee des alle Schichten umfassenden Friedens, war während des Peloponnesischen Krieges besonders beim einfachen Volk populär. Ihr Kultbild in Athen trug den Plutosknaben auf dem Arm, den Sohn der Demeter, und vermittelte so die Aussage: Frieden bringt Reichtum.

Dem Bedürfnis und Wunsch des einzelnen nach gefühlsmäßiger Nähe zur Gottheit, nach Befreiung aus physischer und seelischer Not wurde in hellenistischer Zeit auf vielfältige Art Rechnung getragen. Herkömmliche Zeichendeutung und Votive reichten als Lebenshilfe nicht mehr aus, man suchte Linderung in komplizierten Zeremonien, wie sie sich etwa im Kult des Asklepios herausbildeten. Mit den traditionellen Ritualen der Tieropfer, Votive und Wettkämpfe verbanden sich neue religiöse Gebräuche wie der tägliche Gottesdienst, psychosomatische Medizin und abergläubische Praktiken. Asklepios erschien dem Leidenden im Traum und machte Therapievorschläge; der Gläubige fand Heilung bei einem göttlichen Arzt, der sich persönlich seiner Sorgen annahm.

Wachsenden Anklang fanden die Mysterienkulte mit ihrem breiten religiösen »Angebot«, ihren Einweihungszeremonien, geheimen Riten und den Tabuvorschriften, die sie teilweise auferlegten: Orphiker aßen kein Fleisch, keine Eier, keine Bohnen, tranken keinen Wein; Pythagoreer durften nicht in wollener Kleidung bestattet werden. Auch die im Leben zu kurz Gekommenen fanden dort Trost durch die Verheißung eines glückseligen Jenseits.

Links: Im Heiligtum der Nemesis in Rhamnus an der Nordostküste Attikas wurde neben der Rachegöttin auch Themis, die Verkörperung des Rechts, verehrt. Um 430 v. Chr. erbaute man unmittelbar neben dem kleinen spätarchaischen Porostempel einen Doppelantentempel aus Marmor. Agorakritos, ein Schüler des Phidias, schuf das marmorne Kultbild, von dem Bruchstücke erhalten blieben. Die Statue der Themis wurde im Pronaos des älteren Tempels gefunden; sie ist um 280 v. Chr. entstanden und von dem Bildhauer Chairestratos signiert. In der linken Hand hielt die unerbittliche Hüterin der göttlichen Ordnung vielleicht eine Waage. Athen, Nationalmuseum

Rechts: Herakles überrascht den Riesen Alkyoneus im Schlaf. Außenbild einer Trinkschale des Malers Phintias, um 520/510 v. Chr. Auf Athenas Antrieb hat Hypnos den Giganten eingeschläfert. Mit Hermes als Beistand naht Herakles, das Löwenfell um die Schultern und die Keule in der Hand, um seinen Feind zu erschlagen. So erzählen mehrere Vasenbilder die Geschichte. Nach einer anderen Version ließ sich Alkyoneus nicht überraschen, sondern schleuderte einen Felsblock gegen den Heros. Der aber fing den Stein mit der Keule, schlug ihn zurück und tötete so den Riesen. Dieser Felsblock wurde auf dem Isthmos gezeigt. München, Antikensammlungen

Hinzu kam die Einführung von Kulten fremdländischer Götter – griechische Religion war tolerant, die Zahl der Götter wuchs kontinuierlich. Monotheistische Züge wies die phrygische Kybele auf, die »Mutter aller Götter und aller Menschen« (Homerischer Hymnus 14), der Tiere und allen Lebens. Verbreitet wurde ihr Kult durch wandernde Bettelpriester, ein in Griechenland sonst unbekanntes Phänomen; dort war das Priestertum ein Ehrenamt, das meist Angehörige bestimmter Adelsfamilien ausübten. Die Göttin mußte durch Stieropfer und orgiastische Musik versöhnt werden; sie versetzte in Raserei, die sich bis zur Selbstkastration steigern konnte.

Der Kult des Sarapis, wie Asklepios Heilgott sowie Spender der Fruchtbarkeit, belegt die Einrichtung eines Kults als politisches Instrument. Er sollte die in Ägypten ansässigen Griechen an das Land binden und, wie Aristoteles schrieb, die leichtsinnige Menge im Zaum halten. Im Gefolge des Sarapis fanden die ägyptischen Götter Isis, Osiris, Anubis und Harpokrates Eingang in Griechenland.

Aus dem Bedürfnis der Menschen nach Nähe der Gottheit erklärt sich auch die kultische Verehrung hellenistischer Könige in der Nachfolge Alexanders noch zu ihren Lebzeiten. Während die herkömmlichen Götter an Bedeutung verloren, wuchs die Einsicht, daß Wohltaten wie Friede und Wohlstand von den Herrschern kamen, deren Machtfülle sich durch Göttlichkeit legitimierte. Der Herrscherkult konnte an die seit dem 8. Jahrhundert praktizierte Heroenverehrung anknüpfen. An mykenischen Gräbern oder an Kenotaphen wurden chthonische Opfer dargebracht, um den Schutz des Heros im Umkreis der Kultstätte herbeizuflehen. Stadtgründer galten als Heroen, die ihre Städte von den Gräbern aus beschützen, katholischen Heiligen und Nothelfern vergleichbar (nur mußten sie nicht unbedingt ein vorbildliches Leben geführt haben). In hellenistischer Zeit wurde fast jeder Tote zum Heros. Den Tragödiendichter Sophokles, der an der Einrichtung des Asklepios-Kults in Athen beteiligt war, verehrte man nach dem Tod als Heros Dexion, den »Aufnehmenden«. Erscheinungen von Heroen, oft in Schlangengestalt, initiierten Kultstätten. Die Dioskuren Kastor und Polydeukes wurden als Retter in Seenot angerufen. Von Theseus hieß es, er sei aus der Erde emporgestiegen, um den Athenern in der Schlacht von Marathon beizustehen. Manche Heroen galten in vorgriechischer Zeit als Götter, wie Helena in Sparta. Herakles war Gott und Heros zugleich. Sein weit verbreiteter Kult stand nicht mit einem Grab in Verbindung. Wie präsent Herakles im Bewußtsein der Griechen war, zeigen die zahlreichen Vasenbilder mit seinen Taten ebenso wie die Schwurformel »Beim Herakles« oder der Türspruch »Herakles, das Kind des Zeus, der Schönsiegende, wohnt hier. Nichts Schlechtes soll eingehen«. Er war Schützer vor dem Bösen, Vorbild der Jugend, für Philosophen, Athleten und Herrscher.

Die Gottesauffassungen und Jenseitsvorstellungen der Philosophen fanden zwar unter den Gebildeten Anklang, beeinflußten aber kaum die tägliche Lebensführung der großen Masse. Volksreligion und philosophisches Gottesbild bestanden nebeneinander. Platon wies in den *Gesetzen*, seinem zweiten Staatsentwurf, den Götterfesten eine wichtige sozialisierende Rolle zu. Epikur gab Anleitungen zu einer disziplinierten Lebensführung, die negative Affekte wie Angst oder Begierde mied, um einen Zustand gleichbleibender Lust zu erlangen. Die Seele stellte für ihn eine Atomverbindung dar, und genauso erklärte er die Götter: Als vollkommene Wesen existieren sie zwischen den Welten, nehmen aber keinen Anteil am Treiben der Menschen. Epikur wollte die Menschen von der Furcht vor strafenden Göttern und einem bedrückenden Jenseits befreien und abergläubische Deutung von Naturerscheinungen überflüssig machen. Vereinzelt gab es auch Atheisten, die offen ihre Mißachtung der traditionellen Götterkulte bekundeten. Eine agnostische Auffassung vertrat der Sophist Protagoras: »Von den Göttern kann ich weder sagen, ob sie sind, noch, ob sie nicht sind.«

Heiligtümer

In einer Winternacht des Jahres 373 v. Chr. wurde die nordpeloponnesische Küste von einem verheerenden Erdbeben heimgesucht. Am schwersten betroffen war die Stadt Helike. Sie versank binnen kurzem mit all ihren Bewohnern in den aufgewühlten Fluten des Korinthischen Golfes. Unter den Zeitgenossen entbrannte alsbald die Diskussion darüber, wie es zu dieser schier unfaßlichen Katastrophe hatte kommen können. Man erörterte verschiedene naturwissenschaftliche Theorien, richtete das Augenmerk aber vor allem auf die Möglichkeit einer moralischen Schuld der Bürger von Helike. Es war nämlich ruchbar geworden, daß die Priester des Poseidon-Heiligtums von Helike – in voller Übereinstimmung mit den Bürgern der Stadt – fremde Besucher in der Sakralstätte beleidigt und schließlich sogar mißhandelt hatten. So machte sich die Überzeugung breit, Poseidon, der »Erderschütterer«, habe das an seinem Kultplatz in Helike begangene Sakrileg mit einem Erdbeben geahndet. Die Mißachtung eines Heiligtums erschien den Griechen offenkundig als hinreichender Grund für die Ausmerzung einer ganzen Stadt durch die Götter.

Solche Legendenbildungen sind vielfach bezeugt. Das schmachvolle Ende der unteritalischen Städte Sybaris und Kroton, der drohende Umsturz in Sparta während des Helotenaufstandes in den sechziger Jahren des 5. Jahrhunderts v. Chr., der Verlust der Selbständigkeit der Insel Ägina im Jahre 431 v. Chr., aber auch eine Banalität wie das Magenleiden des Sulla führte man im Volksglauben auf vorausgegangene Frevel in Heiligtümern zurück.

Mit seiner Südspitze reichte das attische Land bis weit in die Inselwelt der Ägäis hinein. Am Horizont sind die Silhouetten der Kykladeninseln Kea und Kythnos zu erkennen. An dem so exponiert gelegenen Kap Sunion verehrten die Athener – wie auf der Akropolis in ihrer Stadt – die Götter Athena und Poseidon. Die athenischen Seefahrer schätzten das Heiligtum als weithin sichtbare Landmarke auf dem Weg in die Heimat. Den Bewohnern des Festlandes stand das Sakralgelände bei Gefahr als Zufluchtsstätte offen.

Kein Zweifel, die Griechen wachten mit Leidenschaft über das Wohlergehen und die Funktionsfähigkeit ihrer Kultstätten. So füllten sie ihre Heiligtümer mit Kunstwerken und prächtigen Bauten, waren aber ebenso bereit, um ihrer Kultplätze willen Kriege zu führen. Die »Heiligen Kriege« um die Freiheit Delphis sind ein Beispiel dafür; den ersten im frühen 6. Jahrhundert v. Chr. eröffneten die verbündeten Thessaler, Sikyoner und Athener gegen die phokische Stadt Kirrha, weil sie sich am Eigentum des Gottes vergriffen und Abgaben von Pilgern erhoben hatte.

Diese Einstellung des Volkes machten sich in einem anderen Fall die maßgeblichen Politiker in Athen und Sparta zunutze. Als sie im Winter 432/431 v. Chr. zum Krieg gegeneinander entschlossen waren, fanden sie bei ihrer Bevölkerung dafür zunächst keine Unterstützung. Geschickt riefen sie deshalb auf beiden Seiten Verstöße der jeweils anderen gegen das Sakralrecht in Erinnerung. Sowohl bei den Athenern wie bei den Spartanern wurden dadurch mächtige Emotionen geschürt: Wer sich so gegen die Heiligtümer vergangen hatte, durfte nach Volkesmeinung nicht auf Friedensgespräche hoffen. So fanden die Staatslenker doch noch die notwendige Mehrheit für ihre Pläne. Der Peloponnesische Krieg nahm seinen Anfang.

Vor diesem Hintergrund wird verständlich, warum der krankhaft ruhmsüchtige Herostratos, der seinen Namen unbedingt in die Geschichtsschreibung eingehen lassen wollte, auf den Gedanken verfallen war, ausgerechnet einen Tempel, nämlich den der Artemis von Ephesos, einzuäschern. Er wußte nur zu gut, welche Emotionen ein solcher Übergriff auf Göttereigentum in der ganzen griechischen Welt auslösen würde. Wenn auch unter negativen Vorzeichen, sein Name würde auf ewig in aller Munde sein. Sein Kalkül ist, wie wir wissen, aufgegangen.

Die Griechen bezeichneten ihre Heiligtümer als *temenai*, das heißt als von ihrer Umgebung abgegrenzte Bezirke. Die Sakralstätten waren für sie freilich nicht Areale, in denen sie für eine Weile die Last des Alltags vergessen und sich

In kunstvoller Form erzählen viele Weihinschriften von der Sitte, am Ende eines langen Berufslebens den Göttern die Arbeitsutensilien zum Geschenk zu machen. Ein Fischer, ein Koch und ein Hirte brachten ihre Weihgaben mit folgenden Worten dar (Übersetzungen von Hermann Beckby):

»Dieses maschige Netz, das die Fülle von Beute gefangen,
ferner von Ruten ein Paar, noch mit den Angeln versehn,
einen Kork, der getreu die Schlingen am Grunde verkündet,
einen Stein auch, aus dem Funken entzündet ein Schlag,
einen Anker zum Halten des Schiffs und zum Zäumen des
Sturmwinds,
Schnäbel von Angeln, gekrümmt, daß man die Fische dran fängt:
Seemann Baiton entbot es den beuteverheißenden Göttern,
da ihm vor Alter und Not steif nun geworden die Hand.«

»Das Messer, das so manchem Tier den Hals durchschnitt,
die Bälge, deren Hauch das Feuer angefacht,
ein Seihblech, vieldurchlöchert, einen Vierfuß, der
des Feuers Brücke bildet, einen Rost fürs Fleisch,
den Löffel, der den Schaum vom Fette herunternimmt, zum
Fleisch die Gabel, die die Eisenfinger hat:
dir, Hinkefuß Hephaist, weiht sie Timasion,
nun er der Beine Jugendkraft verloren hat.«

»Daphnis, der Syrinxbläser, ermüdet und zitternd vor Alter,
das seine Hände befiel und sie zur Ruhe verdammt,
weiht seinen hirtlichen Stab dem Pan, dem Schützer der Fluren,
da ihm das Alter die Müh', Schafe zu weiden, versagt.«

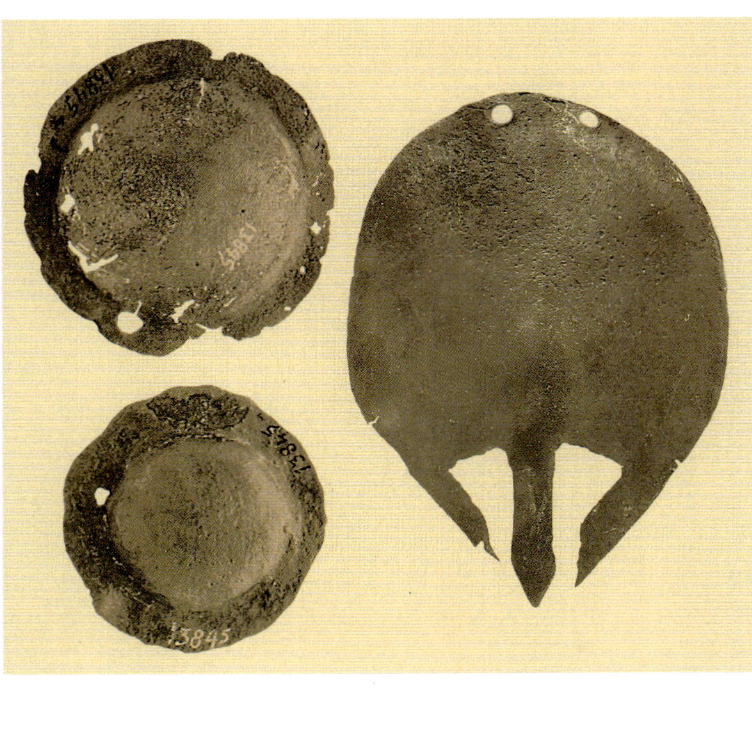

Vorhergehende Doppelseite: Das um 200 v. Chr. geschaffene Marmorrelief ist im Anschluß an eine im Familienkreis begangene Kultfeier als Erinnerung an das festliche Ereignis in dem betreffenden Heiligtum aufgestellt worden. Dargestellt ist der Augenblick, wie der Vater und der älteste Sohn das Opfer am Altar darbringen. Zugleich ist aber auch das entscheidende innere Erlebnis im Bilde festgehalten: die Gewißheit nämlich, im Vollzug des Opfers den Göttern nahe gewesen zu sein. Nur durch ihre Größe von den Sterblichen unterschieden, wohnen die Empfänger des Opfers dem Geschehen bei. Auf seinem reich verzierten Thron sitzend, nimmt der bärtige Asklepios die Huldigung entgegen. Seine Kultgefährtin Hygieia sieht dem Vorgang an einen Pfeiler gelehnt zu. Die entspannte Haltung der beiden Gottheiten zeigt an, daß das Opfer wohlwollend aufgenommen wurde. Das Heiligtum selbst wird durch den mit Binden (Tänien) geschmückten Baum als naturbelassener Hain charakterisiert. Die beiden Statuen auf dem hohen Pfeiler neben der Platane, archaistische Götterbilder des Apollon und der Artemis, vertreten exemplarisch die im Heiligtum aufgestellten Weihgeschenke. München, Glyptothek

Links oben und unten, rechte Seite: Weihgaben aus Heiligtümern. Das Heranwachsen der Kinder wurde von regelmäßig begangenen Kultfeiern begleitet. Viele der im Heiligtum dargebrachten Votive nehmen Bezug darauf. In den Darstellungen von Frauen mit ihren Kleinkindern manifestiert sich der Wunsch nach gesunder Nachkommenschaft (links oben; Tonfigur des 7. Jahrhunderts v. Chr. im Athener Nationalmuseum). Begüterte Eltern stifteten lebensgroße Kinderbildnisse wie die Marmorstatue eines Mädchens mit Taube (um 310 v. Chr.; München, Glyptothek). Waren die Vermögensverhältnisse begrenzt, begnügte man sich mit miniaturhaften Darstellungen. Auch in den bescheidenen Nachbildungen von Waffen und Rüstungen (links unten; aus dem Apollon-Heiligtum von Bassae) erkannten die Götter den Wunsch der Eltern nach wehrhafter Tüchtigkeit des männlichen Nachwuchses.

wie in eine andere Welt versetzt fühlen konnten. Im Gegenteil. Die Heiligtümer besaßen das Privileg, daß innerhalb ihrer Grenzen viel weitergehende Rechte galten als in der Außenwelt. Auf vielfältige Weise waren sie deshalb sehr konkret in das Alltagsleben der Menschen einbezogen.

Die Nutzung der Heiligtümer

Familie und Beruf

Im Jahresablauf der Griechen hielten sich Fest- und Werktage etwa die Waage. Der stete Wandel der Natur wurde ebenso von religiösen Festen begleitet wie alle wichtigen Stationen in der Entwicklung der Familie und der Gemeinschaft. Schwangerschaft, Geburt und die von einer erschreckend hohen Mortalität bedrohte Säuglingszeit veranlaßten die Frauen zu regelmäßigen Opfern in den Heiligtümern. Zu der individuellen Sorge um das Gedeihen der Kinder trat bald auch das Interesse der Gemeinschaft an den nachwachsenden Generationen. Mit einer Folge von Kultfeiern in verschiedenen Altersstufen wurden die Heranwachsenden auf ihre traditionellen Aufgaben innerhalb des Gemeinwesens vorbereitet. Die Mädchen wurden auf die ihnen zugewiesene Rolle der künftigen Braut und Mutter eingestimmt, den Knaben wurde vor allem das Ideal der Wehrtüchtigkeit vermittelt.
Die die Kindheit begleitenden sakralen Feiern fanden ihren Abschluß und festlichen Höhepunkt in den Initiationsriten, mit denen die Knaben und Mädchen in die Wahrnehmung der ihnen zugedachten Rollen entlassen wurden. Schauplatz auch dieser für die Familien und das Gemeinwesen gleichermaßen wichtigen Feiern waren wiederum die Heiligtümer. Hier beging man schließlich auch die Feier der Hochzeit.
Mit der gleichen Selbstverständlichkeit offenbarte man die Nöte wie die Erfolge des Berufslebens den Göttern. Zahllose Weihgeschenke sind aus dem Zehnten des durch die Arbeit erzielten Gewinns bestritten worden. Es entsprach festem Brauch, am Ende des Berufslebens die Arbeitsutensilien dem Gott zu weihen, unter dessen Schutz man sich mit seinem Gewerbe gestellt sah.

Geselligkeit und Wettstreit

Die Grundidee aller Feste in den Heiligtümern war die Huldigung der Götter. Prozession, Opfer und Gebet bildeten die Kernelemente des Gottesdienstes. Zum Festablauf gehörte aber ebenso selbstverständlich das gesellige Beisammensein beim rituellen Mahl.
»Sie erhoben die Hände zum leckeren Mahle.« Homers Standardformulierung bei der Beschreibung der göttlichen Festgelage auf dem Olymp ist zum geflügelten Wort geworden. Wann immer die Menschen in den Heiligtümern Tiere an den Opferaltar führten und zum Verzehr bereiteten, hatten die Götter daran ihren Anteil. Homer beschreibt

Vorhergehende Doppelseite: Die Bewohner der arkadischen Stadt Phigalia begingen ihre Familienfeiern im Bergheiligtum von Bassae. Apollon mit dem Beinamen Epikurios, »Der Helfer im Krieg«, empfing hier die Bittgaben der Knaben. Den Kultplatz des Apollon markiert der gegen Ende des 5. Jahrhunderts v. Chr. erbaute dorische Tempel am Hang des Kotilionberges. In dem weitläufigen Sakralgelände hatte neben Apollon auch Artemis einen Weihbezirk. Ihre Verehrungsstätte lag versteckt in einer Mulde auf der höchsten Kuppe des Berges. Der Schwester des Apollon wurde das Geschick der jungen Mädchen anempfohlen.

Links oben und Mitte: Zum üblichen Fundgut in Heiligtümern zählen Bratspieße (Mitte), mit denen das Fleisch zubereitet wurde. Das Bild auf einer schwarzfigurig bemalten Lekythos (oben; New York, Metropolitan Museum) zeigt die Verwendung solcher Bratspieße in einem Heiligtum – hier freilich in ein mythisches Umfeld versetzt: Dargestellt ist, wie Beischrift und Löwenfell anzeigen, der genußfreudige Herakles, der sich zwei Fleischstücke im Feuer eines Opferaltars gart.

Links unten: Teller, Tassen, Schalen, Wein- und Wasserkrüge gehören gleichfalls zu den charakteristischen Funden in allen Heiligtümern. Die Abbildung zeigt eine Auswahl des Speisegeschirrs, wie es noch im 3. Jahrhundert n. Chr. im Hera-Heiligtum auf Samos verwendet worden ist.

Rechts oben: Die Bronzestatuette eines Mannes beim Gelage wurde im 6. Jahrhundert v. Chr. dem Zeus von Dodona geweiht. Nach altem Brauch ruht der Festteilnehmer auf einem Polster. In seiner linken Hand hält er eine Trinkschale. Das rituelle Mahl war ein wesentlicher Bestandteil der Kultfeste. Doch auch außerhalb der Festzeit war der Besuch eines Heiligtums oftmals mit der Einnahme von Speise und Trank verbunden. Wenn in der schriftlichen Überlieferung die Rede von solchen Feiern ist, wird stets die Fröhlichkeit dieses von Tänzen und Spielen begleiteten Beisammenseins hervorgehoben.
London, British Museum

Rechts unten: Das festliche Beisammensein in den Heiligtümern war ohne Reigentänze undenkbar. Auf einer Hydria des 7. Jahrhunderts v. Chr. aus dem Heraion von Samos (Aquarell von Karl Buechler) sind zwei Züge reigentanzender Mädchen dargestellt. Die langgewandeten Mädchen halten sich an den Händen, die Anführerin trägt in der freien Hand grazil einen Zweig. Die Tänzerinnen bewegen sich zur Musik eines voranschreitenden Flötenspielers. Die Doppelung der Reigenzüge spricht dafür, daß sich die Mädchengruppen im Wettbewerb maßen.
Samos, Archäologisches Museum

»Nicht in der Stadt will ich mich zum Festschmaus niederlassen, mein lieber Philotheros, sondern im Heiligtum der Hera, wo mich der Hauch des Abendwindes erquickt. Es bereitet mir Gefallen, mich dort auf den Boden hinzustrecken, denn leicht finden sich biegsame Zweige, aus denen sich rasch eine Lagerstatt richten läßt. Auch wächst dort Lygos, den schon die alten Karer als Kopfzier beim Festmahl trugen. Nun aber schafft Wein herbei und die wohltönende Lyra der Musen, denn wir wollen trinken, solange es Leib und Seele gefällt. Und die Herrin unserer Insel, die ruhmreiche Braut des Zeus, wollen wir mit Tänzen und Gesängen erfreuen.«

Freie Übertragung eines Gedichtes, in dem sich der samische Dichter Nikainetos um 200 v. Chr. an seine Besuche im Hauptheiligtum der Insel erinnert.

den Schmaus der Götter als ein heiteres Beisammensein. In der Vorstellung der genießerisch beim Mahle lagernden Götter spiegelt sich recht getreu die Realität der rituellen Mahle in den Heiligtümern.
Getrennt nach Rang und Status, verteilt auf offizielle Bankettträume und die individuellen Lagerplätze, verbrachten die Festteilnehmer viel Zeit beim Mahle. Dabei ging es freilich nicht allein um das leibliche Wohl. Das Zusammensein so großer Menschenmassen verlockte so manchen Festteilnehmer zur eitlen Selbstdarstellung. So geriet der um seine politische Karriere bemühte Alkibiades ins Zwielicht, als er beim Kultfest in Olympia mit allzu üppigem Tafelsilber aufwartete. Daß dies kein Einzelfall war, lehrt die erhaltene Heiligtumsordnung aus dem Demeter-Heiligtum von Andania in Messenien. In ihr werden nicht nur Höchstgrenzen für die in den privaten Festzelten zu bewirtenden Gäste festgesetzt, sondern wird auch der Aufwand an Tafelgeschirr strikt beschränkt. Nichts vermag die Popularität und die Wertschätzung der festlichen Gelage in den Heiligtümern deutlicher zu veranschaulichen als die Sitte, verdiente Bürger unter anderem dadurch auszuzeichnen, daß man ihnen bei den Kultfesten besonders günstig gelegene Stellflächen für ihre Zelte zuwies.
Das gesellige Beisammensein in den Heiligtümern gewann durch mancherlei Darbietungen noch zusätzlich an Reiz. Ein geradezu unabdingbares Äquivalent zum leiblichen Genuß bildeten Gesang und Tanz. Vor den Augen der frohgesinnten Festgemeinde boten insbesondere die jungen Mädchen anmutige Tänze dar, während sich die männlichen Festteilnehmer eher im sportlichen Wettkampf maßen. Die alsbald wohlorganisierten Wettkämpfe in den vielen griechischen Heiligtümern haben hier ihre Wurzel.
Entsprechend der Konvention, im Rahmen des Kultfestes Wettkämpfe auszutragen, gehörten bald die Wettkampfstätten zur obligatorischen Ausstattung griechischer Heiligtümer. Die selbstverständliche Zugehörigkeit der Sporteinrichtungen zum Sakralbereich tritt dem heutigen Besucher besonders anschaulich in Olympia, Isthmia, Nemea oder Epidauros vor Augen.
Nicht immer ließen es die Platzverhältnisse zu, die Sportstätten innerhalb des Heiligtums unterzubringen. So lagen die zum Athena-Heiligtum auf der Akropolis von Athen gehörenden Wettkampfstätten in großer räumlicher Entfernung zum Kultplatz auf der Burg: das Stadion in einer Talmulde am Fuß des Hymettosberges und die weitläufige Pferderennbahn sogar in der Ebene nahe der Küste. In Delphi war es gerade noch möglich, dem abschüssigen Gelände direkt am Fuß der steil aufragenden Felswände Raum für das Stadion abzutrotzen. Die Pferderennbahn mußte aber auch hier weit unterhalb des Heiligtums im geräumigeren Tal angelegt werden.
Neben den athletischen Wettkämpfen erfreuten sich die musischen Agone besonderer Beliebtheit. Im Kult des Theatergottes Dionysos waren dramatische Aufführungen

Linke Seite: Das Heiligtum des Poseidon und der Athena Soteira liegt im Boreiongebirge westlich der arkadischen Metropole Tripolis. Von dem Tempel haben sich Reste des Fundamentes erhalten, sie sind teilweise von der Kapelle der Hagia Sotira überbaut. Der Tempel hatte seinen Platz auf dem schmalen Grat des Sattels, durch den die Hauptverbindung zwischen den Nachbarregionen Asea und Pallantion führte. Zugleich markierte dieser Sattel aber auch die Grenze zwischen beiden Kantonen. Auffallend oft lagen Heiligtümer an solch neuralgischen Punkten. Mitunter teilten sich die Nachbarkantone in deren Leitung. Solche Grenzheiligtümer förderten zweifellos das Zusammenleben der nur allzuoft in Unfrieden lebenden Stadtstaaten.

Oben und unten: Das ausgedehnte Siedlungsgebiet der Athener hat erst im späten 6. Jahrhundert v. Chr. seine endgültige politische Gliederung erhalten. Bei den Bemühungen, die Eintracht unter den zahllosen Einzelsiedlungen zu festigen, ist den Heiligtümern eine wichtige Rolle zugefallen. Durch ein feinsinniges System von Kultverbindungen sind einige besonders ehrwürdige und zugleich exponiert an den Grenzen Attikas gelegene Heiligtümer mit dem politischen und religiösen Zentrum, der Agora und der Akropolis von Athen, verbunden worden. Die bedeutsamsten dieser Stationen sind das Demeter-Heiligtum von Eleusis (Abb. S. 133), das Athena-Poseidon-Heiligtum von Sunion (Abb. S. 144), das Artemis-Heiligtum von Brauron (oben) sowie das Amphiareion bei Oropos (Abb. S. 162). Von Athen aus, wo nicht nur Athena und Poseidon, sondern auch Artemis Brauronia Heiligtümer auf der Akropolis hatten, bewegten sich regelmäßig festliche Prozessionen zu diesen Außenposten. Wie eine Klammer legt sich das Netz der Prozessionswege über das attische Land. Auf den Zügen nach Brauron und zum Amphiareion war maßgeblich die nachwachsende Jugend beteiligt. Im Vollzug der Prozessionen durchschritten sie ihre weitläufige Heimat, deren Wohlergehen einmal in ihre Hände gelegt sein würde.

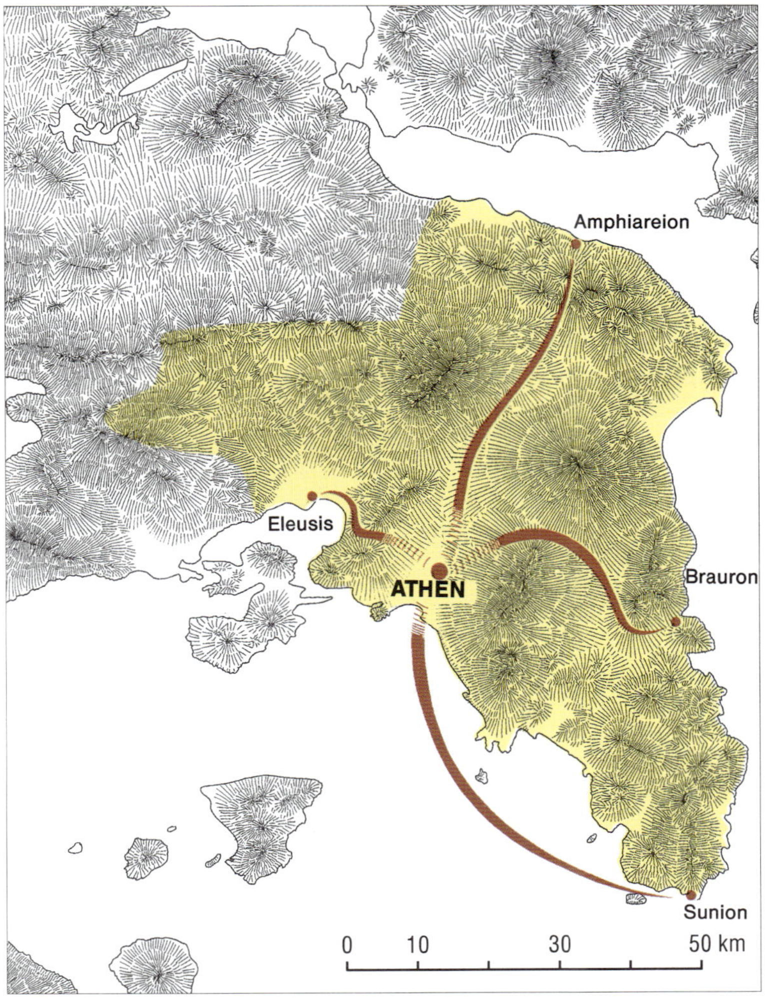

Links, rechts und folgende Doppelseite: Das Apollon-Heiligtum von Delphi beherbergte den von den Griechen am höchsten geachteten Orakelsitz. Mit ihrem Rat nahm die vom Gott inspirierte Oberpriesterin, die Pythia, gezielt Einfluß auf die moralisch-ethische Grundhaltung der Griechen. In politischen Streitfragen wurde eine in Delphi erteilte Auskunft gemeinhin respektiert. Es bedeutete für die Pythia eine enorme Steigerung ihres Renommees, daß der lydische König Kroisos öffentlich bekundete, alle Orakelstätten geprüft, aber nur in Delphi eine wahrheitsgemäße Auskunft empfangen zu haben. Herodot berichtet von den überreichen Weihgeschenken, die Kroisos nach Delphi stiftete. Entlang der heiligen Straße (links oben: Eingang in der Südostecke des Temenos) reihten sich Schatzhäuser, Statuen und sonstige Anatheme. Poleis wie auch Einzelpersonen bekundeten damit ihre Dankbarkeit und rivalisierten gleichzeitig voller Ehrgeiz mit den Stiftungen anderer. Die Athener errichteten gegen 500 v. Chr. an einer Kehre der Prozessionsstraße ein Schatzhaus aus parischem Marmor (rechts). Unmittelbar nach den Perserkriegen stifteten sie dann noch eine ionische Halle an der Terrassenmauer des Apollon-Tempels (links unten). Argos setzte nach der Schlacht bei Leuktra eine Nische mit Standbildern seiner Heroen (links Mitte) direkt neben die Halle, mit der sein Erzfeind Sparta den Sieg Lysanders bei Aigospotamoi verherrlicht hatte. Die Lage des Temenos an einem Steilhang des Parnaßgebirges zeigt der Blick von oben aus der Felswand der Phädriaden (folgende Doppelseite).

In Sparta schmiedeten Kleomenes und Leotychidas ein Komplott gegen den König Demaratos. Sie behaupteten, er sei kein Sohn des Ariston und habe deshalb auch keinen Anspruch auf das Königsamt. Als hierüber ein Streit ausbrach, hielten es die Spartaner für angebracht, das Orakel in Delphi um Auskunft zu befragen. Dafür hatte sich vor allem Kleomenes eingesetzt – dies freilich erst, nachdem er in Delphi einen sehr einflußreichen Mann namens Kobon auf seine Seite gebracht hatte. Dieser Kobon überredete die Oberpriesterin Perialla, den Spruch im Sinne des Kleomenes zu erteilen. So gab sie den Spartanern die falsche Auskunft, daß Demaratos nicht der Sohn des Ariston sei. Später wurde dieser Betrug aufgedeckt. Kobon wurde aus Delphi verbannt, und die Oberpriesterin verlor ihr Amt.

Herodot, *Historien* 6, 66

Ich denke, du kennst das Wort Heraklits: »Der Herr, dem das Orakel in Delphi gehört, sagt nicht und verbirgt nicht, sondern er deutet an.« Nimm zu diesem vortrefflichen Wort den Gedanken hinzu, daß der Gott hier sich der Pythia bedient, um zu unserm Ohr zu dringen, so wie die Sonne sich des Mondes bedient, um unser Auge zu erreichen: er offenbart und eröffnet seine Gedanken, aber offenbart sie unter Vermischung mit einem sterblichen Körper und einer menschlichen Seele, die nicht Ruhe zu bewahren und sich dem sie Bewegenden von sich aus unbewegt und unerschüttert darzubieten vermag, sondern wie ein Schiff auf stürmischem Meer schwankend und hineingerissen in die sie umwühlenden Bewegungen und Erregungen ihres Innern...

Plutarch, *Moralia* 404 c
(Übersetzung von Konrat Ziegler)

ohnedies eine Selbstverständlichkeit. Doch auch die Feste anderer Gottheiten wurden mit Schauspielen begangen. Bekannt und besonders angesehen war der edle Wettstreit um die beste Schauspielkunst im Apollon-Heiligtum von Delphi oder auch im Heiligtum des Apollon und Asklepios in Epidauros. Folgerichtig finden wir in diesen Sakralstätten prächtige Theaterbauten. Manche Heiligtümer lassen in ihrer Topographie den kultischen Charakter des Theaterspiels noch sehr deutlich erkennen; so zum Beispiel in Samothrake oder im Kabirion bei Theben, wo die Zuschauerränge genau auf den Altar ausgerichtet sind.

Gesellschaft und Politik

Die Griechen nannten die in den Heiligtümern regelmäßig begangenen Kultfeste *panegyris*, das heißt »festliche Versammlung des ganzen Volkes«. In dieser Bezeichnung äußerst sich ein weiterer, ganz wesentlicher Aspekt der Aufgaben griechischer Heiligtümer. In dem politisch so zerstrittenen und zersplitterten Griechenland stellte die Religion eine der wenigen verbindenden Klammern dar. Der gemeinsame Vollzug von Riten war ein wichtiges Element, das Zusammengehörigkeitsgefühl zu stärken.

Solch praktizierte Gemeinsamkeit war bereits in den einzelnen Städten geboten. Das Bestreben, mit Hilfe des gemeinsam begangenen Kultfestes einen Ausgleich zwischen den Bewohnern eines Gemeinwesens zu schaffen, zeigt sich besonders deutlich im Hauptfest der Bürger Athens, die auf das ganze Gebiet des heutigen Attika verstreut wohnten: Zu Ehren ihrer Stadtgöttin Athena begingen sie die »Panathenäen«, das heißt das »Fest aller Athener«. Während der Prozession war Sorge dafür getragen, daß alle Regionen des attischen Landes gleichberechtigt in Erscheinung traten.

Hatten sich die einzelnen Gaue weiter Regionen zu politischen Bünden zusammengeschlossen, wie etwa im nord-

westgriechischen Ätolien, kam dem Kultfest im Hauptheiligtum eine noch größere Bedeutung zu. Die Ätoler hatten das Apollon-Heiligtum von Thermos zu ihrem religiösen Hauptsitz erkoren. Abgesehen von der Verehrung des Gottes bot das Kultfest den Rahmen für die politische Jahresversammlung, auf der auch die Wahlen der Bundesbeamten durchgeführt wurden. Vor allem aber nutzte man das Zusammensein so vieler Menschen aus allen Landesteilen, um Handel zu treiben und Waren auszutauschen.

Wiederum einen ganz spezifischen Charakter hatte die Panegyris von Olympia. Die Hauptattraktion im Rahmenprogramm des Kultfestes stellten hier natürlich die Wettkämpfe dar. Daß sie zu einem allseits beachteten Spektakel wurden, verdankten sie aber einem anderen, älteren Aspekt des Kultfestes. Wie kaum ein anderes Fest wurde die Panegyris von Olympia als ein Fest der Begegnung aller Griechen begangen. Vor allem die in die unteritalischen und nordafrikanischen Kolonien ausgewanderten Griechen aus der Peloponnes nutzten das Kultfest von Olympia zu einem Wiedersehen mit der alten Heimat. Sie waren es daher auch, die das Heiligtum in besonderer Weise mit Geschenken und Weihungen bedachten.

Priester als Ratgeber

Ob ein Staatsmann vor schwerwiegenden politischen Entscheidungen stand oder ob ein Jüngling der Redlichkeit der ihm zugedachten Braut nicht traute, es gab kaum eine Frage von subjektiver Bedeutung, zu deren Beantwortung man nicht den Rat eines Gottes einholte. Orakelstätten waren zwar relativ dicht über das ganze Siedlungsgebiet der Griechen verteilt, doch vertraute man sich nicht unbedingt dem nächstgelegenen Orakel an. Trotz aller Beschwernisse und Gefährdungen, die damals mit Fahrten in die Fremde verbunden waren, lösten die Orakelstätten eine rege Reisetätigkeit aus. Die Ratsuchenden wählten den Ort der Be-

In seinem Orakelheiligtum in Dodona offenbarte sich Zeus im Rauschen der Heiligen Eiche. Ratsuchende schrieben ihre Fragen auf Bleitäfelchen nieder. Die Rekonstruktionszeichnung zeigt den Zustand der Orakelstätte während des 4. Jahrhunderts v. Chr. Erst damals wurde ein »Heiliges Haus« neben der Eiche erbaut und das Temenos mit einer Mauer umgeben. Im 3. Jahrhundert v. Chr. ließ König Pyrrhos von Epirus an drei Seiten des erweiterten Temenos Hallen errichten. Aus der Zeit des Pyrrhos stammen auch kleine Tempel für Dione, Herakles und Aphrodite im Umkreis des Zeus-Heiligtums (oben) sowie der gut erhaltene Zuschauerraum des Theaters (linke Seite).

Bei den Ausgrabungen in Dodona sind zahlreiche Täfelchen mit Fragen an das Orakel gefunden worden. Es sind überwiegend sehr persönliche Nöte, die dem Gott vorgetragen wurden:
»Trifft es zu, daß Bostrycha, die Frau des Dorkonos, das Geld gestohlen hat, das dem Dion während des Kultfestes in Aktion abhandengekommen ist?«
»Ist es ratsam, jetzt nach Syrakus zu reisen, oder soll die Fahrt besser verschoben werden?«
»Ist das Kind, das meine Frau geboren hat, von mir gezeugt?«

Links oben und unten: Im attisch-böotischen Grenzgebiet, an der Euböa zugewandten Küste, lag der Ort Oropos. Das von Oropos aus verwaltete Heiligtum des Amphiaraos hatte seinen Platz in einer Talsenke im hügeligen Binnenland. Die erst im 5. Jahrhundert v. Chr. gegründete Heilstätte erfreute sich rasch eines so regen Zustroms, daß die Behandlungsgebühren schon bald deutlich angehoben werden konnten. Eine entsprechende Änderung in der in Stein gemeißelten Heiligtumsordnung bezeugt diesen Vorgang. Die 110 m lange Halle (links oben), in der sich die Patienten zum Heilschlaf niederlegten, wurde im frühen 4. Jahrhundert v. Chr. errichtet. Seit 332 v. Chr. fand im Amphiareion alle vier Jahre ein großes Fest mit musischen und sportlichen Wettbewerben statt. Für die Stätte der musischen Wettkämpfe, das Theater (links unten), mußte in der eng begrenzten Talsenke eigens ein Halbrund aus dem seitlich ansteigenden Hügel abgegraben werden.

Rechts: Ein mit einer Schulterverletzung in das Amphiareion eingewiesener Jüngling hat den Dank für seine erfolgreiche Behandlung im Bilde festgehalten. In dem kleinen Relieffeld ist der Vorgang in drei Szenen dargestellt: In der Mitte erkennt man den Kranken auf seinem Bett in der langen Halle. Die Schlange weist auf die Stelle seiner Wunde. Am rechten Bildrand erscheint der genesene Patient, dankbar erhebt er die rechte Hand zum Gebet. In der linken Bildhälfte ist der Heilvorgang dargestellt, wie er sich nach fester Überzeugung des Patienten abgespielt hat: Während seines Heilschlafs in der Halle erschien der Gott selbst, um den Eingriff an der Schulter vorzunehmen. Das Relief stammt aus dem 4. Jahrhundert v. Chr. Die öffentliche Aufstellung solcher Votive lag im Interesse der Heiligtümer, denn das Bekenntnis möglichst vieler Patienten zu ihrer wundersamen Heilung bestärkte die Zuversicht der nachfolgenden Kranken. Athen, Nationalmuseum

In Oropos ist aber auch eine Quelle in der Nähe des Tempels, die sie Amphiaraosquelle nennen; sie opfern ihr nichts und halten es nicht für erlaubt, sie für Reinigungen oder als Weihwasser zu benutzen. Wenn aber jemand auf Grund des Orakels von einer Krankheit genesen ist, wirft er ein silbernes oder goldenes Geldstück in die Quelle, denn hier soll Amphiaraos bereits als Gott aufgetaucht sein.

Pausanias 1, 35, 4 (Übersetzung von Ernst Meyer)

fragung offenkundig mit Bedacht aus. So begab sich der Bruder des korinthischen Tyrannen Periander zur Orakelbefragung in das lakonische Poseidon-Heiligtum am Kap Tainaron, während sich die Spartaner ihrerseits gern den Sehern des Zeus-Heiligtums von Olympia anvertrauten. Die delphische Pythia wiederum genoß allgemein ein so großes Ansehen, daß aus dem ganzen Mittelmeerraum Fragesteller nach Delphi strömten und dabei bereitwillig die oftmals sehr langen Wartezeiten in Kauf nahmen. Bei dem ungeheuren Einfluß, den das delphische Orakel auszuüben vermochte, konnte es nicht ausbleiben, daß sich die Pythia gelegentlich in den Maschen der Parteilichkeit verfing. Sogar Fälle von Betrug sind ruchbar geworden.

Die Entscheidung für das eine oder andere Orakelheiligtum hing zweifellos von mehreren Faktoren ab. So vertraten die Seher in den einzelnen Sakralstätten ganz verschiedenartige Richtungen der Mantik und bedienten sich entsprechend unterschiedlicher Medien. In Dodona vertraute man darauf, den Willen des Zeus dem Rauschen der heiligen Eiche entnehmen zu können. In Delphi gab Pythia ihre Auskunft aus dem Zustand der Inspiration heraus. In Olympia war es die Kunst der Seher, die Antwort des Gottes aus den Flammen des Opferfeuers zu lesen. Das Orakel des Poseidon am Kap Tainaron wähnte man mit der Unterwelt verbunden, man beschwor und befragte dort die Seelen der Toten. Wer das Orakel des Trophonios im böotischen Lebadeia aufsuchte, tat dies in der Zuversicht, dort die Erscheinung des Gottes zu erleben.

Abgesehen von möglichen Präferenzen für die eine oder andere mantische Methode ließen sich Ratsuchende bei ihrer Ortswahl vermutlich auch von gewissen Spezialisierungen der Orakel leiten. Das später ganz in den Schatten der Wettkämpfe getretene Orakel des Zeus in Olympia zum Beispiel hat sich vor allem in der Zeit der griechischen Kolonisation im späten 8. Jahrhundert v. Chr. einen Namen als ein zuverlässiges Kriegsorakel erworben. Eine Besonderheit des olympischen Orakels bestand darin, daß die Seher oftmals das Heiligtum verließen und zu ihren Klienten kamen. Das heißt, sie zogen mit den Heeren auf die Schlachtfelder und gaben ihren Rat zu konkreten Kampfsituationen. So hat sich ein Mitglied der olympischen Seherfamilie unsterblichen Ruhm erworben, als es die Griechen im

Jahre 479 v. Chr. in der Ebene von Plataiai zum günstigsten Zeitpunkt in die Schlacht gegen die Perser schickte. Die heute im Museum von Olympia ausgestellten Waffen- und Rüstungsweihungen legen ein beredtes Zeugnis von der einstigen Bedeutung des alten Kriegsorakels in der Altis ab. Sie sind Dankgeschenke aus Kriegen, die mit Hilfe der olympischen Seher zum Sieg geführt worden waren.

Der Glaube an die Kräfte der Mantik ist im Laufe der Jahrhunderte immer wieder durch vehemente Kritiker auf die Probe gestellt worden. Doch vermochten sich die Verfechter des Orakeldienstes stets durchzusetzen. Im 2. Jahrhundert n. Chr. hat der Philosoph und Schriftsteller Plutarch, selbst Priester in Delphi, viel zur Aufrechterhaltung des bedeutsamsten Orakelkultes beigetragen.

Priester als Ärzte

Zu den großen Leistungen der griechischen Kultur gehörte die genaue Kenntnis über das Wirken der Natur. Seit dem späten 6. Jahrhundert v. Chr. war den Menschen damit die Möglichkeit gegeben, Krankheiten zu analysieren und entsprechende Heilmethoden zu entwickeln. Es wirft ein bezeichnendes Licht auf die Rolle der Heiligtümer im Alltagsleben der Griechen, daß man die Krankenstationen nicht in speziellen Häusern in den Städten einrichtete, sondern die Betreuung der Kranken den Heiligtümern anvertraute. Als göttlicher Sachwalter der Heilkunst hielt Asklepios im 5. Jahrhundert v. Chr. Einzug in die griechische Götterwelt. Seit dem 5. Jahrhundert v. Chr. wandelten deshalb manch alte Sakralstätten ihr äußeres Erscheinungsbild. Betroffen waren davon in erster Linie Kultplätze des Apollon, den man zuvor schon als Übelabwehrer verehrte. Das bekannteste Beispiel einer solchen Neugestaltung ist das Apollon-Heiligtum von Epidauros. Ein Teil des weitläufigen Sakralgeländes wurde nun für die Krankenbetreuung reserviert. Herr des Heiligtums blieb weiterhin Apollon, doch war es fortan der Kultpartner Asklepios, der die Pilger in Scharen nach Epidauros lockte. Das gleiche geschah auf Kos in einem Apollon geheiligten Zypressenhain. Die dort tätige Ärzteschule der Asklepiaden pflegte die hippokratische Tradition und scheint Behandlungen mit medizinischer Indikation der Wunderheilung vorgezogen zu haben.

Die sakralen Heilstätten wurden von der Bevölkerung als so segensreich empfunden, daß – gleichfalls seit dem 5. Jahrhundert v. Chr. – allerorten auch ganz neue, allein dem Heilbetrieb gewidmete Sakralstätten gegründet wurden. Das berühmte Asklepieion von Pergamon beispielsweise stiftete zu Beginn des 4. Jahrhunderts v. Chr. ein Mann namens Archaias, der in Epidauros Heilung gefunden hatte und sich daraufhin berufen fühlte, in seiner Heimat dem göttlichen Arzt eine Wirkungsstätte zu weihen. Im Laufe der Zeit entstanden Hunderte solcher sakralen Heilstätten. Sie alle standen alsbald in voller Blüte. Wie kaum eine andere Gruppe unter den griechischen Heiligtümern haben die sakralen Heilstätten ihre Aufgabe nahezu unangefochten von allen politischen und wirtschaftlichen Wirren bis zum Ausklingen der griechischen Religion im 5. Jahrhundert n. Chr. wahrnehmen können.

Das Asylrecht der Heiligtümer

Das antike Griechenland war in eine Vielzahl eigenständiger Gemeinwesen und Bündnisse zersplittert. Wer die Grenzen seiner Heimat überschritt, war damit in der Regel recht- und schutzlos. Aber auch innerhalb seines Heimatortes gab es für den einzelnen Bürger nur bedingt einen Rechtsschutz. Das Zusammenleben der Menschen wurde in vielen Bereichen durch religiöse Normen geregelt. Zu ihnen gehörte auch die Institution der *asylia*. *Asylia* heißt wörtlich übersetzt »das Verbot zu rauben«.

Insbesondere die Heiligtümer waren durch *asylia* geschützt. Es gehörte zu den Grundvorstellungen der griechischen Religion, daß alles, was sich innerhalb eines Sakralgeländes befand, Besitz der Gottheit war. Solch göttlicher Besitz war für die Menschen natürlich tabu. Jedes Heiligtum hatte daher den Status einer »unantastbaren Stätte« – griechisch *ásylon hiërón.*

Geriet in Griechenland ein Mensch in Not, hatte er die Möglichkeit, in einem Heiligtum Zuflucht zu suchen. Dort war er durch die gerade erläuterte *asylia* geschützt. Doch wurde seine Not allein durch das Ausharren im Heiligtum noch nicht aus der Welt geschafft. In einem genau vorgeschriebenen Ritual mußte sich der Flüchtling dem Priester offenbaren. Diesem fiel dadurch die Rolle eines Vermittlers zwischen dem Flüchtling und seinem Verfolger zu. Für die oftmals nicht vorhersehbare Dauer dieses Verfahrens erhielt der Schutzsuchende ein vorübergehendes Aufenthaltsrecht innerhalb des Heiligtums. Die längste historisch

Links und rechts: Korinth gegenüber liegt die Halbinsel von Perachora. An der äußersten Landspitze im Westen besaß Hera ein Heiligtum (rechts). Das weitläufige Sakralgelände erstreckte sich von der seichten Bucht im Vordergrund bis zur angrenzenden Hochebene links neben der Felswand. An diesem idyllisch gelegenen Platz begingen die Bewohner der Halbinsel ihre gemeinsamen religiösen Feiern. Sie hatten aber auch Vorsorge getroffen, dieses Heiligtum in Augenblicken der Not als Zufluchtsstätte aufsuchen zu können: Auf der zum Sakralgelände gehörenden Hochebene wurden bei den Ausgrabungen ungewöhnlich aufwendige Vorkehrungen für eine Wasserbevorratung freigelegt, so zum Beispiel eine 30 m tief in den Fels gehauene Zisternen- und Brunnenanlage. Das Regenwasser wurde durch drei mächtige Schächte aufgefangen (links oben). Über einen 65 m langen Stollen mit 260 Stufen erreicht man die unterirdische Wasserstelle (links unten). So stand hier für die Menschen stets ausreichend Wasser zur Verfügung. Auch das Herdenvieh konnte in Notzeiten innerhalb des schützenden Heiligtums zur Tränke geführt werden.

Unten: Die Heiligtümer waren als Zufluchtsstätten begehrt, weil sie tatsächlich eine sehr konkrete Hilfe zu bieten hatten. Diese Hilfsaktion wurde durch ein feststehendes Ritual in Gang gesetzt. Es ist der Ritus der »Hikesie«: Die Hilfsbedürftigen mußten sich mit einem bestimmten Erkennungssymbol, einem Wollfaden oder einem frisch gebrochenen Zweig in der Hand, am Altar oder an einem Götterbild niedersetzen. Von diesem Augenblick an waren sie keine normalen Heiligtumsbesucher mehr. Sie hatten nun den Status von »Schutzflehenden« und damit Anspruch auf eine Sonderbehandlung. In der Person des Priesters besaßen sie nun einen Rechtsbeistand. Es war die Pflicht des Priesters, die Schutzflehenden vor jeglicher Form der Selbstjustiz zu schützen. Die auf einem Vasenbild festgehaltene Szene zeigt die Schutzflehenden auf dem Altar in der Mitte. Der Priester am linken Bildrand nimmt sich ihrer an. Der Verfolger ist dadurch an einer gewaltsamen Lösung gehindert. Die Klärung wurde durch eine geordnete Rechtsprechung herbeigeführt. Anschließend mußten die Schutzflehenden das Heiligtum wieder verlassen.

Als die Lakedämonier hörten, wie fruchtbar die zu Korinth gehörende Halbinsel war und welch stattliche Tierherden dort gehalten würden, beschlossen sie, Korinth erneut anzugreifen. Mit einer großen Streitmacht besetzten sie den Isthmos und die Anhöhen. Als die Bewohner der Halbinsel merkten, daß die Gebirgshöhen besetzt waren, wandten sie sich gar nicht mehr zur Verteidigung, sondern flüchteten in das Heiligtum der Hera (Perachora). Männer und Frauen, Sklaven und Freie suchten im Heiligtum Schutz; selbst ein Großteil des Herdenviehs hatten sie mitgenommen.

Xenophon, *Hellenika* 4, 5

... die andern in ihrer Bedrängnis, und da einige schon Hungers starben, setzten sich als Schutzflehende an den Altar auf der Akropolis. Als die mit der Wache beauftragten Athener sie im Heiligtum hinsterben sahen, hießen sie sie aufstehn, sie würden ihnen nichts tun; dann führten sie sie ab und töteten sie... Seither hießen die Schuldigen und ihre ganze Nachkommenschaft Frevler und Verfluchte der Göttin.

Thukydides 1, 126

überlieferte Dauer einer Flüchtlingseinquartierung ist die des spartanischen Königs Pleistoanax, der in der Mitte des 5. Jahrhunderts v. Chr. 19 Jahre lang als Schutzflehender im Zeus-Heiligtum auf dem Lykaion verbrachte, bis er wieder in sein altes Amt in Sparta eingesetzt wurde.

Die antike Geschichtsschreibung kennt fast nur Beispiele für die Mißachtung des Schutzgebotes. Mit Schaudern liest man, wie Schutzflehende gewaltsam aus den Heiligtümern vertrieben, dort ausgehungert, niedergemetzelt oder verbrannt wurden. Die bewegte Klage über solche Tragödien bedeutet freilich nicht, daß das Prinzip der Schutzgewährung durch die Heiligtümer in der praktischen Wirklichkeit versagt hat. Die Berichte über die Mißhandlungen von Schutzflehenden, die bezeichnenderweise immer einen moralisierenden Unterton haben, sind vielmehr Ausdruck des unablässigen Ringens um die Funktionsfähigkeit des Sakralschutzes. Jeder Verstoß gegen die für unverzichtbar erachtete Institution wurde mit Empörung registriert und scharf gebrandmarkt, während man über die positiv verlaufenen Fälle kaum ein Wort verlor, weil sie die Normalität darstellten.

So ist denn unter Einschaltung der Heiligtümer Jahrhunderte hindurch Unrecht geahndet, Not behoben, Gefahr

Links oben: Das Heiligtum der Artemis Hemera von Lusoi liegt am Rande oberhalb einer fruchtbaren Hochebene inmitten des arkadischen Berglandes. Ihr Wohlergehen zogen die Bewohner vor allem aus der Viehzucht. Bei drohender Gefahr trieben sie deshalb die Herden, ihren kostbarsten Besitz, in das Artemis-Heiligtum.

Links Mitte: Am Kap Tainaron, an der südlichsten Landspitze der Peloponnes, besaß Poseidon ein Heiligtum. Die von den Lakedämoniern unterdrückten Urbewohner des Landes, die Heloten, verehrten Poseidon dort als ihren Schutzgott. Sein Heiligtum am Tainaron stand ihnen als – nur allzu oft benötigte – Zufluchtsstätte offen. Als im 4. Jahrhundert v. Chr. in ganz Griechenland zehntausende Bürgerkriegsopfer schutzlos umherirrten, sahen viele im Gang nach Tainaron ihre letzte Rettung. In der Geborgenheit des Heiligtums warteten sie auf eine Gelegenheit, um von hier aus mit dem Schiff an die nahe gelegene nordafrikanische Küste zu gelangen. Es ist kaum ein Zufall, daß sich diese Sammelstelle verzweifelter Flüchtlinge zur gleichen Zeit zum größten Söldnermarkt im Mittelmeergebiet entwickelte.

Links unten: An den Fundamentresten im Apollon-Heiligtum von Thermos läßt sich der Übergang von den frühen Sakralbauten im »Wohnhaustypus« zur unverwechselbaren Tempelarchitektur nachvollziehen. Im Vordergrund sieht man den Apsidialbau des 9. Jahrhunderts v. Chr., dahinter den im späten 7. Jahrhundert v. Chr. errichteten Rechteckbau. In dessen Fundamenten zeichnet sich die charakteristische Grundrißgliederung griechischer Tempel ab: Im Innern erkennt man den Kernbau, die sogenannte Cella (hier mit einer Reihe von Mittelstützen); er wird eingefaßt von einem äußeren Fundamentring für die auf allen Seiten umlaufende Säulenstellung, die Peristasis oder Ringhalle.

Rechte Seite: Das 37 cm lange Tonmodell eines Hauses aus dem frühen 7. Jahrhundert v. Chr. wurde im Heiligtum der Hera bei Argos gefunden. Seine Charakteristika sind das hohe Giebeldach, das von zwei Säulen gestützte Vordach und die apsidial gerundete Rückseite. Anhand der äußeren Form läßt sich nicht mit Sicherheit entscheiden, ob es sich um die miniaturhafte Wiedergabe eines altertümlichen Tempels handelt oder um das Modell eines Wohnhauses, das ein Besucher als Votivgabe in das Heiligtum geweiht hat. Die ältesten Gebäude in den Heiligtümern unterschieden sich in ihrer Architektur kaum von den Wohnhäusern vermögender Bürger.
Athen, Nationalmuseum

Folgende Doppelseite: Das charakteristische Aussehen eines griechischen Tempels vermittelt besonders eindrucksvoll der in der Mitte des 5. Jahrhunderts v. Chr. errichtete Parthenon auf der Akropolis von Athen. Die Form der Säulen und der in quadratische Bildfelder (Metopen) gegliederte Schmuck der horizontalen Steinlagen darüber folgen dem festländischen »dorischen« Baustil. Die für griechische Tempel so typische Ringhalle umschließt in diesem Fall aber einen Kernbau (Cella), der in dieser Form in Athen nicht beheimatet war. Er ist nach Art der Tempel auf den Kykladeninseln Paros und Naxos gestaltet. Anders als die festländischen Tempel besaßen die Kykladentempel keinen äußeren Säulenkranz. Ihr nach außen sichtbarer Schmuck bestand aus einem am oberen Mauerabschluß umlaufenden Figurenfries. Aus der Vermischung dieser beiden im Grunde unvereinbaren Baustile erklärt es sich, daß der künstlerisch so meisterhaft gebildete Fries des Parthenon seinen Platz an einer Stelle einnahm, die so gut wie gar nicht eingesehen werden konnte, weil sie von den Säulen der Ringhalle verdeckt wurde. Der Parthenon war kein Kultbau, sondern ein Weihgeschenk. Errichtet zum Wohlgefallen der Stadtgöttin Athena, manifestierte sich in diesem imposanten Bauwerk ein Stück athenischer Selbstdarstellung. Stolz verkündete der Giebelschmuck die Geburt der athenischen Schutzgöttin und den lokalen Mythos von der segensreichen Besitznahme des attischen Landes durch Athena. Im Fries, der sich als 160 m langes Figurenband um die Cella zog, war die Bürgschaft selbst bei der Prozession der Panathenäen dargestellt.

beseitigt worden: So manches Mädchen wandte sich hilfesuchend an ein Heiligtum, um sich einer aufgezwungenen Eheschließung zu entziehen. Wir hören aber auch von einer Frau, die Schutzflehende wurde, weil sie ihren Mann verlassen und zu ihrem Liebhaber gelangen wollte. Man übergab den Heiligtümern Waisenkinder, damit sie auf diesem Wege einem Vormund zugeführt wurden. Eine besonders große Klientel erwuchs den Heiligtümern in den Sklaven. Der Gang ins Heiligtum beendete nicht automatisch ihr Sklavendasein, der Status eines Schutzflehenden erlaubte es ihnen jedoch, in den Dienst eines neuen, besseren Herrn zu treten.

Ihre größte Bewährungsprobe hatten die Heiligtümer bei der Hilfestellung für politisch Verfolgte und für die oftmals in hellen Scharen in die Sakralstätten strömenden Opfer der Kriege und Bürgerkriege zu bestehen. Die in der griechischen Frühzeit entwickelte Idee, menschliche Not durch Einschaltung einer allseits respektierten Institution zu lindern, hat sich im Altertum so bewährt, daß sie vom Christentum übernommen wurde: Auch die Kirchen und Klöster wurden von Anfang an als Zufluchtsstätten für Verfolgte geachtet.

Die Ausstattung der Heiligtümer

Der Tempel

Es ist ein verbreitetes Mißverständnis, daß im Zentrum eines jeden griechischen Heiligtums zwangsläufig ein Tempel gestanden habe. Natürlich sind in den meisten der uns heute bekannten Heiligtümer Tempel nachgewiesen. Das ändert jedoch nichts daran, daß die Kultausübung in aller Regel ohne Tempel auskam. Die Stätte, an der die Menschen die Nähe der Götter suchten, war der Altar. Dort trat man den Göttern unter freiem Himmel im Vollzug des Opfers gegenüber.

Im Homerischen Epos gibt es eine aufschlußreiche Schilderung, die dieses für das griechische Sakralwesen charakteristische Bild anschaulich vor Augen führt. In der *Odyssee* wird berichtet, wie der Odysseus-Sohn Telemachos bei den heimgekehrten Teilnehmern des Trojanischen Krieges Erkundigungen über den Verbleib seines verschollenen Vaters einholt. Ein wichtiger Gewährsmann ist Nestor aus Pylos. Telemachos trifft ihn beim Opfer für Poseidon an. Ort des Geschehens ist das Heiligtum des Samischen Poseidon an der peloponnesischen Westküste bei Samikon. In der Dichtung des 8. Jahrhunderts v. Chr. wird der Kultplatz als ein naturbelassener Bezirk am Gestade beschrieben. Die Schlichtheit rührt jedoch nicht etwa daher, daß dies ein abgeschiedenes ländliches Heiligtum gewesen wäre. Im Gegenteil, es war das religiöse Zentrum der ganzen Region. Gut siebenhundert Jahre nach der Niederschrift der *Odyssee* beschrieb der griechische Geograph Strabon die Stätte in der Landschaft Triphylien. Auch bei ihm ist von einem Tempel nicht die Rede; nach wie vor wird das Heiligtum des Samischen Poseidon als ein nur von wilden Olivenbäumen bestandener Hain geschildert, in dessen Zentrum der Altar stand.

Oben: Die Tempel waren zumeist eine offizielle Stiftung der zum Heiligtum gehörenden Stadt, zählten also zur Gruppe der Weihgeschenke. Im Innern nahmen sie weitere Geschenke an die Gottheit auf. Die zeichnerische Wiedergabe eines Blicks in den Zeus-Tempel von Olympia (J. Bühlmann, 1873) gibt eine Vorstellung von der eindrucksvollen Innenausstattung griechischer Tempel. Das ehrfurchtheischende Götterbild im Zentrum der Cella ist umgeben von zahlreichen weiteren kostbaren Statuen und Gerätschaften. Viele Tempel nahmen im Laufe der Zeit den Charakter von Museen an. Das 12 m hohe Sitzbild des Zeus Olympios, ein Werk des Phidias aus Gold und Elfenbein, war das gefeiertste Kunstwerk der Antike und zählte zu den Weltwundern. Je sechs Metopen mit den Taten des Herakles, der für seinen Vater Zeus die Grenze des heiligen Hains abgesteckt haben soll, schmückten Pronaos und Opisthodom, die Vorhalle der Cella und die rückwärtige Halle. Diese war ein vielgenutzter Vortragssaal. Hier las zum Beispiel Herodot bald nach der Fertigstellung des Tempels aus seinem Geschichtswerk. Den Bau des Zeus-Tempels (zwischen 470 und 457 v. Chr.) hatte die Stadt Elis, seit dem frühen 6. Jahrhundert Herrin des Heiligtums, aus Beutegeldern bestritten.

Rechte Seite oben und unten: Olympia. Ansicht des Zeus-Heiligtums in der römischen Kaiserzeit (oben; Modell von E. Mallwitz). Plan der Altis in klassischer Zeit (unten). Das äußere Erscheinungsbild des Zeus-Heiligtums von Olympia wurde in erster Linie von dem gewaltigen Zeus-Tempel, den ausgedehnten Sportanlagen und von der schier erdrückenden Zahl an Statuen und Weihgeschenken geprägt. In

seiner Konzeption wird das Heiligtum freilich ganz von dem Altar bestimmt. Der große Aschenaltar war der Sitz des Orakels des Zeus Olympios; aus den Flammen des Opferfeuers empfingen die Seher die Auskunft des Gottes. Der Altar hatte seinen Platz im Zentrum des Heiligtums. Östlich davon öffnete sich eine große Freifläche, die von Hängen und Stufenanlagen eingefaßt war. Im Norden sind es die Treppen zur Schatzhausterrasse. Im Osten wird der Platz vom Hang des Stadionwalles begrenzt. Nach dem Bau des Zeus-Tempels in der Mitte des 5. Jahrhunderts v. Chr. ergänzten die Stufen des mächtigen Unterbaues dieses Ensemble aus ganz unterschiedlichen Tribünen. Wie auf einer Bühne lag der Zeus-Altar im Blickpunkt dieser Zuschauerränge. Und tatsächlich nannten die Griechen diesen Teil des Heiligtums »Theatron«.

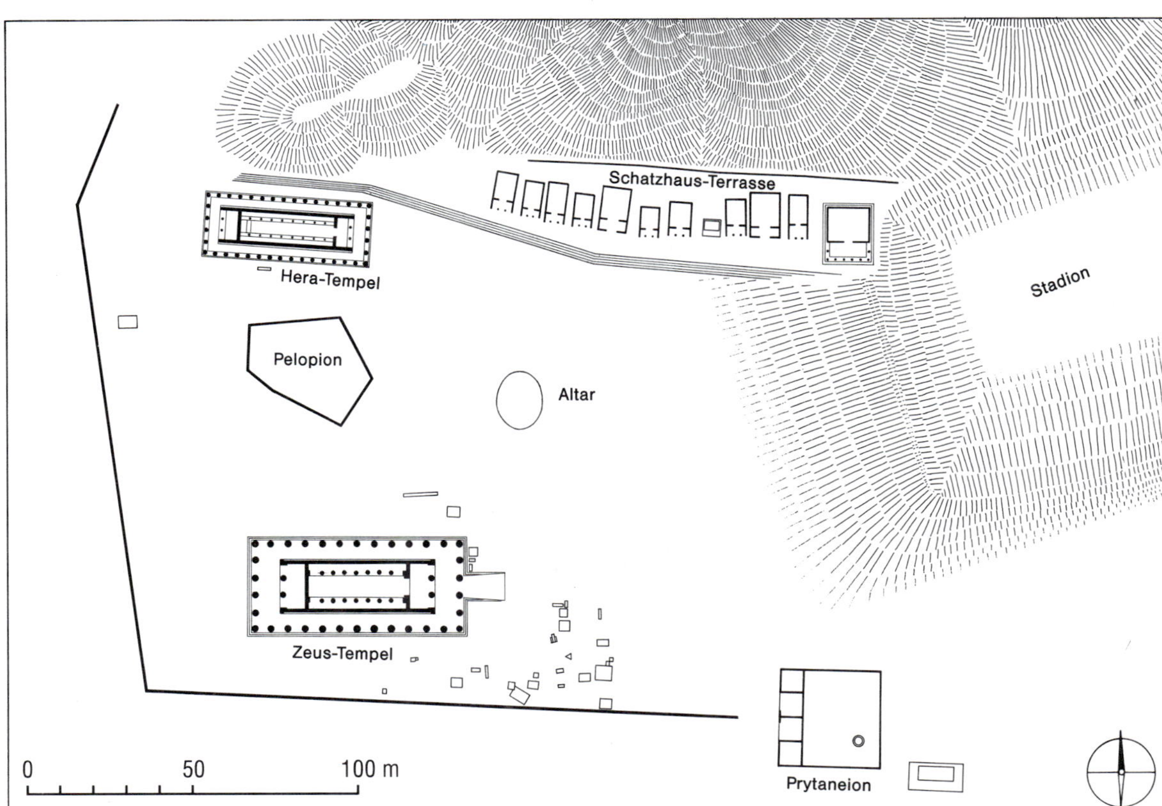

Oben: Im Kabiren-Heiligtum bei der Stadt Theben in Böotien wird das Zentrum des Kultplatzes zur Gänze vom charakteristischen Halbrund eines Theaters eingenommen. Wie im »Theatron« von Olympia liegt in der Mitte der »Spielfläche« auch hier der Altar.

Unten: In den Heiligtümern waren die Wegstrecken der Prozession und das Umfeld des Altars besonders begehrte Aufstellungsplätze für die Weihgeschenke, weil sie hier von den Zuschauern der Kulthandlungen am besten gesehen werden konnten. Das Apollon-Heiligtum von Thermos liefert eine gute Anschauung vom Gedränge der Statuenbasen entlang des Hauptweges zum Altar.

Rechte Seite: Kore. Die Statue eines jungen Mädchens wurde um 520 v. Chr. auf der Athener Akropolis geweiht. In festlichen Gewändern, mit kunstvoll geflochtenem Haar und reich mit Schmuck behangen nahmen die athenischen Mädchen, die »Korai«, am Kultfest teil. Ein besonderes Privileg war es, sich in solchem Aufzug in die Prozession einreihen zu dürfen. Vor den bewundernden und zugleich kritischen Augen der sich entlang des Prozessionsweges drängenden Zuschauer galt es für die Mädchen dabei auch, sich der äußeren Pracht entsprechend grazil und würdevoll zu bewegen und damit Ehre für ihre Familie einzulegen. Im sogenannten Perserschutt der Akropolis wurden zahlreiche Mädchenfiguren archaischer Zeit gefunden. Obwohl die Farbreste an den meisten dieser Statuen stark verwaschen sind, läßt sich aus den wenigen Spuren dennoch die einstige Farbenpracht rekonstruieren. Athen, Akropolis-Museum

Eine interessante Variante bietet das Zeus-Heiligtum von Olympia. Nach den jüngsten Grabungsergebnissen ist zu Füßen des Kronos-Hügels seit dem 11. Jahrhundert v. Chr. Götterkult gepflegt worden. Doch es vergingen mehr als vierhundert Jahre, bis erstmals – für die Göttin Hera – ein Tempel errichtet wurde. Zeus, der Herr des Heiligtums, mußte nochmals mehr als einhundert Jahre warten, bis auch er – um 470 v. Chr. – einen Tempel erhielt. Auch ohne Tempel hatte das Zeus-Heiligtum bis dahin bereits eine glanzvolle Entwicklung erlebt.

Welche Rolle spielten die Tempel in den griechischen Heiligtümern, wenn sie für die Kultausübung offensichtlich nicht unverzichtbar waren? Auf diese Frage geben uns die Verhältnisse auf der Akropolis von Athen eine einsichtige Antwort.

Der Parthenon auf der Athener Burg gilt als Inbegriff eines griechischen Kultbaus, die Statue der Athena Parthenos in seinem Innern als das kostbarste Kultbild einer griechischen Gottheit. Bei Lichte besehen stellt sich der Sachverhalt freilich anders dar. Im Mittelpunkt des Kultes stand auch auf der Akropolis der Altar, und zwar der Altar der Stadtgöttin Athena Polias. Er hatte seinen Platz an der Nordseite des Burgberges, dort, wo in mykenischer Zeit der Palast mit dem darin gepflegten heiligen Herdfeuer gelegen war.

In der Achse dieses Altars stand ein Tempel, in dem das Kultbild aufbewahrt wurde. Im Kult der Athena spielte die jährliche Darbringung eines neuen Gewandes für das Götterbild eine entscheidende Rolle. Die Übergabe des Gewandes und das große Opfer am Altar bildeten stets den Höhepunkt des Kultfestes.

Nachdem sich die Athener in der Mitte des 5. Jahrhunderts v. Chr. entschlossen hatten, zu Ehren ihrer Stadtgöttin einen prächtigen Tempel, den Parthenon, zu errichten, standen alsbald zwei Tempel auf dem Burgberg, im Norden der alte Athena-Tempel und im Süden der um vieles größere Parthenon. Man möchte meinen, der prächtige, weithin sichtbare Parthenon sei nun das neue Haus der Stadtgöttin gewesen. Doch der Schein trügt. An der althergebrachten sakralen Bedeutung des Altars und des ihm zugeordneten alten Athena-Tempels änderte die Existenz des Parthenon nichts. Auch wenn der Parthenon in seinem Fries mit einem Bild des Prozessionszuges geschmückt war (Abb. S. 268, 269), lag er doch unbeteiligt nur am Rande des Prozessionsweges. Die Riten wurden weiterhin am Kultbild im alten Athena-Tempel und an dem davor gelegenen Altar vollzogen.

Hier lernen wir zwei Motivationen kennen, die zur Errichtung von Tempeln führen konnten. Der alte Athena-Tempel diente zur würdigen Aufbewahrung des Kultbildes. Der Parthenon mit dem in seinem Innern aufbewahrten Standbild der Athena Parthenos hatte zwar das äußere Erscheinungsbild eines Kultbaus, war seinem Charakter nach aber nicht mehr und nicht weniger als eines der zahllosen Weihgeschenke zu Ehren der Göttin Athena.

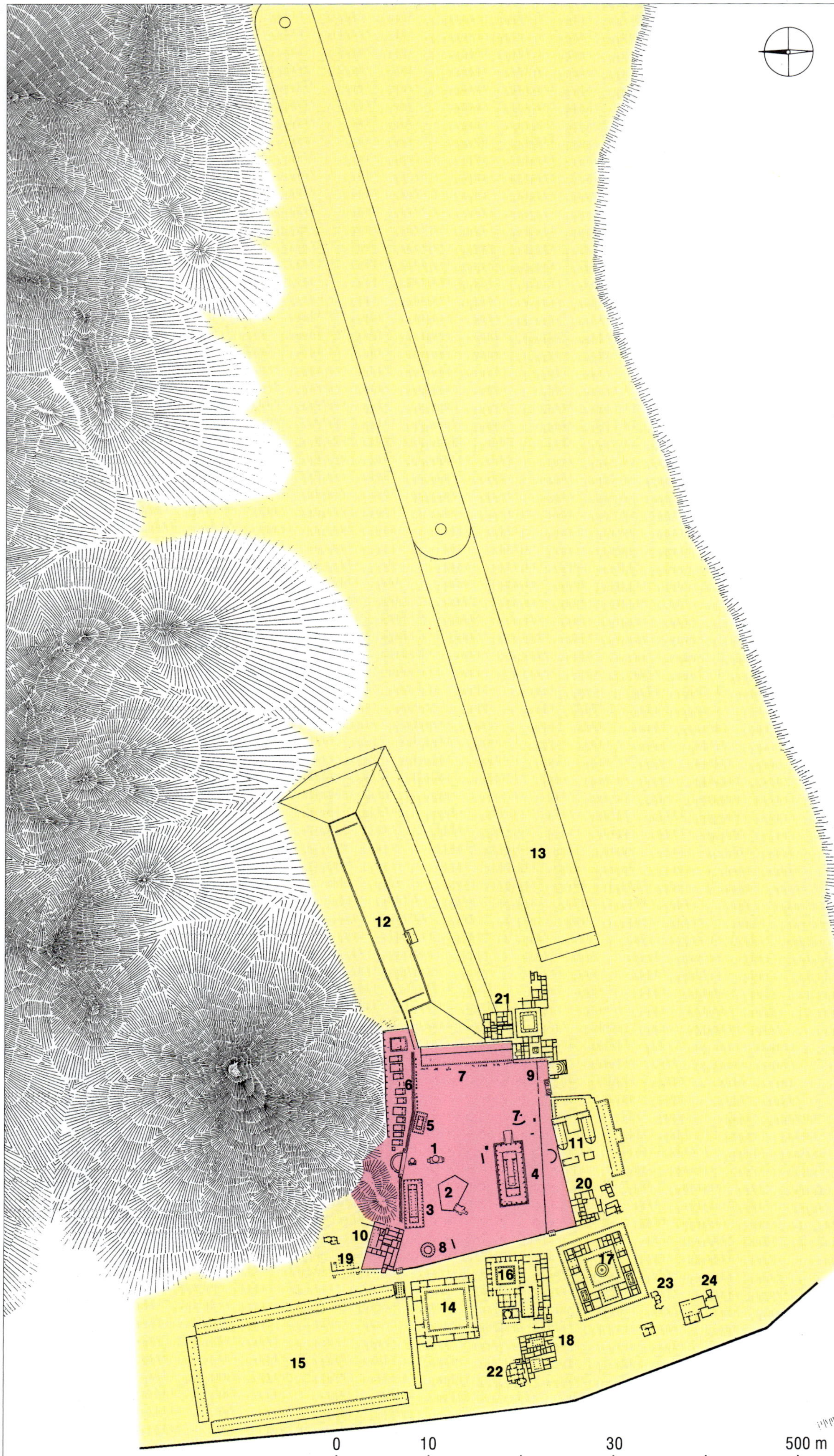

Olympia. Plan des Heiligtums

Anlagen in der Altis

1 Zeus-Altar
2 Kultmal des Pelops
3 Hera-Tempel
4 Zeus-Tempel
5 Tempel der Meter
6 Schatzhausterrasse
7 Statuenbasen
8 Philippeion (Weihgeschenk der makedonischen Könige)
9 Heiligtum der Hestia und Versammlungsstätte des Rates (Prytaneion) in klassischer Zeit
10 Heiligtum der Hestia und Prytaneion in der römischen Kaiserzeit

Einrichtungen auf der Festwiese

11 Buleuterion
12 Stadion
13 Pferderennbahn
14 Palästra
15 Gymnasion
16 Heiligtumsverwaltung (Theokoleon)
17 Gästehaus
18 Gästehaus
19 Speisepavillon mit Bad
20 Läden und Bad
21 Mehrzweckanlage mit Versammlungssaal, Speiseräumen und Bädern
22 Bäder
23 Bäder
24 Vereinslokal einer Athletengilde (?)

Links: Griechische Heiligtümer waren in zwei Areale unterschiedlichen Charakters geteilt. Am Beispiel des Zeus-Heiligtums von Olympia läßt sich diese gängige Grundgliederung gut veranschaulichen. Rot getönt ist das sakrale Zentrum, die sogenannte Altis, mit den alten Kultmalen, den Altären, den Tempeln und der Fülle der Weihgeschenke. Gelb getönt ist das umgebende Nutzareal, die Festwiese, mit den Wettkampfstätten, den Verwaltungseinrichtungen und mit der gesamten Infrastruktur für den Aufenthalt und die Betreuung der Heiligtumsbesucher. Altis und Festwiese sind durch eine kleine Böschungsmauer gegeneinander abgesetzt. Mehrere Durchgänge ermöglichen aber einen leichten Übergang von einer Zone in die andere. Beide Bereiche waren unterschiedslos sakraler Boden.

Rechte Seite: Durch Erdbeben gestürzte Säulen des Zeus-Tempels in Olympia.

Wie für die übrigen Weihgeschenke gab es natürlich auch für den Parthenon einen konkreten Anlaß der Errichtung. Athen war es in der Mitte des 5. Jahrhunderts v. Chr. mit Beharrlichkeit und diplomatischem Geschick gelungen, die politische Vormacht in der Ägäis zu übernehmen. Mit der Errichtung des Tempels und des kostbaren Götterbildes darinnen sollten der Dank an die Göttin und die Bitte um ihren inkünftigen Beistand zum Ausdruck gebracht werden. Unübersehbar brach sich aber in der Größe und der einzigartigen Pracht dieses Weihgeschenks das ungetrübte Selbstbewußtsein des politisch erstarkten Athen Bahn. Der Aspekt der Selbstdarstellung tritt besonders deutlich in dem Bildschmuck des Tempels zutage (Abb. S. 269, 423).

Äußerlich ist einem Tempel nicht anzusehen, ob er, wie der Parthenon, als ein repräsentatives Weihgeschenk errichtet war oder ob er wirklich für kultische Zwecke benötigt wurde. Die »Weihgeschenktempel« sind architektonisch gesehen getreue Abbilder der Kultbauten. Der jeweilige Charakter eines Tempels ist deshalb nur zu erfassen, wenn man sich die Kultgebräuche des betreffenden Heiligtums vor Augen führt. Dabei wird sehr schnell deutlich, daß die Mehrzahl der uns bekannten Tempel ganz einfach deshalb der Gruppe der Weihgeschenke zuzurechnen ist, weil es in diesen Heiligtümern, wie wir es für Olympia erläutert haben, keine Kultbilder gab, somit auch keine Veranlassung für die Errichtung eines schützenden Hauses bestand.

Das trifft zum Beispiel auch auf Olympia zu. Es gibt kein griechisches Heiligtum, über dessen Kult wir so gut unterrichtet sind, wie das Zeus-Heiligtum im Alpheiostal. Wir kennen bis in viele Details hinein den Ablauf des Kultfestes, wir wissen zum Beispiel auch, wer für welche Aktionen des Opfers die Verantwortung trug. Mit keinem Wort aber ist in all diesen Nachrichten von Riten an einem Kultbild die Rede. So erklärt es sich, daß Olympia Jahrhunderte hindurch keines Tempels bedurfte. Daß Zeus dann schließ-

Links oben: Während des Kultfestes verwandelten sich die griechischen Heiligtümer vorübergehend in regelrechte Zeltstädte. Von diesem Brauch geben die heutigen griechischen Kirchfeste noch eine lebendige Vorstellung. Auf dem das Jahr hindurch brachliegenden Platz zu Füßen der Dorfkirche von Strefi bei Olympia beginnt zehn Tage vor Beginn des »Panijiri« das Zimmern der Holzgerüste für die Verkaufsstände und Speisezelte.

Links unten und rechts: Gelegentlich umgab man die Heiligtümer mit regelrechten Festungsmauern. Ein besonders eindringliches Beispiel ist das Apollon-Heiligtum von Thermos (links unten). Die aufwendige Sicherung des Sakralgeländes erfolgte hier möglicherweise unter dem Eindruck einer voraufgegangenen Plünderung des Heiligtums durch die Makedonen im 3. Jahrhundert v. Chr. Auch das Heiligtum am Kap Sunion ist damals endgültig ummauert worden (rechts). Vor der Akropolis von Athen bezog im 5. Jahrhundert v. Chr. sogar eine Polizeitruppe eine dort eigens errichtete Wachstation.

Sokrates: »Ja, bei Hera, ein schöner Ruheplatz; denn diese Platane hier ist mächtig ausladend und hoch, prächtig ist auch der hohe Wuchs des Keuschbaums mit seinem dichten Schatten, und wie er gerade in vollster Blüte steht, gibt er der Stelle wohl den angenehmsten Duft. Und dann fließt die lieblichste Quelle unter der Platane, mit ganz kühlem Wasser, wie man sich mit dem Fuß überzeugen kann. Einigen Nymphen und dem Acheloos scheint das Heiligtum zu gehören, nach den Mädchenfiguren und sonstigen Weihbildern zu schließen. Und dann sieh bitte nur weiter: Die gute Luft des Ortes, wie erwünscht, und schon geradezu sommerlich und hell tönt sie wieder vom Chor der Zikaden. Das Allerfeinste aber ist, wie es mit dem Gras steht, weil es sanft ansteigend dem ausgestreckt Ruhenden eine prächtige Unterlage für den Kopf bietet. So muß ich sagen: Du hast dich aufs beste als Fremdenführer betätigt, mein lieber Phaidros.«

Platon, *Phaidros* 230a–c
(Übersetzung von Wolfgang Buchwald)

lich doch einen Tempel erhielt, geht nicht auf Änderungen im Kult zurück, sondern ist auch hier durch die politische Entwicklung der Region zu erklären.

Wie jedes griechische Heiligtum wurde auch Olympia von einer Siedlung beziehungsweise Stadt aus verwaltet. Das Territorium einer griechischen Stadt erstreckte sich nicht nur auf das bebaute Siedlungsgebiet, sondern schloß immer auch die umgebende landwirtschaftliche Nutzfläche mit ein. Die griechischen Stadtstaaten waren größere Gaue oder Kantone. So kommt es, daß ein Heiligtum wie Olympia zwar abseits einer Siedlung in idyllischer Landschaft gelegen sein konnte, gleichwohl aber eine städtische Einrichtung war.

Ursprünglich gehörte Olympia zu der nordarkadischen Landschaft Triphylien, die sich von Süden her bis zum Alpheiostal erstreckte. Im frühen 6. Jahrhundert v. Chr. haben die nördlich des Alpheios siedelnden Eleer das Gebiet um Olympia erobert. Damit fiel auch das prominente Heiligtum in ihren Besitz. Es vergingen gut einhundert Jahre, bis diese gewaltsame Aneignung allgemein akzeptiert war und die Eleer sich ihres Besitzes sicher sein konnten. Aktuelle historische Ereignisse kamen ihnen dabei zugute: 479 v. Chr. hatten die Griechen die große Persergefahr gebannt. Der Sieg war nur möglich gewesen, weil nahezu alle Griechen an einem Strang gezogen hatten.

Die Erfahrung, wie segensreich sich panhellenische Gemeinsamkeit auswirkte, veranlaßte die Griechen, nach einer Institution Ausschau zu halten, die im Streitfalle schlichten sollte. Dabei fiel das Los auf das Zeus-Heiligtum von Olympia: So wie man dort alle vier Jahre friedlich zum sportlichen Kräftemessen zusammenkam, wollte man in Zukunft auch das Alltagsleben in »olympischer Eintracht« zubringen. Den Kultbeamten des Heiligtums fiel die schwierige, aber ehrenvolle Aufgabe zu, bei innergriechischen Auseinandersetzungen als Schiedsgericht zu wirken. Das bis dahin eher im Schatten der griechischen Geschichte stehende Elis nahm in der griechischen Staatenwelt plötzlich eine Schlüsselrolle ein. Eine solch glückliche Entwicklung löste Reaktionen unterschiedlicher Art aus. Zur Dankbarkeit gesellten sich unvermeidlich Stolz und Genugtuung über das gestiegene Ansehen. In der Errichtung des Zeus-Tempels spiegeln sich alle diese Aspekte. Er ist ein Dankgeschenk an Zeus, zugleich aber auch eine Zurschaustellung des neuen Selbstbewußtseins der Stadt Elis. Das gleiche gilt für das kostbare Götterbild in seinem Innern.

Da ein solcher Weihgeschenktempel nicht für den Vollzug bestimmter Riten reserviert bleiben mußte, konnte er innerhalb des Heiligtumsbetriebes vielfältige andere Aufgaben wahrnehmen. Unter dem Schutz des Daches konnten zum Beispiel wertvolle oder besonders empfindliche Weihgeschenke aufgestellt werden. Viele solcher Tempel haben deshalb im Laufe der Zeit geradezu musealen Charakter angenommen. Im Zeus-Tempel wurde es darüber hinaus rasch zur Gewohnheit, den rückwärtigen Raum, den sogenannten Opisthodom, als Vortragssaal zu nutzen. Bald nach der Fertigstellung des Tempels im Jahre 457 v. Chr. las hier der Historiker Herodot erstmals aus seinem griechischen Geschichtswerk. Später sammelten an gleicher Stelle Philosophen und Politiker ihre Anhänger zu Vorlesungen und Diskussionen um sich.

Die Grenze zwischen einem »Kultbildtempel« und einem »Weihgeschenktempel« konnte durchaus fließend sein. Der so vorzüglich erhaltene Aphaia-Tempel auf Ägina (Abb. S. 421) ist dafür ein gutes Beispiel. In dem lange Zeit hindurch bescheiden ausgestatteten Heiligtum wurde die aus Kreta stammende Göttin in einem Kultbild verehrt. Dieses Kultbild wurde wie üblich in einem »Heiligen Haus« aufbewahrt. Als die Bewohner Äginas im späten 6. Jahrhundert v. Chr. große wirtschaftliche und politische Erfolge erzielten, folgten auch sie dem üblichen Brauch, das Heiligtum, dem sie sich am meisten verbunden fühlten, der neuen Selbsteinschätzung entsprechend umzugestalten. Das »Heilige Haus« der Aphaia wurde in der ganzen Pracht eines Weihgeschenktempels mit Säulenkranz und Marmorskulpturen in den Giebeln neu errichtet. Bezeichnenderweise nahm das Innere des Tempels nun zwei Bildnisse der Gottheit auf. Beim Eintreten war man zunächst mit der neuen überlebensgroßen Ehrenstatue der Aphaia konfrontiert, während das kleinformatige Kultbild auf einer Basis im Hintergrund aufbewahrt wurde.

Neben den bisher betrachteten Funktionen griechischer Tempel gibt es eine weitere wichtige Aufgabe, die vielleicht sogar zu den Anfängen des Tempelbaus führt. Das Apollon-Heiligtum von Thermos in der nordwestgriechischen Landschaft Ätolien liefert dafür ein besonders anschauliches Beispiel.

Dort ist im 7. Jahrhundert v. Chr. ein Tempel gebaut worden, der die uns geläufige rechteckige Grundform mit dem umlaufenden Säulenkranz aufweist. An gleicher Stelle standen aber auch zuvor schon Gebäude. Die bei den Ausgrabungen entdeckten Bau- und Nutzungsspuren deuten

darauf hin, daß hier an einer Feuerstelle Speisen zubereitet und dann von einer größeren Menschengruppe gemeinsam verzehrt worden sind.
Solche rituellen Mahlzeiten sind aus der frühgriechischen Zeit für die Zusammenkünfte der Adelsherren bekannt, die im Schutz der Kultplätze beziehungsweise unter der sakralen Autorität der Götter die politischen Geschicke ihrer Gemeinschaft berieten. Diese um eine Herdstelle angelegten Versammlungsstätten bilden vermutlich die architektonische Keimzelle für den späteren Tempelbau.
Ein charakteristisches Wesensmerkmal griechischer Tempel sind die meist an allen vier Seiten umlaufenden Säulenhallen. Auch sie haben ihre Wurzeln in der griechischen Frühzeit, als man noch mit luftgetrockneten Lehmziegeln zu bauen pflegte. Damit die empfindlichen Wände nicht der Witterung unmittelbar ausgesetzt wurden, schützte man sie durch weit vorkragende Dächer, die ihrerseits einer Abstützung bedurften. Diese ursprünglich rein funktionalen Anbauten hatten sich spätestens im 7. Jahrhundert v. Chr. zur Kunstform weiterentwickelt und fehlten fortan bei kaum einem größeren Tempel. Dabei erfüllten sie auch weiterhin durchaus praktischen Nutzen. In den geschützten Umgängen beziehungsweise an den Schäften der Säulen konnten Weihgeschenke ausgestellt werden. Wenn beim Kultfest die Prozession in das Heiligtum einzog und wenn die feierlichen Riten auf dem Altarplatz vollzogen wurden, konnten ausgewählte Festteilnehmer von der erhöhten, schattigen Ringhalle des Tempels aus dem Geschehen beiwohnen.
Diese bei nahezu allen Tempeln gleichartig ausgebildeten Ringhallen vermitteln auf den ersten Blick die Vorstellung, ein Tempel gleiche im Grunde dem anderen. Dieser Eindruck täuscht. Innerhalb der Ringhalle, in dem eigentlichen Kernbau des Tempels, treffen wir auf eine große Variationsbreite. Bei vielen Tempeln ist der Hauptraum, die sogenannte Cella, durch eine Trennwand zweigeteilt. Der

Delphi. Theater und Stadion. Hatten die Heiligtümer sportliche oder musische Wettkämpfe im Programm ihrer Kultfeste, mußten sie dafür innerhalb oder auch außerhalb des Sakralgeländes die entsprechenden Vorkehrungen treffen. Die Pythischen Spiele im Apollon-Heiligtum von Delphi umfaßten beide Arten von Wettkämpfen. Für die Vorbereitung auf die gymnischen Agone wurde im 4. Jahrhundert v. Chr. auf zwei Terrassen zwischen Apollon- und Athena-Bezirk ein Gymnasion mit Palästra und Laufbahnen errichtet. Im 4. oder 3. Jahrhundert entstand nordwestlich vom Heiligtum ein Stadion (oben). Mit großem Aufwand wurde dafür im Steilhang zu Füßen der Felswand eine Terrasse geschaffen. Die Sitzreihen sind teils aus dem natürlichen Fels gehauen, teils auf künstlich angeschütteten Hängen angelegt. Etwa 7000 Zuschauern bot die in römischer Zeit ausgebaute Anlage Platz. Im Vordergrund sieht man die gerillten Startschwellen. Erhalten blieb auch eine Inschrift, die bei Androhung einer Strafe von sechs Drachmen das Mitbringen von Wein ins Stadion verbot. Das Theater für die musischen Wettbewerbe (linke Seite) stammt aus dem 2. Jahrhundert v. Chr. Es liegt an dem Steilhang oberhalb des Apollon-Tempels. Sein Zuschauerraum hat 35 Sitzstufen mit etwa 5000 Plätzen. Das Hippodrom, die Pferderennbahn, wurde unterhalb des Heiligtums im Pleistostal angelegt.

rückwärtige Raum ist dabei meist durch eine Tür verschließbar. Nicht selten stieß man bei den Ausgrabungen in diesen abgesonderten Kammern auf besonders kostbare Weihgeschenke oder auf Gerätschaften, die für die Kulthandlungen benötigt wurden, zum Beispiel Opferschalen, Kultbecken oder Flöten, mit deren Klängen der Vollzug der Riten untermalt zu werden pflegte.

Manche Innenraumgliederung bleibt für uns rätselhaft, so zum Beispiel die im Apollon-Tempel von Bassae, dessen Cella wie ein reichgeschmückter Saal ausgestaltet ist (Abb. S. 442). Die besonders langgestreckte Cella des Apollon-Tempels in Delphi hingegen erklärt sich leicht aus der Installation des Orakels im dämmerigen Innenraum.

Beinahe alle griechischen Tempel bieten sich dem heutigen Besucher in der leuchtenden Farbe des hellen Marmors dar. Nach unserer Sehgewohnheit haftet dem Weiß oder Goldgelb des Marmors etwas Feierliches, Würdevolles an. Doch so schwer es uns auch fällt, wir müssen uns die Tem-

Links oben: Olympia. Verzeichnis des Kultpersonals, das während der Zeitspanne vom Jahr 28 bis 24 v. Chr. im Zeus-Heiligtum Dienst tat. Die Inschrift auf einer Marmorstele nennt die Namen von 23 Personen, die sich in die Wahrnehmung der zwölf wichtigsten Ämter teilten:
1. Drei Theokoloi *bildeten das Oberpriesterkollegium.*
2. Drei Spondophoren *waren als offizielle Boten des Heiligtums tätig. In dieser Eigenschaft verkündeten sie zum Beispiel auch den Beginn der Festzeit.*
3. Zwei Manteis *fungierten als Seher des Zeus-Orakels. Dieses traditionsreichste Amt in Olympia trug ihnen auch die Verantwortung für die Pflege des großen Aschenaltars ein.*
4. Fünf Kleiduchen *taten als »Schlüsselbewahrer« Dienst. Ihnen oblag die Verwahrung der wertvollen Votivgaben.*
5. Der Aulet *war für die musikalische Untermalung aller im Heiligtum vollzogenen Riten verantwortlich.*
6. Der Exeget *war der amtlich bestallte Fremdenführer.*
7. Einem Kathemerothytes *war die Betreuung der täglich vollzogenen Opfer auferlegt.*
8. Der Grammateus *leitete die offizielle Buchführung des Heiligtums. In seine Zuständigkeit fiel somit auch die Inventarisierung der eingehenden Weihgeschenke und Opfergaben.*
9. Der Oinochoos *war der Mundschenk des Heiligtums.*
10. Drei Episponorchestai *hatten die Aufgabe, die rituellen Reigentänze einzuüben und ihre Darbietung anzuführen.*
11. Der Xyleus *überwachte den Holzverbrauch im Heiligtum. Er gab das für die Opferfeuer verwendete Holz gegen festgesetzte Preise aus. Während der Opferriten hatte er für die richtige Glut zu sorgen.*
12. Der Mageiros *hatte als Küchenmeister die Zubereitung der rituellen Festmahle zu überwachen.*

Links unten: Opferstock im Artemis-Heiligtum von Aulis. Wer die Dienste eines Heiligtums in Anspruch nehmen wollte, hatte dafür in der Regel ein festgelegtes Entgelt zu entrichten. Aufschlußreiche Nachrichten über die Abgabenpflicht und die Betreuung eines Opferstocks liegen aus dem Amphiareion von Oropos vor. Dort sah man sich angesichts häufiger Täuschungsmanöver genötigt, den Einwurf der Münzen zu kontrollieren. Ausdrücklich wurden die Heiligtumsbesucher ermahnt, den festgesetzten Betrag in gültiger Währung zu zahlen.

Rechte Seite: Die Bronzestatuette eines Flötenspielers wurde in der Mitte des 6. Jahrhunderts v. Chr. im Hera-Heiligtum von Samos als Weihgabe dargebracht. Der mit dem langen Festgewand bekleidete Aulet hielt in den beiden erhobenen Händen eine – heute verlorene – Doppelflöte, die mit feinen Lederriemen am Kopf befestigt war. Flötenspieler führten die Prozessionen und Reigentänze an (Abb. S. 153), begleiteten aber ebenso die Opferriten und untermalten auch die athletischen Wettspiele mit ihrer Musik. Athen, Nationalmuseum

Der Altar des olympischen Zeus ist etwa ebenso weit vom Pelopion wie vom Heiligtum der Hera entfernt und liegt vor beiden ... Er ist aufgeschüttet aus der Asche der Schenkel der dem Zeus geopferten Tiere ... Die erste Stufe, die Prothysis heißt, hat einen Umfang von 125 Fuß, die Auffüllung auf der Prothysis einen solchen von 32 Fuß. Die Gesamthöhe des Altars beträgt 22 Fuß. Die Opfertiere selber opfern sie auf dem unteren Teil, der Prothysis, und die Schenkel tragen sie auf die höchste Stelle des Altars und opfern sie dort. Auf die Prothysis führen von beiden Seiten steinerne Stufen; von der Prothysis zum oberen Teil des Altars bildet die Asche Stufen. Bis zur Prothysis dürfen auch Jungfrauen und Frauen hinaufsteigen, wenn sie nicht von Olympia ausgeschlossen sind, von dort auf den obersten Teil des Altars dürfen nur Männer steigen. Geopfert wird dem Zeus auch ohne das Fest von Privatleuten und jeden Tag von den Eleern. Und jedes Jahr warten die Seher den neunzehnten Tag des Monats Elaphios ab und bringen dann die Asche aus dem Prytaneion, rühren sie mit Wasser aus dem Alpheios an und bestreuen so den Altar.

Pausanias 5, 13, 8ff. (Übersetzung von Ernst Meyer)

pel mit lebhaften Farben bemalt vorstellen. Das gilt nicht nur für die Architektur, sondern ebenso für den aus Mamor gemeißelten Bildschmuck in den Giebelfeldern und im Gebälk der Tempel.

Die Versorgungseinrichtungen

Begab sich ein Pilger in ein Heiligtum, um sich der Gottheit im Gebet zu offenbaren, und hatte er die Absicht, das Gebet durch ein Opfer zu bekräftigen, erforderte dies in der Regel einen längeren Aufenthalt in der Sakralstätte. Ein mehrtägiges Verweilen war obligatorisch, wenn die Kulthandlungen mit vorausgehenden Reinigungsriten verbunden waren, wie zum Beispiel vor der Befragung eines Orakels. Auf einen Aufenthalt von zunächst gar nicht absehbarer Dauer hatten sich die Patienten der sakralen Heilstätten einzustellen. Und nicht anders erging es den Schutzsuchenden. Schon hier wird deutlich, daß das Gebiet der Kultstätten weitläufiger sein mußte, als es der unmittelbare Bezirk um Tempel und Altar gemeinhin war.

Besonders wenn das Kultfest nahte, verwandelten sich die Heiligtümer in regelrechte Zeltstädte, galt es doch, für die Dauer der meist mehrtägigen Festlichkeiten eine Vielzahl von Besuchern innerhalb des Heiligtums zu beherbergen und zu verköstigen. Das Aufschlagen der Zelte und Laubhütten war ein so charakteristisches Merkmal des Kultfestes, daß der Beginn der Festzeit selbst in amtlichen Urkunden mit dem Ausdruck »Zimmern der Hütten« bezeichnet wurde. Das Laubhüttendorf im Demeter-Heiligtum am Nordhang der Athener Akropolis zum Beispiel wird als so ausgedehnt geschildert, daß man sich im Gewirr der Gassen regelrecht verlaufen konnte.

Aus alledem wird deutlich, daß die Heiligtümer über große Freiflächen verfügen mußten, auf denen je nach Bedarf Unterkünfte und Versorgungseinrichtungen für die Pilger errichtet werden konnten, Freiflächen, auf denen sich vor allem auch das oben beschriebene gesellige Treiben abspielte. Will man die spezifische Atmosphäre dieser Areale zutreffend erfassen, sollte man sich nicht scheuen, diese Zonen der Heiligtümer als »Festwiesen« zu bezeichnen. Zahlreiche Inschriften legen Zeugnis davon ab, daß zur üblichen Ausstattung der sakralen Festwiesen neben Zelten und Laubhütten auch Läden und Speiselokale *(kapeleia)* gehörten. Im Heraion von Samos zum Beispiel gab es nicht weniger als sieben solcher Versorgungseinrichtungen. Sie waren im Besitz des Heiligtums und wurden mit strengen Auflagen für jeweils ein Jahr an Interessenten verpachtet. Auch im Amphiareion bei Oropos tat ein Kapeleion seinen Dienst. Die Einnahmen flossen in die Kasse des Heiligtums und wurden unter anderem für anfallende Baumaßnahmen im Heiligtum verwendet.

Die für die griechischen Heiligtümer in der Frühzeit so charakteristische Bebauung mit Zelten und Laubhütten läßt sich naturgemäß nur schwer nachweisen. Ausdehnung und Ausstattung der Heiligtümer werden daher oftmals falsch

Links: Protokoll einer im Jahre 346 v. Chr. im Heraion von Samos durchgeführten Inventur. Bei ihren in regelmäßigen Abständen vorgenommenen Kontrollen inspizierten die Schatzmeister des Heiligtums unter den kritischen Augen eigens entsandter städtischer Beamter in diesem Fall den Bestand an liturgischen Gewändern und Gerätschaften. Ihr anschließend in Stein gemeißelter Prüfbericht gibt detailliert Auskunft über den Verbleib und den Erhaltungszustand der kontrollierten Gegenstände. So wird zum Beispiel registriert, daß zum Zeitpunkt der Inspektion eines der insgesamt neun Opfermesser gerade in Benutzung ist. Einige repräsentative Metallgefäße werden als verliehen registriert: Dem Rat sind vier Kannen, dem Richter eine Bronzeschale ausgehändigt worden. Erstaunlich viele Weihgeschenke sind verloren oder nicht auffindbar; oftmals sind Beschädigungen zu beklagen. Wie für den hier dargestellten Fall der Betreuung der Votivgaben waren alle in einem Heiligtum anfallenden Aufgaben auf fest bestalltes Personal verteilt. Für besonders wichtige Angelegenheiten trugen eigens gewählte Kommissionen Verantwortung. Das galt insbesondere für alle Baumaßnahmen. Aber selbst die Stiftung einer Statue wurde einem Prüfverfahren unterzogen. Mit unerbittlicher Strenge wachte das zuständige Gremium über deren äußere Gestalt und legte auch den Platz der Aufstellung fest.
Samos, Archäologisches Museum

Rechts: Apollon-Tempel von Kyrene. In der nordafrikanischen Kolonie Kyrene verehrten die griechischen Bewohner Apollon als ihre Stadtgottheit. Die Inschriften berichten von Wäldern im Besitz des Gottes und belegen zugleich, mit welcher Strenge die Priester deren wirtschaftliche Nutzung überwachten.

Während nun der König Grinnos von Thera das Orakel befragte, gab die Pythia eine ganz andere Antwort: Er solle eine Stadt in Libyen gründen. Er erwiderte darauf: »Herr! Ich bin zu alt und müde, mich auf den Weg zu machen. Heiße doch einen der Jüngeren hier die Sache unternehmen!« Mit diesen Worten wies er auf Battos. Weiter geschah damals nichts, und als sie heimgekehrt waren, ließen Sie den Orakelspruch auf sich beruhen, denn sie wußten nicht, wo Libyen liegt, und wagten doch nicht, eine Kolonie ins Ungewisse und Unbekannte auszusenden. Nun aber blieb sieben Jahre lang der Regen in Thera aus, und während dieser Jahre verdorrten alle Bäume auf der Insel mit Ausnahme eines einzigen. Die Theraier befragten das Orakel, und die Pythia erinnerte sie an das Gebot des Gottes, eine Kolonie in Libyen zu gründen.

Herodot, *Historien* 4, 150 f. (Übersetzung von August Horneffer)

eingeschätzt. Die im 5. und 4. Jahrhundert v. Chr. verstärkt einsetzende Konvention, für die Versorgung der Pilger feste Gebäude zu errichten, wird zumeist als Vergrößerung des Heiligtums fehlgedeutet. Doch seitdem man nun auch stärker auf Spuren der »fliegenden Bauten« achtet, ist es mehrfach gelungen, die Pfostenlöcher der Zelte und Laubhütten aus der Frühzeit nachzuweisen; so zum Beispiel unter den klassischen Festgebäuden in Athen (Abb. S. 212) und im Heiligtum des Apollon und Asklepios in Epidauros.

Die Griechen pflegten ihren Grundbesitz mit Steinen zu markieren, die den Schriftzug HOROS, »Grenze«, trugen. Nicht anders verfuhren sie mit dem Besitz der Götter. HOROS HIERON lautet gewöhnlich die Inschrift auf den Begrenzungssteinen der Heiligtümer. Sie verkünden damit, daß jenseits solcher Steine geweihter Boden beginnt, auf dem die Normen des Sakralrechts Gültigkeit haben.

In einigen Heiligtümern wurden ganze Serien kunstvoll behauener Steinpfeiler gefunden, die so hergerichtet waren, daß sie untereinander mit hölzernen Querriegeln verbunden werden konnten. Offensichtlich handelt es sich um Überreste von Zäunen. Vermutlich war aber nicht das gesamte Sakralgelände in dieser Weise eingefriedet. Eher ist denkbar, daß man innerhalb der Heiligtümer besonders ehrwürdige Bezirke vom allgemeinen Publikumsverkehr ausnahm.

Das Apollon-Heiligtum von Delos verfügte auch in der angrenzenden Stadt über Grund und Boden. In der auf mehreren Steininschriften erhaltenen minuziösen Buchführung des Heiligtums sind für das 4. Jahrhundert v. Chr. regelmäßige Einnahmen aus 27 Mietwohnungen verzeichnet. Delos war zu jener Zeit ein florierendes Handelszentrum. Entsprechend groß war der Bedarf an Wohn- und Geschäftsräumen. Aus der dichten Folge der jeweils für vier bis fünf Jahre abgeschlossenen Mietverträge läßt sich deutlich ablesen, mit welch ausgeprägtem Geschäftssinn die Priester bei der Festlegung des Mietzinses die angespannte

Lage auf dem delischen Wohnungsmarkt in ihr Kalkül einbezogen. Im Gegenzug zahlten die Priester übrigens dem Architekten des Heiligtums, der auf Delos ein Privathaus bewohnte, zusätzlich zu seinem stattlichen Jahresgehalt ein den delischen Verhältnissen angepaßtes hohes Wohngeld.

Die geographische Lage der Heiligtümer

Die Heiligtümer waren Einrichtungen der Gemeinwesen. Die Priester und ihre Mitarbeiter waren Amtsträger der jeweiligen Städte. Wie die übrigen Gemeinschaftseinrichtungen hatten auch die Heiligtümer ihren Platz an hervorgehobenen Stellen des Stadtgebietes, an der Agora oder auf einer Anhöhe, der Akropolis.

Auffallend häufig lagen die Heiligtümer aber außerhalb der Städte. In der Regel handelte es sich dabei gerade um besonders bedeutsame Kultplätze. Nun beschränkte sich das Gebiet einer griechischen Stadt nicht auf das ummauerte Wohngebiet. Es hatte eher den Charakter eines Kantons mit einem Siedlungszentrum *(polis)* und kleineren Ansiedlungen oder Einzelgehöften *(komai)* im zugehörigen Umland *(chora)*. Die lockere Besiedlung in der Chora war die ursprüngliche Siedlungsform. Der Zusammenschluß der Bürger eines Kantons in Städten ist eine Erscheinung, die erst im 7. Jahrhundert v. Chr. einsetzte. Die oftmals isolierte Lage der Haupheiligtümer ist in erster Linie eine Folge dieser Auflösung der alten Siedlungsstrukturen. Ursprünglich mitten hineingepflanzt in das Geflecht der Einzelgehöfte und Kleinsiedlungen, blieben die durch alte Glaubensvorstellungen an ihren Platz gebundenen Kultstätten allein zurück, als sich die Bürger in den Poleis zu sammeln begannen.

Ganz offensichtlich hat man die so entstandene Trennung von Stadt und Heiligtum nicht als Beeinträchtigung des Kultes empfunden. Die Distanz zwischen Stadt und Haupt-

heiligtum kam zweifellos dem Bestreben zugute, im gemeinsam begangenen Kultfest das Zusammengehörigkeitsgefühl der Bürger zu stärken. Was konnte dem förderlicher sein als das gemeinsame Durchschreiten des Kantons in der feierlichen Prozession. In Attika ist diese Idee geradezu programmatisch verfolgt worden.

Die griechischen Heiligtümer und Rom

Seit dem 3. Jahrhundert v. Chr. griffen neben den Potentaten aus den neu entstandenen Reichen im östlichen Mittelmeerraum auch die Römer in die Verteilungskämpfe um das in zunehmender Auflösung befindliche bürgerkriegserschütterte Griechenland ein. Während einige griechische Städte und Bünde die Römer als willkommene Verbündete begrüßten, stellten sich andere Landesteile den Fremden mit tiefer Abneigung entgegen und unterließen nichts, um die Römer bei den übrigen Griechen zu verunglimpfen. Ein besonders beliebtes Mittel, Emotionen gegen die Römer zu schüren, war bezeichnenderweise der Vorwurf, sie hätten die Heiligtümer mißachtet.
Zweifellos haben die römischen Soldaten – nicht anders übrigens als die griechische Soldateska – bei ihrer Suche nach Beute nicht immer vor dem Besitztum der Götter haltgemacht. Zahlreiche Kunstwerke sind aus den Heiligtümern nach Rom verschleppt worden. Es wäre aber grundverkehrt, darin eine generelle Geringschätzung der griechischen Heiligtümer durch die Römer erkennen zu wollen.
Obwohl den Römern viele Elemente des griechischen Sakralwesens fremd waren, ja den eigenen Anschauungen oftmals sogar diametral entgegenstanden, haben sie, als Griechenland Provinz des Römischen Reiches geworden war, die Heiligtümer der Griechen in aller Regel mit großem Respekt behandelt. Auf unterschiedliche Weise haben die römischen Kaiser unmittelbar zum Wohlergehen der Heiligtümer beigetragen. Augustus förderte vor allem den künstlerischen Aspekt der Sakralstätten. Er ordnete die Rückführung mancher der zuvor geraubten Statuen an. Mit eigenen Mitteln und unterstützt von gleichgesinnten Zeitgenossen trug er zur Renovierung beziehungsweise zur Fertigstellung vieler Bauten bei. Als ein leidenschaftlicher Anhänger der griechischen Agonistik war Nero in besonderer Weise um die sakralen Wettkampfstätten der Griechen bemüht. Hadrian wiederum förderte mit Vorrang die alten Kulte in Athen.
Die auf griechischem Boden agierenden Feldherren haben die Heiligtümer nach errungenen Siegen mit Stiftungen bedacht, wobei sie auffallend getreu griechische Gebräuche übernahmen. So hat Mummius nach der endgültigen Bezwingung Griechenlands im Jahre 146 v. Chr. den Zehnten aus der Kriegsbeute dem Zeus von Olympia geweiht, jenem Heiligtum also, das auch bei den Griechen ein bevorzugter Ort für die Darbringung von Beutewaffen und

Linke Seite: Das Bundesheiligtum der Arkader hatte seinen Platz im entlegenen Gebirgsmassiv des Lykaion. Die Gipfelregion war dem Zeus geweiht. Die weithin sichtbare, 1400 m hohe kegelförmige Spitze bildete das sakrale Zentrum. Auf der gut 200 m tiefer gelegenen Hochebene im Vordergrund fanden sich die Arkader zu ihren gemeinsamen Kultfeiern ein.

Oben: Die Böoter haben das versteckt in einem Seitental des Ptoiongebirges gelegene Apollon-Heiligtum mehrfach im Laufe ihrer Geschichte zu ihrem Hauptheiligtum erkoren. Wenn sie dort zu ihren gemeinschaftlich begangenen Festen zusammenkamen, konnten sie weite Teile des böotischen Landes überblicken.

Folgende Doppelseite: Delos. Blick auf die Agora und den heiligen Bezirk. Im 4. Jahrhundert v. Chr. wurde der Fernhandel im Mittelmeerraum durch politische Wirren gefährdet. Damals stieg das Apollon-Heiligtum auf der Insel Delos zum Garanten des Warenaustausches zwischen den Anrainern des Mittelmeeres auf. Über die sprichwörtliche Sicherheit, die auf Delos herrschte, sagte der Geschichtsschreiber Livius, daß selbst die einander feindlich gesinnten Besatzungen der hier vor Anker gehenden Kriegsflotten gemeinschaftlich am Gestade der Heiligen Insel flanierten. Als unter Kaiser Augustus auch Griechenland in den Genuß der römischen Rechtssicherheit kam, war der Handel nicht länger auf die vom Apollon-Heiligtum gewährten sakralen Schutzgarantien angewiesen. Er wurde wieder über die profanen Hafenstädte abgewickelt. Seiner spezifischen Aufgabe entledigt, schloß das Heiligtum alsbald seine Pforten.

Der Berg Lykaion hat auch sonst noch wunderbare Dinge und besonders folgendes. Es ist darauf ein heiliger Bezirk des Zeus Lykaios, in den Menschen nicht eintreten dürfen. Wenn jemand das Gesetz übertritt und doch hineingeht, lebt er mit Bestimmtheit nicht mehr länger als ein Jahr.

Pausanias 8, 38, 6

die Errichtung von Siegesdenkmälern war. In direkter Anlehnung an das Vorbild der Spartaner, die im Jahre 457 v. Chr. einen goldenen Schild als Trophäe am Zeus-Tempel aufgehängt hatten, ließ auch Mummius Schilde am Zeus-Tempel anbringen.

In Rom nahm man die Religion der Griechen so ernst, daß selbst der römische Senat durch Grundsatzentscheidungen die fremden Glaubensvorstellungen vor lokalen Anfeindungen in Schutz nahm. So ist zum Beispiel das mit dem römischen Staatsrecht gänzlich unvereinbare griechische Sakralrecht der Asylie nach zweijährigen Anhörungen und Beratungen am Schluß ausdrücklich bestätigt worden. Aus dem rücksichtsvollen Umgang der Römer mit den fremden Sakralstätten spricht unmißverständlich die Hochachtung vor einer nach wie vor intakten und für die Menschen unverzichtbaren Institution.

Das Ende der Heiligtümer

Ursache und Zeitpunkt der Schließung der griechischen Heiligtümer liegen, so scheint es, klar zutage: Der vom christlichen Glauben durchdrungene Kaiser Theodosius I. verkündete im Jahre 394 n. Chr. das Verbot aller Kulthandlungen in den heidnischen Heiligtümern. Die durch diese Nachricht suggerierte Vorstellung, das Leben in den Heiligtümern sei durch einen kaiserlichen Erlaß schlagartig zum Erliegen gekommen, wird der Wirklichkeit nicht ge-

recht. Vielerorts war die Anhänglichkeit der Menschen an ihre überkommenen Verehrungsstätten so stark, daß sie ungeachtet des Verbotes von den alten Kultgebräuchen nicht abließen. So mußte Theodosius II. das von seinem Vorgänger erlassene Dekret gut vierzig Jahre später nochmals erneuern.

Für viele Heiligtümer ist andererseits aber durch die Ausgrabungen der Nachweis erbracht, daß sie schon lange vor der Zeit des Theodosius und völlig unabhängig von der Ausweitung des christlichen Glaubens aufgegeben worden sind. Dabei gibt es zu denken, daß zu diesen früh verlassenen Kultplätzen zum Beispiel auch das Apollon-Heiligtum von Delos gehört, also eine der einstmals glanzvollsten Sakralstätten der Griechen. An der Entwicklung dieses Heiligtums läßt sich gut veranschaulichen, wo die Ursachen für das zeitlich so stark divergierende Ende der griechischen Heiligtümer zu suchen sind.

Einst war die inmitten der Ägäis gelegene »Heilige Insel« das religiöse Zentrum aller Griechen, die sich als Ioner bezeichneten. So wie das Zeus-Heiligtum von Olympia das religiös fundierte Bindeglied zwischen den Dorern im Mutterland und den in Unteritalien und Sizilien lebenden Griechen bildete, stellte das Apollon-Heiligtum auf der Insel Delos die Verbindung zwischen den nach Kleinasien ausgewanderten ionischen Griechen und der ionischen Metropole Athen dar. Jahrhundertelang ist das Heiligtum wegen dieser Funktion mit Weihgeschenken und Bauten bedacht worden. Sein Kultfest galt – wohl auch wegen der vielen mit Schiffen anreisenden Festdelegationen – als eines der prächtigsten. Eine besondere Attraktion der delischen Panegyris stellte der zur gleichen Zeit abgehaltene Handelsmarkt dar.

Als das Stammesbewußtsein der Griechen im Peloponnesischen Krieg und in den anschließenden Bürgerkriegswirren zerbrach, verlor Delos damit seine angestammte Funktion des Nationalheiligtums der Ioner. Was dem Heiligtum blieb, war der traditionsreiche Handelsmarkt. Der einstige Nebenaspekt des Kultfestes avancierte rasch zur neuen Hauptaufgabe des Heiligtums. Gestützt auf das nach wie vor jedem Heiligtum anhaftende Privileg des Sakralschutzes erlebte das Apollon-Heiligtum von Delos eine zweite Blüte als bevorzugte Stätte des Warenaustausches für alle Anrainerstaaten des Mittelmeeres.

Wie viele andere mit Kunstwerken und materiellen Gütern gefüllte Heiligtümer in Meeresnähe wird auch der Kultplatz des delischen Apollon ein Opfer des römischen Bürgerkrieges, der während der ersten Hälfte des 1. Jahrhunderts v. Chr. im gesamten Mittelmeergebiet ein Machtvakuum bewirkte und damit in der Ägäis ungehindert agierende Seeräuberbanden auf den Plan rief. Gleich zweimal sind sie plündernd über die Heilige Insel hereingebrochen. Von diesen Schlägen hat sich Delos nie wieder erholt. Dennoch kann man nicht sagen, daß seine Existenz von den Seeräubern zunichte gemacht worden sei. Andere, kaum weniger geschundene Heiligtümer haben den Kultbetrieb alsbald mit neuen Kräften wieder aufgenommen. So auch das in Sichtweite von Delos gelegene Poseidon-Amphitrite-Heiligtum auf der Nachbarinsel Tinos. Der Vergleich beider Plätze macht deutlich, wo die wahre Ursache für den Niedergang des delischen Kultplatzes zu suchen ist. Während Amphitrite als Heilgöttin unvermindert Pilgerströme nach Tinos lenkte, bedurfte es für den Fernhandel im befriedeten römischen Weltreich nicht mehr des Sakralschutzes eines griechischen Heiligtums. Zum zweitenmal in sei-

Linke Seite: Die Echohalle von Olympia. Als die Römer die Verantwortung für Griechenland übernahmen, wandten sie sich mit großer Hingabe der Sorge um die Sakralstätten zu. Mit sichtlichem Respekt gegenüber den traditionsreichen Kultplätzen führten sie bevorzugt von den Griechen selbst begonnene Baumaßnahmen stilgetreu zu Ende. In Olympia wurde so die im 4. Jahrhundert v. Chr. konzipierte, aus unbekannten Gründen aber nicht ausgeführte Echohalle zur Zeit des Kaisers Augustus vollendet. Im Innern wurden als Weihgaben gestiftete Tafelbilder aufgehängt. Die Rekonstruktionszeichnung zeigt am linken Bildrand die Schatzhausterrasse und an der ihr zugekehrten Schmalseite der Echohalle das Stadiontor.

Oben: Ruine der christlichen Kirche im vormaligen Zeus-Heiligtum von Olympia. Mit großer Regelmäßigkeit haben die Christen ihre Gotteshäuser mitten in den aufgelassenen Heiligtümern errichtet. Dahinter steht vermutlich die Absicht, ein unmißverständliches Zeichen für den Sieg des neuen Glaubens über die heidnische Religion zu setzen. Für die Menschen kam es in dieser Umbruchphase freilich auch darauf an, daß die zuvor von den alten Sakralstätten wahrgenommene Betreuung nun unter neuen Vorzeichen kontinuierlich fortgesetzt wurde. Die Kirche im Zeus-Heiligtum von Olympia nutzte älteres Mauerwerk aus dem 5. Jahrhundert v. Chr. In dieser Gegend des Sakralgeländes hatte seinerzeit der Bildhauer Phidias das 12 m hohe Götterbild des Zeus geschaffen. Die Werkstatt, in der zahlreiche Geräte und Materialreste gefunden wurden, lag südlich des später von den Christen zur Kirche umgewandelten Gebäudes.

ner langen Geschichte hatte das Apollon-Heiligtum von Delos seine Funktion und damit in den Augen der Zeitgenossen auch seine Existenzberechtigung verloren.

Olympia, das dorische Gegenstück zum ionischen Delos, hat unter gleichartigen Grundvoraussetzungen bezeichnenderweise eine andere Entwicklung genommen. Nach dem Zusammenbruch des alten griechischen Stammesgefüges verlor auch Olympia seine eigentliche Bestimmung als Stammesheiligtum. Wie in Delos wurde nun auch in Olympia das einstige »Rahmenprogramm«, hier also der Wettkampf, zum tragenden Element des Kultbetriebs. Frei von politischen Implikationen, getragen zudem von dem anhaltenden Interesse am altgriechischen Wettkampfideal, behauptete der sportliche Agon die folgenden Jahrhunderte hindurch seine Attraktivität und sicherte dem Zeus-Heiligtum von Olympia damit ein Fortleben bis weit in die römische Kaiserzeit hinein.

Noch einmal begegnen wir hier dem mehrfach angesprochenen Phänomen, daß die griechischen Heiligtümer mit sehr konkreten Aufgaben in das Alltagsleben eingebunden waren. Daraus zogen sie ihre Stärke, daran maß man aber offenkundig auch ihr Daseinsrecht.

Architektur und Städtebau

In den Gesängen Homers ist von wunderbaren und herrlich geschmückten Palästen die Rede, auch von großen volkreichen Städten mit Plätzen und Brunnenanlagen. Die Wirklichkeit war jedoch in der griechischen Frühzeit und zu Lebzeiten des Dichters eher bescheiden. Aus einer ganzen Reihe von Ausgrabungen der letzten Jahrzehnte wissen wir, daß das 8. Jahrhundert v. Chr. in Griechenland eine Zeit des Umbruchs war. Damals entstanden aus lockeren Siedlungen die ersten Städte. Diese zeichneten sich nicht wie die zurückliegende minoische Kultur auf Kreta durch Paläste und hohe Baukunst aus, sondern waren nicht viel mehr als ärmliche Ansammlungen von Häusern. Es lassen sich zwei Typen unterscheiden: Konglomeratsiedlungen, bei denen die Wände benachbarter Häuser sich berühren, und Einzelhaussiedlungen mit dicht beieinander liegenden Gehöften.

Die geometrische Zeit und die Anfänge der griechischen Baukunst

Mit Emporion auf der Insel Chios ist eine Einzelhaussiedlung genau erforscht worden. Sie liegt in der Nähe des Meeres, dicht bei einer als Hafen genutzten Bucht, und erstreckt sich über einen ziemlich steilen Hang von 240 Meter Höhe. Eine Oberstadt oder Akropolis hob sich von der offenen Siedlung ab und war von einer 2–3 Meter starken Mauer umgeben. Die Lage solcher frühen Siedlungen ist fast immer gleich: Bergrücken sind leicht zu verteidigen, und die Meeresnähe erlaubt eine schnelle Verbindung über das Wasser von Stadt zu Stadt. Der Handel war schon in geometrischer Zeit von großer Bedeutung.

In Emporion sind die Häuser klein und eingeschossig. Oft bestehen sie nur aus einem einzigen Raum von 5 x 6 Meter Größe. Das war der Anfang allen Bauens: ein Dach über dem Kopf und über dem Herd mit dem lebenspendenden Feuer. Um das Feuer sitzend hat man gegessen, und hier legte man sich auch schlafen, in größter Enge, denn sicher waren die Familien groß und bestanden nicht selten aus zehn Personen. In einigen Häusern fanden sich gemauerte Bänke an den Wänden, auf denen man sitzen und schlafen konnte. Bis weit in die klassische Zeit hinein ist dieser Herdraum oder Oikos als Mittelpunkt der Familie tradiert worden. Zum Haus gehörte bei diesen Einzelhaussiedlungen sicher auch der Raum vor dem Haus. Vielleicht waren Hof und Garten dicht beim Haus auch entscheidend für den Abstand der Häuser voneinander.

Die Hausmauern bestanden aus Bruchsteinen und waren mit Lehm gedichtet. Aber die schweren flachen Dächer mit Lehm auf Reisig wurden nicht allein von den Mauern getragen: Im Innern der Häuser fanden sich runde Steine, auf denen hölzerne Stützen standen.

Einige Häuser sind langrechteckig und haben Vorräume mit hölzernen Stützen zwischen Anten. Die mykenische Bauform des Megaron war also immer noch lebendig. Das wird besonders deutlich bei einem größeren Megaron auf der mauerbefestigten Akropolis. Schmale Serpentinwege, teilweise mit Treppenstufen, verbanden etwa 70 Häuser der Siedlung und schlängelten sich den Berg hinauf. Die Akropolis diente als Fluchtburg in Kriegszeiten. Hier wohnte im vornehmen Megaron der »Fürst« von Emporion, und hier befand sich auch ein Heiligtum in Form eines einfachen Tempels.

Gegen Ende des 7. Jahrhunderts v. Chr. wurde die Siedlung am Steilhang aufgegeben und an den Hafen verlegt. Auf der

Paestum. Blick durch die Peristasis des archaischen Hera-Tempels I, der sogenannten »Basilica«, auf den frühklassischen Hera-Tempel II, der früher als »Poseidon-Tempel« bezeichnet wurde. Der ältere Tempel mit der ungewöhnlichen Säulenzahl von 9 auf 18 stammt aus der Mitte des 6. Jahrhunderts v. Chr. Der 6,45 m hohe Schaft seiner Säulen verjüngt sich um etwa ein Drittel des unteren Durchmessers (1,45 m) und zeigt eine auffällige Schwellung. Die Säule wird dadurch als plastischer Körper charakterisiert: In der Verjüngung drückt sich ihr organisches Aufwachsen aus, in der Entasis die Anspannung unter der Last des Gebälks.

Oben und unten: Emporion, eine gut erforschte Einzelhaussiedlung geometrischer Zeit auf der Insel Chios, zeigt die typische Lage solcher frühen Siedlungen an einem Bergrücken in Meeresnähe (oben: Rekonstruktionsskizze von C. Haase). An dem ziemlich steilen Hang von 240 m Höhe standen etwa 70 Häuser. Eine 2–3 m starke Mauer umgab die Akropolis oben auf dem Berg, die als Fluchtburg in Kriegszeiten diente. Dort befanden sich ein Heiligtum und das Haus des »Fürsten« von Emporion, ein Megaron, in dessen Vorhalle zwei Holzstützen den Giebel des Satteldachs trugen. Diese Bauform wiesen auch manche Häuser der offenen Siedlung auf (unten: Rekonstruktionszeichnung von I. Arvanitis); die meisten waren jedoch einfache Hütten, die nur aus einem einzigen Raum bestanden. Gegen Ende des 7. Jahrhunderts v. Chr. wurde die Siedlung vom Steilhang an die Hafenbucht verlegt.

Rechte Seite: Nordeingang des Palastes von Knossos. Von zum Teil restaurierten Säulenhallen flankiert, führt der steingepflasterte Aufweg zum großen Mittelhof. Die seit 1900 unter Sir Arthur Evens ausgegrabene und teilweise wiederhergestellte mehrstöckige Palastanlage bedeckt ein Areal von über 20 000 m². Nicht nur die Ausdehnung, auch die Vielfalt der Räume, Korridore und Treppen sowie die Pracht der Ausstattung machen Knossos zum großartigsten unter den minoischen Palästen des 2. Jahrtausends v. Chr. Zeitpunkt und Umstände der Zerstörung sind ungewiß. Noch die Ruinen machten auf die Griechen einen nachhaltigen Eindruck, der seinen Niederschlag in den Sagen um das Labyrinth des Königs Minos fand.

Akropolis entstand ein neuer Tempel aus schön geschichtetem Mauerwerk.
Armut, Überbevölkerung und Arbeitslosigkeit kennzeichneten die Lage im 8. Jahrhundert v. Chr. Und doch hat sich aus diesen bescheidenen Anfängen eine hohe Kultur des Bauens entwickelt. Um 700 v. Chr. wurden die Dachziegel aus gebranntem, wasserundurchlässigem Ton erfunden, und damit beginnt eigentlich die Geschichte der griechischen Architektur.
Hatte sich der künstlerische Sinn vorher auf die schönen Gefäße konzentriert, deren Dekor der geometrischen Epoche ihren Namen gegeben hat, so entfaltete sich nun aus demselben Material ein Bauschmuck. In wenigen Jahren wurden Systeme sich überdeckender Platten entwickelt und der Dachrand mit immer aufwendigeren Stirnziegeln geschmückt. Der gebrannte Ton mit farbigem Dekor bestimmte diese erste Phase der griechischen Baukunst in der frühen archaischen Zeit.
Tönerne Platten mit Bemalung wurden als Metopen zwischen die Balkenköpfe gesetzt und belegen eine Ausdehnung des reichen Bauschmucks auf die ganze Gebälkzone. Noch im 7. Jahrhundert v. Chr. entwickelte sich eine charakteristische Säulenarchitektur, freilich noch ganz in Holz. Holzsäulen mit steinernen Kapitellen und einem hölzernen Gebälk werteten die Architektur auf und wurden zum Strukturelement der vornehmsten Bauaufgabe, des Tempels. Die »François«-Vase in Florenz (Abb. S. 310) zeigt eine solche frühe Holzarchitektur. Erst mit dem Materialwechsel vom Holz zum Stein im frühen 6. Jahrhundert v. Chr. wurde eine dauerhafte Architektur möglich.

Streifenstädte in den Kolonien

Kehren wir zurück zum 8. Jahrhundert. Die ärmlichen Verhältnisse in Städten wie Eretria, Megara, Korinth oder Argos zwangen viele junge Leute zur Auswanderung an weniger dicht besiedelte Küsten des Mittelmeeres, vor allem nach Süditalien, das für diese Zeit auch als Großgriechenland bezeichnet wird. Die neuen Pflanzstädte werden Kolonien genannt, obwohl es sich um politisch unabhängige Stadtstaaten handelte. Sie konnten dank der guten Bedingungen ihre Heimatstädte bald oft an Bedeutung übertreffen. Das gilt vor allem auch für die Architektur. Dabei ist freilich zu berücksichtigen, daß bei den vielen ad hoc gegründeten neuen Städten das Bauwesen größte Bedeutung erlangen mußte, und es liegt auf der Hand, daß sich rasch eine Kunde vom Städtebau entwickelte.
Es war der Zwang, den oft mit Gewalt eroberten Grund und Boden unter sich verteilen zu müssen, der zu den ersten räumlichen Gründungsstrukturen führte. Strikt wurde dabei der Grundsatz der Gleichheit verfolgt. So lag eine Aufteilung des Bodens in Streifen nahe, von denen dann gleichgroße Parzellen abgetrennt wurden. Diese Streifenteilung galt sowohl für die Felder, für das Ackerland, als auch für das städtische Gebiet.

Der Aufbau des Holzgebälks frühtarchaischer Zeit (oben) bildete die Vorlage für die Umsetzung in Stein. Hölzerne Säulen trugen steinerne Kapitelle mit einer Deckplatte (Abakus). Darauf lag ein hölzerner Architrav, auf dem die Deckenbalken ruhten. Vor die Balkenstirnen heftete man Triglyphen, dazwischen konnten farbige Tonplatten eingesetzt werden, das Vorbild für die späteren Metopen. Der Dachrand wurde mit bunt ornamentierten Stirnziegeln verkleidet (rechte Seite: Geison des Tempels C in Selinunt, um 550 v. Chr.; links Mitte: Terrakottaverkleidung des Giebels vom Schatzhaus der Geloer in Olympia, gegen 560 v. Chr.). Zum Ornamentrepertoire gehörten Bandornamente wie der Mäander, ein Fries aus Palmetten und Lotosblüten (Anthemion) sowie eine Folge zungenförmig stilisierter Blätter (Kyma). Der Dachfirst wurde ebenfalls mit Zierformen aus gebranntem Ton geschmückt (links oben: Firstziegel des Tempels C in Selinunt; links unten: Scheibenakroter vom Giebel des Heraion in Olympia, um 600 v. Chr., Durchmesser 2,31 m).

Die Bebauungsstreifen in den Städten waren 24–34 Meter lang und auf beiden Seiten von einer Straße begrenzt. Um den Raum besser zu nutzen, reichten die Grundstücke nicht über die Tiefe der ganzen Streifen, sondern nur bis zur Mitte. Die Baugrundstücke der ältesten Städte waren mit 11–15 Metern ziemlich schmal. Für jede Familie rechnete man mit rund 200 Quadratmeter Fläche.

Im schönen und reichen Sizilien gründeten die Griechen dicht an dicht ihre Städte, und fast alle von ihnen kamen schnell zu Reichtum und beteiligten sich an weiteren Gründungen. Zu den ältesten und bald auch mächtigsten Städten zählte Syrakus, das sich durch eine besonders vorteilhafte Lage auszeichnete: Die Insel Ortygia (das griechische Wort heißt Wachtel) bot einer ganzen Stadt mit mehreren hundert Häusern Raum. Eine Quelle lieferte gutes Wasser, und zu der vorteilhaften Lage gehörte, daß zwei Buchten sich gut als Häfen eigneten. Eine Brücke führte zum Festland und war im Fall eines Angriffs leicht zu verteidigen.

Wer heute durch die reizvollen Gassen der Altstadt von Syrakus mit ihren mittelalterlichen Häusern geht, wird kaum bemerken, daß die meisten Straßen parallel zueinander verlaufen und den ältesten, vor 2700 Jahren angelegten Gassen entsprechen. Syrakus ist ein Beispiel dafür, daß Straßen und ausgetretene Wege über Jahrhunderte und sogar über Jahrtausende ihren Verlauf nicht ändern. Ausgrabungen der letzten Jahre haben 2,50–3 Meter breite Straßen ans Licht gebracht. Im Schotter gefundene Scherben stammen aus der Gründungszeit von Syrakus. Zwischen den Straßen lagen Bebauungsstreifen von 24 Meter Breite. Die Grundstücke reichten bis in die Mitte dieser Streifen, waren 12 Meter tief und nach dem Beispiel anderer Städte etwa 12 Meter breit.

Nach der genannten Grundregel bei der Anlage neuer Städte wurde das städtische Land in gleich große Parzellen aufgeteilt und anschließend an die Siedler verlost. Vor allem diese Einteilung und Aufteilung des Bodens unter dem Gesichtspunkt der Gleichheit, von den Griechen mit *isonomia* bezeichnet, machte die Attraktivität des Kolonistendaseins aus. Anders als im Mutterland waren in der neuen Heimat allen gleiche Chancen eingeräumt. Die Bebauungsstreifen mit gleich großen Grundstücken, einfachen Häusern und parallelen Straßen bestimmten das Stadtbild der frühen Zeit in allen Koloniestädten.

Die ersten Siedler der neuen Städte hatten die schwere Aufgabe, nicht nur ihre eigenen Häuser zu bauen, sondern auch für die dringlichsten öffentlichen Bauaufgaben zu sorgen. Das waren in erster Linie die schützende Stadtmauer und der Bau eines oder mehrerer Tempel.

In jeder Stadt mußte es einen öffentlichen Bereich für die Bürgerversammlung, für den Handel und nicht zuletzt für den Kultus geben. Die Agora war es letztlich, was eine antike Stadt als solche kennzeichnete. Mit den Marktplätzen der mittelalterlichen Städte, bei denen der Handel im Vordergrund stand, sind die Agorai kaum vergleichbar. In

Syrakus und in den anderen frühen Griechenstädten waren diese Plätze einfach von der Wohnbebauung ausgesparte Flächen. An zwei Stellen auf der Insel wurden die Streifen für Wohnhäuser fortgelassen, um damit Raum für die Bürgerversammlung und für öffentliche Bauten zu schaffen. Hier entstanden zunächst einfache Bauten und später, im 6. und 5. Jahrhundert v. Chr., großartige Heiligtümer, die den Reichtum von Syrakus dokumentieren.

Im nördlichen Bereich, in der Nähe der schmalen Landzunge oder Brücke, wurde um 580 v. Chr. ein Tempel für Apollon errichtet. Es ist der älteste Steintempel, der sich im Bereich der Kolonien erhalten hat. Der gesamte Unterbau mit einem Teil der Cellawand und zwei der gedrungenen Säulen stehen heute noch aufrecht. Auf einer der vier Stufen ist an der Front eine Inschrift lesbar, eine Künstlersignatur, in der sich der Architekt Kleomenes verewigt hat. Mit sechs Säulen an der Front und siebzehn an den Langseiten zeigt sich der Bau langgestreckt und schmal und verrät damit seine frühe Entstehung. Wie bei vielen Tempeln in Sizilien ist die Ostseite durch eine zweite Säulenreihe besonders hervorgehoben. Eine weitere Eigentümlichkeit stellt das Adyton dar, ein abgetrennter Raum für das Götterbild in der Tiefe der Cella. Im Innenraum standen zwei Reihen kleinerer Säulen, die das Dach tragen halfen. Dieses bestand aus großen flachen Ziegeln, über deren Fugen schmale Deckziegel lagen. Am Dachrand waren Reihen farbiger Ziegel mit Flechtbändern, Blattstäben und Mäandern angebracht, die das Aussehen des Baus wesentlich mitbestimmten.

Die Besonderheit dieses alten Apollon-Tempels liegt in den schweren Proportionen seiner Säulenordnung. Die gedrungenen dorischen Säulen mit nur sechzehn Kanneluren wurden trotz einer Höhe von 7,98 Metern aus einem Stück gearbeitet, so wie früher die Säulen hölzerner Tempel. Sie haben keine Schwellung und enden in weit ausladenden dorischen Kapitellen von geradezu urtümlicher Wucht. Die

Links: Apollon-Tempel in Syrakus. Der um 580 v. Chr. erbaute dorische Peripteros ist der älteste Steintempel auf Sizilien.

Unten: Syrakus. Stadtplan aus der Gründungszeit im 7. Jahrhundert v. Chr. Enge Straßen wechseln mit Bebauungsstreifen für Wohnhäuser. Ausgespart sind größere Flächen für Versammlungen der Bürger und für Heiligtümer. Heute befindet sich auf der Insel Ortygia die Altstadt von Syrakus, deren Gassen noch immer wie die über 2000 Jahre alten Straßen verlaufen.

Rechts oben und unten: Der Athena-Tempel in Syrakus wurde von dem Tyrannen Gelon nach dem Sieg über die Karthager bei Himera (480 v. Chr.) errichtet. Später in eine Kirche einbezogen, blieb der dorische Peripteros erhalten. Die vermauerte Peristasis bildet nun die Außenwand, die Cella, in deren Wände Arkaden gebrochen wurden, das Mittelschiff einer Basilika.

Daß Syrakus die größte unter den Griechenstädten und die schönste von allen sei, habt ihr oft gehört... Diese Stadt ist so groß, daß man sagt, sie bestehe aus vier riesigen Städten. Eine von diesen ist die von mir genannte Insel, die von zwei Häfen umgeben ist... Auf dieser Insel sind mehrere Heiligtümer, darunter zwei, die die übrigen weit übertreffen: Das eine ist der Diana (Artemis) geweiht, das andere der Minerva (Athena)...Die zweite Stadt in Syrakus aber ist die, welche Achradina heißt. Hier befinden sich ein riesiger Marktplatz, sehr schöne Säulenhallen, ein äußerst prachtvolles Prytaneion, ein weiträumiges Ratsgebäude und ein herrlicher Tempel des Olympischen Jupiter (Zeus) sowie die übrigen Bezirke dieser Stadt, die, durch eine einzige breite, ununterbrochen fortlaufende Hauptstraße und viele Querstraßen gegliedert, aus Privatgebäuden bestehen. Die dritte Stadt ist Tyche genannt worden, weil sich in diesem Teil ein altes Heiligtum der Glücksgöttin befand. Hier liegen ein sehr weitläufiges Gymnasium und mehrere Heiligtümer, und dieser Teil ist am dichtesten bevölkert und bewohnt. Die vierte Stadt aber ist die, welche Neapolis (»Neustadt«) heißt, weil sie zuletzt dazugebaut wurde. Auf ihrem höchsten Punkt befinden sich ein riesiges Theater und zwei herrliche Tempel...

Cicero, *Reden gegen Verres* 4, 117 ff.
(Übersetzung von Klaus Meister)

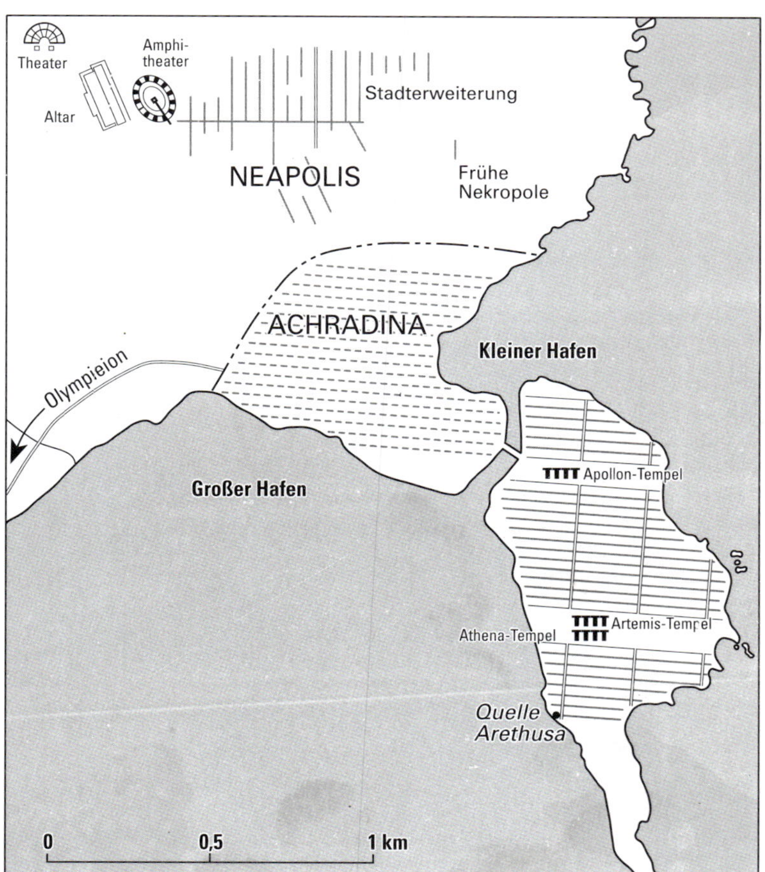

Säulen stehen so dicht, daß der Raum zwischen ihnen kleiner ist als ihr Durchmesser. Das scheint freilich nötig, denn das Gebälk aus Architrav und Triglyphenfries hat eine ganz ungewöhnliche Höhe.

Obwohl diesem frühen Steinbau die Phase des Experimentierens deutlich anzusehen ist, handelt es sich doch um einen voll ausgebildeten dorischen Ringhallentempel, der am Anfang einer langen Reihe steht.

Andere frühe Streifenstädte, wie Akragas auf Sizilien, haben keine so schöne Lage und bestanden aus eintönigen Reihen von immer gleichen Wohnhäusern. Diese Streifen oder Insulae konnten mehr als 200 Meter lang sein, ohne daß sie von Querstraßen unterbrochen wurden, so daß der Verkehr sicherlich schwierig war. Von einer Kunst des Städtebaus kann man in dieser frühen archaischen Zeit noch kaum sprechen. Der Plan der für damalige Verhältnisse riesigen Stadt Akragas, in der etwa 40 000 Menschen Platz fanden, ließ sich in jüngster Zeit mit Hilfe von Luftaufnah-

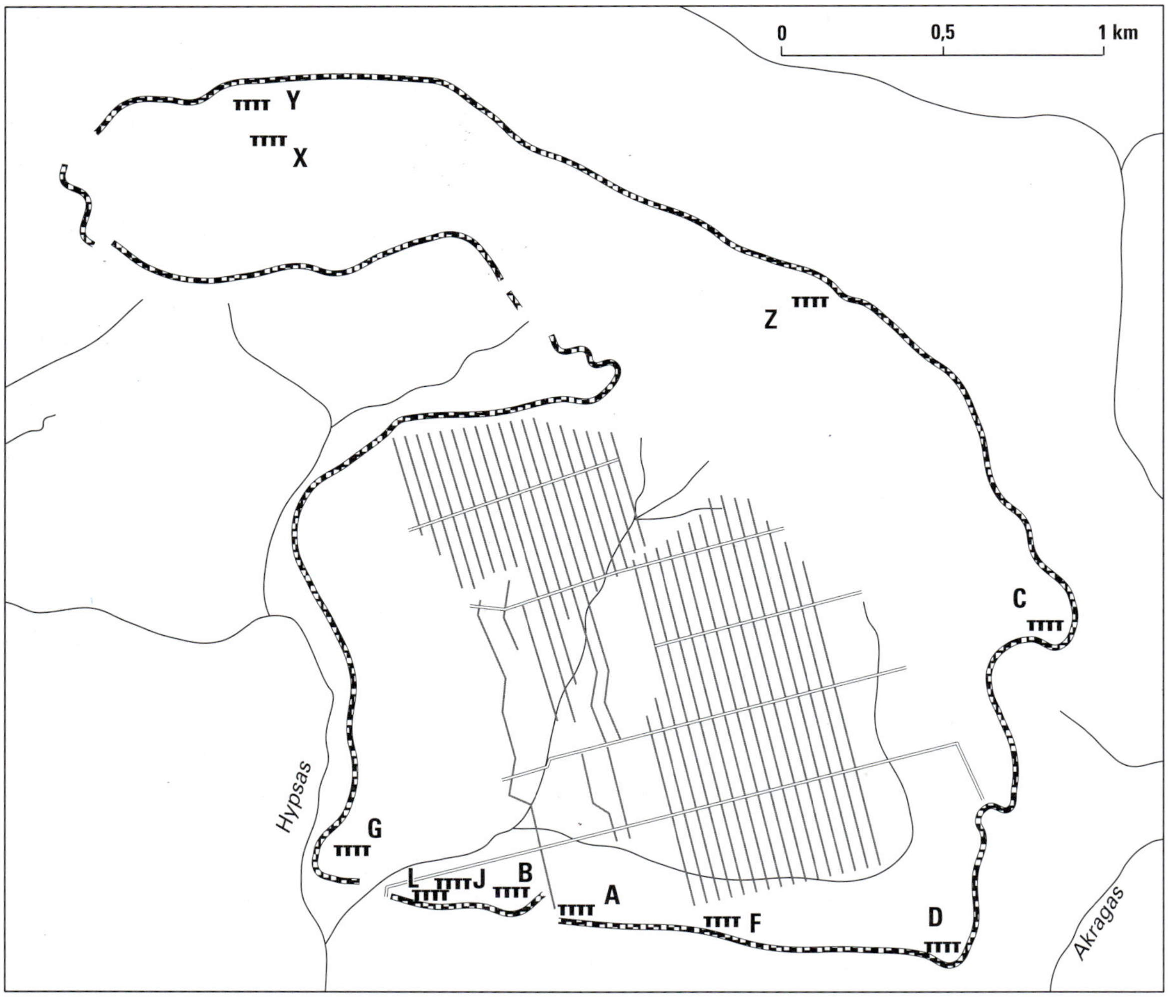

Vorhergehende Doppelseite: Akragas/Agrigent. Sogenannter Herakles-Tempel (Tempel A), um 500 v. Chr.

Oben: Der gegen 450 v. Chr. erbaute sogenannte Tempel der Juno Lacinia (Tempel D) bekrönt die Anhöhe im Südosten des Stadtplateaus von Akragas.

Rechte Seite: Der sogenannte Concordia-Tempel (Tempel F) von Akragas ist wie der 25 Jahre ältere Tempel D ein klassischer Peripteros von 6 auf 13 Säulen.

Links: Akragas. Rekonstruktion der größten Stadtanlage archaischer Zeit auf Sizilien. Der Tyrann Phalaris (um 570–554) errichtete auf der Akropolis einen Zeus-Tempel, den man unter dem Dom von Agrigent vermutet (Y). Der Athena-Tempel des Tyrannen Theron (488–472) wird mit den Resten eines Peripteros unter Santa Maria dei Greci identifiziert (X). Eine Reihe weiterer Tempel, darunter das kolossale Olympieion (B), entstand nahe der Stadtmauer, die im Süden einem Felsabsturz folgt.

men weitgehend rekonstruieren. Deutlich ist auf dem Plan zu erkennen, daß für die Agorai und Heiligtümer Flächen am Rand und an der Stadtmauer freigehalten wurden. Die dicht an der Mauer entstandenen Tempel der klassischen Zeit haben Akragas einen sehr eigenartigen städtebaulichen Reiz gegeben.

In Akragas sind ganze Reihen von Häusern ausgegraben worden. Sie stammen aus hellenistischer Zeit, aber auch an ihren Mauern ist noch zu erkennen, daß die Grundstücke in Akragas in der Gründungszeit 12 Meter breit und 17 Meter tief gewesen sind.

Die Häuser in den als Kolonien gegründeten Städten des 7. Jahrhunderts v. Chr. waren anspruchslos und bestanden wie im Mutterland zunächst nur aus einem einzigen Raum. Erst mit wachsendem Wohlstand kamen weitere Räume dazu, und die Bebauung nahm seit dem 6. Jahrhundert v. Chr. oft die ganze Rückseite der Grundstücke ein. Das künstlerische Interesse richtete sich aber auch damals noch ausschließlich auf Tempel und Heiligtümer.

Athen als Beispiel einer gewachsenen Stadt

Die in archaischer Zeit schnell wachsenden Städte im griechischen Mutterland mußten ein völlig anderes Aussehen haben als die neuen Städte in Großgriechenland. Sie sind aus verstreuten Häusergruppen der geometrischen Zeit hervorgegangen durch, die schon die Lage der Straßen bestimmt wurde. In Athen ist deutlich zu sehen, daß sich die in die Stadt führenden Fernstraßen im Bereich nördlich der Akropolis trafen. Hier gab es in geometrischer Zeit Häuser, und hier entstand später die Agora. Genaugenommen war es der Altar der Zwölf Götter, auf den vier oder sogar fünf Straßen zuliefen und der infolgedessen auch später noch als Zentrum und Meßpunkt für die Stadt und ihr Umland diente.

Keine der Straßen Athens verlief schnurgerade, alle waren praktische und nicht immer kürzeste Verbindungen zwischen wichtigen Punkten. Dazu gehörten die Straße nach Süden zum sechs Kilometer entfernten Hafen, die Straße nach Westen, nach Eleusis und Korinth, die Straße nach Norden, nach Acharnai, und die nach Westen in die fruchtbare Ebene Mesogaia. Das wichtigste topographische Element bildete freilich der Akropolisfelsen. Hier war in mykenischer Zeit eine befestigte Burg gewesen, und nun wurde der Felsen zum Sitz der Götter. Die Stadt wuchs jedoch nicht in gleichmäßigen Ringen um die Akropolis herum, sondern konzentrierte sich vor allem im Norden an den Kreuzungspunkten der Fernstraßen. In der Nähe, in der Niederung des Kerameikos am Fluß Eridanos, fand sich reiner Ton für die Keramik, die Athen schon in geometrischer Zeit berühmt gemacht hat. Die Bebauungsgrenze des archaischen Athen reichte allerdings nicht ganz bis an den Kerameikos heran und verlief über den Hügel Kolonos Agoraios. Eine Stadtmauer dieser ältesten Stadt Athen, die

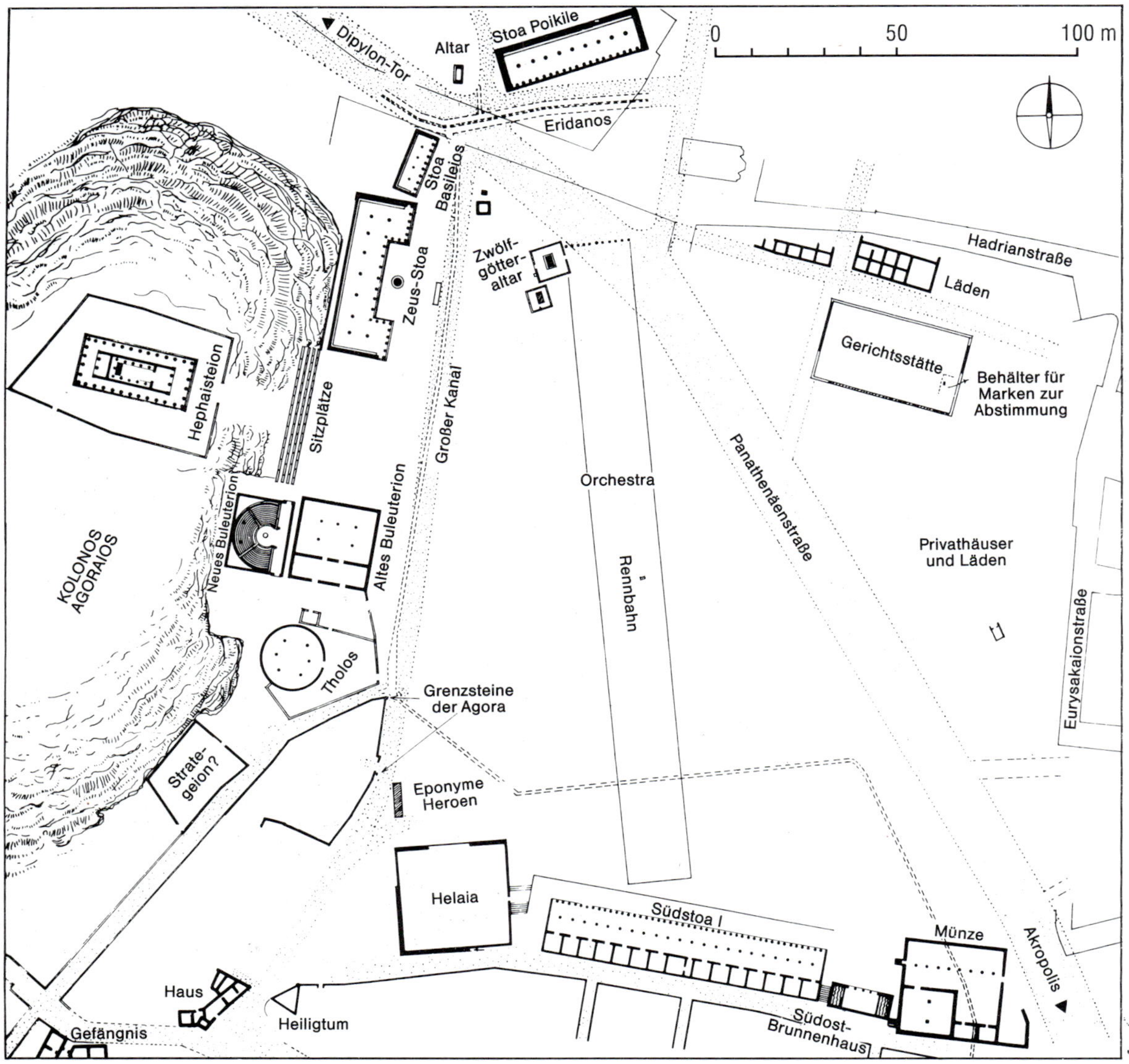

Links: Plan der Agora von Athen am Ende des 5. Jahrhunderts v. Chr. (nach J. Travlos und W. B. Dinsmoor, Jr.).

Unten: Athens Stadtmauer der klassischen Zeit. Zustand eines Abschnitts im Kerameikos nach der Freilegung. Über einem Steinsockel von 3 m Breite erhob sich eine Mauer aus Lehmziegeln, die mit Kalkmörtel verputzt war.

Rechts: Nordwestecke der Agora von Athen um 400 v. Chr. Rekonstruktionszeichnung von W. B. Dinsmoor, Jr. An der Straßenkreuzung die Einfriedung eines Heiligtums unbekannter Bestimmung; oben links die Königshalle (Stoa Basileios), der Amtssitz des Archon Basileus, und unmittelbar daran angrenzend die Stoa des Zeus Eleutherios; jenseits der Panathenäenstraße die berühmte Stoa Poikile.

Folgende Doppelseite: Blick auf die Agora vom Hügel des Areopag. Im Westen (links) liegt der Kolonos Agoraios mit dem Hephaisteion, am Ostrand die rekonstruierte Stoa des Attalos. Nach Norden breitet sich das moderne Athen aus; im Hintergrund sieht man den 1413 m hohen Bergrücken des Parnes.

man seit dem 6. Jahrhundert v. Chr. voraussetzen möchte, ist bislang nicht gefunden worden.

Im Gegensatz zum Eridanos führte der Fluß Ilissos im Südosten Athens reichlich Wasser, das von der berühmten Kallirrhoe-Quelle gespeist wurde. Hier lagen die Gärten Athens, und in den Hainen gab es seit den ältesten Zeiten Heiligtümer.

In Athen finden seit vielen Jahren bei Gelegenheit von Neubauten Ausgrabungen statt, die stets Aufschlüsse über die antike Stadt geben. Daneben werden systematische und großflächige Ausgrabungen in der Agora und im Gebiet des Kerameikos durchgeführt. Alle diese Arbeiten sind kompliziert, da das antike Athen eine 1000 Jahre dauernde Geschichte hatte, die sich in vielen Umbauten und Schichten widerspiegelt. Dennoch ist es gelungen, das Bild des archaischen und des klassischen Athen weitgehend zu rekonstruieren.

Das 6. Jahrhundert v. Chr. war für Athen und viele andere griechische Städte die Zeit einer ersten großen Blüte. Zahlreiche Maßnahmen galten der Verschönerung der Stadt. Regelrechte Bauprogramme halfen nicht nur sonst arbeitslose Bürger zu beschäftigen, sie dienten auch dem Ziel, die eigene Polis zur schönsten zu machen. In erster Linie kam dies der Akropolis zugute, wo unter den Tyrannen der große Athena-Tempel und viele kleinere Bauten entstanden. Etwa gleichzeitig wurde im Südosten mit dem Olympieion, einem noch größeren Dipteros-Tempel, begonnen. In archaischer Zeit entstanden die kanonischen Säulenordnungen, und damals schon wurde auf die Qualität der Steinbearbeitung größter Wert gelegt. Endgültige Oberflächen wurden nach dem Auftrag von Farben poliert, Fugen waren nur als haarfeine Linien zu sehen.

Athen hat zur Zeit der Tyrannen einen solchen Bauboom erlebt, daß Maßnahmen zur Erschließung der Stadt getroffen werden mußten. Neben dem Ausbau der Straßen stand die Hygiene an erster Stelle. Dringende Aufgaben waren die Anlage großer Wasserleitungen und der Bau von Brunnenhäusern. Ihre Realisierung war schwierig, weil es an Erfahrungen fehlte. Es wurden Tonrohre entwickelt, die einen Durchmesser von einem Fuß (mehr als 30 Zentimeter) hatten und mit Falzen ineinandergriffen. Wenn sie im Boden verlegt waren, wurden die Fugen mit Mörtel wasserdicht verschlossen. Bei Bedarf konnten die Rohre über einen Deckel auf der Oberseite gereinigt werden. Die großen Wasserleitungen der Tyrannenzeit waren mehrere Kilometer lang und endeten in Brunnenhäusern auf öffentlichen Plätzen, von wo aus sich die Bevölkerung mit Wasser versorgen konnte. Das Brunnenhaus im Südosten der

Agora in Athen gehört zu den ältesten Baulichkeiten auf diesem Platz überhaupt. Das gilt auch für den großen Abwasserkanal aus Steinplatten am Agora-Hügel, der das Abwasser aus der Wohnstadt sammelte und in das Bett des Eridanos-Flusses ableitete.

Die Tyrannen bauten Tempel, versorgten die Städte mit Wasser, und sicher errichteten sie auch öffentliche Bauten. Aber natürlich vollzog sich erst in der Epoche der Demokratie der schrittweise Ausbau der Agora. Seit den politischen Reformen des Kleisthenes 508/507 v. Chr. war für den neuen Rat der Fünfhundert ein Rathaus nötig. Es entstand am Fuß des Agora-Hügels als ein schlichter Rechteckbau mit einer Vorhalle und fünf Stützen im großen Saal, die das schwere Dach trugen. Auf Holzbänken saßen die gewählten Abgeordneten und bereiteten die große Volksversammlung vor. Dieses alte Buleuterion war nicht zum Agora-Platz ausgerichtet, sondern wandte sich dem älteren Nachbarbau zu, in dem man das Prytanikon erkennen möchte.

Für die Gerichte, an denen viele Geschworene teilnahmen, waren mehrere Bauten nötig. Die Heliaia für die großen Prozesse mußte 1500 Personen fassen. Sie wird in einem Bezirk auf der Südseite der Agora vermutet. Im übrigen dienten aber vor allem Hallenbauten den Gerichtsverhandlungen. Deswegen sind die Hallen neben den Tempeln der wichtigste Typus der griechischen Architektur überhaupt. Denn für die neue Staatsform waren neben Volksversammlung und Rat die Gerichte, die sich aus vielen Geschworenen zusammensetzten, die am meisten charakteristische Institution.

Hallenbauten finden sich als Vielzweckbauten in allen öffentlichen Bereichen und auch in den Heiligtümern. Auf der Agora in Athen entstand zunächst die Königshalle ganz im Nordwesten. In diese Halle wurde der große Schwurstein einbezogen, auf dem seit langer Zeit der Archon Basileus seinen Eid ablegen mußte. Er diente als Schwelle für den 18 Meter breiten und 7 Meter tiefen Bau, der an der Front eine dorische Ordnung mit acht Säulen aufwies und im Inneren noch einmal vier Stützen hatte.

Die Agora war vor allem Versammlungsplatz, deshalb mußte die Mitte frei bleiben. Die ältesten Bauten standen in lockerer Folge am Rand. Von einem bedeutenden baulichen Schmuck des etwa 200 Meter breiten und ebenso tiefen Platzes kann man kaum sprechen, zumal die frühen Tempel bescheidene Bauten waren.

Der Krieg mit den Persern ist eine bedeutende Zäsur in der griechischen Geschichte. Nachdem die zahlenmäßig weit unterlegenen Griechen bei Marathon 490 v. Chr. gegen die Weltmacht einen Sieg erfochten hatten, feierten sie diesen Sieg mit dem Bau eines Tempels für die Göttin Athena auf der Akropolis von Athen. Dieser ältere Parthenon sollte am Rand der Akropolis entstehen und ein großartiger Marmorbau von gewaltigen Ausmaßen werden. Als die Perser 480 v. Chr. Athen eroberten und brandschatzten, war der erste Parthenon gerade zur halben Höhe der Säulen gediehen. Das Holz der Gerüste ergab ein loderndes Feuer, das die Oberfläche der Steine völlig zerstörte. Nach dem Krieg blieb die Akropolis eine Ruinenstätte. Die Athener schworen, diesen Akt persischer Barbarei sichtbar zu lassen und nicht zu vergessen.

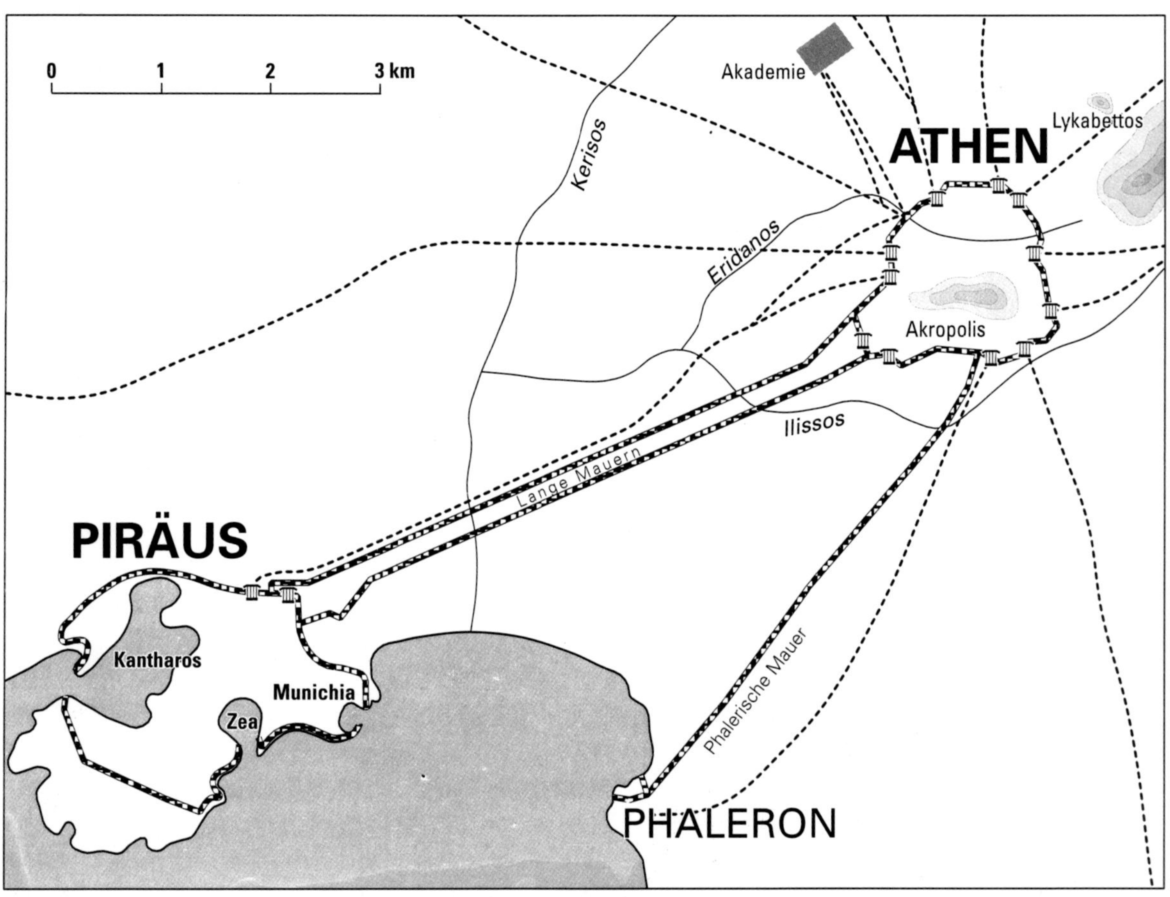

Links: Karte des Gebiets von Athen und Piräus in klassischer Zeit. Athen war über die Langen Mauern mit der 6 km entfernten Hafenstadt Piräus verbunden. Zusammen nahmen Ober- und Unterstadt eine Fläche von mehr als 300 Hektar ein. Damit war Athen eine der größten Städte der Antike.

Rechts: Die Akropolis von Athen vor der Brandschatzung durch die Perser 480 v. Chr. Modell von M. Korres. An der Nordseite des Burgplateaus erhob sich der alte Athena-Tempel, dessen Fundamente zwischen Erechtheion und Parthenon erhalten geblieben sind. Südlich davon war der ältere Parthenon im Bau, am westlichen Zugang wuchsen die ersten Propyläen empor.

Manche der von den Persern in Schutt und Asche gelegten Bauten Athens wurden wiederaufgebaut, andere entstanden in ganz neuer Form. Am wichtigsten aber war dem Strategen Themistokles, daß Athen weniger verwundbar würde. Mit großem Weitblick wurde ein Programm für eine Großstadt Athen ausgearbeitet und in wenigen Jahren in die Tat umgesetzt. Die Grenzen der Stadt wurden weiter in das Land vorgeschoben; dabei fielen alle Grabmäler, die unmittelbar außerhalb der alten Stadt gestanden hatten, rigoros der Spitzhacke zum Opfer. Die schönen Stelen wurden in der neuen Stadtmauer des großen Athen verbaut.

Am besten hat sich diese Stadtmauer im Töpferviertel Kerameikos erhalten. Sie bestand aus einem Steinsockel von drei Meter Breite und einer hohen Mauer aus getrockneten Lehmziegeln. Der Sockel schützte vor Feuchtigkeit, und die Lehmziegelmauern waren mit Kalkmörtel verputzt. Auf der Mauer befand sich ein gedeckter Wehrgang. Später wurde das Verteidigungssystem mit der Anlage einer Vormauer und eines Grabens weiter ausgebaut. Da das flache Gelände im Kerameikos besonders gefährdet war, wurden im Vorfeld in regelmäßigen Abständen drei Meter hohe leere Tongefäße in den Boden eingelassen. Hier sollten die Pferde der angreifenden Kavallerie und die Belagerungsmaschinen einbrechen.

Der Mauerring von Athen wurde mit zwölf Toren versehen, die den wichtigsten Straßen entsprachen. Besonders wichtig war das Doppeltor, das Dipylon im Kerameikos, bei dem die eigentlichen Türen in einen tiefen Hof zurückverlegt waren, um die Angreifer mit einem Pfeilregen von drei Seiten überschütten zu können.

Die Vorsorge von Themistokles galt aber nicht nur Athen selbst, sondern vor allem auch seiner Hafenstadt Piräus. Gleich nach dem Krieg setzte Themistokles den Ausbau der Häfen wie der Stadt durch und ließ eine große Flotte bauen. Die Athener sprachen künftig von einer Oberstadt und einer Unterstadt, die beide durch die sechs Kilometer langen Stadtmauern in Form eines Korridors verbunden waren. Das gewaltige Befestigungswerk sollte Athen zur modernsten und uneinnehmbaren Stadt machen.

Auf der Agora wurden zur Zeit des Themistokles Schäden beseitigt, aber auch Neubauten errichtet. Die Tholos, ein großer, origineller Rundbau mit einem berühmten Dach aus dreieckigen Dachziegeln, ersetzte das alte und verwinkelte Prytanikon, wo die höchsten Repräsentanten des Staates sich aufhielten und auf Staatskosten verpflegt wurden.

Kimon, der bedeutende Staatsmann nach Themistokles, hat um 460 auf der Agora Bäume anpflanzen und Wege bauen lassen. Vermutlich standen diese Bäume nicht in Reih und Glied, wie das bei modernen Plätzen der Fall ist. Vielmehr müssen wir uns vorstellen, daß diese Anpflanzungen die einzelnen Monumente in ihrer jeweiligen besonderen Wirkung, die schon durch die sehr unterschiedlichen Architekturen zur Geltung kam, betonten.

Linke Seite: Das Erechtheion auf der Akropolis von Athen. Ansicht von Südwesten (im Vordergrund die Reste des Alten Athena-Tempels). Das Erechtheion wurde nach dem Nikias-Frieden (421 v. Chr.) begonnen. 50 m nördlich des Parthenon entstand ein Bau von völlig anderem Charakter, von anderer Form und anderem Dekor. Einzelbauten, die auf verschiedenen Ebenen liegen, sind zu einem vielgestaltigen Komplex arrangiert. Ein ostwestlich orientierter Baukörper bildet das eigentliche Tempelhaus. Vor seiner östlichen Torwand liegt eine Vorhalle von sechs schlanken ionischen Säulen (im Bild rechts). Die geschlossene Westwand zeigt Halbsäulen auf hohem Sockel. An die Längswände sind wiederum verschieden gestaltete Hallen angefügt, und zwar nicht in der Mitte, sondern am Westende, so daß der Bau als Ganzes keine einzige Symmetrieachse aufweist. Die regellose Anordnung erklärt sich aus kultischen Gegebenheiten. Der Hauptbau nahm das Kultbild des zerstörten Athena-Tempels auf. In Räumen westlich der Cella befanden sich Altäre des Hephaistos sowie der Urkönige Butes und Erechtheus, der Felsspalt der Erichthonios-Schlange und ein »Salzmeer«, das sich aus der Quelle füllte, die Poseidon beim Streit mit Athena aus dem Fels geschlagen hatte. Die Nordhalle erhob sich über dem Dreizackmal Poseidons. Athenas Gabe, der Ölbaum, wuchs im angrenzenden Temenos der Pandrosos, der »Allbetauenden«. Der benachbarte Grabbezirk ihres Vaters Kekrops ist teils überbaut von der »Korenhalle«, an der Mädchengestalten (Koren) anstelle von Säulen das Gebälk tragen.

Oben: Ostseite des Parthenon auf der Athener Akropolis. 447 v. Chr. wurde an der Stelle des unvollendeten, von den Persern demolierten älteren Parthenon ein Neubau nach Entwürfen von Iktinos und Kallikrates begonnen – der klassische Tempel schlechthin. Die harmonischen Bauformen erzielen einen vollendeten Ausgleich zwischen Tragen und Lasten, Ruhe und Anspannung. Mit der dorischen Ordnung sind Elemente der ionischen verschmolzen.

In der Blütezeit des Attischen Seebundes und unter dem Einfluß des Strategen Perikles bekam die Architektur eine neue und politische Bedeutung. Das gilt in erster Linie für die Akropolis in Athen. Im Rahmen eines Programmes, dessen Ausführung Jahrzehnte in Anspruch nahm, sollte dieser heilige Bezirk mit den prachtvollsten Neubauten ausgestattet werden. Im Jahr 447 v. Chr. wurde an der Stelle des unvollendeten älteren Parthenon ein Neubau mit einem wenig veränderten Grundriß nach Entwürfen von Iktinos und Kallikrates begonnen. Der Bildhauer Phidias schuf das berühmte und kolossale Kultbild der Athena aus Gold und Elfenbein. Nach neuesten Forschungen steht heute fest, daß am Parthenon Bauleute und bildende Künstler schon beim Entwurf so eng zusammenarbeiteten, daß die Vorstellung vom dorischen Tempel als einer gebauten Plastik hier besonders gerechtfertigt ist. So ist beim Parthenon schon dem Fundament und den Stufen an längeren oder kürzeren Blöcken abzulesen, an welcher Stelle oben im Gebälk eine raumgreifende Szene auf einer Metope angeordnet werden sollte. Und auch die um wenige Zentimeter differierenden Abstände der Säulen hängen mit den Bildwerken im Gebälk zusammen.

Der Parthenon gilt als eine vollendete Schöpfung der griechischen Klassik. Die handwerklichen Arbeiten zeigen eine Qualität, wie sie im Lauf der Baugeschichte nie wieder erreicht wurde. Die harmonischen Bauformen entsprechen der Absicht, eine Ausgeglichenheit zwischen Tragen

Was aber Athen am meisten zum Schmuck und zur Zierde gereichte, was den andern Völkern die größte Bewunderung abnötigte und heute allein noch dafür Zeugnis ablegt, daß Griechenlands einstiges Glück, daß der Ruhm seiner früheren Größe nicht leeres Gerede sei, das waren seine prachtvollen Tempel und öffentlichen Bauten. Und doch stieß keine von Perikles' Staatshandlungen auf so viel Kritik wie seine Bautätigkeit, ihretwegen mußte er in der Volksversammlung die schärfsten Vorwürfe seiner Gegner über sich ergehen lassen...

Der Heeresdienst verschaffte nämlich den jungen kriegstauglichen Männern reiche Einkünfte aus dem Bundesschatz, allein Perikles wünschte, daß auch die vielen nicht kriegspflichtigen Bürger, die sich mit ihrer Hände Arbeit durchbringen mußten, von diesem Verdienst nicht ausgeschlossen seien. Da er ihnen aber auch nicht unverdient und ohne Arbeit in den Schoß fallen sollte, legte er dem Volk großartige Pläne für Unternehmungen und Bauten vor, welche viele Handwerker für lange Zeit beschäftigen konnten...

So stiegen die Bauten empor in stolzer Größe, in unnachahmlicher Schönheit der Formen, und die Meister wetteiferten miteinander, durch die Feinheit der Ausführung über ihr Handwerk hinauszuwachsen. Das Wunderbarste aber war doch die Schnelligkeit. Denn obschon man glaubte, daß zur Vollendung jedes einzelnen dieser Bauwerke die Arbeit vieler Generationen kaum ausreichen werde, wurden sie alle in der glanzvollen Zeit dieser einen Regierung zu Ende geführt...

Um so mehr müssen wir die Bauten des Perikles bewundern: in kurzer Zeit wurden sie geschaffen für ewige Zeit. Ihre Schönheit gab ihnen sogleich die Würde des Alters, ihre lebendige Kraft schenkt ihnen bis auf den heutigen Tag den Reiz der Neuheit und Frische. So liegt ein Hauch immerwährender Jugend über diesen Werken, die Zeit geht vorüber, ohne ihnen etwas anzuhaben, als atmete in ihnen ein ewig blühendes Leben, eine nie alternde Seele.

Plutarch, *Perikles* 158 f. (Übersetzung von Konrat Ziegler)

Links oben: Tempel der Athena Nike auf der Akropolis von Athen. Vor den Propyläen erhebt sich auf einem turmartig vorgeschobenen Unterbau ein der siegbringenden Stadtgöttin geweihter Tempel. Er wurde nach dem Friedensschluß des Kallias mit den Persern (449 v. Chr.) geplant und wahrscheinlich zur Zeit des Nikias-Friedens von 421 errichtet. Beide Fronten haben offenene Vorhallen mit vier ionischen Säulen. Im Fries ist die Schlacht von Plataiai gegen Perser und abtrünnige Griechen vor den als Zeugen versammelten Göttern dargestellt.

Links unten: Propyläen der Akropolis von Athen. Blick aus dem Durchgang auf den nördlichen Seitenflügel. Nach Abschluß der Bauarbeiten am Parthenon nahm die gleiche Bauhütte 437 v. Chr. die Errichtung eines neuen Torbaus in Angriff. Als Architekt ist Mnesikles überliefert. Sechs dorische Säulen mit einem Giebel bilden die Front des eigentlichen Torbaus, flankiert von seitlich vorspringenden Flügeln mit niedrigeren Hallen. Das mittlere Säulenjoch ist für den Prozessionsweg um ein Drittel erweitert. In der Torhalle stehen je drei schlanke ionische Säulen beiderseits des Mittelgangs und tragen die marmorne Kassettendecke.

Rechts: Die Akropolis von Athen in der römischen Kaiserzeit. Modell von M. Korres. Der Aufgang im Westen führt zu den Propyläen, vor deren Südflügel der Tempel der Athena Nike aufragt. In der Flucht des Torbaus steht das Standbild der Athena Promachos des Phidias. Am Nordrand des Burgplateaus liegt das Erechtheion und in seiner Nähe das Haus der Arrhephoren. Der Parthenon bildet den monumentalen Mittelpunkt. Vor seiner Ostfront wurde in der Kaiserzeit ein kleiner Rundtempel der Roma errichtet. Den Platz vor der Westfront begrenzen die sogenannte Chalkothek und der hallengesäumte Bezirk der Artemis Brauronia. Am Südhang sieht man das überdachte Odeion des Herodes Atticus, die Stoa des Königs Eumenes von Pergamon, das Dionysos-Theater und das Odeion des Perikles.

und Lasten, zwischen Ruhe und Anspannung zu erreichen. Darüber hinaus sind an diesem Bauwerk Elemente der beiden Säulenordnungen zu einer Einheit verschmolzen: Die dorische Ringhalle von 8 auf 17 Säulen umgibt eine Cella, die von einem ionischen Fries mit der Darstellung des Panathenäenfestzuges bekrönt wird. Und stimmt eine neuerlich geäußerte Vermutung, so trugen die vier Säulen im Opisthodom nicht ionische Kapitelle, sondern die ersten korinthischen Kapitelle der Weltgeschichte. In jedem Fall stehen die breiten und hohen Innenräume in einem deutlichen Gegensatz zu den bis dahin üblichen schmalen und tiefen Kulträumen.

Parthenon und neue Propyläen hätten in dieser Qualität nicht ausgeführt werden können, hätte man sich mit dem Marmor vom Penteli-Berge nicht eines der edelsten Baustoffe bedient. Feinheiten wie die Entasis, eine leichte und unglaublich präzis ausgeführte Schwellung der Säulen, sowie die Kurvatur, eine sehr feine Überhöhung der horizontalen Flächen und Linien zur Mitte des Baus hin, erhielten so ihre präzise Form.

Parthenon und Propyläen zeigen nicht genau die gleiche Ausrichtung. Dennoch waren sie aufeinander bezogen, und anders als bisher künden beide Bauten zusammen mit der großen Statue der Athena Promachos in der Verlängerung der Propyläen von einer gewissen Monumentalität.

Ähnliche Tendenzen zeigen sich bei neuen Bauten auf der Agora von Athen. Mit dem Bau des Hephaisteion auf

Oben und unten: Das Pompeion entstand um 400 v. Chr. als Festgebäude für die Panathenäen, das große Kultfest der Athener. Um den Säulenhof sind Banketträume gruppiert. Das Foto der Ausgrabung zeigt im Vordergrund das Pflaster des Propylon. Der Plan (unten) läßt erkennen, wie geschickt die Anlage zwischen zwei Stadttore, Dipylon und Heiliges Tor, eingefügt wurde. Rot markiert sind die Pfostenlöcher der zuvor an dieser Stelle zum gleichen Zweck errichteten Zelte und Hütten.

Rechte Seite: Grabbezirk im Kerameikos von Athen. Zu beiden Seiten der antiken Straße nach dem Piräus liegen Familiengräber des 4. Jahrhunderts v. Chr. Der Marmorpfeiler mit Palmettenbekrönung trägt die Namen der Brüder Agathon und Sosikrates. Die Stele zur Linken wurde für Korallion, Agathons Gemahlin, errichtet. Agathon selbst galt das rechte Monument, dessen Nische an der Rückwand ein Gemälde trug. Die Terrassenmauer ist mit Erde hinterfüllt; darüber waren Blumenstauden angepflanzt.

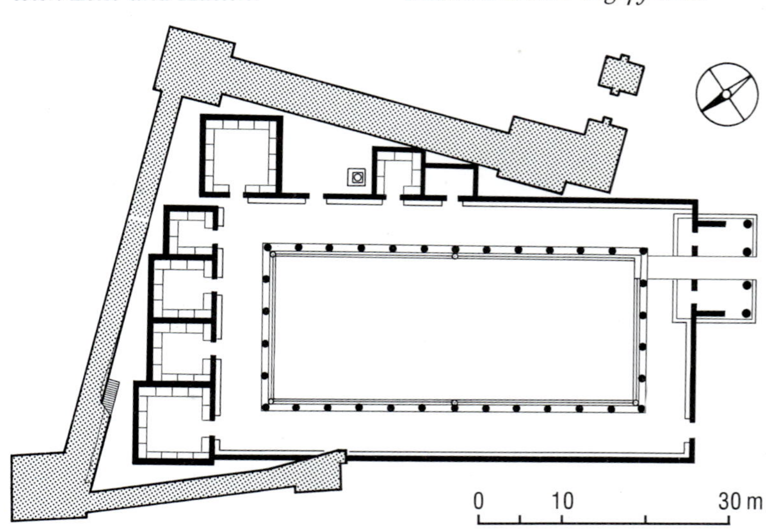

dem Kolonos-Hügel (Abb. S. 403) war eine dominierende Architektur geschaffen worden. Der Ringhallentempel aus kostbarem Marmor bekrönt eine Höhe und ist zur Agora ausgerichtet. Die älteren kleinen Bauten am Agora-Rand in der Blickschneise mußten weichen und Sitzstufen Platz machen, die die Wirkung des Tempels erhöhten.

Solche städtebaulichen Bezüge waren zwar noch eine Ausnahme, aber auch am Bau der benachbarten Zeus-Stoa wird deutlich, daß man hier eine wirkungsvollere und prächtigere Architektur im Sinn hatte: Waren bei Hallenbauten bislang gerade, gleichsam neutrale Säulenreihen üblich, so zeigt die Zeus-Stoa genau wie die gleichzeitig errichteten neuen Propyläen auf der Akropolis mit seitlich vorspringenden Flügeln eine Hinwendung zum Beschauer. Nicht nur der kostbare Marmor, die technische Perfektion, auch die neue Form und die Ausrichtung kennzeichnen die perikleische Architektur zur Zeit der Vormachtstellung Athens unter den griechischen Stadtstaaten.

Der unsägliche und sich endlos hinziehende Krieg mit Sparta brachte zunächst keine Minderung im Bauwesen Athens. Im Gegenteil gab es noch eine Steigerung der Pracht durch eine verfeinerte und fast überladen wirkende Dekoration. Das Erechtheion ist dafür das beste Beispiel. Es zeugt darüber hinaus von einem subtilen Gefühl für das Arrangement von Einzelbauten.

Nach dem verlorenen Krieg folgte eine Zeit der Besinnung auf die alte athenische Tradition. 402 v. Chr. wurde das althergebrachte Fest der Panathenäen mit einem Neubau aufgewertet. Im Kerameikos, nordwestlich der Agora, entstand das Pompeion, in dem der Festzug sich sammelte und wo später auch das Festmahl der Würdenträger stattfand. Das Gebäude, ein rechteckiger Hallenbau mit einem weiten Hof und mehreren Bankettträumen, ist mit großem Geschick zwischen die beiden Stadttore Dipylon und Heiliges Tor eingefügt. Alles wurde aus bescheidenem Porosstein gebaut und in Anlehnung an eine uralte Architektur mit einem hölzernen Gebälk versehen. Die ionischen Säulen sind glatt, die Basen nach archaischen Vorbildern als einfache Zylinder gestaltet.

Trotz dieser Rückgriffe war das Pompeion aber ein sehr fortschrittlicher Bau. Hier wurde zum erstenmal ein großer Hof auf allen vier Seiten von Hallen umgeben, die sich zu einem einheitlichen Bau zusammenschlossen. Damit war das Peristyl kreiert, das im Hellenismus zur Leitform des griechischen Bauens schlechthin werden sollte. Städtebaulich ist ferner interessant, daß das Propylon des Pompeion nicht in der Mitte der Schmalseite des Baus liegt, sondern nach Norden verschoben ist, um auf die aus der Agora kommende Straße ausgerichtet zu sein. Ähnlich wie bei der Lage des Hephaistos-Tempels ist auch hier eine Achsenbeziehung spürbar.

Unter den Festen Athens war das der Panathenäen am wichtigsten. Seit der Zeit der Tyrannen zogen die festlichen Prozessionen vom Kerameikos auf die Akropolis. Der

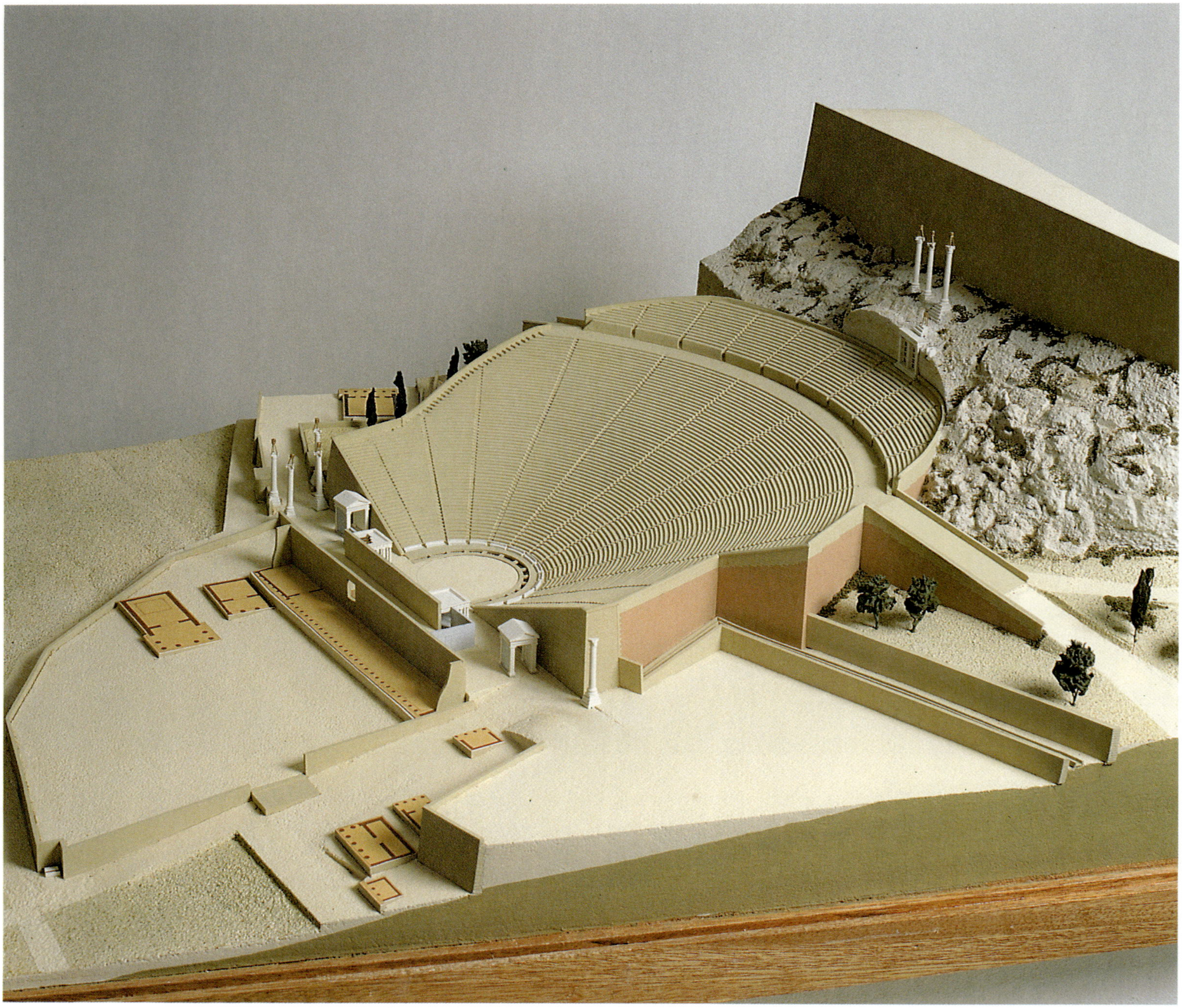

Panathenäische Weg, der die Agora überquerte, hat dabei immer seine alte Lage behalten.

Als Lykurg nach der Mitte des 4. Jahrhunderts v. Chr. der einflußreichste Politiker in Athen war, wurde noch einmal ein großes Bauprogramm in die Tat umgesetzt. Da es jetzt keine zahlenden Bundesgenossen mehr gab, fiel die Finanzierung sicher nicht leicht. Man darf vermuten, daß den Athenern die eigene Vergangenheit zu einer Verpflichtung geworden war.

Zu den in Angriff genommenen Baumaßnahmen zählte eine Erneuerung der Stadtmauern. Nach hundert Jahren war der alte Steinsockel durch eine Erhöhung des Bodens in die Erde gekommen und mußte durch einen höheren ersetzt werden. Besonders wichtig waren auch der Ausbau und die Erneuerung der großen Versammlungsbauten. So wurde das Dionysos-Theater am Südhang der Akropolis, in dem die Komödien von Aristophanes uraufgeführt worden waren, in zeitgemäßer Form umgebaut und in Stein errichtet. Dafür stellte man neue Berechnungen an, die es schließlich erlaubten, in der Cavea über der Orchestra 17000 Zuschauer unterzubringen. Die Sitze wurden freilich eng bemessen, wie das bei allen antiken Theatern der Fall war. Nach Ritzmarken auf den Stufen waren für jeden Zuschauer 1 1/4 Fuß oder 40 Zentimeter bestimmt. Ein regelmäßiges System von Treppen sorgte dafür, daß alle Zuschauer auf den 78 Sitzreihen schnell ihre Plätze einnehmen konnten. Nach dem Vorbild des Dionysos-Theaters in Athen entstanden in allen antiken Städten gleiche Versammlungsbauten, die sich harmonisch in die Landschaft einfügen und eine unerreicht gute Akustik bieten.

Stadion und Gymnasion hatten innerhalb des Mauerrings von Athen keinen Platz gefunden und wurden in die Hügellandschaft der östlichen Vorstadt eingebettet. Lykurg sorgte für den Ausbau des Stadions in Stein. Die Laufbahn von 600 Fuß oder rund 200 Meter Länge, mit der Startvorrichtung auf der einen und der Kurve auf der anderen Seite, wurde

Das Dionysos-Theater in Athen ist die Geburtsstätte der Tragödie. Die muschelförmige Anlage am Südhang der Akropolis wurde im 5. Jahrhundert v. Chr. mit Sitzreihen aus Holz ausgestattet und um 330 v. Chr. in Stein errichtet. Das Modell von M. Korres (linke Seite) zeigt den Zustand vor dem Umbau der Bühne im 1. Jahrhundert n. Chr. Auf den 78 Sitzreihen fanden 17 000 Zuschauer Platz. Der Zuschauerraum (theatron) *ist durch Treppen in Keile* (kerkides) *gegliedert. Von den oberen Sitzreihen sind nur noch die Felsstufen vorhanden, die sie trugen. Auf den Säulen vor der Burgmauer standen eherne Dreifüße, Preise für Sieger im Wettstreit des Theaters. Eine Säulenhalle an der Rückseite der Bühne öffnete sich zum Heiligtum des Dionysos Eleuthereus, von dem die Fundamente zweier Tempel erhalten blieben.*

Die Athener haben in ihrem Theater Statuen von Tragödien- und Komödiendichtern, meistens jedoch von den unbedeutenderen; denn außer Menander war von den berühmten Komödiendichtern keiner da, von den bedeutenden Tragödiendichtern aber stehen dort Euripides und Sophokles... Die Statue des Aischylos scheint mir viel später gemacht zu sein als sein Tod...

Pausanias 1, 21, 1 f.
(Übersetzung von Ernst Meyer)

Von dort gelangt man zur Stadt der Athener. Der Weg ist sanft, das Land ringsum bebaut, ein freundlicher Anblick. Die Stadt selbst ist durchaus trocken und besitzt keine gute Wasserleitung. Die Straßen sind winklig, da ja die Stadt so alt ist. Die Mehrzahl der Häuser ist ärmlich, nur wenige sind wohnlich. Auf den ersten Blick könnten Fremde bezweifeln, daß dies die gepriesene Stadt der Athener sei; bald aber werden sie es wohl glauben. So ist dort das Schönste der Welt: Das Theater ist bedeutend, groß und schön. Der Tempel der Athena ist prachtvoll, der Welt entrückt und sehr sehenswert; er heißt Parthenon und liegt oberhalb des Theaters; großes Erstaunen löst sein Anblick aus. Das Olympieion ist zwar nur halb fertig, doch macht der Plan des Gebäudes tiefen Eindruck; es wäre wohl der großartigste Bau, wenn man ihn vollendet hätte. Drei Gymnasien gibt es: die Akademie, das Lykeion und das Kynosarges, die alle mit Bäumen und Rasenflächen geschmückt sind, allerlei Feste, ferner von den verschiedenen Philosophen viele Zerstreuungen und Erholungen der Seele, viel Zeitvertreib und ständig Theaterspiele. ... Athener sind scharfsinnige Kunstrichter und unentwegte Zuschauer. Kurz gesagt, Athen übertrifft auf dem Gebiete des Genusses und der Lebensgestaltung die übrigen Städte in demselben Maße, wie diese sich vom Dorfe unterscheiden.

Herakleides, Fragment 1, 1.5 (Übersetzung von Georg von Reuthern)

U-förmig von Sitzreihen umgeben. Um bessere Sicht zu gewähren, bekamen die Reihen auf den Langseiten eine leichte Krümmung. Erst im 2. Jahrhundert n. Chr. fand sich ein reicher Privatmann, der den Umbau des Stadions von Kalkstein in Marmor bezahlte.

Die Athener haben oft die rasterförmige Neustadt des Piräus für schöner gehalten als die alte gewachsene Oberstadt mit ihren unregelmäßigen Straßen und engen Gassen. Eigentlich griechisch aber in dem Sinn, daß Bauten und Menschen ihre Individualität belassen wurde, war in erster Linie das alte und immer wieder umgebaute Athen. Welcheswaren die städtebaulich reizvollen Punkte in dieser Großstadt? Die Wohnquartiere galten als ärmlich, auch wenn sich hinter den Mauern enger Gassen aufwendige Häuser verbargen. Es waren die Plätze, auch die kleinen Plätze mit Heiligtümern, die es überall in der Stadt gab, es war der Agora-Hügel mit seinen Pflanzungen, und es war vor allem die Akropolis mit ihrem Kranz von Heiligtümern in naturbelassener Umgebung, die zum Spaziergang aufforderten. Ein um die Akropolis führender Weg wurde Peripatos genannt.

Sokrates wählte für die Gespräche mit seinen Freunden aber auch den Gang an den Stadtmauern, der an den reich mit Skulpturen geschmückten Gräbern vorbeiführte. Die wohlhabenden Familien besaßen große Grabstätten, die mit eigenen Terrassenmauern einen architektonischen Schmuck aufwiesen. Solche Familiengräber haben sich vor allem im Kerameikos erhalten (Abb. S. 213).

Am schönsten war sicherlich die Tripodenstraße oder Dreifußstraße, eine Art Siegesstraße mit vielen Monumenten zur Erinnerung an die Siege der Choregen bei dionysischen Wettkämpfen. Berühmt ist das 334 v. Chr. errichtete aufwendige Lysikrates-Monument im Nordosten der Akropolis. Auf einen hohen Sockel aus Kalksteinquadern, der mit einem Gesims abschließt, folgen runde Stufen aus bläulichem hymettischen Marmor, und auf diesen steht ein kleiner Monopteros mit sechs korinthischen Säulen. Es sind die ersten als Außenordnung verwendeten korinthischen Kapitelle überhaupt. In ihrer Feinheit und schönen Ornamentik sind sie später, auch in der Neuzeit, oft nachgeahmt worden. Als weitere Neuheit zeigt das Gebälk des Lysikrates-Monuments die Verbindung von Fries und Zahnschnitt. Beides geht der Struktur nach auf horizontale Balken zurück. Dementsprechend kam an Bauten der klassischen Zeit entweder ein Fries vor, wie zum Beispiel am Nike-Tempel auf der Akropolis (Abb. S. 210 oben), oder nur ein Zahnschnitt, wie zum Beispiel an der Korenhalle des Erechtheion (Abb. S. 208).

Links: Im Stadion von Athen fanden die athletischen Wettkämpfe bei den Panathenäen statt. Lykurg ließ um 330 v. Chr. die U-förmig die Laufbahn umgebenden Sitzreihen in Kalkstein errichten. Im 2. Jahrhundert n. Chr. finanzierte Herodes Atticus die Ausführung in Marmor. In dieser Form wurde das Stadion für die ersten Olympischen Spiele der Neuzeit im Jahr 1896 rekonstruiert. Es faßt 70 000 Zuschauer.

Rechts: Das Lysikrates-Monument an der Tripodenstraße in Athen. Rekonstruktionszeichnung von J. M. Mauch. Die Inschrift am Gebälk des 334 v. Chr. errichteten Denkmals besagt: »Lysikrates, Sohn des Lysitheides, aus dem Demos von Kikynna, ein Chorege. Das Geschlecht der Akamantiden hat den Sieg im Knabenchor davongetragen, Theon war Flötenspieler, Lysiades von Athen Chorführer, Euainetos war Archon.« Als Chorege hatte Lysikrates die Kosten der Choreinstudierung getragen. Der ihm als Siegespreis verliehene Dreifuß bekrönte den Akanthusknauf des Dachs.

Beim Hören nicht so eindrucksvoll, aber ein Wunder anzuschauen ist das Stadion aus Marmor. Seine Größe kann man etwa an folgendem am besten ermessen. Darüber ist nämlich ein Berg über dem Ilissos, der mondförmig beginnt und dann beiderseits gerade zum Flußufer hinzieht. Dieses Stadion hat der Athener Herodes (Atticus) gebaut und dafür die Steinbrüche im Pentelikon größtenteils aufgebraucht.

Es führt aber eine Straße von dem Prytaneion weg, die »Dreifußstraße« heißt. Das, wonach die Gegend heißt, sind Tempel, für diesen Zweck recht groß, auf denen Dreifüße stehen, zwar nur aus Bronze, aber sie umschließen bemerkenswerte Kunstwerke. Darunter ist nämlich ein Satyr, auf den Praxiteles besonders stolz gewesen sein soll...

Pausanias 1, 19, 6. 20, 1
(Übersetzung von Ernst Meyer)

Am Lysikrates-Monument sind die Zwischenräume der Säulen mit dünnen Marmortafeln geschlossen. Das mag mit der geringen Größe des Monuments zu tun haben (Durchmesser des Zylinders 2,20 Meter). So sind auch die Ziegel des runden Daches nicht einzeln gearbeitet, sondern als Relief in einem großen Marmorblock angegeben. Der Sieges-Dreifuß aus Bronze stand ganz oben auf dem floralen Aufsatz des Daches.
Mit dem Lysikrates-Monument ist eigentlich schon die hellenistische Zeit eingeläutet. Nun kommt das Zeitalter der Könige, der Paläste, der spektakulären Monumente und auch der Umgestaltung der alten Städte nach großzügigen architektonischen Ideen. Athen beherbergte keines der hellenistischen Weltwunder, weder ein Maussolleion, wie es sich der karische König Maussollos mit riesigem Aufwand mitten in seine neue Stadt Halikarnassos stellte, noch einen Pharos oder Leuchtturm mit einer technischen Apparatur für das Leuchtfeuer, wie ihn Alexandria besaß, noch einen Koloß, wie ihn Rhodos nach glücklich überstandener Belagerung in Gestalt des siegreichen Sonnengottes errichtete, und auch keinen Pergamon-Altar, wie ihn Eumenes II. nach den Siegen über die Galater bauen ließ. Die Liste zeigt, daß die politischen und wirtschaftlichen Kräfte sich weit weg von Athen verlagert hatten. Athen war zum

bewunderten Museum der Klassik geworden, dem die Könige Stiftungen zukommen ließen.
Zu den Bewunderern der alten Metropole als geistiges Zentrum des Griechentums zählten die pergamenischen Könige. Attalos II. stiftete um 150 v. Chr. den Athenern eine ganze Halle. Die Einzelteile des Bauwerks ließ er in Pergamon von seinen geschulten Bauleuten herstellen. Mit Schiff und Karren wurden sie nach Athen gebracht und dort auf der Agora zusammengesetzt. Es ist eines der ältesten vorgefertigten Bauwerke überhaupt.
Die Attalos-Stoa, ein gelungenes Beispiel für den Wiederaufbau eines antiken Gebäudes und heute Museum der Agora, ist 116 Meter breit und etwa 20 Meter tief. Anders als die Hallen der klassischen Zeit weist sie wie viele andere hellenistische Hallen zwei Stockwerke auf. Die Treppen zum Obergeschoß sind sehr geschickt an den Seiten untergebracht. Die Ordnung des Untergeschosses besteht aus schlanken dorischen Säulen und die des Obergeschosses aus kleineren ionischen Säulen, die weit auseinander stehen und zwischen denen Brüstungsplatten angebracht sind. Im Innern tragen ionische Säulen die Zwischendecke und oben typisch pergamenische Palmblattkapitelle den Firstbalken.
Die Attalos-Stoa war nicht mehr der Vielzweckbau, den Hallen früher darstellten. In der Tiefe des Untergeschosses wurden 21 Läden für Händler oder Handwerker untergebracht, und die gleiche Anzahl befand sich im Obergeschoß. Die Mieteinnahmen der Stadt müssen sehr groß gewesen sein, wenn man bedenkt, daß von den Einnahmen einer ähnlichen Halle in Milet über Jahrhunderte der Baubetrieb am großen Tempel in Didyma finanziert wurde. Aber natürlich diente die Attalos-Stoa wie jede andere Halle auch den Diskutanten auf der Agora als Wandelhalle. Ihre Lage war so konzipiert, daß sie den »Heiligen Markt« (Aristoteles) gegen den hinter der Stoa liegenden Kaufmarkt nach Osten abschloß. Es war aber gewiß nicht der Wunsch, hier eine klare Trennung einzuführen, vielmehr ging es darum, nach hellenistischer Mode einen rechteckigen und klar von Hallen begrenzten Platz zu schaffen. Daß die Athener Agora im Osten keine deutliche Begrenzung hatte, wurde nun als Mangel empfunden. In der gleichen Modernisierungsabsicht bauten die Athener im Anschluß an die Attalos-Stoa auf der Südseite der Agora eine Art Kulissenhalle. Denn diese Mittel-Stoa besaß keine Wand, sondern bestand auf allen Seiten aus Säulenreihen. Sie hatte einzig den Zweck, auch den südlichen Abschluß des nunmehr fast quadratischen Agora-Platzes in moderner Weise mit einer durchgehenden Säulenreihe zu gestalten. Beide Hallen sind Beispiele dafür, daß im Hellenismus die Architektur großzügig als räumliches Gestaltungsmittel eingesetzt wurde, wobei man auch vor Potemkinschen Dörfern nicht zurückschreckte.
Mehr als hundert Jahre zog sich der Prozeß der Eroberung Griechenlands durch die Römer hin. Athen wurde im Jahre

Links und oben: Attalos II. von Pergamon stiftete den Athenern um 150 v. Chr. eine Stoa, die die Agora gegen den dahinter liegenden Kaufmarkt abschloß. Die 116 m breite und 20 m tiefe Halle wurde zwischen 1952 und 1956 rekonstruiert und beherbergt heute das Museum der Agora. In beiden Geschossen befinden sich an der Rückseite je 21 Räume, die als Läden dienten.

Folgende Doppelseite: Das Olympieion in Athen. Unter den Peisistraten wurde mit dem Bau eines dem Zeus Olympios geweihten Tempels begonnen, dessen Vorbild die Riesentempel Ioniens mit doppeltem Säulenkranz waren. Das Werk war kaum über den Stylobat hinaus gediehen, als Hippias 510 v. Chr. vertrieben und der Bau eingestellt wurde. Nach einer Pause von über 300 Jahren nahm ihn König Antiochos IV. von Syrien wieder in Angriff. Er ließ über den alten Fundamenten einen Dipteros in korinthischer Ordnung errichten. Beim Tod des Herrschers 164 v. Chr. waren die Arbeiten noch nicht abgeschlossen. Erst Kaiser Hadrian hat den Tempel um 130 n. Chr. vollendet. Von ursprünglich 104 Säulen stehen noch 15 aufrecht.

In Athen nämlich bauten die Baumeister Antistates, Kallaischros, Antimachides und Porinos für Peisistratos, der dem Olympischen Jupiter einen Tempel baute, hierfür die Grundmauern. Nach dessen Tode aber ließen sie wegen der politischen Unruhen das Begonnene liegen. Daher hat ungefähr 400 Jahre später, als der König Antiochos versprochen hatte, die Kosten zu übernehmen, ein römischer Bürger Cossutius, ein Mann von großem schöpferischem Geist und gründlichster Sachkenntnis, die große Cella, die doppelte Säulenstellung ringsum nebst den Architraven und die Anordnung des übrigen Schmucks nach der Symmetrie meisterhaft angelegt. Dieses Bauwerk hat nicht nur allgemein, sondern auch unter den wenigen Höchstleistungen infolge seiner Pracht einen Namen.

Vitruv 7, Vorrede 15 (Übersetzung von Curt Fensterbusch)

86 v. Chr. von General Sulla geplündert und zerstört. Vieles blieb über Jahrzehnte in Trümmern liegen. Das gilt zum Beispiel für das Pompeion, wo sich in den zerstörten Hallen Töpfer Werkstätten einrichteten. Die verarmte Stadt war weiterhin auf Stiftungen angewiesen. Um die Mitte des 1. Jahrhunderts v. Chr. wurde weit östlich der Agora am Rand des Kaufmarktes die Wasseruhr des Andronikos Kyrrhestes errichtet, eines der originellsten Monumente der ausklingenden späthellenistischen Zeit.

Dieser »Turm der Winde«, ein achteckiger Turm aus pentelischem Marmor von genau 10 Fuß oder 3,26 Meter Seitenlänge und 13,50 Meter Höhe, hat alle Zeitläufte fast unbeschädigt überstanden. An zwei Seiten befinden sich Vorhallen mit je zwei Säulen. Ihre korinthischen Kapitelle stellen eine Besonderheit dar, da sie nur aus Hüllblättern bestehen und die Voluten fehlen.

Symmetrisch zu den Vorhallen gibt es einen dritten Anbau, eine Art Rundturm, zu dem eine Wasserleitung führte und der als Wasserreservoir für die mit Wasserdruck betriebene Uhr im Innern diente. Von dieser Wasseruhr sind nur Einlassungen im Fußboden erhalten. Es muß eine komplizierte Konstruktion gewesen sein, denn im alten Griechenland war der Tag von Sonnenaufgang bis Sonnenuntergang immer in sechs Stunden eingeteilt, so daß die Stunden im Sommer viel länger waren als im Winter. Außen waren an allen Seiten Sonnenuhren angebracht, und auf dem Dach gab es einen Windmesser in Gestalt eines Windgottes aus

GENERALI LIFE

Metall. Er zeigte dem gerade wehenden Wind entsprechend auf eine der berühmten Reliefdarstellungen der acht Winde. Seine Bewegung wurde durch eine Achse auch in den Bau übertragen und an der Wand angezeigt.
Baugeschichtlich besonders interessant ist die Innenausstattung des Monuments. Es besitzt nämlich einen plastischen Schmuck und eine Gliederung in Zonen wie die Stuckwände von vornehmen Wohnräumen. Im oberen Bereich sind Schmucksäulen in die Ecken gestellt, und ein Gesims, das diese Zone abschließt, zeigt zum erstenmal ausladende Konsolen. Das sollte eines der wichtigsten Details an Bauten der römischen Kaiserzeit werden.
Der »Turm der Winde« war sicher ein hübsches, aber kein sonderlich nützliches Bauwerk, da ein Blick an den Himmel zur Angabe der Zeit ausreichte. Er gehört in die Kategorie technischer Spielereien, die vom Fortschritt in der Konstruktion von Apparaten Kenntnis gibt, bei denen auch Schrauben und Zahnräder verwendet wurden. Aber seltsamerweise fehlte bei Experimenten und Erfindungen der Blick für das Praktische, für Arbeitserleichterungen. Die griechische Militärtechnik hat sich in hellenistischer Zeit auch im Bereich der Wurfmaschinen weiterentwickelt, während sich die Bautechnik seit dem 5. Jahrhundert v. Chr. nur ganz unwesentlich verändert hat. Das hing mit einer konservativen Haltung zusammen, die schon im 4. Jahrhundert v. Chr. dazu führte, daß die Bauten der Klassik zum Vorbild erklärt wurden.

Nachdem Griechenland über Jahrzehnte ausgeplündert worden war, begann der Diktator und Herr der Welt Julius Caesar eine neue Politik und wandte auch der alten Welt seine Gunst zu. In Athen initiierte er ein Bauprogramm im Bereich des Kaufmarktes, das Augustus später fortsetzte. Auf dem Gebiet vom »Turm der Winde« bis an die Attalos-Stoa entstand ein moderner Markt in Form eines Peristyls: Ein rechteckiger Hof ist auf vier Seiten von Säulenhallen umgeben, in deren Tiefe sich Läden und Werkstätten befinden. Ein Propylon liegt auf der Seite des »Turmes der Winde«, ein größeres mit der Inschrift des Augustus hinter der Attalos-Stoa.
Dieses geschlossene Bauensemble kann indessen nicht römisch genannt werden. Es stand in der Tradition des Pompeion, und eine ähnliche Marktanlage gibt es schon Ende des 3. Jahrhunderts v. Chr. im nordwestgriechischen Kassope. Römisch bauen hieß mit Wölbungen bauen, Mörtel als Bindemittel zwischen den Steinfugen nutzen und die geniale Erfindung des Gußbetons anwenden. Das aber paßte besser in die neue Welt. In Athen erinnerte man sich an die große Vergangenheit und versuchte man in ihrem Sinn weiterzubauen. Die Bewunderung der alten Zeit ging dort so weit, daß bedeutende klassische Tempel, die in Attika an verschiedenen Heiligtümern errichtet worden waren, Stein für Stein abgetragen und auf der Agora von Athen wiedererrichtet wurden. Athen war nun wirklich zum Museum geworden.

Auf Veranlassung Julius Caesars wurde der alte Athener Kaufmarkt mit seinen Ständen durch einen modernen Marktbau in Form eines Peristyls ersetzt. Zwischen der Attalos-Stoa im Westen und dem »Turm der Winde« im Osten entstand ein gepflasterter Platz von 82 m Länge und 57 m Breite, rings von Säulenhallen umgeben, in denen sich rückwärts Räume für Läden und Werkstätten befanden (linke Seite). Das westliche Propylon (oben) trägt auf dem Architrav eine Inschrift, die besagt, daß dieses Tor der Athena Archegetis vom Volk Athens unter dem Archon Nikias errichtet wurde. Die Inschrift am Propylon der Ostseite nennt Kaiser Augustus als Stifter. Andronikos aus Kyrrhos in Makedonien stiftete den »Turm der Winde«, einen Marmorbau mit Reliefbildern der Windgötter und Sonnenuhren auf den acht Außenseiten sowie einer Wasseruhr im Innern.

Hippodamos und die moderne Großstadt Piräus

Nach neuen Ausgrabungen steht fest, daß die Stadtanlage des Piräus gleich nach den Perserkriegen ausgeführt wurde. Mehrere antike Schriftsteller berichten davon, daß Hippodamos aus Milet den Piräus »eingeteilt« habe. Man hat Hippodamos nach diesen schriftlichen Zeugnissen für einen Bauingenieur gehalten, der die Kanalisation ausgeführt hat, für einen Vermessungsingenieur, nach einer Textstelle bei Aristoteles für einen Sozialreformer und Philosophen, für einen Meteorologen und endlich auch für einen Architekten. Nachdem viele Mauern, Straßen, Häuser und Teile öffentlicher Bauten aufgedeckt sind, kommen wir immer mehr dazu, Hippodamos für ein vielseitiges Genie zu halten, das unter anderem der beste Stadtplaner und Architekt seiner Zeit war. Ausschlaggebend ist aber, daß es beim Piräus nicht nur darum ging, eine schöne Stadt zu entwerfen, sondern daß eine Stadt geschaffen werden sollte, die der modernen und von Demokratie geprägten Zeit entsprach. *Isonomia* (Gleichverteiltheit) und *kleros* (Los) spielten eine große Rolle und müssen die Beweggründe gewesen sein, bei der ersten städtebaulichen Aufgabe nach neuen Wegen zu suchen.

Das Gelände der Halbinsel (Karte S. 206) war für die Anlage einer Hafenstadt ideal. Eine große natürliche Bucht konnte als der Kantharos-Hafen genutzt werden, eine gegenüberliegende kleine Bucht nahm im Kriegshafen Zea die Kriegsschiffe auf. Reste der Schiffshäuser haben sich in dem heutigen Jachthafen erhalten. Dort sind auch Teile der Stadtmauer zu sehen, mit der die Hafenstadt schon zur Zeit von Themistokles umzogen wurde. Das Handels- und Zollgebiet, das Emporion, lag schon in klassischer Zeit dort, wo es sich heute befindet, am Ufer des großen Hafens. Das Wohngebiet erstreckte sich über den mittleren Teil der Halbinsel.

Das wichtigste und erstaunlichste Phänomen, das die freigelegten Ruinen offenbaren, ist das eines Typenhauses. Gleich große Grundstücke haben wir auch bei den Kolonisten der neuen Städte im Westen schon in früharchaischer Zeit feststellen können. Nun aber gleichen sich die Häuser der Bewohner, so daß man zunächst an ein einmaliges großes Bauprogramm denken möchte, ähnlich wie ein modernes Wohnungsbauprojekt in einer Vorstadt. Aber die Ausgrabungen zeigen eindeutig, daß die Häuser einzeln gebaut wurden, daß es nur einen gemeinsamen und offensichtlich vorgeschriebenen Entwurf gab.

Betrachten wir die Baublöcke, so wird diese Vereinheitlichung verständlicher. Anders als die alten Städte wurde der Piräus nicht in Streifen eingeteilt. Die Baublöcke oder Insulae sind vielmehr rechteckig und sogar fast quadratisch. Sie sind 47 Meter lang und 41 Meter breit. Waren die Streifen der älteren Städte höchstens 35 Meter tief, so mußte die größere Tiefe im Piräus einem schmaleren Grundstück entsprechen.

Tatsächlich waren die Insulae regelmäßig in vier schmale Grundstücke im Norden und vier im Süden eingeteilt. Diese handtuchförmigen Parzellen von 11,80 Meter Breite verdanken ihre Form der Überlegung, daß auf diese Weise ein Einfamilienhaus mit Hof und Nebenräumen besser untergebracht werden kann. Wir sehen, daß hier versucht wurde, alle städtischen Probleme im Zusammenhang zu sehen. Die Piräus-Stadtplanung ist das Ergebnis einer wissenschaftlichen Leistung. Hippodamos kann daher mit Recht als der Begründer einer Wissenschaft vom Städtebau angesehen werden.

Im Norden der Grundstücke stand jeweils das zweigeschossige Wohnhaus, das im Untergeschoß eine Vorhalle oder Prostas aufwies; in der Mitte befand sich der Hof, und im Süden lagen Arbeits-, Wirtschafts- oder sonstige Nebenräume. Hippodamos hatte erkannt (was moderne Architekten vor einigen Jahren wiederentdeckt haben), daß auf einer Parzelle von knapp 250 Quadratmeter Fläche ein bescheidenes, attraktives Einfamilienreihenhaus errichtet werden kann.

Das Typenhaus von Hippodamos trug dem selbstbewußten Bürgertum seiner Zeit Rechnung. Man wollte nicht mehr in Einraumhäusern wohnen, sondern mehrere Zimmer haben für die unterschiedlichen Tätigkeiten und Familienmitglieder bis hin zu den Sklaven. Dennoch blieb der Herdraum mit der Feuerstelle der Mittelpunkt der Familie. Er nahm den größten Platz ein. Von ihm aus führte eine Leitertreppe (die aus Holz war und sich nicht erhalten hat) in das Obergeschoß, wo sich der Schlafraum befand. Erstaunlich viel Platz nahm im Untergeschoß der Andron mit einem Vorraum ein. Hier empfing der Hausherr seine Gäste, hier fanden die Symposien statt, die wir von Schilderungen bei Platon und von zahllosen Darstellungen auf Vasen gut kennen. In diesen Andrones, zu denen die Frauen des Hauses keinen Zutritt hatten, standen an der Wand sieben Klinen, Ruhesofas, auf denen liegend gespeist wurde. Eine fünf Zentimeter hohe Stufe auf dem Fußboden der Andrones diente als Unterlage für die Klinen, so daß diese Räume bei der Ausgrabung eindeutig identifiziert werden können. Andrones hat es schon in der älteren Adelsgesellschaft gegeben. Neu ist aber sicher, daß sie sich nun in jedem Bürgerhaus finden. Das läßt darauf schließen, daß hier nicht nur gefeiert werden sollte, sondern daß diese Einrichtung der Politik und der Polis diente und als wichtiger Teil der neuen Gesellschaft angesehen wurde.

Über den Andrones, so ist zu vermuten, lag die Gynaikonitis, der für die Hausherrin reservierte Raum. Sie hatte frei-

Links: Skeuothek am Zea-Hafen von Piräus. Rekonstruktionszeichnung von W. Dörpfeld (Vorder und Seitenansicht, Quer- und Längsschnitt). Das 18 m breite und 132 m lange Gebäude diente zur Aufnahme von Segeln und Takelage. Es wurde zwischen 340 und 330 v. Chr. von dem Architekten Philon errichtet.

Rechte Seite: Rekonstruktion einer Insula mit Typenhäusern des Architekten Hippodamos für die neue Stadt Piräus, um 475 v. Chr. Modell von W. Hoepfner und E.-L. Schwandner. 47 m lange und 41 m breite Baublöcke waren gleichmäßig in je vier schmale Grundstücke im Norden und im Süden aufgeteilt. Für ein Einfamilienhaus mit Hof und Nebenräumen stand also eine Parzelle von knapp 250 m² Fläche zur Verfügung.

lich keine politischen Rechte und hielt keine Symposien ab. Aristophanes hat das in seiner »Weibervolksversammlung« kritisch und humorvoll beschrieben. Auf Vasenbildern ist oft zu sehen, wie die Hausherrin, in der Gynaikonitis auf einem Stuhl sitzend, von einer Dienerin einen Kasten mit Schmuck gereicht bekommt.

Natürlich haben sich von den Häusern im Piräus immer nur Teile des Untergeschosses erhalten. Aus literarischen Quellen wissen wir aber, welche Räume oben lagen. Unsicher ist die Rekonstruktion der Dächer. Gehen wir davon aus, daß Hippodamos den Vorteil von Typenhäusern gerade bei der Dachgestaltung nutzen wollte, so kann das Problem des Regenwassers kaum anders gelöst worden sein, als daß über dem Hauptteil ein Satteldach auflag, von dessen schrägen Flächen das Wasser auf das Flachdach über den Nebenräumen ablief. Flachdächer sind in der mediterranen Welt bis heute überall anzutreffen, weil sie preiswert und praktisch sind.

Hippodamos hat im Piräus ganz im Gegensatz zu den alten Streifenstädten kleine Insulae angeordnet. Sie bedeuteten eine dichte Folge von parallelen Straßen in beiden Richtungen. Dadurch wurde der Waren- und Personenverkehr deutlich erleichtert. Mußte man früher bis zu 200 Meter lange Baublöcke umgehen, so gelangte man jetzt nach 40 Metern auf eine Querstraße. Erstmalig gab es ein abgestuftes System von Straßenbreiten. Normale Wohnstraßen waren nur rund 5 Meter breit, jede vierte Straße sollte Verkehr aufnehmen und war rund 8 Meter breit. Ferner gab es Platiai, große Hauptstraßen von 15 Meter Breite. An diesen die Stadt durchquerenden und zu den Haupttoren nach Athen führenden Straßen lag auch die berühmte Hippodamische Agora.

Für die Lösung des Rätsels, wo diese Agora genau gelegen hat, ist eine neue Ausgrabung am Zea-Hafen entscheidend. Hier wurden vor kurzem die Fundamente eines großen Gebäudes aufgedeckt, das als die Skeuothek identifiziert werden konnte. Dieses Gebäude in Form einer langen Halle diente der Aufbewahrung der Takelage und Segel der Flotte. Eine sehr ausführliche Inschrift, die den Bau in allen Einzelheiten beschreibt und die man als eine Ausschreibung ansieht, wurde bereits vor hundert Jahren in der Nähe gefunden. Aus ihr ist zu erfahren, daß der Architekt Philon, den wir auch von seiner Bautätigkeit in Eleusis kennen, das Arsenal zwischen 340 und 330 v. Chr. errichtet hat. Es war 405 Fuß lang und 55 Fuß breit. Das entspricht 119,90 Meter Länge und 16,30 Meter Breite. Besonders interessant ist die Inschrift, weil sie die Dachkonstruktion genauestens schildert. Dächer und besonders die Holzkonstruktionen der

Balken sowie Sparren und Latten, die die schweren Ziegel zu tragen hatten, sind nirgends erhalten.
Die Skeuothek hat sich nach der Inschrift am Propylon zur Agora befunden. Da die Fundamente am Zea-Hafen entdeckt wurden, kann diese Agora sich nur auf dem ebenen Gelände oberhalb des Arsenals befunden haben, dort, wo die neue Stadt wieder eine Platzanlage aufweist.

Priene, eine spätklassische hippodamische Stadt

Münzen belegen, daß es in Ionien, nicht weit von der Küste im Gebiet des großen Flusses Mäander, schon in archaischer Zeit eine Stadt Priene gegeben haben muß. Ihre genaue Lage ist bis heute nicht bekannt. In der Mitte des 4. Jahrhunderts v. Chr. gründeten die Bewohner von Priene eine neue Stadt am Hang des Mykale-Gebirges. Vielleicht hatte der mäandernde Fluß ihre alte Stadt bedroht. Es müssen jedenfalls gewichtige Gründe gewesen sein, die zu die-

Oben: Wiederaufgerichtete Säulen des Athena-Tempels und Burgberg von Priene. Der berühmte ionische Peripteros wurde ebenso wie der kleinere Zeus-Tempel östlich der Agora von dem Architekten Pytheos entworfen, der die Planung der ganzen Stadt konzipierte. Die beiden Tempel hat Pytheos in einer Schrift publiziert und damit die Proportionslehre des römischen Baumeisters Vitruv beeinflußt.

Rechts innen: Blick von der Agora auf die Stützmauer der Terrasse des Athena-Tempels in Priene.

Rechts außen: Bruchstück von Geison und Sima des Athena-Tempels in Priene. Über dem glatten Kranzgesims verläuft die Rinnleiste mit S-förmigem Profil, geschmückt mit Löwenköpfen als Wasserspeiern, Akanthusranken und Palmetten.

Deshalb sagt einer von den alten Architekten, Pytheos, der in Priene den Bau des Minerva-Tempels vortrefflich als Architekt geleitet hat, in seinen Schriften, ein Architekt müsse in allen Zweigen der Kunst und Wissenschaft mehr leisten können als die, die einzelne Gebiete durch ihren Fleiß und ihre Tätigkeit zu höchstem Glanz geführt haben. Vitruv 1, 1, 12 (Übersetzung von Curt Fensterbusch)

sem kostspieligen und arbeitsaufwendigen Unternehmen zwangen.
Dieses neue Priene war berühmt für seinen Athena-Tempel, den der Architekt Pytheos in ionischer Ordnung gebaut hatte. Auf der Suche nach diesem Tempel war Priene schon im 18. Jahrhundert gefunden worden. Gegen Ende des vorigen Jahrhunderts weitgehend ausgegraben, kann Priene als ein Modell für die vielen mittelgroßen Städte der klassischen Zeit gelten.
Priene hat eine Fläche von 37 Hektar, die von etwa 5000 Menschen bewohnt werden sollte. Die Stadt liegt an einem steilen Hang und ist wie viele Städte der klassischen Zeit nach Süden orientiert, um – ähnlich wie Weinberge – die Sonne aufzufangen. Das Straßensystem ist sogar exakt nord-südlich ausgerichtet, denn bei dieser Lage wird die schräg stehende Wintersonne optimal genutzt, während die heiße Mittagssonne im Sommer steil am Himmel steht und nicht in die Hallen der Wohnhäuser eindringt.
Die Stadtmauer umschließt das Wohngebiet, einen Steilhang darüber und aus strategischen Gründen eine Akropolis in 380 Meter Höhe. Dort gab es keinen Tempel und keinen Palast, dort waren Soldaten für die Bewachung der Stadt stationiert. Da man sich vor einer Militärdiktatur fürchtete, war es dem Kommandanten übrigens nicht ohne weiteres erlaubt, in die Stadt hinabzusteigen.
Eine am Hang entlangführende Straße durchzieht die Stadt Priene vom Stadttor im Westen schnurgerade nach Osten. Nicht einmal diese Hauptstraße von sieben Meter Breite war mit Wagen befahrbar; wegen des steilen Geländes ist sie stellenweise als Treppenstraße angelegt. Für eine römische Stadt wäre der Verzicht auf Wagenverkehr unmöglich gewesen. Brauchbare Straßen in den Städten erschienen den Römern genauso unentbehrlich wie gute Landstraßen, während in den Stadtstaaten der klassischen Zeit der Bau von weitführenden Straßen aufgrund der vielen Grenzen und Territorien sehr erschwert war.

Priene hatte ein enges Straßennetz, das eine verblüffende Ähnlichkeit mit dem Piräus aufweist. Zusammen mit anderen Städten ist Priene der Beweis dafür, daß Hippodamos eine Lehre geschaffen hat, die weithin wirkte und noch nach mehr als hundert Jahren in den Grundzügen befolgt wurde. Die Insulae oder Baublöcke haben gleiche Form und waren in Priene ebenfalls in acht gleich große Grundstücke aufgeteilt. Aber nicht nur Straßenschema und Parzellen beider Städte sind gleich, auch in Priene gibt es ein Typenhaus, und dieses hat – auf einem etwas schmaleren Grundstück – die gleichen Räume und die gleiche Raumteilung wie das Typenhaus im Piräus. Auch hier liegen auf den 207 Quadratmeter großen Parzellen im Norden die Wohnhäuser mit zwei Geschossen, in der Mitte ein Hof und im Süden die Nebenräume. Ein Unterschied besteht darin, daß hier in Priene den Andrones oder Männerräumen weniger Bedeutung beigemessen wurde. Es sind nur kleine Kammern, in denen nicht mehr als drei Klinen untergebracht werden konnten. Dabei ist allerdings zu berücksichtigen, daß nach Darstellungen auf Vasen oft auch zwei Männer auf einer Kline Platz fanden. Die Andrones in Priene waren von der für diese Häuser charakteristischen Vorhalle oder Prostas zu betreten. In Anlehnung an die Hallen auf den Agorai und in den Heiligtümern gab es auch in den griechischen Häusern solche Vielzweckräume. Ihre genaue Ausrichtung nach Süden gewährte in Priene und in anderen neuen Städten ein Maximum an Behaglichkeit, im Winter wärmende Sonne und im Sommer bei steilem Sonnenstand Schatten.
Die Vorhalle führte in den großen Wohnraum mit Herdstelle. Neben diesem lag ein kleiner Nebenraum, der sicher als Badezimmer genutzt wurde. Die Wannen waren aus Ton und hatten die Form von Sitzbadewannen, damit der Wasserverbrauch niedrig blieb.
Vom Oikos oder Wohnraum gelangte man über eine Treppe in das Obergeschoß, das mit einem Balkon über der

Oben und unten: Die rasterartige Aufteilung der Stadt erforderte bei der Hanglage von Priene den Bau zahlreicher Terrassen mit hohen Stützmauern (unten). Die Straßen, teilweise mit Kanälen für Regen- und Schmutzwasser, sind an abschüssigen Strecken als Treppenstraßen angelegt. Nicht einmal die 7 m breite Hauptstraße (oben), die den Hang entlang die Stadt vom Westtor schnurgerade nach Osten durchzieht, war mit Wagen befahrbar.

Rechte Seite: Rekonstruktionszeichnung einer Insula in Priene. Der 120 Fuß (35,30 m) breite und 160 Fuß (47,05 m) tiefe Baublock ist in acht gleich große Grundstücke eingeteilt. Diese 207 m² großen Parzellen wurden zur Zeit der Stadtgründung mit einem Einheitshaus oder Typenhaus bebaut. Im Norden lag das Wohnhaus mit zwei Geschossen, in der Mitte ein Hof und im Süden ein Nebengebäude mit Wirtschaftsräumen.

Prostas, mit Schlafräumen und Frauenraum die gleiche Ausstattung aufwies wie das Typenhaus im Piräus.

In Priene sind einige Häuser bis zum Ansatz des Obergeschosses erhalten, so daß auch Aussagen über Baumaterialien und Bautechnik möglich sind. Auffallend ist die hohe Qualität der Mauern, deren Technik von Haus zu Haus wechselt. Es gibt zur Straße weisende Fassaden aus einem gleichmäßigen Mauerwerk mit schönen Buckelquadern aus weißem Marmor. Andere Häuser zeigen ein polygonales Mauerwerk, bei dem vieleckige Steine sorgfältig aneinander angepaßt und ohne Mörtel versetzt sind. Holz wurde in der Regel für die Stützen der Vorhalle und des Balkons, für die Zwischenböden und den Dachstuhl verwendet. Die Dächer waren mit 60–80 Zentimeter großen gewölbten Ziegeln gedeckt und entsprechend schwer.

Die Häuser in Priene hatten für durchschnittlich zehn Personen einer Bürgerfamilie keine großen Ausmaße, müssen aber gegenüber den Wohnungen derselben Familien in der alten Stadt Priene modern und zweckmäßig gewesen sein. Die Grundstücke waren an die Bürger verlost worden. Jeder sollte aus Gründen der Isonomie und zur Stärkung der Polisgemeinschaft sein Haus nach dem vom Architekten vorgegebenen Plan errichten. Das scheint auch ausnahmslos so durchgeführt worden zu sein. Später allerdings haben sich die Wohnverhältnisse durch Kauf und Verkauf von Hausteilen stark verändert. In hellenistischer Zeit wurden einige Hausgemeinschaften größer, gab es reiche, aber auch viele ärmere Bürger. Das hatte zur Folge, daß alte Bürgerhäuser in zwei, drei oder gar vier Kleinhäuser umgebaut wurden. Mit solchen Einraumhäusern und einem winzigen Hof davor war man nun wieder zu den traurigen Verhältnissen der Frühzeit zurückgekehrt.

Der hippodamische Städtebau war kompromißlos. Das steile Gelände hinderte in Priene nicht an der rasterartigen Aufteilung der Stadt. Man nahm umfangreiche Erdarbeiten in Kauf und legte zahlreiche Terrassen mit hohen Stützmauern an. Es ist erstaunlich, mit welcher Konsequenz auch große öffentliche Bauten in das städtebauliche Netz einbezogen wurden. Der berühmte ionische Peripteros-Tempel der Athena stand auf einer hohen und mit einem schönen Quadermauerwerk verkleideten Terrasse über dem Marktplatz und war nicht nur mit seinen Achsen parallel zu den Straßen ausgerichtet, sondern so angelegt, daß seine beiden südlichen Ecksäulen genauestens den Ecken einer Insula des imaginären Rasters entsprachen. Damit hat der Architekt Pytheos, der für den Tempel überliefert ist, höchst unklassische Regeln verfolgt. Denn in den Streifenstädten der Frühzeit hat man wie in den gewachsenen Städten benachbarte Bauten nur sehr selten genau parallel ausgerichtet. Peripterale Tempel mit allseitiger Säulenhalle und ebenso prostyle Bauten mit geschlossenen Seitenwänden sollten sich von Nachbarbauten abheben und ihre Unabhängigkeit betonen. Nun ist das anders: Angleichung und Unterordnung unter ein großes System sind in spätklassischer Zeit eine Tugend geworden. Hinzu kommt viel-

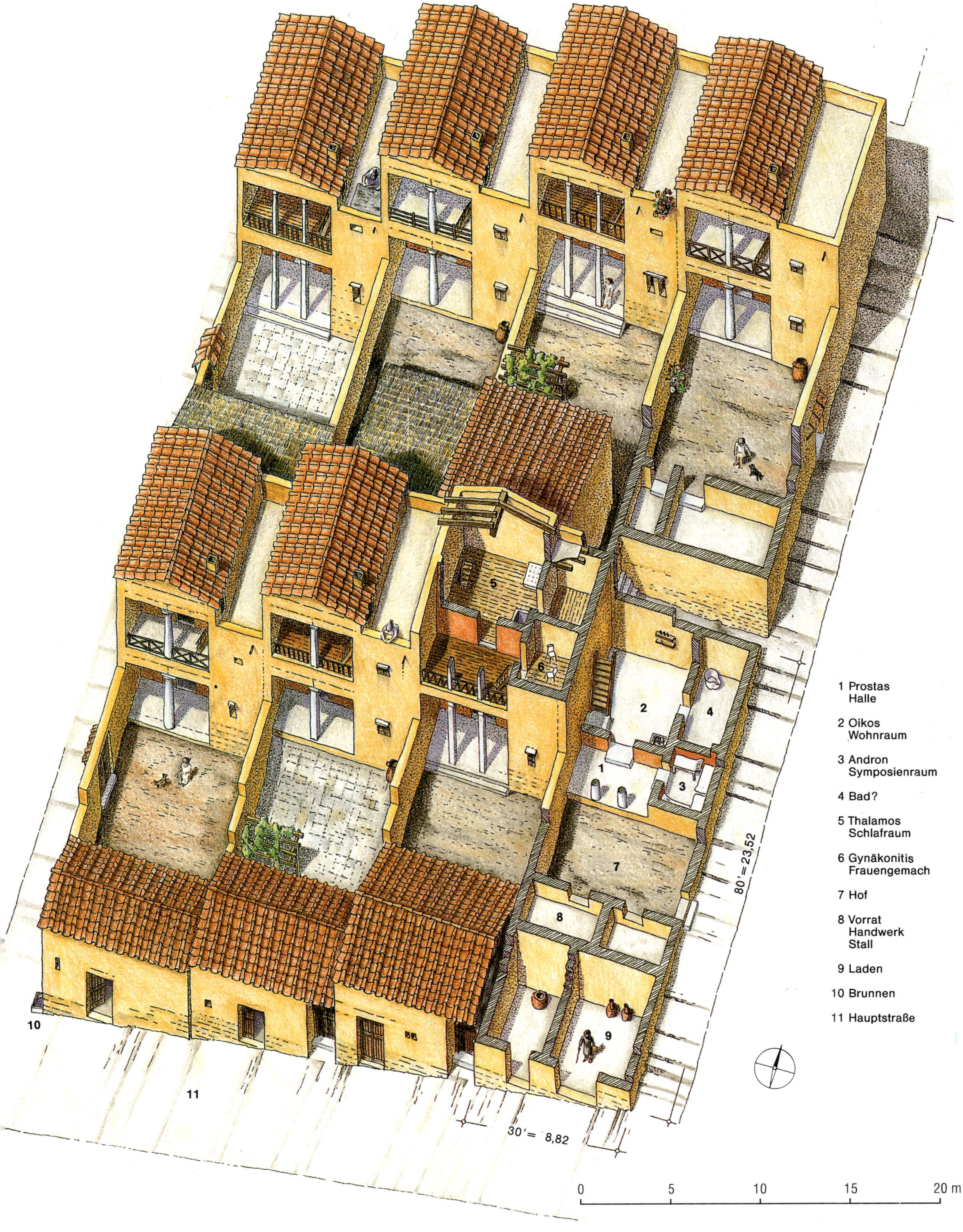

1 Prostas
Halle

2 Oikos
Wohnraum

3 Andron
Symposienraum

4 Bad?

5 Thalamos
Schlafraum

6 Gynäkonitis
Frauengemach

7 Hof

8 Vorrat
Handwerk
Stall

9 Laden

10 Brunnen

11 Hauptstraße

Links oben: Waschraum im unteren Gymnasion von Priene.

Links unten: Sockel einer Ehrenstatue vor den Stufen der »Heiligen Halle« an der Nordseite der Agora von Priene.

Rechte Seite: Blick von der Terrasse des Athena-Tempels auf die Agora von Priene. Man erkennt Reste der Nordhalle mit zwei Säulenreihen und rückwärtigen Ladenräumen sowie Säulenstümpfe der Hallen, die das Zeus-Heiligtum an der Ostseite der Agora umgaben. Vor den Stufen der Nordhalle verläuft die Hauptstraße vom West- zum Osttor. Im Südosten, jenseits der Mündungsebene des Mäander, ragt das Massiv des Latmos auf.

Folgende Doppelseite: Rekonstruierte Ansicht der Stadtanlage von Priene. Zeichnung von J. Wendel. Die um 350 v. Chr. am Südhang der Mykale gegründete Stadt wurde von dem Architekten Pytheos geplant. Das steile Gelände hinderte nicht an der rasterartigen Aufteilung in gleich große Insulae. Nicht nur die Baublöcke mit jeweils acht Typenhäusern, auch die öffentlichen Gebäude wurden konsequent in das städtebauliche Netz einbezogen. Der Athena-Bezirk umfaßt zwei ganze und zwei halbe Insulae, die Agora zwei, das Theater eineinhalb; das Gymnasion mit der Palästra nimmt eine Insula ein, ebenso das Zeus-Heiligtum östlich der Agora, der Kaufmarkt westlich davon eine halbe.

leicht noch, daß der Architekt Pytheos vorher in den Diensten des Königs Maussollos zusammen mit vielen anderen griechischen Künstlern an dem gewaltigen Maussolleion gearbeitet und dort neben Tyrannen-Großzügigkeit sicher auch Tyrannen-Ordnung kennengelernt hat.

Proportionen haben in der griechischen Architektur seit der archaischen Zeit eine Rolle gespielt. Auch der hippodamische Städtebau zeichnete sich durch eine Festlegung bestimmter Seitenverhältnisse aus. An der weitgehend ausgegrabenen Stadt Priene ist das besonders gut zu beobachten. So ist das Rechteck der Insulae mit 120 Fuß Breite und 160 Fuß Länge wie 3 : 4 angelegt, der Agora-Platz an der Hauptstraße ist 200 x 300 Fuß groß, was dem Seitenverhältnis 2 : 3 entspricht, und der Tempel der die Stadt beschützenden Athena hatte 6 auf 12 Säulen, wies also das Seitenverhältnis 1 : 2 auf. Diese Folge der Verhältnisse 1 : 2 und 2 : 3 und 3 : 4 entspricht der Tetraktys, einem Dreieck der pythagoreischen Philosophie. Es besteht kein Zweifel daran, daß die Proportionslehre in spätklassischer Zeit alle Wissenschaften erobert hatte.

Die Agora von Priene war anfangs ein einfaches Rechteck, das die Fläche von zwei Insulae einnahm. Am Nordrand war die größte, ost-westlich verlaufende Hauptstraße einbezogen; an den Schmalseiten kreuzten zwei Straßen von ebenfalls beträchtlich größerer Breite als die ganz schmalen Wohnstraßen. Die Agora ist beim hippodamischen Städtebau deutlich die Mitte der Stadt. An ihrem Rand lagen öffentliche Bauten und ein Heiligtum des Zeus. Der Platz wies in der Mitte einen Altar auf und füllte sich im Lauf der Jahrhunderte mit Denkmälern. Die Ausstattung mit Denkmälern – in erster Linie Statuen und Reiterstandbilder sowie gerade und halbkreisförmige Bänke – bildete die wichtigste Bereicherung und Ausschmückung aller öffentlichen Räume. Nicht nur die Agora, auch die Heiligtümer füllten sich mit Statuen, und ebenso alle Hallen, das Rathaus, Gymnasion und Theater. Der Statuenwald konnte so dicht werden, daß der Zugang zu wichtigen Gebäuden erschwert war. Und im Theater wurden in hellenistischer Zeit Ehrenstatuen sogar zwischen den Sitzen im Zuschauerraum aufgestellt, was der guten Sicht von allen Plätzen, die das griechische Theater neben der berühmten Akustik auszeichnete, nicht sehr förderlich war.

In hellenistischer Zeit wurde die Agora von Priene modernisiert. Hatte es früher schon auf der Nordseite Hallen gegeben, in denen Gerichte tagten und andere Veranstaltungen stattfanden, so wurden nun auch auf den übrigen Seiten Hallen angelegt, so daß der Agora-Platz wie ein riesiges Peristyl aussah. Um Raum für diese Hallen zu schaffen, wurden im Süden und Westen Häuser abgerissen.

Ohne ausreichende Wasservorräte können Städte nicht existieren. Im Piräus war man auf Zisternen angewiesen, in denen das Regenwasser gesammelt wurde. Genauso problematisch war die Wasserversorgung auf vielen Inseln. Auf Thera ist in archaischer Zeit sieben Jahre der Regen ausge-

blieben, und der Wassermangel zwang damals viele Theräer zur Auswanderung. In Priene lieferten die Quellen des Mykale-Gebirges ausreichend Wasser. Schon bei der Anlage der Stadt wurde ein ausgefeiltes System der Wasserversorgung realisiert. In großen Kanälen wurde das Wasser von den Quellen in die Stadt geleitet und im Norden über den Wohnhäusern in einem Depot gesammelt. Von dort führten Stränge in alle Gebiete der Stadt. Sie endeten in kleinen Laufbrunnen, die sich an den Straßenecken befanden und mit Reliefs geschmückt waren. Erst in der späten hellenistischen Zeit wurde es üblich, das Wasser in Bleirohren bis in die Häuser zu leiten.

Auf den Territorien der Stadtstaaten befand sich immer eine Polis, die als Verwaltungszentrum diente. Außer zahlreichen Dörfern konnte es weitere mauerbewehrte Städte geben. Der Staat Priene besaß noch eine Hafenstadt, die sicher auch der Landbevölkerung als Einkaufszentrum diente. In Priene selbst waren etwa dreißig Läden an der Nordseite der Hauptstraße aufgereiht. Hier werden vor allen Dingen Handwerker ihre Waren verkauft haben. Daneben gab es einen Kaufmarkt in unmittelbarer Nähe der Agora. Dort sind noch die Marmortische zu sehen, auf denen schnell verderbliche Waren angeboten wurden.

Neben Verwaltung, Handel und Handwerk entfaltete sich auch in den mittelgroßen Städten Kultur. Es entstanden nicht nur künstlerisch anspruchsvolle Bauten, Monumente und Gegenstände des täglichen Gebrauchs, auch Einrichtungen für die Jugenderziehung und Bibliotheken wurden unterhalten und Theateraufführungen veranstaltet. Welche Rolle die Musik spielte, können wir heute nur noch ahnen. Das Theater von Priene liegt hoch am steilen Hang und nimmt den Platz von einer und einer halben Insula ein. Es wurde in der Frühzeit der Stadt gegen Ende des 4. Jahrhunderts in Marmor errichtet. Das Zuschauerrund, mit Ehrensitzen an der Orchestra, bietet etwa 4000 Personen Platz. Das Bühnenhaus zeigt unten schlanke dorische Säulen,

zwischen denen Pinakes, bemalte Holztafeln, eingelassen waren. Seit dem 2. Jahrhundert v. Chr. wurde die Spielfläche auf das Untergeschoß angehoben, und die Bühne wurde umgebaut.
Im Gegensatz zum Theater war das Rathaus ein mit einem Dach gedeckter Versammlungsbau. Unterhalb des Theaters und über der Agora gelegen, nimmt es den vierten Teil einer Insula ein. Die Ausführung in hellenistischer Zeit reicht etwas in den Straßenraum hinein. Das 20 Meter breite und 30 Meter tiefe Gebäude bietet auf den ansteigenden Sitzen 300 Buleuten oder Ratsherren Platz. Die Dachkonstruktion ist nur hypothetisch zu rekonstruieren. Wir müssen annehmen, daß trotz der Innenstützen die Deckenbalken gestoßen waren, einen Dreiecksverband mit den Sparren bildeten und auf Zug beansprucht wurden. Nur so läßt sich eine große Spannweite überbrücken. Von den riesigen Holzbalken mit Höhen bis zu 70 Zentimeter, wie sie als Firstbalken in den großen Tempeln verwendet wurden, ist man in hellenistischer Zeit zu technisch weiterentwikkelten Konstruktionen übergegangen.
Die Volksversammlung war das wichtigste Gremium und faßte alle wesentlichen Entschlüsse. Sie tagte in Priene wie in den meisten Städten im Theater. Die Ratsherren hatten die wichtige Aufgabe, die Volksversammlungen vorzubereiten. Neben dem Rathaus liegt in Priene der dritte bedeutende Versammlungsbau der alten Demokratien: das Prytaneion. Die Prytanen waren gewählte Vertreter der Buleuten und hatten hauptsächlich repräsentative Aufgaben. Das Prytaneion war sozusagen das Haus des Staates, in dem Gäste empfangen wurden. So gab es dort einen Bankettraum mit Speisesofas, aber auch ein Zimmer, in dem Feuer auf einem Herd brannte, das nie erlöschen durfte.
Das alte Gymnasion in der Stadt Priene oberhalb der Agora ist nicht vollständig ausgegraben worden. Besser bekannt ist das untere Gymnasion in einem Zwickel an der Stadtmauer, das erst in hellenistischer Zeit errichtet worden ist.

Linke Seite: Das Buleuterion von Priene wurde in hellenistischer Zeit erbaut. Es liegt in der Insula zwischen dem oberen Gymnasion und dem Zeus-Heiligtum und nimmt wie das benachbarte Prytaneion ein Viertel der Insula ein. Das Prytaneion war das Gästehaus der Polis, in dem das heilige Feuer aufbewahrt wurde, im Buleuterion tagte die Bule, der Rat. Die nach drei Seiten ansteigenden marmornen Sitzreihen des 20 m breiten und 30 m tiefen Versammlungsgebäudes boten 300 Buleuten oder Ratsherren Platz. In den Ecken und an den vorderen Stützmauern führen Treppen nach oben. Pfeiler auf den oberen Sitzreihen stützten die Dachkonstruktion. Der Marmorblock in der Mitte war ein Opferaltar.

Oben: Das Theater von Priene liegt oben am Hang, wo der Stadtberg bereits steiler zur Akropolis ansteigt. Es wurde gegen Ende des 4. Jahrhunderts v. Chr. in Marmor errichtet. Das Zuschauerrund bot etwa 4000 Personen Platz. Die Orchestra ist von einer Ehrenbank eingefaßt, der Prohedrie, mit fünf Marmorthronen und dem Altar des Dionysos in der Mitte. Zwischen den Säulen im Untergeschoß der Bühne waren bemalte Holztafeln eingelassen. Später wurde die Bühne umgebaut und die Spielfläche von der Orchestra auf das Proskenion verlegt. Im Theater tagte die Volksversammlung. Das Postament einer Wasseruhr zur Begrenzung der Redezeit hat sich erhalten.

Es besteht aus einer Palästra, einem großen Säulenhof für Sportübungen, und einer Reihe von Räumen für den Unterricht auf der Nordseite. In hellenistischer Weise sind die Wände des großen Saales im oberen Bereich mit einer Architekturdekoration geschmückt. Dazu gehören auch Nischen, in denen Statuen aufgestellt waren. Die Epheben saßen auf Bänken an den Wänden und haben in die schönen Marmorquader ihre Namen eingeritzt.

Gleich neben dem Gymnasion lag das Stadion. Direkt an der Stadtmauer war es relativ einfach, eine horizontale Fläche mit einer Laufbahn von 600 Fuß oder 190 Meter Länge herzurichten. Die Startvorrichtung für die Wettläufer hat sich in Priene gut erhalten. Die Zuschauer saßen im Gras oder auf hölzernen Bänken, bis man im Hellenismus der allgemeinen Mode folgend die Sitzbänke in der Form eines geschlossenen Rundes aus Marmor errichtete.

Priene führt uns mit allen seinen Einrichtungen die hohe Zivilisation der griechischen Städte vor Augen. Der Ar-

beitsaufwand, der bei der Stadtgründung besonders groß war, läßt uns heute noch staunen. Form und Mauerwerk der Stadtmauern verraten, daß diese Maßnahmen der Verteidigung zu den ersten der Stadt gehört haben. Auch der große und bedeutende Athena-Tempel, der eine Zierde jeder Großstadt gewesen wäre, ist teilweise im 4. Jahrhundert v. Chr. errichtet worden, denn Alexander der Große ließ auf den Architravblöcken eine Weihinschrift anbringen, als er 334 v. Chr. die Stadt besuchte. Die Häuser sind gleichfalls noch im 4. Jahrhundert gebaut worden.

Eine zweite bedeutende Bauepoche erlebte Priene wie viele andere Griechenstädte Kleinasiens in der ersten Hälfte des 2. Jahrhunderts v. Chr.. Damals wurde nicht nur der große Tempel nach 200 Jahren Bauzeit fertiggestellt, sondern erfolgte auch der Ausbau von Theater, Gymnasion, Rathaus, Agora-Hallen und Stadion. Die Gesamtzahl der in der Stadt wohnenden Personen wird aber 10 000 nie überschritten haben. Im Krieg um die Erbschaft des Königreichs Pergamon, der von 133 bis 129 v. Chr. mit größter Härte geführt wurde, erlitt Priene das Schicksal einer Plünderung und Einäscherung. Davon hat sich die Stadt nicht wieder erholt.

Orraon als Beispiel einer griechischen Kleinstadt

Von den etwa 2000 bedeutenden Städten, die es in der klassisch-hellenistischen Welt gab, sind kaum mehr als ein Dutzend auch in Einzelheiten bekannt. Noch weniger wissen wir aber über die Dörfer und Kleinstädte, in denen die meisten Menschen lebten. Was die Funde angeht, erscheint die Ausgrabung solcher Siedlungen wenig attraktiv, und es ist ein Glücksfall, daß in Nordwestgriechenland in der Nähe der alten Stadt Ambrakia, dem heutigen Arta, die Ruinen einer Kleinstadt sehr gut erhalten sind.

Von einer zwei Meter breiten und an manchen Stellen verstärkten Stadtmauer wird ein Wohngebiet auf einem Hügel

Links, rechts oben und Mitte: Die ionische Stadt Milet, auf einer Halbinsel im Südwesten der durch Anschwemmungen des Mäander heute verlandeten Bucht von Latmos gelegen, hatte 80 Kolonien gegründet und gehörte wirtschaftlich wie kulturell zu den führenden Stadtstaaten der griechischen Welt. Ihre Beteiligung am Aufstand gegen die persische Oberhoheit endete 494 v. Chr. mit einer Katastrophe. Milet sank in Schutt und Asche, die Überlebenden wurden an den Tigris deportiert. Nach der Wende durch den griechischen Sieg bei Salamis 479 v. Chr. konnten die Bewohner zurückkehren. Vermutlich hat Hippodamos von Milet den Plan für den Wiederaufbau seiner Heimatstadt entworfen. Auf ihn dürfte die moderne Struktur des neuen Milet mit engem Straßenraster, gleich großen Insulae und Einheitsparzellen zurückgehen. Die ergrabenen Bauten stammen zum größten Teil aus hellenistischer und römischer Zeit. Im Süden und Westen der »Löwenbucht«, des nach zwei gewaltigen Marmorlöwen so benannten Haupthafens, entstanden gegen 300 v. Chr. die 180 m langen »Hafenhallen« mit dorischen Säulen. Vor dem Westflügel (rechts oben) sieht man den runden Stufenunterbau des im 1. Jahrhundert v. Chr. errichteten »Hafenmonuments«. Das Buleuterion (rechts Mitte) wurde zwischen 175 und 164 v. Chr. als Stiftung der Brüder Timarchos und Herakleides im Namen König Antiochos' IV. von Syrien erbaut. Wie in Priene war das Ratsgebäude mit theaterähnlich angeordneten Sitzreihen ausgestattet und einst überdacht. Davor lag ein mit Marmorplatten gepflasterter Hof, den auf drei Seiten Säulenhallen umgaben; in der Mitte erhob sich ein Altar der Artemis. Das Theater (links) aus der Zeit um 100 n. Chr. nimmt die Stelle eines älteren Theaterbaus ein. Vom Zuschauerrund blickt man über den einstigen »Theaterhafen« zur ebenfalls verlandeten Insel Lade, bei der im Jahr 494 die persische Flotte die der aufständischen Ioner besiegte.

Rechts unten: Querschnitt und Rekonstruktion der Zisterne der Stadt Orraon. Zeichnung von I. Arvanitis nach Angaben von W. Hoepfner. Die gegen 350 v. Chr. gegründete Kleinstadt in Nordwestgriechenland besaß nur zwei öffentliche Bauten: ein kleines Hallengebäude für die örtliche Verwaltung und eine Zisterne, aus der sich die ganze Bevölkerung während der regenlosen Sommerzeit mit Wasser versorgte. Das Becken ist 7 m breit, 14 m lang und 5 m tief. Die es umgebenden Holzsäulen trugen nach innen geneigte Pultdächer.

METON: Vermessen will ich euch das luft'ge Land
und juchartweis' verteilen –
PISTHETAIROS: Alle Wetter!
Wer bist du?
METON: Wer ich bin? – Meton, den
ganz Hellas und Kolonos kennt!
PISTHETAIROS: Sag an,
Was hast du da?
METON: Das Meßzeug für die Luft!
Denn schau: die Luft ist an Gestalt durchaus
backofenähnlich. – Nehmen wir das Reißzeug
und setzen hier den krummgebognen Fuß
des Zirkels ein – verstehst du?
PISTHETAIROS: Nicht ein Wort!
METON: Nun leg' ich an das Lineal und bild'
ein Viereck aus dem Kreis – hier in die Mitte,
da kommt der Markt, und alle Straßen führen
schnurgrad zum Mittelpunkt und gehn wie Strahlen
von ihm, als kugelrundem Stern, gradaus
nach allen Winden –
PISTHETAIROS: Hört! Ein zweiter Thales! –
Meton!
METON: Was gibt's?
PISTHETAIROS: Ich mein' es gut mit dir:
drum folge mir und mach dich aus dem Staub!

Aristophanes, *Die Vögel* 995 ff. (Übersetzung von Ludwig Seeger)

In Orraon wurde das Haus einer Bauernfamilie (rechte Seite) vollständig ausgegraben. Die Wände standen teilweise noch in beträchtlicher Höhe aufrecht, die oberen Steinlagen waren herabgestürzt und fanden sich alle am Boden. Das Haus läßt sich daher in allen Einzelheiten rekonstruieren (unten: Rekonstruktionszeichnung von U. Juch-Neubauer nach Angaben von W. Hoepfner). Der Raum mit großen Fenstern zum Hof diente als Pferdestall, darüber waren Sklaven untergebracht. Auf der anderen Seite des kleinen Hofes befand sich der Andron. Die offene Vorhalle führte in den Hauptwohnraum (links: Rekonstruktionszeichnung des Oikos von W. Jo Brunner nach Angaben von W. Hoepfner und E.-L. Schwandner). Hier war die Familie um den Herd versammelt und nahm sie die Mahlzeiten ein. Über eine Leitertreppe und eine Galerie gelangte man in zwei Schlafräume im Obergeschoß; darunter lagen Bad und Webraum.

Die Einrichtung der Privathäuser gilt als hübscher und praktischer, wenn sie geradlinig ist und dem neueren und hippodamischen Prinzip folgt. Für die Sicherheit im Kriege ist aber das Gegenteil, so wie es früher war, besser. Denn da finden sich Fremde schlecht heraus, und Eindringlinge kommen mühsam hindurch. Also muß man beides berücksichtigen (man kann dies, wenn man es macht, wie es auf dem Land üblich ist und was man das Prinzip der Rebpfähle nennt): man soll im ganzen die Stadt nicht geradlinig einrichten, wohl aber in ihren einzelnen Teilen. Dann ist sowohl für die Sicherheit wie auch dür die Schönheit gesorgt. Aristoteles, *Politik* 7, 1330 b (Übersetzung von Olof Gigon)

umschlossen. Die größte Ausdehnung beträgt nur 300 Meter. Orraon, dessen Name durch eine Inschrift überliefert ist, wurde vor der Mitte des 4. Jahrhunderts v. Chr. als eine einheitliche Siedlung gegründet. Das Straßensystem ist streng rechtwinklig und ähnelt dem großer Städte. Es handelt sich aber nicht um eine hippodamische Stadt mit fast quadratischen Insulae und schmalen Prostas- oder Vorhallenhäusern, sondern um eine modernisierte Streifenstadt. Im Gegensatz zu den älteren Städten dieses Typus sind hier die Streifen besonders schmal und nehmen immer nur eine Reihe von Häusern auf. Die Straßen, die somit dicht aufeinander folgen, sind nur 2,50–3 Meter breit. Eine Querstraße liegt in der Mitte von Orraon und verbindet zwei der vier Stadttore miteinander.

Orraon mit einer Fläche von nur vier Hektar und etwa 1000 Einwohnern war eine Nebenstadt und hatte kein Parlament, natürlich auch kein Theater oder Gymnasion. Bildung und Ausbildung konnten nur in den größeren Poleis geboten werden. In Orraon gab es – soweit bekannt – keinen einzigen Laden. Zum Einkauf mußte man 15 Kilometer weit nach Ambrakia gehen. Entsprechendes gilt für kulturelle Einrichtungen. An öffentlichen Bauten gab es in der Kleinstadt ein kleines Hallengebäude für die örtliche Verwaltung und vor allem eine große Zisterne, in der das Regenwasser für die ganze Bevölkerung gesammelt wurde. In einem 7 Meter breiten, 14 Meter langen und 5 Meter tiefen Becken wurden unter einer geschickten Dachkonstruktion

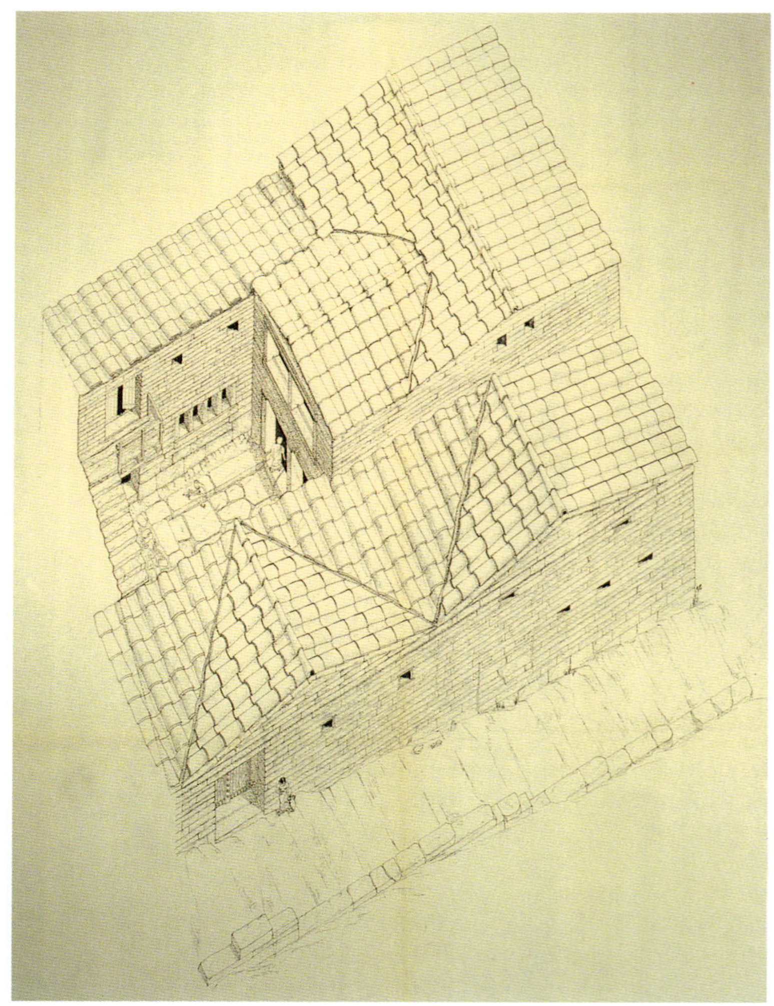

maximal 400 Kubikmeter Wasser aufbewahrt. Jeder Bewohner mußte also in der regenlosen Sommerzeit mit etwa einem halben Kubikmeter Wasser auskommen.
Erstaunlicherweise waren die Häuser in dieser Kleinstadt keineswegs ärmliche Hütten. Im Gegenteil, die Grundstücke waren größer als in Priene, und da die Höfe sehr klein waren, gab es in den zwei Geschossen eine größere Anzahl von Räumen. Eines der Häuser wurde vollständig ausgegraben. Die Wände sind teilweise hoch erhalten, und alle herabgestürzten Steine fanden sich am Boden. So läßt sich das Haus einschließlich der Türen, Fenster, Zwischenböden und Dächer in allen Einzelheiten in Zeichnungen rekonstruieren. Es ist damit das am besten bekannte Haus der klassischen Zeit überhaupt.
Kern ist auch hier der Oikos, der bis in die Frühzeit zu verfolgende Herdraum, in dem die Mahlzeiten gemeinsam eingenommen wurden. Die alte Feuerstelle in der Mitte des Raumes ist mit vielen Essensresten erhalten geblieben, und an den Wänden ist ablesbar, daß dieser Raum über zwei Geschosse reichte, damit der Rauch besser abziehen konnte. Eine Leitertreppe führte auf eine Galerie, über die zwei kleine Schlafräume zu erreichen waren. Unter diesen lagen neben dem Oikos eine Webkammer und ein Badezimmer, das eine Art Terrazzofußboden aus rotem Mörtel mit weißen Steinchen aufweist. In einem Nebenraum auf der gegenüberliegenden Seite fanden sich viele Werkzeuge für die Feldbestellung. Hier waren die Vorräte gelagert.
Ähnlich wie in Priene hat auch hier der Wohnraum eine zum Hof hin offene Vorhalle mit einem Balkon darüber. In Nordwestgriechenland waren die Höfe der klassischen Häuser in der Regel jedoch sehr klein und eng von Räumen umgeben. In Orraon ließ sich der Hof über einen Korridor von Straße und Haustür aus erreichen. Neben dem fassadenartigen Haupt- und Wohnhaus liegt auf der einen Seite der Andron mit einem Fußboden aus kleinen weißen Steinchen und zwei Fenstern mit Klappläden zur Straße. Auf der anderen Seite des Hofes befindet sich ein kleiner Raum mit schmalen hohen Fenstern und einem schrägen Fußboden, zweifellos ein Pferdestall. Pferde waren wertvolle Tiere, die als Hausgenossen betrachtet wurden. Das gilt ebenso für Hunde. Hier und da hielt man wohl auch ein Schwein als Resteverzehrer. Generell aber wurden Tiere wie Schafe oder Ziegen in den Städten aus hygienischen Gründen nicht geduldet.
Über dem Pferdestall befand sich in Orraon eine Kammer mit zwei kleinen Fenstern zum Hof. Hier hatten Sklaven ihren Platz. Man geht davon aus, daß zu einer zehnköpfigen Durchschnittsfamilie ein oder zwei Sklaven gehörten.
Das Haus in Orraon führt vor Augen, daß die Landbevölkerung an dem zivilisatorischen Fortschritt Anteil hatte. Denn auch ohne weitere Ausgrabungen ist zu erkennen, daß das beschriebene Haus keine Ausnahme war. Die etwa siebzig anderen Häuser der Kleinstadt waren ungefähr genauso groß und nach einem ähnlichen Plan angelegt.

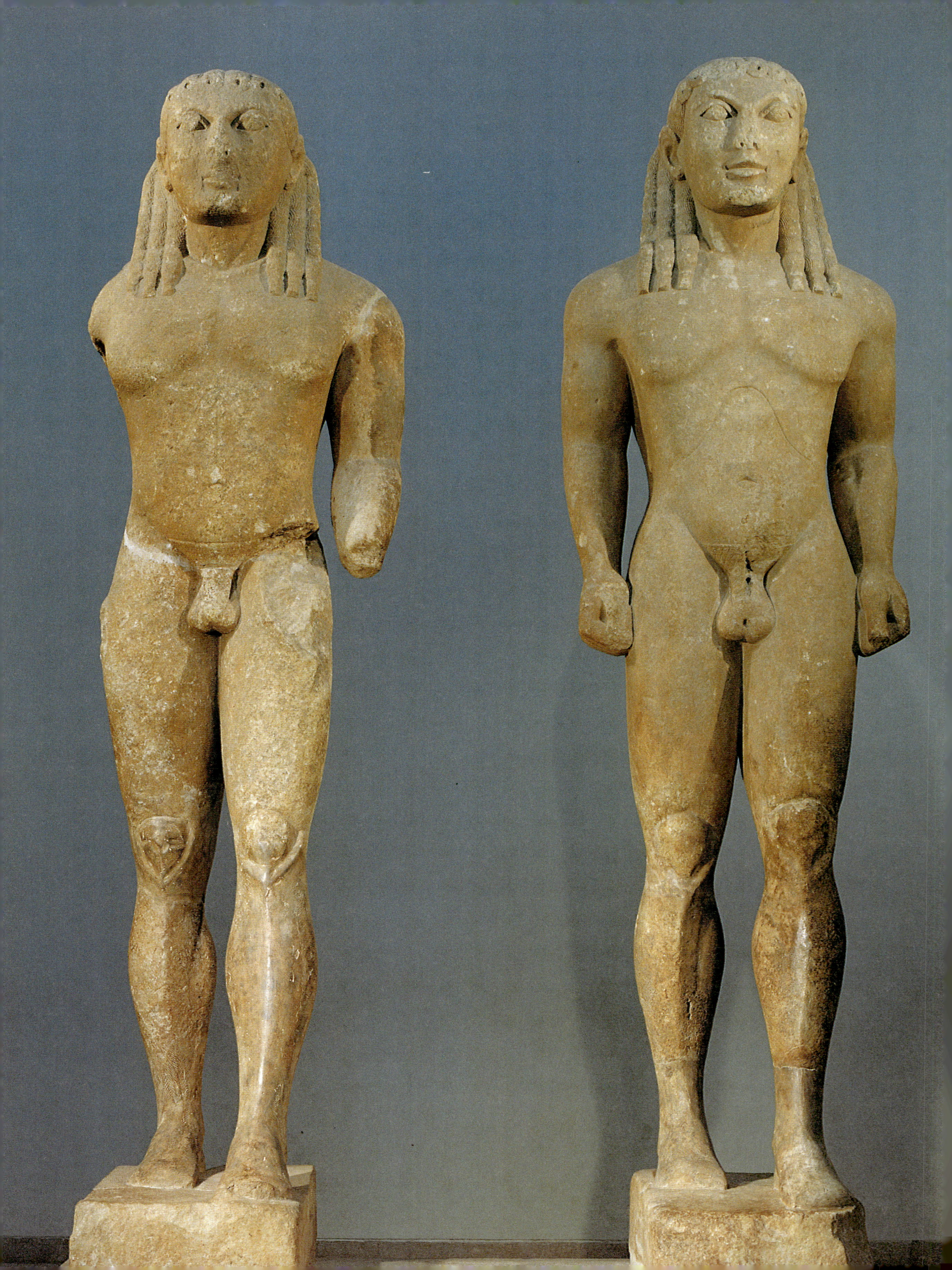

Plastik – das Bild des Menschen in der Kunst

Die menschliche Gestalt ist das zentrale Thema der bildenden Kunst der Griechen. Nicht jede Kunst hat dem Menschen eine so große Aufmerksamkeit geschenkt – es genügt ein Blick auf das künstlerische Schaffen unserer Gegenwart. Eine untergeordnete Bedeutung hat die Darstellung des Menschen auch in einigen Perioden der spätantiken und mittelalterlichen Kunst: Der menschliche Körper wird zum ornamentalen Beiwerk und konventionellen Zeichen, ist aber nicht mehr der primäre Gegenstand des künstlerischen Interesses. Es gibt Kulturen, die das Abbilden des Menschen ganz unterlassen – etwa aus religiösen Gründen wie der Islam strenger Richtung. Wirkungen auch im Christentum hatte das Bildnis-Verbot des Alten Testaments (2. Mose 20, 4): Bildersturm und Streit um die Zulässigkeit von Bildern im Kult gab es mehrfach von der byzantinischen Spätantike bis in die Epoche der Reformation. Wird aber die bildliche Darstellung der Gottheit verboten, dann ist die Darstellung des Menschen meistens – wenn auch nicht notwendig – davon betroffen. Denn im Götterbild findet seinen deutlichsten Ausdruck, was auch die Menschendarstellung weitgehend bestimmt – die Suche nach dem Exemplarischen. Das Nachbilden der menschlichen Gestalt tendiert fast immer zur Verallgemeinerung, zum Typischen. Nicht die bunte Vielfalt einzelner Individuen, sondern der Mensch als solcher, als Repräsentant seiner Gattung oder einer sozialen Gruppe ist das wichtigste Thema. Damit aber wird die Darstellung des Menschen zum Erkenntnisprozeß: Die Frage, wie der Mensch aussieht, wie er aussehen soll, führt fast zwangsläufig zur Frage, was er ist und wozu er auf Erden lebt. Der äußeren Erscheinung des Menschen in der Kunst entspricht also ein abstrahiertes Menschenbild, eine Vorstellung vom inneren Wesen des Menschen. Deshalb sind Menschenbilder nicht willkürliche Variationen eines künstlerischen Themas: Sie formulieren vielmehr Leitbilder, Ideale, in denen sich je verschiedene geschichtliche Erfahrungen verdichten. In ihnen spiegelt sich Geschichte, und daher sind sie umgekehrt nutzbar als historische Quellen.

Warum aber spielt die Bemühung um die menschliche Gestalt eine so große Rolle in der Kunst gerade der Griechen? Die griechische Kultur insgesamt war anthropozentrisch, auf den Menschen ausgerichtet: Nicht zufällig ist das Erfassen der Natur mit menschlichen Begriffen – also Aufklärung –, ist die Analyse des menschlichen Verhaltens – also Ethik – von griechischen Denkern entwickelt worden. Wichtig scheint in diesem Zusammenhang auch zu sein, daß die Griechen den Menschen gern nach seinem Verhältnis zu anderen Menschen definierten und weniger nach seiner Beziehung zur Gottheit. Für den Philosophen Aristoteles zum Beispiel ist der Mensch von Natur aus ein »politisches«, sich erst in staatlicher Gemeinschaft verwirklichendes Wesen (Aristoteles, *Politik* 1, 2, 5). Man versteht daher, daß bei den Griechen die Darstellung des Menschen in der Kunst in besonders hohem Maße repräsentativ wurde für gesellschaftliche Vorstellungen – und deren Wandel. Den deutlichen und vergleichsweise raschen Wandel des Menschenbildes in ihrer Kunst haben die Griechen offenbar selbst schon beobachtet. Der Philosoph Platon hat ihn keineswegs positiv beurteilt; sein Vorbild

Kleobis und Biton. Marmor. Anfang des 6. Jahrhunderts v. Chr. Die beiden gut 2 m hohen Statuen aus dem Apollon-Heiligtum von Delphi bildeten eine Gruppe. In der nur teilweise lesbaren Inschrift auf der Oberseite der ursprünglich in eine Basis eingefügten blockförmigen Standplatte (Plinthe) ist als Bildhauer (Poly-)medes aus Argos genannt. Nach Herodot (1, 31) stifteten die Bürger von Argos Statuen der Brüder Kleobis und Biton nach Delphi; denn die beiden hatten ein bemerkenswertes Schicksal: Da Stiere als Zugtiere nicht zur Stelle waren, zogen sie den Wagen der Hera-Priesterin, ihrer Mutter, zum weit außerhalb der Stadt gelegenen Heiligtum. Die Mutter bat die Göttin, ihren Söhnen für diesen Dienst das beste für Menschen Erreichbare zu schenken – worauf die beiden aus dem Schlaf der Erschöpfung nicht mehr erwachten. Die Identifizierung der erhaltenen Statuen mit Kleobis und Biton ist sehr wahrscheinlich. Sie tragen hohe Schuhe als Hinweis auf den zurückgelegten Weg, der Kuros-Typus macht ihre körperliche Kraft und Schönheit anschaulich. *Delphi, Museum*

war die viel ältere und weniger neuerungssüchtige Kultur und Kunst der Ägypter (Platon, *Gesetze* 2, 656 d–657 b).
Ob die antiken Griechen schöner waren als andere Völker, wissen wir nicht – vorausgesetzt, daß wir uns überhaupt auf eine Definition menschlicher Schönheit einigen könnten. Schriftliche Zeugnisse aus dem Altertum, die von der besonderen Schönheit der Hellenen sprechen, oder auch in Griechenland gemachte Skelettfunde erlauben keine sicheren Aussagen. Die Darstellungen der bildenden Kunst bezeugen zwar ein besonderes Interesse für die menschliche Gestalt, aber sie spiegeln Schönheitsideale und sind nicht Kopien der Wirklichkeit.
Kaum zu unterschätzen ist die Bedeutung des Sports in der griechischen Kultur seit Homer; in der Tat muß das Leben in den Übungsstätten, im Gymnasion und in der Palästra, die Auseinandersetzung mit dem menschlichen Körper entscheidend gefördert und auch vorgeprägt haben. Ziel der Übungen, der »Gymnastik«, war der funktionstüchtige, nicht zuletzt der kriegstaugliche männliche Körper; ein solcher Körper wurde »gut und schön« genannt: »gut« im Sinne von Tauglichkeit und »schön« im Sinne von funktionsgerechter Harmonie der äußeren Erscheinung.
Trotz einer deutlichen Vorliebe für die Jugend wurde jeder Altersstufe eine eigene Schönheit zuerkannt, und das stellte man auch unter Beweis: Schönheitswettbewerbe von Frauen, von Männern, sogar von Greisen hatten an mehreren Orten in Griechenland eine offenbar lange Tradition. Doch auch hier wurde die körperliche Schönheit nicht als ein isoliertes ästhetisches Phänomen aufgefaßt; sie stand in einem sozialen Kontext. Den Siegern konnten kultische Funktionen verliehen werden; in Athen trugen die schönen Greise im Festzug der Panathenäen belaubte Zweige, Geschenke für die Göttin Athena.

Die geometrische Epoche

In der Kunst der geometrischen Epoche Griechenlands (etwa 900–700 v. Chr.) begegnet der Mensch erstmals gegen Anfang des 8. Jahrhunderts v. Chr., also relativ spät – und deutlich später als das Tier. Die bemalten Vasen, deren Dekor der Epoche ihren Namen gegeben hat, zeigen die menschliche Gestalt zunächst vereinzelt und eingebunden in Ornamentfriese, doch entwickeln sich bald – seit etwa der Mitte des 8. Jahrhunderts v. Chr. – figurenreiche Szenen mit einem begrenzten Repertoire von Themen und Bildtypen. Der Mensch präsentiert sich als ein klar gegliedertes Gebilde. Kopf und Füße erscheinen in Seitenansicht, der dreieckige Oberkörper ist von vorn gesehen. Betont werden die Gelenkstellen: der leichte Knick der Knie, die enge Taille, der dünne Hals. Unterschieden ist der runde Schädel vom davorgelegten Gesicht, das am vorstoßenden Kinn erkennbar wird.
In der berühmten Aufbahrungsszene auf der großen Grab-Amphora aus Athen müssen die vor dem Totenbett Sitzenden und Knienden Klagefrauen sein; dennoch unterscheiden sie sich in der Körperbildung nicht von den stehenden Männern. Daß diese Männer sind, zeigen die letzten beiden Figuren links; sie tragen Schwerter. Zwischen Männern und Frauen wird also nicht differenziert, auch Kleider werden nicht dargestellt, obwohl sie in der Realität anzunehmen sind: Das Totenritual haben gewiß nicht Nackte vollzogen, und bekleidet – wie bei Kriegern üblich – muß man sich auf jeden Fall die Schwertträger denken. Vielleicht aber sind soziale Unterschiede angedeutet: Vor den auf der rechten Seite stehenden Männern befindet sich eine im Maßstab viel kleinere Figur, die die Totenbahre berührt. Sie dürfte kein Kind, sondern ein Diener sein. Diener und Sklaven erscheinen auch in der späteren griechischen Kunst oft im verkleinerten Format – außer auf Vasenbildern zum Beispiel auf Grab- und Votivreliefs.
Die Tendenz zur Differenzierung setzt sich bereits in der geometrischen Epoche fort: Bald werden Frauen durch die Angabe von Brüsten kenntlich gemacht, dann auch durch die Darstellung von Kleidern. Im Gesicht erscheint das Auge. Bewaffnete tragen ein Schwert, Lanzen sowie den Schild, der sich – mehr noch, als auch in der Realität vorauszusetzen – dem Körper anpaßt, mit ihm verschmilzt, ohne ihn zu verbergen.
Neben den Vasenbildern, die die frühe Entwicklung der Menschendarstellung am deutlichsten illustrieren, gab es

Geometrische Amphoren. Die 1,55 m hohe Amphora (oben links) stammt aus der Nekropole vor dem Dipylon, dem »doppelten« Stadttor, in Athen. Sie wird dem »Dipylon«-Meister zugeschrieben und damit der führenden attischen Töpferwerkstatt der beginnenden spätgeometrischen Epoche (um die Mitte des 8. Jahrhunderts v. Chr.). Die umlaufenden Friese zeigen »geometrische« Ornamente – es sind nicht abstrakte Muster, sondern Chiffren für Ranken, für pflanzliches Leben –, daneben am Hals Reihen von äsenden Rehen und lagerndem Wild. Zwischen den Henkeln wie in einem Bildfenster die »Prothesis«, die Aufbahrung eines Toten, ein passendes Thema für ein Grabgefäß (links). Der Tote liegt auf einer Kline, über ihm mit Schachbrett-Muster das ihn eigentlich bedeckende Leichentuch. Vor der Kline zwei kniende und zwei auf Hockern sitzende Gestalten, ebenso wie die großen Figuren zu beiden Seiten erheben sie klagend die Arme. Männer und Frauen sind in gleicher Weise – als Menschen – dargestellt; die Knienden und Sitzenden müssen Klagefrauen sein, die Stehenden Männer; die beiden letzten in der linken Reihe tragen Schwerter. Verzichtet wird auch auf die Wiedergabe von Gewändern. Doch sind soziale Unterschiede angedeutet: Die im Maßstab kleinere Figur am Kopfende der Kline ist wohl ein Diener.

Auf der etwas später (um 740/730 v. Chr.) geschaffenen ebenfalls attischen Amphora (oben rechts) nehmen die Klagenden zu seiten des Totenbettes und die Reihe von Kriegern zwei Friese ein. Die Krieger, die hier nicht klagen, verdeutlichen vielleicht den sozialen Status des Verstorbenen. Sie sind gekennzeichnet durch Helmbusch, Schwert, Lanzen und einen Schild, der die Wespentaille, die breiten Schultern und die starken Oberschenkel »geometrischer« Menschenkörper nachzubilden scheint, aber auch einer tatsächlich gebrauchten Schildform entspricht. Im hell, also tongrundig belassenen Gesicht erscheint jetzt das Auge.

Die Amphorenform mit Bauchhenkeln wurde offenbar vorwiegend für weibliche Bestattungen verwendet, die mit Halshenkeln für männliche.

Athen, Nationalmuseum

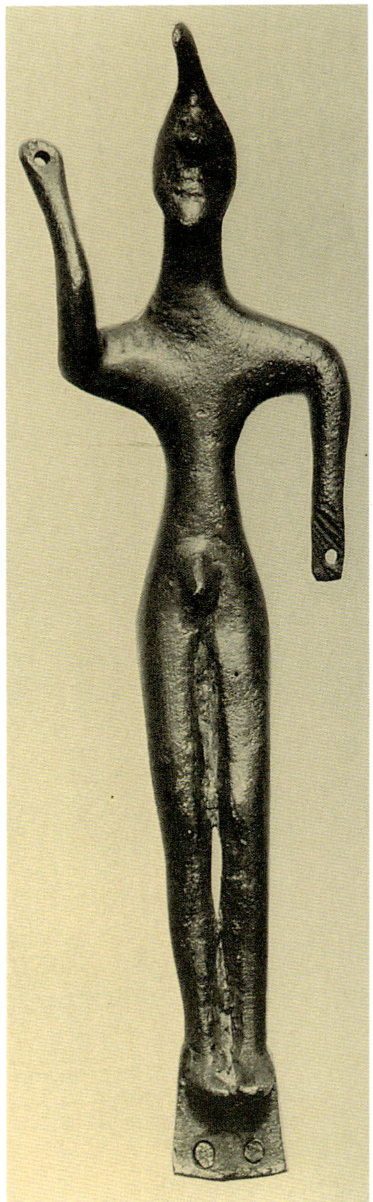

kleinplastische Figuren in Bronze, Ton, Elfenbein und anderem Material. Sie dienten vor allem als Weihgeschenke in Heiligtümern. Manche der erhaltenen Bronzefiguren sind ursprünglich Dekor von Gefäßen wie Dreifußkesseln gewesen. Solange die Großplastik noch nicht ausgebildet war, gehörten derartige Gefäße in oft monumentalem Format zu den anspruchsvollsten Votivgaben. Die Kleinbronzen aus der geometrischen Epoche zeigen das gleiche Menschenbild wie die Vasen: Hervorgehoben sind die einzelnen Glieder, betont die Gelenkstellen zwischen ihnen. Der Körper erscheint als ein funktionsgerecht gestalteter Organismus. Der Akzent aber liegt auf dem Einzelteil und weniger auf der Einheit des Körpers. Kopf und Gesicht zum Beispiel können deutlich gegeneinander abgesetzt sein.

Die Analogien zwischen dem Menschenbild der geometrischen Kunst und der Beschreibung von Menschen bei Homer sind evident: Homer spricht von den »Gliedern« eines lebenden Menschen, wenn wir »Körper« sagen würden, er unterscheidet außerdem Glieder, die durch Gelenke bewegt sind, und solche, die in sich die Kraft von Muskeln haben. Einen Mann charakterisiert er durch »breite Schultern«, »breite Brust«, »schöne, starke Schenkel«, »bewegliche Knie« – alles Eigenschaften, die körperliche Leistungsfähigkeit verbürgen. Eine besondere Rolle spielt dabei die Beweglichkeit, die Schnelligkeit, personifiziert im »fußschnellen« Achilleus. Die auffälligen großen Augen mancher Figuren der geometrischen und später der archaischen Kunst passen ebenfalls zum homerischen Menschenbild: Homer kennzeichnet das Sehen sehr nuanciert mit verschiedenen Verben, wichtig ist ihm das Strahlen des Auges, wie es von anderen wahrgenommen wird.

Odysseus kommt von seinen Irrfahrten nach Hause zurück und fordert – noch unerkannt – die Freier seiner Frau zum Wettkampf heraus. Seine Kleidung ist die eines Bettlers:

Doch Odysseus gürtete sich mit seinen Lumpen um die Lenden und ließ seine Schenkel sehen, die schönen, großen, und sichtbar wurden seine breiten Schultern und die Brust und die starken Arme. Doch Athene trat zu ihm heran und ließ die Glieder dem Hirten der Männer schwellen, und die Freier wunderten sich gewaltig.

Odyssee 18, 66 ff. (Übersetzung von Wolfgang Schadewaldt)

Links außen: Die Elfenbeinstatuette einer nackten Frau wurde mit vier weiteren derartigen Figuren in einem Grab der Kerameikos-Nekropole vor dem Dipylon in Athen gefunden. Das Grab kann um 730/720 v. Chr., also in die spätgeometrische Epoche datiert werden; ein »geometrischer« Mäander ziert auch den »Polos« auf dem Kopf der Frau. Der Polos und vor allem die Nacktheit haben eine Deutung als Göttin nahegelegt. Sicher ist nur, daß der Typus auf orientalische Götterfiguren zurückgeht und daß die orientalischen Vorbilder auch die plastische Wiedergabe der Körperformen beeinflußten.
Athen, Nationalmuseum

Links Mitte: Die in Olympia gefundene Bronzestatuette war Teil eines kostbaren Weihgeschenks; sie schmückte einen der Ringhenkel eines monumentalen Dreifußkessels. Der an seinem Helm erkennbare Krieger schwang mit der erhobenen Rechten wohl eine Lanze, in der gesenkten Linken hielt er die Zügel eines Pferdes, das neben ihm an den Henkel genietet war. Die spätgeometrische Statuette (um 730 v. Chr.) zeigt dasselbe Menschenbild wie die gleichzeitigen Vasen: Hervorgehoben sind die einzelnen Glieder, betont die Gelenkstellen zwischen ihnen. Sogar das Gesicht ist vom Kopf abgesetzt.
Olympia, Museum

Links innen: Geometrisches Relief, spätes 8. Jahrhundert v. Chr. Das Relief befindet sich auf einem der Beine eines bronzenen Dreifußkessels, der in das Heiligtum von Olympia geweiht wurde. Zwei ausschreitende behelmte Kämpfer erheben die Rechte gegeneinander und ergreifen einen Dreifuß in ihrer Mitte. Es sind wahrscheinlich athletische Kämpfer, vielleicht Faustkämpfer mit dem Siegespreis gemeint. Der Betrachter konnte sich aber auch an ein mythisches Geschehen erinnert fühlen, den Streit zwischen Apollon und Herakles um den delphischen Dreifuß.
Olympia, Museum

Rechts oben: Halsbild einer Weinkanne mit der Darstellung eines Schiffbruchs. Um 730/720 v. Chr.
München, Antikensammlungen

Rechts unten: Auf der Außenseite eines Terrakotta-Schildes (Durchmesser rund 40 cm) aus Tiryns erscheint um 700 v. Chr. eine der frühesten Darstellungen, die klar als mythologisch zu erkennen ist: Gerüstet und bewaffnet kämpfen Männer und Frauen, also Griechen und Amazonen gegeneinander. Weibliche Brüste und längere Kleider charakterisieren die Amazonen. Die großen Hauptpersonen – die Frau ist kleiner als der Mann – kann man Achill und Penthesilea nennen.
Nauplia, Museum

Die Bildthemen der geometrischen Epoche lassen sich überwiegend dem Leben der Oberschicht zuordnen: aufwendige Leichenfeiern mit Aufbahrung und Ausfahrt des Toten, Jagd, Kämpfe zu Land und zu Wasser. Auch hier ist eine allmähliche Präzisierung zu beobachten; Darstellungen allgemeinerer Themen werden auf mythische Inhalte eingeengt. So wie die Einzelfigur ohne spezielle Attribute »Mensch« bedeutet, aber auch – für den jeweiligen Betrachter – eine bestimmte Person bezeichnen kann, erlaubt eine Leichenfeierszene mehrere Interpretationen: Sie kann sich auf einen anonymen Toten beziehen oder aber auf einen bestimmten, ja sogar auf Achill. Steht die Interpretation zunächst im Belieben des Betrachters, wird sie später vom Künstler schon vorgegeben: Ein Schiffbrüchiger inmitten toter Gefährten wird zu Odysseus, zwei Wettkämpfer zu Apollon und Herakles im Kampf um den delphischen Dreifuß, eine Schlachtszene zum Kampf zwischen Griechen und Amazonen mit der Begegnung von Achill und Penthesilea.

Das Mythenbild entwickelte sich in der Kunst erst nach den Homerischen Epen, doch es bezeugt wie diese eine neue

Links: Schon die marmornen »Kykladenidole«, Erzeugnisse der prähistorischen Kultur des 3. Jahrtausends v. Chr. auf den Kykladen, zeigen die Tendenz, den Menschen als einen stark gegliederten Organismus wiederzugeben. Die Schrägstellung des Gesichtes zum Beispiel erinnert an die viel späteren »geometrischen« Menschenbilder. Athen, Nationalmuseum

Rechte Seite: Ein Beispiel für ein frühes mehr naturalistisches Menschenbild aus Griechenland gibt die in der mykenischen Epoche geschaffene Bleistatuette aus einem Kuppelgrab bei Kampos in Lakonien (15./14. Jahrhundert v. Chr.). Der junge Mann trägt Gürtel, Lendenschurz und Gliedtasche – eine kretische Tracht –, ein Reifen schmückt seinen Kopf, zwischen den Händen scheint er ein Objekt gehalten zu haben. Wie bei Kykladenidolen und bei geometrischen Figuren trennt eine scharfe Einziehung zur Taille hin die breite Schulterpartie von den starken Oberschenkeln. Athen, Nationalmuseum

soziale Situation: Im Zeitalter der griechischen Kolonisation gewinnen offenbar neue Bevölkerungsgruppen Einfluß. Die alte grundbesitzende Führungsschicht verteidigt ihre Ansprüche durch Verweis auf ihre Tradition, ihre Verankerung in der Heroenzeit. Jetzt wird die Vergangenheit beschworen, der Mythos im Epos und im Bild fixiert. Dadurch rückt der Mythos aber auch in die Distanz, und er trennt sich vom täglichen Leben. In der *Odyssee* finden wir Ansätze dazu, bei dem epischen Dichter Hesiod ist die Unterscheidung beider Bereiche vollzogen. Zum Epos tritt im 7. Jahrhundert v. Chr. als neue Gattung die Lyrik, die Ereignisse der Gegenwart und individuelles Erleben zum Thema macht. Die Dichtungen des Archilochos, der Sappho und des Alkaios geben dafür Beispiele.

Der schon in der geometrischen Epoche einsetzende Prozeß der Differenzierung könnte die verbreitete These stützen, daß die Entwicklung des Menschenbildes in der griechischen Kunst durch das Streben nach immer naturgetreueren Formen bestimmt sei. Selbstverständlich unterscheiden sich eine geometrische Figur aus dem 8. Jahrhundert v. Chr. und eine hellenistische aus dem 2. Jahrhundert v. Chr. voneinander im Grad der Naturwahrheit, und man kann auch zwischen diesen Extremen vermittelnde Zwischenstationen erkennen. Bezweifeln muß man jedoch, daß die Nachahmung der Natur der letzte Sinn und das eigentliche Motiv der Entwicklungsgeschichte des Menschenbildes in der griechischen Kunst gewesen ist. Sollten Auftraggeber und Künstler im vorhellenistischen Griechenland etwa gemeint haben, daß sie leider nur Unvollkommenes hätten ins Werk setzen können? Inschriften, in denen archaische, nur beschränkt naturgetreue Votivstatuen »ein überaus schönes, trefflich gelungenes Prunkstück« genannt werden, bezeugen das Gegenteil.

Bemerkenswert ist die Tatsache, daß es vor der geometrischen Epoche auf griechischem Boden recht naturalistische Menschenbilder gab. Die von pulsendem Leben erfüllten Menschendarstellungen der minoischen und mykenischen Kunst stehen in einem augenfälligen Kontrast zu den geometrischen Figuren, und dennoch zeigt sich eine strukturelle Verwandtschaft: Der Mensch erscheint als gegliederter Organismus; betont werden die Einzelteile, die Gelenkstellen, die schmale Taille – im einen Fall »geometrisch« stilisiert, im anderen Fall naturalistisch umkleidet. Gehen wir in der Vorgeschichte der Ägäis noch weiter zurück, dann treffen wir im 3. Jahrtausend auf die Kykladenidole: Sie bezeugen auf ihre Weise die Tendenz, den Menschen artikuliert wiederzugeben und nicht etwa als ein blockhaftes oder sphärisches oder amorphes Gebilde. In der Schrägstellung des Gesichtes und im labilen Stand der Füße zeigt sich sogar eine anscheinend engere Verwandtschaft zwischen den Kykladenidolen und geometrischen Figuren.

Warum diese Auffassung der menschlichen Gestalt im griechischen Raum durch mehrere Kulturen hindurch gültig blieb, darüber könnte man nur Vermutungen äußern. Für die uns interessierende Geschichte des griechischen

Menschenbildes im 1. Jahrtausend v. Chr. markiert die geometrische Figur jedenfalls einen Neuansatz nach einer längeren Periode, in der der Mensch offenbar kein wichtiges Thema der Kunst war. Die Kluft zwischen der minoisch-mykenischen und der geometrischen Kultur ist hier besonders auffällig, aber sie läßt sich überbrücken: Minoische und mykenische Menschendarstellungen kommen gelegentlich in späteren Fundkontexten vor – ein Beweis für die Kenntnis des Vergangenen und ein fortdauerndes Interesse an ihm. Umgekehrt kann man in der letzten Phase der minoisch-mykenischen Kunst eine Stiltendenz zur »Geometrisierung« feststellen. Eine vom Ende der mykenischen Kultur offenbar wenig gestörte Tradition beobachten wir bei einer kultisch gebundenen Sondergattung, den sogenannten Idolen: Hier wird der menschliche Körper aber kaum als gegliedert dargestellt; es dominiert die Vorstellung vom rituell verwendbaren Objekt.

Die archaische Epoche

Eine Bronzestatuette aus Böotien, gemäß der in die Oberschenkel eingravierten Inschrift das Weihgeschenk eines Mantiklos an Apollon, gibt ein Beispiel für den Wandel des Menschenbildes zu Anfang des 7. Jahrhunderts v. Chr. Die klare Artikulierung der Körperteile, der dreieckige Oberkörper, die schmale Taille und die schwellenden Schenkel entsprechen den von der geometrischen Kunst geschaffenen Konventionen. Neu ist die Syntax: Wirkte die Figur früher schwerelos und blieben ihre Glieder weitgehend isoliert, so erscheint sie jetzt gewichtig und stärker als Einheit. Die Teile des Körpers sind wie aufeinandergeschichtet und um klare Achsen versammelt. Das Gesicht blickt geradeaus, der Kopf wird durch den mächtigen Hals und das herabfallende Haar an die Schultern gleichsam angebunden. Trotz des Statuettenformats (erhaltene Höhe: 20 Zentimeter) besitzt die Figur dank ihrer klaren, gespannten und konzentrierten Formen eine Monumentalität, die geometrischen Figuren fremd ist. Man erkennt, daß die Zeit reif war für die Ausbildung der Großplastik. Wenige Jahrzehnte später entstand in Gortyn auf Kreta eine weibliche Sitzstatue, die wahrscheinlich früheste uns erhaltene griechische Großskulptur (erhaltene Höhe des Unterkörpers: 80 Zentimeter).

Daß die Körper zunehmend Schwere und Volumen gewinnen, läßt sich auch in der Vasenmalerei beobachten. Eine Amphora von der Insel Melos (Abb. S. 129) macht zudem anschaulich, daß Anregungen aus der Kunst des Orients Geburtshelfer der neuen Körperdarstellung waren. Orientalische Einflüsse hatten ihre Wirkung gelegentlich schon in der geometrischen Epoche: Elfenbeinstatuetten nackter Frauen aus einem Grab im Athener Kerameikos sind im Darstellungstypus und auch in der Körperauffassung orientalischen Vorbildern verpflichtet (Abb. S. 244 links). Doch erst seit dem 7. Jahrhundert v. Chr. war die griechische Kunst aufgrund ihrer inneren Entwicklung dazu bereit, formale Anregungen aus dem Orient in großem Umfang produktiv umzusetzen.

Ägyptische Vorbilder regten gewiß dazu an, den Typus des Kuros, den nackten stehenden Mann mit vorgesetztem linken Bein, in monumentales Format zu übertragen. In der

langen Reihe großplastischer Kuroi von der zweiten Hälfte des 7. bis ans Ende des 6. Jahrhunderts v. Chr. stehen die größten, die mehrfach überlebensgroßen bezeichnenderweise am Anfang. Die Griechen importierten die ägyptische Monumentalität fast plötzlich und rückhaltlos; denn mit ihrer Hilfe vermochte man die eigenen Vorstellungen am besten auszudrücken. Im 7. und 6. Jahrhundert v. Chr. waren die Beziehungen zwischen Griechenland und Ägypten wieder sehr eng, und daß griechische Künstler ägyptische Bildhauertechniken erlernten, ist sogar literarisch überliefert. Um so bedeutsamer sind die Unterschiede zwischen der griechischen und der ägyptischen Figur: Der griechische Kuros hat nie den in Ägypten fast obligaten Rückenpfeiler; er steht allseitig sichtbar frei in der Welt, sein Gewicht ruht allein auf seinen Füßen. Er trägt auch nie den Schurz der Ägypter; sein Unterleib mit den wichtigen Gelenkstellen zwischen dem Rumpf und den Beinen bleibt unverhüllt. Die auf sich gestellte freie Haltung verleiht dem Kuros eine Gespanntheit und eine nach außen gleichsam abstrahlende Energie, die der mehr in sich ruhenden ägyptischen Figur fehlt.

Der Kuros und sein Gegenstück, die Kore, die junge Frau, sind die Leitformen der archaischen griechischen Plastik und auch des Menschenbildes dieser Epoche. Ein relativ frühes Beispiel ist die um die Mitte des 7. Jahrhunderts v. Chr. gearbeitete Bronzestatuette eines Kuros in Delphi, der in seiner Rechten vielleicht ein Votiv hielt (Abb. S. 251). Der unbekleidete junge Mann ist nicht als ein Nackter dargestellt; der breite Gürtel um seine Taille muß – wie das Schwert bei »geometrischen« Figuren – als Abbreviatur von

Links: Schulterfries einer um 640 v. Chr. in Korinth geschaffenen, nach Etrurien exportierten »protokorinthischen« Kanne, der sogenannten Chigi-Kanne. Dargestellt ist das Zusammentreffen zweier Heere. Schwerbewaffnete (Hopliten), die sich gegenseitig decken, gehen in enger Schlachtformation (Phalanx) aufeinander los. Ein Flötenspieler feuert die Krieger an. Die der beiden vorderen Schlachtreihen kreuzen bereits die Speere. Der Zusammenstoß ist im Fries etwas nach rechts verschoben, um eine starre Axialsymmetrie zu vermeiden. Auch sonst sind die Frieshälften kunstvoll variiert.
Rom, Museo Nazionale di Villa Giulia

Rechts: Die aus Theben in Böotien stammende Bronzestatuette (ursprüngliche Höhe etwa 28 cm) war ein Weihgeschenk an Apollon, wie die Inschrift auf den Oberschenkeln sagt: »Mantiklos weihte dies vom Zehnten dem Fernhintreffer mit silbernem Bogen. Du aber, Phoibos, gib gnädige Gegengabe!« Auf dem Kopf war wohl ein Helm befestigt, die vor der Brust liegende Linke könnte einen Bogen gehalten haben, was die Deutung als Apollon sichern würde. Die Augen waren aus anderem Material eingelegt. Der dreieckige Oberkörper, die schmale Taille und die breiten Schenkel folgen den Konventionen der »geometrischen« Kunst. Doch bleiben die Glieder weder isoliert, noch wirken sie schwerelos: Fest ineinander gefügt, sind sie auf klare Achsen ausgerichtet. Der Kopf wird durch den mächtigen Hals und das herabfallende Haar an die Schultern gleichsam angebunden. Trotz ihres kleinen Formats wirkt die im frühen 7. Jahrhundert v. Chr. geschaffene Figur gewichtig und monumental. Der Übergang von der geometrischen zur archaischen Kunst ist in ihr vollzogen.
Boston, Museum of Fine Arts

Bewaffnung verstanden werden. Im wesentlichen unbedeckt bleibt der Körper deshalb, weil so seine physische Leistungsfähigkeit anschaulich wird. Bei der etwa gleichzeitig entstandenen Kalksteinstatuette einer Kore in Paris ist die Bekleidung dagegen konkret als solche gemeint: Die griechische Frau zeigte sich vor Fremden niemals entblößt. In der griechischen Kunst begegnen nackte Frauen nur in seltenen und erklärbaren Ausnahmefällen; dazu gehören Spartanerinnen, welche wie die Männer sportlich trainiert wurden, Hetären, Frauen beim Baden. Die Bekleidung der Kore hat aber – wie die Nacktheit des Kuros – auch eine verweisende Funktion: Der soziale Rang, ja sogar die »Schönheit« einer Frau spiegelt sich für den archaischen Griechen in ihrer Kleidung. Bei Homer beziehen sich rühmende Aussagen über Männer vorwiegend auf den Körper und die Rüstung, rühmende Adjektive für Frauen auf deren Tracht. Daher werden bei der Kore in Paris (Abb. S. 252 links) das reich gemusterte Gewand und der Schultermantel so detailliert geschildert. Weitere Kennzeichen des Wohlstands sind der breite Gürtel, Armreifen und das kunstvoll frisierte Haar. Die zur Brust erhobene rechte Hand könnte ein Gestus der kultischen Verehrung sein – sie macht zugleich aufmerksam auf schöne Körperformen, die das Gewand nicht völlig verhüllt.

Die Kunst der archaischen Epoche zeigt den Menschen nicht mehr bloß als die Summe isolierter Fähigkeiten; die Einzelglieder und ihre Funktionen sind jetzt eingebunden in ein übergreifendes Ganzes. Deutlicher tritt der menschliche Körper als Gebilde von eigenem Volumen und Gewicht in Erscheinung, und dadurch wird auch die Besonderheit des einzelnen Körpers gegenüber anderen besser erkennbar. Die Gleichartigkeit der geometrischen Figuren wird abgelöst durch stärker differenzierte, also auch individuellere Gestalten – wobei das Individuelle darauf beruht, daß die Einzelglieder das übergreifende Ganze nicht uniform, sondern in immer neuer Weise realisieren. Im Rahmen fester Bildtypen und vorgegebener Aussagen bleibt ein Freiraum für die Ausgestaltung des Details. Bis zum Ende der archaischen Epoche sind es daher die Details, die Ansatzpunkte bieten für Variation und Neuerung.

Parallelen zur archaischen griechischen Gesellschaft und ihrer Weltsicht seien nur angedeutet: Die Polis ist als Gesamtorganisation ihrer Bürger stärker geworden, auch ihr Siedlungsraum hat sich verdichtet, die räumliche Konzentration wird durch öffentliche Bauten markiert. Zugenommen hat aber auch die soziale Differenzierung und damit das Spannungsverhältnis zwischen dem einzelnen und der Gemeinschaft. Um das schwieriger gewordene Zusammenleben zu regeln, werden Gesetzgeber benötigt; die Tyrannen, die damals in vielen Städten zur Macht kommen, leisten das gleiche auf ihre Weise.

Wie der einzelne Bürger als verantwortlich Handelnder in die größere Gruppe integriert wird, demonstriert faktisch und symbolhaft die im 7. Jahrhundert v. Chr. entwickelte Hoplitenphalanx. Die berühmte Szene auf der in der zweiten Hälfte des 7. Jahrhunderts v. Chr. in Korinth geschaffenen »Chigi«-Kanne (Abb. S. 248) läßt den engen Verbund der Schwerbewaffneten erkennen, die im Angriff sich gegenseitig decken – ein deutlicher Kontrast zu den gleichförmigen Kriegerreihen auf Bildern aus der geometrischen Epoche. Lyriker des 7. Jahrhunderts v. Chr. wie Kallinos und Tyrtaios können den einzelnen heroisieren – dann nämlich, wenn er sich für seine Stadt geopfert hat:

Er selbst aber, wenn in vorderster Reihe er fiel und seinen Lebensgeist verlor, der Stadt, den Kampfgefährten und seinem Vater zum Ruhm, vielfach an Brust und buckelbewehrtem Schild und Panzer von vorne getroffen, den bejammern zugleich die Jungen und die Alten, in schmerzlicher Sehnsucht trauert die ganze Stadt. Und sein Grabmal und seine Kinder und die Kinder seiner Kinder und sein künftiges Geschlecht bleiben als deutliche Zeichen sichtbar unter den Menschen. Niemals verdirbt ihm der treffliche Ruhm und auch nicht sein Name, sondern obgleich unter der Erde, wird unsterblich er...

Tyrtaios, Fragment 9
(Übersetzung von Carl Werner Müller)

Die Bindung an bestimmte Darstellungstypen, die die griechische Kunst übrigens bis in den Hellenismus charakterisiert, erlaubt gleichwohl einen großen Reichtum an Gestaltungsweisen und formalen Entwicklungen. Zwei Koren, kurz vor die Mitte des 6. Jahrhunderts v. Chr. zu datieren, lassen zum Beispiel Unterschiede erkennen, die auf die Tradition lokaler Werkstätten zurückzuführen sind. Die in Attika gearbeitete Berliner »Göttin« (Abb. S. 252 Mitte) – wahrscheinlich eine Grabstatue – ist mit ihren kantigen Formen nicht nur oberflächlich anders konzipiert als die säulenhaft runde »Hera«, eine Frauenfigur, die ein Cheramyes im Hera-Heiligtum von Samos aufstellen ließ (Abb. S. 252 rechts). Verglichen mit der attischen Kore, repräsentiert die samische Statue mit ihren weicheren, sinnlicheren Formen nicht zuletzt ein anderes Schönheitsideal. Das ionische Samos ist auch in dieser Hinsicht dem Orient näher als dem griechischen Festland. Gemeinsam ist beiden

Linke Seite: Statue des Adjema. 5. Dynastie (2450–2290 v. Chr.). Die Kenntnis ägyptischer Statuen hat es den Griechen erleichtert, den Typus des Kuros, des nackten stehenden Mannes mit vorgesetztem linken Bein, weiter auszubilden und in monumentales Format zu übertragen. Die Beziehungen zwischen Griechenland und Ägypten waren im 7. und 6. Jahrhundert v. Chr. sehr eng, und daß griechische Bildhauer ägyptische Techniken erlernten, ist auch literarisch überliefert (Diodor 1, 98 nach Hekataios von Abdera). Der griechische Kuros aber hat nie den in Ägypten üblichen Rückenpfeiler und trägt auch nicht den Schurz der Ägypter. Kairo, Ägyptisches Museum

Rechts: Die Bronzestatuette aus Delphi ist einer der frühesten fast vollständig erhaltenen »Kuroi«. Der junge Mann trägt eine für das 7. Jahrhundert v. Chr. charakteristische perückenartige Frisur und hielt in der Rechten vielleicht ein Votiv. Obwohl unbekleidet, war er nicht als Nackter dargestellt; der breite Gürtel um seine Taille ist als verkürzte Darstellung von Bewaffnung zu verstehen. Delphi, Museum

Links außen: »Frau von Auxerre«. Die ohne Sockel 0,65 m hohe Figur aus grauem Kalkstein wurde um die Mitte des 7. Jahrhunderts v. Chr. wohl auf Kreta geschaffen. Sie zeigt die für Frauenbilder des 7. Jahrhunderts, der »dädalischen« Epoche, charakteristische Frisur aus schweren, perlschnurartig unterteilten Locken und die ebenso typische Tracht, einen hier gemusterten, eng am Körper anliegenden Chiton, einen breiten Gürtel sowie ein Schultern und Oberarme bedeckendes, vorn zusammengehaltenes Tuch, das Epiblema. Die Rechte liegt vor der Brust, vielleicht ein Gestus kultischer Verehrung.
Paris, Musée du Louvre

Links Mitte: »Berliner Göttin«. Die Koren, weibliche Gegenstücke zu den Kuroi, werden nicht in Schrittstellung wiedergegeben; sportliche und kriegerische Tüchtigkeit war nicht Sache der Frauen. Weibliche Schönheit äußert sich bei den Koren in der Modellierung der Körperformen und – ganz dinglich – vor allem in Kleidung und Schmuck. Auch soziales Ansehen wird so deutlich gemacht; die öffentliche Rolle der Frau erfüllte sich an Festen, wenn sie, schön und reich geschmückt, ihre Familie repräsentierte. Die

Figuren die stoffreiche, jeweils verschieden drapierte Kleidung. Die attische Kore trägt den Chiton mit Ärmeln und über den Schultern einen Mantel, die samische drei feine Gewänder übereinander: den Chiton, einen quer über die Brust geführten Mantel sowie ein den Rücken und die Flanken umhüllendes Schleiertuch.

Zu den Attributen, die die schöne und sozial angesehene Frau kennzeichnen, gehören an der Berliner »Göttin« auch das sorgfältig frisierte Haar, der kronenartige Kopfputz (Polos), Schmuck am Hals und an den Armen, kunstvolle Sandalen. Der Granatapfel in der Rechten, Symbol der Fruchtbarkeit und zugleich Zeichen der Unterweltsgöttin Persephone, dürfte ein Hinweis auf den Tod der noch jungen Frau sein.

Eine überlebensgroße Kore von der Athener Akropolis (Höhe gut zwei Meter), im letzten Viertel des 6. Jahrhunderts v. Chr. vielleicht von dem damals prominenten Bildhauer Antenor geschaffen und von einem erfolgreichen Töpfer der Athena geweiht, zeigt das für die archaische Epoche verbindliche Bild der Frau in fast manieristischer Zuspitzung: Die üppigen Gewänder und die – vor allem im Rücken – durch den Stoff hindurch sichtbar gemachten Körperformen, die breit ausladende Schulter-Brust-Partie und die schlanken Beine mit schmalen Fesseln formulieren ein Ideal in wirkungsvollen Kontrasten. Zu diesem Ideal gehört ein Verhaltenskodex der sittsamen Frau, der sich vor allem im Lächeln und im Raffen des Gewandes äußert. Die archaische Dichtung spricht oft davon.

Im kultischen Fest erlebten die Griechen der archaischen Zeit sich so, wie sie sein wollten. Der unter dem Namen Homers überlieferte Hymnus auf Apollon schildert das Fest auf der Insel Delos:

Dies ist der Ort, wo Ioniens Söhne in wallenden Kleidern
dir zu Ehren sich sammeln samt Kindern und züchtigen Weibern.
Freude bereiten sie dir, denn sie denken an dich, wenn der Wettstreit
anhebt mit Tänzen und Liedern und Faustkampf. Mancher der Gäste
meint wohl, wenn er Ioniens Söhnen dort allen begegnet,
daß es unsterbliche seien und solche, die nimmermehr altern.
Säh er bei allen doch Anmut, schwelgte sein Herz doch in Freuden,
wenn er die Männer erblickt und die schön gegürteten Frauen,
Schiffe in eilender Fahrt und die Fülle ihres Besitztums.

aus Attika stammende leicht überlebensgroße Kore (Höhe 1,83 m) trägt einen Chiton mit Ärmeln und ein über den Schultern liegendes Manteltuch mit Troddeln am Saum. Beide Gewänder sind durch viele Falten als stoffreich gekennzeichnet, sie waren bunt bemalt. Den Eindruck von Wohlstand verstärken das sorgfältig frisierte Haar, der kronenartige Polos auf dem Kopf, Schmuck am Hals und an den Armen, kunstvolle Sandalen. Die um 570/560 v. Chr. geschaffene Marmorstatue stand wahrscheinlich auf dem Grab einer Frau aus der attischen Oberschicht und stellte keine Gottheit dar: Der Granatapfel in der Rechten, Symbol der Fruchtbarkeit und zugleich der Unterweltsgöttin Persephone, wies auf den Tod einer noch jungen Frau hin.
Berlin, Antikensammlung

Links innen: Reich gekleidet ist auch die große Kore aus Samos, das Weihgeschenk eines Cheramyes an die Göttin Hera (erhaltene Höhe der um 570/560 v. Chr. geschaffenen Marmorstatue: 1,92 m). Über den Chiton trägt sie das von der rechten Schulter schräg über den Oberkörper geführte »ionische« Mäntelchen und ein im Gürtel befestigtes Schleiertuch, das über den Kopf gezogen war. Die Rechte faßt in das Schleiertuch, die vor der Brust liegende Linke hielt vielleicht ein Votiv. Charakteristisch für die samisch-ionischen Bildhauer sind die Rundheit der Figur und die sensible Modellierung der Oberfläche. Verglichen mit attischen Koren vertritt die samische mit ihren weicheren, sinnlicheren Formen aber auch ein anderes Schönheitsideal.
Paris, Musée du Louvre

Rechts: Die etwas über 2 m hohe Kore stand als Weihgeschenk auf der Akropolis in Athen. Geweiht war sie wahrscheinlich von dem erfolgreichen Töpfereibesitzer Nearchos, gearbeitet von dem prominenten Bildhauer Antenor (um 520 v. Chr.). Feine, üppige Gewänder, die durch den Stoff hindurch sichtbar gemachten Körperformen, kostbare Schmuckstücke – teilweise aus Metall gearbeitet und in den Marmor eingesetzt –, Lächeln und sittsames Raffen des Gewandes, ein breit ausladender Oberkörper und eng beieinander stehende schlanke Füße: Das für die archaische Epoche verbindliche Bild der Frau erscheint hier in fast manieristischer Zuspitzung.
Athen, Akropolis-Museum

Dies aber ist noch das größte Wunder, sein Ruhm wird nicht enden:
delische Mädchen, Dienerinnen des Schützen ins Weite.
Diese preisen zuerst Apollon in Feiergesängen,
dann wieder Leto und Artemis auch, die fröhliche Schützin.

Homerischer Apollon-Hymnus 147 ff.
(Übersetzung von Anton Weiher)

Das »Lächeln« archaischer Figuren drückt gewiß auch aus, was wir unter Lächeln verstehen – seit Homer gehört es zu den Attributen der Aphrodite –, darüber hinaus ist es aber eine allgemeine Chiffre für Lebendigkeit und die Fähigkeit psychischen Empfindens. Deshalb paßt es zu allen Menschen, Frauen wie Männern.
Für die Darstellung des Mannes in der griechischen Kunst ist die Nacktheit das wichtigste Motiv: Sie veranschaulicht – wie gesagt – primär physische Leistungsfähigkeit und die damit zusammenhängende Schönheit. Im 6. Jahrhundert v. Chr. verbindet sich Nacktheit stärker als zuvor mit der Vorstellung von Jugend; Kuroi wurden über den Gräbern jung Verstorbener errichtet. Der Gürtel als Abbreviatur von Rüstung tritt bei nackten Figuren jetzt praktisch nicht mehr auf; Schuhe deuten gelegentlich an, daß der Dargestellte nicht wirklich unbekleidet zu denken ist. Gewänder wer-

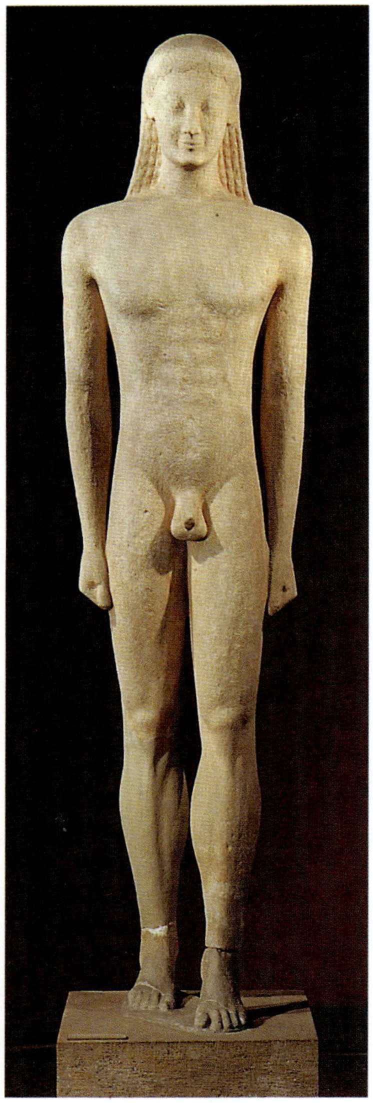

Links außen: Bekleidete Kuroi kennen wir vor allem aus dem ionischen Osten Griechenlands. Dort konnte sich der soziale Rang auch bei Männern in reicher Kleidung äußern. Der um die Mitte des 6. Jahrhunderts v. Chr. geschaffene Kuros aus Samos trägt einen langen Chiton aus kostbarem dünnen Stoff, darüber ein kürzeres Manteltuch, das auf der linken Schulter aufliegend den Oberkörper schräg umhüllt. Die fülligen Körperformen mit Ansätzen von Fett zeugen von Wohlleben; sportliches Training spielte unter den ionischen Griechen eine untergeordnete Rolle. Samos, Museum

Links innen: Der 2,14 m hohe marmorne Kuros aus der Mitte des 6. Jahrhunderts v. Chr. stammt von der Kykladeninsel Melos. Fließende Formen und sensible Gestaltung der Oberfläche kennzeichnen die Statuen des ionisch-kykladischen Bereichs. Athen, Nationalsmuseum

Rechts innen: Der Kuros, hier die 1,53 m hohe Grabstatue aus Tenea bei Korinth (um 560/550 v. Chr.), steht allseitig sichtbar frei in seiner Umwelt, sein Gewicht ruht allein auf seinen Füßen. Das vorgesetzte linke Bein ist Zeichen für Bewegungsfähigkeit; die breite Brust, die muskulösen Glieder und die deutlich herausgearbeiteten Gelenkstellen wie Leistenlinie und Knie machen ebenfalls physische Leistungskraft anschaulich. Die Nacktheit des Kuros ist nicht nur die tatsächliche Nacktheit des Athleten bei Sport und Wettkampf; sie verweist auf ein körperliches und zugleich soziales Ideal: den gut trainierten, kriegstauglichen jungen Mann, den Angehörigen einer Klasse, die frei von körperlicher Arbeit um den Broterwerb ihre Kraft dem Gemeinwesen widmen kann. München, Glyptothek

Rechts außen: Der gut 3 m hohe marmorne Kuros aus dem Anfang des 6. Jahrhunderts v. Chr. war ein Weihgeschenk im Heiligtum des Poseidon auf Kap Sunion. Die Füße stehen schräg zur Vorderkante der Basis, was den Eindruck dynamischer Gespanntheit des Körpers verstärkt. Wie auch bei anderen Kuroi zu beobachten, sind nicht alle Glieder in gleicher Weise stilisiert; die Beinmuskeln, Kniegelenke und Hoden zum Beispiel werden naturgetreuer wiedergegeben als der Rippenrand, die Augen, die Ohren und das Haar. Athen, Nationalmuseum

den in der Regel, aber nicht ausschließlich, von älteren Männern getragen – Bekleidung verweist jedenfalls auf andere Lebensbereiche als auf den der gymnastischen Ausbildung. Im ionischen Osten (an der Westküste Kleinasiens und auf den vorgelagerten Inseln), wo die Gymnastik eine vergleichsweise geringe Rolle spielte, sind Kuroi gelegentlich langgewandet. Hier kennzeichnet das Gewand auch bei Männern den Sozialstatus. Schon Homer erwähnt die Ionier »mit langem, nachschleppendem Chiton« – ebenso der Verfasser des zitierten Apollon-Hymnus. Auf Samos zum Beispiel zeigen nackte Kuroi das ionische Schönheitsideal bisweilen recht drastisch: Füllige, ja fette Leiber künden vom Wohlleben. Die als verweichlicht geltenden Perser werden immer voll bekleidet dargestellt; die Griechen aber, gegen die sie kämpfen, demonstrieren ihre Überlegenheit mit nackten Körpern.

Die Griechen selbst hielten es für eine Eigentümlichkeit ihres Volkes, daß die Männer sich bei der Gymnastik in der Öffentlichkeit nackt zeigten. Diese in historischer Zeit erst eingeführte Sitte unterscheide sie – so meinten sie nicht ohne Stolz – von den Barbaren (Herodot 1, 10, 3; Thukydides 1, 6,5; Platon, *Staat* 5, 452 c.). In der griechischen Kunst hat Nacktheit daher einen starken Bezug zur Realität. Andererseits ist sie eine Darstellungskonvention, und als solche weist sie über sich hinaus. Der nackte Mann ist körperlich tüchtig und schön, in einem weiteren Sinn erscheint er aber auch als einer von vielen derart Tüchtigen, als Mitglied einer Gemeinschaft, die gleichen Werten oder Idealen verpflichtet ist. Hier – und bereits in archaischer Zeit – beginnt ein Prozeß, der die nackte Figur zur Trägerin abstrakter idealer Vorstellungen macht.

Nur schwer mit dem Sport in der Palästra zu verbinden sind die kunstvollen Langhaarfrisuren vieler archaischer Kuroi. Sie besagen, daß der Dargestellte einer sozialen Gruppe angehört, für die eine aufwendige Körperpflege Teil des Lebensstils ist. Natürlich trieben diese Leute Sport und deshalb verwundert es nicht, daß die üppigen Frisuren in der zweiten Hälfte des 6. Jahrhunderts v. Chr., als die Kunst wirklichkeitsnäher geworden war, durch kurzgeschnittenes, athletengemäßes Haar ersetzt wurden. Dem entsprach wohl ein tatsächlicher Wechsel der Mode.

Bewegungsfähigkeit ist eine wesentliche Aussage schon der geometrischen Menschenbilder. Der archaische Kuros verstärkt diese Aussage, indem er das linke Bein vorsetzt. Der Eindruck von Bewegungspotenz wird noch intensiviert, wenn die Figur schräg zur Vorderkante auf ihrer Basis steht; beim großen Kuros aus Sunion zum Beispiel ergeben sich daraus ein Mehr an dynamischer Spannung und eine

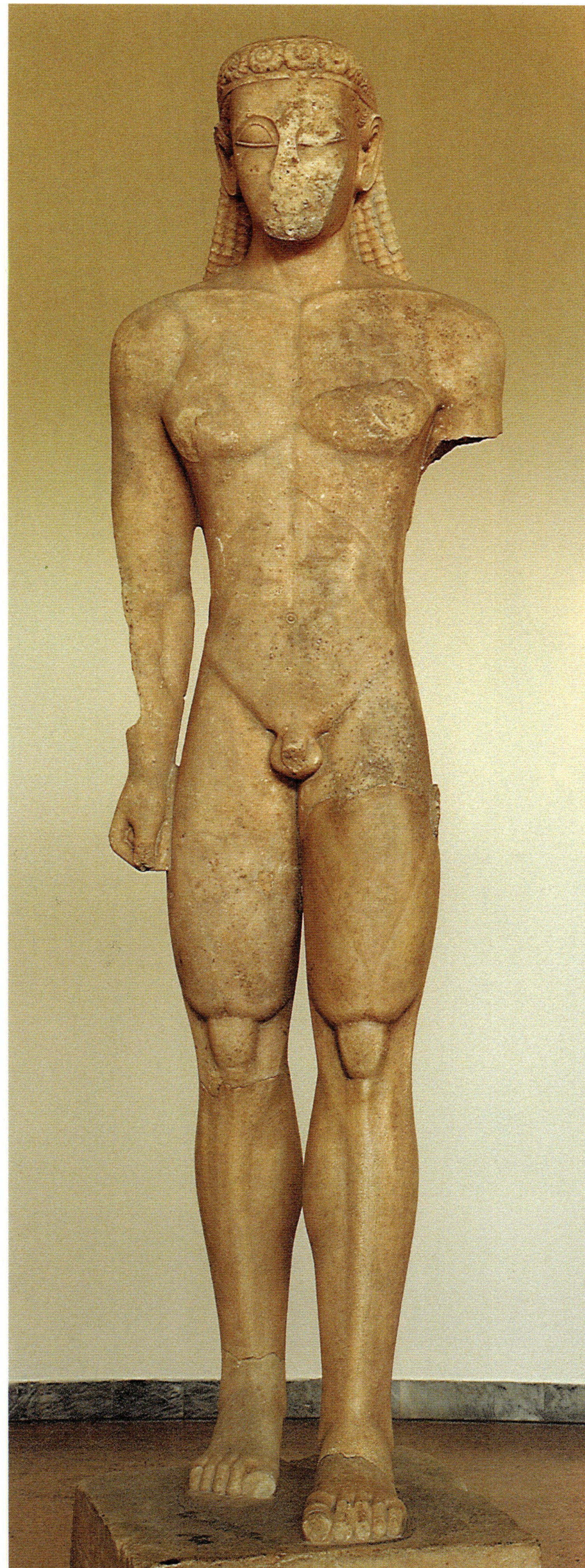

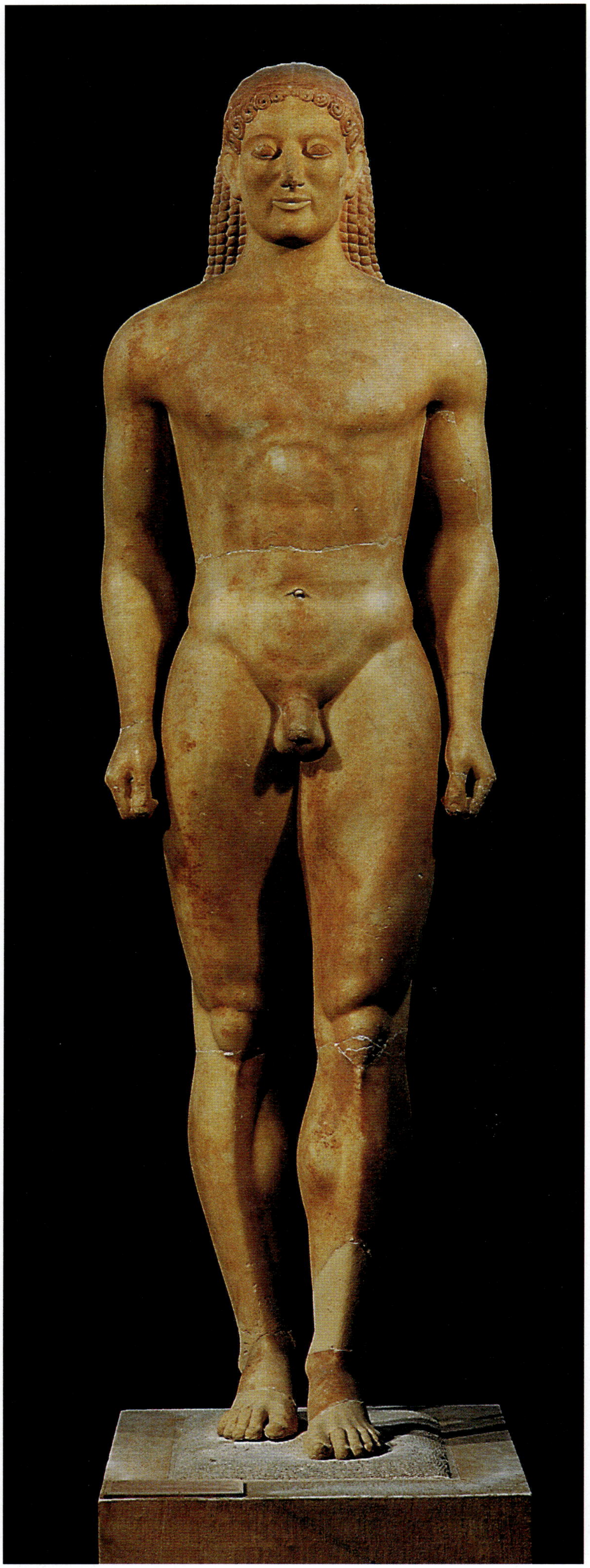

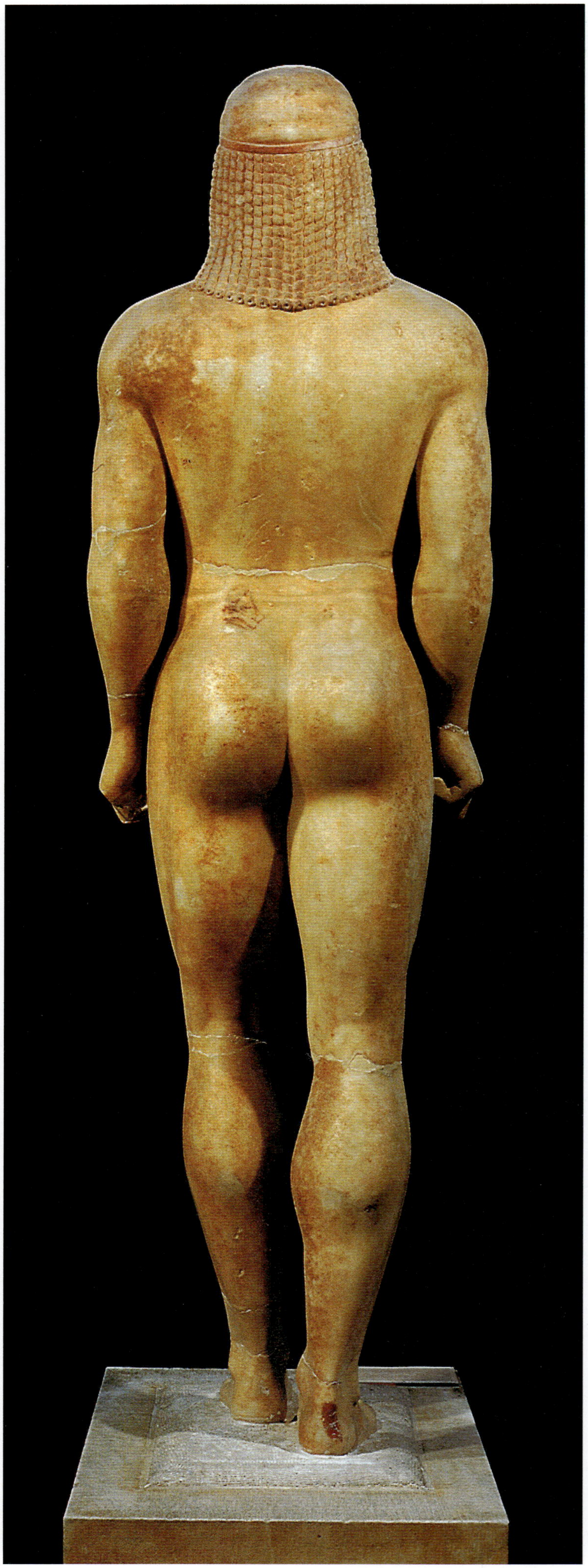

gewisse Unruhe. Aber diese Praxis wurde offenbar nur kurzzeitig angewandt. Eine größere Bedeutung haben die Asymmetrien in der Bildung des Körpers, die alle archaischen Figuren aufweisen. Diese Asymmetrien sind weder optische Korrekturen noch realistische Nachbildung der jedem menschlichen Körper eigenen Unregelmäßigkeiten. Sie stehen vielmehr in einem Zusammenhang mit der Darstellung von Bewegungsfähigkeit, also nicht von tatsächlicher, sondern von potentieller Bewegung. So ist die Körperseite über dem vorgesetzten Bein in der Regel kontrahiert und etwas zurückgenommen, die andere Seite nach vorn gezogen. Die Darstellung von Bewegungsfähigkeit läßt aber keinen Versuch erkennen, einen Körper »in Bewegung« zu zeigen oder dem zumindest nahezukommen. Hier wird sehr deutlich, daß das Erreichen scheinbarer Natürlichkeit nicht das primäre Interesse archaischer Bildhauer war.

Wenn man es wollte, konnte man Einzelheiten erstaunlich realistisch wiedergeben: die Knorpel im Ohr, Hautfalten, das Kniegelenk, die unterschiedliche Größe der Hoden. Der Realismus ist aber an einer Figur nie gleichmäßig durchgeführt. Verschiedene Grade der Naturnachahmung von der abstrahierenden Stilisierung bis zum veristischen Detail stehen vielmehr unvermittelt nebeneinander. Die Wiedergabe des Gesichts bleibt viel länger formelhaft als die Gestaltung der Kniegelenke und der Beinmuskulatur – man erkennt hier wieder, welche Aufmerksamkeit dem Bewegungsapparat galt. Das Schamhaar fehlt oft, und entsprechend einem allgemeinen griechischen Schönheitsideal bleibt der Penis klein – was den Betrachter heute oft irritiert.

Im letzten Drittel des 6. Jahrhunderts v. Chr. läßt sich ein gesteigertes Interesse am menschlichen Körper und an seinen Fähigkeiten beobachten. Attische Bildhauer – und auch Vasenmaler – lieben es, verschiedenste Körperstellungen

Links: Der in Anavysos in Attika gefundene Kuros war ein Grabdenkmal. Die dreistufige Basis, auf der die um 540/530 v. Chr. geschaffene Marmorstatue von 1,94 m Höhe heute steht, gehört wahrscheinlich dazu. In die Basis ist ein an den Vorübergehenden gerichtetes Epigramm eingemeißelt: »Bleib stehen und trauere am Grab des toten Kroisos! Als er in vorderster Front kämpfte, vernichtete ihn der schreckliche Kriegsgott Ares.« Der Typus des Kuros verbildlicht das Ideal, das der junge, kriegstüchtige, für seine Heimat gefallene Kroisos lebte. Daß es ein aristokratisches Ideal war, zeigt auch die kunstvolle Frisur der Kuroi, hier mit einer dünnen Kappe; nur wohlhabende Angehörige der Oberschicht konnten sich eine aufwendige Pflege des Körpers und des Haares leisten.
Athen, Nationalmuseum

Rechts: Die unterlebensgroße Kore aus Marmor wurde um 530 v. Chr. geschaffen. Sie war ein Weihgeschenk auf der Athener Akropolis. Das Mädchen trägt über dem langen Chiton den buntverzierten Peplos, ein gegürtetes Gewand aus Wollstoff, dessen oberer Teil so umgeschlagen ist, daß sich ein bis zum Gürtel reichender Überfall bildet. Die Hände hielten vermutlich Votivgaben. Lächeln belebt das Gesicht; es gehört wie reiche Kleidung, Schmuck – einst Ohrringe aus Metall – und kunstvoll frisiertes Haar zum archaischen Idealbild der Frau.
Athen, Akropolis-Museum

Oben und unten: »Ballspieler-Basis«. Marmor. Um 500 v. Chr. Die drei Reliefs der knapp 30 cm hohen Statuenbasis aus Athen – die Rückseite blieb unverziert – zeigen sportliche Übungen und Spiele, die die attische Jugend der besseren Kreise liebte: zwei Ringer zwischen einem startenden Läufer und einem Speerwerfer, Ballspieler (oben) sowie junge Männer, die Hund und Katze aufeinander hetzen (unten). Ort dieser Szene ist nicht der Sportplatz; die Beteiligten sind mit Mänteln bekleidet, sie halten den zum Sichaufstützen geeigneten Stock des Bürgers, und sie sitzen auf schön gearbeiteten Hockern. Die Männer tragen modische Kurzhaarfrisuren. Die Sportler vor allem führen unterschiedliche Körperstellungen vor, wobei der Kopf stets im Profil wiedergegeben ist. Der Bildhauer muß sich für solche Bewegungsstudien besonders interessiert haben. Athen, Nationalmuseum

Rechte Seite, innen: Aristodikos. Marmor. Um 500 v. Chr. Die in Attika gefundene Grabstatue des Aristodikos – der Name steht auf der Basis – läßt erkennen, daß der strenge Aufbau der archaischen Kuroi sich lockert: Der Kopf ist etwas geneigt, die Knie geben leicht nach, die Arme lösen sich vom Körper, und die Figur scheint sich dem Betrachter zuzuwenden. Statt festlicher langer Haare trägt Aristodikos eine mehr athletengemäße kurze, immer noch kunstvolle Frisur, deren auf dem Schädel liegende Teile einst aus Stuck bestanden. Weniger strahlend als früher wirkt das »archaische Lächeln«, Ausdruck von Lebensfreude und zugleich Chiffre für die Fähigkeit seelischen Empfindens. Athen, Nationalmuseum

Rechte Seite, außen: »Kritios-Knabe«. Marmor. Um 480 v. Chr. Die Knabenfigur von der Athener Akropolis – sie galt fälschlich als Werk des Bildhauers Kritios – ist der früheste gut erhaltene Vertreter des klassischen Menschenbildes. Wie die archaischen Kuroi thematisiert auch die nackte männliche Figur der Klassik Bewegungsfähigkeit und Funktionstüchtigkeit des menschlichen Körpers. Sie macht diese Eigenschaften aber unmittelbarer sinnfällig: Die Last des Körpers wird von einem Bein getragen – hier dem linken –, während das andere unbelastet am Boden aufruht. Die dadurch bewirkten Verschiebungen im Muskelgefüge zeigen die Auseinandersetzung zwischen der Schwerkraft und dem im Körper wirkenden Lebensimpuls; sie verdeutlichen zudem den organischen Zusammenhang der einzelnen Muskeln und Glieder. Die Beziehung zum Betrachter wird verstärkt durch das entlastete Stehen der Figur und die leichte Neigung des Kopfes. Athen, Akropolis-Museum

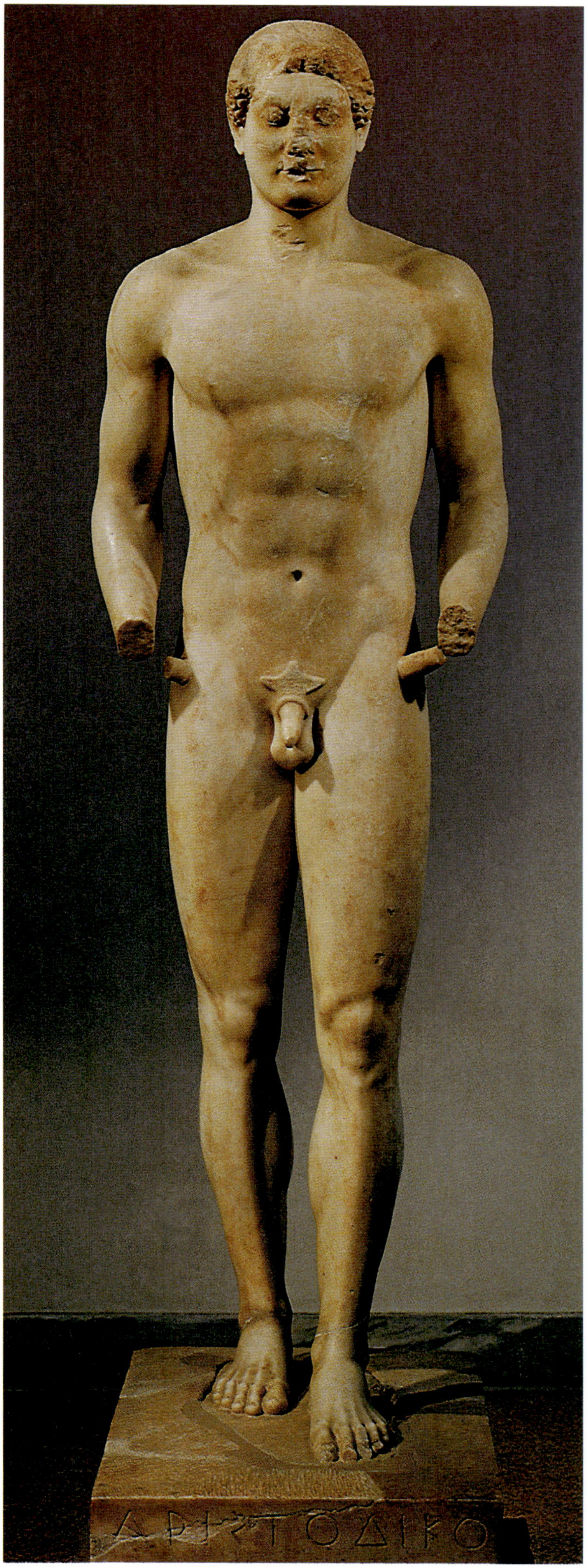
ΑΡΙΣΤΟΔΙΚΟ

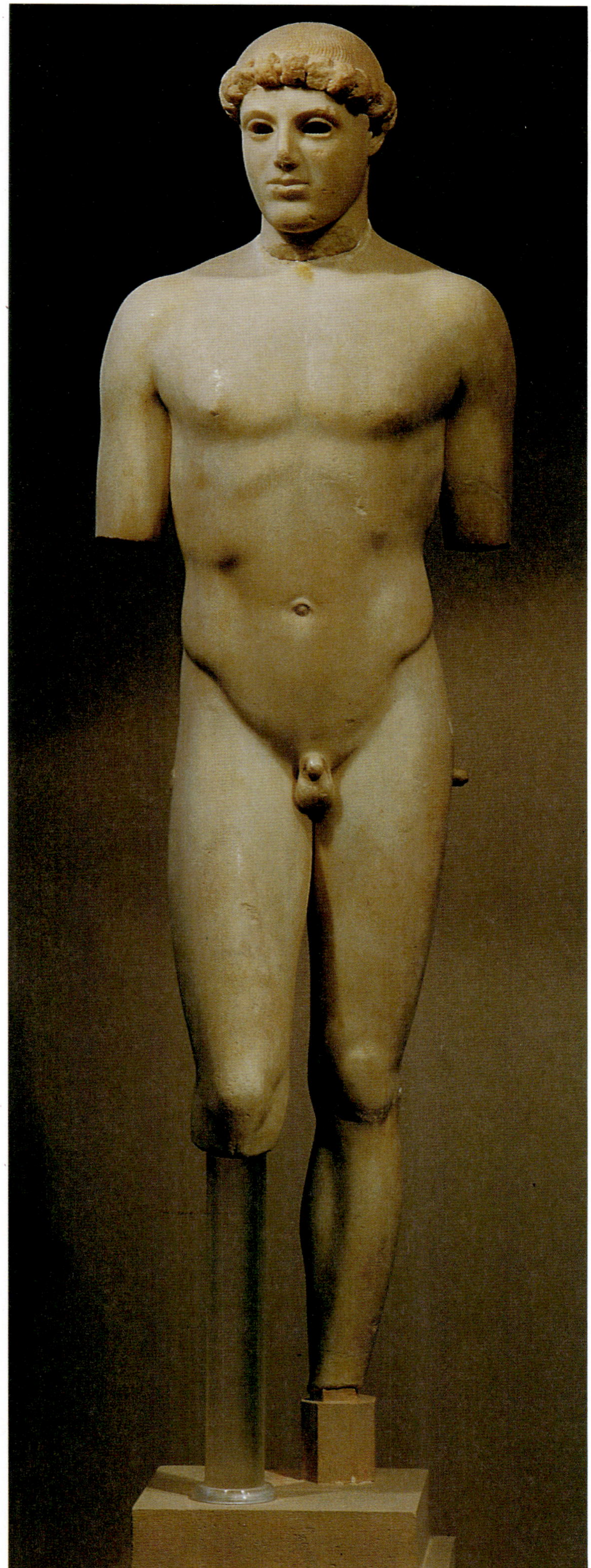

und Bewegungshaltungen vorzuführen. Das schönste Beispiel dafür ist die Ballspieler-Basis in Athen (Abb. S. 258). Das Publikum muß solche Studien geschätzt haben. Die Vasenmalerei registriert jetzt auch andere Aspekte der Realität genauer als zuvor: die Landschaft, das Leben auf dem Markt und am Brunnen, die Werkstatt des Schusters und andere Alltagsszenen. Eine neue Sicht der Welt kündigt sich an, eine neue Beurteilung auch der damaligen Lebensumstände. Bisher gültige Konventionen werden in Frage gestellt, es beginnt jener Prozeß der Umwälzung, der in Staat und Gesellschaft zur Demokratie führt.

Die um 500 v. Chr. in Athen geschaffene Grabstatue des Aristodikos (Abb. S. 259 links) läßt erkennen, daß das Gefüge der archaischen Körperdarstellung sich lockert: Die Knie sind nicht mehr fest durchgedrückt, sondern geben etwas nach, der Kopf ist geneigt; die Gestalt scheint sich – auch mit ihren Armen – dem Betrachter zuzuwenden. Von hier aus ist es nur noch ein kleiner Schritt bis zur ponderierten Figur, die sich durch ihr entlastetes Stehen einem Gegenüber gleichsam öffnet.

Die frühe Klassik

Der früheste gut erhaltene Vertreter des neuen Menschenbildes ist der sogenannte Kritios-Knabe von der Athener Akropolis (man schrieb ihn früher dem Bildhauer Kritios zu; Abb. S. 259 rechts). Er entstand gegen 480 v. Chr., wohl kurz vor der Zerstörung der Stadt durch die Perser. Wie die geometrischen und archaischen Figuren thematisiert auch der Kritios-Knabe Bewegungsfähigkeit und Funktionstüchtigkeit. Er veranschaulicht diese Eigenschaften aber nicht mehr zeichenhaft, sondern läßt sie unmittelbarer als zuvor sinnfällig werden. Die Last des Körpers wird von einem Bein – hier dem linken – getragen, während das andere, das »Spielbein«, unbelastet am Boden aufruht. Wir nennen diese für die klassische Epoche charakteristische Darstellungsweise »Kontrapost« oder »Ponderation«. Was sie bedeutet, soll im folgenden erläutert werden.

Wird eine Seite des Körpers entlastet, dann entsteht zunächst ein Ungleichgewicht. Es kommt zum Konflikt zwischen der natürlichen Körperschwere, die die Gestalt zu Boden ziehen möchte, und dem gegen die Schwerkraft sich behauptenden Lebensimpuls, also zum Konflikt zwischen zwei Grundbedingungen menschlicher Existenz. Dieser Konflikt wird im Körper selbst sichtbar ausgetragen: Verschiebungen, Dehnungen, Kontraktionen und gegenläufige Bewegungen innerhalb des Muskelgefüges fangen das Ungleichgewicht auf allen Seiten der Gestalt auf – der Mensch behauptet sich gegen die Schwerkraft, er lebt. Muskeln und Glieder erscheinen dabei als klar umgrenzte Funktionsteile, die folgerichtig ineinandergreifen. So gesehen ist der Kontrapost ein analytisches Verfahren, durch welches Grundelemente ermittelt werden, die in einem kausalen Zusammenhang stehen; sie sind je nach der Intensität der auf sie wirkenden Kräfte variabel, vereinigen sich jedoch zu einem Gesamtorganismus, zu einer rational erfahrbaren Konstruktion. Damit war es gelungen, den Körper in neuer Weise als ein Funktionsgefüge zu beschreiben: Erstmals wurden die Bestandteile des Organismus in ihrem Zusammenwirken vorgeführt, wurden ihre Eigenheit und ihre Abhängigkeit voneinander anschaulich gemacht. Bewegungspotenz und Unterworfensein unter die Schwerkraft, also Freiheit und Gebundenheit erscheinen wechselseitig aufeinander bezogen.

Die dem Kontrapost zugrundeliegende Konzeption steht in einem engen Zusammenhang mit der Revolution des griechischen Denkens und Lebens seit dem Ende des 6. Jahrhunderts v. Chr. In dieser Zeit lehrte der Philosoph Heraklit, daß Leben und Harmonie auf Gegensätzen beruhen. Ein Wort Heraklits ist die prägnanteste Formel auch für die ponderierte Figur:

Sie verstehen nicht, wie das Unstimmige mit sich übereinstimmt: des Wider-Spännstigen Fügung wie bei Bogen und Leier. Fragment 51 (Übersetzung von Bruno Snell)

Wohl noch vor der Mitte des 5. Jahrhunderts v. Chr. entwikkelte der Philosoph Leukippos seine Physik, die in den Atomen, ständig bewegten kleinsten Einheiten, die Bausteine des Kosmos und der in ihm entstehenden Welt sah. In vergleichbarer Weise wird durch den Kontrapost der Kosmos des menschlichen Körpers auf Grundelemente zurückgeführt. Die atomistische Philosophie – und vor ihr schon der Denker Parmenides – hat zudem den für den Kontrapost konstitutiven Gegensatz »schwer«-»leicht« und seinen Zusammenhang mit »Bewegung« zum Thema naturphilosophischer Überlegungen gemacht. Rationale Konstruktion und funktionale Durchgliederung sind nicht zuletzt die Kennzeichen insbesondere der attischen, von dem Politiker Kleisthenes am Ende des 6. Jahrhunderts entworfenen Demokratie, in der der einzelne Bürger mitbestimmend tätig ist, in der er aber auch fest umrissene Aufgaben zu erfüllen hat. Frei war die griechische Polis nach außen hin, dagegen blieb die individuelle Freiheit ihrer einzelnen Mitglieder begrenzt. Sichtbaren Ausdruck gewinnt dies in der damals von Hippodamos konzipierten Stadtplanung, welche den Lebensraum der Polis einheitlich organisiert

Die Statuengruppe der Tyrannenmörder Harmodios und Aristogeiton ist das bedeutendste Denkmal der frühen attischen Demokratie. Die Freunde hatten im Jahre 514 v. Chr. Hipparchos, einen der beiden in Athen herrschenden Tyrannen, getötet und damit den Prozeß der Befreiung der Stadt eingeleitet. Schon bald danach setzte man ihnen auf dem Staatsmarkt, der Agora, Ehrenstatuen, die so sehr zum Symbol der Demokratie wurden, daß die Perser sie 480 v. Chr. entführten. Nach dem Sieg über die Perser sorgte man sofort für Ersatz. Diese von den Bildhauern Kritios und Nesiotes 477/476 v. Chr. vollendete Bronzegruppe ist in römischen Marmorkopien überliefert. Die beiden Männer stürmen in Ausfallstellung los. Harmodios, der bartlose Jüngere, schwang in der einst weit nach hinten ausholenden Rechten das Schwert; Aristogeiton, der bärtige Ältere, deckte den Freund mit seinem über den Arm gelegten Mantel. Neapel, Nationalmuseum

und den Bürgern gleich große Grundstücke zuweist. Hippodamos hat sein das alte Schema der regelmäßigen Stadt perfektionierendes System mit staatstheoretischen und sozialpolitischen Zielsetzungen verknüpft.

Bei Frauenfiguren zeigt sich die neue Art der Menschendarstellung nicht nur im Kontrapost, sondern sehr auffällig auch im Wechsel der Tracht. Der schwere wollene Peplos ersetzt den leichteren Leinenchiton und das reich gefältelte Mäntelchen. Vergleicht man eine spätarchaische Kore mit der gegen 480 v. Chr. geschaffenen Athena von der Athener Akropolis, dem Weihgeschenk des Angelitos, dann wird offenkundig, wie sehr der Wandel der Mode einen Wandel des Lebensgefühls anzeigt. Die üppigen Feste der archaischen Aristokratie sind vorbei, man prunkt nicht mehr mit kostbaren Gewändern. Einfachheit und Ernst bestimmen ein neues Selbstbewußtsein.

Bald nach 510 v. Chr., dem Beginn demokratischer Reformen, wurde in Athen ein Denkmal der Freunde Harmodios und Aristogeiton errichtet, die mit der Ermordung des einen der beiden herrschenden Tyrannen den Prozeß der Befreiung der Stadt eingeleitet hatten. Dieses Denkmal galt als Inkarnation der attischen Demokratie und Freiheit und wurde deshalb von König Xerxes bei der Einnahme Asiens konfisziert und nach Persien entführt. Nach dem Sieg über die Perser stellte man auf der Agora, dem politischen Zentrum der Stadt, ein Ersatzdenkmal auf, das die Bildhauer Kritios und Nesiotes geschaffen hatten (477/476 v. Chr.). Die erneuerte Gruppe der Tyrannenmörder ist uns in zuverlässigen römischen Kopien überliefert (Abb. S. 261): Harmodios und Aristogeiton gehen in weiter Ausfallstellung gemeinsam auf den Tyrannen los, wobei der Ältere den Jüngeren mit seinem Mantel deckt. Die beiden Statuen veranschaulichen den Ernst und die fast brutale physische Kraft der Menschenbilder aus der Epoche des »Strengen Stils« (erste Hälfte des 5. Jahrhunderts v. Chr.). Ihnen ähnlich ist ein nur wenige Jahre später entstandenes originales Werk, der bronzene Wagenlenker in Delphi (Abb. S. 266), einst auf einem Viergespann stehend, das Votiv eines Herrschers aus dem griechischen Sizilien.

Es ist ein Kennzeichen der ponderierten Figur, daß sie durch das entlastete Stehen sich öffnet, daß sie gleichsam Kontakt aufnimmt und bereit scheint zum Dialog. Dialog mit dem Betrachter, aber auch untereinander: Ponderierte Figuren können sich in Aktion und Reaktion sinnfällig miteinander verbinden, ohne ihre Selbständigkeit aufzugeben. Sie verbinden sich etwa zu gemeinsamer Handlung wie die Tyrannenmörder, oder sie begegnen sich in der Palästra wie die beiden Athleten einer kleinen Bronzegruppe in Delphi, die im spiegelbildlichen Wechsel des Standmotivs sowie in Haltung und Gestik »kontrapostisch« aufeinander bezogen sind (Abb. S. 362). Verbundenheit, Gemeinschaft kann in der Kunst jetzt eindrucksvoller als zuvor dargestellt werden. Gute Beispiele dafür sind die attischen Grabreliefs des 5. und 4. Jahrhunderts v. Chr.; sie zeigen Verstorbene und Hinterbliebene über den Tod hinaus vereint.

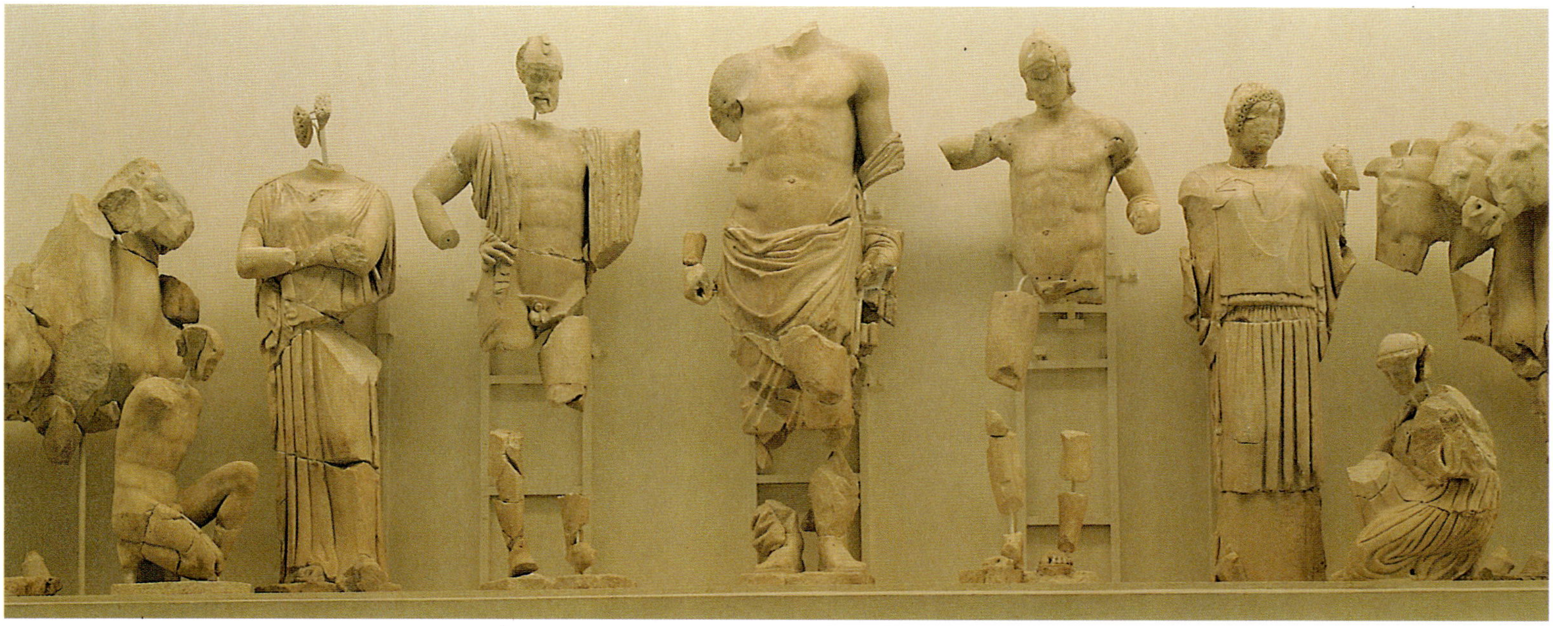

Linke Seite: Die Marmorstatuette der Athena von der Athener Akropolis ist wahrscheinlich von einem Angelitos geweiht worden. Die Göttin, erkennbar an ihrem schreckenerregenden Attribut, der ihre Brust bedeckenden Ägis mit dem Gorgonenhaupt, stützte ihre Linke in die Hüfte und hielt in der erhobenen Rechten den Speer. Sie trägt nicht mehr den in der spätarchaischen Epoche modernen dünnen Leinenchiton, sondern den schweren wollenen Peplos. Dieser besteht aus einem oben umgeschlagenen großen Tuch, das um den Körper herumgelegt und auf den Schultern mit Fibeln festgesteckt wird. Eine Seite bleibt offen, die Gürtung über dem Überschlag verhindert eine zu weitgehende Entblößung des Körpers. Die um 480 v. Chr. geschaffene Figur ist im Kontrapost dargestellt. Gewandfalten und Gestik der Arme unterstreichen die Unterscheidung von Stand- und Spielbein; die Seite des Standbeins erscheint als geschlossen, die Seite des zurückgesetzten Spielbeins als offen. Athen, Akropolis-Museum

Oben und unten: Die kraftvollen Gestalten aus den Giebeln des Zeus-Tempels von Olympia, Marmorskulpturen der Zeit um 460 v. Chr., sind charakteristische Vertreter des »Strengen Stils«. Thema des Ostgiebels (oben) ist das Wagenrennen zwischen Pelops und Oinomaos. Die daran Beteiligten werden nicht in Aktion vorgeführt, sondern in Erwartung des Ereignisses. Die Mittelgruppe zeigt auf der einen Seite den jungen Pelops und die von ihm umworbene Hippodameia. Auf der anderen Seite stehen Oinomaos, der Vater Hippodameias, der die Freier seiner Tochter zum Wettkampf herausforderte, und seine Frau Sterope. In der Mitte, unsichtbar zugegen, Zeus, der Herr des olympischen Heiligtums, als Schiedsrichter, den Blitz in der Linken, mit der Rechten erregt in sein Gewand greifend.
Im Westgiebel (unten) kämpfen die Lapithen, ein griechischer Volksstamm, gegen die Kentauren. Diese waren zur Hochzeit des Lapithenkönigs Peirithoos geladen, doch berauscht vom Wein vergriffen sie sich an Mädchen, Knaben und sogar an der Braut Deidameia. Im Zentrum des Geschehens steht – wiederum unsichtbar – Apollon als rächender Gott; Bogen und Pfeile trug er in der gesenkten Linken. Nach rechts und links schlagen Peirithoos und sein Freund Theseus auf die Pferdemenschen ein. Olympia, Museum

Folgende Doppelseite: Die beiden um 2 m hohen Bronzestatuen wurden im Meer bei Riace vor der Küste Kalabriens gefunden. Sie gehörten zur Ladung eines Schiffes, das vielleicht auf dem Weg von Griechenland nach Italien war. Beide Figuren trugen am linken Arm einen Schild und hielten mit der Rechten eine Lanze. Auf den Köpfen saßen Helme über breiten Schutzbändern – wahrscheinlich auch bei der »Statue A« (links), obwohl deren Haar auf dem Schädel detailliert ausgearbeitet ist. Die Augen bestehen aus bunten Materialien, die Lippen und Brustwarzen aus Kupfer. Die Zähne der »Statue A« sind versilbert. Trotz der Ähnlichkeiten unterscheiden sich die beiden Figuren stilistisch so sehr voneinander, daß sie kaum gleichzeitig entstanden sein können; »B« (um 430/420 v. Chr.) scheint von einer Schwingung erfaßt zu sein, die die Formen des Körpers stärker als bei »A« (um 460 v. Chr.) harmonisch aufeinander bezieht. Reggio Calabria, Museo Nazionale

Die Hochklassik

Die Tendenz zu einem insgesamt mehr realistischen Menschenbild, zur Erfassung auch der physiognomischen Besonderheit eines Menschen bricht um die Mitte des 5. Jahrhunderts v. Chr. ab. Aufschlußreich ist der Vergleich der in römischen Kopien erhaltenen Bildnisse zweier attischer Politiker (Abb. S. 25): War der in den Jahren um 470 v. Chr. geschaffene Kopf des Themistokles ein früher Versuch, ein Porträt mit veristischen Details zu schaffen, so zeigt das um 430 v. Chr. gearbeitete Bildnis des Perikles kaum individuelle Züge. Hier erscheint der ideale Staatsmann, der perfekte Polisbürger überhöht zum Olympier – und gemäß antiken Zeugnissen hat Perikles sich nicht ohne Anstrengung selbst so stilisiert.

Repräsentativ für das Bild des Menschen in der Hochklassik (etwa 450–430 v. Chr.) sind die Statuen Polyklets. Schon die antike Literatur kannte die berühmtesten Werke des Meisters nur unter der Bezeichnung der Darstellungstypen (Doryphoros: Speerträger, Diadumenos: der sich eine Binde umlegt). Die künstlerische Absicht zielte offenbar nicht auf Individuelles, sondern auf Allgemeines, ein homogenes Menschenbild, das sich in wenigen Lebensalterstufen manifestierte, wobei das Alter, der körperliche Verfall, ausgeschlossen blieb. Daher das antike Urteil, die Statuen Polyklets seien »beinahe einem einzigen Muster folgend« (Plinius, *Naturalis historia* 34, 56) gearbeitet. Diese Statuen reflektieren vor allem eine intensive, experimentierende Auseinandersetzung mit der Ponderation des menschlichen Körpers.

Der Speerträger, das Hauptwerk Polyklets, führt den Kontrapost auf den Höhepunkt systematischer Ausbildung. Das Standmotiv demonstriert den Extremfall einer Unterscheidung zwischen Standbein und Spielbein: Das Spielbein, welches den Boden nur mit den Zehen berührt, wird als vollkommen entlastet gekennzeichnet und außerdem so weit zurückgestellt, wie es anatomisch und statisch eben noch möglich ist. Erscheint die Seite des Spielbeins auch durch die Aktion des Armes als sich öffnend, so wirkt die Standbeinseite, zu der der Kopf sich wendet, als geschlossen, fast wie eine ruhige Achse. Doch wird diese Unterscheidung überlagert und differenziert durch sich überkreuzende Querbezüge, welche zeigen, daß das Widerspiel von Kraft und Gewicht den Körper nicht in zwei Hälften zerfallen läßt, sondern ihn insgesamt erfaßt und seinen organischen Zusammenhang erst sichtbar macht: Auf der entlasteten Seite ist der Arm, der den Speer trägt, belastet, auf der belasteten Standbeinseite der herabhängende Arm entlastet. Belastet sind also rechtes Bein und linker Arm, entlastet linkes Bein und rechter Arm, wobei von den belasteten Gliedern der Arm, von den entlasteten das Bein stark eingeknickt ist. Obwohl das weit zurückgesetzte Spielbein den Körper nicht zusätzlich stützen kann, liegt gerade auf der Spielbeinseite die Last des Speeres. Dadurch erscheint das Gleichgewicht der Figur als äußerst

labil. Die entlastete Körperseite ist zudem die aktive; der »Bewegung« des Spielbeins nach hinten antwortet der angespannt nach vorn geführte Arm mit dem Speer. Nun ist aber die Fähigkeit, den Körper zu entlasten oder anzuspannen, die Voraussetzung für Bewegung. Diese die Schwerkraft überwindende Fähigkeit wird am Doryphoros bis zur Gefährdung des Gleichgewichts, bis fast zum Übergang von Ruhe zur Bewegung demonstriert – besonders deutlich dadurch, daß Elemente potentieller Bewegung auf einer Seite der Statue versammelt sind. Die »Gefährdung der Standfestigkeit« meint also »Bewegungspotenz«. Polyklet hat diese Potenz gemäß den Gesetzen des Kontraposts an einer ruhig stehenden Figur, an einem »Standbild« mit einzigartiger Prägnanz, anschaulich gemacht.
Polyklet systematisierte den Kontrapost bis in die Haarlokken hinein und steigerte ihn zu einer Art Idealform. Als erster griechischer Bildhauer hat er aber auch seine Kunst in einer Schrift erläutert: Sein »Kanon«, von dem nur wenig Fragmentarisches erhalten ist, enthielt offenbar ein System formaler Beziehungen, ausgedrückt wohl in mathematisch bereinigten Proportionen, ein System, das, auf dem Studium der Natur beruhend, in den Naturgesetzen selbst seine Begründung fand. Obwohl Polyklet wahrscheinlich Menschen vermessen hat, um zu einem »mittleren Maß« zu gelangen, drängte er Individuelles und Zufälliges zurück, damit sichtbar werde, was der römische Redner Quintilian »überwirkliche Anmut« nannte (*Institutio oratoria* 12, 10, 8), Schönheit, die als eine reale erscheint, obgleich sie die gewöhnliche Realität übersteigt. Solche Musterhaftigkeit resultierte für Polyklet aus der Anstrengung, die sich auf die Erkenntnis von Formgesetzen und zugleich die Perfektionierung der handwerklichen Gestaltung richtet. Im

Linke Seite: Wagenlenker von Delphi. Um 470 v. Chr. Der Wagenlenker wird an seiner Berufskleidung erkennbar, dem langen Chiton, der zum Schutz gegen den Fahrtwind am Oberkörper mit einem Band zusätzlich befestigt ist. Der junge Mann stand auf einem von vier Pferden gezogenen Rennwagen, seine Hände halten noch Reste der Zügel. Polyzalos von Gela aus der Familie der Tyrannen von Syrakus hatte 478 oder 474 v. Chr. bei den Pythischen Spielen im Wagenrennen gesiegt und bald danach die aufwendige Bronzegruppe in das Apollon-Heiligtum von Delphi gestiftet. Erhalten ist auch die Kalksteinbasis mit zwei Fassungen der Weihinschrift. Der Wagenlenker kann ein Porträt des Siegers gewesen sein, doch ist die mit einem Mäander verzierte Binde in seinem Haar nicht notwendig eine Siegerbinde. Delphi, Museum

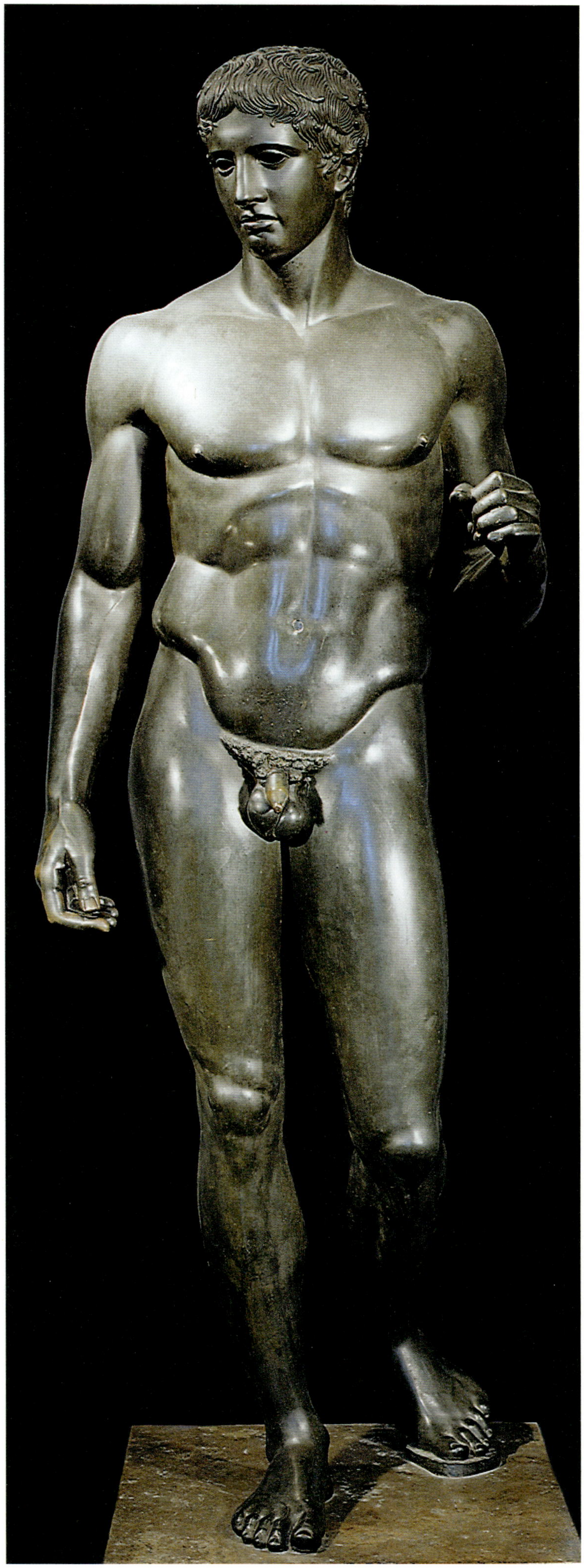

Rechts: Die Bronzerekonstruktion von G. Römer (1921) nach römischen Kopien vermittelt den besten Gesamteindruck vom Speerträger (Doryphoros), dem um 440 v. Chr. geschaffenen Hauptwerk des auch als Theoretiker hervorgetretenen Bildhauers Polyklet aus Argos. Zweck und Thema der Figur sind unbekannt; in formaler Perfektion zeigt sie ein Idealbild des Menschen. Die hochklassische Statue führt das Darstellungsprinzip des Kontrapost auf den Höhepunkt systematischer Ausgestaltung – bis in die Haarlocken hinein. Das Standmotiv demonstriert den Extremfall einer Unterscheidung zwischen Standbein und Spielbein bis zur Gefährdung des Gleichgewichts. Zwischen belasteten und entlasteten Körperteilen ergeben sich im Widerspiel von Kraft und Gewicht genau kalkulierte Querbezüge. München, Universität

»Kanon« hieß das erstrebte Ziel das »Gute«, und die Wahl des Begriffes erlaubt den Schluß, daß hier künstlerischem Gelingen eine auch moralische Qualität zuerkannt wurde. Polyklet muß davon überzeugt gewesen sein, moralische Werte zu veranschaulichen, wenn er ästhetische konstruierte. Es ging also nicht um »Kunst um der Kunst willen«, vielmehr wurde versucht, Leitbilder zu begründen, sie in der sichtbaren künstlerischen Form zu beglaubigen. In vergleichbarer Weise erklärten damals die sogenannten Sophisten richtiges, vernünftiges Handeln für lehrbar, bemühten sich Staatstheoretiker darum, das politische Leben auf rationale Grundsätze zurückzuführen. Soweit wir sie nach dem wenigen Erhaltenen beurteilen können, stimmte Polyklets Konzeption – auch im Bestreben, meßbare oder zählbare Fakten zu ermitteln – mit den Anschauungen der führenden Intellektuellen der Zeit überein.

Die Kunst der griechischen Hochklassik beruht wesentlich auf dem Willen, Exemplarisches zu verwirklichen, und auf der Überzeugung, etwas auch für künftige Generationen Wichtiges zu schaffen. Das bedeutet aber zugleich, daß die Kunst sich sehr bewußt in eine Distanz zum täglichen Leben begibt, daß sie Ideale konzipiert, die die Realität überhöhen, ja sie verbessern sollen.

Am Fries des Parthenon erscheint das Volk von Athen beim Fest der Stadtgöttin. Betrachtet man die einzelnen Figuren, dann fallen auf: die starke Neigung der Köpfe, die oft wie gebremst wirkenden Gesten, die leicht schwingende Körperhaltung. Junge Männer, die auf Pferden galoppieren oder Opfertiere führen, agieren wie traumverloren. Durch diese Darstellungsweise wird der Eindruck einer einheitlichen, wenn auch undefinierten »Stimmung« erzeugt, die die gezeigte Handlung gleichsam überlagert. Was hier wohl zum Ausdruck kommen soll, ist die Gleichgestimmtheit derer, die gleichen Idealen verpflichtet sind. Die Reden des Perikles, die der Historiker Thukydides uns überliefert hat, müssen dasselbe bezweckt haben: zu Zeiten äußerer und innerer Gefahr, ein die Realität verklärendes Gemeinschaftsgefühl und Selbstbewußtsein zu erzeugen. In der berühmten Rede zu Ehren der im Krieg Gefallenen führte Perikles im Winter 431/430 unter anderem aus:

Zusammenfassend sage ich, daß unsere Stadt insgesamt die Schule von Hellas sei und daß der einzelne Mensch, wie mich dünkt, bei uns wohl am vielseitigsten und voll Anmut und leichtem Scherz in seiner Person wohl alles Notwendige vereine. Daß dies nicht Prunk mit Worten für den Augenblick ist, sondern die Wahrheit der Dinge, das zeigt gerade die Macht unseres Staates, die wir mit diesen Eigenschaften erworben haben. Unsere Stadt ist die einzige heute, die stärker als ihr Ruf aus der Probe hervorgeht... Und mit sichtbaren Zeichen üben wir wahrlich keine unbezeugte Macht, den Heutigen und den Künftigen zur Bewunderung...

Thukydides 2,41 (Übersetzung von Georg Peter Landmann)

Platten vom Fries des Parthenon. Um 440 v. Chr. Am Parthenon auf der Athener Akropolis war innerhalb des Säulenumgangs oben an der Außenwand des Tempels ein Relieffries angebracht. Dargestellt ist der Festzug, der während der alle vier Jahre gefeierten Großen Panathenäen sich auf die Akropolis zu Tempel und Altar der Stadtgöttin Athena bewegte und auf dem Fries von olympischen Göttern erwartet wird. Unter den Teilnehmern erscheint besonders zahlreich vertreten die attische Reiterei. Alle Dargestellten verbindet eine eigentümliche, die Unruhe der aufwendigen Prozession überlagernde fast schwermütige Stimmung. Sie ist wohl Ausdruck der Gleichgestimmtheit von Bürgern, die gleichen Idealen verpflichtet sind.
London, British Museum

Die politische Situation in Griechenland und speziell in Athen erforderte seit etwa der Mitte des 5. Jahrhunderts v. Chr. beträchtliche Anstrengungen der Selbstrechtfertigung. Nachdem die Bedrohung durch die Perser ein Ende gefunden hatte, bedurfte die Vorherrschaft von Athen wie von Sparta einer neuen Begründung. Athen hatte den zur gemeinsamen Verteidigung griechischer Städte geschaffenen Seebund in eine Zwangsherrschaft verwandelt. Es hatte die Autonomie, das Lebensprinzip der griechischen Polis, mißachtet, um seine eigenen Interessen zu sichern. Mit der Parole von der Freiheit der Griechen rechtfertigte man Unterwerfung. Für die Kunst ergab sich aus solchen – hier nur angedeuteten – Widersprüchen eine besondere Situation: Es ging nicht so sehr um die Präsentation neuer Inhalte, sondern darum, tradierte Inhalte durch eine verstärkte formale Anstrengung neu zu beglaubigen. Daß dieses Programm nicht auf Athen beschränkt blieb, zeigte das Beispiel des in Argos wirkenden Bildhauers Polyklet.

Was das Menschenbild anbetrifft, so hat die Hochklassik die Aussage über den Menschen, die die Kunst der frühen Klassik mit der Erfindung des Kontraposts gemacht hatte, nicht verändert, sondern formal perfektioniert und zum Ideal, ja zur Utopie gesteigert. Das aber erleichterte auch die Herauslösung des klassischen Menschenbildes aus seinem historischen Kontext, seine Rezeption und Wirkung.

Nachklassik und Hellenismus

Die Rezeption der Klassik setzte unmittelbar nach dem Ende der Hochklassik ein: Im 4. Jahrhundert v. Chr. und im Hellenismus (etwa 300–30 v. Chr.) waren die Menschenbilder der Kunst des 5. Jahrhunderts v. Chr. Muster und Maßstab. In der Epoche Alexanders des Großen hat zum Beispiel der Bildhauer Lysipp, wie Cicero überliefert, den Speerträger Polyklets als seinen Lehrmeister bezeichnet (Cicero, *Brutus* 296). Sein um 320 v. Chr. geschaffener Apoxyomenos, ein Athlet, der sich den Schmutz der Palästra abschabt, verbindet den klaren Aufbau Polykletischer Statuen mit der neuartigen Darstellung momentaner Bewegtheit: Das halb belastete, abfedernde Spielbein, die gegeneinander bewegten Arme und der Gegenschwung im Rumpf erzeugen den Eindruck einer Pendelbewegung, die der Körper beim Sich-Schaben ausführt. Neu sind auch die schlan-

ken Proportionen, ein relativ kleiner Kopf bei langen Beinen. Doch hat Lysipp kein grundsätzlich neues Menschenbild geschaffen; er hat das klassische variiert und um Einzelaspekte erweitert.

Die schon in der Kunst des 4. Jahrhunderts v. Chr. nachweisbare retrospektive Tendenz paßt in eine Epoche, die sich auch sonst das »Beispiel der Vorfahren« gern vor Augen führte. Für die damaligen attischen Redner wie Isokrates und Demosthenes ist das 5. Jahrhundert, die Zeit der Kämpfer bei Marathon und des Perikles, bereits eine heroische Vergangenheit, auf die man sich um so lieber berief. Die ursprünglich nur für ein einziges Fest bestimmten Tragödien des Aischylos, des Sophokles und des Euripides sowie die Komödien des Aristophanes wurden nun regelmäßig wieder aufgeführt, von den Texten der tragischen Dichter erstellte man verbindliche Fassungen. Man empfand offenbar sehr deutlich, daß man in einer Zeit der Krise und des Übergangs lebte: zwischen autonomer Polis-Ordnung und der unabwendbaren makedonischen Vorherrschaft, zwischen aktivem politischen Handeln der ganzen Bürgerschaft und einer zunehmend privaten Organisation des menschlichen Zusammenlebens. Platons Philosophie bezeugt eindrucksvoll die allgemeine Unsicherheit, das Mißtrauen gegenüber der sichtbaren Welt, aber auch die Anstrengung, wieder festen Boden zu gewinnen – wobei die Denker des 5. Jahrhunderts v. Chr., nicht zuletzt Sokrates, die Partner sind.

Es ist vor allem die nackte männliche Figur, die den klassischen Mustern verpflichtet bleibt. Die nackte Figur hat seit dem 4. Jahrhundert v. Chr. eine Aura des Historischen. Ihre Nacktheit vertritt weniger eine konkrete Wirklichkeit als vielmehr eine abgeleitete, ästhetische Realität. Sie meint nicht sich selbst, sondern verweist auf eine Idee, auf ein in

Links: Der »Diadumenos«, ein Athlet, der sich die Siegerbinde anlegt, ist ein schon in der Antike berühmtes und oft kopiertes Spätwerk des Bildhauers Polyklet, geschaffen um 420 v. Chr. Die in einem Haus auf Delos gefundene Kopie aus späthellenistischer Zeit (um 100 v. Chr.) zeigt auf dem als Stütze dienenden Baumstamm – eine technische Notwendigkeit bei Marmorkopien bronzener Statuen – ein Gewand und einen Köcher. Damit hat der Kopist den Dargestellten wahrscheinlich als Apollon kennzeichnen wollen – eine Interpretation, die nicht auch für das Original gelten muß. Im Vergleich mit dem älteren »Doryphoros« Polyklets fällt das leichte Aufstreben der Gestalt auf, verstärkt durch die Gestik der Arme – die Hände halten die Enden der Binde.
Athen, Nationalmuseum

Rechts: Der Bildhauer Lysipp aus Sikyon, der auch für Alexander den Großen arbeitete, schuf um 320 v. Chr. die in einer römischen Marmorkopie überlieferte Bronzestatue des »Apoxyomenos«, eines Athleten, der sich den auf dem eingeölten Körper haftenden Sand der Palästra abschabt. Die Statue vereint den klaren Aufbau der Figuren Polyklets mit einer neuartigen Darstellung momentaner Bewegtheit: Das halb belastete, abfedernde Spielbein, die gegeneinander bewegten Arme und der Gegenschwung im Rumpf erzeugen den Eindruck einer Pendelbewegung, die der Körper beim Sichschaben ausführt. Charakteristisch für Lysipp und seine Zeit sind auch die schlanken Proportionen, ein relativ kleiner Kopf bei langen Beinen.
Rom, Musei Vaticani

der Vergangenheit geprägtes und vorbildlich gebliebenes Menschenbild. Kunst wird zum Schein – wie der Zeitgenosse Platon es richtig gesehen hat. Zwar setzt sich der Prozeß der Differenzierung, der seit der geometrischen Epoche zu verfolgen war, auch im 4. Jahrhundert v. Chr. und im Hellenismus fort, doch betrifft er nicht mehr das Menschenbild insgesamt und in seinem Kern, sondern beschränkt sich eher auf Phänomene der Oberfläche. Soweit die nackte männliche Figur einen lebendigen Organismus abbilden und als Funktionszusammenhang erkennbar machen soll, gelangte sie auch in der späteren Antike nicht über die Möglichkeiten hinaus, die die kontrapostische Darstellungsweise eröffnet hatte. Anders bei der Wiedergabe schwellender Muskeln, bewegter Physiognomien und ausgreifender Gesten: Hier hat insbesondere die hellenistische Plastik das Spektrum realistischer Gestaltung erweitert. Ein Beispiel dafür ist der in Rom gefundene »Herrscher« – vielleicht das Porträt eines römischen Adeligen. Der in den Jahren um 100 v. Chr. von dem Bildhauer Agasias aus Ephesos gearbeitete »Borghesische Fechter«, ein heftig ausschreitender Kämpfer, zeigt die Muskeln des bewegten menschlichen Körpers so naturgetreu und deutlich, daß er noch in der Neuzeit als Muster für den anatomischen Unterricht von Künstlern diente.

Nachdem die Nacktheit in die Sphären der Idealität entrückt war, konnte ein Tabu gebrochen werden: Im 4. Jahrhundert v. Chr. schuf Praxiteles die erste großplastische Darstellung einer nackten Frau in der griechischen Kunst, die Aphrodite von Knidos. Die wahrscheinlich in einem kapellenartigen Schrein aufgestellte Statue war während der gesamten Antike das Ziel von bewundernden Touristen. Eine im wesentlichen wohl zutreffende Vorstellung von ihr vermitteln uns römische Kopien: Die Göttin hat sich zum Bade entkleidet, sie legt ihr Gewand auf einem Wassergefäß ab. In einem uralten Gestus der Fruchtbarkeitsgöttin-

Links: Die überlebensgroße Bronzestatue (Höhe 2,37 m) wurde in Rom gefunden. Das kurzgeschnittene »Athleten«-Haar, der durch Ritzungen angegebene Bart, die bewegten Gesichtszüge (die Augen waren aus buntem Material eingelegt) und die gekrümmte Nase lassen den Kopf porträthaft wirken. Die ausfahrende Gestik und die schwellenden Muskeln gehören wie die Physiognomie kunstgeschichtlich in die Epoche des Hellenismus. Die um 170/160 v. Chr. geschaffene Statue gilt oft als Bildnis eines Herrschers aus einem der Nachfolgestaaten des Alexanderreiches, doch fehlt im Haar das wichtige Attribut der Herrscherbinde. Es könnte deshalb auch ein Römer dargestellt sein, der sich in griechisch-hellenistischen Formen präsentierte: der Körper in idealer Nacktheit, die Lanze eines Fürsten oder Feldherrn (der Stab ist modern), eine Hand im Rücken auf den Glutäen aufliegend, wie es bei Statuen des Herakles häufig vorkommt. Rom, Museo Nazionale Romano

Rechts: »Borghesischer Fechter«. Marmor. Um 100 v. Chr. Ein Krieger in Ausfallstellung; die Arme sind modern, aber wohl im wesentlichen richtig ergänzt. Auf dem stützenden Baumstamm die Signatur des Bildhauers Agasias aus Ephesos. Die Wiedergabe der Muskeln des bewegten Körpers ist derart realistisch, daß die Figur noch in der Neuzeit als Muster für den anatomischen Unterricht von Künstlern diente. Paris, Musée du Louvre

Links: Praxiteles, der attische Bildhauer, schuf um 360 v. Chr. eine Statue Apollons, die herkömmlichen Vorstellungen zuwiderlief. Der Apollon »Sauroktonos«, der Eidechsentöter, überliefert in römischen Kopien, zeigt den Gott als Knaben und in ein scheinbar kindliches Spiel vertieft: Lauernd an einen Baum gelehnt, will er eine Eidechse mit dem Pfeil treffen. Die alte Funktion Apollons als Rächer mit Bogen und Pfeil, als Helfer auch gegen Ungeziefer ist in diesem Genrebild nur ein fernes Zitat. Das Spiel, das zunächst kindlich vertraut erscheint, wirkt in Verbindung mit dem Olympier widersinnig. Die Andersartigkeit und Fremdheit göttlicher Existenz werden schockierend deutlich. Rom, Musei Vaticani

Rechts innen: Die von Praxiteles um 340 v. Chr. für die Stadt Knidos geschaffene Statue der Aphrodite war die erste großplastische Darstellung einer nackten Frau in der griechischen Kunst. Römische Kopien vermitteln eine im wesentlichen wohl zutreffende Vorstellung von dem in der Antike sehr bewunderten Werk: Die Göttin hat sich zum Bade entkleidet, sie legt ihr Gewand auf einem Wassergefäß ab. In einem uralten Gestus der Fruchtbarkeitsgöttinnen liegt die rechte Hand über der Scham. Aphrodite erscheint in voller Schönheit, aber sie hat keinen Kontakt zum Betrachter; ihr Blick geht in eine unbestimmte Ferne. Rom, Musei Vaticani

Rechts außen: Das einzige erhaltene Originalwerk des Praxiteles ist der im Hera-Tempel in Olympia gefundene Hermes (um 320 v. Chr.; rechter Unterschenkel, linker Unterschenkel mit dem Fuß und unterer Teil des Baumstamms sind modern ergänzt). Der Gott trägt auf dem linken Arm den eben geborenen Dionysos; er soll ihn in die Obhut von Nymphen bringen. Der kleine Gott des Weines griff nach einem Traubenbüschel, das Hermes einst in seiner erhobenen Rechten hielt. Darstellungsziel der technisch virtuos gearbeiteten Marmorgruppe ist die Epiphanie strahlender Götterschönheit, die Vergegenwärtigung des seligen Daseins der Götter. Olympia, Museum

Die Sorgfalt und Anmut ist bei Polyklet größer als bei allen anderen, dem zwar von den meisten der Siegespreis zuerkannt wird, jedoch glaubt man, um auch etwas aussetzen zu können, es fehle ihm an Gewicht. Denn wie er der menschlichen Gestalt eine mehr als natürliche Anmut verliehen habe, so scheint er das Achtung gebietende Wesen der Götter nicht voll wiedergegeben zu haben. Ja auch vor dem würdigen Alter soll er zurückgescheut sein und sich an nichts weiter als an glatte Wangen gewagt zu haben. Was dem Polyklet gefehlt hat, gibt man dagegen dem Phidias... Phidias gilt indessen eher für die Abbildung von Göttern als von Menschen als der bessere Künstler... Der Naturwahrheit sind Lysipp und Praxiteles am besten nahegekommen...

Quintilian, *Institutio oratoria* 12, 10, 8 ff.
(Übersetzung von Helmut Rahn)

nen liegt die rechte Hand über der Scham. Aphrodite blickt in eine unbestimmte Ferne (was nicht alle Kopien richtig überliefern), von einem Betrachter weiß sie nichts; sie erscheint in voller Schönheit, bleibt aber zugleich distanziert in ihrer eigenen Sphäre. Nicht nur kunstgeschichtlich ist die Statue revolutionär; zahlreiche antike Epigramme formulieren das Erstaunen über die Kühnheit des Künstlers und die Bewunderung seiner Schöpfung (in ihnen wird Aphrodite auch Kypris genannt, da sie bei Zypern aus dem Meer geboren war):

Als die Kypris die Kypris in Knidos erblickte, da rief sie:
»Wo hat Praxiteles denn, Himmel! so nackt mich gesehn?«

Anthologia Graeca 16, 162
(Übersetzung von Hermann Beckby)

Mehr oder minder vollständige Nacktheit ist seitdem Attribut der Aphrodite. Nackt wie ein klassischer Jüngling erscheint unter den Göttern vor allem Apollon. Berühmt ist der »Apollon im Belvedere« (Abb. S. 412), die römische Kopie einer im späten 4. Jahrhundert v. Chr. geschaffenen Statue, vielleicht ein Werk des attischen Bildhauers Leochares: vor der Folie des großen Mantels in leichtfüßiger Bewegung der makellose jugendliche Körper, in der vorgestreckten Linken einst der rächende Bogen, Pfeile im Köcher auf dem Rücken, der entsühnende Lorbeer in der gesenkten Rechten. Die komplizierte, üppige Lockenfrisur scheint weiblich zu sein, steht jedoch in einer Tradition, die zu den archaischen Kuroi zurückführt.
Der attische Bildhauer Praxiteles hat neben der Aphrodite von Knidos weitere Götterstatuen geschaffen, die die

Grenzen des Herkömmlichen sprengen: Sein Apollon »Sauroktonos«, der Eidechsentöter, überliefert in römischen Kopien, zeigt den Gott als Knaben und ganz in sein scheinbar kindliches Spiel vertieft: Lauernd an einen Baum gelehnt, will er eine Eidechse mit dem Pfeil treffen. Die alte Funktion Apollons als Rächer mit Bogen und Pfeil, als Helfer auch gegen allerlei Getier ist in diesem Genrebild nur noch ein fernes Zitat. Göttliche Existenz wird hier vorgeführt als schockierend fremd; das kindliche Spiel, das zunächst vertraut erscheint, wirkt in Verbindung mit dem Gott widersinnig. Der Betrachter empfindet die Distanz, die zwischen seiner Vorstellungswelt und der Sphäre der Götter liegt.

Ein Genrebild ist auch das einzige uns erhaltene Originalwerk des Praxiteles, der im Hera-Tempel in Olympia gefundene Hermes: Der Gott trägt auf dem linken Arm den eben geborenen Dionysos; er soll ihn in die Obhut von Nymphen bringen. Der kleine Dionysos – Gott des Weines – griff nach einem Traubenbüschel, das Hermes einst in seiner erhobenen Rechten hielt. Obwohl Hermes sich während einer Rast auf einen Baumstamm stützt, über den er seinen Mantel gehängt hat, reckt sich sein Körper in kühner Schwingung empor; jeder Eindruck des Lastens wird vermieden. Bestimmend für die Wirkung der Figur sind auch weniger die Unterscheidung zwischen Standbein und Spielbein sowie die daraus abzuleitenden Verschiebungen der Muskeln und Glieder, vielmehr die senkrechte Linie, die man vom Gesicht zum linken Spielbein ziehen kann: Sie scheint die tragende Achse zu sein; zu ihren Seiten befinden sich das Kind und das Traubenbüschel in einem

Links: Ilissos-Stele. Marmor. Höhe 1,68 m. Um 340/330 v. Chr. Das Grabrelief mit etwa lebensgroßen Figuren wurde in Athen im Flußbett des Ilissos gefunden. Der verstorbene junge Mann lehnt unbekleidet an einem Pfeiler, der ein Grabmal bedeuten könnte. Auf der Stufenbasis sitzt schlafend – auch das vielleicht ein Hinweis auf den Tod – ein kleiner Diener. Ein Hund und das Wurfholz, das vom linken Arm herabhängt, kennzeichnen den jungen Mann als Jäger. Den früh verstorbenen Sohn betrachtet der greise Vater, gekleidet in einen langen Mantel, auf einen Stock gestützt, die Rechte sinnend zum Kinn erhoben. Reflektierend überbrückt er die Distanz zwischen Tod und Leben; in der Anschauung des Idealbilds seines Sohnes vergegenwärtigt er sich ein bestimmtes, durch Tradition sanktioniertes Menschenbild. Athen, Nationalmuseum

Rechts: Grabrelief der Hegeso. Marmor. Höhe 1,49 m. Ende des 5. Jahrhunderts v. Chr. Die Grabstele stammt aus der Nekropole vor dem Dipylon in Athen. Der Name der Verstorbenen ist in das Gebälk des architektonischen Rahmens des Reliefs eingemeißelt: Hegeso, Frau (oder Tochter) des Proxenos. Mit Chiton und Mantel bekleidet, ein Tuch und Bänder im Haar, sitzt Hegeso auf einem kunstvoll gearbeiteten Stuhl. Sie hat mit beiden Händen eine (einst gemalte) Kette aus dem Schmuckkästchen genommen, das die vor ihr stehende Dienerin hält. Diese ist durch den ungegürteten Chiton und die Haube auf dem Kopf gekennzeichnet. Die Frauen scheinen innig miteinander verbunden, doch treffen sich ihre Blicke nicht. Blicken beide auf die Kette, oder ist jede für sich von Erinnerung und Trauer bewegt? Athen, Nationalmuseum

Als mir Theionoe starb, da weint ich als Gatte; doch blieb mir
tröstend mein Sohn noch – dies dämpfte mir Klage und Schmerz.
Nun aber raubte mir auch das neidische Schicksal mein Söhnlein.
Ach, ich werde mit dir, Kind, um das Letzte gebracht…
Höre, Persephone, denn die Bitte des trauernden Vaters:
Lege das Kindlein im Tod gütig der Mutter ans Herz!
Anthologia Graeca 7, 387 (Übersetzung von Hermann Beckby)

schwankenden Gleichgewicht. Neben dieser optisch dominierenden Achse ist die tatsächliche Stütze von untergeordneter Bedeutung: Es sieht so aus, als könne der Körper sich auch ohne sie aufrecht halten, und dazu paßt, daß der Baumstamm von dem virtuos gearbeiteten Gewand fast vollständig verhüllt wird; die Stütze hat nicht nur ihren Zweck, sondern auch ihre feste Konsistenz scheinbar eingebüßt. Ziel der Darstellung ist die Epiphanie strahlender Götterschönheit, die Vergegenwärtigung des seligen Daseins der Götter. Die dazu angewandten Mittel sind vor allem optische Reize; der Blick des Betrachters gleitet über die wie flimmernd erscheinende, leicht bewegte Oberfläche, nimmt beleuchtete und verschattete Partien wahr.
Entfalten kann sich die optische Wirkung nur aus einer gewissen räumlichen Distanz heraus. Dieser äußeren Distanz entspricht eine innere, ein vielschichtig reflektiertes Verhältnis zur Kunst und zum jeweiligen Darstellungsgegenstand. Daß auch das Menschenbild davon betroffen ist, mag das in den Jahren um 340–330 v. Chr. entstandene große Grabrelief illustrieren, das in Athen im Fluß Ilissos gefunden wurde: Der Verstorbene lehnt unbekleidet an einem Pfeiler, der ein Grabmal bedeuten könnte. Auf der Stufenbasis des Pfeilers sitzt schlafend – auch das vielleicht ein Hinweis auf den Tod – ein kleiner Diener. Ein Hund und ein Wurfholz, das vom linken Arm herabhängt, kennzeichnen den jungen Mann als Jäger. Alle Einzelmotive wurden nicht erst für dieses Relief erfunden, sondern haben eine lange Tradition; sie sind Bildchiffren für den Lebensstil der Oberschicht. Zusammen mit der Nacktheit des Leibes, die vor der Folie des über den Rücken geführten Mantels besonders auffällig inszeniert ist, dienen sie dazu, den Dargestellten aus dem Alltag herauszuheben, ihn als Verkörperung eines Ideals zu charakterisieren. Den auf diese Weise beinahe heroisierten Jüngling, den früh verstorbenen Sohn, betrachtet der greise Vater, gekleidet in einen langen Mantel, auf einen Stock gestützt, die Rechte sinnend zum Kinn erhoben. Beide Figuren sind auch formal deutlich gegeneinander abgesetzt: hell strahlend, fast in Vorderansicht gelöst dastehend, der junge Mann; wie durch eine scharfe Trennlinie von ihm geschieden der Alte, stärker verschattet, in Seitenansicht gesammelt verharrend. Allein der überlebende Vater überbrückt die Distanz: Er blickt den Verstorbenen an, reflektiert über dessen Schicksal, vergegenwärtigt sich in seinem Sohn zugleich ein bestimmtes, durch Tradition sanktioniertes Menschenbild. In dieser Epoche ist das Bild des Menschen – wie das des Gottes – nicht mehr ein selbstverständlich gegebenes und allgemein verbindliches. Es ist auch nicht mehr einheitlich und einfach zu fassen, sondern fächert sich auf in unterschiedliche Aspekte.

Auf den attischen Grabreliefs des 4. Jahrhunderts v. Chr. ist die Frau im Kreise ihrer Angehörigen oder zusammen mit einer Dienerin das häufigste Thema. Der Bereich des Hauses, wo die Frau dominiert, während der Mann draußen, im öffentlichen Leben, seinen Platz hat, wird von der Kunst bereits im 5. Jahrhundert v. Chr. stärker berücksichtigt als zuvor. Das ist nicht nur ein Symptom für die Aufwertung der Privatsphäre gegenüber dem politischen Engagement, es bezeugt auch eine Stärkung der gesellschaftlichen Stellung der Frau. In der Plastik erweitern neue Typen der bekleideten weiblichen Figur das Spektrum der bürgerlichen Repräsentation. Die betont schlichte Peplostracht der Periode des »Strengen Stils« wird in der zweiten Hälfte des 5. Jahrhunderts v. Chr. von üppigeren Gewändern abgelöst. Frauen tragen nun – wie schon in der archaischen Epoche – den stoffreichen Chiton, darüber einen Mantel, der zumeist um den Unterkörper gelegt wird. Zwar hält man nach wie vor an wenigen Grundformen des weiblichen Gewandes fest, doch besteht in diesem Rahmen ein großer Spielraum für Variationen: Auch in der Wirklichkeit wurde der Stoff beim Ankleiden jeweils individuell drapiert, von Nähten und Fibeln machte man nur sparsam Gebrauch. Seit der Hochklassik richten die Bildhauer ihre Aufmerksamkeit zudem auf das Miteinander und mehr noch das Gegeneinander von Körper und Gewand. An den Giebelfiguren des Parthenon (Abb. S. 422, 423) und an den wenig später geschaffenen Reliefs von der Balustrade am Nike-Tempel auf der Athener Akropolis (Abb. oben links) wird der Kontrast zwischen Körper und Gewand bereits in virtuoser Steigerung vorgeführt. Das besondere Interesse der nachklassischen und hellenistischen Kunst an Phänomenen der Oberfläche begünstigte die Erfindung weiterer neuer Spielarten der bekleideten Figur. Die Gewandstatue wird jetzt zur Leitform der Stilgeschichte.

In der Epoche des Hellenismus breitet sich die griechische Kultur über das ganze Mittelmeergebiet aus, sogar bis in

Links außen: Den um 420/410 v. Chr. errichteten kleinen Tempel der Athena Nike auf der Athener Akropolis umgab eine außen mit Reliefs geschmückte Balustrade, auf der ein Sieg (nikē) *gefeiert wird. Geflügelte Siegesgöttinnen (Niken) führen Stiere zum Opfer, richten Siegesmale auf und schmücken sie. Eine löst ihre Sandale, um bloßen Fußes Heiligtum und Opferstätte zu betreten. Über dem dünnen Chiton trägt sie einen weiten Mantel. Gewand und Körper steigern sich gegenseitig in ihrer Wirkung. Als Kompositionsmittel gewinnt das Gewand Eigenwert.*
Athen, Akropolis-Museum

Links innen: Die in einer römischen Villa bei Antium (Anzio) gefundene hellenistische Statue aus der Zeit um 240 v. Chr. zeigt eine junge Frau mit dem Opfertablett auf dem Weg zu einer Kulthandlung. Zur momentanen Bewegtheit der Figur, die sich unbeobachtet glaubt, paßt die etwas nachlässige, um so »lebensechter« wirkende Drapierung der stoffreichen Gewänder.
Rom, Museo Nazionale Romano

Rechts: Im Säulenhof ihres Hauses auf der Insel Delos ließ eine Kleopatra bald nach 138 v. Chr. Bildnisstatuen von sich und dem verstorbenen Gatten Dioskurides aufstellen. In Darstellungstypen, die sehr verbreitet waren, zeigen sie das Ehepaar als wohlsituierte und den gesellschaftlichen Normen entsprechende Bürger.

den Iran und nach Indien. Griechen treten in Kontakt zu fremden Kulturen, lernen andere Völker in deren Lebensraum kennen. Das schärft die Sinne für die anderen in der Ferne, aber auch ganz allgemein für jene in der Nähe, die am Rande der Gesellschaft stehen und die zumindest in der Kunst bisher eine marginale Rolle spielten. Die häßlichen Züge des körperlichen Verfalls im Alter und selbst der Krüppel werden nicht mehr bloß karikierend dargestellt, sondern in nüchterner Beobachtung realistisch erfaßt (Abb. S. 42).

Die großplastische Darstellung einer betrunkenen alten Frau zum Beispiel wäre vor dem Hellenismus kaum vorstellbar gewesen. Erst die neue Erfahrung von Großstädten wie Alexandria mit stark gemischter Bevölkerung und akuten sozialen Problemen macht das Thema zum Gegenstand anspruchsvoller Kunst. Die in den Jahren um 200 v. Chr. geschaffene Statue ist durch zwei römische Kopien überliefert (Abb. S. 282); sie muß ein berühmtes Meisterwerk gewesen sein. Die am Boden sitzende alte Frau wird durch Ohrringe, Fingerringe und reiche, sorgfältig drapierte Kleidung als wohlhabend gekennzeichnet. Sie mag eine gut bezahlte Hetäre gewesen sein, doch hat sie inzwischen das Alter ereilt. Sie umfängt mit ihrem Schoß und ihren Armen den Trost, der bleibt, die große Flasche, bekränzt mit dem Efeu des Dionysos: Befreiung von den Widrigkeiten des Daseins gewährt der Gott des Rausches. So häßlich die Gesichtszüge geworden sind – der Kopf ist in den Nacken geworfen wie im Erleben einer Vision. Ein höchst ambivalentes Werk; es vermittelt neue Einblicke in die Natur des Menschen.

Wie der Greis ist das Kind ein beliebtes Thema der hellenistischen Plastik. Zu einer Zeit, in der die Literatur die eigene Welt des Kindes entdeckt hat, wird das Kind auch in der bildenden Kunst nicht länger als kleiner Erwachsener dargestellt. Der Knabe, der im Spiel eine Gans mit beiden Armen umklammert, so daß er das Tier zu erwürgen droht,

Links: Der »Farnesische Stier«, die größte aus der Antike zusammenhängend erhaltene Figurengruppe (Höhe 3,70 m), schmückte einst die Thermen des Kaisers Caracalla in Rom. Die römische Marmorkopie einer hellenistischen Schöpfung aus der ersten Hälfte des 2. Jahrhunderts v. Chr. wurde in der Neuzeit mehrfach restauriert; Zutaten des antiken Kopisten sind die kleinen Figuren und Geräte auf der felsförmigen Basis sowie die hinter dem Stier ruhig stehende weibliche Figur. Die Gruppe vermittelt dennoch einen guten Eindruck von dem offenbar berühmten griechischen Original: Die Zwillingsbrüder Amphion und Zetos, Söhne des Zeus und der Königstochter Antiope binden Dirke, die Königin von Theben, an einen wilden Stier, damit er sie zu Tode schleife. Sie rächen so ihre Mutter, die von Dirke zur Sklavin erniedrigt worden war. Eine hochdramatische Inszenierung, die den Mythos unmittelbar vergegenwärtigen will; in der Hauptansicht der Gruppe springt der Stier auf den Betrachter zu. Eine aus Rhodos stammende Gruppe der Bestrafung der Dirke befand sich in der Kunstsammlung des römischen Politikers und Schriftstellers Asinius Pollio (76 v. Chr. – 4 n. Chr.), deren Hauptwerke Plinius der Ältere im 36. Buch seiner Naturgeschichte *aufzählt; als Schöpfer dieser Skulptur nennt er die Brüder Apollonios und Tauriskos aus Tralleis.*
Neapel, Museo Nazionale

Rechts: Im Spiel umklammert der Knabe eine Gans und droht sie zu erwürgen. Erst die hellenistische Kunst hat derart babyhafte Körperformen und das Ungeschick eines kleinen Kindes realistisch dargestellt. Mit der lebensechten Wirkung der Szene und dem Witz des Motivs verbindet sich formale Perfektion: Schräg abgestützt von den Beinen drehen sich die Körper der Kampfpartner zueinander und ergeben ein klar strukturiertes pyramidenförmiges Gebilde. Die störende Mittelstütze ist Zutat des römischen Kopisten; an dem in Bronze gegossenen Original aus der Zeit um 200 v. Chr. konnte sie fehlen.
München, Glyptothek

hat alle körperlichen Kennzeichen eines Babys. Das wahrscheinlich im frühen 2. Jahrhundert v. Chr. geschaffene Werk war beliebt; denn wir besitzen es in mehreren Kopien. Neben dem Witz des Themas fasziniert die formale Perfektion: Zwei »Partner« führen ihre schwachen Kräfte gegeneinander ins Feld; abgestützt von den Beinen, die wie schräggestellte Streben wirken, vereinigen sich ihre Körper in einer Drehbewegung (an dem wahrscheinlich in Bronze gegossenen Original konnte eine Mittelstütze fehlen). Eine Kampfszene wird künstlerisch umgesetzt in ein klar gegliedertes pyramidenförmiges Gebilde.

Gruppen, die zwei oder mehrere gleichgewichtige Körper zu einer Einheit verbinden, gehören zu den eindrucksvollsten Leistungen der hellenistischen Plastik. Von einem Denkmal, das im späten 3. Jahrhundert v. Chr. in Pergamon nach Siegen über die in das Land eingefallenen Gallier errichtet wurde, stammt die überlebensgroße Darstellung eines gallischen Fürsten (erhalten in einer römischen Kopie, Abb. S. 283): Um sich der Gefangennahme und Sklaverei zu entziehen, hat er seine Frau, die ihn dem Brauch gemäß ins Feld begleitete, durch einen Stich in die linke Achselhöhle getötet und stößt sich nun selbst das Schwert in die Brust. Als Nichtgriechen kennzeichnet ihn das wilde, zottige Haar, als gallischen Adeligen der Schnurrbart. Daß er nackt gezeigt wird – der um den Hals geschlungene, im Rücken flatternde Mantel bedeckt nicht viel –, entspricht der Überlieferung, daß die Gallier unbekleidet kämpften, entspricht aber auch der in der griechischen Kunst für Kämpfer, besonders heroische Kämpfer üblichen Darstellungsweise. Die Frau ist durch Frisur und Kleidung als »Barbarin«, als Nichtgriechin, ausgewiesen. Die Nacktheit des Mannes und das Pathos der raumgreifenden Aktion unterstreichen das Heroische der Tat; die Sieger, die Stifter des Denkmals, waren offenbar davon beeindruckt. Wie ähnlich beim Knaben mit der Gans, einem Werk, das solche »heroischen« Gruppen vielleicht ironisch zitiert, schließen sich zwei Figuren mittels ihrer Körperbewegung zusammen, entfaltet sich das dramatische Geschehen im Rahmen einer pyramidenförmigen Komposition.

Eine hochdramatische Inszenierung, deren Pathos den Betrachter unmittelbar packen soll, ist auch die größte antike Figurengruppe, die wir kennen: der »Farnesische Stier«. Von dem in der ersten Hälfte des 2. Jahrhunderts v. Chr. geschaffenen Werk vermittelt die Kopie, die in den Thermen des Kaisers Caracalla in Rom stand, einen wohl richtigen Eindruck (Zutaten des Kopisten sind die kleinen Figuren und Geräte auf der felsförmigen Basis sowie eine vierte große, hinter dem Stier von vorn kaum sichtbare weibliche Figur; mehrere neuzeitliche Ergänzungen stören wenig). Die Zwillingsbrüder Amphion und Zetos, Söhne des Zeus und der Königstochter Antiope, binden Dirke, Königin von Theben, an einen wilden Stier, damit er sie zu Tode schleife. Sie rächen so ihre Mutter, die von Dirke zur Sklavin erniedrigt worden war.

Der Dirke-Mythos dürfte kaum um seiner selbst willen derart aufwendig dargestellt worden sein; er soll Emotionen auslösen, zum Nachdenken anregen, an den Zusammenhang zwischen Schuld und Sühne, Überheblichkeit und Leid gemahnen. Die mythische Erzählung wird zum moralischen Exempel. Politische Programme hat man schon im 5. Jahrhundert v. Chr. mit mythologischen Bildern erläutert, zum Beispiel in Athen am Parthenon. In der Epoche des Hellenismus folgen zum Beispiel die Herrscher von Pergamon dieser Tradition: Am Fries des großen Altars, der in der ersten Hälfte des 2. Jahrhunderts v. Chr. erbaut wurde, spiegelt sich im Kampf der Götter mit den Giganten die jahrelange Auseinandersetzung der Pergamener mit den Galliern.

Nicht in Form einer Pyramide hoch aufgetürmt wie die Gruppe des »Farnesischen Stiers«, sondern bei aller Bewegtheit übersichtlich ausgebreitet, präsentiert sich die Laokoon-Gruppe (Abb. S. 419). Laokoon, Priester des Apollon in Troja, hat einen schweren Frevel begangen – über die Einzelheiten liefen verschiedene Versionen um –, zur Strafe werden er und seine Söhne von zwei Schlangen getötet. Der Altar, bei dem die Verfolgten Zuflucht suchten, gewährt keinen Schutz. Wurde der Betrachter der Dirke-Gruppe mit dem geschilderten Vorgang sehr direkt konfrontiert – der Stier scheint auf ihn loszuspringen –, so nimmt der Betrachter der Laokoon-Gruppe das dramatische Geschehen distanzierter wahr; es scheint sich auf einer entfernten Bühne abzuspielen. Dieser Unterschied spricht neben anderem dafür, daß der Laokoon später zu datieren ist als der »Farnesische Stier«, an das Ende der hellenistischen Epoche oder sogar in die Zeit der ersten römischen Kaiser. Ihrem Charakter nach ist die Gruppe hellenistisch: Sie bezeugt ein verstehendes, nicht nur neugieriges Interesse an menschlichem Leid und fordert zur Auseinandersetzung auf mit den Schattenseiten menschlichen Daseins.

In derselben Epoche, in der die Reliefs des Pergamon-Altars alle formalen Möglichkeiten der hellenistischen Plastik ausschöpfen, wird für die Bibliothek der Stadt eine Athena-Figur geschaffen, die ein hochklassisches Werk reproduziert, die Athena Parthenos des Phidias, das Götterbild im Parthenon auf der Akropolis von Athen. Was hier in Anfängen faßbar ist, sollte Folgen haben: Schon im späten Hellenismus, um 100 v. Chr., stellte man exakte Kopien älterer, vor allem klassischer Statuen her. Ein vorzügliches Beispiel ist die Replik des Athleten mit der Siegerbinde, des »Diadumenos« des Polyklet, gefunden in einem aufwendig ausgestatteten Haus auf der Insel Delos (Abb. S. 270). Die Statue verkörpert das Ende und zugleich das Weiterleben des griechischen Menschenbildes: das Ende, weil das klassische Werk unübertroffen und unersetzt blieb, das Weiterleben, weil die genaue und vielfache Reproduktion eine bis heute fortdauernde Kenntnis und Anschauung sichert.

Links: Die am Boden sitzende Greisin wird durch Ohrringe, Fingerringe, reiche Kleidung und sorgfältig frisiertes Haar unter dem Kopftuch als wohlhabend gekennzeichnet. Einst vielleicht eine gut bezahlte Hetäre, leidet sie nun unter Alter und Auszehrung. Mit dem Schoß und den Armen umfängt sie den Trost, der bleibt, eine »Lagynos«, die große Flasche, bekränzt mit dem Efeu des Dionysos. Erlösung gewährt der Gott des Rausches; der Kopf mit lallendem Mund ist in den Nacken geworfen wie im Erleben einer Vision. Die um 200 v. Chr. geschaffene Statue ist in zwei Marmorkopien überliefert.
München, Glyptothek

Rechts: Ein gallischer Adeliger, erkennbar am zottigen Haar und am Schnurrbart, hat seine Frau, die ihn ins Feld begleitete, getötet und stößt sich nun selbst das Schwert in die Brust. Er will der Gefangennahme und der Sklaverei entgehen. Die überlebensgroße pathetische Gruppe, erhalten in einer römischen Marmorkopie, war Teil eines Siegesdenkmals, das Attalos I. nach Siegen über die in sein Land eingefallenen Gallier um 223 v. Chr. im Heiligtum der Athena auf dem Burgberg von Pergamon errichten ließ. Der besiegte Feind erscheint als heroischer Kämpfer, die dramatisch zugespitzte Aktion macht den Betrachter zum Zeugen großer Taten.
Rom, Museo Nazionale Romano

Folgende Doppelseite: Der dem Zeus geweihte monumentale Altar auf dem Burgberg von Pergamon wurde um 180/160 v. Chr. unter Eumenes II. errichtet. Seinen Sockel umzog eine 2,30 m hohe Reliefdarstellung des Kampfes der olympischen Götter gegen die Giganten. In diesem Mythos sah man ein Sinnbild für die langen Auseinandersetzungen der Pergamener mit den Galliern. Auf der Ostseite erscheint Zeus als Kämpfer. Weit ausschreitend schleudert er mit der Rechten seinen Blitz gegen einen Giganten, der am Oberschenkel getroffen zu Boden sinkt. In der Rechten schwingt er seine andere furchtbare Waffe, die Ägis, unter der sich zwei Gegner ducken.
Berlin, Pergamon-Museum

ZEUS

Das Porträt

Das griechische Porträt steht in einem Gegensatz zum bürgerlichen Individualbildnis des 19. Jahrhunderts, das – auch in der Fotografie – unseren Begriff von Porträt nachhaltig geprägt hat. Das griechische Porträt ist öffentlich; es war nicht im privaten Bereich, sondern an allgemein zugänglichen Orten, in Heiligtümern, auf Märkten aufgestellt. Es wendet sich an die Vorübergehenden, die Bevölkerung einer Stadt, die Öffentlichkeit, und das bestimmt auch seine Aussage. Ob die Gesichtszüge des Dargestellten richtig, also wiedererkennbar getroffen wurden, spielt – wenn überhaupt – eine untergeordnete Rolle. Absicht des Porträts ist vielmehr, die Porträtwürdigkeit des Dargestellten, sein im Urteil der Öffentlichkeit anerkanntes Verdienst deutlich zu machen.

Hinsichtlich seiner formalen Eigenschaften ist das Porträt keine Sondergattung der bildenden Kunst. Die bloße Beischrift eines Namens auf der Figur selbst oder auf ihrer Basis macht aus einem archaischen Kuros oder einer Kore ein Porträt. Wenn zum Beispiel Aristodikos in seiner Grabstatue (Abb. S. 259 links) im überindividuellen Kuros-Typus erscheint, wird etwas Wesentliches und Rühmendes über seine Person ausgesagt. Er ist so wie alle anderen Bürger der Polis, er folgt den allgemein akzeptierten Normen des Zusammenlebens, verkörpert die für seine soziale Gruppe wichtigen Ideale.

Im 5. Jahrhundert v. Chr. befördert die überall zu beobachtende Tendenz zur Differenzierung und zu größerer Naturnähe die Ausbildung unverwechselbarer, auch ohne Beischrift identifizierbarer Porträts. Der schon erwähnte Themistokles (Abb. S. 25) hat sich bewußt von seinen Mitbürgern abgesetzt; er wollte den anderen auch äußerlich nicht ähnlich sein. Ein bedeutendes, etwa gleichzeitiges Porträt gilt einer Person, deren tatsächliches Aussehen unbekannt war: dem Dichter Homer, einer fast mythischen Figur. Homer wird mit Mitteln dargestellt, die ihn genau kennzeichnen, obwohl sie unpersönlich sind: Bart, Alterszüge im Gesicht, geschlossene Lider als Chiffre für Blindheit, eine im Querschnitt runde Binde im Haar und eine komplizierte Frisur mit einem Knoten über der Stirn. Eine derartige Frisur war damals altmodisch und nur noch für Götterbilder üblich. Dazu paßt die Binde, das Zeichen eines Heros. Ein blinder Greis aus längst vergangenen Zeiten, Empfänger heroischer Ehren – das kann nur Homer sein. Etwa dreihundert Jahre später stellt die hellenistische Kunst den Dichter zwar naturalistischer dar, aber sie benutzt weiterhin die alten Kennzeichen: Alterszüge, langes Haar und Bart, Heroenbinde. Blindheit und Alter sind jetzt so eng aufeinander bezogen, daß die Chiffre der geschlossenen Augen unnötig wird: Der körperliche Verfall hat Gesicht und Augen erfaßt – der Blick ist erloschen.

Griechische Porträts waren in der Regel Porträtstatuen, beschränkten sich nicht auf die Wiedergabe des Kopfes. Voll-

Links außen: Aus der klassischen Epoche des 5. Jahrhunderts v. Chr. stammt das früheste uns heute bekannte Bildnis des Dichters Homer. Eine römische Marmorkopie überliefert das um 460/450 geschaffene Werk. Der angeblich blinde Dichter war damals längst eine Figur von mythischem Rang. Dargestellt wird er mit überpersönlichen Merkmalen, die ihn aber genau kennzeichnen. Bart und Alterszüge, geschlossene Lider als Chiffre für Blindheit, eine nur noch für Götterbilder übliche komplizierte Langhaarfrisur und eine Heroenbinde vereinen sich zu der Aussage: ein blinder Greis aus alten Zeiten, Empfänger heroischer Ehren.
München, Glyptothek

Links innen: Das in zahlreichen römischen Marmorkopien überlieferte hellenistische Bildnis Homers aus der ersten Hälfte des 2. Jahrhunderts v. Chr. verwendet die gleichen Charakteristika wie das klassische Porträt des Dichters, gestaltet sie aber naturalistischer. Alterszüge und Blindheit sind jetzt so eng aufeinander bezogen, daß die Chiffre der geschlossenen Augen unnötig wird: Der körperliche Verfall hat Gesicht und Augen erfaßt – der Blick ist erloschen.
London, British Museum

Rechts: Die Statue des Dichters Anakreon aus Teos (570–490) gehört zu den wenigen griechischen Porträts berühmter Personen, von denen uns nicht nur der Kopf in Kopien überliefert ist. Sie wurde etwa 50 Jahre nach dem Tod des Autors berühmter Liebes- und Trinklieder auf der Akropolis in Athen aufgestellt. Die Gesichtszüge sind wenig individuell, der Bart deutet auf ein reiferes Lebensalter, die Binde im Haar kennzeichnet den Teilnehmer an den Trinkgelagen der Wohlhabenden. In den Händen hielt Anakreon die Lyra, als Sänger hat er das Glied hochgebunden. Er scheint unsicher zu stehen – trunken vom Wein. Trotz seines Alters zeigt er sich fast unbekleidet und trägt das Manteltuch wie junge Männer nur auf den Schultern. Hier wird ein individuelles Schicksal sinnfällig.
Kopenhagen, Ny Carlsberg Glyptotek

ständige Porträtstatuen sind allerdings selten erhalten: Die Römer haben zumeist nur die Köpfe kopiert – die Mehrzahl der nacharchaischen griechischen Porträts kennen wir allein durch römische Kopien –, und wenn Originale gefunden wurden, dann waren sie häufig nicht mehr vollständig; es fehlte Kopf oder Körper. Zu den vollständigen Kopien eines griechischen Porträts der Hochklassik gehört die Statue des Dichters Anakreon. Als das Original gegen 440 v. Chr. auf der Akropolis in Athen aufgestellt wurde, war der wegen seiner Liebes- und Trinklieder berühmte Dichter seit fast einem halben Jahrhundert tot. Die Gesichtszüge wirken wenig individuell, wir sehen den Kopf eines gepflegten älteren Mannes. Eine breite Binde im Haar kennzeichnet den Teilnehmer an den Trinkgelagen, den Symposien der Aristokraten und Wohlhabenden. Dort ist Anakreon tatsächlich aufgetreten, und so wird er dargestellt: Er spielt die Lyra, die er einst mit beiden Armen hielt, als Sänger hat er das Glied hochgebunden – eine Praxis, deren Nutzen uns verborgen bleibt. Arme, Beine, Kopf und Rumpf sind in verschiedene Richtungen so bewegt, daß der Eindruck entsteht, als schwanke die Figur. Ist Anakreon vom Wein trunken? Er trägt einen stoffreichen Mantel, das Himation, aber er hat ihn so umgelegt, wie die jungen Männer das kurze Mäntelchen, die Chlamys, zu tragen pflegen. Dadurch wird der Körper so weitgehend entblößt, wie es für ältere Männer nicht mehr schicklich war. Anakreon, der Sänger, der bei den Gelagen der Jugend nicht

wahrhaben will, daß er alt geworden und nicht mehr begehrenswert ist? Auch ohne Nachahmung der individuellen Züge kann das griechische Porträt mit konventionellen Bildchiffren Persönliches über den Dargestellten aussagen, neben seiner Leistung auch ein Schicksal sinnfällig machen. Das bestätigt ein im frühen 3. Jahrhundert v. Chr. entstandenes Epigramm des Leonidas von Tarent auf eine Anakreon-Statue:

Sieh den Anakreon hier! Berauscht von der Fülle des Weines,
taumelt der Alte und steht schief auf der Rundung des Steins.
Feucht und voll Liebesglut blicken die Augen ihm trotz seiner Jahre,
bis zu den Knöcheln hinab ist das Gewand ihm gerutscht.
In seiner Trunkenheit hat er den einen der Schuhe verloren,
nur der andere noch sitzt an dem runzligen Fuß.
Leise singt er dabei vom holden Bathyll und Megisteus,
und eine Leier erhebt liebesgequält seine Hand...
Schirm ihn, Dionysos, Vater! Wie häßlich doch ist es, wenn wirklich
Bakchos' Diener und Freund stürzt durch des Bakchos Gewalt. *Anthologia Graeca 16, 306*
(Übersetzung von Hermann Beckby)

Sokrates soll einem Silen ähnlich gewesen sein (Xenophon, *Gastmahl* 5). Sein Porträt, das wohl bald nach der Hinrichtung des unbequemen Denkers im Jahre 399 v. Chr. geschaffen wurde, zeigt ihn mit breiter, stumpfer Nase, großen Nasenlöchern und ironischen, leicht zwinkernden Augen. Die silenhaften, halbtierischen Züge sind mehr als bloße Nachahmung eines häßlichen Gesichtes; sie bringen zum Ausdruck, daß Sokrates ein ungewöhnlicher, Anstoß erregender Mensch war. Das Bildnis des Sokrates leitet die lange Reihe griechischer Philosophenporträts ein. Daß es in seiner Zeit aber nicht vereinzelt war, erweist der originale Bronzekopf eines bärtigen alten Mannes aus dem durch Beifunde ins frühe 4. Jahrhundert v. Chr. datierten Schiffsfund von Porticello (Abb. S. 382).

Die Porträts der Philosophen Epikur und Zenon sind in der ersten Hälfte des 3. Jahrhunderts v. Chr. entstanden. Die Unterschiede zwischen ihnen sind aber nicht nur darauf zurückzuführen, daß ihre Gesichter sowie ihre Haar- und Barttracht tatsächlich jeweils andere waren; in beiden Köpfen drücken sich auch zwei konkurrierende philosophische Richtungen aus. Die gepflegte Erscheinung Epikurs mit ihrem schön gelockten Haar steht für eine Philosophie, die im Seelenfrieden, in der Abwesenheit von Schmerz das höchste Gut erblickte. Dagegen kennzeichnen die betont nüchternen, angestrengten Gesichtszüge Zenons und das dazu passende Haar den Vertreter einer Ethik der Pflicht. Daß hier Überindividuelles zur Darstellung kommt, erweisen

Linke Seite, außen: Seit dem Bildnis Alexanders des Großen ließen sich auch ältere Männer bartlos darstellen. Der auf Delos gefundene Kopf von der Porträtstatue vielleicht eines erfolgreichen Geschäftsmannes zeigt in Haar und Gesicht die Spuren fortgeschrittenen Alters. Die sensible Modellierung der Oberfläche verstärkt die realistische Wirkung des um 100 v. Chr. geschaffenen Porträts, das zu den eindrucksvollsten Zeugnissen der letzten Periode der Geschichte des griechischen Bildnisses gehört.
Delos, Museum

Linke Seite, innen: Sokrates, der Philosoph (469–399), soll einem Silen ähnlich gesehen haben. Das bald nach der Hinrichtung des unbequemen Denkers geschaffene Porträt, von dem die römische Marmorkopie in Neapel eine relativ gute Vorstellung gibt, zeigt ihn mit breiter, stumpfer Nase, großen Nasenlöchern und leicht zwinkernden Augen. Die silenhaften, halbtierischen Züge sind mehr als Nachahmung eines häßlichen Gesichtes; sie drücken aus, daß Sokrates ein ungewöhnlicher, Anstoß erregender und damit Anstöße gebender Mensch war.
Neapel, Museo Nazionale

Oben links: Das in römischen Marmorkopien überlieferte Bildnis des Philosophen Epikur (342–270) entstand wohl nach dem Tod des einflußreichen Gründers einer Philosophenschule. Das gepflegte Haar und die entspannten Gesichtszüge können als Hinweis auch auf die epikureische Philosophie verstanden werden, die im Seelenfrieden, in der Abwesenheit von Schmerz das höchste zu erstrebende Gut erblickte.
Rom, Museo Capitolino

Oben rechts: Das ebenfalls im römischen Kopienbestand vertretene Bildnis des Philosophen Zenon aus Kition (333–262), des Gründers der Schule der Stoa, unterscheidet sich im Ausdruck nicht zufällig von dem aus derselben Epoche stammenden Porträt Epikurs. Die betont nüchternen, angestrengten Gesichtszüge Zenons und das dazu passende Haar kennzeichnen den Vertreter einer Ethik der Pflicht.
Neapel, Museo Nazionale

Porträts der Schüler und Nachfolger beider Philosophen; sie orientieren sich an den Porträts der Meister.

Wie für das Bildnis des Denkers und Intellektuellen hat die griechische Kunst auch für das Porträt des Herrschers neue und über die griechische Kultur hinaus wirksame Formen geschaffen. Revolutionär wirkte vor allem das Bildnis Alexanders des Großen (356–323, regierte seit 336 v. Chr.). Feldherr und dann König schon in jungen Jahren, ließ Alexander sich mit Achill vergleichen und sich bartlos wie ein jugendlicher Heros darstellen (Abb. S. 55 links). Sein Porträt knüpft damit bewußt an die Tradition des Jünglingsbildes an, das seit der archaischen Epoche die Entwicklung der Menschendarstellung am meisten bestimmt hatte. Die Anbindung an die Vergangenheit, zugleich die Vergegenwärtigung von beinahe schon verlorengegangenen Idealen, verbürgte aber auch den Erfolg des Alexander-Porträts. Seine Bartlosigkeit übernahmen nicht nur die meisten hellenistischen Herrscher; sich zu rasieren wurde Mode auch für ältere Männer. Zu denen, die diese Mode nicht mitmachten, gehörten die Philosophen – so entstand der »Philosophenbart«. Alexanders Haarwirbel über der Stirn haben sogar römische Politiker nachgeahmt. Hier wird noch einmal deutlich, daß das griechische Porträt mit allgemein verständlichen, übertragbaren Bildformeln arbeitet. Es will nicht Zufälliges, sondern Exemplarisches darstellen. Das aber kennzeichnet das griechische Menschenbild insgesamt.

Keramik und Malerei

Die Lebenswelt der Griechen des Altertums war farbenprächtiger und bildreicher, als wir uns dies heute angesichts des weißen Marmors antiker Statuen und der ihres Bildschmucks beraubten Tempelruinen vorstellen können. Von der einst farbigen Bemalung der Architektur- und Bildwerke ist kaum etwas erhalten. Oft verrät sich ihr ursprüngliches Vorhandensein nur noch durch leichte Schatten auf der Oberfläche. Durch den Einsatz moderner Hilfsmittel wie UV-Licht lassen sich die Motive der Malereien manchmal noch aufspüren und rekonstruieren. Seltener sind uns Farbreste erhalten, die eine Bestimmung des Farbwertes und der Farbpigmente zulassen und einen zuverlässigen Eindruck von der ursprünglichen Farbwirkung vermitteln können. Unwiederbringlich verloren sind uns die Wandgemälde und Tafelbilder der Innenräume. Von ihrer Existenz erfahren wir nur durch das Zeugnis antiker Schriftsteller, die uns von berühmten Malern und Gemälden berichten und auch einige dieser Gemälde beschrieben haben, freilich nicht mit einem wissenschaftlich-dokumentarischen Anspruch, der eine sichere Rekonstruktion erlauben würde. Die Griechen haben jedoch nicht nur Wände, Stein- und Holztafeln mit Bildern bemalt, sondern auch Keramik, allerdings in einer der Keramik adäquaten Technik, die sich von der Malerei auf Stein, Holz oder Verputz grundlegend unterscheidet.

Da Keramik als gebrannter Ton zwar brechen kann, sich aber nicht zersetzt, außerdem keinen Materialwert besitzt und nicht wiederverwertbar ist, sind uns eine Unmasse Tonscherben erhalten geblieben. Von keiner Materialgattung – und dies gilt für alle Kulturen des Altertums – besitzen wir daher so viel wie von der Keramik, von der einfachen und meist unverzierten Haushaltsware, dem Kochtopf, Vorrats- oder Transportgefäß bis hin zur kunstvoll getöpferten und verzierten Luxus- und Exportware. Millionen von Scherben antiker Keramik stellen für uns heute eine archäologische und kulturhistorische Quelle von unschätzbarem Wert dar. Sie ermöglichen eine lückenlose Dokumentation des Formen- und Stilwandels der Keramik einzelner Epochen und Regionen und damit eine Datierung von Fundplätzen, Gebäuden und Materialgruppen, für die sonst aufgrund mangelnder Überlieferung keine zeitliche Abfolge erstellt werden könnte.

Die Art einer Keramik, ihre Herstellungsweise, ihre Qualität, ihre Formen, ihre Zweckbestimmung und ihr Dekor sowie ihre Fundverbreitung können Rückschlüsse auf Gesellschafts- und Wirtschaftsstrukturen ihres Herkunftsgebietes, auf Handelsbeziehungen und Transportwege geben. Dies trifft freilich für die Keramik aller Kulturen des Altertums zu. Das Besondere an der griechischen Keramik, wenigstens eines Teils davon, ist die Verzierung mit figürlichen Bildern, deren Szenen uns Einblicke in mythische und religiöse Vorstellungen, in Kultbräuche und Feste, in Lebens- und Arbeitswelt ihrer Benutzer geben. Sie zeigen uns auch die Formgebung und den Gebrauch profaner und sakraler Gegenstände. Manches, was die Schriftsteller des Altertums über das Leben in ihrer Zeit berichten, gewinnt für uns durch die bildliche Formulierung auf griechischer Keramik an Realität und Anschaulichkeit. Und damit nicht genug, können wir in diesen Bildern bisweilen auch die Reflexe berühmter verlorengegangener Kunstwerke der Antike entdecken, und zwar nicht nur aus dem Bereich der Bildkunst, sondern auch der Literatur, der Epen und Dramen. Viele der Gefäße und Bilder, vor allem aus den Werkstätten Athens, sind außerdem mit Inschriften versehen.

Attische Amphora mit rotfiguriger Bemalung. Hauptwerk des Berliner Malers aus der Zeit um 500/490 v. Chr. Höhe 69 cm. In kunstvoller Verschränkung sind der Götterbote Hermes, ein Satyr und ein Reh dargestellt. Sie sind die Anführer eines dionysischen Zuges, mit dem der betrunkene Schmiedegott Hephaistos von Dionysos in den Olymp zurückgebracht wird. Der Zug selbst ist nicht zu sehen, aber für den antiken Betrachter war der Zusammenhang durch die Attribute der Figuren klar. Hermes trägt außer seinem Botenstab eine Weinkanne und den Kantharos, das Trinkgefäß des Dionysos. Der Satyr spielt das Barbiton, eine siebensaitige Leier. Berlin, Antikensammlung

Figuren und Gegenständen können ihre Namen beigeschrieben und Bilder mit Kommentaren versehen sein. Bisweilen sprechen die dargestellten Figuren sogar, ähnlich den Helden der modernen Comics. Manche Gefäße und Bilder sind von ihren Schöpfern signiert und geben uns damit die Namen derjenigen, die sie getöpfert oder bemalt haben, eine wichtige Quelle für die Geschichte der griechischen Keramik und die Organisation der Werkstätten.
Es wäre jedoch verfehlt, die bemalte griechische Keramik nur unter dem Gesichtspunkt ihres archäologischen und kulturhistorischen Quellenwertes zu betrachten. Viele dieser Gefäße sind in ihrer ästhetischen Qualität, der harmonischen Verbindung von Form und Dekor, und in der Ausdruckskraft ihrer Bilder durchaus als Kunstwerke zu betrachten, deren Reiz und Qualität sich freilich auf den ersten Blick nur schwer erschließen, weil sie vom Betrachter Einsehen und Einfühlung in eine fremde Vorstellungswelt verlangen.
Zur Unterscheidung von der unbemalten groben Gebrauchskeramik, die es bei den Griechen natürlich auch gab, hat sich für die bemalte Feinkeramik die für deutsche Ohren etwas mißverständliche Bezeichnung »Vasen« eingebürgert. Sie stammt aus der italienischen Sprache, in der *vaso* ganz allgemein Gefäß bedeutet, und hängt mit der Entdeckungsgeschichte dieser Keramik zusammen. Ein großer Teil der heute in den Museen der Welt zu bewundernden griechischen Vasen kommt nämlich nicht aus dem Boden Griechenlands, sondern Italiens, aus den ehemals griechischen Kolonien in Unteritalien und Sizilien und aus Etrurien. Vor allem die Etrusker haben griechische Vasen in großem Umfang importiert und ihren Toten in die aus Stein gehauenen Grabkammern mitgegeben, wo sie oft unbeschadet die Jahrhunderte überdauert haben, bis ein großer Teil von ihnen in der ersten Hälfte des 19. Jahrhunderts entdeckt und ausgegraben wurde.

Vasen und Vasenmalerei – Technik und Ästhetik

Wenn Gefäßhenkel in der Antike als Ohren bezeichnet werden konnten, dann steht dahinter die Auffassung von der Gefäßform als einem lebenden Organismus. Dieser Auffassung tragen wir Rechnung, wenn wir einzelne Gefäßteile wie menschliche Körperteile benennen, wenn wir von Fuß und Hals einer Vase sprechen, den gewölbten Teil der Wandung als Bauch und die Einziehung zum Hals als Schulter bezeichnen.
Ein Tongefäß wird vom Boden her aufgebaut, es »wächst« gleichsam von unten nach oben. Die griechischen Töpfer haben diesen Aufbau nicht aus freier Hand gemacht, sondern eine schnell rotierende Scheibe dafür verwendet, die von Hand in Schwung gehalten wurde, in der Regel die Arbeit eines Gehilfen (Abb. S. 386). Bevor es jedoch zur Formung eines Gefäßes kommen konnte, mußte der Töpferton erst in einem langwierigen Prozeß aufbereitet werden. Er mußte von Verunreinigungen befreit und dazu fein geschlämmt werden, mußte dann gelagert werden, um zu reifen, geschmeidig und formbar zu werden. Schließlich wurde er noch geknetet. Je sorgfältiger dies alles geschah, um so formbarer wurde die Tonmasse. Daß die griechischen Töpfer in der Tonaufbereitung wahre Meister waren, zeigt sich in den komplizierten und dünnwandigen Formen, die sie zu töpfern imstande waren.
Mit dem Hochziehen eines Gefäßes auf der Töpferscheibe war seine endgültige Form jedoch noch nicht erreicht. Da-

Linke Seite: Darstellung eines Trinkgelages (Symposion) auf der Außenseite einer rotfigurigen Trinkschale, vom Maler Duris signiert. Um 480 v. Chr. Die bekränzten Zecher liegen halb aufgerichtet und von Kissen unterstützt auf hochbeinigen Betten (Klinen) und halten Trinkschalen in ihren Händen. Schenkknaben bringen den Wein in Kannen. Die nicht benötigten Schalen und Kannen hängen an der Wand. London, British Museum

Oben: Ausgelassene Zecher tanzen mit ihren Trinkschalen zum Klang eines Doppelaulos, den eine junge Hetäre bläst. Zwischen den Tanzenden sieht man rechts einen Zecher, der in einer Transportamphora neuen Wein heranschleppt, und links ein großes offenes Gefäß, einen Krater, aus dem der mit Wasser gemischte Wein geschöpft wird. Die besondere Form dieses Kraters (Stangen oder Säulen zwischen Mündung und Gefäßschulter) nennt man in der Fachsprache Kolonnettenkrater. Rotfiguriges Bild auf der Außenseite einer attischen Trinkschale. Um 490/480 v. Chr. Berlin, Antikensammlung

mit die Feinarbeit, das sogenannte Abdrehen des Gefäßes erfolgen konnte, mußte das Gefäß zunächst trocknen, bis der Ton lederhart war. Dann erst konnte überschüssiger Ton entfernt, konnten Formdetails präzisiert und die Oberfläche geglättet werden. In dieser Feinarbeit zeigt sich erst die Qualität einer Töpferarbeit. Gesondert anzufertigende Teile eines Gefäßes wie Henkel, komplizierte Fußformen, enge Hälse und bestimmte Formen von Mündungsrändern wurden mit Tonschlicker befestigt, der wie Klebstoff wirkt. Anschließend wurden die Gefäße bemalt.

Griechische Gefäße wurden, von Ausnahmen abgesehen, stets vor dem Brand bemalt, der Grund, weshalb ihre Bemalung so gut erhalten blieb. Das Malmaterial waren feine Tonschlicker, die aus besonderen Erden gewonnen wurden. Die Farbigkeit entstand dabei erst im Brand durch die Bildung von rotem und schwarzem Eisenoxid aus dem Eisengehalt von Töpferton und Malschlicker als Folge von verschiedenen Oxidations- und Reduktionsvorgängen und der dabei unterschiedlichen Reaktion von Malschlicker und Töpferton. Die schwarz glänzende »Farbe« der griechischen Vasen, ein wesentlicher Faktor ihrer ästhetischen Qualität, wird in der Fachsprache Glanzton oder etwas fälschlich auch Firnis genannt. Sie war ein stark eisenhaltiger Malschlicker, der bei einer Temperatur von annähernd 900 Grad Celsius so stark versinterte, daß das in ihm enthaltene schwarze Eisenoxid, im Gegensatz zum schwarzen Eisenoxid des Töpfertons, nicht mehr durch Reoxidation in rotes Eisenoxid zurückverwandelt werden konnte. So blieb, wenn die Vorgänge richtig gesteuert wurden, die Bemalung schwarz, während der Malgrund wieder orangerot oder gelb wurde, je nachdem, wie hoch der Eisenanteil im Töpferton war.

Vom Kontrast zwischen dunkler Bemalung und hellem Grund lebt der Dekor der meisten griechischen Vasen. Er war ein wichtiges Stilmittel, das allerdings nicht immer so beherrschend war wie bei der sogenannten rotfigurigen Vasenmalerei des 5. Jahrhunderts v. Chr. (Abb. S. 290). Zu anderen Zeiten oder in anderen griechischen Landschaften wurde der strenge Helldunkelkontrast durch Verwendung zusätzlicher Farben, nicht nur für kleine Details, sondern auch zur Darstellung größerer Flächen, aufgelockert und belebt (Abb. S. 295 oben). Auch diese Farben, Purpurrot, Violett, Weiß, seltener auch Hellbraun, wurden aus besonderen Erden mit unterschiedlichem Eisen- oder Eisenoxidanteil gewonnen. Sie wurden meist nicht direkt auf den Tongrund, sondern auf die schwarze Glanztonbemalung aufgetragen, so daß man sie in der Fachsprache Deckfarben nennt. In manchen Werkstätten wurde der Malgrund auch mit einem hellen gelbbeigen oder weißen Überzug be-

deckt, der den Vasen ein edleres Aussehen verlieh, den Helldunkelkontrast verstärkte, vielleicht auch Assoziationen an Gefäße aus kostbarerem Material wie Marmor, Elfenbein oder Silber wecken sollte. Im 5. Jahrhundert v. Chr. entwickelte sich in den Athener Werkstätten aus dieser »weißgrundigen« Bemalung eine bestimmten Gefäßformen vorbehaltene neue Malweise, die nicht mehr auf einen starken Helldunkelkontrast abzielte, sondern auf eine harmonische Verbindung warmer Rot- und Gelbtöne zu einem hellen Untergrund (Abb. S. 296). Bei dieser Malweise wurde der Glanzton nur in starker Verdünnung verwendet, so daß er eine goldgelbe bis orangebraune Färbung erhielt. In der zweiten Hälfte des 5. Jahrhunderts begann man bei weißgrundiger Bemalung dann ganz auf die Verwendung von Glanzton zu verzichten und die gesamte Bemalung mit bunten Mattfarben auszuführen, wobei die Farbpalette um nicht hitzebeständige Farben wie Zinnober und Ägyptischblau erweitert wurde. Da diese Farben erst nach dem Brand aufgetragen werden konnten, war die Mattfarbenbemalung weniger haltbar und strapazierfähig als die Bemalung mit Glanzton und wurde deshalb ausschließlich zur Verzierung von Grabgefäßen verwendet (Abb. S. 328).
Von dieser polychromen Bemalung attischer Grabgefäße abgesehen war der Glanzton jedoch jahrhundertelang das vorherrschende Malmaterial der griechischen Vasenmaler, auch wenn sich Malweise und Malstil im Laufe der Zeit änderten. Die rot- bis schwarzbraune und nur matt glänzende Bemalung der Vasen der geometrischen Epoche (Abb. S. 303, 304) ist nämlich nichts anderes als die gleichmäßig tiefschwarz glänzende der Vasen der archaischen und klassischen Zeit. Das unterschiedliche Erscheinungsbild ist das Ergebnis einer verbesserten Brenntechnik, die durch die Einführung des Kuppelofens möglich wurde, ein Verdienst korinthischer Töpfer (Abb. S. 384). Dieser Ofen besaß ein zentrales Abzugsloch, einen Schürkanal und eine Lochtenne, die Brennmaterial (Holz) und Brenngut (Keramik) voneinander trennte. Er ermöglichte eine ziemlich genaue Regulierung von Brenntemperatur und Luftzufuhr und damit kontrollierte Brennvorgänge.
Form und Dekor eines Gefäßes konnten, mußten aber nicht das Werk eines einzigen Mannes sein. Die Beweise dafür liefern die Signaturen von Töpfern und Malern, die sich an manchen Gefäßen der archaischen und klassischen Zeit befinden. Die Töpfer signierten mit ihrem Namen und dem Zusatz *epoiesen* (hat gemacht), die Maler mit dem Zusatz *egraphsen* (hat gemalt). Es gibt Vasen, die sowohl eine Töpfer- als auch eine Malersignatur aufweisen, wobei unterschiedliche Namen belegen, daß es sich um zwei verschiedene Personen gehandelt hat; andere Vasen wiederum tragen nur eine Töpfersignatur, und wir wissen nicht, ob der Töpfer sie auch gemalt hat. Der umgekehrte Fall, nur eine Malersignatur, ist seltener. Der Grund hierfür ist wohl, daß der Töpfer und nicht der Maler der Inhaber der Werkstatt war. Manche der Töpfersignaturen sind wohl auch einfach als Werkstattsignaturen zu verstehen. Die Signaturen lehren uns ferner, daß ein Töpfer mit verschiedenen Malern zusammenarbeiten konnte, was leicht verständlich ist, da ja Gefäße meist wesentlich schneller getöpfert als bemalt werden konnten, ein Töpfer also leicht Arbeit für mehrere gleichzeitig tätige Maler liefern konnte. Die Maler andererseits blieben auch nicht immer in ein und derselben Werkstatt, sie konnten die Werkstatt wechseln und für andere Töpfer arbeiten.
In klassischer Zeit kam es in den Werkstätten Athens zu einer weiteren Arbeitsteilung. Die Ausführung der Bemalung, die bei einer Vase in der Regel aus Figuren und Ornamenten besteht, wurde jetzt häufig zwischen zwei Malern aufgeteilt, einem, der die Figuren, und einem zweiten, der die Ornamente malte. Es gab also Figuren- und Ornamentmaler in den Werkstätten, wobei nicht immer die gleichen Maler zusammenarbeiteten. Dies verraten uns freilich nicht Signaturen, es geht vielmehr aus Stilvergleichen hervor. Griechische Vasenbilder wurden ja nicht mit Schablonen, sondern freihändig gemalt. Und obwohl es natürlich Vorbilder gab, an die sich die Vasenmaler halten konnten oder zum Teil auch mußten, weil die Käufer diese Bilder verlangten, so wurden sie doch nicht sklavisch kopiert. Es blieb immer Raum für schöpferische Gestaltung, der von den einzelnen Malern natürlich in unterschiedlichem Maße genutzt wurde. Vorzeichnungen auf den Vasen, mit denen die Umrisse der Figuren und die Anlage der Kompositionen skizziert wurden und deren Spuren man bei entsprechender Beleuchtung oft noch sehen kann, machen deutlich, daß die Bilder direkt auf den Vasenkörpern entstanden sind. Dabei wurde auch korrigiert, verändert, ausprobiert, und die gemalte Fassung entspricht nicht immer dem Entwurf. Die freie Zeichenweise führte zur Ausprägung individueller Zeichenstile, freilich im Rahmen des allgemeinen Zeitstils und nicht unbeeinflußt vom Stil der gleichzeitig in der Werkstatt tätigen Kollegen. Die Art und Weise jedoch, in der bestimmte immer wiederkehrende Einzelformen von Figuren oder Ornamentkompositionen ausgeführt sind – eine Hand, ein Ohr, ein Faltenschwung oder auch ein bestimmtes Ornamentmotiv –, ist Ausdruck des persönlichen Stils eines Malers, Teil seiner »Handschrift«, durch die sich seine Bilder von den Bildern anderer Vasenmaler seiner Zeit unterscheiden. Diese »Handschrift« eines Malers besteht meist aus einer Summe verschiedener Faktoren, zu denen die Kompositionsweise der Bilder und Ornamente, die Verwendung oder Bevorzugung bestimmter Motive und Themen, die Beschränkung auf die Bemalung bestimmter Gefäßformen, zum Beispiel von Schalen, aber auch maltechnische Dinge wie das Zeichnen oder Weglassen von Konturlinien gehören können. Erkennt man die »Handschrift« eines Vasenmalers, dann kann man ihm ein Bild zuordnen, auch wenn es nicht von ihm signiert ist. Mit der Methode des Stilvergleichs wurden schließlich auch Vasenmaler entdeckt, deren Namen uns unbekannt sind, da sie entweder nicht signiert haben oder noch keine Signatur von ihnen gefunden werden

konnte. Diese »namenlosen« Maler haben in der Forschung Hilfsnamen erhalten wie der Maler eines berühmten Gefäßes in Berlin (Abb. S. 290), der nach dem Standort dieses Gefäßes den Namen »Berliner Maler« bekommen hat und dem bis heute die Bilder von weit über 200 Vasen zugeschrieben werden konnten.

Griechische Vasen wirken trotz der eben geschilderten Arbeitsteilung bei der Herstellung in Form und Dekor meist wie aus einem Guß. Form und Dekor, Bildträger und Bild, sind aufeinander abgestimmt, heben sich gegenseitig in der Wirkung. Ein griechisches Vasenbild sollte daher stets zusammen mit der Form, auf der es sich befindet, betrachtet werden, denn es ist für diese eine Form gemacht und auf keine andere übertragbar. Man wird daher kaum ein griechisches Vasenbild in gleicher Ausführung auf zwei unterschiedlichen Vasenformen entdecken können. Betrachten wir zur Illustration dieses Phänomens das bereits erwähnte Vasenbild des Berliner Malers (Abb. S. 290). Passend zur Vasenform, auf der es sich befindet, einer Amphora, ist das Bild höher als breit. Zu diesem Zweck hat der Maler die drei Figuren seines Bildes, einen Satyr mit Leier, ein Reh und den Götterboten Hermes, nicht nebeneinander gestellt, sondern kunstvoll hintereinander gestaffelt. Die maximale Ausdehnung in der Breite erreicht das Bild in den ausgebreiteten Armen des Hermes, die sich wiederum genau an der Stelle der Vase befinden, an der auch diese ihre größte Breite beziehungsweise ihren größten Durchmesser hat. Darüber hinaus stellen die Arme des Hermes eine Verbindung zu den in gleicher Höhe ansetzenden Henkeln her, und zwar auch farblich, da die Henkel an der Bildseite tongrundig sind. Vasenbild und Vasenform fließen so ineinander. Ein anderes Beispiel für die Verschränkung von Bild und Form zeigt die Innenseite einer Schale, die sich in London befindet und zum Edelsten gehört, was griechische Töpfer und Vasenmaler in klassischer Zeit geschaffen haben (Abb. S. 296). Ein Medaillonbild schmückt die weiß grundierte Innenseite der Schale: Von einer zarten gelbbraunen Kreislinie umgeben, ist Aphrodite, die Göttin der Liebe, zu sehen, wie sie in kostbare Gewänder gehüllt auf

Oben: Bauchiger Mischkessel mit rundem Boden (Lebes oder Dinos genannt) auf dazugehörigem Ständer. Um 590 v. Chr. vom Vasenmaler Sophilos in Athen im schwarzfigurigen Stil bemalt und signiert. Höhe 71 cm. Im Bildfries unterhalb des Mündungsrandes: Besuch der Götter bei König Peleus und der Meergöttin Thetis am Morgen nach der Hochzeit. Im Gegensatz zu korinthischen Vasen jener Zeit gibt es keine Füllornamente in den Bildfriesen. London, British Museum

Unten: Das Bild einer attisch rotfigurigen Choenkanne weist in witziger Weise auf den Zweck der Gefäßform hin: Auf einem wild springenden Esel hält sich mühsam ein Satyr fest. Am Handgelenk seines nach rückwärts ausgestreckten rechten Armes baumelt eine efeuumkränzte Choenkanne. Der Satyr stellt also einen Sieger beim Wetttrinken am Choentag während des Frühlingsfestes in Athen dar. Die wilden, pferdeschwänzigen Satyrn waren die Begleiter des Gottes Dionysos, zu dessen Ehren das Fest gefeiert wurde. Die Kanne ist um 450/440 v. Chr. entstanden. Würzburg, Martin-von-Wagner-Museum

einer Gans, dem ihr heiligen Tier, durch einen imaginären Raum schwebt. Die beiden seitlichen Henkel der Schale haben für dieses Bild der schwebenden Aphrodite eine wichtige Funktion. Sie geben dem Schweben Halt, fixieren das Bild optisch in der Schalenmitte und tragen so zu jener Wirkung von majestätischer Ruhe und göttlicher Erhabenheit bei, die das Bild auszeichnet.

Man kann davon ausgehen, daß Gefäße und Bilder nicht nur in enger werkstattbedingter Zusammenarbeit von Maler und Töpfer entstanden, sondern daß grundsätzlich jeder Töpfer auch ein Vasenmaler und jeder Vasenmaler auch ein Töpfer war, selbst wenn wir dies mangels eindeutiger Beweise nicht immer feststellen können. Die Spezialisierung auf das eine oder andere Metier dürfte häufig nur eine zeitweilige gewesen sein. Denn nicht nur die Fähigkeiten und Begabungen der einzelnen Handwerker dürften eine Rolle gespielt haben, sondern auch die Größe, das heißt die personellen Möglichkeiten der Werkstätten, die in der Regel wohl Familienbetriebe waren, und deren Auftragslage. War Eile geboten, weil eine größere Anzahl von Vasen für ein bestimmtes Fest oder für eine Fracht nach Etrurien fertiggestellt werden mußte, dann mußten eben alle Mitglieder einer Werkstatt Vasen bemalen, auch diejenigen, die dafür weniger begabt waren. Ein weiterer Punkt ist zu bedenken: Zum Bemalen der Vasen, vor allem wenn dies in der rotfigurigen Malweise geschah, in der die Figuren vom Hintergrund ausgespart und die Binnenzeichnung mit feinen Linien ausgeführt werden mußte, gehörte nicht nur eine sichere Hand, sondern auch ein gutes Auge, zumal sich vor dem Brennen Malgrund und Malmaterial farblich kaum voneinander abhoben. Da es in der Antike weder Brillen noch Vergrößerungsgläser gab, waren der Tätigkeit als Vasenmaler natürliche Grenzen gesetzt, während das Töpfern von Gefäßen länger ausgeübt werden konnte.

Nicht alle griechischen Vasen sind gleich sorgfältig getöpfert und bemalt und die wenigsten unter ihnen Kunstwerke vom Rang der weißgrundigen Schale mit dem Bild der schwebenden Aphrodite. Es lassen sich enorme Qualitätsunterschiede und -schwankungen feststellen, sowohl zwischen den einzelnen Werkstätten als auch innerhalb der Werkstätten, sogar im Werk der einzelnen Maler. Neben Spitzenstücken steht die große Masse der Routinearbeiten, doch auch bei ihnen bleibt in der Regel das aufeinander Bezugnehmen von Form und Bemalung gewahrt. Es ent-

Linke Seite: Die Liebesgöttin Aphrodite schwebt auf einer Gans durch die Lüfte und hält dabei eine Blütenranke in der Hand. Der Name Aphrodite ist beigeschrieben. Mit gelbbraunem Glanzton, braunroter und purpurroter Deckfarbe wurde das Bild von einem der besten attischen Schalenmaler seiner Zeit auf die weiß grundierte Innenseite einer Trinkschale gemalt. Solche Schalen wurden nicht benutzt, sondern als Weihgaben in Heiligtümer gegeben. Durchmesser 24,5 cm. Um 470/460 v. Chr. London, British Museum

Oben: In der griechischen Bilderwelt erscheinen auch Götter als Opfernde, so hier Apollon auf einem Klapphocker sitzend beim Trankopfer. Als Gott der Musen hält er die Leier; mit Lorbeer, der ihm heiligen Pflanze, ist er bekränzt. Innenbild einer weißgrundigen Schale aus dem Ende der Spätarchaik (gegen 480 v. Chr., Durchmesser 17,8 cm). Der unbekannte Maler zeigt in seinem Bild auch die Handhabung der Opferschale (Phiale). In den hohlen Omphalos im Zentrum greifen die Finger der Hand, während der Daumen den Schalenrand umfaßt. Deutlich ist auch zu sehen, daß es sich um eine Buckelphiale handelt, eine im Orient entstandene Metallform. Delphi, Museum

In der Kunst *(technē)*, Erde, Feuer und Wasser zusammenzubringen, hielt ganz Griechenland den Bakchios wegen seines angeborenen handwerklichen Geschicks für den ersten unter seinen Zunftgenossen, und bei den von der Stadt veranstalteten Wettbewerben trug er alle Kränze davon.

Grabinschrift des attischen Töpfers Bakchios, 4. Jahrhundert v. Chr.

spricht der ganzheitlichen Sehweise der Griechen, und es wurde durch die nur zeitweilig aufgehobene Personalunion von Töpfer und Maler, durch die Herausbildung und Bewahrung von Werkstatttraditionen und Bemalungskonventionen gefördert.

Form und Bestimmung der Gefäße

Auch die bemalten griechischen Vasen konnten wie die Gefäße der unbemalten Keramik Gebrauchsgeräte sein, jedoch weniger für den Alltagsgebrauch als für den Gebrauch in repräsentativem, sakralem oder sepulkralem Zusammenhang. Erst in zweiter Verwendung wurden viele der Gefäße den Toten ins Grab gelegt. Daneben gab es natürlich auch Gefäße, deren Format und Verzierung eine tatsächliche Benutzung ausschlossen. Dies gilt für überdimensionale, nicht mehr zu handhabende Gefäße, wie manche als Grabmonumente dienende, über einen Meter hohe Gefäße der geometrischen Zeit (Abb. S. 243, 303); es gilt für Schalen mit bunten Farben auf weißem Grund, die Weihgeschenke waren (Abb. S. 296, 297), oder für Miniaturgefäße und Nachbildungen von Gerätschaften, die als

Gebrauchsgeräte nicht aus Ton gefertigt wurden – etwa Wollkörbe – und die in symbolischer Funktion in die Heiligtümer geweiht oder den Toten ins Grab mitgegeben wurden. Für den tatsächlichen Gebrauch vieler Gefäße aber sprechen Benutzungsspuren, Funde in Wohnhäusern und Abfallgruben und nicht zuletzt ihre funktionale Gestaltung, die Rückschlüsse auf ihre Zweckbestimmung zuläßt. Hinweise auf die Art der Verwendung finden sich auch in den Bildern der Vasen selbst, die uns oftmals ihren Gebrauch und ihre Handhabung vor Augen führen. Allerdings wird dabei nicht in jedem Fall deutlich, ob es sich bei den dargestellten Gefäßen um solche aus Keramik oder aus anderem Material wie Metall, Stein oder Holz handelt.

Eine eindeutige Keramikform, deren Bilder häufig den Gebrauch ebendieser Form zeigen, ist die mit zwei waagerechten Henkeln versehene Trinkschale mit flachem Bekken auf hohem Fuß. Sie wurde bei festlichen Trinkgelagen, sogenannten Symposien, benutzt und oft mit Darstellungen ebendieser Gelage oder des dem Gelage folgenden fröhlichen Umzugs (Komos) verziert. So zeigen zum Beispiel die Außenbilder einer Schale in London solche Symposionszenen (Abb. S. 292): Auf hohen Betten (Klinen) lagern die Zecher, die flachen Trinkschalen in ihren Händen haltend, wobei wir aus diesen und anderen Bildern lernen können, daß man die Schalen nicht an den Henkeln, sondern am Fuß hielt. Die unbenutzten Schalen wiederum hängen, ihre Außenseite zeigend, an der Wand.

Das Bild gibt noch ein weiteres wichtiges Symposiongerät wieder: die Kanne. Schenkknaben halten sie in den Händen, um daraus den Wein in die Schalen zu gießen. Die Kannen nannten die Griechen Oinochoen, was soviel wie Weinausgießer bedeutet. Sie sind uns in einer großen Zahl von Formvarianten aus allen griechischen Epochen und Landschaften bekannt (Abb. S. 306, 391). Manche Formtypen sind für eine bestimmte Epoche oder eine bestimmte Landschaft charakteristisch, andere waren gleichzeitig und am selben Ort in Gebrauch, wieder andere waren mit ganz bestimmten Riten verbunden. Wir kennen Kannen mit schlankem oder bauchigem Körper, mit runder oder kleeblattförmiger Mündung, mit flachem oder hohem Henkel, mit und ohne abgesetzten Hals. Eine nur in Athen gebräuchliche besondere Kannenform war der sogenannte Chous (Abb. S. 295 unten). Er hat eine kleeblattförmige Mündung, die absatzlos aus einem bauchigen Körper wächst, faßt in seiner Normalgröße etwa 3,3 Liter und diente als Maß beim Wetttrinken während des jährlichen

Links: Bei Fackelschein und Musik wird die Braut zum Haus des Bräutigams geleitet. Vor der Braut schreitet ein Mädchen mit einer Lutrophore mit dem Wasser für das Brautbad. Bild auf einer attisch rotfigurigen Lutrophore. Um 430 v. Chr. Höhe 72 cm. Athen, Nationalmuseum

Rechts: Frauen beim Wasserholen im Brunnenhaus. Schwarzfiguriges Bild auf einer Hydria, einem Wassergefäß, wie es auch die Frauen im Bild benutzen. Um 500 v. Chr. in einer Werkstatt in Athen entstanden. Höhe 45,9 cm. Würzburg, Martin-von-Wagner-Museum

Links außen: Im Laden eines Ölhändlers. Große Vorratsgefäße (Amphoren) mit Deckel stehen auf dem Boden, und an der Wand hängen kleine Ölkrüge (Lekythen), in die das Öl abgefüllt werden konnte. Schwarzfiguriges Bild auf einer weißgrundigen Lekythos. Um 490 v. Chr. Höhe 24,6 cm.
Boston, Museum of Fine Arts

Links innen: Weißgrundige Lekythos mit Grabszene. Eine Frau und ein Jüngling kommen, um ein Grab zu schmücken. Auf dem zweistufigen Unterbau des Grabmonuments stehen unten drei Lekythen, eine Kanne und ein rundes Toilettengefäß mit Deckel (Pyxis), wie es von Frauen benutzt wurde, oben eine Lyra und ein Kästchen. Gegen 450 v. Chr. Höhe 28,9 cm.
Berlin, Antikensammlung

Rechts innen: Panathenäische Preisamphora. Siegespreis bei den Wettspielen an den Großen Panathenäen in Athen. Schwarzfigurige Bemalung und das Bild der bewaffneten Athena in Kampfstellung zwischen zwei Säulen waren für diese Amphoren obligatorisch. Die Säulenbekrönung konnte dagegen variieren. Hier sind es Kampfhähne als Symbole des Wettkampfes. Die entlang der linken Säule geschriebene Inschrift lautet: »Von den Wettkämpfen in Athen«. Das Bild auf der Rückseite zeigt eine Läufergruppe. Dort erscheint jeweils die Sportart, in der der Sieg errungen wurde. Höhe 62,6 cm. Um 470/460 v. Chr.
Karlsruhe, Badisches Landesmuseum

Rechts außen: Attische Bildfeldamphora. Um 550/540 v. Chr. Höhe 41,2 cm. Dionysos im roten Mantel mit Efeukranz im Haar und Efeuzweigen in der Hand hält einem Jüngling einen Kantharos entgegen, damit er mit Wein gefüllt wird. Eine große Weinamphore steht am Boden. Jünglinge mit erlegten Hasen und Füchsen kommen von beiden Seiten hinzu. Das Bild stammt von einem der besten archaischen Vasenmaler, dem Amasis-Maler, benannt nach dem Töpfer Amasis, für den er tätig war.
München, Antikensammlungen

Frühlingsfestes in Athen, den Anthesterien. In einer Miniaturausgabe von wenigen Zentimetern Höhe erhielten ihn die dreijährigen Kinder, die an diesem Fest ihren Eintritt ins Leben der Gemeinschaft feierten. Viele dieser Choenkännchen sind erhalten, und ihre Bilder verraten aufs schönste ihre Bestimmung: Bekränzte und spielende Kleinkinder sind in liebevoller und oft auch humorvoller Weise in ihrem Treiben geschildert, und auch das Kännchen selbst ist dargestellt, wie es mit Efeu umwunden auf dem Boden, einem Tischchen oder einem Wägelchen steht.

Doch kehren wir nochmals zum Symposion zurück. Unerläßliches Gerät für jedes Trinkgelage war ein großer Mischkessel (Krater), da die Griechen ihren Wein mit Wasser gemischt tranken. Wieder ist es ein Schalenbild, das uns einen solchen Krater im Gebrauch zeigt (Abb. S. 293): Während einige Zecher zur Musik eines Aulos, einer Art Oboe, tanzen, kümmert sich ein junger Mann um den Nachschub für die Trinkschalen und schöpft aus einem mit Efeu bekränzten großen offenen Gefäß, dem Krater. Auch von ihm kennen wir unterschiedliche Formtypen, die sich in bestimmten Landschaften oder Städten Griechenlands entwickelten, dann aber auch an anderen Orten heimisch wurden. So ist der in unserem Bild dargestellte Krater mit den seitlichen Stangen zwischen Mündungsrand und Schulter ein Typus, der ursprünglich aus den Töpferwerkstätten Korinths kam (Abb. S. 392), aber bald auch von den Töpfern in Athen übernommen wurde. Eine Erfindung attischer Töpfer ist dagegen der sogenannte Kelchkrater (Abb. S. 317, 320), während die Form des Volutenkraters (Abb. S. 310, 324) wiederum ursprünglich in Sparta beheimatet war. Im allgemeinen haben Mischgefäße eine weite Öffnung und eine breite Standfläche. Daneben gab es, vor allem in archaischer Zeit, auch Mischgefäße in Form von Kesseln mit gewölbtem Boden, die einen Ständer benötigten (Abb. S. 295 oben).

Neben Krater und Trinkschalen sind in unserem Schalenbild (Abb. S. 293) noch andere Gefäßformen dargestellt: So hält auf der linken Bildseite ein heraneilender Jüngling in seiner vorgestreckten rechten Hand einen tiefen Napf mit zwei waagrecht ansitzenden kleinen Henkeln, einen sogenannten Skyphos (Abb. S. 352). Dieses Trinkgefäß war robuster als die elegante Schale auf hohem Fuß und erforderte in der Handhabung weniger Geschick. Es hatte nicht den repräsentativen Charakter wie die Schale und wurde daher oft auch nur einfach schwarz bemalt. Schließlich ist auf dem Bild noch ein typisches Transport- und Aufbewahrungsgefäß zu sehen: ein geschlossenes Gefäß mit spitz zulaufendem Körper ohne Fuß, mit engem Hals und zwei Vertikalhenkeln. Aus grobem Ton gefertigt und unverziert, ist es uns in großer Zahl aus allen Gegenden des Mittelmeerraumes erhalten. Die Griechen nannten diese Gefäße Amphoren, was soviel wie beidseitig tragbar heißt, eine Anspielung auf die beiden Henkel. Nicht alle Amphoren haben freilich einen spitz endenden Körper wie die unver-

zierten Transportamphoren. Vor allem die bemalten Amphoren besitzen meist einen stabilen Fuß, der ihnen Stand verleiht. Die griechischen Töpfer haben im Laufe der Jahrhunderte eine große Zahl unterschiedlicher Amphorentypen geschaffen (Abb. S. 86, 290, 301, 304, 305, 314). Unter ihnen befindet sich auch ein Formtypus, der mit einem besonderen Fest in Athen verbunden war: die Panathenäische Amphore (Abb. oben). Mit Öl von den heiligen Ölbäumen gefüllt, waren diese Gefäße die Siegespreise bei den Wettkämpfen an den Großen Panathenäen, dem Fest, das in Athen alle vier Jahre zu Ehren der Schutzgöttin Athena gefeiert wurde. Ihr Bilderschmuck blieb über Jahrhunderte hinweg konstant: auf der einen Seite das Bild der Göttin Athena, auf der anderen die jeweilige Sportart, in der der Sieg errungen wurde.

Im Normalfall waren Amphoren jedoch schlicht Vorratsgefäße für flüssige wie für feste Stoffe; ein nicht immer erhalten gebliebener Deckel schützte den Inhalt. Ein Vasenbild (Abb. S. 300 links) zeigt uns einen Laden, in dem große Amphoren auf dem Boden stehen. Ob es sich um bemalte oder unbemalte handelt, wissen wir allerdings nicht, denn die Bemalung von Vasen haben die Vasenmaler in ihren Bildern nur selten angedeutet. Verkauft wird Öl. Das wiederum verraten die kleinen einhenkeligen Gefäße, die an der Wand hängen. Mit ihrem schlanken Körper, ihrem engen Hals und ihrem tellerförmigen Mündungsrand sind sie typische Ölgefäße. Auch dieses Ladenbild ist der Schmuck eines Ölgefäßes, einer Lekythos, wie diese einhenkelige Form mit scheibenförmigem Fuß, langem Hals und trichterförmiger Mündung genannt wird. Öl war Nahrungsmittel, aber auch Mittel zur Körperpflege und konnte als solches mit aromatischen Stoffen versetzt sein. Duftende Salböle spielten in verschiedenen Kulten, besonders der Liebesgöttin Aphrodite, eine wichtige Rolle. Und schließlich wurden auch die Toten vor dem Begräbnis gesalbt. Von Athen wissen wir, daß es dort Brauch war, Lekythen mit duftenden Ölen neben die Bahre und später ans Grab zu stellen (Abb. S. 300 rechts). In klassischer Zeit erhielten solche Lekythen, die ausschließlich sepulkralen Zwecken dienten, eine polychrome Bemalung, deren Farben oft nicht mehr oder nur noch teilweise erhalten sind (Abb. S. 139, 328). Diese Lekythen konnten eine beachtliche Größe erreichen und wurden schließlich nicht mehr mit Öl gefüllt. Sie wurden wie manche Gefäße der geometrischen Zeit (Abb. S. 303) zu Grabmonumenten, deren Bilder die Toten ehrten und ihr Andenken bewahrten. Neben der Lekythos, die es in zylinderförmiger (Abb. S. 300) und bauchiger Ausführung (Abb. S. 323 oben) gab, haben die griechischen Töpfer zur Aufbewahrung von Salbölen eine ungeheure Fülle unterschiedlichster Gefäßformen gefunden, bei denen ihre ganze spielerische Phantasie zum Tragen kam. So haben manche die Form von Tieren (Abb. S. 308), von Früchten (Abb. S. 322) oder gar von Körperteilen (Abb. S. 308) erhalten.

Die griechischen Töpfer übernahmen auch Formen, die sie aus anderen Materialgattungen kannten. Das trifft zum Beispiel für das schlauchförmige, fuß- und henkellose Alabastron zu, ein Salbölgefäß, das in Athen, wie die Bilder zeigen (Abb. S. 350), vor allem von Frauen benutzt wurde. Die Gefäßform war im Orient und in Ägypten in Gebrauch, wo sie aus Alabaster gefertigt wurde, daher auch ihr Name. Als Behältnis für exotische Duftstoffe kam sie nach Griechenland und wurde dort von den Töpfern imitiert. Jedoch auch in Griechenland fertigte man sie nicht nur in Ton, sondern vor allem in klassischer Zeit häufig aus Glas, Marmor oder Alabaster. Ähnliches gilt für ein kugeliges Salbölgefäß, das in der korinthischen Keramik oft (Abb. S. 385), in der attischen dagegen selten zu finden ist, aber in unzähligen Bildern auf attischen Vasen der Spätarchaik und Klassik erscheint. Es gehörte nicht nur neben Schwamm und Schabeisen (Strigilis) zur unerläßlichen Ausrüstung eines Sportlers, sondern war offensichtlich für einen athenischen Bürger auch so etwas wie ein Statussymbol. Wahrscheinlich bestand dieses von den Athenern benutzte Ölfläschchen aus Metall oder Leder.

Salböl war kostbar, vor allem wenn es mit Duftstoffen versetzt war. Daher sind Salbölgefäße in der Regel klein, haben eine enge Mündung und einen breiten, oft leicht nach innen geneigten Mündungsrand, damit beim Ein- oder Ausgießen nichts verlorengehen konnte. Verschlossen wurden die Gefäße mit organischem Material, das natürlich nicht erhalten blieb. Das Bild einer Lekythos in Berlin (Abb. S. 300 rechts) zeigt auf den Stufen einer Grabstele neben einigen Lekythen und einer Kanne noch eine weitere Gefäßform, die nach ihren Darstellungen in Vasenbildern sowohl im Grabkult als auch von Frauen bei ihrer Toilette (Abb. S. 348 oben) benutzt wurde: eine runde Büchse oder Schüssel auf hohem Fuß, verschlossen mit einem Deckel mit hohem Knauf. Vermutlich enthielten auch diese Gefäße Salben oder Duftwasser, die kleineren Schminke. Und auch sie wurden in Keramik, aber ebenso aus Marmor und Alabaster gefertigt.

Eine ebenfalls in erster Linie von Frauen benutzte Gefäßform war die Hydria, ein Wasserkrug, wie der Name des Gefäßes sagt (griechisch *hydor* = Wasser). Mit ihr holten Frauen und Mädchen das Wasser von der Quelle oder aus dem Brunnenhaus. Die Hydria besitzt drei Henkel: zwei Horizontalhenkel zum Anheben oder Absetzen des Gefäßes und einen Vertikalhenkel zum Kippen und Ausgießen. Auch hier tragen einzelne Hydrien Bilder, die uns den Gebrauch der Gefäße erläutern, zum Beispiel eine Hydria in Würzburg (Abb. S. 299): Eine Frau hält eine Hydria unter den Strahl des Wasserspeiers, wobei sie das Gefäß am Vertikalhenkel gepackt hat und mit ihrem Knie abstützt. Andere Frauen treten von beiden Seiten hinzu, ihre noch leeren Hydrien waagrecht auf dem Kopf balancierend.

Eine ganz besondere Art von Wassergefäßen waren die Lutrophoren (»Badträger«, Abb. S. 298), die bei den Hochzeitsriten Verwendung fanden. Mit ihnen wurde das Wasser für das rituelle Reinigungsbad der Brautleute geholt. Diese sehr schlanken Gefäße mit ihrem extrem langen Hals und ihrem ausladenden Mündungsteller können sowohl drei Henkel wie die Hydrien als auch nur zwei wie die Amphoren haben, wobei es Anzeichen dafür gibt, daß die Hydrien-Lutrophoren für die Frauen und die Amphoren-Lutrophoren für die Männer gedacht waren. Sie wurden nämlich nicht nur bei den Hochzeitsriten, sondern auch im Totenkult verwendet, wo sie den unverheiratet Verstorbenen ins Grab mitgegeben wurden. Lutrophoren sind daher in der Regel entweder mit Bildern aus dem Bereich der Begräbnis- (Abb. S. 353) oder Hochzeitsriten verziert, wie im Fall einer Lutrophore in Athen (Abb. S. 298), wo ein Hochzeitszug dargestellt ist, in dem auch eine große Lutrophore mitgetragen wird. Die Entsprechung von Bild und Bestimmung eines Gefäßes ist freilich nicht die Regel. Sie ist besonders bei Formen anzutreffen, die mit bestimmten Riten oder Festen verbunden waren. Für die klassische Zeit läßt sich allerdings eine Zunahme solcher Entsprechungen auch bei anderen Gefäßformen feststellen, und zwar vor allem im Bereich der von Frauen benutzten Gefäße.

Zwei Gefäßformen seien noch erwähnt, die nicht in vielen Beispielen erhalten sind, aber in Vasenbildern sehr häufig erscheinen, und zwar in kultischen Zusammenhängen: die Opferschale (Phiale), eine fuß- und henkellose Schale mit einem kleinen hohlen Buckel im Zentrum, dem Omphalos (Abb. S. 297), und der Kantharos, ein Gefäß mit zwei hohen Schlaufenhenkeln, das Trinkgefäß des Weingottes Dionysos (Abb. S. 301 rechts). Beide Formen, Phiale und Kantharos, wurden wohl vorzugsweise in Metall und seltener in Keramik hergestellt.

Der Überblick über die wichtigsten Gefäßformen der bemalten griechischen Keramik und ihre Zweckbestimmung mag einen Eindruck von der Vielfalt griechischer Vasenformen und ihrer Verwendungsmöglichkeiten geben. Es gab Grundformen wie die Amphora oder die Kanne, die in Abwandlungen zu allen Zeiten und in allen Regionen Griechenlands gebräuchlich waren, und daneben Formen, die nur während einer kurzen Zeitspanne gefertigt wurden, um dann wieder aus dem Repertoire der Töpfer zu verschwinden. Das trifft zum Beispiel auf ein eigenartiges pilzförmiges Gefäß zu, das zum Kühlen des Weins verwendet wurde (Abb. S. 369), aber nur etwa 50 Jahre lang, vom Ende des 6. bis gegen die Mitte des 5. Jahrhunderts v. Chr. in Gebrauch war. Andere Formen gehörten zu bestimmten Kulten oder Festen, die an bestimmte Orte oder Heiligtümer gebunden waren wie die panathenäischen Amphoren oder

Spätgeometrischer Kessel (Krater) von 1,23 m Höhe mit offenem Boden. Grabmonument aus einem antiken Gräberbezirk in Athen. Fries der Henkelzone: Leichenprozession. Zahlreiche Frauen, die sich die Haare raufen (ein typischer Klagegestus), und einige Krieger mit Schwert umgeben ein Zweigespann mit der Bahre des Toten, darüber das Leichentuch. Im unteren Fries: Zug von Kriegern mit achtförmigen böotischen Schilden auf Zweigespannen. Um 750/740 v. Chr. Athen, Nationalmuseum

der Chous an Athen. Und es gab auch Formen etruskischer Keramik, zum Beispiel Becher mit hohem schlaufenförmigen Henkel, die in attischen Werkstätten ausschließlich für den Export nach Etrurien hergestellt wurden und deshalb nicht in griechischen Vasenbildern erscheinen.

Wandel und Vielfalt

Die Geschichte der bemalten griechischen Vasen umfaßt einen Zeitraum von 700 Jahren und ist in all ihrer Vielfalt und Komplexität kaum auf wenigen Seiten darzulegen. Es kann daher nur ein Überblick über einige der wichtigsten Gattungen und Werkstätten gegeben und die große Linie der Entwicklung skizziert werden.

Eigentlich beginnt die Geschichte bereits im 2. Jahrtausend v. Chr., denn die mykenischen Griechen haben neben der schnell rotierenden Töpferscheibe auch schon den für griechische Keramik so charakteristischen Glanzton zur Bemalung der Gefäße verwendet und dabei gleichfalls mit dem Kontrast von dunkler Bemalung zu hellem Grund gespielt. Doch Schmuckmotive und Dekorationsweise sind grundverschieden. Die griechischen Vasen der ersten 300 Jahre des 1. Jahrtausends v. Chr. zeichnen sich durch einen klaren und strengen, geometrisch bestimmten Aufbau von Vasenkörper und Dekor aus, durch straff gespannte Körper, durch eine rhythmisch im Wechsel von Dunkel und Hell gegliederte Oberfläche und die weitgehende Beschränkung auf geometrische Ornamentmotive, die in Bänder oder Metopenfelder gesperrt die Gefäßkörper umziehen. Die großflächig den Vasenkörper umspannenden oder überwuchernden floralen Motive und Meerestiere der mykenischen Keramik gibt es nicht mehr. Die Geometrie beherrscht Formen und Dekor, und man spricht daher vom geometrischen Stil. Da dieser Stil nicht auf Keramik und auch nicht auf eine bestimmte Region Griechenlands beschränkt war, sondern das gesamte Kunstschaffen Grie-

Links außen: Attische Amphora im Strenggeometrischen Stil. Mäanderornament im Halsbild und tongrundige Reifen, die den Körper umziehen, sind der einzige Dekor. Anfang 8. Jahrhundert v. Chr. Höhe 48,2 cm. Berlin, Antikensammlung

Links innen: Spätgeometrische attische Amphora mit klagenden Frauen im Halsbild und plastischen Schlangen am Mündungsrand, einem für den Totenkult charakteristischen Motiv, das gegen Ende der geometrischen Zeit sehr verbreitet war. Um 730/720 v. Chr. Höhe 42,5 cm. Berlin, Antikensammlung

Rechts: Protoattische Amphora. Halszone: Schreitende Sphingen, darunter Reigen von Männern und Frauen zur Musik eines Aulosbläsers. Bauchzone: Prozession von Zweigespannen. Die im 7. Jahrhundert v. Chr. in Athen vor Einführung der schwarzfigurigen Malweise bemalten Vasen nennt man protoattisch. Um 690 v. Chr. Höhe 80 cm. Paris, Musée du Louvre

chenlands bestimmte, bezeichnet man den ganzen Zeitraum, in dem er wirksam war, als die geometrische Epoche Griechenlands.

Natürlich gab es regionale Unterschiede, und nicht überall hat sich der geometrische Stil so rein und formvollendet ausgeprägt wie in Athen. Auch lassen sich innerhalb der geometrischen Epoche Entwicklungen erkennen. Die frühen Gefäße zum Beispiel zeichnen sich durch eine vergleichsweise sparsame Verwendung von Ornamenten aus, die dann um so eindrucksvoller zu großen dunklen Flächen kontrastieren, die ihrerseits von schmalen tongrundigen Reifen durchbrochen sein können (Abb. S. 304 links). Kreise, die mit dem Zirkel gezogen sind, und einfache Mäanderformen bilden die wichtigsten Ornamentmotive. Figürliche Darstellungen, Bilder einheimischer Tiere (Vögel, Ziegen, Steinböcke, Rehe, Pferde), Krieger, Leichenaufbahrungen und -prozessionen kommen erst im 8. Jahrhundert v. Chr. hinzu. In dieser Zeit entstehen dann auch jene monumentalen Grabgefäße, die einen offenen Boden haben, durch den die Totenspende in die Erde fließen konnte. Menschen und Tiere sind als dunkle Silhouetten gegeben, wobei in der Menschendarstellung zwischen Frauen und Männern kaum unterschieden wird: Sie haben den gleichen dreiecksförmigen Oberkörper, die gleiche schmale Taille und die gleichen kräftigen Schenkel. Auf einem großen Grabkessel in Athen (Abb. S. 303) mit der Darstellung einer Leichenprozession lassen uns nur zwei kaum sichtbare kleine Striche links und rechts des Oberkörper-Dreiecks als Andeutungen weiblicher Brüste die Frauen erkennen. Auch die Krieger auf ihren Streitwagen im unteren Bildfries desselben Gefäßes sind ein Beispiel dafür, wie die Künstler der geometrischen Zeit mit minimalen Mitteln das ihnen Wesentliche einer Figur gaben: Ihr »Körper« hat die Form eines böotischen Schildes, wie ihn die mykenischen Helden trugen, kennzeichnet sie so als Krieger und Heroen. Der Kessel stammt aus der Mitte des 8. Jahrhunderts v. Chr., als man die zurückhaltende Verwendung von Schmuckmotiven, wie sie für die Frühzeit charakteristisch war, aufgegeben hatte. Figurenfriese und Ornamentbänder nehmen jetzt den größten und wichtigsten Teil der Vasenoberfläche ein, dunkel gemalte Flächen gibt es nur noch im

unteren Teil des Vasenkörpers und am Fuß der Vase. Gegen Ende der geometrischen Epoche, gegen 700 v. Chr., verschwinden die dunklen Flächen ganz, und die gesamte Oberfläche wird mit einem dichten Netz enger Ornamentreihen bedeckt. Die rhythmisch betonte Gliederung der Oberflächen verwischt sich (Abb. S. 304 rechts), die strenge Geometrie der Formen lockert sich. Plastisch modellierte Schlangen ringeln sich jetzt um Mündung oder Henkel der für die Toten bestimmten Gefäße. Die Frauen bekommen schwingende Röcke. Ein neues Verständnis von Form und Dekor wird spürbar, neue Gestaltungsprinzipien setzten sich durch. Unter dem Einfluß der Kunst des Orients, mit der die Griechen durch Handel und Seefahrt seit dem 8. Jahrhundert v. Chr. in verstärktem Maße in Berührung kamen, entsteht ein neuer Stil, der sogenannte Orientalisierende Stil. Mit ihm beginnt die archaische Epoche der griechischen Kunst. Fabelwesen, wie Sphingen und Greifen, werden aus der Kunst des Orients übernommen, florale Motive lösen die geometrischen ab, und in den Bildern von Tieren und Menschen ist das Bemühen um eine körpergerechte Darstellung, eine organische Verbindung der Einzelteile zu einem homogen bewegten Ganzen unverkennbar. Und schließlich gewinnt das Erzählerische an Raum, das für die griechischen Vasen der folgenden Jahrhunderte so bedeutsam werden wird.

Eine zu Beginn des 7. Jahrhunderts v. Chr. entstandene Amphora im Louvre (Abb. S. 305), die sich formal noch nicht weit von der spätgeometrischen Amphora in Berlin (Abb. S. 304 rechts) entfernt hat, zeigt doch deutlich, wohin der Weg führt. Noch ist die Gefäßoberfläche in viele Frieszonen unterteilt, noch ringeln sich plastische Schlangen um Henkel, Mündung und Schulter, noch wird das Prinzip der Reihung angewandt, aber unter die geometrischen Ornamente haben sich florale gemischt, und zwischen den Beinen einzelner Figuren wachsen kakteenartige Gebilde empor. Die chiffrehaften »Strichmännchen« der geometrischen Epoche haben deutlich Fleisch angesetzt. Menschen und Tiere haben richtige Gesichter bekommen, die in den Halsbildern nicht mehr als Silhouetten, sondern im Umriß gegeben sind. Die Frauen sind deutlich von den Männern unterschieden, ihre Oberkörper haben die dreieckige Form verloren, und ein gegürtetes Gewand bauscht sich über ihrer Taille.

Stärker als in der geometrischen Epoche werden jetzt in der Keramik Griechenlands landschaftliche Unterschiede sichtbar. Während in den Werkstätten Athens mit der Umrißzeichnung experimentiert wurde, die Vasenmaler sich vor allem mit der menschlichen Figur und ihrer Körpergestaltung auseinandersetzten und einen Hang zum Monumentalen erkennen lassen (Abb. S. 127), gingen die korinthischen Töpfer und Vasenmaler einen ganz anderen Weg. Sie entwickelten eine Malweise, deren Ausgangspunkt zwar wie in geometrischer Zeit die mit Glanzton gemalte Silhouette war, die sie aber durch geritzte Binnenlinien und Auftrag von roter Deckfarbe gliederten und be-

lebten. Diese Binnenlinien, etwa zur Darstellung von Muskeln und Gelenken, von Gewandfalten oder Stoffmustern, wurden mit einem spitzen Griffel vor dem Brennen, aber erst nach dem Auftrag des Glanztons in den lederhart getrockneten Ton geritzt, so daß sie sich nach dem Brand hell vom dunklen Glanzton abhoben. Da es den korinthischen Töpfern außerdem gelang, eine gleichmäßig tiefschwarz glänzende Bemalung zu erzeugen und damit die dekorative Wirkung der Bemalung zu steigern, wurde die schwarzfigurige Vasenmalerei, wie sie heute genannt wird, ein voller Erfolg. Es blieb daher nicht aus, daß sie auch in Werkstätten anderer Regionen Einzug hielt. Sie wurde allerdings nicht überall mit so durchschlagendem Erfolg nachgeahmt wie in Athen, wo es Töpfern und Vasenmalern schließlich gelang, die korinthischen Kollegen auf ihrem eigenen Feld zu schlagen und deren Erzeugnisse vom Markt zu verdrängen. Doch damit greifen wir voraus, denn im 7. Jahrhundert v. Chr. waren es noch die korinthischen Vasen, die in viele Städte und Länder des Mittelmeerraumes exportiert wurden. Es handelte sich dabei vor allem um kleine bis mittelgroße Salbgefäße von kugeliger, birnen- oder sackförmiger Gestalt (Abb. S. 385), um Kannen (Abb. S. 306 unten), Trinknäpfe und runde Büchsen (Pyxiden, Abb. unten) sowie eine besondere Form von Krateren für das Trinkgelage (Abb. S. 392).
Die korinthischen Vasenmaler des 7. Jahrhunderts v. Chr. pflegten, im Gegensatz zu ihren attischen Kollegen, einen mehr miniaturhaften Stil, und dies auch bei größeren Gefäßen. Die Vasenoberfläche wurde in schmale Bild- und Ornamentbänder unterteilt und die Bildfriese mit aneinandergereihten Tieren und Fabelwesen sowie dazwischengestreuten Rosettenmotiven dicht gefüllt, so daß nur wenig vom Malgrund sichtbar blieb. Die Formen der Füllrosetten änderten sich im Laufe der Zeit und sind für uns heute ein wichtiges Datierungskriterium: Die Rosetten der frühen Vasen bestehen aus gemalten Punkten und sind nicht geritzt; oft sind sie weiß gemalt auch außerhalb des Bildfrieses als Schmuck auf schwarzen Glanztonflächen zu finden (Abb. S. 306 unten). Gegen Ende des 7. Jahrhunderts v. Chr. kam dann eine neue Rosettenform auf: ein schwarzer Fleck oder Klecks, der seine Gliederung durch Ritzlinien erhielt (Abb. unten). Gleichzeitig nahmen die Rosetten in den Bildfriesen an Dichte zu und wurden dabei dem vorhandenen Raum angepaßt, so daß sie stark in Form und Größe variieren: Manche sind zu Punkten geschrumpft, andere bis zur Unkenntlichkeit deformiert. Ornamente und Figuren wurden so zu einem dichten Teppich verwebt.
Die weitere Entwicklung der korinthischen Vasenmalerei führte zu einem Nachlassen in der Präzision der Ritzzeichnung und der Formgebung der Tierfiguren. Dagegen läßt sich ein zunehmendes Interesse an der menschlichen Figur und schließlich auch an der Darstellung mythischer Geschichten erkennen, vermutlich bereits ein Einfluß der attischen Vasenmalerei, die im zweiten Viertel des 6. Jahrhunderts v. Chr. vor allem bei anspruchsvoller bemalten Gefäßen deutlich zum Vorbild wurde (Abb. S. 392).
Für korinthische Gefäße ist ein sehr heller, leicht grüngelb schimmernder Ton typisch. In anderen griechischen Werk-

Linke Seite, oben: Ostgriechische Kanne mit Kleeblattmündung. Wahrscheinlich aus einer Werkstatt auf Rhodos. Verziert mit Tierfriesen, Flechtband, Schlingenbändern und Lotosfries. Um 630 v. Chr. Höhe 32,5 cm. München, Antikensammlungen

Linke Seite, unten: Korinthische Kanne mit Kleeblattmündung. Verziert mit einem Tierfries und Punktrosetten. 640/625 v. Chr. Zeit des Übergangs vom Protokorinthischen zum Frühkorinthischen Stil. Höhe 23,6 cm. Berlin, Antikensammlung

Rechts: Korinthische Deckelbüchse (Pyxis). Die grotesk wirkenden »Dickbauchtänzer« waren ein beliebtes Motiv auf korinthischen Vasen des 6. Jahrhunderts v. Chr. Gesäß und Bauch der Tänzer unter dem roten Wams waren ausgestopft, ein Kostüm, wie es ähnlich später die Komödienschauspieler trugen. Mittelkorinthisch. 600/575 v. Chr. Höhe 16,2 cm. Berlin, Antikensammlung

stätten, vor allem in Ostgriechenland, das heißt an der kleinasiatischen Küste und auf den vorgelagerten Inseln, wurde die Tonoberfläche mit einem weißlichen Überzug versehen, um einen hellen, kontrastreichen Malgrund zu erhalten. Auch auf ostgriechischen Vasen des 7. Jahrhunderts v. Chr. finden wir Tierfriese und Füllornamente. Doch diese sind phantasievoller und abwechslungsreicher gestaltet als auf korinthischen Vasen, und die Tiere sind in einer Mischung aus Silhouette und Umrißzeichnung ohne die Verwendung von Ritzlinien gegeben. Die wenigen Linien innerhalb der schwarzen Glanztonflächen sind ausgespart, nicht geritzt. Die Tiere wirken graziler, eleganter und der Natur näher als ihre korinthischen Verwandten. Nicht immer äsen sie so friedlich wie auf dem Bild einer Kanne in München (Abb. S. 306 oben), manchmal umzieht eine wilde Jagd die Gefäße, hetzen Hunde in fliegendem Lauf Wildziegen, Rehen und Hasen hinterher. Ein Gefühl für Formen der Natur verrät sich auch in der Gestaltungsweise der Lotosblüten und -knospen in der untersten Ornamentzone der Kanne, an jener Stelle, wo bei korinthischen Vasen ein Kranz spitzer Strahlen oder Dreiecke das Gefäß umschließt.

Naturbeobachtung und Naturgefühl bestimmen auch eines der schönsten ostgriechischen Vasenbilder, das etwa achtzig Jahre später, um die Mitte des 6. Jahrhunderts v. Chr., entstanden ist. Es befindet sich auf einer Trinkschale, deren Innenseite es nahezu ganz füllt, wobei die weiße Grundierung der Malfläche aufgegeben ist (Abb. S. 309). Ein dichtes Gewirr blühender Rebzweige umschließt eine kleine menschliche Figur: Man hat in ihr Dionysos, den Herrn der Rebstöcke, sehen wollen. Doch klein, schmucklos und bar jeder majestätischen Größe scheint die Figur eher Teil der Rebstöcke als ihr Herr zu sein. Wen immer sie darstellen soll, dem Vasenmaler scheint sie nicht so wichtig gewesen zu sein wie die sie umgebende Natur, an deren liebevoller Schilderung er nicht gespart hat: Eine Zikade sitzt zwischen den Zweigen, in einer Astgabel liegt ein Nest, und eine Vogelmutter bringt ihren Jungen Nahrung. Die Figuren sind in Silhouette gegeben, wie in der schwarzfigurigen Malweise üblich, die im 6. Jahrhundert v. Chr. auch in den ostgriechischen Werkstätten heimisch wurde, doch immer noch sind die Binnenlinien nicht geritzt, sondern ausgespart. Orientalischer Einfluß, Naturgefühl und Phantasie – darin mag auch die Ursache liegen, daß die originellsten und schönsten Salbölgefäße figürlicher Form aus ostgriechischen Werkstätten kommen: Eine Kröte und ein Männerbein aus der Antikensammlung Berlin seien stellvertretend für viele andere ausgewählt (Abb. unten).

Einen hellen Überzug, wie viele Vasen aus ostgriechischen Werkstätten, zeigen auch die Vasen aus den kykladischen und lakonischen Werkstätten. Während jedoch die kykladischen Werkstätten im 7. Jahrhundert v. Chr. bedeutend waren und ihre Vasenbilder in der Anwendung von Umrißzeichnung Ähnlichkeiten mit ostgriechischen Bildern aufweisen (Abb. S. 129), lag die Blütezeit der lakonischen Werkstätten erst im 6. Jahrhundert v. Chr., nachdem die schwarzfigurige Malweise aus Korinth übernommen worden war. Damals fertigten die lakonischen Töpfer elegante dünnwandige Schalen auf hohem Fuß, die in den gesamten Mittelmeerraum exportiert wurden (Abb. S. 311). Sie schufen zwar auch andere Gefäßformen (Amphoren, Hydrien, Kannen, Kratere, Becher und Salbgefäße), doch wurden diese nur selten mit Bildern verziert. Wie der ostgriechische Maler des Rebstockbildes haben auch die lakonischen Maler nur die Innenseite ihrer Schalen figürlich bemalt, dabei jedoch eine andere Form der Bildfeldfüllung ange-

Links und rechts: Ostgriechische Salbgefäße aus dem 6. Jahrhundert v. Chr. Das eine hat die Form eines Männerbeins (Höhe 28,7 cm), das andere die Form einer Kröte (Durchmesser 18 cm). Berlin, Antikensammlung

Rechte Seite: Innenbild einer ostgriechischen Trinkschale. Inmitten zweier großer Rebstöcke, in denen Vögel und eine Zikade hausen, ein kleiner bärtiger Mann mit langem Haarschweif, der in den erhobenen Händen Reibzweige hält (ein Fruchtbarkeits- und Wachstumsdämon?). Die Reben blühen, und die Vögel haben Junge. Das Bild, in dem es kein Oben und Unten, keinen Anfang und kein Ende gibt, ist ein Symbol des immer wiederkehrenden Frühlings und neu entstehenden Lebens. Um 550 v. Chr. Durchmesser 23 cm. Paris, Musée du Louvre

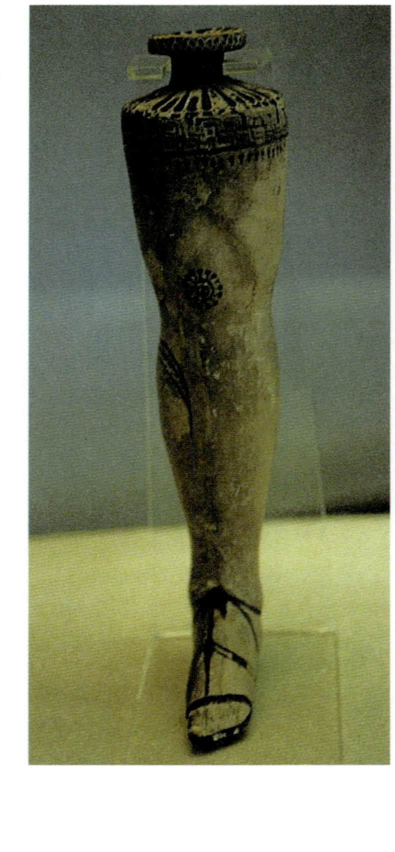

wandt. Eine waagrechte Linie scheidet das Medaillon in zwei ungleiche Hälften, die obere größere ist dem erzählenden Bild vorbehalten, die untere kleinere mit Tieren oder floralen Ornamenten gefüllt, die mit dem Hauptbild nicht in Zusammenhang stehen müssen. Auf einer Schale in Paris (Abb. S. 311) wird die Geschichte von der Blendung des einäugigen Riesen Polyphem durch Odysseus und seine Gefährten erzählt, und zwar die ganze Geschichte, indem die verschiedenen zeitlich aufeinanderfolgenden Handlungen im selben Bild vereint sind: Odysseus, der mit Hilfe seiner Gefährten den Pfahl in das Auge des Polyphem stößt, hält diesem gleichzeitig ein Weingefäß hin. Weingenuß und anschließende Trunkenheit des Polyphem aber waren Voraussetzungen für seine Blendung. Auch der grausame Anlaß für die Tat wird gezeigt: Polyphem hält in seinen Händen noch zwei Beine als Überreste eines von ihm verzehrten Griechen. Diese Gleichzeitigkeit des Ungleichzeitigen ist für die archaische Erzählweise nichts Ungewöhnliches.

In den Werkstätten Athens wurde die schwarzfigurige Malweise nach korinthischen Vorbildern im letzten Viertel des 7. Jahrhunderts v. Chr. übernommen. Tierfriese, Rosetten als Füllornamente, auch manch andere Bild- und Ornamentmotive lassen bei vielen attischen Vasen dieser Zeit und bis ins 6. Jahrhundert v. Chr. hinein die Abhängigkeit von der korinthischen Keramik erkennen. Die Füllornamente nehmen in attischen Vasenbildern allerdings nie so überhand wie in korinthischen und werden nie so flächen-

Links: Die François-Vase. Attischer Volutenkrater mit schwarzfiguriger Bemalung, getöpfert von Ergotimos und bemalt von Klitias. Um 570/560 v. Chr. Höhe 66 cm. Die Bildfriese der Seite A: Auf dem Mündungsrand die Darstellung einer mythischen Eberjagd, an der viele griechische Helden beteiligt waren; in der Halszone das Wagenrennen zu Ehren des toten Patroklos; im Fries unterhalb der Bauchzone die Verfolgung des trojanischen Prinzen Troilos durch Achilleus und auf dem Fuß der Kampf der Pygmäen gegen die Kraniche. Der Hauptfries in der Bauchzone hat den Besuch der Götter bei Peleus und Thetis am Morgen nach der Hochzeit zum Thema. Der feierliche Zug der Götter, angeführt von der Götterbotin Iris und dem Kentauren Chiron, bewegt sich zum Palast des Peleus, der sie vor dem Tor stehend begrüßt. Im Palast wartet Thetis auf dem Brautbett sitzend.
Florenz, Museo Archeologico

Rechts oben und unten: Lakonische Trinkschale. Um 570/560 v. Chr. Höhe 12,5 cm. Durchmesser 21 cm. Das Innenbild zeigt die Blendung des Polyphem. Der Kyklop hält die Beine eines verzehrten Gefährten des Odysseus in den Händen. Die Außenseite ist mit verschiedenen Ornamentbändern verziert, wie dem für die lakonische Keramik charakteristischen Granatapfelfries, der auch das Innenbild umrahmt.
Paris, Cabinet des Médailles

füllend. Den Tierfriesen sind von Anfang an die Mythenbilder beigesellt, die jene sehr schnell in untergeordnete Positionen verdrängen. Der erste attische Vasenmaler, dessen Namen wir kennen, ist Sophilos. Er hat zu Beginn des 6. Jahrhunderts v. Chr. gearbeitet und unter anderem einen großen bauchigen Mischkessel mit dazugehörigem Ständer signiert (Abb. S. 295); diesen hat er zwar mit einer ganzen Reihe von Tierfriesen geschmückt, im obersten und wichtigsten Fries aber eine Geschichte aus dem Mythos erzählt, die Hochzeit des Heros Peleus mit der Meergöttin Thetis. Das Vasenbild des Sophilos zeigt auch eine Besonderheit der attisch schwarzfigurigen Malweise, nämlich die reichliche Verwendung von Deckweiß und die sich zu Beginn des 6. Jahrhunderts entwickelnde Konvention, Frauenkörper weiß zu malen und sie dadurch farblich von den schwarzen Männerkörpern zu unterscheiden.
Die Hochzeit von Peleus und Thetis, der Eltern Achills, war in archaischer Zeit ein sehr beliebtes Thema; es ziert auch eine der berühmtesten griechischen Vasen, die nur wenig später als der Kessel des Sophilos entstanden ist und heute nach ihrem Finder »François«-Vase genannt wird (Abb. links). Sie ist das Werk zweier Meister, des Töpfers Ergotimos und des Malers Klitias, die beide signiert haben, und ein einzigartiges Geschichtenbuch: Von sechs umlaufenden Friesen ist nur ein einziger, und zwar der unterste, ein reiner Tierfries, in allen anderen sind Geschichten aus der Welt der Götter und Heroen dargestellt. Das Verhältnis Tierfries/Mythenbild hat sich im Vergleich zum Kessel des Sophilos also umgekehrt. Die Namen der meisten Götter und Heroen, auch mancher Tiere und Gerätschaften, sind beigeschrieben, so daß es nicht schwerfällt, die erzählten Geschichten zu verstehen.
Im 6. Jahrhundert v. Chr. fassen wir zum erstenmal Töpfer und Vasenmaler, die sich auf eine bestimmte Gefäßform spezialisierten: auf zierliche dünnwandige Schalen mit hohem trompetenförmig ausschwingenden Fuß, die in einem ebenso zierlichen, miniaturhaften Darstellungsstil bemalt sind (Abb. S. 387). Man nennt diese Töpfer und Vasenmaler daher Kleinmeister und ihre Produkte Kleinmeisterschalen. Die Form dieser Schalen ähnelt den lakonischen Schalen, und wahrscheinlich haben sich die attischen Töpfer von diesen auch inspirieren lassen. Die Verzierung ist allerdings auf den attischen Schalen zurückhaltender, sparsamer angebracht als auf den lakonischen, und der Hauptdekor befindet sich in den meisten Fällen nicht auf der Innen-, sondern auf der Außenseite. Die Kleinmeister haben häufig signiert und ihre Signaturen dabei zu einem wichtigen Dekorelement gemacht. Ein Musterbeispiel hierfür ist eine Schale des Töpfers Tleson in München (Abb. S. 312 oben): Eine mit feinen Buchstaben sorgfältig gemalte und

Oben: Attische Kleinmeisterschale, vom Töpfer Tleson in der Henkelzone signiert. In der Randzone Bild eines Löwen. 550/525 v. Chr. Höhe 15,1 cm. München, Antikensammlungen

Unten und rechte Seite: Attische Augenschale, von Exekias am Fuß signiert. Um 540 v. Chr. Höhe 13,6 cm. Durchmesser 30,5 cm. Einheitliche Beckenwandung, kurzer Stiel, dicke Standplatte und plastischer Reifen zwischen Becken und Stiel sind die Merkmale dieses von Exekias geschaffenen Schalentypus, der rasch Verbreitung fand. Gleiches gilt für die Bemalung mit Augen, denen man apotropäische Wirkung zuschrieb. Im Innenbild ist Dionysos dargestellt, wie er über das Meer segelt. Delphine begleiten ihn, und Weinreben umranken den Mast seines Schiffes. Der Bildgrund ist mit einem korallenrot brennenden Tonschlicker überzogen, auch eine Erfindung des Exekias, die jedoch nur selten Verwendung fand. München, Antikensammlungen

Folgende Doppelseite, links: Bauchamphora des Malers und Töpfers Exekias (Signatur auf dem Mündungsrand). Um 530 v. Chr. Höhe 61 cm. Bildseite A: Achill (mit zurückgeschobenem Helm) und Aias (ohne Helm) beim Brettspiel während einer Kampfpause vor Troja. Beide haben Rüstung und Waffen bei sich. Achill hat die höhere Zahl gewürfelt und ist Sieger. Die Zahlen sind ebenso beigeschrieben wie die Namen der Helden. Rom, Musei Vaticani

Folgende Doppelseite, rechts: Attische Bauchamphora mit Dekkel. Um 525 v. Chr. Höhe 66,7 cm. Vom Töpfer Andokides am Fuß signiert. Rotfigurig bemalt von einem unbekannten Vasenmaler, der nach dem Töpfer den Namen Andokides-Maler erhalten hat. Von ihm stammen die ältesten erhaltenen rotfigurigen Amphorenbilder; er gilt daher manchen Fachleuten als Erfinder der neuen Malweise. Die Szene der Seite B zeigt zwei Ringerpaare in unterschiedlichen Phasen des Kampfes. Während das linke Paar noch am Beginn steht, ist der Kampf des rechten bereits entschieden: Der Sieger stemmt seinen Kontrahenten in die Höhe. Dessen Gesicht ist dem Betrachter frontal zugewandt, ein seltenes Motiv in der Malerei jener Zeit. Zwischen den Kämpferpaaren steht eine Amphora als Siegespreis. Am linken Bildfeldrand ein stutzerhafter junger Mann, der an einer Blume riecht und die Gerte eines Trainers oder Wettkampfleiters hält. Berlin, Antikensammlung

von zwei kleinen Palmetten gerahmte Töpfersignatur (»Tleson, Sohn des Nearchos, hat es gemacht«) ist die ganze Verzierung der tongrundigen Henkelzone. Und in der darüberliegenden Randzone erscheint als einziger Schmuck ein zierlich gemalter, aber recht temperamentvoll wirkender Löwe.

Neben dieser kleinmeisterlichen Richtung, die vor allem im dritten Viertel des 6. Jahrhunderts blühte, gab es in der attischen Keramik stets auch eine dem Monumentalen zugewandte Richtung mit großformatigen Gefäßen und großflächigen Bildern voll kraftvoller Götter- und Heroengestalten. Einer, der in dieser Richtung arbeitete und sowohl als Töpfer wie als Vasenmaler signierte, war Exekias, sicher einer der größten Künstler unter den griechischen Vasenmalern. Für seine reifen Bilder, wie das Bild der beiden brettspielenden Helden Achill und Aias auf einer Amphora im Vatikan (Abb. S. 314), sind monumental konzipierte Figuren bei gleichzeitig äußerst sorgfältiger, ja liebevoll ausgeführter Detailzeichnung (man beachte die reich bestickten Mäntel der beiden Helden) ebenso charakteristisch wie eine bis ins kleinste durchdachte Bildkomposition. Dabei hat Exekias es verstanden, durch geschickte Anordnung der einzelnen Bildelemente den Eindruck von Räumlichkeit entstehen zu lassen. Vor allem aber ist seine Menschendarstellung, seine mitfühlend-menschliche Charakterisierung von Göttern und Helden zu bewundern. Obwohl Exekias – wie in archaischer Zeit üblich – die Augen seiner Figuren in Vorderansicht gab, wodurch ein zielgerichteter Blick nicht möglich war, gelang es ihm doch, durch kompositionelle Mittel einen solchen Blick vorzutäuschen. Der Betrachter der brettspielenden Helden Achill und Aias hat keinen Zweifel daran, daß die beiden ganz gebannt auf ihren Spieltisch schauen, obwohl ihre Augen eigentlich in eine andere Richtung blicken. Erreicht wird diese Täuschung nicht nur durch die Darstellung der gebeugten Rücken, der vorgeschobenen Köpfe und der zum Spieltisch geführten rechten Arme der Helden, sondern auch durch die V-förmig angeordneten Lanzen in ihrer linken Hand, die den Blick des Betrachters geradezu magisch auf den Spieltisch lenken, dorthin, wo der Blick der Helden ruhen soll.

Exekias war aber nicht nur ein großer Mythen- und Menschendarsteller, er war auch ein Innovator, der, angeregt durch ostgriechische Keramik, neue Gefäß- und Verzierungsformen in die attische Keramik einführte. So hat er eine kräftige Schalenform mit stämmigem Fuß geschaffen und deren Außenseiten nach ostgriechischen Vorbildern mit großen Augen verziert; eine dazwischengesetzte Nase und fein geschwungene Augenbrauen fügen sie zu einem eindrucksvollen Gesicht (Abb. unten). Exekias hat mit dieser Schalen- und Verzierungsform viele Nachahmer gefunden. Beeindruckender noch als die Außenseiten ist jedoch die Innenseite der Schale, die – ungewöhnlich für attische Keramik – fast bis zum Rand mit einem Bild bedeckt ist (Abb. rechts): Über ein rotes Meer segelt der mit Efeu be-

kränzte Dionysos, majestätisch ruhend in seinem Schiff, ein großes Trinkhorn in der Hand. Das weiße Segel bläht sich im Wind, und hinter dem Schiffsmast ranken sich Weinreben mit schweren Trauben empor, während Delphine das Schiff umschwimmen. Ostgriechische »Naturbilder« wie das Rebstockbild (Abb. S. 309) mögen auch hier Exekias eine Anregung gegeben haben. Doch Bildkomposition und Bildidee sind nicht vergleichbar. Im Exekias-Bild ist die Natur gebändigt und ganz auf den Gott bezogen, ihm beigeordnet als Teil seiner Herrlichkeit.

Mit Exekias hatte die schwarzfigurige Vasenmalerei einen Punkt erreicht, an dem es keine Weiterentwicklung mehr gab. Die dekorativen und künstlerischen Möglichkeiten dieser Malweise waren ausgeschöpft. Töpfer und Vasenmaler begannen daher, nach neuen Wegen zu suchen, und erfanden um 530 v. Chr. die rotfigurige Malweise. Man kann sie als eine Art Umkehrung der schwarzfigurigen betrachten: Figuren und Ornamente wurden nicht mehr schwarz aufgemalt, sondern aus dem mit schwarzem Glanzton überzogenen Bildgrund ausgespart. Da die Binnenlinien nun nicht mehr geritzt, sondern mit Glanzton in unterschiedlicher Stärke und Helligkeit ausgeführt wurden, war eine differenziertere Darstellung von Stoffen und Formen möglich. Die rotfigurige Malweise war allerdings schwieriger auszuführen und erforderte mehr Sorgfalt als die schwarzfigurige. Der Maler mußte nach der Vorzeichnung zunächst den Umriß der Figuren festlegen, indem er durch eine mit dem Pinsel ausgeführte breite Glanztonlinie den Bereich der auszusparenden Figur vom Bildgrund trennte. Dann folgte die Binnenzeichnung und schließlich die Füllung des Bildgrundes mit Glanzton. Die Binnenzeichnungen zeigen zwei unterschiedliche Arten von Linien: orangegelbe bis gelbbraune geschmeidige Linien aus verdünntem Glanzton und schwarze gespannte Linien von erstaunlicher Regelmäßigkeit, die sich hart vom Bildgrund abheben und leicht erhaben sind, weshalb sie in der Fachsprache Relieflinien genannt werden. Mit diesen Relieflinien ist fast stets der größte Teil der Binnenzeichnung ausgeführt. Besonders qualitätvolle Stücke zeigen sie darüber hinaus auch an den Außenkonturen der Figuren und Ornamente, das heißt, der Maler hat in diesen Fällen auf die breite Glanzton-Umrißlinie noch eine den Kontur präzisierende Relieflinie gelegt. Die Relieflinie ist das Geheimnis der rotfigurigen Vasenmalerei, das bis heute nicht völlig befriedigend geklärt ist. Möglicherweise wurden die Relieflinien nicht gezogen, sondern mit einem Bündel aus wenigen feinen Haaren gelegt, wobei beim Abheben der Haare vom Untergrund das Relief der Linie entstand.

Attischer Kelchkrater, signiert von Euphronios als Maler. Um 510 v. Chr. Höhe 46 cm. Kelchkratere eignen sich durch ihre Form besonders gut für monumentale Bilder heroischer Gestalten, wie Euphronios sie liebte. Das Bild hier erzählt eine der weniger bekannten Taten des Herakles: seinen Ringkampf mit dem libyschen Riesen Antaios, einem Sohn des Poseidon und der Erdgöttin Gaia. Antaios zwang alle Fremden zum Ringkampf, um sie zu töten und ihre Schädel am Tempel seines Vaters Poseidon aufzuhängen. Im Kampf mit Herakles war er jedoch der Verlierer. Euphronios hat ganz drastisch dargestellt, wie dem Riesen die Luft ausgeht, wie seine Kraft erlahmt: Der Mund ist halb geöffnet, so daß die Zähne sichtbar werden, der Augapfel nach oben verdreht, und die Hand des verrenkten rechten Arms liegt kraftlos am Boden. Im Gegensatz zum Andokides-Maler hat Euphronios auch die rahmenden Ornamentbänder rotfigurig gemalt. Paris, Musée du Louvre

Mit der rotfigurigen Malweise haben die attischen Töpfer und Vasenmaler eine ganz eigenständige und durch die Relieflinientechnik nur auf Keramik anwendbare Verzierungsweise gefunden. In geradezu idealer Weise verbindet sie Umrißzeichnung und Silhouette, die Vorzüge beider Verzierungsweisen, ohne deren Nachteile. Reine Umrißzeichnung verliert auf größere Distanz leicht an Sichtbarkeit, da die feinen Umrißlinien im Hintergrund verschwinden. Die Silhouette dagegen ist zwar gut sichtbar, doch läßt sich mit ihr eine Figur niemals so differenziert gestalten wie mit der Umrißzeichnung. Da die Figuren in der rotfigurigen Malweise zwar in Umrißzeichnung angelegt sind, sich dann aber durch das Ausfüllen des Bildgrundes mit schwarzem Glanzton silhouettenartig von diesem abheben, besitzen sie eine differenzierte und trotzdem deutlich sichtbare Formgebung. Der weitgehende Verzicht auf die Verwendung roter und weißer Deckfarben – auch die Frauen wurden jetzt nicht mehr weiß gemalt – und die dadurch bedingte Konzentration auf den Kontrast von Orangerot und Schwarz läßt die Figuren plastischer und natürlicher erscheinen. Es ist verständlich, daß man in den Werkstätten Athens auf die neue Malweise stolz war: Die meisten Malersignaturen stammen aus den ersten 40 bis 50 Jahren der rotfigurigen Vasenmalerei. Wir wissen allerdings nicht, wer sie erfunden und zuerst angewandt hat, da sich bis heute keine Inschrift oder Signatur gefunden hat, die uns dies mitteilt.

Die frühen rotfigurig gemalten Bilder sind noch stark von der schwarzfigurigen Malweise geprägt, etwa bei der Ringerszene auf einer Amphora in Berlin (Abb. S. 315): Da gibt es noch geritzte Haarkonturen, rote Bärte, nur eine sparsame, kaum differenzierte Binnenzeichnung und schwarzfigurig gemalte Ornamente. Es dauerte jedoch nicht lange, bis sich die Vasenmaler von den schwarzfigurigen Malkonventionen lösten und die Ausdrucks- und Gestaltungsmöglichkeiten der neuen Malweise entdeckten und nutzten. Diejenigen Vasenmaler, die das taten und damit der rotfigurigen Malweise zum Durchbruch verhalfen, nennt man in der Fachsprache »Pioniere«. Es war eine Gruppe von Malern, die das große Format liebten und deren Bilder ein leidenschaftliches Interesse an Aufbau und Gliederung des menschlichen Körpers erkennen lassen, den sie in allen nur denkbaren Bewegungen und Ansichten räumlich zu erfassen suchten. Die Pioniere haben gern und ausführlich auf ihre Vasenbilder geschrieben: Sie haben ihre Werke häufig signiert, gelegentlich auch kommentiert, haben ihren Figuren Namen beigeschrieben und sie sogar sprechen lassen. Sie haben sich gegenseitig auf ihren Vasenbildern in

Attische Bauchamphora, bemalt von Euthymides. Um 510 v. Chr. Höhe 57,5 cm. Zwei junge Frauen verfolgen, ihr Gewand zierlich raffend, einen jungen Mann namens Theseus, der auf der anderen Seite der Vase gerade ihre Freundin entführt. Die vordere ruft: »Ich hab' ihn gesehen, laßt uns laufen!« Links im Bild steht gelassen, eine Hand grüßend erhoben, der Vater der Geraubten. Hinter seinem Rücken ist zu lesen: »Leb wohl, Theseus!« Keine besonders ernst zu nehmende Geschichte also, die der Maler erzählt, auch wenn Theseus der Name eines attischen Heros und Königs ist. Eine Besonderheit des Malers ist seine Wiedergabe der Augen. Er zeichnet sie zwar nach archaischer Konvention in Vorderansicht, doch der Augapfel berührt das obere Lid nicht, wodurch das Auge seine archaische Starre verliert und an Ausdruck gewinnt.
München, Antikensammlungen

verschiedenen Lebenslagen und Beschäftigungen dargestellt und standen untereinander in künstlerischem Wettstreit. In den Werkstätten, in denen sie arbeiteten, entstanden aber auch neue Gefäßformen – nicht nur die Maler, auch die Töpfer jener Zeit waren Pioniere –, etwa eine standfeste deckellose Sonderform der Amphora, die sogenannte Pelike (Abb. S. 348 oben).

Euphronios und Euthymides waren die bedeutendsten Maler der Pioniergruppe. Von Euphronios stammt die Bemalung eines großen Kraters im Louvre (Abb. S. 317), auf dessen Vorderseite Herakles im Ringkampf mit dem Riesen Antaios dargestellt ist. Der Unterschied zu der etwa 15 Jahre älteren Ringkampfdarstellung auf der Berliner Amphora (Abb. S. 315) erscheint beachtlich. Aus den recht steifen und etwas holzschnittartigen Figuren, deren Binnenzeichnung auf das Nötigste beschränkt ist, sind kraftvoll bewegte Körper von ungeheurer Spannung geworden, deren Detailreichtum schon fast wieder verwirrend ist. Mit erstaunlichem Sachverstand, der das genaue Studium des menschlichen Körperbaus verrät, und mit unglaublicher Akribie hat Euphronios Muskeln und Sehnen, Gelenke und Rippenbögen gezeichnet, die Augen mit Wimpern umsäumt und mit kleinen Tonbuckelchen die schwarzen Haarlocken des Herakles effektvoll gegen die struppigen schwarzbraunen Haarsträhnen des Riesen gesetzt. Euphronios liebte darüber hinaus die große Geste, das Pathos. Euthymides, sein Kollege und Rivale, war da anders. Seine Darstellungsweise ist großzügiger, weniger detailversessen, aber auch nicht so präzise in der Zeichnung. Aufbau und Einzelformen der Figuren sind dafür organischer erfaßt, und die Binnenzeichnung seiner Figuren hat er häufiger als Euphronios mit hellen, weich wirkenden Linien statt mit den graphisch hart erscheinenden Relieflinien ausgeführt. Seine Bilder sind unpathetisch, oft humorvoll. Seine Figuren strahlen einen natürlichen, bisweilen vorwitzigen Charme aus und scheinen eher der Athener Gesellschaft als der Götter- und Heroenwelt zu entstammen, selbst wenn ihnen mythische Namen beigeschrieben sind wie bei einer Verfolgungsszene auf einer Amphora in München (Abb. links).

Euphronios und Euthymides waren am Ende des 6. Jahrhunderts v. Chr. tätig. Zu dieser Zeit und auch in den ersten Jahrzehnten des 5. Jahrhunderts wurden noch viele Vasen schwarzfigurig bemalt (Abb. S. 299, 300 links). Erst im Laufe des 5. Jahrhunderts wurde die schwarzfigurige von der rotfigurigen Malweise verdrängt, die dann mit geringfügigen Veränderungen bis weit ins 4. Jahrhundert v. Chr. hinein die vorherrschende Verzierungsweise attischer Keramik war. Auch Werkstätten außerhalb Athens, etwa in Korinth und in Böotien, versuchten sich in der rotfigurigen Malweise, jedoch mit geringem Erfolg. Die Meisterschaft der attischen Töpfer und Vasenmaler wurde in ihnen nicht erreicht, und ihre Produkte blieben auf den heimischen Markt beschränkt. Bemalte griechische Keramik des 5. Jahrhunderts stellt sich daher für uns heute im wesentlichen als attische Keramik dar. Erst im 4. Jahrhundert erwuchs den attischen Werkstätten eine ernste Konkurrenz in Werkstätten, die von griechischen Töpfern und Malern in Unteritalien und Sizilien gegründet worden waren.

Die rotfigurige Malweise wurde im Laufe des 5. Jahrhunderts v. Chr. kaum verändert, doch wandelten sich Stil, Kompositionsweisen und Thematik der Bilder. Auch die

Vasenmalerei hatte teil an der allgemeinen Stilentwicklung der Kunst und blieb von den gesellschaftlichen und politischen Veränderungen in Athen nicht unberührt. Neben die Mythen- und Götterbilder, die Jagd- und Kampfszenen, die Athletenszenen und die Bilder fröhlicher Gelage, rauschhafter Tänze und sexueller Handlungen traten im Zeichen der sich entwickelnden attischen Demokratie und eines sich wandelnden gesellschaftlichen Bewußtseins seit dem Ende des 6. Jahrhunderts v. Chr. ganz gewöhnliche Alltagsbilder: Bilder, die Handwerker bei ihrer Arbeit (Abb. S. 356, 388, 389) oder das Treiben auf dem Markt (Abb. S. 300 links) zeigen, vor allem aber – und dies mit Beginn der klassischen Zeit nach den Perserkriegen in zunehmendem Maße – Bilder aus dem Bereich des Frauengemachs: Frauen bei der Toilette (Abb. S. 348 oben), Frauen bei der Herstellung und Verarbeitung von Wolle, Frauen, die musizieren (Abb. S. 320). Es sind dies meist ruhige, etwas statische Szenen: Die Bewegungen der Frauen sind gemessen, die schmucklosen Gewänder fallen gerade, die Haare sind züchtig hochgesteckt, von Bändern oder Diademen gehalten oder in Hauben versteckt: ein völlig anderes Frauenbild, als es Euthymides am Ende des 6. Jahrhunderts gezeichnet hatte (Abb. oben). Jetzt, in der Zeit der frühen Klassik, wirken die Figuren ernst und konzentriert, bestimmen Ordnung und Maß die Bildgestaltung. Dies gilt nicht nur für die Frauenbilder, sondern auch für viele Mythenbilder, selbst wenn sie dramatische Ereignisse zum Thema haben wie die Tötung von Niobes Kindern durch Artemis und Apollon auf einem berühmten Krater in Paris (Abb. S. 327). Aus den Handlungsbildern werden vielfach Stimmungsbilder. In der Körperdarstellung werden die Proportionen im Vergleich zu den älteren Bildern ausgewogener, gehen die Einzelformen organischer ineinander über. Vor allem aber wird das Auge bei Profilansicht des Kopfes nicht mehr wie in archaischer Zeit in Vorderansicht, sondern ebenfalls im Profil gegeben. Blickrichtung und Blickkontakt werden dadurch möglich. Für die Darstellung menschlicher Beziehungen öffnet sich eine neue Dimension. Eine weitere Neuerung sind Köpfe und Gesichter in Schrägansicht (etwa der gestürzte Niobide unten rechts auf

Abb. S. 327). Sie war bei den Versuchen der spätarchaischen Vasenmaler, den menschlichen Körper räumlich zu erfassen, ausgespart geblieben. Zunächst noch sehr sparsam eingesetzt, ermöglichten diese Schräg- oder Dreiviertelansichten nicht nur eine Intensivierung des seelischen Ausdrucks der Figuren, sondern auch eine verstärkte räumliche Wirkung der Bilder.

Das Bild der musizierenden Frauen auf einem Kelchkrater in Würzburg (Abb. unten) führt uns bereits in den Beginn der zweiten Hälfte des 5. Jahrhunderts v. Chr., in die Zeit der Erbauung des Parthenon. Dieses gewaltige Bauwerk mit seinem reichen Reliefschmuck blieb nicht ohne Einwirkung auf die zeitgenössische Vasenmalerei, wie ein Gefäß in Berlin belegt (Abb. S. 323 unten): Der ein Pferd am Zügel haltende Jüngling scheint in Haltung und Tracht geradewegs aus dem großen Panathenäenzug im Westfries des Parthenon entsprungen zu sein. Der Maler dieses Bildes gehörte freilich nicht zu den ganz Großen im Kerameikos von Athen wie jener Maler, dem wir die Abschiedsszene auf einem Mischgefäß in München verdanken (Abb. rechts): Es ist eine stille Szene, von Verhaltenheit und einem Hauch von Melancholie bestimmt. Die Figuren wirken mit ihren feinen, schmal geschnittenen Gesichtern edel und nicht ganz von dieser Welt. Beim Vater des abschiednehmenden Kriegers sind Haar und Bart weiß gemalt. Die weiße Farbe, die bei rotfiguriger Malerei zunächst kaum verwendet wurde, taucht jetzt wieder häufiger auf: zur Charakterisierung alter Menschen, zur Darstellung von Marmorstelen und -säulen, von Wolle und Bändern sowie zur Wiedergabe von Inschriften, die in der Frühzeit der rotfigurigen Malerei stets rot gemalt wurden. Später, am Ende des 5. Jahrhunderts v. Chr., sollten auch Körper wieder weiß gemalt werden (Abb. S. 324).

In der Zeit der Hochklassik, also im dritten Viertel des 5. Jahrhunderts v. Chr., sind die »realistischen« Handwerker- und Marktszenen von den Vasen ebenso verschwunden wie die lärmenden Umzüge trunkener Zecher. Auch die Bilder der ihren Körper trainierenden jungen Männer werden seltener. Statt dessen finden wir – neben den Abschiedsszenen und den Frauenbildern, die jetzt oft durch Hinzufügen von Eroten (Abb. unten) oder Niken der Wirklichkeit entrückt sind – feierliche Opfer- und Festszenen (Abb. S. 103 oben), Gruppen von ruhig stehenden Männern und Frauen, im Gespräch begriffen oder einer Musik lauschend. Auch die Mythenbilder wandeln sich. In klassischer Zeit ist Herakles nicht mehr der unangefochtene Lieblingsheld der attischen Vasenmaler. An seine Stelle tritt häufig Theseus, der mythische König von Athen und Einiger des attischen Landes, dem die Athener ähnliche Heldentaten wie Herakles zuschrieben. Überhaupt waren patriotische Geschichten aus der mythischen Vergangenheit Athens im Zeitalter des Perikles und des beginnenden Peloponnesischen Krieges gefragt. Und die großen mythischen Schlachten, die mit durchaus propagandistischer Absicht in Reliefbildern oder Malereien öffentliche Gebäude und Statuen schmückten – der Kampf gegen Amazonen, gegen Kentauren, die Schlacht der Götter gegen die Giganten –, beeinflußten auch Themen- und Motivwahl der Vasenmaler, selbst wenn sie von ihnen mangels Raum nur in Ausschnitten wiedergegeben werden konnten. Auf dem Schild der von Phidias geschaffenen Goldelfenbeinstatue der Athena Parthenos war der Kampf des Theseus und seiner

Links: Musikstunde im Frauengemach. Bild auf einem attischen Kelchkrater der klassischen Zeit. Drei Frauen sind musizierend oder zuhörend dargestellt. Die sitzende Frau spielt das Barbiton, eine besondere Form der Leier. In der rechten Hand hält sie das Plektron, ein Metallplättchen zum Anreißen der Saiten. Die vor ihr stehende Frau hält eine Wiegenkithara und einen Doppelaulos, ein Blasinstrument in der Art einer Oboe. Die dritte Frau steht im Rücken der Sitzenden, hat die Hand auf die Stuhllehne gelegt und hört zu. Der Stuhl, das am Boden stehende geöffnete Kästchen und die an der Wand hängenden Gegenstände deuten den Innenraum an. Ein kleiner Eros fliegt in die beschauliche Szene. Vielleicht versinnbildlicht er die Träume der Frauen, hervorgerufen durch ein Liebeslied. Um 440/430 v. Chr. Höhe 39,1 cm. Würzburg, Martin-von-Wagner-Museum

Rechts: Abschiedsszene auf einem attischen Mischgefäß von besonderer Form, einem sogenannten Stamnos (Höhe 44 cm). Eine junge Frau steht mit gesenktem Blick vor einem jungen Mann, der für den Auszug in den Krieg gerüstet ist. Sie hat ihm für das Abschiedsopfer die Phiale gefüllt, die er jetzt in der erhobenen Rechten hält. Sein ernster Blick ist über die Phiale hinweg auf sie gerichtet – vielleicht seine Schwester oder seine Frau. Nachdenklich betrachtet der hinter ihr stehende Vater, auf seinen Stock gestützt, die Szene, während die Mutter mit ihrer Geste der halb geöffneten Arme ihre Hilflosigkeit zeigt. Das Bild ist um 430 v. Chr. entstanden, in den Anfangsjahren des Peloponnesischen Krieges, als viele junge Athener ins Ungewisse zogen. Es stammt von einem der besten Vasenmaler der Hochklassik, dem sogenannten Kleophon-Maler. München, Antikensammlungen

Gefährten gegen die Athen angreifenden Amazonen dargestellt. Ein Nachklang dieses berühmten Bildes findet sich auf einem bauchigen Ölgefäß in Neapel (Abb. S. 323 oben). Die Kompositionsweise mit locker über dem Vasenkörper verteilten Figurengruppen, die sich auf welligen Geländelinien bewegen, deren weiße Farbe heute größtenteils verschwunden ist, war allerdings weder eine Erfindung des Phidias noch des Vasenmalers, sondern stammte aus der frühklassischen Wandmalerei und fand sich bereits auf dem Pariser Kelchkrater mit der Tötung der Niobiden (Abb. S. 327).

Eine andere Inspirationsquelle für die klassischen Vasenmaler war das Theater. Die Werke der großen Tragödiendichter bewegten die Menschen in Athen und fanden in indirekter oder direkter Weise ihren Niederschlag in den Bildern der Vasenmaler; in indirekter Weise, indem die Mythen in einer durch die Theateraufführung geprägten Form dargestellt wurden, in direkter Weise, indem Schauspieler mit ihren Kostümen und Masken gezeigt wurden, wie auf einem Prachtgefäß in Neapel (Abb. S. 324): Da ruht auf einem Bett Dionysos, der Gott des Theaters, mit seiner Gemahlin Ariadne, umgeben von einer Schar von Schauspielern, die ihre Masken in den Händen halten. Auch zwei Musiker, ein Aulos- und ein Lyraspieler, und der Dichter des Stückes, links unten auf einem dreibeinigen Tischchen sitzend, fehlen nicht. Das Kostüm der meisten Schauspieler, ein Fellschurz mit Pferdeschwanz und aufgerichtetem Phallos, kennzeichnet sie als Darsteller in einem Satyrspiel, einer Tragödientravestie.

Die beiden zuletzt betrachteten Vasenbilder sind im letzten Viertel des 5. Jahrhunderts v. Chr. entstanden und zeigen in Komposition und Figurendarstellung die Merkmale des sogenannten Reichen Stils. Das Bild des Amazonenkampfes gehört dabei an den Anfang jener Stilepoche, das Theaterbild schon mehr an das Ende, an die Wende zum 4. Jahrhundert v. Chr. Dazwischen liegt das Bild badender Frauen in einem Hain, das ein Salbölgefäß in Form einer Eichel ziert (Abb. links). In den Bildern des Reichen Stils ist wieder mehr Dynamik zu spüren, ist die formale und emotionale Zurückhaltung der Hochklassik aufgegeben. Die Formgebung ist freier, bewegter, die Zeichenweise unruhiger und kleinteiliger. Dünne, fein gefältelte Gewänder umflattern die Körper wie vom Wind bewegt oder schmiegen sich an wie eine zweite Haut. Sie kontrastieren zu schwer und kostbar wirkenden Gewändern, die überreich mit Bildern und Ornamenten verziert sind. Das Ornament ist jetzt auch außerhalb der Bilder auf dem Vormarsch und erhält im Dekorationssystem der Vasen deutlich mehr Gewicht. Zugleich werden die Bilder farbiger, wird die rigorose Zweifarbigkeit durch Hinzufügung von Gold und Weiß gebrochen. Früchte an Kränzen und Zweigen, Schmuckstücke und andere Metallgegenstände sowie Bänder werden jetzt in vielen Vasenbildern in Ton aufgesetzt und vergoldet (Abb. links). Deckweiß wird bald fast wieder so reichlich wie in archaischer Zeit verwendet; Frauen werden allerdings nicht mehr generell, sondern nur als Hauptpersonen und Blickfang im Zentrum der Bildkomposition weiß gemalt (Abb. S. 324). Neben den großen repräsentativen Gefäßen mit ihren vielfigurigen Bildern sind für die Epoche des Reichen Stils zierliche Salbölgefäße charakteristisch (Abb. links), verziert mit miniaturhaft zarten Bildern paradiesischer Gärten, die von anmutigen Frauen und niedlichen Erosfiguren bevölkert sind.

Im 4. Jahrhundert v. Chr. setzt sich der Trend zu größerer Farbigkeit fort. Mit der Verwendung auch nichtkeramischer Farben wie Blau und Grün wurde eine geringere Haltbarkeit und damit ein eingeschränkter Gebrauch in Kauf genommen. Die einstige Vielfalt an Gefäßformen und Bildthemen schrumpft. Eine Reihe von Gefäßformen verschwindet ganz aus dem Repertoire der bemalten Keramik, etwa die Amphora oder die zylinderförmigen Ölgefäße; sie werden auch nicht durch neue Formen ersetzt. Neben wenigen künstlerisch anspruchsvollen Werken steht viel sorg- und einfallslos bemalte Massenware, die aber immer noch exportiert wird, nicht mehr nach Italien, sondern nach Spanien, in das Schwarzmeergebiet und in den Orient. Aus dem 332 v. Chr. gegründeten Alexandria stammt eines der letzten qualitätvollen attischen Gefäße mit rotfiguriger Bemalung (Abb. S. 325). Die Form der dreihenkeligen Hydria ist im Prinzip noch die gleiche wie bei dem fast 200 Jahre früher entstandenen Gefäß mit dem schwarzfigurig gemalten Brunnenhausbild (Abb. S. 299). Sie ist nur gestreckter, schlanker, wirkt leichter, weniger fest gefügt und durch die stark abgeknickten Henkel verspielt. So läßt bereits die Form erkennen, was sich durch die polychrome Farbgebung des Bildes dann bestätigt: Das Gefäß ist nicht mehr als Gebrauchsgefäß gedacht. Auch das Bildthema »Paris-

Linke Seite: Attisches Salbgefäß in Form einer Eichel. Die Eichelschale ist plastisch nachempfunden mit kleinen Tonbuckeln, die vergoldet waren. Auch im Bild selbst sind manche Details, etwa der Eimer in der Hand eines Eros, in Ton aufgehöht. Reste der Vergoldungen sind erhalten. Das Bild gibt ein typisches Sujet der Zeit des sogenannten Reichen Stils wieder: einen idyllischen Hain mit hübschen Frauen und niedlichen Eroten. Nach antiker Überlieferung haben sich die Menschen im Goldenen Zeitalter von Eicheln ernährt. Die Eichel war daher in der Antike ein Glückssymbol. Um 420/410 v. Chr. Höhe 16,5 cm.
Berlin, Antikensammlung

Rechts oben: Bauchiges Ölgefäß, sogenannte Bauchlekythos, bemalt von Aison, einem der letzten attischen Vasenmaler, dessen Name durch eine Signatur überliefert ist. Das Bild zeigt Theseus und seine Gefährten im Kampf gegen die in Athen eingedrungenen Amazonen; die Namen der Personen sind beigeschrieben. Das Motiv der in die Knie gehenden Amazone, die sich mit erhobenem Schild gegen einen Angreifer wehrt, ist vom Schild der berühmten Athena-Parthenos-Statue des Phidias übernommen. Um 420 v. Chr. Höhe 18,5 cm.
Neapel, Museo Nazionale

Rechts unten: Attische Pelike (eine deckellose Sonderform der Amphora) mit einer Darstellung, die ziemlich genau ein Motiv aus dem Westfries des Parthenon in Athen wiedergibt: Ein nach links gewandter Jüngling, das rechte Bein etwas vorgestreckt, hält ein Pferd am Zügel. Bis auf einen kurzen Reitermantel und einen am Rücken hängenden Hut ist er nackt. Um 430 v. Chr. Höhe 17 cm.
Berlin, Antikensammlung

urteil« ist alt und bereits aus archaischer Zeit bekannt. Der entscheidende Unterschied, der den Weg der Vasenmalerei von der Spätarchaik über die Klassik bis zum beginnenden Hellenismus markiert, liegt in der veränderten Darstellungsweise, in der Auflösung der Fläche durch stark räumlich konzipierte Figuren, etwa durch die jetzt bevorzugte Verwendung von Schrägansichten, und in der Lockerung der engen Verbindung von Bild und Gefäßform. Die Gleichgewichtigkeit von Bild und Bildträger und ihre kunstvolle Verschränkung, wie sie die Amphora des Berliner Malers aus dem Beginn des 5. Jahrhunderts v. Chr. (Abb. S. 290) auszeichnet, geht verloren; die Form tritt deutlich hinter die Malerei zurück.

Es gab jedoch eine Gegenbewegung in der attischen Keramik des 4. Jahrhunderts v. Chr., in der durch den radikalen Verzicht auf jeglichen Bildschmuck die Gefäßform in den Vordergrund gerückt wurde: Gefäße, die teilweise in Anlehnung an Silber- und Bronzegeschirr einen gerippten Körper erhielten, ansonsten bis auf den Mündungsrand mit schwarzem Glanzton überzogen wurden und als besonderen, aber zurückhaltend eingesetzten Schmuck in Ton aufgesetzte und vergoldete Blattgirlanden, um den Gefäßkörper geschlungene Zweige und Ranken oder zierliche Ketten zeigen, die wie echte Kolliers um den Hals der Gefäße gelegt sind (Abb. unten). Weitere Schmuckformen, die sich anstelle von Bemalung bei der Feinkeramik des 4. Jahrhunderts finden, sind eingestempelte und geritzte Ornamente

Über der Kassotis befindet sich ein Gebäude mit Gemälden des Polygnot, eine Weihung der Knidier, das von den Delphern Lesche genannt wird... Wenn man in dieses Gebäude eintritt, stellt die ganze rechte Seite des Gemäldes die Eroberung von Ilios und die Abfahrt der Griechen dar... Der andere Teil des Gemäldes zur linken Hand stellt Odysseus dar, der in den sogenannten Hades hinuntergestiegen ist, um den Schatten des Teiresias wegen seiner Rückkehr in die Heimat zu befragen. Das Bild sieht folgendermaßen aus. Wasser scheint ein Fluß zu sein, der Acheron natürlich, und Rohr wächst darin, und die Gestalten der Fische sind so undeutlich, daß man sie eher für Schatten als für Fische halten könnte. Und ein Schiff befindet sich auf dem Fluß und der Fährmann an den Rudern... Über den Aufgezählten ist Eurynomos dargestellt. Die delphischen Erklärer sagen, Eurynomos sei ein Dämon im Hades, und daß er das Fleisch von den Toten ringsum abfresse und nur die Knochen übriglasse... in der Farbe ist er zwischen Blau und Schwarz, wie auch die Fliegen sind, die auf Fleisch sitzen... Sieht man wieder auf den oberen Teil des Gemäldes, dann ist da anschließend an Aktaion Aias aus Salamis und Palamedes und Thersites, die mit Würfeln spielen, der Erfindung des Palamedes; der andere Aias schaut ihnen beim Spielen zu. Dieser Aias ist in der Farbe so, wie ein Schiffbrüchiger wird, wenn ihm das Salz noch auf der Haut sitzt...

Pausanias 10, 25, 1 – 31, 12 (Übersetzung von Ernst Meyer)

Vorhergehende Doppelseite, links: Attischer Volutenkrater des Pronomos-Malers aus der Zeit um 400 v. Chr., die sogenannte Satyrspielvase. Höhe 75 cm. Im Zentrum des Hauptbildes: Dionysos als Gott des Theaters mit seiner Gemahlin Ariadne auf einem Ruhebett, umgeben von Schauspielern, die ihre Masken in den Händen halten. Unterhalb von Dionysos der sitzende Aulosbläser Pronomos. Der Name dieses literarisch überlieferten zeitgenössischen Künstlers ist beigeschrieben. Nach ihm hat der Vasenmaler seinen Namen erhalten. Einige der Schauspieler tragen das typische Kostüm der Mitwirkenden in einem Satyrchor: Trikot, Fellschurz mit Pferdeschweif und Phallos. Der Satyrchor war wichtiger Bestandteil des Satyrspiels, das im Rahmen einer Tetralogie nach drei Tragödien aufgeführt wurde.
Neapel, Museo Nazionale

Vorhergehende Doppelseite, rechts: Attische Hydria aus dem späten 4. Jahrhundert v. Chr. mit der Darstellung des Parisurteils. Höhe 61,5 cm. Paris, als trojanischer Prinz in orientalischer Tracht, sitzt dem Betrachter zugewandt auf einem Felsen. Wie ein Kranz umgeben ihn die Figuren der drei Göttinnen (Aphrodite, Athena, Hera) und des Götterboten Hermes. Nur Hermes und Athena sind noch rein rotfigurig gemalt, die Körper der Aphrodite, des ihr zugesellten kleinen Eros und der Athena sind weiß gegeben; ihre Gewänder waren wie die Tracht des Paris ursprünglich mit Mattfarben gemalt, von denen nichts erhalten blieb.
München, Antikensammlungen

Links: Attische Hydria aus der Mitte des 4. Jahrhunderts v. Chr., mit schwarzem Glanzton überzogen und mit einem geriffelten Körper in Anlehnung an Metallgefäße. Ein plastisch geformtes Ornamentband am Mündungsrand und eine in Ton aufgelegte und vergoldete Kette um den Hals sind der sparsame, aber wirkungsvolle Schmuck des Gefäßes. Die Kette mit lanzettförmigen Anhängern gleicht realen Goldketten jener Zeit. Höhe 59 cm.
Berlin, Antikensammlung

Rechts: Attischer Kelchkrater aus der Mitte des 5. Jahrhunderts v. Chr. mit der Darstellung der Tötung der Niobiden durch Apollon und Artemis. Die beiden Götter rächen den Frevel der Niobe, die sich voller Stolz auf ihre vierzehn Kinder über Leto, die Mutter der Zwillinge Apollon und Artemis, gestellt hatte. Nach diesem Bild wird der uns namentlich unbekannte Vasenmaler Niobidenmaler genannt. Er ist einer der bedeutendsten attischen Vasenmaler der Frühklassik und hat als erster das neue Kompositionsprinzip der Großen Malerei, die Höhenstaffelung, in die Vasenmalerei eingeführt. Höhe 54 cm.
Paris, Musée du Louvre

sowie aus Formen gewonnene und applizierte Reliefbilder. Letztere stellen die Vorläufer der Reliefkeramik dar, die in hellenistischer Zeit die Nachfolge der bemalten Keramik angetreten hat (Abb. S. 393).

Wand- und Tafelmalerei

Spurensuche und neue Entdeckungen

Das 4. Jahrhundert v. Chr. brachte das Ende der griechischen Vasenmalerei und war zugleich die Blütezeit der griechischen Wand- und Tafelmalerei, der sogenannten Großen Malerei. Dies dürfte nicht ohne Zusammenhang gewesen sein. Die Vasenmalerei konnte sich auf Dauer der Ausstrahlung der Großen Malerei, die sich im Laufe der klassischen Zeit von einer Art kolorierter Umrißzeichnung zu einer Malerei im modernen Sinn mit Licht- und Schattengebung entwickelte, nicht entziehen. Aber die Errungenschaften der Großen Malerei konnten gattungs- und materialbedingt nur in sehr bescheidenem Umfang in die Vasenmalerei übertragen werden. Je mehr sich diese durch Nachahmung einem Vergleich unterzog, desto mehr mußte ihre Beschränktheit auffallen und sie zu einer zweitrangigen Kunst machen. Da von der einst berühmten griechischen Wand- und Tafelmalerei aber kaum etwas die Antike überdauert hat, stellen ihre in den attischen Vasenbildern der Klassik faßbaren Reflexe heute eine wichtige Quelle dar; zusammen mit den überlieferten Bemerkungen antiker Schriftsteller über Maler, Gemälde und Kunstentwicklungen können sie eine einigermaßen verläßliche Vorstellung von der Großen Malerei, ihrem Charakter, ihrer Entwicklung und ihrer Bedeutung geben. Hinzu kommen noch Gemälde und Mosaiken aus römischer Zeit, die als Beutegut nach Rom gelangte griechische Bilder mehr oder weniger genau kopieren. Durch glückliche Funde in neuerer Zeit kennen wir auch einige Originale aus dem 4. Jahrhundert v. Chr. Sie sind dem Umstand zu verdanken, daß der makedonische Königshof zu dieser Zeit ein Eldorado für griechische Maler war und die Makedonen repräsentative Grabbauten errichten und mit Wandmalereien schmücken ließen. Freilich läßt sich keines der erhaltenen Bilder, ob Original oder Kopie, mit Sicherheit einem der aus der antiken Literatur bekannten Maler Griechenlands zuweisen.
Die Wertschätzung der Großen Malerei im Altertum zeigt sich unter anderem in den hohen Preisen, die für Bilder bezahlt werden konnten, und in der vergleichsweise großen Zahl uns überlieferter Maler. Die starke Beachtung, die sie und ihre Kunst bereits zu Lebzeiten erfuhren, spiegelt sich auch in zahlreichen Künstleranekdoten.
Der künstlerische Abstand zwischen Großer Malerei und Vasenmalerei entstand erst in klassischer Zeit. In archaischer Zeit gab es in der Großen Malerei weder Schattengebung und Glanzlichter noch perspektivische Raumgestaltung. Die Bilder bestanden aus farbigen, von Konturlinien umrissenen Flächen. Figuren und Gegenstände hat-

ten wie in den Vasenbildern eine gemeinsame Standlinie. Einen Eindruck von dieser archaischen Malerei geben uns einige Holztäfelchen, die in einer Höhle bei dem Dorf Pitsa, etwa 50 Kilometer von Korinth entfernt, gefunden wurden (Abb. S. 102). Sie sind ungefähr gleichzeitig mit den schwarzfigurigen Vasen des Exekias (Abb. S. 314), also im dritten Viertel des 6. Jahrhunderts v. Chr. entstanden. Der Malgrund ist hell. Frauen sind mit roten, Männer mit schwarzen Linien umrissen, und auch ihre Hautfarbe ist verschieden, ganz ähnlich wie in der schwarzfigurigen Vasenmalerei Athens, nur daß die Haut der Männer hier rosabraun und nicht schwarz gegeben ist. Die kräftige Farbgebung der Gewänder zeigt neben Rot auch Blau. Ähnliche Bilder mit farbig ausgefüllten Umrißzeichnungen, jedoch auf keramische Farben beschränkt, also ohne Verwendung von Blau oder Grün, haben sich auch auf großen Tontafeln erhalten, die zum Schmuck von Tempeln gehörten.

Einer der berühmtesten Maler des Altertums, und der erste, der für uns mehr als nur ein Name ist, war der in frühklassischer Zeit wirkende Polygnot. Er entstammte einer Künstlerfamilie und kam aus Thasos nach Athen, wo er Zugang zu den Kreisen der politischen Führer jener Jahre fand, demnach eine geachtete Stellung besaß. Seine Bilder, die er auf große Holztafeln malte, schmückten die Wände öffentlicher Gebäude, vor allem in Athen und Delphi. Sie waren dort zum Teil noch in der römischen Kaiserzeit zu sehen, wie wir durch die Berichte des Reiseschriftstellers Pausanias wissen. Aus seiner ausführlichen Beschreibung der Gemälde in Delphi, die Szenen aus der Unterwelt und dem eroberten Troja darstellten, geht hervor, daß die Figuren in diesen Bildern nicht friesartig angeordnet, sondern in Gruppen zusammengefaßt und in der Höhe gestaffelt waren, daß die gemeinsame Standlinie also aufgegeben

Linke Seite: Weißgrundige Lekythos. Höhe 48 cm. Solche Ölgefäße wurden in Athen gegen Ende des 5. Jahrhunderts v. Chr. im Grabkult verwendet. Das Dreifigurenbild mit dem vor seinem Grabmal sitzenden toten Krieger, flankiert von zwei Angehörigen, besticht durch seine ungewöhnlich qualitätvolle und ausdrucksstarke Figurenzeichnung, die nicht mehr mit Glanzton, sondern mit rotbrauner Mattfarbe ausgeführt ist. In diesem Vasenbild, wie in einigen ähnlichen, sehen manche Fachleute einen Reflex der Kunst des Malers Parrhasios aus Ephesos, der zur selben Zeit in Athen wirkte. Parrhasios war in der Antike für seine subtile Linienführung berühmt gewesen, mit der er es verstand, nicht nur Seelenzustände auszudrücken, sondern auch ohne Schattengebung seinen Figuren Volumen und Plastizität zu verleihen.
Athen, Nationalmuseum

Rechts: Weißgrundige Lekythos, die in Format (erhaltene Höhe 68 cm) und Bemalung aus dem bei Grablekythen üblichen Rahmen fällt. Vermutlich stellt diese um 400 v. Chr. entstandene Riesenlekythos eine Tonimitation jener Marmorlekythen dar, die am Ende des 5. Jahrhunderts v. Chr. in Athen als Grabmonumente aufkamen. Das Bild zeigt Prothesis und Totenklage. Hier sind die Körper nicht im Umriß gegeben, sondern braun gemalt und zeigen eine Schattierung mit dunkelrotbraunen Strichen, die als Reflex der Ende des 5. Jahrhunderts v. Chr. in der Wand- und Tafelmalerei aufkommenden Schattenmalerei zu werten ist.
Berlin, Antikensammlung

war. Genau dieses Kompositionsprinzip der Höhenstaffelung taucht nun in frühklassischer Zeit plötzlich bei einigen Vasenbildern auf (Abb. S. 327): Auf welligen Geländelinien sind die Figuren locker über die Bildfläche verteilt und können dabei auch halb hinter den Geländelinien verschwinden. Diese Vasenbilder müssen unter dem Eindruck der Gemälde Polygnots entstanden sein und geben uns somit eine Vorstellung von seiner Kompositionsweise. Auch die ausdrucksstarken Gesichter, die ernsten Mienen, die gerunzelte Stirn sowie das Erfassen von Stimmungen, die wichtiger sind als dramatische Aktionen, könnten Reflexe der Darstellungskunst Polygnots sein; wurde dieser in der Antike doch in erster Linie für seine Figurencharakterisierung und für das »Ethos« gerühmt, das er seinen Gestalten zu geben verstand. Schwieriger ist es, eine Vorstellung von der Farbgebung der Polygnotischen Gemälde zu gewinnen. Hier läßt uns Pausanias weitgehend im Stich, und auch die Vasenbilder können kaum weiterhelfen. Zwar gibt es im frühklassischen Athen neben den rotfigurig bemalten Vasen auch weißgrundig bemalte (Abb. S. 296), deren Bilder Umrißzeichnung und farbige Flächen zeigen, aber die Farbgebung hängt bei ihnen doch stark von den technischen Möglichkeiten und der keramischen Tradition ab: Die Farbskala ist begrenzt, die verwendeten Farben sind zurückhaltend eingesetzt, und die Zeichnung ist wie bei den rotfigurig gemalten Bildern in Glanzton, also einem rein keramischen Malmaterial ausgeführt.

Polygnot scheint Farbe gelegentlich als Mittel zur Charakterisierung von Personen oder Zuständen verwendet zu haben; nach Pausanias hatte der im Meer ertrunkene Heros Aias im Unterweltsbild eine Farbe, »wie sie ein Schiffbrüchiger bekommt, dem noch das Meersalz auf der Haut sitzt«. Doch insgesamt dürfte für ihn die Form und nicht die Farbe das entscheidende Element künstlerischer Gestaltung gewesen sein. Polygnot wird Räumlichkeit mit kompositionellen, nicht mit malerischen Mitteln erzielt haben, Atmosphäre nicht durch Lichteffekte, sondern durch Körperhaltung und Gesichtsausdruck seiner Figuren.

Erst gegen Ende des 5. Jahrhunderts v. Chr., so berichten uns die antiken Schriftsteller, wurde die *skiagraphia*, die Schattenmalerei, erfunden. Bestätigung findet diese literarische Nachricht durch eine in der gleichen Zeit entstandene Gruppe tönerner Grabgefäße, die nicht nur durch ihre Größe, sondern auch durch ihre Bemalung aus dem in der Keramik üblichen Rahmen fallen (Abb. S. 329). Ihre Bilder zeigen auf weißem Grund eine extensive Verwendung von Farben, auch nichtkeramischer Art, und farbig gemalte Körper mit einer freilich noch unvollständigen Schattierung. Letztere besteht aus feinen dunklen Schraffuren und ist nur auf den rotbraun gemalten Körpern der Männer zu finden; die weißen Frauenkörper sind unschattiert. Auch Glanzlichter fehlen. Die Neuerung, so zaghaft sie uns erscheint, muß trotzdem einer Revolution gleichgekommen sein, war sie doch der erste Schritt zu einer illusionistischen

Linke Seite: Wandmalerei im Inneren des sogenannten Persephone-Grabes in Vergina, dem antiken Aigai, das Hauptstadt des Makedonischen Reiches war. Hades entführt Persephone, die Tochter der Demeter, und fährt mit ihr auf einem von Schimmeln gezogenen Wagen in die Unterwelt. Eine Gespielin der Persephone sieht voller Entsetzen den Raub. Mitte des 4. Jahrhunderts v. Chr.

Oben: Wandmalerei mit Jagdszene an der Fassade eines Kammergrabes in Vergina, in dem vielleicht der makedonische König Philipp II. bestattet war. Bäume, Felsen und Steinbrocken prägen das landschaftliche Ambiente, in dem eine Anzahl Männer, teils zu Pferd, teils zu Fuß, mit ihren Hunden Wildtiere jagen. In der Mitte des Bildes sprengt ein junger Reiter heran, im Begriff, einen Speer zu schleudern. Die großen leuchtenden Augen, die sein Gesicht bestimmen, und die Tatsache, daß er als einziger einen Blattkranz im Haar trägt, hat zur Vermutung geführt, daß hier Philipps Sohn und Nachfolger Alexander dargestellt ist. Um 340/330 v. Chr.

Folgende Doppelseite: Alexander der Große trifft in der Schlacht bei Issos auf den persischen Großkönig Dareios. Römisches Fußbodenmosaik aus der Casa del Fauno in Pompeji, Kopie eines griechischen Monumentalgemäldes vom Ende des 4. Jahrhunderts v. Chr. Höhe 3,42 m, Breite 5,92 m. Von links sprengt Alexander auf seinem Pferd heran, einen gestürzten persischen Reiter mit der langen makedonischen Lanze durchbohrend. Mit hilflosem Entsetzen blickt Dareios von seinem Wagen herab auf die Szene, während sein Wagenlenker das Gespann herumreißt, um in fliegendem Galopp über die am Boden liegenden Verwundeten hinweg dem König die Flucht zu ermöglichen. Kühne Bildschöpfungen sind das von hinten gesehene, sich leicht aufbäumende Reitpferd vor dem Wagen des Königs und der in einem Schild sich spiegelnde Kopf eines gestürzten Persers rechts daneben.
Neapel, Museo Nazionale

Darstellungsweise. Ein Nachklang dieser die Zeitgenossen bewegenden künstlerischen Revolution findet sich in Anekdoten wie derjenigen vom Wettstreit der zwei berühmtesten Maler jener Zeit, Parrhasios und Zeuxis. Zeuxis, so wird berichtet, habe Weintrauben so täuschend echt gemalt, daß Vögel heranflogen, um sie aufzupicken, Parrhasios aber einen Vorhang, mit dem er sogar seinen Kollegen täuschte. Nichts, nicht einmal in Kopie, ist uns von den Werken dieser beiden im Altertum so geschätzten Maler erhalten geblieben. Überliefert sind nur einige Titel ihrer Gemälde, vage Hinweise auf den Charakter ihrer Darstellungskunst, biographische Notizen und eben Anekdoten. Ähnliches gilt für die Maler des 4. Jahrhunderts v. Chr., die nach antiken Berichten die Schattenmalerei zur Vollendung führten, wobei man in der zweiten Hälfte des 4. Jahrhunderts dazu überging, auch weibliche Körper zu schattieren. Anders als aus dem 5. Jahrhundert besitzen wir aus dem 4. Jahrhundert v. Chr. jedoch seit einiger Zeit auch Originale, keine Tafelmalerei auf Holz, aber Wandmalerei sowie bemalte Grabstelen.

Vor allem die Malereien an den Fassaden und in den Innenräumen der vor wenigen Jahren entdeckten Königsgräber von Vergina in Nordgriechenland sind aufsehenerregend. Eines der Gräber zeigt im Innenraum eine dramatische Raubszene von geradezu explosiver Dynamik (Abb. S. 330): Ein ungestümer, wilder Hades hält den Körper einer verzweifelt die Arme emporreckenden Persephone

gefaßt, während er auf den von vier Schimmeln gezogenen Wagen springt, um sein Opfer in rasender Fahrt in die Unterwelt zu entführen. Alles in diesem in Freskotechnik ausgeführten Bild ist in Bewegung, bis zu den wehenden Haarsträhnen und den gebauschten Gewändern. Die Wirkung der heftig ausfahrenden Bewegungen wird durch die stark divergierenden Bewegungsrichtungen noch gesteigert. Hinzu kommt die dynamische Pinselführung. Die Farbgebung ist effektvoll, aber einfach: Rot-, Gelb- und Brauntöne herrschen vor. Dies paßt zur schriftlichen Überlieferung, nach der sich bedeutende Maler des 4. Jahrhunderts v. Chr. bei der Farbgebung ihrer Bilder auf vier Grundfarben, Weiß, Gelb, Rot und Schwarz, beschränkt haben. Der Hintergrund des Bildes ist einheitlich weiß, kein von Licht und Schatten erfüllter Raum. Raumwirkung entsteht allein durch die Art der Bildkomposition und die Anwendung von Körperperspektive. Die Körperschattierung besteht wie auf dem Vasenbild aus dem Ende des 5. Jahrhunderts v. Chr. (Abb. S. 329) aus Schraffuren; sie sind freilich feiner und differenzierter angewandt und auch an den Frauenkörpern zu finden.

Malerischer und illusionistischer wirkt das etwas später entstandene Jagdbild an der Fassade des Hauptgrabes, in dem vielleicht Philipp II. bestattet war (Abb. S. 331), denn hier sind stärker landschaftliche Elemente in die Bildgestaltung einbezogen und deutlich Schlagschatten wiedergegeben. Doch um Landschaftsmalerei handelt es sich dabei nicht; die landschaftlichen Elemente bilden nur eine Folie für die Figuren; sie sind die Hauptsache, nicht der sie umgebende Raum. Das in kühner Verkürzung von hinten gesehene Pferd (ganz links im Bild) und der in der Diagonale heransprengende jugendliche Reiter, dessen erhobene rechte Hand eine Lanze schwingt, kehren beide auf einem berühmten Mosaikbild aus Pompeji wieder (Abb. S. 332/333), das schon lange als Kopie eines griechischen Gemäldes aus dem Ende des 4. Jahrhunderts v. Chr. gilt. Dargestellt ist der dramatische Augenblick der Begegnung Alexanders des Großen mit dem persischen Großkönig Dareios in der Schlacht bei Issos. Malerische Effekte erzeugen die vielen deutlich gesetzten Glanzlichter, eine Neuerung gegenüber dem Persephone-Bild, und die Versuche, Spiegelungen wiederzugeben. Doch der Bildgrund ist wieder einheitlich hell, und für Landschaft steht gemäß jahrhundertelanger griechischer Tradition ein Baum als Kürzel. Die atmosphärische Dichte des Bildes entsteht allein durch die Art und Weise, wie die Menschen und ihre schicksalhafte Verknüpfung dargestellt sind, nicht durch illusionistische Raumgestaltung.

Landschaftsfresken mit Szenen aus der Odyssee, *die in einem spätrepublikanischen Gebäude auf dem Esquilin in Rom entdeckt wurden. Die Folge umfaßt acht Wandbilder von einem Meter Höhe. Das erste (linke Seite) zeigt die Ankunft des Odysseus und seiner Gefährten im Land der Lästrygonen, menschenfressender Riesen. Hinter einem bizarren Felsenturm ist die vor Anker gegangene Flotte der Griechen zu erkennen. Darüber schweben Windgötter. Auf dem Land begegnen die von Odysseus ausgeschickten Kundschafter der Tochter des Königs der Riesen, die eben einen Hohlweg herunterkommt, um an einer Quelle Wasser zu holen. Die Quelle ist als Nymphe mit Krug personifiziert, so wie die Küste links im Bild durch einen Mann im Nachen. Rechts sind die Herden der Lästrygonen zu sehen. Im vierten Bild (oben) verläßt Odysseus ihr Land. Er entkommt als einziger mit seinem Schiff und segelt fort zur Insel der Zauberin Kirke. Hauptmotiv des Bildes ist die lichtdurchflutete, von felsigem Gestade umgebene Meeresbucht. Rom, Musei Vaticani*

Nichts könnte Wesen und Eigenart griechischer Malerei und Kunst deutlicher zeigen als ein Vergleich dieses Bildes mit dem wohl berühmtesten Gemälde gleichen Themas aus der Neuzeit, der »Alexanderschlacht« von Albrecht Altdorfer. In Altdorfers Gemälde treten kaum Einzelpersonen hervor. Dafür gibt es unübersehbare Menschenmassen, die winzig klein wie Ameisenheere in eine grandiose Landschafts- und Himmelsszenerie eingebettet sind. Blaue Wolkengebirge und orangegelbe Strahlen einer untergehenden Sonne beherrschen das Bild und lassen alles Menschenwerk klein und nichtig erscheinen. Im Zentrum der griechischen Kunst, und dies gilt vor allem für die Klassik, stand dagegen der Mensch, nicht als Kollektiv, sondern als Einzelwesen mit individuellem Schicksal. Griechische Kunst war daher in erster Linie Menschendarstellung.

Landschaftsmalerei begann sich erst spät, in nachklassischer Zeit, zu entwickeln, und zwar im Zusammenhang mit der Bühnenmalerei, auf die sie jedoch nicht beschränkt blieb. Die Odysseefresken vom Esquilin in Rom, römische Kopien griechischer Malereien, können uns eine Vorstellung von den Möglichkeiten griechischer Landschaftsmalerei im 2. Jahrhundert v. Chr. geben. Hier ist Landschaft nun tatsächlich als ein Raum gestaltet, in dem sich Menschen und Tiere in einem realistischen Größenverhältnis bewegen; wir sehen nicht nur bizarr geformte Felsen und Bäume, sondern auch von Licht durchflutete Meeresbuchten, schattige Höhlen und einen in der Ferne verschwimmenden Horizont. Bei allem Naturalismus, den diese Bilder aufweisen, sind dann aber doch mitten in die Landschaft, nach alter griechischer Tradition, die Namen der dargestellten Figuren geschrieben, genauso wie wir dies aus der Vasenmalerei kennen und wie es auch für die Gemälde Polygnots überliefert ist.

Alltag in der Kleinkunst

In jedem Antikenmuseum stößt man auf kleinformatige Werke griechischen Kunstschaffens aus dem ersten vorchristlichen Jahrtausend. Gestaltet von Handwerkern oder Künstlern – die zu trennen für das Altertum ohnedies schwerfällt –, gehören sie verschiedenen Gattungen an, zeigen sie vielfältigste Formen und auch erhebliche Unterschiede in der Qualität. Je nach verwendetem Material – Stein, Metall, Ton, Glas, Holz, Knochen, Leder, Textilien –, nach den Fundumständen und dem seitherigen Schicksal ist ihr Erhaltungszustand unterschiedlich gut, oftmals sogar ganz hervorragend.

Für derlei heterogene Zeugnisse kunsthandwerklicher Tätigkeit hat sich die Sammelbezeichnung »Kleinkunst« eingebürgert, da es sich hierbei um kleine, an der Größe des Menschen gemessen deutlich unterlebensgroße Werke handelt. Dieser Begriff hat sich bewährt, obwohl es ihm an definitorischer Schärfe fehlt. Er meint Figürliches in Statuettenform oder gering dimensionierten Reliefs ebenso wie mit Malerei oder anderer Art von flächengebundenem Schmuck versehene kleinformatige Objekte, schließt aber auch vielfältig gehandhabtes Gerät und weitere Gegenstände ein, sofern Material, Form und Dekor einen künstlerischen Anspruch erkennen lassen, mag dieser auch noch so niedrig anzusetzen sein. Kleinkunst wird jedoch oftmals stillschweigend mit modern verstandenem Kunsthandwerk oder angewandter Kunst gleichgesetzt und damit ein Werturteil auf die Antike ausgeweitet, das keineswegs gerechtfertigt ist. Denn Zweckbestimmung und Größe sind für sich genommen keine Kriterien dafür, ob ein Gegenstand als Kunstwerk bezeichnet werden kann, und kein Maßstab für seinen künstlerischen Rang: Kleines Format schließt innere Größe nicht aus; entscheidend bleibt immer die von den Abmessungen unabhängige künstlerische Bewältigung von Thema und Form.

Das zeigt gerade die griechische Kleinkunst mit ihrem schier unerschöpflichen Reichtum erhaltener Werke. Skulpturen und Reliefs aus Stein, Bronze und Ton, unverzierte oder reich dekorierte Tongefäße, Gefäße aus Metall, Waffen, Werkzeuge und Münzen, Lampen, Mobiliar und andere Gerätschaften, buntschillerndes Glas, geschnittene Steine, Goldschmuck, Schnitzereien aus Bein – alles das offenbart in seiner ganzen Breite beispielhaft, in wie hohem Maße kleinformatige Gegenstände den Werken der großen Kunst – Architektur, Plastik, Malerei – künstlerisch ebenbürtig sein können. Darüber hinaus zeichnet sich die Kleinkunst noch durch etwas Besonderes aus: Sie vor allem gewährt Einblick in die Lebensbereiche des griechischen Alltags und liefert dadurch unschätzbare Informationen. Die monumentalen Künste haben nämlich zu diesen Bereichen nur beschränkt oder gar keinen Zugang, und auch die antike Literatur unterrichtet darüber oftmals nur unzureichend.

Für die Frühzeit, in der die Monumentalkünste noch fehlen, bietet die Kleinkunst überhaupt die einzigen Zeugen künstlerischer Betätigung. In späteren Phasen treten einzelne ihrer Zweige hinter Schöpfungen der großen Kunst zurück oder sind unverkennbar davon abhängig, können aber auch ganz ins Handwerkliche absinken. Natürlich lassen sich wie in anderen Gattungen auch bei den auf das kleine Format beschränkten Künsten deutliche Qualitätsunterschiede feststellen. Für die besten Leistungen aller Kleinkunstgattungen gilt jedoch, daß sie auf der Höhe der allgemeinen Kunstentwicklung stehen, und auch solche von geringerem Rang können unsere Kenntnis über die griechische Welt bereichern.

Weiblicher Kopf aus Terrakotta mit Goldschmuck. 4. Jahrhundert v. Chr. Der nach der Prägung aus einer Form nachmodellierte und bemalte lebensgroße Kopf wurde in Tarent gefunden, der Goldschmuck stammt aus Crispiano bei Tarent. Akanthusdekor in Granuliertechnik ziert das Golddiadem im hochgekämmten Haar. Darunter befindet sich ein in Ton gebildetes Schmuckstück gleicher Art. Die Scheiben der Ohrgehänge schmücken Rosetten aus Granulat. Seitlich hängen von kleinen Rosetten Kettchen herab, dazwischen ein Frauenköpfchen, das seinerseits winzige Ohrgehänge trägt. *Tarent, Museo Archeologico*

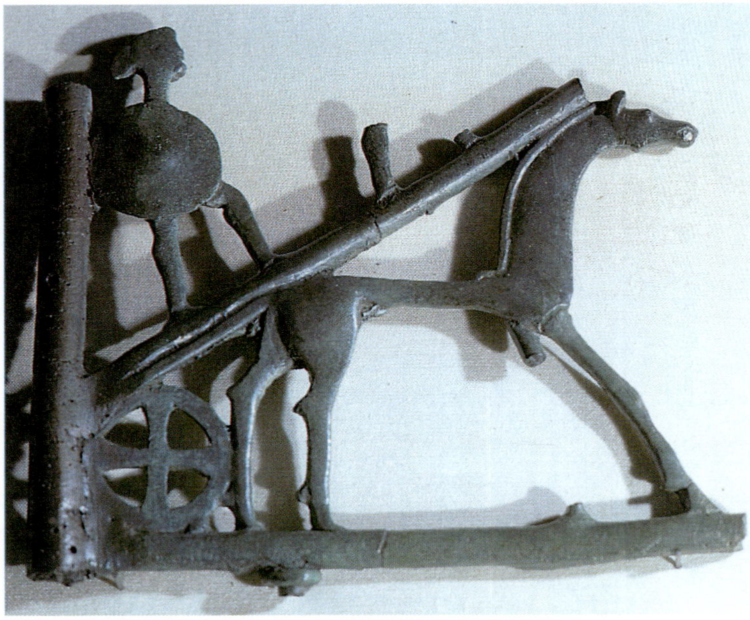

Von den Münzen abgesehen, haben Werke der Kleinkunst nur selten offiziellen Charakter; sie gehören vielmehr fast ausnahmslos der privaten Sphäre an, sei es der einzelner oder der von Gruppen. In der Regel handelt es sich um Gegenstände des täglichen Gebrauchs. Für einen speziellen Zweck hergestellt und davon mehr oder minder geprägt, zeigen sie eine unverkennbare Gebrauchsform, sind aber häufig zusätzlich künstlerisch gestaltet. Wird dabei bildlicher Schmuck verwendet, bezieht sich auch dieser unmittelbar auf die den antiken Menschen umgebende Welt, sofern er nicht in die Bereiche des Mythos führt, also die zahllosen Geschichten von Göttern und Heroen erzählt. Doch auch die mit griechischer Religion verbundenen Vorstellungen gehörten ebenso wie die religiösen Bräuche, Festzüge, Opfer- und anderen Kulthandlungen letztlich zum Alltag; dies stellte nichts davon Abgehobenes dar, sondern war ein alles durchwirkender Bestandteil damaligen Lebens. Trotzdem scheidet man heute gern bildliche Darstellungen aus diesem Bereich von solchen mit »reiner« Alltagsthematik, in der die Realien menschlicher Existenz im Mittelpunkt stehen. Letztlich sind aber beide Seiten, die mehr antiquarische und die mehr geistesgeschichtliche, nicht voneinander zu trennen, wie ja auch das Leben selbst eine unteilbare Einheit darstellt.
Was die Werke griechischer Kleinkunst kulturgeschichtlich so aufschlußreich macht, ist ihre Nähe zum Menschen. Direkt oder durch ihren Bildschmuck illustrieren sie nahezu alle Lebens- und Tätigkeitsbereiche in Haus und Hof, in Familie und Öffentlichkeit, in Berufsleben und Kriegsdienst, bei Sport, Spiel oder anderen Freizeitvergnügen, und dies verbunden mit Andeutungen von Wohlbefinden, Freude, Liebe, Ausgelassenheit, Entsetzen, Schmerz oder Trauer. Somit eröffnen diese kleinformatigen Kunstwerke einer längst vergangenen Epoche erstaunliche Einblicke in eine Lebens- und auch Gefühlswelt, die der Gegenwart oft gar nicht so fern steht, wie dies zunächst erscheinen mag.

Haus und Hof

Archäologische Hauptquelle für Darstellungen aus dem altgriechischen Alltag sind aus Ton geformte, bemalte und dann gebrannte Figuren (Terrakotten) und in noch größerem Maße die auf Tongefäße (Vasen) gemalten Bilder. Durch die Form ihres Trägers stets gekrümmt, sind Vasenbilder nicht immer auf einen Blick überschaubar. Seit dem Übergang von der spätarchaischen zur frühklassischen Periode, nach dem Aufkommen der rotfigurigen Malweise, wandten sich die Vasenmaler verstärkt der Alltagsthematik zu. Die Zeitspanne vom ausgehenden 6. bis zum Ende des 5. Jahrhunderts, in der die meisten Kleinkunstgattungen ihre Blütezeit erlebten, liefert daher – wenn auch in den einzelnen Teilgebieten unterschiedlich dicht – am häufigsten sachbezogene Auskünfte zum antiken Alltagsleben. Dies gilt auch für bildliche Wiedergaben des Wohnens in der Stadt und auf dem Lande.

Der griechische Wohnbau ist noch nicht ausreichend erforscht. Ausgrabungsbefunde innerhalb städtischer Komplexe, ländlicher Streusiedlungen und bei einzelnen Häusern bieten bisher kein einheitliches, sondern ein regional und entwicklungsgeschichtlich stark differenziertes Bild. Bei allen Unterschieden in Grundrißform und Größe weisen die Häuser jedoch auf fortgeschrittener Stufe stets mehrere um oder an einen Hof gruppierte Wohn- beziehungsweise Wirtschaftsräume auf; ebenso charakteristisch ist die weitgehende Abgeschlossenheit nach außen. Aus der Frühzeit gibt es Modelle von Häusern mit hohen Satteldächern, denen reale Vorbilder zugrunde liegen müssen, doch stellen diese Votivgaben vielleicht Kultgebäude dar (Abb. S. 167). Vasenbilder führen relativ häufig in Wohnbereiche, zeigen aber nie komplette Häuser oder Räume. Vielmehr werden immer nur einzelne Architekturglieder abgebildet, etwa eine oder mehrere Säulen mit Gebälk, ein Wandansatz oder eine Türfront; in der Art von Versatzstücken sollen sie nicht mehr als die Örtlichkeit andeuten, in der sich die im Blickpunkt der Darstellung stehende Handlung abspielt. Auch Fensterrahmen, im Hintergrund aufgehängte Gegenstände ganz unterschiedlicher Art – Musikinstrumente samt Zubehör, Waffen, Kleidungsstücke, Gefäße, Utensilien zur Reinigung – oder einzelne Möbelstücke werden als raumbegrenzende Elemente eingesetzt, um so auf einen Innenraum hinzuweisen.

Die Wiedergabe einer kellerartigen Vorratskammer auf einem klassischen Trinkbecher (Skyphos) stellt eine wirkliche Ausnahme dar, wird hier doch ganz auf handelnde Personen verzichtet. Rechts im Bild (Abb. S. 340) erkennt man eine aus Pfosten und Brettern gefügte große Truhe mit tiergestaltigen Füßen, Sternenschmuck und dicker Deckplatte. Auf der Platte steht eine bekränzte Kanne, daneben ein kasten- oder korbähnlicher Gegenstand unklarer Bedeutung, verziert mit Mittelleiste und gestrichelten Fel-

Links oben: Streitwagen und Krieger mit Rundschild. In der Idäischen Grotte auf Kreta wurden zahlreiche Überreste von Weihgaben gefunden, darunter Teile einer aus Bronze gegossenen Dekoration mit Alltags- und Kriegsszenen, die vielleicht von einem Wagen stammt oder Dreifußgefäße verzierte, dünnwandig gehämmerte Kessel, die verlorengegangen sind. Der Stil ist spätgeometrisch (gegen 700 v. Chr.). Heraklion, Archäologisches Museum

Links Mitte: Doppelspiralfibeln waren im 8. und 7. Jahrhundert v. Chr. eine weit verbreitete Fibelform. Spirale, Nadel und Verschlußhaken wurden aus einem einzigen Stück Draht gebogen. Privatsammlung

Links unten: Kleiner Wagen aus Bronze. Um 400 v. Chr. Das 17 cm hohe Wagenmodell aus dem Grab eines Knaben in der Nekropole von Lokroi Epizephyrioi stellt eine Biga dar, wie sie für Wagenrennen verwendet wurde. Die Vierspeichenräder und der Wagenkasten sind aus Bronze gegossen, Achse und Deichsel aus Eisen blieben nicht erhalten. Reggio Calabria, Museo Nazionale

Rechts: Widderträger. Die nicht aus einer regulären Ausgrabung stammende und in der Datierung umstrittene Bronzestatuette wurde wohl als Votivgabe eines Hirten oder Herdenbesitzers in ein Heiligtum geweiht. Heraklion, Archäologisches Museum

dern. Seitlich lehnt eine Spitzamphora, in der wohl eher Flüssigkeiten wie Wein, Öl oder Wasser als feste Nahrungsvorräte wie Getreide, Hülsenfrüchte oder gar Honig aufbewahrt wurden. An einer imaginären Wand im Hintergrund hängt ein grillartiger Metallrost, darüber ein Kessel mit Henkeln und schnabelförmigem Ausguß. Links im Bild sieht man ein eimerartiges Gefäß mit Deckel und Bügelhenkel (Situla) sowie einen hohen dreifüßigen Metallständer (Kandelaber), auf dessen oberer Abschlußplatte ein Skyphos abgestellt ist, während an den Haken darunter eine Schöpfkelle und ein Miniaturgefäß hängen.

Über die Möblierung von Innenräumen, deren hölzerne Ausstattungsstücke natürlich nicht erhalten geblieben sind, geben nicht nur Vasenbilder Auskunft. So zeigt ein zum Aufhängen bestimmtes Relieftäfelchen aus Ton (Abb. rechts) eine Truhe ähnlich der auf dem Skyphos dargestellten, hier allerdings mit aufgeklapptem Deckel und reicher Verzierung. Tierpranken nachgestaltete Füße, rahmende Zierleisten mit Mäanderornament und Figurenfelder schmükken das wertvolle Stück. Derartige Möbel dienten zur Aufbewahrung von Stoffballen oder zusammengelegten Gewändern. Hinter dem Rücken der an der Truhe beschäftigten Frau steht ein thronartig gebildeter Sessel mit steiler Lehne, Armstützen und doppeltem Polster; zu seiten ihres Kopfes erscheint an der rückwärtigen Wand einzelner Hausrat: ein aus Flechtmaterial kunstvoll gefertigter, nach oben sich kelchartig erweiternder, hier allerdings kopfüber herabhängender Korb (Kalathos), ein aus Bronze zu denkender Griffspiegel, ein zur Aufnahme von Salböl bestimmtes Gefäß (Lekythos) sowie ein Trinkbecher mit flügelartig hochgezogenen Henkeln (Kantharos); die rechte obere Ecke ist ergänzt. Dieses liebevoll wiedergegebene Interieur gehört zu einer Gruppe klassischer Reliefs aus dem Aphrodite-Heiligtum im unteritalischen Lokroi Epizephyrioi. Trotz kultischer Bedeutung ist eine ganz reale Szene des griechischen Alltags dargestellt.

Außer thronartigen Sesseln erscheinen auf den Gefäßbildern immer wieder leichte Stühle mit geschwungenen Beinen und bequem gerundeter Rückenlehne, häufig mit Sitzkissen ausgestattet. Weiterhin gehören praktische Klappstühle, schemelartige Hocker und Fußbänke zur Ausstattung, schließlich große Bettgestelle mit reich gedrechselten oder anderweitig verzierten Pfostenbeinen. Auf diesen Klinen liegen gewöhnlich üppige Matratzen mit erhöhtem Kopfteil, die ihrerseits in bunt gemusterten Überzügen stecken. Sie werden als Ruhelager, mehr noch bei Mahlzeiten und Gelagen verwendet; dabei dienen niedrige, meist dreibeinige Beistelltische (Trapeza) zum Abstellen von Speisen und Trinkgefäßen. Alle diese im Grunde schlichten Einrichtungsgegenstände sind stets als Erzeugnisse eines weit entwickelten Tischler- und Drechslerhandwerks gekennzeichnet; manchmal finden sich sogar Angaben zu ihrer Herstellung, wie Zapfen, Nägel und aufgesetzter Zierat. Insgesamt muß die Möblierung der Räume als eher sparsam bezeichnet werden.

Einen wichtigen Bestandteil des Hausrats bildeten die beim Zubereiten, Auftragen und Verzehr von Speisen und Getränken benutzten Gefäße. Sie waren gewöhnlich aus Ton hergestellt, doch fanden in bestimmten Kreisen und bei entsprechenden Anlässen auch Gefäße aus Edelmetall Verwendung. Aus Schatzfunden kennen wir meisterhafte Schöpfungen griechischer Toreutik wie Kanne (Oinochoe), Trinkhorn (Rhyton) und flache Schale (Phiale). Der ausgeprägte Formenreichtum der Gefäße ist deutlich durch den jeweiligen Verwendungszweck bestimmt. Dies gilt für das einfachere und unverzierte Kochgeschirr ebenso wie für das Tafelgeschirr. Die sogenannte Küchenware ist jedoch typologisch weniger differenziert als das Tafelgeschirr, das nach den hauptsächlichen Einsatzbereichen in mehrere große Gruppen unterteilt wird. Besitzt letzteres dann noch ornamentalen oder figürlichen Schmuck, begegnet man oft vollendeten Werken der Kleinkunst. Die besterhaltenen

Links: Attisch rotfiguriger Skyphos. Um 470/460 v. Chr. Die eine Seite zeigt eine voll ausgestattete Vorratskammer, die andere eine Frau, die von dort kommt und im Gehen aus einem großen Skyphos Wein trinkt, gefolgt von ihrer kleinen Dienerin mit einem Weinschlauch auf dem Kopf.
Malibu, J. Paul Getty Museum

Rechts: Frau vor einer Truhe. Terrakottarelief aus einem Votivdepot in Lokroi Epizephyrioi. Um 460 v. Chr. Das aus einer Matrize geformte Relief war über einer weißen Grundierung farbig bemalt. Oben in der Mitte hat die 26 cm hohe Tafel zwei Löcher zum Durchziehen der Aufhängeschnur.
Tarent, Museo Nazionale

Oben: Vorbereitung zum Bad. Innenbild einer Trinkschale des Malers Onesimos. Um 480 v. Chr. Brüssel, Musées Royaux

Unten: Frau mit Handspiegel, Stuhl mit abgelegten Gewändern, Kleidertruhe. Rotfiguriges Lekythenbild. Um 470 v. Chr. München, Antikensammlungen

Rechte Seite, oben: Epinetron des Eretria-Malers mit Szene im Frauengemach. Um 420 v. Chr. Athen, Nationalmuseum

Rechte Seite, unten: Frauen bei der Wolleverarbeitung. Abrollung einer Schulterlekythos des Amasis-Malers. Um 550/540 v. Chr. New York, Metropolitan Museum

dieser Gefäße stammen zwar in der Regel aus Gräbern, aber die Vasenbilder selbst zeigen, daß die meisten Gefäßtypen auch wirklich in täglichem Gebrauch waren.

Solche Darstellungen von »Vasen auf Vasen« gewähren aufschlußreiche Einblicke in die griechische Häuslichkeit. So schöpft etwa eine aufrecht stehende Dienerin aus einem großen Napf, den ihr die sitzende Herrin entgegenstreckt, mit langstieliger Kelle bedachtsam etwas Flüssiges in eine flache, fuß- und henkellose Schale. Zwischen den beiden Frauen hängt oben der mit der Unterseite sichtbare andere Typ von Trinkschalen mit Fuß und zwei Henkeln, und am Boden steht, auf hohem Fuß sich erhebend, ein bauchiges Gefäß mit Deckel, das zur Aufnahme von Duftstoffen hergerichtet ist.

Bei Bildern dieser Thematik muß sich das Geschehen nicht immer erkennbar in einem Innenraum abspielen. Abgestellte, aufgehängte, bisweilen sogar ineinander gestapelte Gefäße werden ebenso vorgeführt wie ihre Verwendung im einzelnen: das im Kult gebrauchte Spendengefäß, Weihungen im Heiligtum oder am Grab, das am Handgelenk des Athleten baumelnde oder von jungen Mädchen bei der Toilette gebrauchte Salbgefäß (Aryballos, Alabastron, Lekythos), im Frauengemach die Dose für Schmuck und Kosmetika (Pyxis) oder das Wassergefäß für das Brautbad (Lutrophoros) und am Brunnen das auf dem Kopf getragene Gefäß zum Wasserholen (Hydria). Mit besonderer Vorliebe sind jedoch die Trinkgelage der Männer dargestellt. Dabei sieht man dann das Eingießen von Wein aus den zum Transport dienenden großen Spitzamphoren in ein Mischgefäß, den in einem solchen Krater schwimmenden Weinkühler (Psykter), Kannen verschiedener Form zum Schöpfen und Ausschenken des Weines, schließlich an die Lippen geführte oder auf ausgestreckten Händen demonstrativ balancierte Becher und Trinkschalen.

Während die Symposien der Männer im Andron, dem »Herrenzimmer« des Hauses, wie ihre berufliche Beschäftigung aber ebensogut auch außerhalb stattfinden konnten, beschränkte sich der Lebens- und Tätigkeitsbereich der Frau im wesentlichen wirklich auf die häuslichen Wohn- und Wirtschaftsräume. Zu den vielen hier denkbaren Betätigungsfeldern in Küche, Zimmern und Hof gibt es nur wenige, wenn auch aussagekräftige bildliche Zeugnisse. So zeigt eine auf das Typische reduzierte, aber recht lebendig wirkende kleine Terrakottaplastik eine Frau am Backofen. Auf einem Hocker sitzt sie nach vorn gebeugt vor der Öffnung des hinten zugespitzten Backrohrs, wie es in antiken Haushalten offenbar üblich war, darin drei längliche Backwaren und im Schürraum darunter Brennholz.

Darstellungen auf Vasen schildern bis in manches nicht geklärte Detail die Herstellung und Pflege der Kleidung, nämlich das Gewinnen und Verarbeiten von Wolle samt den dazu notwendigen Gerätschaften, wie einem halbzylindrischen Knie- und Oberschenkelschutz (Epinetron) zum Drehen des Vorgarns und einem offenbar zugehörigen Fußgestell, Spinnrocken und Spindel, Wollkorb und Web-

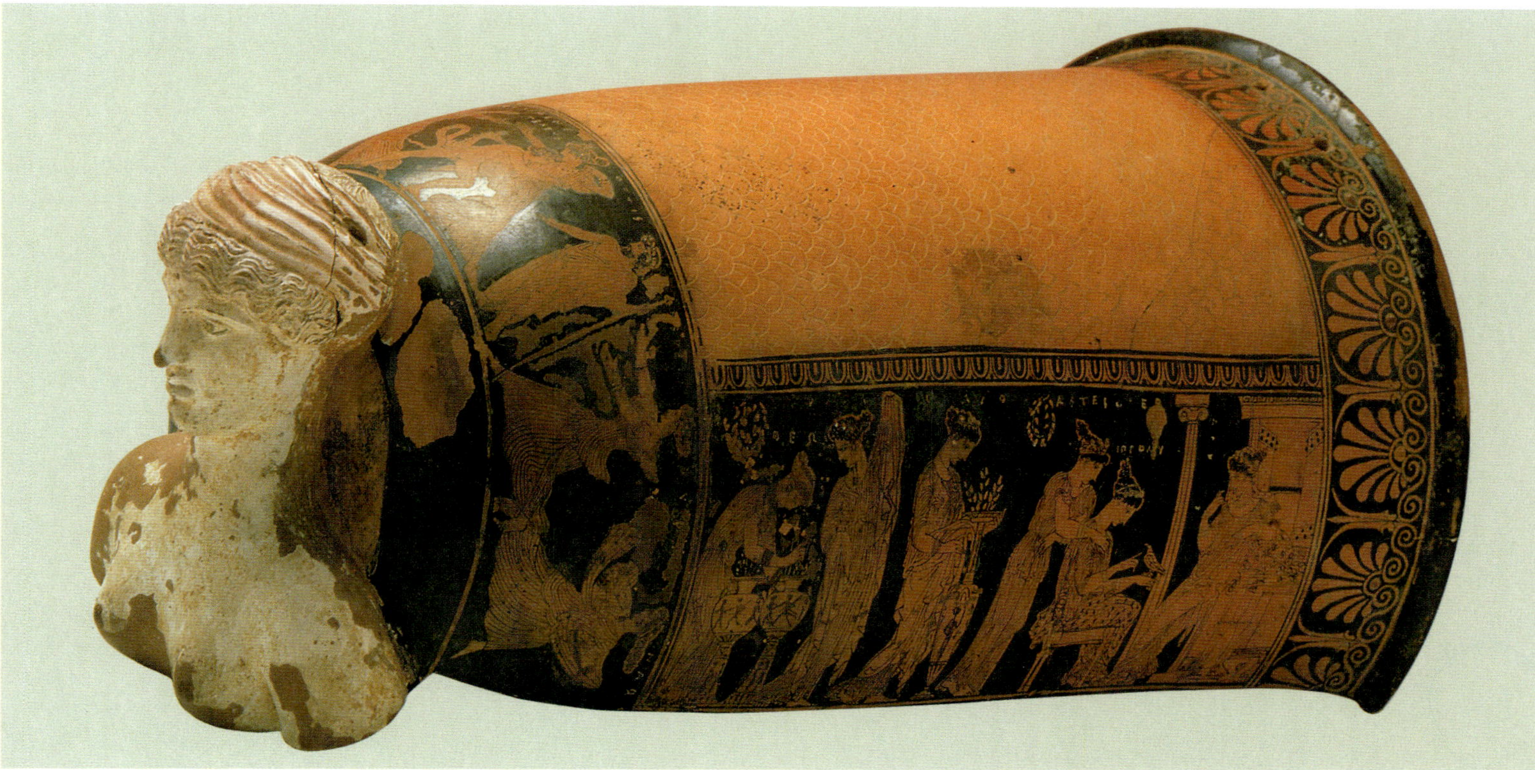

stuhl, weiterhin das Waschen, Glätten, Zusammenlegen und Verstauen von Kleidung in entsprechenden Truhen. Eine bekannte Schulterlekythos schwarzfigurigen Stils (Abb. unten) zeigt exemplarisch mehrere, allerdings zeitlich versetzte Stadien der Wolleverarbeitung. Links beginnend, sieht man zwei Frauen beim Herstellen des sogenannten Vorgespinsts. Dabei wird aus einem hochgehaltenen Wollebausch ein Wollstrang herausgezogen und durch Drehen mit einer speziellen Fingerhaltung in einen groben Faden verwandelt, der bei der Sitzenden in einem vor ihr stehenden Korb aufgefangen wird, sich bei der Stehenden hingegen vor ihren Füßen türmt. Zwei andere Frauen legen Stoffbahnen zusammen, deren Ränder Zierkanten aufweisen; fertige Ballen liegen bereits auf einem niedrigen Hokker. Es folgt eine Frau beim Feinspinnen mit hochgehaltenem Rocken und in Drehbewegung versetzter Spindel; ihr Gegenüber widmet sich wiederum dem Vorspinnen. Zwei Frauen arbeiten an einem überlebensgroßen Webstuhl mit seitlichen Pfosten und oberem Tuchbaum. Die davon herabhängenden Kettfäden werden in mittlerer Höhe durch eine Spreizeinrichtung getrennt, unterhalb dieser aber gebündelt und von Webgewichten straff gehalten; seitlich sind Garnspulen eingesteckt. Während die eine am Webstuhl Beschäftigte mit einem Stab die Fachbildung steuert, führt die andere den Faden einer voll aufgerollten Spule als sogenannten Schuß horizontal durch das jeweils entstehende Fach. Zwei Frauen sind mit dem Abwiegen von Wolle befaßt; die eine hält die Waage mit Gewichten links und dem Wägegut rechts, die andere nimmt weitere zu wiegende Knäuel aus dem Korb. Abschließend weist eine Frau in beredter Gestik auf diesen kulturhistorisch höchst interessanten Fertigungsvorgang hin.

Eine Tätigkeit führte die Frau mit Sicherheit aus dem Haus: das Wasserholen. Besonders in der spätschwarzfigurigen Vasenmalerei sind Szenen vor oder im Brunnenhaus (Krene) beliebt. Sie erscheinen dann auch regelmäßig auf jenem Hydria genannten Gefäßtyp, der – vermutlich in unverzierten und dickwandigen Exemplaren aus Ton oder solchen aus Metall – zum Wassertransport benutzt wurde. Die Wasserschöpfstellen können sehr verschiedenes Aussehen haben, je nachdem, ob es sich um eine gefaßte Quelle oder um eines der architektonisch gestalteten Brunnenhäuser handelt, wie sie am verkehrsgünstig gelegenen Endpunkt einer in die Stadt führenden Wasserleitung errichtet wurden. Vasendarstellungen nennen inschriftlich sogar den Namen der Quelle Kallirrhoe im Ilissos-Tal. Eine

Links: Lakonischer Standspiegel aus Hermione in der Argolis. Um 540 v. Chr. Höhe 35 cm. Als Stützfigur dient die Statuette eines bis auf Halskette und Sandalen nackten Mädchens. Flankiert von zwei auf Blütendolden sitzenden Sirenen steht sie auf einem geduckten Löwen. In der rechten Hand hält sie eine Knospe, in der linken befand sich vielleicht ein Mohnstengel. Die Scheibe war ursprünglich hochglänzend poliert. München Antikensammlungen

Rechte Seite, oben: Mikes bei der Toilette. Chalcedon-Skarabäoid. Länge 2,1 cm. Um 450/440 v. Chr. Auf einem Hocker sitzend, faßt die Frau den Saum des über den Hinterkopf gezogenen Mantels und betrachtet sich in dem Handspiegel, den die kleine Dienerin hält. In der anderen Hand hat sie einen Kranz, mit dem ihre Herrin sich schmücken wird. Die Gemme ist ein Werk des Steinschneiders Dexamenos aus Chios, des bedeutendsten Meisters seiner Zeit; am rechten Rand hat er es signiert. Oben steht der Name der Besitzerin des Kleinods, Mikes, die wohl auch dargestellt ist. Cambridge, Fitzwilliam Museum

Rechte Seite, unten: Mit einem Klappspiegel auf dem Schoß und in sein eigenes Bild versunken, sitzt ein Mädchen auf einer gepolsterten Bank mit Schemel. Terrakotta mit Resten von Bemalung. Höhe 19 cm. 3. Jahrhundert v. Chr.
München, Antikensammlungen

dieser Hydrien (Abb. S. 299) gibt den Blick auf die Fassade einer Krene mit zwei dorischen Säulen, Gebälk und Giebel frei. An der Rückwand erkennt man den ziemlich hoch angebrachten Wasserspeier in Form eines Löwenkopfes. In dem nach vorn offenen Gebäude befinden sich zwei Frauen; eine von ihnen läßt Wasser in die auf das Knie gestützte Hydria einlaufen, die andere hat das bereits gefüllte Gefäß auf den Kopf gesetzt, hält es mit angehobener Hand im Gleichgewicht und scheint sich auf den Heimweg zu begeben. Vor der Krene warten zwei weitere Frauen mit leeren Hydrien auf dem Kopf.

Auch über die vielfältige Verwendung des so schwer ins Haus beförderten Wassers berichten die Vasenbilder. In zuberartigen Gefäßen am Boden oder erhöht stehenden flachen Becken wird innerhalb eines auch sonst angedeuteten häuslichen Ambientes die Wäsche gewaschen und gespült, falls dies nicht – wie für mehr ländliche Gegenden zu vermuten – am Flußlauf selbst geschehen ist. Wasser holte man ebenso für das reinigende Bad, denn – nach den Darstellungen zu schließen – ging die Frau ihrer Körperpflege vor allem im Hause nach. Schaleninnenbilder zeigen in ihrem kompositorisch meist sehr geschickt ausgefüllten Rund vornehmlich die Vorbereitungen. Junge Frauen lösen die Gürtung oder streifen ihre Gewänder ab; bereits Entkleidete legen sie sorgsam auf bereitstehende Hocker. Oder ein nacktes Mädchen mit kurzen Haaren trägt auf seinem linken Arm das zusammengerollte Kleiderbündel mit faltenreich herabhängendem Ende, während es mit der Rechten den Bügel eines stark bauchigen Bronzegefäßes hält, das offenkundig mit Wasser gefüllt ist; unten rechts angeschnitten ins Bild gerückt steht dafür das Waschbekken bereit, dessen kunstvoller Fuß und in einem Schlangenkopf endender seitlicher Griff verraten, daß es ebenfalls aus Metall besteht (Abb. S. 342 oben). Auf einem anderen Vasenbild ist dargestellt, wie sich vier Frauen gemeinsam in einem dann wohl öffentlichen Badehaus – bis zu den Waden im Wasser stehend und sich unter Tierköpfen als duscheartigen Wasserspendern drehend und wendend – gründlich reinigen.

Dem Reinigen schließt sich die Schönheitspflege an. Unter den griechischen Alltagsdarstellungen aus dem Bereich des von der Frau geführten Hauses nehmen gerade solche, die sie mit Toilette, Kosmetik und Putz, beim Anlegen von Kleidern, Haarbinden und Hauben oder beim Betrachten von Schmuck beschäftigt zeigen, gegen Ende des klassischen Jahrhunderts eine beachtliche Breite ein. Insgesamt geht es in diesen Szenen eigentlich um das Befaßtsein der Frau mit sich selbst, und sie alle geben Einblick in den nicht allzu großen, aber offensichtlich doch genutzten Freiraum, den das sogenannte Frauengemach (Gynaikonitis) dem weiblichen Geschlecht bot. Dort sehen wir die Hausherrin unter Gleichaltrigen weilen, die Braut mit ihrem Gefolge, jeweils von Dienerinnen umgeben. Den nach antiker Auffassung offenbar dem weiblichen Wesen gemäßen Beschäftigungen hingegeben, sollte die Frau auch über den Tod

hinaus im Gedächtnis bleiben. Sie erscheinen daher auf sehr vielen mit dem Totenkult verbundenen Grablekythen und ebenso auf Grabreliefs. Utensilien, die bei derartigen Szenen immer wieder abgebildet werden, sind Parfümfläschchen, Spiegel, kleine Kästen und Dosen sowie Lutrophoren, die schlanken Gefäße zum Holen des Wassers für das Brautbad. Jedes dieser Dinge stellt einen wertvollen Besitz dar, und nicht nur die Gegenstände selbst, auch die Bilder davon erweisen sich stets als Produkte eines hochentwickelten Kunsthandwerks.

Die meisten Darstellungen aus dieser Sphäre finden sich auf Vasenbildern, vereinzelte auch auf Schmuckgegenständen wie den Gemmen. Ein solcher als Ring gefaßter Halbedelstein klassischer Zeit (Abb S. 345 oben), ein bläulicher Chalcedon, den der Steinschneider Dexamenos aus Chios unten rechts signiert hat, zeigt eine Frau bei der Toilette. Auf einem Hocker sitzend, trägt sie einen gegürteten Leibrock ohne Ärmel und ein Obergewand, dessen Saum sie mit erhobener rechter Hand über das Hinterhaupt zieht; ihr gegenüber steht eine deutlich kleinere Dienerin, in der gesenkten Rechten einen Kranz und mit der Linken einen Spiegel haltend, in dem sich ihre Herrin betrachtet – es dürfte sich um Mikes handeln, denn dieser Name erscheint oben als derjenige der Besitzerin dieses Kleinods.

In Form wie Dekoration gleichermaßen meisterhaft gestaltet, reiht sich das berühmte Epinetron von Eretria (Abb. S. 343 oben) als krönender Abschluß den Darstellungen des Frauengemachs an. Wie schon erwähnt, dienten solche Geräte als Oberschenkel- und Knieschutz bei der Wolleverarbeitung; an ihrer schuppig aufgerauhten Oberseite wurde das Vorgespinst gedreht. Das in der Zeit des sogenannten Reichen Stils entstandene Stück im Athener Nationalmuseum ist an seiner geschlossenen Seite mit einer plastischen Frauenbüste verziert. Unmittelbar dahinter folgt ein mit Sagenfiguren geschmückter Streifen, während sich um die offene Seite gegenüber ein Band mit vollendet gemaltem Lotos-Palmetten-Ornament legt. Dazwischen befinden sich beidseitig an den Unterkanten entlangführende Mehrfigurenfelder. Auch wenn diese, durch Beischriften gestützt, ebenfalls mythologisch erklärt werden können, bieten sie doch zugleich ein Bild des gehobenen Alltags: Die jungvermählte Alkestis empfängt im Frauengemach den Besuch ihrer Freundinnen, vermutlich am Tage nach der Hochzeit. An das Kopfende des gepolsterten Brautlagers gelehnt und sich in den Schleier greifend, erscheint Alkestis vor einer nach hinten geöffneten Flügeltür und einer freistehenden ionischen Säule. Damit wird die Örtlichkeit »Haus, Palast« angedeutet. Ein neben dem Säulenkapitell an der Wand hängender Spiegel und Kränze weiter links weisen ebenso darauf hin, daß die Szene in einem Innenraum spielt. Alkestis und ihre Besucherinnen sind in faltenreich fließende Gewänder gekleidet, teils ergänzt ein Mantel den gegürteten Chiton; alle tragen Armreifen und zu einem Knoten am Hinterkopf aufgenommenes, von Schmuckbinden gehaltenes Haar. Vor Alkestis sitzt Hippolyte und spielt mit einer Taube; sich auf der Freundin Schulter stützend, schaut ihr Asterope zu. Die drei Mädchen in der linken Bildhälfte beschäftigen sich mit selbst in ihrer Bemalung wiedergegebenen typischen Hochzeitsgefäßen. Mit der Lutrophoros in der Mitte wurde das Wasser für das Brautbad geholt; Theano hat Zweige in die Mündung gesteckt. Weiter links stehen auf hohen Ständern zwei Hochzeitskessel (Lebes gamikos), die Theo und Charis – sie verkörpert den Liebreiz der Braut – in gleicher Weise schmücken. Das entsprechende Bildfeld der Gegenseite zeigt die Liebesgöttin Aphrodite und Gestalten ihres

Linke Seite: Kinderspielzeug aus Ton. Rassel in Form eines Schweins, Gliederpuppe und Kreisel, dazu eine Babyflasche und ein Choenkännchen mit Krabbelkind.
London, British Museum

Oben links: Frauen beim Brotbacken. Die eine mahlt Korn mit einem Mörser, die andere hockt vor einem mit Broten gefüllten Backofen. Tonfigürchen aus Böotien. 5. Jahrhundert v. Chr. München, Antikensammlungen

Oben rechts: Haarschneider. Terrakottagruppe aus Böotien. Höhe 13,5 cm. Um 500 v. Chr. Berlin, Antikensammlung

göttlichen Umkreises als Beschützer von Braut und Frauengemach; auch sie sind in ebenso menschlich anmutiger wie dem realen Alltag entnommener Haltung wiedergegeben. Die Alkestis der Sage erklärt sich ihrem Mann zuliebe bereit, an seiner Stelle zu sterben. Sie ist die Heldin der 438 v. Chr. aufgeführten gleichnamigen Tragödie des Euripides, in der das Lob ihrer Tugend gesungen und auch ihr Hausstand geschildert wird:

Als sie verspürte, daß der festgesetzte Tag
gekommen, wusch sie mit dem Wasser sich des Flusses
den weißen Leib, nahm aus den Zedernschränken Kleid
und Schmuck und putzte stattlich sich zurecht und trat
vor ihren Herd und fing zu beten an ...
(Übersetzung von Dietrich Ebener)

Familie und Öffentlichkeit

Widmete sich die griechische Frau nahezu ausschließlich der Führung des Haushalts und all den geschilderten häuslichen Tätigkeiten, zu denen natürlich noch die Kindererziehung hinzukam, so ging der Mann seinen Beschäftigungen vor allem außerhalb des Hauses nach, also in der Öffentlichkeit. Diese geschlechtsspezifische antike »Arbeitsteilung« besaß jedoch ein unverzichtbares Bindeglied in Blutsverwandtschaft und Familie, ein Gefüge, das mit seinen durch Herkommen, Kultgemeinschaft und Existenzsicherung festgeschriebenen Verhaltensweisen zugleich Gewähr bot für die Mehrung angestammten oder erworbenen Besitzes, somit zu wirtschaftlichem und gesellschaftlichem Ansehen verhalf, zu Einfluß und gegebenenfalls auch zum Anteil an Macht. Innerhalb der Institution Familie wiederum bildeten die Voraussetzung dafür Ehe, Nachkommenschaft, Abhängige in Gestalt von Sklaven und anderen Bediensteten sowie die feste Gefolgschaft von Verwandten, Freunden und sonstigen Schutzbefohlenen. Insofern stellten Haus, Familie und Ehe von alters her einen konstitutiven Bestandteil der städtischen beziehungsweise staatlichen Gemeinschaft dar, und ihre Bedeutung nahm innerhalb demokratischer Gesellschaftsstrukturen noch zu.

Über das familiäre Zusammenleben, einschließlich solcher Ereignisse, die wie Eheschließung, Geburt von Kindern, Schulbesuch, Eintritt ins Erwachsenenalter und schließlich Tod aus der privaten Sphäre in die Öffentlichkeit wirken und dennoch Teil des Alltags bleiben, unterrichten wiederum hauptsächlich Werke der Kleinkunst. Darüber hinaus sprechen sie anrührend von Zuneigung und Liebe zwischen Eheleuten, gegenüber Kindern sowie den übrigen Familienmitgliedern, und sie werden auch nicht müde, bei solchen wie bei anderen Gelegenheiten das durch Kleidung und Mode bestimmte äußere Erscheinungsbild aller Beteiligten kunstvoll wiederzugeben.

Wie bereits gesagt, sind Szenen aus dem Frauengemach oftmals mit Darstellungen gleichzusetzen, die unmittelbar mit Vorbereitung und Verlauf der Hochzeitsfeier zusam-

menhängen. Dies trifft verständlicherweise vor allem dann zu, wenn derartige Darstellungen auf den im Hochzeitsritual eine besondere Rolle spielenden und zugleich als Geschenk dienenden Gefäßtypen Lutrophoros und Lebes gamikos erscheinen. Es handelt sich einmal um Vasenbilder von dem der eigentlichen Hochzeitszeremonie offenbar vorausgehenden Opfer, bei dem die Braut Haarlocken oder ihren Gürtel weihte und damit symbolisch von der Kindheit Abschied nahm. Vor allem aber begegnen Bilder von der Einholung des Wassers für das Brautbad. Dies geschah abends bei Fackellicht in einer Art Prozession, die knabenhafte Flötenbläser anführten. Sie läßt sich oftmals nur schwer vom eigentlichen Hochzeitszug unterscheiden, mit dem die Braut in das Haus des Mannes heimgeführt wird. Dem Hochzeitszug muß das rituelle Reinigungsbad vorausgegangen sein, auf das die immer wieder auftauchenden Lutrophoren hinweisen, auch das Schmücken der Braut und möglicherweise ihre Entschleierung, denn in keiner Darstellung des Hochzeitszuges ist ihr Gesicht verhüllt. Der Hochzeitszug kann auch als Brautfahrt in einem Gespann erfolgen. Es wird von der Ankunft der Gäste und der Übergabe von Geschenken erzählt, auf das Brautgemach und die Herrichtung des Hochzeitslagers hingewiesen, nicht aber auf den Ehevollzug; statt dessen gibt es noch Bilder vom Überreichen weiterer Geschenke am Tage nach der Hochzeit.

Eine Schulterlekythos des reifen schwarzfigurigen Stils (Abb. links unten) zeigt, wie jeweils von zwei Eseln gezogene Gespanne mit einer vielleicht ländlichen Hochzeitsgesellschaft beladen vor dem Hause des Bräutigams ankommen. Durch die weit geöffneten Türen eines von Säulen flankierten Portals blickt man ins Innere, wo eine fackeltragende Frau den Hochzeitszug grüßend erwartet. Auf dem vorderen der beiden zweirädrigen Karren haben die Brautleute nebeneinander Platz genommen; der Bräutigam treibt mit einem langen Stock die Zugtiere an, die Braut zu seiner Linken öffnet mit der Hand, in der sie einen Kranz nach vorn hält, ihren Mantel. Der im Rücken des Brautpaars sitzende Junge hat möglicherweise Geschenke auf dem Schoß. Er blickt auf das nachfolgende Gefährt mit weiteren Hochzeitsgästen; andere laufen neben den Gespannen her.

Bei vielen solchen Darstellungen ergreift der Bräutigam als Zeichen ehelicher Inbesitznahme das Handgelenk der Braut; diese lupft wiederum Mantel oder Schleier als Symbol körperlicher Zuwendung und damit der Ehegemeinschaft. Oft schweben kleine Eroten inmitten des Hochzeitszuges oder zwischen den Brautleuten, um deren innige Verbindung anzudeuten. Das Halsbild einer früharchaischen Kanne aus Kreta (Abb. rechts oben) zeigt in mattfarbiger Umrißmalerei ein Liebespaar: Die beiden stehen sich gegenüber, und die Frau hält die Handgelenke des Mannes umfaßt, der sie in einer Geste der Liebeswerbung tastend an Kinn und Hüfte berührt. Ob es sich dabei wirklich um Braut und Bräutigam oder wegen des Fundortes nicht eher um das mythische Paar Theseus und Ariadne handelt, ist bei dieser sehr frühen und ganz unverhohlenen Wiedergabe der Liebesbeziehung zwischen Mann und Frau ohne Belang.

Weil das Sexuelle innerhalb der Ehe einem Tabu unterlag, kennt man keine antiken Darstellungen von Schwangeren oder vom Kindbett der Frau, wohl aber von Göttergeburten. Bilder vom Leben in der Ehe, deren Glück im Altertum auch an der Zahl der Kinder gemessen wurde, beschränken sich auf zwei Themen: einmal auf den innigen Umgang der Mutter mit dem Kleinkind, zum anderen auf jene oftmals von Ungewißheit überschatteten Szenen, bei denen der zum Auszug in den Krieg gerüstete Mann von seiner zurückbleibenden Frau und Familie Abschied nimmt.

Auf einem weißgrundigen Grabgefäß (Abb. rechts unten) sind diese beiden so konträr erscheinenden Lebensbereiche mit wenigen, aber das Wesentliche treffenden Strichen zusammengebracht: Ein ausziehender Krieger mit Lanze und Helm in den Händen steht seiner Frau gegenüber, die ihm das gemeinsame Kind, einen in ein Umschlagtuch gewickelten Säugling mit Lockenkopf und spitzen Füßchen, entgegenstreckt – mehr bedarf es nicht, um eine ganz intime Stimmung aufkommen zu lassen, die zugleich der ehelichen Harmonie des dargestellten Paares ein schönes Zeugnis ausstellt. Szenen ähnlich tiefgründiger Aussage begegnen immer wieder auf den Lekythen aus der Mitte des 5. Jahrhunderts. Die meisten dürften aus Anlaß des Todes von Frauen am Grabe aufgestellt worden sein, gleichwohl vergegenwärtigen sie frei von jeder Trauer den alltäglichen Umgang von Mutter und Kind. Da sieht man zwei um einen Säugling bemühte Frauen oder eine Dienerin, die ein auf ihren Schultern sitzendes Kleinkind an den Beinchen festhält, während es nach seiner Mutter greift – eine Säule an der Seite und oben aufgehängte kleine Lekythen deuten den Ort dieser Familienszene an.

Themen ganz verwandter Art wurden auch in der Koroplastik gestaltet. So gibt es eine große Zahl hellenistischer Terrakottafiguren aus Werkstätten in Tanagra und Myrina, die auf ihre Weise ebenfalls einen Teil des Alltags einfangen. Da sitzt zum Beispiel auf einer lehnenlosen Bank, vor sich einen Fußschemel, eine junge Frau, reich in Gewänder

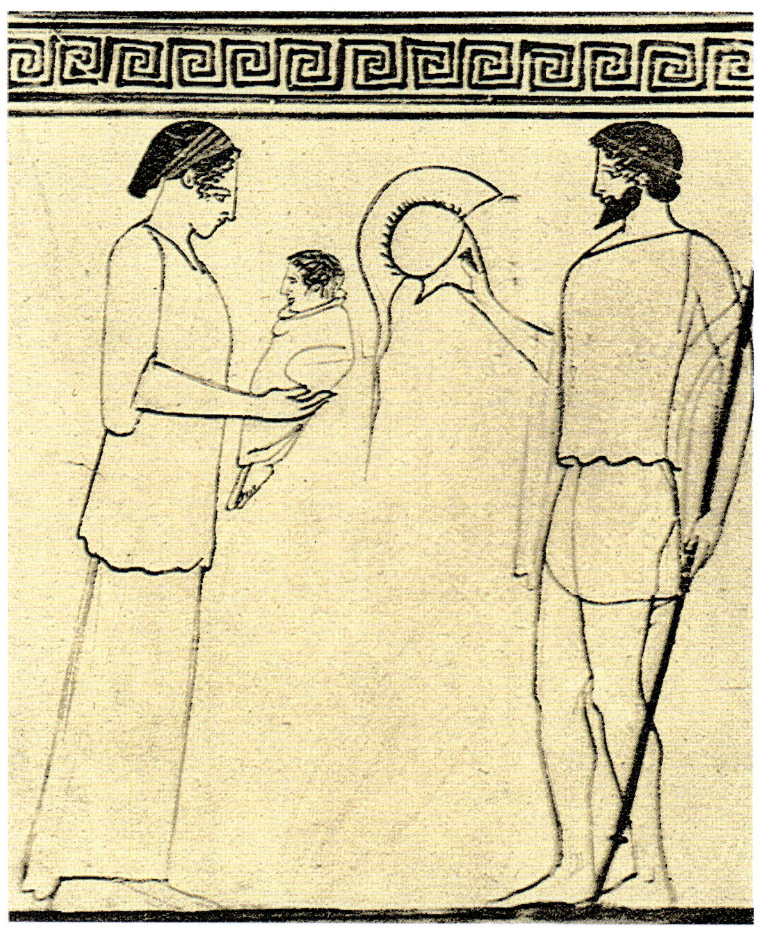

Linke Seite, oben: Frauen bei der Toilette. Rotfiguriges Bild auf einer attischen Pelike. Höhe 40,9 cm. Um 470 v. Chr. Die rechte Frau ist im Begriff, ihren Chiton, ein dünnes Leinengewand, zu gürten, die linke hält einen Spiegel in der erhobenen Hand, in der anderen ein Alabastron am Band. Auch das kleine Mädchen trägt ein Toilettengefäß. Berlin, Antikensammlung

Linke Seite, unten: Hochzeitszug vom Heim der Braut in das Haus des Bräutigams. Attische Schulterlekythos des Amasis-Malers mit schwarzfiguriger Bemalung. Höhe 17,1 cm. Um 560/550 v. Chr. New York, Metropolitan Museum

Rechts oben: Liebespaar. Halsbild einer früharchaischen Kanne aus Kreta. Um 675/640 v. Chr. Heraklion, Archäologisches Museum

Rechts unten: Kriegers Abschied von Frau und Kind. Bildabrollung einer weißgrundigen Lekythos. Um 470/450 v. Chr. Berlin, Antikensammlung

gehüllt, das Haar zu einem Schopf im Nacken zusammengebunden, und hält in ihrem Schoß ein leicht strampelndes, mit einem Tuch bedecktes Kind am Beinchen fest. Oder eine bis über den Kopf vom Mantel eingehüllte Frau hebt hoch aufgerichtet ein kleines Kind empor, das ihr ein Ärmchen entgegenstreckt. Oder eine ältlich gebeugte Amme, die den sie einhüllenden Mantel über der Brust zusammenhält, führt ein kleines Mädchen an der Hand – dem Eltern-Kind-Verhältnis tat es offenbar keinen Abbruch, wenn im griechischen Alltag Kinder der Obhut von Dienern anvertraut wurden.

Aus Ton geformtes Spielzeug ist ebenfalls erhalten geblieben (Abb. S. 346). Es handelt sich häufig um verkleinerte Nachbildungen von Gegenständen des Hausrats, also um Puppengeschirr, um Tiere aller Art, vor allem Haustiere, zum Teil auf beweglichen Rädern, um kleine Wägelchen zum Ziehen für die Knaben und um Puppen für die Mädchen. Solches Spielzeug ist mehrheitlich aus Kindergräbern bekannt. Gefunden wurden auch Kreisel, beinerne Würfel, Brettspielsteine aus Ton und Spielknöchel (Astragale), teils in natürlicher Form, teils aus Ton, Bronze oder Marmor. Die Terrakottagruppe knöchelspielender Mädchen und ein Wandgemälde zeigen die Verwendung der Astragale, die zum Würfeln benutzt wurden und bei verschiedenen Spielen auch als Zählmarken dienten. Unter den stets als weiblich charakterisierten unbekleideten Puppen gibt es sitzende mit losen Armen und regelrechte Gliederpuppen, die mit Schnur oder Draht beweglich angebrachte Arme und Beine haben. Gewöhnlich sind Rumpf und Gliedmaßen nur in groben Zügen angelegt, während der starr auf den Schultern sitzende Kopf recht natürlich modelliert ist. Manchmal weist er oben ein Loch für eine Schnur auf, an der die Puppe getragen oder aufgehängt werden konnte. Grabreliefs belegen, welche Rolle Puppen im Leben von Kindern und heranwachsenden Mädchen gespielt haben.

Eine Gruppe von Miniaturgefäßen in Kannenform aus dem späteren 5. Jahrhundert (Abb. S. 346) trägt vorzugsweise Bilder aus der Sphäre Heranwachsender und von Kleinkindern. Solche zwischen 6 und 15 Zentimeter großen Kännchen in der Form des Chous wurden den Athener Kindern anläßlich des Dionysos gewidmeten Choenfestes zusammen mit Blütenkränzen und Spielzeug geschenkt. Dem Alter der Bedachten entsprechend zeigen sie krabbelnde, mit aufspringenden Hunden oder anderen Haustieren spielende, Bälle werfende Kleine, aber auch Maskeraden und Wettspiele der etwas Größeren. Auf einigen dieser ganz offensichtlich rituell gebrauchten Weinkrüge in Kleinformat ist der Chous selbst dargestellt, andere bilden die Bekränzung der etwa Dreijährigen ab, mit der ihr Eintritt ins Leben feierlich vollzogen wurde.

Zur häuslichen Erziehung der Heranwachsenden trat der individuelle oder öffentliche Unterricht. Aus zunächst privat geführten Schulen entwickelte sich im Laufe der Zeit ein mehrgliedriges Schulsystem, innerhalb dessen auf die Elementarschule der Besuch einer nach Geschlechtern getrennten höheren Schule folgte. Diese vermittelte nicht nur Wissen in theoretischen Fächern, sondern eine vielseitige Ausbildung, die bei Mädchen mehr auf das Musische, bei den Jungen mehr auf sportliche Übungen und körperliche Ertüchtigung ausgerichtet war.

Vasenbilder gestatten mehrfach einen Blick auf Katheder und Schulbank. Einzelunterricht steht neben dem Unterricht in Gruppen, bei dem jedem Schüler – wohl aus kompositorischen, also künstlerischen Gründen – ein eigener Lehrer zugesellt ist. Während die in der Regel bärtigen

Links außen: Zecher und Flötenspieler. Rotfiguriges Innenbild einer Trinkschale des Malers Duris. Um 470 v. Chr. Der Zecher auf der Kline singt zur Musik des Doppelaulos in der typischen Haltung antiker Sänger ein Trinklied, dessen erste Worte die Inschrift vor seinem Mund angibt. Das Lied ist unter dem Namen des Dichters Theognis überliefert. An der Wand hängt das Flötenfutteral, davor lehnt der Knotenstock des Zechers; unter dem Tisch stehen seine Stiefel. München, Antikensammlungen

Links innen: Leagros zu Pferde. Rotfiguriges Innenbild einer von dem Töpfer Kachrylion und dem Maler Euphronios signierten Trinkschale. Um 510 v. Chr. Leagros trägt thrakische Reitertracht, die bei der vornehmen Jugend Athens damals Mode war. München, Antikensammlungen

Oben: Schulunterricht. Rotfiguriges Außenbild einer von dem Maler Duris signierten Trinkschale. Um 480 v. Chr. Durchmesser 28,5 cm. Berlin, Antikensammlung

Wer in irgend einem Fach ein tüchtiger Mann werden will, muß gleich von Kind auf sich eben damit beschäftigen, indem er im Spiel und im Ernst alles dasjenige treibt, was zu dem betreffenden Fache gehört... Für die Hauptsache also bei aller Erziehung erkläre ich die richtige Führung, welche die Seele des spielenden Knaben nach Möglichkeit mit der Liebe zu dem erfüllen soll, worin er, zum Manne herangereift, vollkommen sein muß, ein Vertreter der höchsten Leistung in seinem Fache.

Platon, *Gesetze* 643 b–c (Übersetzung von Otto Appelt)

Lehrer, bisweilen einen Knotenstock bei sich führend, mit entblößtem Oberkörper dasitzen, werden ihre in Mäntel gehüllten, manchmal auch unbekleideten Zöglinge meist stehend dargestellt; nur beim Unterricht im Saitenspiel benutzen auch sie notwendigerweise einen Hocker. Sowohl beim Schreib- wie beim häufiger dargestellten Musikunterricht weisen Sitzmöbel und im Hintergrund aufgehängte Gegenstände – weitere Instrumente, Futterale, Beutel mit Reinigungsutensilien, Speisenkorb und Trinkgeschirr – auf die »Schulstube« hin; still den Unterricht beobachtende Pädagogen, auch am Boden hockende Hunde vervollständigen oftmals die Szenerie.

Die bekannte Berliner Schale des Duris (Abb. oben) illustriert in ihren Außenbildern verschiedene Disziplinen des Schulunterrichts. Während die eine Seite Übungen im Leierspiel wiedergibt sowie Rezitation unter Kontrolle des Lehrers, der demonstrativ eine mit Versen beschriebene Buchrolle öffnet, zeigt die Gegenseite Unterweisungen im Flötenspiel und im Schreiben mit dem Griffel auf einer aufgeklappten Wachstafel. Die den Lehrern gegenüber deutlich kleineren Schüler sind einschließlich der Hände ganz in ihre Mäntel gehüllt; Haltung und Blick drücken Lerneifer und Ehrfurcht aus. Die Gruppenkomposition mit einem Gleichklang abschließend, sitzt am rechten Bildrand ein Pädagoge, der einen langen Stock mit runder Krücke in der ausgestreckten Linken hält und sich dem Geschehen im Schulzimmer zuwendet. Über den Köpfen sieht man eine Schriftrolle, eine zusammengeschnürte weitere Schreibtafel, eine Leier, ein kreuzförmiges Gerät, das vermutlich zum Nachstimmen der Saiteninstrumente diente, und den Überrest eines Beutels.

Die Vasenmaler benutzen derartige Schulszenen gern dazu, Jugend und Alter einander gegenüberzustellen. Sehr ausdrucksstark geschieht dies in der Darstellung einer Musikstunde auf einem Trinkbecher, den der Töpfer Pistoxenos signiert hat. Der auf einem Lehnstuhl sitzende Lehrer, ein Greis mit grauem Haar und langem Bart, beugt sich, ganz ins Spiel versenkt, über seine Leier; der Schüler sitzt ihm auf einem Hocker in gespannter Haltung gegenüber und ahmt sorgsam die Griffe des Lehrers nach. Auf der Gegenseite sieht man einen Jungen auf dem Weg zur Musikstunde, gefolgt von seiner Amme. Mit schütterem Haar, runzligen Wangen und fast zahnlosem Mund, ist sie von der Last des Alters ähnlich gebeugt wie der krumme Stock, der ihr als Stütze dient. Der robuste, stolz aufgerichtete Bursche verspürt offenbar wenig Lust zum Musikunterricht und hat die Leier im Unmut weggeworfen; aber die Amme hat sie gefunden und ihren Zögling gestellt – nun fügt er sich widerstrebend in sein Schicksal. Auch wenn Beischriften die beiden als Herakles und seine Amme Geropso benennen, handelt es sich hier doch um ein typisches Alltagsbild, in dem ein reales Vorkommnis genau beobachtet und in reicher Nuancierung der Charaktere wiedergegeben ist.

Vom Alter oder von Krankheit gezeichnete Personen tauchen in der klassischen Kunst jedoch wesentlich seltener auf als in späteren Entwicklungsphasen. Hinfälligkeit des Körpers, Gebrechen und andere Verunstaltungen werden dann vor allem in der hellenistischen Koroplastik zum genrehaft behandelten Thema, mit allerdings oftmals negativer Bewertung. Arztbilder kommen nur vereinzelt vor, um so häufiger sind die in Heiligtümern aus Dankbarkeit für Genesung geweihten tönernen Nachbildungen von Gliedmaßen und Organen oder Votivreliefs für Asklepios und Hygieia, die neben diesen Heilgöttern gelegentlich auch den hilfesuchenden Kranken auf seinem Lager und um Heilung flehende Familienangehörige abbilden. Trotz einer den gesunden Menschen in den Mittelpunkt stellenden Lebens- und Kunstauffassung der Griechen ist also auch diese Seite des Alltags zumindest bis in die Kleinkunst vorgedrungen.

In der unberechenbaren Abfolge von Alter, Krankheit und Tod wird das wie auch immer eintretende Lebensende – ungeachtet der Vorstellungen von einer Weiterexistenz über den Tod hinaus – als entscheidender Einschnitt empfunden. Die künstlerische Reflexion darüber verbindet sich wie bei der Hochzeit auch hier wieder eng mit den rituellen Gepflogenheiten: Aufbahrung des Verstorbenen, Begräbnis und Pflege der Grabstätte. Schon in geometrischer Zeit wird die strenge Dekoration für den Grabkult bestimmter, zum Teil überdimensionierter Gefäße (Abb. S. 242, 303) von Bildern der Totenfeier beherrscht; sie thematisieren die Trauerklage am Totenlager (Prothesis) und die von Rei-

Links: Linos unterrichtet Iphikles im Leierspiel. Attischer Skyphos, vom Töpfer Pistoxenos signiert, mit rotfiguriger Bemalung. Um 480/470 v. Chr. Höhe 15 cm. Schwerin, Staatliches Museum

Rechte Seite: Aufbahrung (Prothesis) und Totenklage. Lutrophore des Kleophrades-Malers mit rot- und schwarzfiguriger Bemalung. Um 480/470 v. Chr. Höhe 81 cm. Vier junge Frauen umgeben die Kline mit dem aufgebahrten Toten. Auch am Hals sind klagende Frauen dargestellt. Die eine rauft sich das Haar, die andere hält eine Lutrophore an die Wange. Auf der Rückseite stehen vier junge Männer und ein Knabe, die den Toten mit erhobener Hand anrufen und grüßen. Die Reiter im unteren Fries haben die Rechte in dem gleichen Gestus erhoben. Es sind Gefährten und Standesgenossen, die den Toten ehren. Paris, Musée du Louvre

ter- und Wagenzügen begleitete Überführung des Toten aus dem Trauerhaus zum Grab (Ekphora).

In schwarzfiguriger Maltechnik ausgeführte Fragmente hocharchaischer Tontafeln in der Berliner Antikensammlung, die wohl einst den Schmuck eines Grabbaues ausmachten, geben unterhalb eines verbindenden Mäanderornamentes verschiedene Szenen aus dem Bestattungszeremoniell wieder. Hier werden in höchster Meisterschaft Leid und Klage, aber auch das Verbindende einer Trauergemeinschaft angesichts des Todes angemessen dargestellt: Klagende im Totenhaus, die sich die Hände an die Stirn schlagen oder die Haare raufen, dem Leichenzug folgende oder auf Gespannen sitzende Männer und Frauen, angeschirrte Maultiere und Stallknechte, schließlich die auf einer reichen Bettstatt ruhende und bekränzte Tote selbst, zu der sich eine Frau herabbeugt, um ihr ein Kissen unter den Kopf zu schieben.

Diese liebevolle letzte Geste gegenüber einem oftmals jung Dahingeschiedenen, sei sie nun einer Braut, einer im Kindbett Gestorbenen, einem jungen Krieger oder einem bärtigen Mann zugedacht, erscheint fast regelmäßig auf den Totenklagebildern rotfiguriger Lutrophoren. Die um den aufgebahrten Leichnam versammelten Frauen heben die Hände zum Anstimmen der Totenklage oder raufen sich das zur Trauer kurzgeschnittene Haar. Zu den Klagefrauen gesellen sich am schlanken Hals der Lutrophoren Frauen, die solche das Braut- oder Totenwasser bergenden Kultgefäße tragen. Die ebenfalls mit dem Totenkult verbundene Gruppe klassischer Lekythen, die auf weißer Grundierung mit teils buntfarbig konturierten Figuren bemalt sind, wirken in ihren Darstellungen handlungsmäßig mehr zurückgenommen. Sie zeigen vornehmlich die schmükkende Pflege unterschiedlich ausgestatteter Gräber, das Darbringen von Speise- und Trankopfern, die fürsorgliche und erinnernde Rückkehr an den Ort des letzten Abschieds, an dem die Verstorbenen im Bild selbst anwesend sein können (Abb. S. 328, 329). Von solchen Bildern geht eine Stille aus, die nicht nur das Gefühl anrührt, sondern auch Trost spendet und den im Alltag bitter empfundenen Verlust bewältigen hilft.

Im öffentlichen wie privaten Alltag spielen Kleidung und Schmuck eine ganz wesentliche Rolle. Altgriechische Textilien sind kaum erhalten geblieben, aber der reiche Fundus an bildlichen Wiedergaben vermittelt eine gute Vorstellung davon. Die Kleidung bestand aus großen rechteckigen Stoffbahnen, wies aber zwei unterschiedliche Macharten auf: Sie wurde entweder zusammengenäht, also geschneidert, oder erst am Körper drapiert. Durch meist sparsam gebrauchtes schmückendes Beiwerk ergänzt, war es die Kleidung, die in ihren sichtbaren Teilen das äußere Erscheinungsbild des jeweiligen Trägers maßgeblich bestimmte. Da die einzelnen Gewandtypen, Chiton und Peplos sowie Himation und andere Mantelarten, schon früh ausgeprägt und für die Folgezeit festgelegt waren, boten mehr der jeweilige Anlaß und die Art und Weise, sie zu tra-

gen, dem einzelnen eine Möglichkeit, sich der Öffentlichkeit zu präsentieren oder sich auch bewußt herauszustellen. Nicht nur die Schöpfer von Kleinkunstwerken haben die Kleidung dazu benutzt, um durch sie über Lebensumstände Auskunft zu geben oder bestimmte Verhaltensweisen zu charakterisieren. So bietet die Kleidung den direktesten Zugang zum griechischen Alltag und kann – sozusagen im übertragenen Sinne in dessen »Gewand« – auch figürliche Darstellungen mitgestalten, die über den hier betrachteten Themenbereich hinausführen.
Frauen und Mädchen tragen entweder den wollenen Peplos oder den aus Leinen gefertigten Chiton. Der fußlange Peplos (Abb. S. 257) wird als große Tuchbahn so um den Körper gelegt und auf den Schultern mit Nadeln oder Fibeln gesteckt, daß er an der rechten Seite offen bleibt; er weist einen Überschlag auf und kann in verschiedener Weise gegürtet sein, wenn nicht darauf verzichtet wird. Der in enger oder weiter Form hemdartig genähte und manchmal mit Ärmeln versehene Chiton kann kurz oder lang, gegürtet oder lose getragen werden. Er verlangt den Mantel als Obergewand. Häufig ist das Himation (Abb. S. 354), von der linken Körperseite ausgehend, um den ganzen Körper geführt und zugleich über den Kopf gezogen. Daneben gibt es jedoch eine Reihe anderer Drapierungsarten für den Mantel, der auch auf der rechten Schulter gesteckt sein kann. Am Fuß trug die Griechin ledernes Schuhwerk, ihren Kopf zierten Hauben und Hüte verschiedener Form, wenn sie das Haar nicht durch Binden zusammenhielt oder mit einem Diadem schmückte. Vielfältiger und oftmals reicher Schmuck (Abb. S. 94, 95, 336) erlaubte es vornehmen Damen, ihr Erscheinungsbild in der Öffentlichkeit entsprechend glanzvoll zu gestalten.
Ähnlich wie von den Frauen getragen, waren Chiton und Mantel auch die gängigen Kleidungsstücke des Mannes. Das feingefältelte lange Leinengewand galt bei ihnen jedoch als vornehm und wurde zu festlichen Anlässen oder

Links: Unsere Vorstellung von der antiken Frauenwelt wäre unvollständig ohne die vielen kleinen Figuren aus gebranntem Ton. Oft handelt es sich um Nachbildungen von großen Statuen, aber die mehr oder weniger gut erhaltene Bemalung verleiht diesen Statuetten einen besonderen Reiz. Sie veranschaulichen die vielfältigen Möglichkeiten der Gewanddrapierung, zeigen, wie sich vornehm gekleidete Frauen in Paradehaltung präsentierten und mit welcher Raffinesse sie ihr Äußeres zur Geltung zu bringen wußten. Manche tragen einen Spiegel als Attribut weiblicher Schönheit, andere blattförmige Fächer und Hüte zum Schutz der zarten weißen Haut vor der Sonne. Nach ihrem ersten Fundort, Tanagra in Böotien, nennt man solche Tonfiguren junger Frauen Tanagräerinnen. Erstmals hergestellt wurden Figuren dieses Typs jedoch im späten 4. Jahrhundert v. Chr. in Athen. Schon bald an vielen Orten nachgeahmt, waren sie in hellenistischer Zeit im ganzen Mittelmeergebiet verbreitet. Sie konnten in Wohnungen aufgestellt sein oder wurden ins Grab mitgegeben.
München, Antikensammlungen

Rechts: Mädchen beim Huckepackspiel. Terrakottagruppe aus Böotien. Höhe 26 cm. 3. Jahrhundert v. Chr. Die Siegerin wird von der Verliererin eines vorangegangenen Wurfspiels eine bestimmte Strecke auf dem Rücken getragen. Nach Ausweis der Vasenbilder war das Huckepacktragen (Ephedrismos, »Aufhukken«) bei der griechischen Jugend beiderlei Geschlechts und aller Altersstufen ein beliebtes Spiel. In der Terrakottakunst sind seit dem späten 4. Jahrhundert, angeregt von einer großplastischen Ephedrismos-Gruppe im Athener Hephaisteion, mit Vorliebe Mädchen dabei dargestellt.
München, Antikensammlungen

Wie schön ist aber der Anblick, wenn Schuhe der Reihe nach aufgestellt sind, welcher Art sie auch sein mögen, wie schön sind ordentlich aufgehängte Kleider anzusehen, welche es auch seien, wie schön Decken, wie schön Kupfergeschirr, wie schön alles, was zum Tisch gehört, wie schön auch, was von allem zwar nicht der Ernsthafte, wohl aber der Spötter besonders verlachen dürfte, daß sogar Töpfe – wohlgeordnet aufgestellt – eine Harmonie erkennen lassen; im übrigen ergibt sich schon in etwa daraus, daß alles schöner aussieht, wenn es in gehöriger Ordnung postiert ist. Alle Arten der Geräte erscheinen nämlich wie ein Chor, und der Raum in der Mitte von allen diesen erweist sich als schön, wenn jedes Stück an die Seite geräumt ist; ebenso wie ein kreisförmiger Chor nicht nur für sich allein ein schöner Anblick ist, sondern auch seine Mitte schön und ungestört erscheint.
Xenophon, *Oikonimikos*, 8, 19 f.
(Übersetzung von Klaus Meyer)

zur Kultausübung angelegt. Wer seiner Berufstätigkeit nachging oder anderweitig beschäftigt war, bevorzugte einen kurzen Chiton, der ihm die notwendige Bewegungsfreiheit ließ. Oftmals sind Jünglinge und Männer ohne den Chiton als Untergewand in drapierte lange Mäntel gehüllt, die ihren Körper nur teilweise oder ganz bedecken, wie etwa bei den stereotypen Mantelfiguren auf den Rückseiten vieler rotfiguriger Vasen. Daneben gibt es eine kürzere Mantelform, die vornehmlich von Reitern und Kriegsleuten getragene Chlamys, die auf der rechten Schulter gesteckt wird, wobei die Spange bisweilen nach vorn auf die Brust verrutscht.

Die griechische Kleidung hat sich nur in sehr langen Zeiträumen verändert, war also insgesamt kaum der Mode unterworfen. Dennoch wurden zeitweilig bestimmte Gewandarten bevorzugt. Ein Beispiel dafür ist das »Schräge Mäntelchen« archaischer Koren (Abb. S. 252), ein anderes die zu Beginn des 5. Jahrhunderts in Athen verbreitete thrakische Tracht mit bunt gemustertem steifen Mantel, wie sie etwa der in einem Schaleninnenbild zu Pferde sitzend dargestellte Athener Leagros trägt (Abb. S. 350). Der Maler macht hier unmißverständlich deutlich, daß solche Art Mode besonders dazu geeignet war, sich in der Öffentlichkeit so recht in Szene zu setzen.

Die unterschiedliche Rolle von Mann und Frau in Familie und Gesellschaft begründet Xenophon, im *Oikonomikos*, einer Abhandlung über die Führung eines Hausstandes, auf folgende Weise:

Denn der Gott hat den Körper und die Seele des Mannes so beschaffen, daß er Kälte, Hitze, Fußmärsche und Feldzüge besser ertragen kann. Daher übertrug er ihm die Arbeiten draußen. Der Frau aber, deren Körper der Gott weniger kräftig für diese Dinge gemacht hat, scheint er die Arbeiten innerhalb des Hauses auferlegt zu haben. In dem Bewußtsein, der Frau auch die Pflege der neugeborenen Kinder eingegeben

und zugewiesen zu haben, teilte er ihr auch mehr als dem Mann die Fähigkeit zu, die Kleinen zu lieben. Da der Gott die Frau auch dazu bestimmt hat, die eingebrachten Vorräte zu hüten, gab er ihr auch einen größeren Teil Furcht als dem Mann in der Meinung, daß ein schreckhaftes Gemüt nicht gerade schlecht für das Einhüten sei. Wohlwissend, daß sich andererseits derjenige, der die Arbeiten draußen tut, wehren muß, wenn ihm jemand Unrecht tut, gab er dem Mann wiederum ein Großteil mehr Mut.

(Übersetzung von Carola Reinsberg)

Berufsleben und Kriegsdienst

Dem Mann fiel seit alters die Rolle zu, den Lebensunterhalt der Familie sicherzustellen. Besonders auf dem Lande wird diese Aufgabe sicher nicht auf ihn allein beschränkt geblieben sein. Gleichwohl ist er in historischer Zeit immer das unumstrittene Familienoberhaupt gewesen. Seine Stellung und Tätigkeit führten ihn anders als die Frau regelmäßig außer Haus, so daß er über die unmittelbare Nachbarschaft hinaus mit der gesellschaftlichen Öffentlichkeit in Verbindung trat. Dies galt für den Landwirt ebenso wie für den Handwerker, für den Handeltreibenden in gleicher Weise wie für den Seemann.

Oben links: Werkstatt eines Schuhmachers. Schwarzfigurige Pelike des Eucharides-Malers. Höhe 40 cm. Um 500/490 v. Chr. Der Schuster mißt dem Knaben, der vor ihm auf dem Tisch steht, neues Schuhwerk an, indem er den Fußumriß auf einem Stück Leder nachzieht. Auf seinen Stock gestützt, begutachtet der Vater des Jungen die Arbeit. Oxford, Ashmolean Museum

Oben rechts: Metzger bei der Arbeit. Attische Oinochoe mit schwarzfiguriger Bemalung. Höhe 25 cm. Um 500/475 v. Chr. Der Metzger zerlegt eine Rindskeule, die sein Gehilfe festhält. Sie arbeiten im Freien unter einem Baum, an dem eine weitere Keule hängt. Neben dem Hackblock steht eine Schüssel, dahinter ein Gestell mit Fleischstücken. Boston, Museum of Fine Arts

Rechts: Abwiegen von Waren. Schwarzfiguriges Bild auf einer Bauchamphora des Taleides-Malers. Um 540 v. Chr. Zwei sitzende Männer sind an den Waagschalen beschäftigt, ein dritter sucht durch Nachschütten die Füllmenge oder das Gewicht auszugleichen. New York, Metropolitan Museum

Mannes Sohn des Orymaios, der Beste von allen Phrygern im weiten Land Attika, liegt in diesem schönen Grab. Und bei Zeus, ich sah nie einen besseren Holzarbeiter als mich selbst. Er starb im Krieg.

Grabinschrift aus dem späten 5. Jahrhundert v. Chr.

Am Anfang standen Tierzucht und Feldbau zur häuslichen Eigenversorgung, verknüpft mit den dabei ausgebildeten Fertigkeiten zum Erhalt der Geräte und des Anwesens. Erhöhter Bedarf, technischer Fortschritt und die Herausbildung städtischer Zentren bewirkten in der Folge eine berufliche Aufgliederung mit zunehmender Tendenz zur Arbeitsteilung. Dadurch konnten spezielle Kenntnisse, Erfahrungen und Fähigkeiten verstärkt genutzt werden, und es entfaltete sich eine immer differenziertere gewerbliche Produktion auf Vorrat, die den Warenaustausch förderte und schließlich zur Einführung von Geld führte.
Die Verselbständigung bestimmter männlicher Tätigkeitsbereiche nahm fraglos vom eingesetzten Material ihren Ausgang: Die Bearbeitung von Eisen macht den Schmied, die Herstellung von Keramik den Töpfer, die Verwertung von Leder den Schuster notwendig. Gerade um solche Handwerksberufe scharten sich bei fortschreitender Entwicklung der arbeitsteiligen Fertigungsprozesse Beschäftigte in unterschiedlichen Abhängigkeitsformen; es entstanden Werkstätten, aus denen sich dann weitere Gewerbe abspalteten. So bildeten sich Berufe und Berufsgruppen heraus, die in bestimmten Stadtteilen nebeneinander produzierten, wie etwa die Töpfer Athens im Kerameikos. Alle Erzeugnisse wurden zwar in Einzelanfertigung hergestellt und dabei stets kunsthandwerklich gestaltet, aber die zunehmenden Stückzahlen machten einen organisierten Verkauf unumgänglich. Man brauchte einen Markt für diese Waren, Handel über Land und Wasser, und mit dem Aufschwung des Fernhandels ging derjenige der Seefahrt einher. Seit dem 7. Jahrhundert v. Chr. lassen sich in Griechenland neben der Landwirtschaft und den Wanderhandwerkern ausgebildete Berufsstände, florierende Werkstätten und ein weit ausgreifender Handel feststellen. Die zeitgenössische Kleinkunst spiegelt auch diesen Bereich in einem Maße, das ausreicht, um ihn gut überblicken zu können.
In den meisten Regionen Griechenlands blieb die Landwirtschaft mit ihren beiden Erwerbsquellen Ackerbau und Tierhaltung, die je nach äußeren Bedingungen gemeinsam oder getrennt betrieben wurden, der wichtigste Wirtschaftszweig. Die Münzen vieler Stadtstaaten benutzen als Symbole landwirtschaftliche Produkte wie Gerstenähre, Weintraube und Granatapfel oder Tiere wie Kuh mit Kälbchen, Ziege, Widder, Hahn und sogar die Biene. Kleinformatige Bronzen archaischer Zeit stellen Bauern oder Hirten dar, die ein Tier ihrer Herde auf den Schultern tragen. Einige Figuren sind mit einem Hüftschurz dargestellt, andere auch in der Kleidung als Hirten gekennzeichnet; sie tragen lange, steife, capeartige Mäntel und spitze Hüte aus Filz. Solche Statuetten waren zweifellos Opfergaben der Landbevölkerung, wie die vielen Tierstatuetten aus Ton und Bronze, die in Heiligtümern gefunden wurden.
Landwirtschaftliche Tätigkeiten werden auf Vasenbildern nur vereinzelt geschildert, etwa die Bearbeitung des Bodens mit dem Hakenpflug, den ein oder zwei Ochsen ziehen, und die Aussaat aus einem um die Hüfte geschnallten oder am linken Arm hängenden Korb. Das Bild einer spätarchaischen Amphora schwarzfiguriger Stils (Abb. S. 86) zeigt ganz wirklichkeitsnah die Olivenernte in der noch heute üblichen Form: In einem durch drei Bäume ange-

deuteten Hain schlagen zwei Männer mit langen Stangen die Ölfrüchte von dem mittleren Baum, in dem ein anderer Mann sitzt, um ihn zu schütteln, während ein vierter die herunterfallenden Oliven in gebückter Haltung von der Erde aufsammelt.

Die Herstellung von Töpferwaren hat sich ähnlich dem metallverarbeitenden Handwerk schon frühzeitig verselbständigt. Vasenbilder einer Töpferei (Abb. S. 386), eines Schmieds bei der Arbeit (Abb. S. 388) und einer Gießerei (Abb. S. 389) gewähren einen guten Einblick in antike Handwerksbetriebe. Daneben begegnen auch einige Darstellungen der Arbeit des Zimmermanns und Tischlers. Meist bearbeiten sie einzelne Balken, Bretter oder hölzerne Truhen mit schmückendem Beiwerk und gebrauchen dabei hackenähnliche Geräte an langen Stielen, Sägen, Meißel und laufende Bohrer. Interessant ist weiterhin die Wiedergabe eines Holzbildhauers, der auf einem Schemel sitzend eine Herme mit den Knien festhält, um mit einem Schnitzwerkzeug letzte Hand anzulegen.

Eine schwarzfigurige Pelike (Abb. S. 356 links) gestattet den Blick in eine Schusterwerkstatt: Der Meister sitzt an einem kunstvoll gefertigten Arbeitstisch, unter dem sich ein großes zweihenkliges Becken befindet, und paßt einem auf der Tischfläche stehenden Knaben Schuhwerk an, indem er mit einem senkrecht gehaltenen Messer den Umriß des Fußes umfährt, während ein lässig auf seinen Stock gestützter Mann, vermutlich der Vater des Jungen, sich von der Gewissenhaftigkeit der Arbeit überzeugt. Über dem Kopf des Schusters sieht man eine Holzleiste mit darin eingesteckten spitzen Werkzeugen.

Das Vasenbild auf einer spätschwarzfigurigen Kanne (Abb. S. 356 rechts) lädt zu einem Metzger ein. Mit fachmännisch angehobenem Schlachtmesser vor seinem Hauklotz stehend, ist er gerade mit dem Zerlegen eines großen Schenkelstücks beschäftigt, das ein Gehilfe festhält. An einem Baum im Hintergrund hängt ein weiteres Schenkelstück, auf einem niedrigen Gestell liegen Fleischportionen, und daneben steht am Boden eine große Schüssel. In ähnlicher Weise können Fischhändler beim Aufbereiten ihrer Ware dargestellt sein, während ein Kunde zusieht. Es findet sich auch ein Vasenbild mit einem Mann, der an einer Stange zwei Körbe geschultert hat, aus denen die Schwanzflossen von Fischen herausschauen. Ein anderes zeigt einen Burschen, der mit ausgeworfener Angel auf einem Felsen hockt; ein Fisch hat bereits angebissen, im Wasser sind weitere Meerestiere zu erkennen sowie ein korbähnliches Gehäuse zur Fischzucht.

Welche Männerberufe es sonst noch gab, führen zu Beginn des 5. Jahrhunderts v. Chr. entstandene Terrakottagruppen vor Augen. Da hockt ein Mann gebückt vor einem grillartigen Rost, entfacht mit einer Matte das Feuer und wirft Kohlestücke in die Glut. Oder der nur mit einem Hüftschurz bekleidete Barbier (Abb. S. 347) schneidet mit Kamm und Schere einem vor ihm auf niedrigem Schemel sitzenden und ganz verhüllten Bärtigen das Kopfhaar. In den Umkreis solcher Darstellungen gehören auch diejenigen ärztlicher Behandlung: So läßt auf einem Vasenbild ein Arzt von jugendlichem Aussehen im Sitzen einen vor ihm stehenden Mann zur Ader; am Boden ist vorsorglich ein großes Metallbecken bereitgestellt, und im Hintergrund aufgehängte Schröpfköpfe verweisen auf die therapeutische Spezialität; weitere Patienten – darunter Bandagierte und ein Zwergwuchs – warten darauf, daß sie an die Reihe kommen. Hier lassen sich schließlich auch alle jene Vasenbilder anschließen, die Männer bei ihrer Tätigkeit als Lehrer, Pädagogen, Trainer, Kampfrichter, Chorführer oder Schauspieler darstellen.

Selbst der Verkauf von landwirtschaftlichen Produkten und handwerklichen Erzeugnissen fand seinen bildlichen Niederschlag. So wartet auf einem Schaleninnenbild ein jugendlicher Anbieter von Keramik auf Kundschaft, der er seine tönerne Ware in einem mehrstufigen Holzaufbau zum Kauf feilbietet; auf einem anderen erscheint ein Käufer mit prallem Geldbeutel in der Hand und betrachtet

Links: Junge Krieger legen ihre Rüstung an. Außenbild einer von Duris signierten Trinkschale mit rotfiguriger Bemalung. Um 500 v. Chr.
Wien, Kunsthistorisches Museum

Rechts: Helm aus Axos auf Kreta. 7. Jahrhundert v. Chr. Der beiderseits mit einem Flügelpferd verzierte Helm ist von typisch kretischer Form. Er ist aus zwei Hälften zusammengesetzt; ein Stirnreif verdeckt die Naht über den Augen. Der Nasenschutz korinthischer Helme fehlt. Während diese nur durch ihre Form wirken, haben die kretischen oft getriebenen und gravierten Schmuck. Heraklion, Archäologisches Museum

3001

Links: Rückenschale eines Brustpanzers, der 1870 im Bett des Alpheios bei Olympia gefunden wurde. Er gehörte also wohl zu den zahlreichen Waffenweihungen im Zeus-Heiligtum von Olympia. Nach der eingravierten figürlichen Darstellung, die noch nicht sicher gedeutet ist, wurde der Panzer in der zweiten Hälfte des 7. Jahrhunderts wahrscheinlich von einem auf der Peloponnes tätigen Bronzschmied hergestellt. Olympia, Museum

Rechts: Korinthische Helme aus Olympia. Der das ganze Gesicht mit Ausnahme von Augen- und Mundbereich bedeckende korinthische Helm war der verbreitetste Helmtyp im Hoplitenzeitalter. Er wurde ohne Naht aus einem einzigen Stück Bronzeblech geschlagen, eine beachtliche technische Leistung, die Stabilität und Schutz gegenüber den aus Teilen zusammengenieteten Helmen entscheidend verbesserte. Olympia, Museum

In kleinen Städten verfertigen dieselben Leute Liegebetten, Türen, Pflüge und Tische, oft baut der gleiche Mann auch Häuser und ist froh, wenn er so genügend Arbeitgeber findet, die ihm seinen Unterhalt sichern. Nun aber ist es unmöglich für einen, der so vielerlei anfertigt, alles gut auszuführen. In den großen Städten aber, wo viele das gleiche benötigen, gewinnt er ausreichenden Lebensunterhalt auch nur mit einer einzigen Handfertigkeit, oft mit einer noch nicht einmal vollständigen: Nein, der eine macht Schuhe für Männer, der andere für Frauen; bisweilen lebt der eine bloß vom Nähen der Schuhe, der andere vom Zuschneiden; der eine schneidet ausschließlich Kleider zu, der andere tut weiter nichts, als die Einzelstücke zusammenzusetzen.

Xenophon, *Kyropädie* 8, 2, 5
(Übersetzung von Walter Arend)

wählerisch das am Boden gestapelte Geschirr. Nicht viel anders geht es zu, wenn Kunde und Verkäufer um Menge, Güte und Preis des angebotenen Öls feilschen. Der Ölhändler hat mit einem Trichter aus einer am Boden stehenden Amphora eine Probe in ein kleines Ölgefäß abgefüllt; seine darbietende Geste begleitet die Beischrift einer wohl mehr gedachten Äußerung: »Oh, Vater Zeus, gib, daß ich reich werde!« Anderes Gut wird in Säcken, fest verschnürten Ballen oder großen Behältnissen gewogen, wie es ein weiteres schwarzfiguriges Vasenbild (Abb. S. 357) illustriert: Von oben hängt eine gleicharmige Waage herab, an deren jeweils mit vier Schnüren befestigten Schalen sich auf Klappstuhl und Hocker Sitzende zu schaffen machen, während ein Dritter durch Nachschütten offensichtlich die Füllmenge oder das Gewicht auszugleichen sucht.

Dickbauchige Handelsschiffe mit hohem Mastbaum, straff gespannter Takelage und im Wind geschwellten Segeln, doppeltem Steuerruder und zur Vergrößerung des Laderaumes hochgezogenen Bordwänden nahmen die Fracht auf und beförderten sie – manchmal durch Rudern unterstützt – die Küsten entlang oder über das Meer. Aber der Seehandel war nicht nur wegen der Stürme, Untiefen und Klippen ein gefährliches Unterfangen, auch die grassierende Piraterie fügte den Handelsleuten schwere Verluste zu. Die Außenbilder einer schwarzfigurigen Schale (Abb. S. 93) zeigen je ein Piratenschiff, das im Begriff ist, ein reiche Beute versprechendes Handelsschiff anzugreifen. Gleich den Kriegsschiffen haben diese beiden Piratenschiffe in Höhe der Wasserlinie einen als Rammsporn dienenden spitz zulaufenden Bug, der als Tierkopf gestaltet ist; eine Reihe von Ruderern sorgt dafür, daß sie schnell und wendig sind.

Angriff, Kampf und Krieg gehörten zur Welt des Mannes. Sei Eroberung oder Verteidigung das Ziel gewesen, bei heldenhaft bestandenem Zweikampf, bei der Bewährung im geschlossenen Gefechtsverband oder sonst mutig bestandener Gefahr waren ihm Ansehen und Ehre gewiß, und zwar nicht nur seitens der Mitbürger: Inschriften und Grabmonumente, selbst Werke der Dichtung trugen dazu bei, daß der Ruhm sich fortpflanzte. Was Waffengang und Krieg an Schrecken mit sich brachten – Zerstörung, Verlust der Habe, Sklaverei, Leid und Tod –, all dem sah man sich als unentrinnbarem Schicksal ausgeliefert.

Durch die Erziehung zu sportlichem Wettkampf und Waffentraining angehalten und von jung auf dafür vorbereitet, hatte sich der volljährige Mann jederzeit für den Kriegsfall tauglich und bereit zu halten. Seine Bewaffnung taugte gleichermaßen zum Angriff wie zur Verteidigung; unabhängig davon, ob er zu Fuß kämpfte, beritten oder im Kampfwagen, in offener Feldschlacht, vor den Toren einer belagerten Stadt oder in den Reihen ihrer Verteidiger, bestand sie aus Helm, Panzer, Schild, Arm- und Beinschienen, zweischneidigem Schwert sowie Wurfspeer oder Stoßlanze. Der Hoplit, seit dem 7. Jahrhundert v. Chr. Trä-

ger dieser hauptsächlich aus Metall und Leder gefertigten Bewaffnung, mußte Vollbürger sein und seine Ausrüstung selbst aufbringen. Daneben gab es noch Leichtbewaffnete, Bogenschützen, Reiter und solche, die auf Kriegsschiffen ihren Dienst versahen.

Gewappnete Krieger werden in allen Kunstgattungen, auch den kleinformatigen, immer wieder und mit vielen Details dargestellt: bei Übergabe und Anlegen der Waffen, beim Abschied und vor allem im Kampf, dann allerdings meist an Gestalten des Mythos gebunden. Ganz aus dem Leben gegriffen wirkt die Hoplitenstreitmacht auf der berühmten korinthischen »Chigi«-Kanne (Abb. S. 248). Während hier der Aufmarsch von Schlachtreihen schwerbewaffneter Krieger wiedergegeben ist, treten in den Kampfszenen der Vasenbilder gewöhnlich Einzelkämpfer gegeneinander an. Einmal erscheinen auf einer rotfigurigen Vase auch Waffen ohne Träger, bedrohlich dicht nebeneinandergehäuft. Nicht allein die Funktion im Kampf, auch der Materialwert, die gediegene Form und oftmals künstlerische Gestaltung machten die Bewaffnung zu einem kostbaren Besitz, um den man – so spiegeln es vor allem die Sagen – noch bei der Bergung der Gefallenen und wiederum mit Waffengewalt stritt.

Die Ausgrabungen von Olympia haben große Mengen von Waffen ans Licht gebracht, die dort den Göttern geweiht wurden, darunter zahlreiche Beutestücke (S. 360, 361). Diejenigen archaischer Zeit erreichen vielfach den Rang von Meisterwerken der Toreutik. Unter den Funden sind die wichtigsten griechischen Helmformen vertreten: der das ganze Gesicht mit Ausnahme von Augen- und Mundbereich bedeckende korinthische Typ; der attische Helm mit beweglichen Wangenklappen und hoch aufragendem Helmbusch; außerdem kegelförmige und andere Helmtypen. Des weiteren kamen die metallenen Überreste von einst aus Holz und Leder konstruierten runden Schilden zutage, vor allem die mannigfaltigen Schildzeichen aus getriebenem Bronzeblech und die häufig in Treibarbeit mit Reliefs verzierten Schildbänder, seltener jedoch komplette Exemplare. Die den Körperformen ziemlich genau angepaßten Metallpanzer sind entweder aus einem Stück gefertigt oder mit Scharnieren zum Öffnen versehen und oftmals durch eingravierte Darstellungen fürstlich ausgezeichnet. Ähnlich graviert oder mit Reliefs versehen wurde die etwa halbkreisförmige Mitra, die als Unterkörperschutz diente. Einst gefütterte und mit Riemchen ausgestattete Beinschienen aus Metall schützten den Unterschenkel vom Knie abwärts bis zu den Knöcheln; sie geben oftmals die Beinmuskulatur ornamental wieder. Angriffswaffen wurden nicht in gleichem Maße gestaltet. Erhalten blieben nur Metallteile, Pfeil- und Speerspitzen oder Lanzenschuhe, so daß Vasenbilder eine bessere Vorstellung von ihren Formen bieten als die Überreste. Das gilt auch von den Schwertern und ihren Köchern; neben geraden kommen solche mit gekrümmten Klingen vor, die dann einsei-

Links: Zwei Athleten. Die um 460/450 v. Chr. in Attika entstandene Statuettengruppe wurde in Delphi gefunden. Bei dem linken Athleten handelt es sich um einen Sieger im Weitsprung bei den Pythischen Spielen, denn er hält in der linken Hand das Sprunggewicht (Haltere) und in der rechten den Rest eines Kranzes. Delphi, Museum

Rechte Seite, oben: Waffenläufer. Bronzestatuette. Höhe 16,3 cm. Um 490 v. Chr. Mit vorgebeugtem Rumpf und ausgestrecktem rechten Arm erwartet der Läufer das Startzeichen. Der angewinkelte linke Arm trug den Schild, der beim Start nach vorn gestoßen wurde, um mit seinem Gewicht den Körper mitzureißen. Wie der Schild fehlt auch der Busch, der den attischen Helm bekrönte. Tübingen, Archäologisches Institut der Universität

Rechte Seite, unten: Diskus mit eingravierter Darstellung eines Speerwerfers. Mitte des 5. Jahrhunderts v. Chr. Der aus Bronze gegossene und erkennbar auf der Drehscheibe nachgearbeitete Diskus aus einem Grab auf Ägina hat einen Durchmesser von 21 cm und wiegt 1,984 kg. Diskus- und Speerwerfen waren Disziplinen des olympischen Fünfkampfs, zusammen mit Laufen, Ringen und Weitsprung, der auf der Rückseite des Diskus dargestellt ist. Berlin, Antikensammlung

tig geschliffen sind. Manche der in Olympia gefundenen Waffen tragen eingravierte Inschriften, die die Namen von Siegern und Besiegten, manchmal auch den Anlaß der Weihung überliefern.

Welche Bedeutung der Bewaffnung im Alltag des griechischen Mannes zukam, belegen die oft auf Vasen dargestellten Rüstungsszenen, die in minuziöser Kenntnis und großer Detailfreude das Anlegen der Rüstung und Prüfen der Waffen schildern. Eine von Duris signierte Schale (Abb. S. 358) hält an den Außenseiten viele solcher Momente fest: das Hochbinden der Haare, die Begeisterung angesichts eines prachtvollen Helmes, den Probelauf in Waffen, das Schließen des Panzers vor der Brust bei noch hochstehenden Schulterklappen, das Anlegen der Beinschienen, das Ergreifen von Speer und Helm sowie das Herausziehen des Schwertes aus der Scheide. Die meisten der jungen Krieger tragen bereits den Panzer über dem durch Gürtung hochgezogenen Chiton; bei einigen lehnt der Schild am Körper, andere Schilde liegen flach am Boden und darauf jeweils ein Helm.

Das Innenbild dieser Schale zeigt den Aufbruch eines gerüsteten, bärtigen Kriegers aus seinem Hause: Seine Frau, das Antlitz leicht senkend, gießt ihm aus einer Kanne den Abschiedstrunk in eine flache Spendenschale. Dieses oft gestaltete, in klassischer Zeit auch stärker gefühlsmäßig ausgelotete Thema »Kriegers Abschied« (Abb. S. 321) stellt spannungsreich die häusliche Welt der beruflich-kriegerischen des Mannes gegenüber – zwei Bereiche des gleichen Alltagslebens.

Hesiod hielt die Streitsucht der Menschen für den Ursprung allen Übels, verwies in seinem um 700 v. Chr. entstandenen Lehrgedicht *Tage und Werke (Erga)* jedoch darauf, daß Eris, die Feindschaft und Hader bringende Göttin, auch eine gute, nützliche Seite habe, da sie die Menschen dazu treibe, miteinander zu wetteifern:

Nicht nur eine Sippe der Eris gibt es; auf Erden
walten ja zwei. Die eine mag gern der Kundige loben,
aber die andere tadeln. Sie sind ja verschiedenen Sinnes.
Eine von ihnen erweckt nur Hader und häßliche Feindschaft

grausam; es liebt sie darum kein Sterblicher, aber gezwungen
muß man nach göttlichem Ratschluß die lästige Eris verehren.
Aber die finstere Nacht gebar schon früher die andre,
und es setzte der hohe, im Äther behauste Kronion
sie im Schoße der Erde den Menschen zu größerem Heile;
denn sie ermuntert sogar die lässigen Männer zur Arbeit.
Schaut ein solcher auf andre, die reicher, so möchte er stärker
schaffen, er sputet sich dann, den Acker zu pflügen, zu säen,
gut zu richten das Haus; so eifert Nachbar mit Nachbar
um den bessern Ertrag. Die Eris ist Sterblichen nützlich;
eifert doch Töpfer mit Töpfer, der Zimmermann mit dem Zimmrer,
und es neidet der Bettler dem Bettler, der Sänger dem Sänger.
(Übersetzung von Thassilo von Scheffer)

Sport, Spiel und Vergnügen

Das Bestreben, sich vor anderen auszuzeichnen, ihnen körperlich und geistig überlegen zu sein, war bei den Griechen des Altertums in besonderem Maße ausgeprägt. Sie empfanden das ständige Kräftemessen als gesunden Wettstreit, und ihr Wort dafür war *agōn*. Hauptsächlich in Kampf, Sport und Spiel erprobt, ist der Agon als ein an bestimmte Normen gebundenes Grundprinzip altgriechischer Lebensführung erkannt worden. In der Tat durchdrang das agonale Element griechischen Wesens alle Lebensbereiche, und es entstanden zahlreiche Kunstwerke mit entsprechender Thematik.

Aus dieser Grundhaltung erklärt sich die überragende Bedeutung, die Sport und Spiel im griechischen Leben erlangt haben, sei es für den einzelnen mit den athletischen Übungen in Gymnasion, Palästra und Stadion, sei es bei den die Griechen in Olympia, Delphi, am Isthmos oder anderen berühmten Stätten zusammenführenden großen Wettkämpfen, die neben sportlichen oftmals auch musische Agone einschlossen. Aber auch die Festspiele im Theater, das Auftreten von Chören und Rezitatoren, die musikalischen Darbietungen von Sängern, Flötenbläsern und solchen, die Saiteninstrumente spielten, trugen den Keim schöpferischer Rivalität in sich, dienten nicht allein reiner Unterhaltung oder erzieherischer Belehrung, sondern auch dem vergleichenden Wettbewerb; die dabei ermittelten Sieger wurden bekränzt oder anderweitig geehrt und mit Preisen ausgezeichnet. Selbst für bildende Künstler – Bildhauer wie Maler – sind derartige Konkurrenzen überliefert und schon in den antiken Quellen legendär ausgeschmückt worden.

Der Tübinger Waffenläufer (Abb. oben), eine frühklassische Bronzefigur, verweist auf den Ursprung sportlicher Betätigung in Zeiten, als körperliche Ertüchtigung und kriegerisches Gewappnetsein noch lebensnotwendig verbunden waren. So erklärt sich auch, daß der Wettlauf in voller Hoplitenrüstung als eine olympische Disziplin auf-

genommen wurde. Bei der Statuette handelt es sich offenbar um die Weihung eines Siegers in dieser Kampfsportart. Mit einem attischen Helm, dem der Busch fehlt, ausgerüstet und sonst unbekleidet, wartet der Läufer in geringer Schrittstellung und mit leicht gebeugten Knien auf das Startzeichen, die Körperkräfte mit der vorgestreckten Rechten auf diesen Moment hin ausbalancierend. Daß links ein großer Rundschild zu ergänzen ist, legt nicht nur die gewinkelte Armhaltung nahe, sondern auch ein gleichzeitiges rotfiguriges Vasenbild, auf dem der Waffenläufer auch Beinschienen trägt. In der Frühklassik häufen sich verwandte Bronzestatuetten startender Wettläufer, antretender oder zum Wurf ausholender Diskuswerfer, Sprunggewichte (Haltere) schwingender Weitspringer und ruhig stehender Athleten.

Lauf, Diskuswurf und Weitsprung gehörten zusammen mit Speerwurf und Ringkampf zum olympischen Fünfkampf (Pentathlon), der auf unzähligen Vasenbildern dargestellt ist, zwar selten komplett, dafür wird die Auswahl häufig um Flötenspieler bereichert. Aus der Fülle sei eine spätarchaische Amphora (Abb. rechts) herausgegriffen, die in schwarzfigurigem Stil zwei bärtige nackte Athleten zeigt; der linke hebt den Diskus zum Schwung, der rechte setzt mit vor den Körper gehaltenen Halteren zum Weitsprung an; beide rahmen einen jugendlichen Musikanten in langem bunten Gewand, der mit seiner waagerecht hochgestreckten Doppelflöte den Rhythmus angibt.

Auch in der frührotfigurigen Gefäßmalerei sind sportliche Wettkämpfe ein bevorzugtes Thema. Außer den verschiedenen Sportgeräten sieht man auf solchen Bildern Hacken zum Auflockern der Sprunggrube und Pfeiler als Markierung der Startlinie, weiterhin Trainer, Kampfrichter mit langen Gerten, mit Binden geschmückte Sieger sowie Diener mit Beuteln und gebündelten Reinigungsutensilien – in der Regel Salbgefäß (Aryballos), Schaber (Strigilis) und Schwamm. Diese Utensilien können auch an rückwärtigen Wänden hängen, desgleichen Sandalen, Futterale und anderes. Neben den genannten sind genauso die anderen

Links oben: Liebeswerbung eines älteren Mannes um einen jüngeren. Schwarzfigurige Bauchamphora des Phrynos-Malers. Um 550 v. Chr. Höhe 35,5 cm (Deckel nicht zugehörig). Beide Männer sind Sportler und als Sieger aus einem Wettkampf hervorgegangen, wie die Purpurbinden an Arm und Brust zeigen. Der Werber, griechisch Erastes, mit Bart und kurzgeschnittenem Haar, ist nach seinem Körperbau zu schließen ein Schwerathlet, ein Faust- oder Ringkämpfer. Den Umworbenen, griechisch Eromenos, weist der Speer in der Rechten als Fünfkämpfer aus. In der linken Hand hält er einen Kranz mit kleinen Granatknospen, den er als Liebesgeschenk bekommen hat. Würzburg, Martin-von-Wagner-Museum

Links unten: Wagenrennen mit Viergespannen. Schwarzfiguriges Bild auf dem Deckel einer Amphora des Kleophrades-Malers. Um 500 v. Chr. München, Antikensammlungen

Rechts: Diskuswerfer, Flötenbläser und Springer. Attisch schwarzfigurige Halsamphora des Acheloos-Malers. Höhe 42 cm. Um 510 v. Chr. Würzburg, Martin-von-Wagner-Museum

Links oben: Tänzerin mit Krotalen. Attische Tonfigur mit Resten der ursprünglichen Bemalung. Höhe 17,4 cm. Mitte des 4. Jahrhunderts v. Chr. Die Tänzerin schwingt mit ausgebreiteten Armen ihre Krotalen-Klappern, die den Tanzrhythmus geben. Eben noch in schneller Drehung, ist sie ruckartig zum Stillstand gekommen, so daß der lange Chiton glockenförmig gebauscht nachschwingt. Der ärmellose Chiton ist in der Taille von einer Gürtung gehalten, die plastische und vergoldete Rosetten schmücken. Eine große Rosette ziert die Brust. Berlin, Antikensammlung

Links unten: Tänzerin im Mantel. Böotische Tonfigur mit Resten der ursprünglichen Bemalung. Höhe 15 cm. Um 250 v. Chr. Auch in dieser Statuette ist eine Augenblicksphase der Tanzes festgehalten. Die Tänzerin hat das rechte Bein nach vorn geworfen, der Schuh schwebt auf der Fußspitze, und gleichzeitig den Oberkörper aus der Hüfte nach rückwärts gedreht. Beide Arme sind an den Leib geschmiegt und spannen den über den Kopf gezogenen Mantel eng an den Oberkörper, die erhobene Hand rafft ihn unter dem Kinn zusammen, während der herumwirbelnde Saum unten wie ein Kranz am Boden aufliegt. München, Antikensammlungen

Rechts: Chor der »Ritter« und Aulosbläser. Schwarzfiguriges Bild auf einer Bauchamphora des sogenannten Malers von Berlin 1686. Mitte des 6. Jahrhunderts v. Chr. Berlin, Antikensammlung

Froh, da noch währet die Jugend, vergnüg' ich mich:
werd ich doch lange,
wenn mir das Leben entfleucht, tief in der Gruft wie ein Stein
lautlos liegen, verbannt aus Helios lieblichem Lichte
und, wie ich wacker auch war, nimmer erschließen den Blick.
Laßt uns anjetzt froh werden des Trunks, Anmutiges redend;
aber der Zukunft Los ruht in der Seligen Hand.
Trinklied des Theognis (Nachdichtung von Eduard Mörike)

olympischen Disziplinen dargestellt, wie das Wagenrennen mit Viergespannen, der Faustkampf und das Pankration, eine Kampfart, bei der alles erlaubt war, aber auch sonstige Leibesübungen wie Schwimmen oder Lanzenstechen – vom Pferde aus auf aufgehängte Schilde. Ferner gibt es Vasenbilder von Athleten, die ihre Gewänder ablegen, den Körper mit Salböl aus kleinen Gefäßen bestreichen, sich am Waschbecken reinigen oder sich einer Massage unterziehen.

Erstaunlicherweise sind sogar einige Sportgeräte original erhalten geblieben, etwa die in Olympia gefundenen bleiernen Sprunggewichte des Akmatidas, laut Inschrift Fünfkampfsieger im 6. Jahrhundert v. Chr. Ein aus Bronze gegossener und erkennbar auf der Drehscheibe nachgearbeiteter Diskus klassischer Zeit aus Ägina (Abb. S. 363) weist beidseitig eingravierte Athletendarstellungen auf: einen Weitspringer mit Halteren und einen Speerwerfer. Dieser wendet in weiter Schrittstellung Kopf und Körper zurück, so daß sich der Körper ganz vor dem Betrachter ausbreitet, und greift mit der Rechten in die Wurfschlinge des diagonal über den Rumpf geführten Speeres, während die ausgestreckte Linke den Schwung auszugleichen sucht.

Eine flache, quadratische Marmorbasis, einst der Sockel einer Jünglingsstatue, besitzt an drei Seiten spätarchaische Reliefs auf heute noch rotfarbenem Grund (Abb. S. 258); sie kann wegen ihrer geringen Figurenhöhe durchaus noch als Werk der Kleinkunst angesprochen werden. Während

die Front mehrere muskulöse Athleten vorführt – in der Mitte ein Ringerpaar, seitlich einen Speerwerfer und einen Springer –, zeigen die Seitenreliefs Jünglinge beim Spiel. Einmal handelt es sich um ein Ballspiel, an dem sechs stilistisch ganz gleichartig behandelte Figuren in sehr unterschiedlichen Posen beteiligt sind, zum anderen um eine Szene mit vier jungen Männern, die Mäntel tragen und durch ihre Stöcke zu erkennen geben, daß sie dem Müßiggang obliegen. Sie sind einander in kompositorisch gleichwertigen Zweiergruppen gegenübergestellt, wobei die beiden vorderen auf einem Hocker beziehungsweise einem Klappstuhl sitzen, während die hinter ihnen Stehenden sich unterschiedlich aufstützen. Ihr aller Augenmerk ist auf den Vorgang in der Mitte gerichtet, denn hier werden – von den Sitzenden jeweils an Halsbändern gehalten – Hund und Katze aufeinander losgelassen. Die Reaktion der Tiere, das zurückweichende Kläffen des großen Hundes und das Fauchen der zum Sprung ansetzenden kleineren Katze, ist ebenso genau beobachtet und meisterhaft wiedergegeben wie das Verhalten der Zuschauer.

Derartige Szenen – ein weiteres Basisrelief zeigt Hockeyspieler – werden sich in der Palästra oder sonstwo im Freien abgespielt haben. Als Darstellungen des unterhaltsamen Zeitvertreibs und Spiels stehen diese Reliefs keineswegs allein. Auf den Vasenbildern begegnen in thematisch verwandter Art Hahnenkampf und Ballspiel, dann aber auch junge Leute, die Reifen oder Kreisel treiben, Hasen und Vögel fangen und mit solchen Tieren umgehen, ferner das Spiel mit verbundenen Augen, also Blindekuh, Stelzenlaufen, schwungvolles Schaukeln oder das Wippen auf einem Brett, schließlich Geschicklichkeitsproben in der Art des Jo-Jo und des Kottabos-Spiels. Bei diesem mußte aus einer Trinkschale die Neige des Weins so gegen eine lose auf einer Stange angebrachte Metallscheibe geschleudert werden, daß diese klirrend zu Boden fiel.

Geselligkeit und Vergnügen besonderer Art boten Theateraufführungen und Darbietungen lyrischen Chorgesangs. Davon sind aus älterer Zeit nur relativ wenige Darstellungen überliefert, aber sie machen deutlich, wie eng der Ursprung beider Genres an den Dionysos-Kult gebunden war. Ein archaisch schwarzfiguriges Vasenbild (Abb. S. 367) vermag eine Vorstellung von der frühen Theaterpraxis zu geben. Zum Flötenspiel eines auch hier jugendlichen und langgewandeten Aulosbläsers bewegen sich im Gleichklang drei Gestalten, die sich durch gebückte Haltung, übergezogene Masken und Schweife in Pferde verwandelt haben und jeweils eine als Krieger gekennzeichnete Person auf ihren Schultern tragen. Damit könnte gut ein »Ritter«-Chor gemeint sein, doch bleibt offen, ob die Vermummten wirklich im Theater auftreten – dann wohl in einem Stück der älteren attischen Komödie – oder ob sie den ausgelassenen Umzug zu Ehren des Dionysos veranstalten; in jedem Falle aber handelt es sich um eine auf den Alltag bezogene Schilderung.

Im 4. Jahrhundert v. Chr. ändert sich das Bild grundlegend. Nun werden die typischen Rollen der mittleren attischen Komödie, genau wie auf der Bühne charakterisiert, in Terrakottafiguren nachgebildet: besorgte Diener, trunkene Zecher, keifende Weiber, schlitzohrige Köche und freizügige Hetären. Etwa gleichzeitig entsteht in Unteritalien eine Gruppe von Gefäßen mit Bildern grotesker Szenen der sogenannten Phlyaken-Posse. Man sieht auf den ersten Blick, daß hier Komödianten auf einer Bretterbühne agieren; sie tragen entstellende Masken und ausgestopfte Kostüme mit herabhängendem großen Phallos. Bevorzugt werden Themen wie der von einem gerissenen Städter ausgenommene naive Bauer oder der um seine Geldtruhe bangende Geizhals. Der parodistische Zug ist so unverkennbar wie die Orientierung an der Theaterwirklichkeit.

Die immer wieder auf Vasenbildern vorkommenden Flötenbläser, Leier- und Kitharaspieler erscheinen meist als unverzichtbare Mitwirkende bei festlichen Umzügen, Kulthandlungen, Aufmärschen von Kriegern, sportlichen Wettkämpfen sowie Gelagen und sind – von den Unterrichtsszenen abgesehen – nur selten um ihrer selbst willen dargestellt. Schon eher begegnen sie zusammen mit Tanzenden. So spielt in einem frührotfigurigen Schalenrund ein Aulosbläser einer ihre Blöße nur notdürftig mit einem Pantherfell bedeckenden Tänzerin auf, die mit kastagnettenartigen Handklappern (Krotala) den Takt dazu schlägt. Ganz ähnlich hält die im mittleren 4. Jahrhundert v. Chr. entstandene Terrakottastatuette einer Tänzerin, die mit waagerecht ausgebreiteten Armen ihre Krotalen schwingt, im glockenförmig gebauschten Kleid die flüchtige Drehbewegung des Tanzes für immer fest (Abb. S. 366).

Musik, Weingenuß, Spiel, Gesang und andere Freuden bestimmten die fern von der Familie nach gemeinsamer Mahlzeit veranstalteten Trinkgelage der Männer. Neben Tänzern, Musikanten und Schauspielern hatten auch mehr oder weniger gebildete Freudenmädchen oder Hetären Zugang zu diesen Symposien. Sie konnten den auf Klinen ausgestreckten Zechern in unterschiedlichster Weise dienstbar sein. Das häufige Vorkommen solcher Gelageszenen auf Vasen zeigt, daß die Symposien aus dem griechischen Alltag nicht wegzudenken sind. Wie es dabei zuging, illustriert, stellvertretend für viele, eine rotfigurige Schale (Abb. oben), deren eine Außenseite besondere Aufmerksamkeit verdient. Zwei Männer verschiedenen Alters lagern auf den mit Polstern ausgestatteten Liegesofas. Sie werden von einem nackten Mundschenken bedient, der links an der das Innere eines Gebäudes markierenden Säule lehnt, Kelle und Trinkschale in einer Hand. Zwischen ihm und dem ersten Gelagerten, der seinerseits einen Trinkbecher zu seinem Nachbarn hinstreckt, sitzt eine Flötenspielerin, während sich die andere Hetäre auf die rechte Bettstatt zu dem Jüngling begeben hat, der ihr am Gewand nestelt. Im Hintergrund hängen oben Leier, Futteral und zwei große Körbe, unter den Klinen stehen ein Paar Stiefel und ein dreifüßiges Metallbecken. Daß ein solches Gerät für die Folgen eines Gelages nützlich sein konnte, bezeugt eine andere Schale desselben Malers. An ihren Außenseiten zeigt sie den lärmenden Umzug von einem Symposion heimkehrender Zecher und Hetären, den Komos, und im Innenbild, wie sich ein Jüngling, von einer Hetäre hilfreich gestützt, erbrechen muß.

Zum abgerundeten Bild solcher Gelage wie auch des griechischen Alltagslebens insgesamt gehören auf Knabenliebe beschränkte gleichgeschlechtliche Sexualbeziehungen und die käufliche Liebe der Frau. Auch hier bilden die Werke der Kleinkunst, vornehmlich Vasenbilder, eine Hauptinformationsquelle. Der Päderastie, die auf seelischem Gleichklang zwischen älterem Liebhaber und noch heranwachsendem Geliebten aufbaut und sich oft mit erotischer Annäherung begnügt, muß eine erzieherische Funktion zuerkannt werden. So begegnet das Liebeswerben mit symbolträchtigen Geschenken wie Hahn oder Hase, Geld und anderen Gaben häufiger als die Umarmung und der Austausch unmißverständlicher Zärtlichkeiten.

Bei der Wiedergabe von Hetären, Liebesspiel und außerehelicher Befriedigung des Sexualtriebes erweisen sich die Darstellungen als weniger zurückhaltend. Auch hier wechseln Geschenke und Geld den Besitzer, allerdings mit deutlicherer Absicht; Kleider werden abgelegt oder als letztes die Sandalen gelöst; Musik und Unterhaltung leiten das Liebesspiel ein, das dann auch bildlich bis zum Vollzug des Geschlechtsverkehrs vorangetrieben werden kann; selbst der Bordellbesuch wird nicht ausgenommen. Doch trotz aller Direktheit bleibt auch bei solcher Schilderung alltäglichen menschlichen Vergnügens die Natürlichkeit gewahrt. Ein von Euphronios signierter berühmter spätarchaischer Psykter (Abb. rechts oben) mag diese Feststellung belegen. Er bietet den Anblick mehrerer nur mit Hauben und anderem Kopfputz geschmückter Frauen auf weichen, bunt gemusterten Polstern und Kissen bei Flötenspiel und Hetärengelage und stellt dabei unverhohlen ihre makellose Leiblichkeit zur Schau.

Nicht weniger Teil der kleinen Kunst als die hier behandelten Bildwerke, bringt das folgende kurze Gedicht von der liebevollen Erwartung der Angebeteten und der wachsenden Enttäuschung über ihr Ausbleiben die gleiche Lebensnähe zum Ausdruck, die auch die Bilder des griechischen Alltags auszeichnet; Asklepiades von Samos hat es im 3. Jahrhundert v. Chr. verfaßt (Nachdichtung von August Oehler):

Tausendmal mit heiligem Eide
schwur sie mir's mit frecher Stirne:
»Ja, ich komme diese Nacht« –
Niko, die verruf'ne Dirne.

Dächte sie, den Eid zu brechen?
Ach, kein Laut im ganzen Haus,
Stund um Stunde geht vorüber,
Sklaven, löscht die Lampe aus.

Linke Seite: Symposion. Außenbild einer Trinkschale des Brygos-Malers. Um 480 v. Chr. London, British Museum

Oben: Agapa. Rotfiguriges Bild auf einem Psykter (Kühlgefäß) des Malers Euphronios. Höhe 35,5 cm. Um 510 v. Chr. Vier Hetären, deren Namen beigeschrieben sind, haben sich zum Gelage versammelt. Unter den Klängen eines Aulos, den Sekline bläst, vergnügt sich Smikra beim Kottabos, während Agapa der Musikantin einen Skyphos hinstreckt und Palaisto ihren Becher zum Mund führt.
Sankt Petersburg, Ermitage

Unten: Hetären beim Kottabos. Schulterbild einer Hydria des Malers Phintias. Um 510 v. Chr. Beim Kottabos-Spiel wurde ein Weinrest im Trinkgefäß durch geschicktes Balancieren auf ein Ziel geschleudert. Während der Becher um den Zeigefinger kreist, ruft die Hetäre mit der Haube: »Dir, schöner Euthymides, schleudere ich diese Neige.«
München, Antikensammlungen

Münzen

Keine Gattung antiker Artefakte ist in so großer Zahl erhalten wie Münzen, keine Gattung in derart lückenloser Folge dokumentiert. Informationen zur Geschichte und Kunst, zu Religion und Mythologie, zu Topographie und Handel lassen sich an Münzen oftmals wie in einem Spiegel ablesen. Natürlich ist in der Distanz von über zwei Jahrtausenden dieser Spiegel, um im Bild zu bleiben, nicht frei von verzerrenden und blinden Stellen. In der Regel jedoch erlauben Münzen präzisere Aussagen als alle anderen Denkmälergattungen, vorausgesetzt, sie werden ihren eigenen Gesetzlichkeiten entsprechend interpretiert.

Ob das Medium Münze von Griechen erfunden sei, war bereits in der Antike umstritten. Unsere frühesten Quellen, Xenophanes von Kolophon (bei Pollux, *Onomastikon* 9, 83) und Herodot (1, 94), berichten, als erste hätten die Lyder Münzen geprägt, jenes nichtgriechische Volk, das große Gebiete im westlichen Kleinasien beherrschte.

Für die Richtigkeit dieser Angabe spricht, daß die Lyder über Vorkommen an Elektron verfügten, einem Gemisch von Gold und Silber, das sie aus dem Sand der Flüsse des Tmolos-Gebirges auswuschen; daß sie sagenhaft reich waren, vor allem ihr letzter König Kroisos (um 560 – 546); daß das Metall der ältesten Münzen, die wir kennen, natürliches Elektron ist und daß diese aus Lydien und dem angrenzenden Ionien stammen.

Gewiß, Griechen waren es dann, die dem neuen Zahlungsmittel Weltgeltung verschafften. Rasch hatten sie seine Vorteile erkannt: Die Münze war aus Edelmetall, also von hohem Wert bei geringem Volumen; dank ihres verbindlich festgesetzten Gewichts war sie zählbar; sie war in kleinere Nominale teilbar; sie war nicht verderblich, und sie war leicht transportabel.

Alle diese Vorteile hatten die zuvor – und oft auch später noch – gängigen Zahlungsmittel nicht auf sich vereinigt, mögen sie Getreide oder Vieh *(pecus, pecunia)* oder rohes Metall gewesen sein, Stoffe oder Schmuck oder Geräte wie jene zwölf Äxte aus der Schatzkammer, durch deren Schaftlöcher Odysseus vor dem Freiermord den ersten Pfeil schießt (*Odyssee* 21, 421).

Bereits Aristoteles hat die Eigenheit des Geldes definiert: »Das Geld... wird in gewissem Sinne zu einer Mittelinstanz, denn alles läßt sich an ihm messen... Als eine Art austauschbarer Stellvertreter des Bedarfs ist das Geld geschaffen worden, aufgrund gegenseitiger Übereinkunft. Und es trägt den Namen ›Geld‹ (griechisch *nomisma*, auch »Währung«), weil es sein Dasein nicht der Natur verdankt, sondern weil man es als ›geltend‹ gesetzt (*nomos*) hat und es an uns liegt, ob wir es ändern oder außer Kurs setzen wollen.« (*Nikomachische Ethik* 5, 5, 1133 a 14)

Die Münze schuf also eine neue Qualität der Sicherheit »aufgrund gegenseitiger Übereinkunft«: Schrot und Korn, das heißt Gewicht und Reinheit eines Metallstücks wurden normiert und durch einen Stempel garantiert. Der Stempel war anfangs wohl eher ein persönlich gewähltes Sinnbild, später dann dasjenige eines Staates, einer Polis, die mit ihm zeigte, daß ihre Hauptgottheit die Garantie bot. Durch den Stempel erhielt das Metallstück öffentlichen Charakter, es wurde offizielles Staatsdokument, und die emittierende Polis bestätigte, es als Zahlung anzunehmen.

Die Münze ist ein Sekundärprodukt, primär sind ihre (nicht mehr existierenden) Stempel. Die Münze ist ferner ein Serienprodukt, dem Züge eigener Individualität doch nicht ganz fehlen. Aus solchen Widersprüchen erwachsen viele der Schwierigkeiten ihrer Deutung, die sich erst lösen, wenn man die Prägetechnik in Betracht zieht. Da diese von keiner antiken Schriftquelle beschrieben wird und

Der 1982 entdeckte Münzschatz von Hija e Korbit in Albanien enthielt insgesamt 618 Silbermünzen: 426 Münzen Alexanders des Großen (Kopf des Herakles / Zeus), 80 Münzen aus Athen (Kopf der Athena / Eule), 52 Münzen des Lysimachos (Kopf Alexanders mit Ammonshorn / Athena), 42 Münzen Philipps III. von Makedonien und 18 Münzen des Antigonos Gonatas (Schild mit Kopf des Pan in der Mitte und mit Sternen in Halbkreisen am Rand / Athena).
Tirana, Archäologisches Museum

auch keine offiziellen griechischen Stempel erhalten blieben (die uns bekannten sind offenbar alle Fälscherwerkzeuge), müssen wir aus Indizien sowie jüngeren Analogien rückschließen und dabei berücksichtigen, daß es wie in der Kunst auch in der Münztechnik zahlreiche voneinander abweichende Manufakturtraditionen gab.

Die primären Münzmetalle waren Gold, Silber und Bronze. Elektron wurde in Kleinasien nach der Erschöpfung der natürlichen Vorkommen künstlich gemischt und bis zur Zeit Alexanders des Großen verprägt. In Sparta und in anderen Poleis, vor allem der Peloponnes, gab es auch Münzen aus Eisen. Die Wertrelation der Münzmetalle betrug von Gold zu Silber etwa 1:12 (heute über 1:50), von Silber zu Bronze etwa 1:110.

Die wichtigsten Goldvorkommen der griechischen Welt lagen auf der Insel Thasos, in den gegenüberliegenden Gebieten Thrakiens und im Pangaion-Gebirge in Makedonien. Reiche Silberlagerstätten befanden sich auf der Insel Siphnos, mehr noch im Laurion-Distrikt in Attika, in Thrakien und Makedonien sowie im Hinterland von Illyrien (Damastion). Kupfer gab es vor allem auf Zypern und in Etrurien. Auch zahlreiche kleinere und oft wenig ergiebige, heute schwer zu lokalisierende Vorkommen wurden ausgebeutet. Import ergänzte die Bestände: Gold aus Ägypten, aus dem asiatischen Teil des Perserreiches, vom östlichen Schwarzmeergebiet und vom Ural; Silber lieferte vor allem die durch den karthagischen Handel monopolisierte Iberische Halbinsel; das für die Bronzeherstellung wichtige Zinn kam ebenfalls aus dem persischen Osten, aus Iberien und aus Cornwall.

Die Münzrohlinge, die sogenannten Schrötlinge, wurden einzeln in offenen oder in geschlossenen Formen gegossen, in manchen Regionen auch aus gehämmertem Blech ausgestanzt oder von langen runden Stangen abgesägt. In hellenistischer Zeit hat man oft ältere Münzen flachgehämmert und unmittelbar erneut verprägt.

Der Reinheitsgehalt griechischer Münzen war meist recht hoch. Als besonders rein galten die attischen Tetradrachmen, die bis über 98 Prozent Silber enthielten. Der Durchschnitt liegt bei 94–96 Prozent. Die Restmengen bilden andere Metalle, insbesondere Blei und Kupfer, die völlig auszuscheiden die antike Metallurgie nicht imstande war. Für die heutige Forschung ist die Verunreinigung insbesondere mit Blei ein willkommener Hinweis auf die Provenienz primär verwendeten Silbers.

Die Münzstempel *(charakteres)* waren aus Bronze, später auch aus handgeschmiedetem Eisen. In die glatte Querfläche eines Stempelblocks schnitt der Stempelschneider von Hand mit dem Stichel das Münzbild seitenverkehrt direkt ins Negativ. Nur selten verwendete man positive Punzen, etwa für Buchstaben oder für wiederkehrendes Beiwerk. Gehärtet wurden die Stempel erst nach der Gravur.

Bei einer solchen handwerklichen Einzelfertigung gerieten Stempel allenfalls einander ähnlich, kaum je gleich. Die Stempelschneider waren oft hervorragende Künstler, auf der Höhe des jeweiligen Zeitstils. Wir können vermuten, daß viele von ihnen außer Stempeln auch Gemmen herstellten, vor allem aber andere Kunstwerke, denn ihre Tätigkeit läßt sich bei Münzen meist nur über wenige Jahre verfolgen, höchstens acht bis zehn – die kurze Zeit zwischen Erreichen der Meisterschaft und dem altersmäßig bedingten Nachlassen der notwendigen Sehschärfe (Lupen gab es noch nicht). Die Stempelschneider blieben meist anonym: Von den vielen Tausenden, die im Laufe von sechs Jahrhunderten gearbeitet haben, geben sich nur knapp vierzig mit ganzem Namen oder wenigstens durch ein paar Lettern zu erkennen.

Die Prägetechnik hat sich in der Antike wie auch im Mittelalter praktisch nicht verändert. Der Unterstempel oder Vorderseitenstempel (V-Stempel) wurde in einen Amboß eingelassen, in dem er fest fixiert saß. Seine Grundfläche war plan. In der Frühzeit trieb man den rohen Metallklumpen der Münze mit einem oder mehreren Schafteisen rechteckigen Querschnitts in den V-Stempel hinein. Die so hergestellte Münze besaß nur eine Bildseite; auf der Rückseite blieb der rechteckige Abdruck des Treibeisens sichtbar, das sogenannte *Quadratum incusum.* Im Laufe der Entwicklung wurde die rauhe Treibfläche durch einen vollgültigen Rückseitenstempel ersetzt. Diesen R-Stempel muß man sich als Schaft vorstellen, der bequem von einer Hand zu umfassen war. Sein unteres Ende trug das eingravierte R-Bild mit leicht konvex geformter Hintergrundfläche, die auf der Münze konkav erscheint. Das obere Ende des Stempelschaftes traf der Schlag des Hammers. Von Münze zu Münze drehte der Prägearbeiter den R-Stempel ein wenig, um dessen Schlagfläche nicht einseitig schräg zu hauen. Hierdurch veränderte sich fortlaufend die Achsrichtung der Rückseitendarstellung im Verhältnis zum Vorderseitenbild. Erst in hellenistischer Zeit gingen Münzstätten dazu über, die Stempel auszurichten.

Wie viele Münzen aus einem Vorderseitenstempel geschlagen werden konnten, wissen wir nicht. Doch hat man in letzter Zeit durch Experimente festgestellt, daß es mindestens 20 000 bis 30 000 Stück gewesen sein dürften. Von Belang sind solche Zahlen deswegen, weil sie erlauben, die ökonomische Bedeutung einer Münzemission und ihrer Polis abzuschätzen. Da die Lebensdauer eines R-Stempels, den der Hammerschlag traf, kürzer war, wurden wesentlich mehr R- als V-Stempel benötigt. Aus einer späthellenistischen Inschrift von der Insel Delos geht hervor, daß die Verantwortlichen mit einem Verhältnis von über 4:1 rechneten. Jeder Stempel erlitt im Laufe seines Gebrauches Verletzungen im Münzbild, die nicht spurlos zu tilgen waren; erst gänzlich verschlissene Stempel wurden ersetzt. Da man V- und R-Stempel zu unterschiedlichen Zeitpunkten austauschen mußte, läßt sich aufgrund von objektiv-technischen Beobachtungen eine unumkehrbare Koppelungskette der Münzen rekonstruieren. Für Münzen ergibt sich so eine relative Datierung, wie sie für keine andere Denkmälergattung zu gewinnen ist.

Münzfüße und Nominale

Die Münzen der griechischen Staaten waren nach verschiedenen Gewichtsstandards oder Münzfüßen (heute sagen wir »Währungen«) ausgerichtet. Es gab rund ein Dutzend wichtige Standards. Ihre Einführung wurde – ganz im Sinne der personalisierten Geschichtsschreibung der Griechen – oft großen Gesetzgebern der Frühzeit zugeschrieben, so Pheidon von Argos oder Solon von Athen. Auch den Beginn der jeweiligen Münzprägung führte man auf jene Gesetzgeber zurück, doch ist dies mit Sicherheit unhistorisch. Wohl aber fügen sich die (späteren) Münzgewichte in Systeme von Handelsgewichten ein, die sie geordnet hatten. Es ergaben sich regionale und zeitliche Konzentrationen von Münzfüßen. Dabei spielte eine zentrale Rolle, daß Kolonien von der Mutterstadt auch die Ordnung der Nominale übernahmen. Ein markantes Beispiel ist Korinth. Am weitesten verbreitet waren der Standard von Ägina und der euböisch-attische, nach dem nicht nur die »Eulen« von Athen, sondern auch das »internationale« Geld des Alexanderreiches ausgebracht wurde. Während größere Gold- und Silbermünzen in der Regel nur wenig überbewertet wurden, war dies bei kleinen Silbernominalen und bei Bronzemünzen anders. Besonders Bronzen als das tägliche Kleingeld waren überbewertet und hatten nur im Gebiet des emittierenden Staates Gültigkeit, wo sie in größere Werte umgetauscht werden konnten. Ihre antike Wertstufe ist meist nicht angegeben und muß heute offenbleiben.

Rechnungseinheiten der griechischen Währungen sind die Drachme, die Mine zu 100 Drachmen und das Talent zu 60 Minen; ein Talent enthielt also 6000 Drachmen. Das attische Talent wog etwa 26,2 Kilogramm, die attische Drachme 4,36 Gramm, die äginäische etwa 6,25 Gramm, die korinthische etwa 2,8 Gramm. Die Drachme als Nominal wurde relativ selten geprägt; die Regel sind Didrachmon und Tetradrachmon, seltener Okta- und Dekadrachmon oder andere Stückungen. Unterteilt ist die Drachme in sechs Obole. Obol kommt von *obelos*, »Bratspieß«, das Gerätegeld vor Einführung der Münze, und Drachme von *drax*, »eine Handvoll (Bratspieße)«. Auch der Obol ist noch nicht das kleinste Nominal. Seine Teilwerte wurden bis in hochklassische Zeit in Silber ausgebracht, wobei manchmal ein Stück nur 0,1 Gramm wog. Seit Ende des 5. Jahrhunderts v. Chr. begann man, sie in der billigeren Bronze herzustellen; sie wurden dadurch größer und einfacher zu handhaben. Das kleinste Bronzenominal, der Chalkus, galt ein Achtel, mancherorts ein Zwölftel Obol. Als Stater bezeichnet man das »Normstück«, das gängigste Nominal einer Geldsorte. Oft ist es ein Didrachmon. Der kleinasiatische Stater hat als nächstniedrigen Teilwert die Trite, das Drittel, erst darunter wird hälftig weitergeteilt.

Die Individualität der einzelnen griechischen Münze ergibt sich über Standard und Nominal hinaus aus den Zufällen ihrer Herstellung und dem jeweiligen weiteren Schicksal.

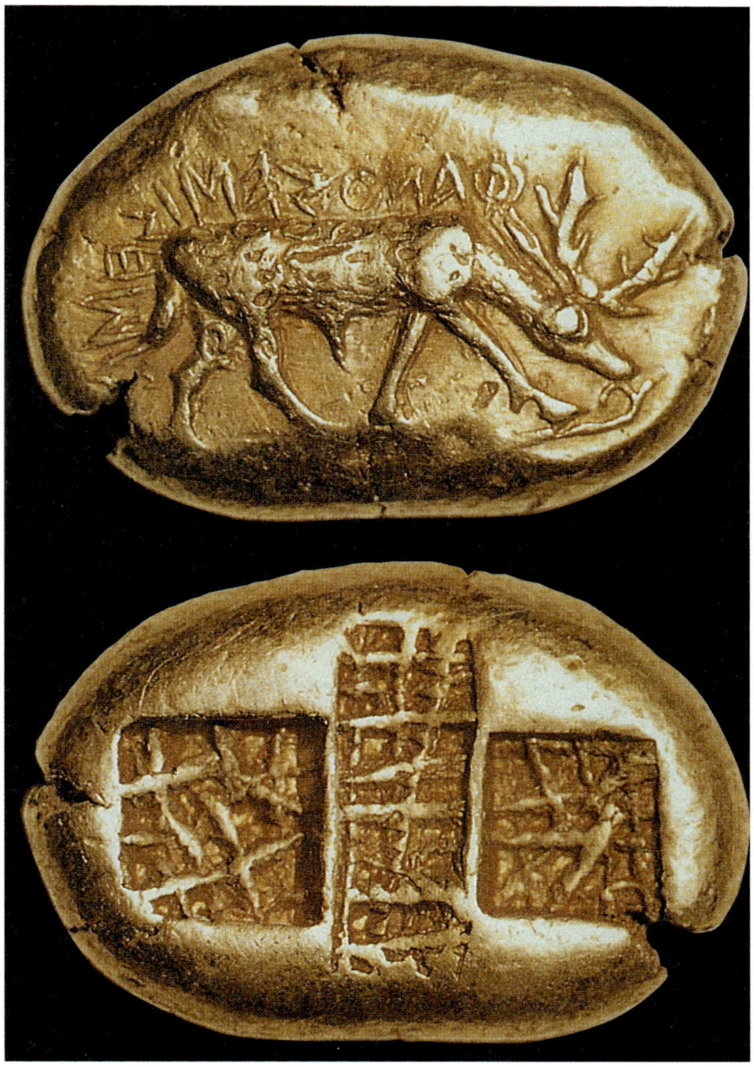

Oben: Halikarnassos (?), um oder kurz nach 600 v. Chr. Damhirsch / Drei Incusa. Elektron-Stater, 14,30 g. Frankfurt, Deutsche Bundesbank

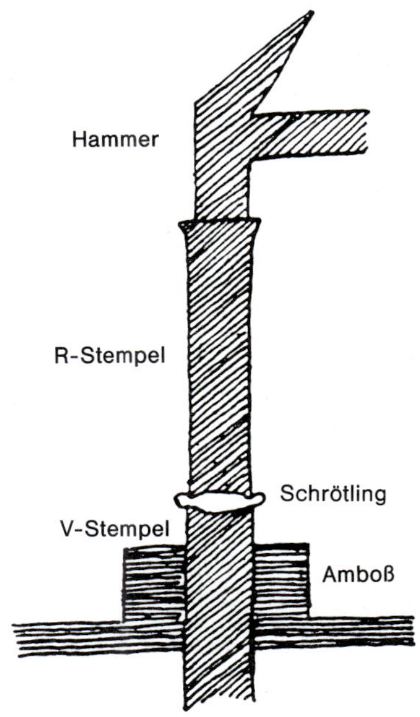

Rechts: Schema der Prägetechnik. Die Münzbilder sind in die Stirnseite der beiden Stempel geschnitten. Durch einen Hammerschlag auf den Oberstempel (Rückseitenstempel) wird der Schrötling in den Unterstempel (Vorderseitenstempel) getrieben.

Unten: Lydien, Kroisos, um 560–546 v. Chr. Verbundene Löwen- und Stier-Protomen / Drei Incusa. Elektron-Stater, 13,96 g. München, Staatliche Münzsammlung

Ein gewisses Schwanken der Gewichte zeichnet sich bereits bei den Schrötlingen ab: nur wenige Hundertstel Gramm bei Gold, einige Zehntel Gramm bei Silber, bis zu 20 Prozent bei Bronze. Hat der Münzarbeiter den Schrötling zentriert zwischen die Stempel gelegt? Hat er das Metall mit Kraft bis in die letzten Höhlungen der Stempelgravur getrieben? Ist der R-Stempel präzis von oben mit dem Hammer getroffen? Wie ist die Stempelachse? Hinzu kommen die Spuren der Abnutzung im Umlauf, von Prüfhieben und Gegenstempelungen; schließlich die Korrosion durch 2000 und mehr Jahre der Lagerung in oft aggressiven Böden. All dies bewirkte, daß heute kaum je eine Münze einer zweiten gleichsieht oder gleich viel wiegt, auch wenn sie vom selben Stempelpaar stammt.

Die früheste Münzprägung

Fast ein Jahrhundert lang bestanden alle kleinasiatischen Münzen aus Elektron. Der wichtigste Fundort ist das Kultzentrum im Tempel der Artemis von Ephesos, die sogenannte Zentralbasis. Nachgrabungen in den letzten Jahren haben ergeben, daß die datierende Fundschicht in der Zeit des Lyderkönigs Kroisos (um 560–546) überbaut wurde. Die gefundenen Münzen sind also älter, kaum allerdings mehr als zwei Generationen. Ein Beginn der Münzprägung im letzten Drittel des 7. Jahrhunderts v. Chr. wird somit wahrscheinlich. Ein zweites Zeugnis stützt diesen Ansatz: Alkaios von Lesbos erwähnt in einem seiner Kampflieder ein Geschenk der Lyder in Höhe von 2000 Stateren; das Gedicht entstand bald nach 600 v. Chr.
Das frühe Münzbild ist dem Ring-Siegelbild verwandt und mag tatsächlich oft eine Art Wappenzeichen gewesen sein. Es verleugnet nicht seine Herkunft aus dem Formenschatz der »orientalisierenden« Epoche. Dargestellt werden Tiere, auch Tierköpfe und -protomen, Tiergruppen, Fabelwesen, Blüten, Rosetten, Ornamente aller Art, wie sie ähnlich im Dekor der zeitgleichen Keramik begegnen. In manchen Serien bleibt das Bild konstant, so Löwen- und Stierprotome, Löwenkopf oder Löwentatze bei Münzen, die den lydischen Königen zugeschrieben werden können. Bei anderen Serien finden wir »sprechende« Wappen, wie die Robbe (griechisch *phokē*) in Phokaia, manchmal konstante Symbole, wie den Thunfisch in Kyzikos. Oft zeigt das Bild ein heiliges Tier der lokalen Hauptgottheit oder eine ihr heilige Pflanze. In wieder anderen Serien wechselt der Typus häufig, vor allem um den jeweils für die Prägung Verantwortlichen kontrollieren zu können. Schriftlicher Zusatz kommt nur selten vor; ein Beispiel ist der Stater eines anderweitig unbekannten Mannes mit der Darstellung eines Damhirsches und der Aufschrift »Ich bin das Wahrzeichen des Phanes«.
Welchem Zweck die frühen Münzen dienen sollten, darüber ist viel spekuliert worden. Mit Sicherheit war es nicht der tägliche Handel, der Gang zum Kaufmarkt, denn am Beginn der Münzprägung in vielen Staaten auch des Mutterlandes und des Westens steht Großgeld, das nur für umfangreiche Zahlungen, etwa für die Besoldung von Mietstruppen, oder zur Thesaurierung taugte.

Griechisches Mutterland

Auf Ägina, der Attika vorgelagerten Insel, wurden nach antiker Tradition die ersten Münzen des griechischen Mutterlandes geprägt, um 580 v. Chr., wie man heute annimmt. Da das europäische Festland und einige Inseln zwar über ergiebige Silbervorkommen verfügten, nicht aber über

Linke Seite: Athen, um 440/430 v. Chr. Kopf der Athena / Eule. Silber-Tetradrachmon, 17,17 g. Privatsammlung

Links: Ägina, um 470/460 v. Chr. Seeschildkröte / Quadratum incusum. Silber-Stater, 12,47 g. Privatsammlung

Rechts innen: Korinth, um 440 v. Chr. Pegasos / Kopf der Athena. Silber-Stater, 8,53 g. Berlin, Münzkabinett

Rechts außen: Akanthos, um 480/460 v. Chr. Löwe-Stier-Kampfgruppe / »Fenster«-Incusum. Silber-Tetradrachmon, 17, 10 g. München, Staatliche Münzsammlung

Elektron, ist hier von Anfang an Silber das Standardmetall. Ägina prägte Statere, also Didrachmen, und Kleinwerte, selten Drachmen. Alle trugen sie ein einheitliches »staatliches« Emblem, erst eine Seeschildkröte, passend für eine Insel mit Bergrücken, später eine Landschildkröte. Die Rückseiten blieben selbst in klassischer Zeit bildlos, mit einem *Quadratum incusum* von nur langsam sich entwikkelnder Form. Kein Buchstabe gab zu erkennen, woher die Münzen stammten; erst die letzten Emissionen um 340 v. Chr. wichen ein wenig von dieser Sparsamkeit ab.
Die Geldsorte wurde ein großer Erfolg und wiederholt imitiert. Jedermann kannte die Stücke und nannte sie kurzerhand *chelonai*, »Schildkröten«. Ausgedehnt war das Gebiet, in dem der äginäische oder sogenannte pheidonische Münzfuß von anderen Poleis für die eigene Prägung übernommen wurde: weite Teile der Peloponnes und Mittelgriechenlands, Thessalien, zahlreiche ägäische Inseln, Kreta, das südwestliche Kleinasien. Seinen Namen hat der Gewichtsstandard von König Pheidon von Argos, der vermutlich vor 650 v. Chr. lebte.
Athen scheint nicht lange nach Ägina mit dem Prägen von Münzen begonnen zu haben. Mehr noch als Ägina hat es sich für seine ersten Gepräge, die sogenannten Wappenmünzen, an das kleinasiatische Vorbild gehalten: Die Vorderseiten schmückt ein wechselndes wappenartiges Emblem (Amphora, Pferd, Gorgoneion), die Rückseiten tragen ein rustikales *Quadratum incusum*. Jegliche Legende fehlt. Hauptnominal ist das Didrachmon attisch-euböischen Münzfußes von rund 8,6 Gramm. Zu Ende der Serie wird es vom doppelt so schweren Tetradrachmon mit bildlich ausgestalteter Rückseite abgelöst.
Um 520 v. Chr. wird dann jene Münzsorte eingeführt, die Inbegriff athenischen Glanzes ist: auf der Vorderseite groß das hoheitsvolle Haupt der Stadtherrin Athena mit »attischem« Helm, auf der Rückseite, nicht das ganze Bildfeld füllend, das ihr heilige Tier, eine stehende Eule, daneben ein Zweig vom heiligen Ölbaum und die Legendenbuchstaben ΑΘΕ, damit auch vollkommen klar sei, wem dies schöne Geld zugehört. Hauptnominal war das Tetradrachmon, doch gab es auch zahlreiche andere Wertstufen.
Dieser Typus mit thematisch aufeinander bezogenen zweiseitigen Bildern ist für alle folgenden Münzsorten, nicht nur der griechischen Antike, vorbildlich geworden. Lange hat man gemeint, bereits der Gesetzgeber Solon (im Amt 594/593 v. Chr.) habe den Münztyp eingeführt. So will es eine Passage in Aristoteles' *Staatsverfassung der Athener* (10,1), aber der Text scheint verschiedene historische Etappen zusammenzuwerfen. Die Analyse von Schatzfunden, vor allem des neuen sogenannten Dekadrachmenhortes, spricht eindeutig dagegen. Solon war in Athen, was Pheidon in Argos war: der Mann, der das Gewichtssystem reformierte, nicht aber die Münze einführte.
Nach dem Seesieg über die Perser bei Salamis (480 v. Chr.) wurde der Athenakopf der Münzen mit Olivenblättern geschmückt und neben die Eule eine abnehmende Mondsichel gesetzt. Das Auge der Göttin blieb weiterhin in archaischer Weise frontal wiedergegeben, erst knapp 100 Jahre später wendete man es ins Profil. Die Münzen bewahrten einen altertümlichen Charakter, was damit zusammenhängen mag, daß man um ihre Akzeptanz als »gutes altes Geld« besorgt war.
Die Silberminen des Laurion-Distrikts haben Athen in die Lage versetzt, eine außerordentlich reiche Prägetätigkeit zu entfalten. Wie bereits erwähnt, waren die *glaukes* oder »Eulen« von hervorragender Silberqualität. Der Stolz der Athener auf sie spricht aus den Versen in Aristophanes'

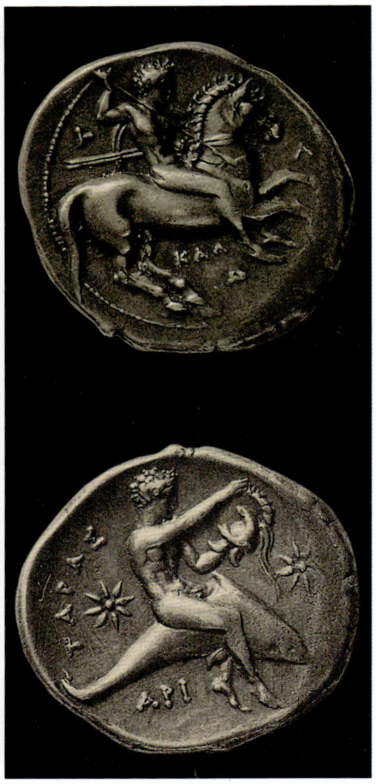

Links außen: Alexander I. von Makedonien, um 460/450 v. Chr. Pferdeführer mit zwei Lanzen / Quadratum incusum. Silber-Oktadrachmon, 28,95 g. Paris, Cabinet des Médailles

Links innen: Tarent, 334–331 v. Chr. Reiter / Delphinreiter. Silber-Stater, 7,71 g. London, British Museum

Rechts: Syrakus, um 470 v. Chr. Quadriga, von Nike bekränzt, darunter laufender Löwe / Kopf der Arethusa im Profil, vier Delphine. Silber-Dekadrachmon (»Damareteion«), 44,42 g. London, British Museum

Rechte Seite: Syrakus, gegen 400 v. Chr. Kopf der Arethusa, vier Delphine / Quadriga. Silber-Tetradrachmon (signiert von Kimon), 17, 25 g. Syrakus, Museo Archeologico

Fröschen: »... die schönste aller Münzen ... mit gutem Klang bei Griechen und Nichtgriechen überall«. Die Eulen waren ein Exportschlager, und die Redensart »Eulen nach Athen tragen« meint, daß es sinnlos sei, gute Münzen dorthin zu bringen, wo sie so reichlich vorhanden sind.
Auch der euböisch-attische Münzfuß verbreitete sich seit dem Ende des 6. Jahrhunderts v. Chr.: nach Norden auf die Chalkidike, nach Sizilien, in die Kyrenaika. Selbstverständlich wäre es für den Handel im Attischen Seebund (478–404) und für die Tributzahlungen der Bündner eine willkommene Vereinfachung gewesen, hätte man überall in attischen Maßen und Gewichten und »Eulen« rechnen können. In der Tat gab es ein Gesetz zur Vereinheitlichung, aber wohl erst im Peloponnesischen Krieg (431–404). Wie weit die feststellbaren Unterbrechungen der Münzprägungen von Bündnern auf dieses Gesetz zurückzuführen sind oder ob sie sich nicht vielmehr in den Kriegsläuften von selbst ergaben, ist umstritten, zumal Elektronmünzen, wie sie etwa Kyzikos prägte, nicht betroffen waren.
Für Athen brachte das Kriegsende eine Zäsur: Aus Silbermangel war man gezwungen, (neben einigen Goldmünzen) Bronzemünzen mit dünnem Silberüberzug zu emittieren, die erst 394 v. Chr. in einer »Währungsreform« wieder durch reines Silber abgelöst wurden. Als Athen die traditionellen Exportmärkte nicht mehr beliefern konnte, hatte man im Nahen Osten und vor allem in Ägypten begonnen, »Eulen« zu imitieren. Im 4. Jahrhundert erreichte attisches Geld wieder annähernd seine alte Bedeutung. Alexander der Große verhalf dem attischen Münzstandard dann zum endgültigen Durchbruch zur bevorzugten Währung, wenn diese auch nie alleinherrschend wurde.
Korinth, günstig an den Handelswegen über den Isthmos gelegen, war die dritte Metropole, die eine bedeutende Münzsorte emittierte, die *poloi*, »Fohlen«. Als Emblem der Vorderseiten wählte man den mit lokalem Mythos verbundenen Pegasos. Bellerophon, der korinthische Held, hatte ihn einst gezähmt und war auf ihm durch die Lüfte geritten. Unter dem Pegasos erscheint regelmäßig der Anfangsbuchstabe des Stadtnamens, das korinthische Koppa (ähnlich unserem Q). Die Rückseiten zeigten erst ein meist ornamental gestaltetes flaches *Quadratum incusum*, ab dem Ende des 6. Jahrhunderts den Kopf der Athena mit »korinthischem« Helm. Die mädchenhafte Grazie, welche die Göttin ausstrahlt, ist in keiner anderen Münzserie erreicht, in der Frühklassik mit Werken der Skulptur wie der Athena des Myron vergleichbar.
Die gängige Münze von Korinth ist ein Silberstater von etwa 8,5 Gramm Gewicht. Er entspricht einem attischen Didrachmon, ist selbst jedoch ein Tridrachmon, in drei Drachmen unterteilt. Der korinthische Gewichtsstandard verbreitete sich vor allem in Nordwestgriechenland, wo Leukas und zahlreiche andere Poleis die Statere nachprägten. Überprägungen und Schatzfunde lehren, daß sie im 4. Jahrhundert v. Chr. auch in Unteritalien und auf Sizilien heiß begehrt waren und imitiert wurden.

Nordgriechenland

Viele Küstenstädte Makedoniens und Thrakiens, im Landesinneren lebende Stämme und die Inseln Thasos begannen zu Ende des 6. und Anfang des 5. Jahrhunderts Münzen zu prägen. Ökonomische Basis waren dort neben der landwirtschaftlichen Produktion mit viel Wein der Export von Bauholz und vor allem die Ausbeutung ergiebiger Gold- und Silberbergwerke. Da die literarische Überlieferung spärlicher als im Süden ist, tragen die Münzen zur Ergän-

zung unserer Kenntnisse Wichtiges bei. Schon der Münzfuß war nicht einheitlich: Die Poleis auf der Chalkidike benutzten, wie bereits erwähnt, den attischen, zahlreiche andere Münzstätten mehrere voneinander abweichende Gewichtssysteme, die unter der Bezeichnung »thrakisch-makedonisch« zusammengefaßt werden. Im 4. Jahrhundert kamen noch weitere hinzu.

Wohl aber schließen sich etliche Münzserien stilistisch zusammen. Die Vorderseiten mit Darstellungen von Tierkampfgruppen wie in Akanthos, von Gespannen und Reitern bei den Stämmen, von Fabelwesen oder Motiven aus dem Bereich des Dionysos sind von vitaler, manchmal derber Plastizität. Da die Gepräge oft anepigraph sind, können heute einige von ihnen nur ungefähr lokalisiert werden. Charakteristisch für die Region ist ein flaches *Quadratum incusum*, das oftmals fensterartig geviertelt wird und später die Legende aufnehmen kann. In archaischer Zeit fällt die Tendenz zu großen Nominalen auf: Die Münzen sind eine Art für Export oder Tribut geprägter Silberbarren.

Herausragende Gestalt der Region in der ersten Hälfte des 5. Jahrhunderts v. Chr. ist der Makedonenkönig Alexander I., der die Stämme des Hinterlandes seinem Reich eingliedert und selbstbewußt seinen Namen auf die Münzen setzt. Gegen 400 unterbrechen viele freie Städte ihre Münzprägung; im 4. Jahrhundert finden wir sie dann wieder tätig, oft auf höchstem künstlerischen Niveau. Fast alle gingen später im Reich Philipps II. von Makedonien auf.

Großgriechenland und Sizilien

Unteritalien war für die Griechen des Mutterlandes der »goldene Westen«. Zahlreiche Kolonien prosperierten aufgrund ihrer Landwirtschaft, aber auch durch den Handel mit dem Norden. Sowohl in den Gewichtsstandards – zumeist der heute »achäisch« genannte – wie in der frühen Prägetechnik stellt Großgriechenland eine für sich stehende Region dar. Um die Mitte des 6. Jahrhunderts v. Chr. begannen Metapont und das für seinen Reichtum berühmte Sybaris, später weitere Poleis mit der Emission von charakteristischen Stateren, die auf dünngehämmertem Silberblech auf beiden Seiten eine identische Zeichnung trugen, die Vorderseite erhaben, die Rückseite spiegelbildlich und vertieft. Bald nach 510 v. Chr. wurde der anfänglich große Durchmesser der Statere stufenweise verkleinert, ihr Gewicht jedoch beibehalten, bis schließlich beide Seiten selbständige Bilder in erhabenem Relief erhielten.

Um die Mitte des 5. Jahrhunderts v. Chr. übernahmen zwei Münzstätten die Führung: das unter der Leitung von Athen neugegründete Thurioi sowie Tarent. Dessen Statere bezeichnete man als *nomoi*, »die üblichen (Münzen)«. Für zwei Jahrhunderte bildeten die *nomoi* von Tarent eine Art Leitwährung für ganz Unteritalien. Ihre Darstellungen mit Pferdereiter und Delphinreiter gehören zu den charmantesten Erfindungen der antiken Stempelschneidekunst, die in dieser Region generell einen hohen Stand hat. Nicht in Tarent, wohl aber in Thurioi, in Metapont und anderen Münzstätten begegnen wir Graveuren, die ihre Werke signierten. Nach und nach kam die Münzprägung vieler Poleis dadurch zum Erliegen, daß sie von Stämmen des Landesinneren überrannt wurden und verarmten. Im 3. Jahrhundert v. Chr. übernahmen dann Rom und sein Bündner Neapolis (Neapel) schrittweise die Versorgung der Griechenstädte mit Münzgeld.

Sizilien bildet ebenfalls eine weitgehend in sich geschlossene Münzregion. Die Bedeutung der Insel beruhte vor allem auf ihrer Getreideproduktion; hinzu kam die Lage

an den Handelsrouten ins westliche Mittelmeer und nach Karthago. Die ersten Münzserien scheinen um 530 v. Chr. einzusetzen. Da sie frühzeitig alle eine Legende tragen, gibt es keine Probleme der Zuweisung. Nach anfänglichem Schwanken übernahmen alle Poleis um 480 v. Chr. nach dem Vorbild von Syrakus den attischen Münzfuß.
Die wichtigste Münzserie ist die von Syrakus: Sie wird bis zur Eroberung durch Rom 212 v. Chr. nicht unterbrochen, und an ihr orientieren sich die Serien aller anderen Städte. Die Münzserie von Syrakus setzt ein mit einer Quadriga als Vorderseitenbild, das für mehr als zwei Jahrhunderte zum Vorbild und geradezu zum charakteristischen Typ der sizilischen Münzen wurde. Das Rückseitenbild ist ein weiblicher Kopf, umgeben von Delphinen und den Lettern der Legende SYRAKOSION, »(Münze) der Syrakusaner«. In anderen Städten schmücken Köpfe von Göttern wie Apollon, Demeter und Dionysos, häufig auch von Flußgöttern und Nymphen die Rückseiten.
Wichtigstes Nominal auf Sizilien ist das Tetradrachmon von rund 17,3 Gramm, doch wurden in der Frühzeit auch reiche Serien an Didrachmen emittiert, später gelegentlich Dekadrachmen. Um das früheste syrakusanische Dekadrachmon rankt sich eine offenbar anekdotenhaft ausgeschmückte Überlieferung (Diodor 11, 26, 3), der zufolge die Münze nach der Frau des Tyrannen Gelon »Damareteion« geheißen habe und als »Fünfziglitrenstück« bezeichnet worden sei. Die sizilischen Griechen rechneten nämlich nach Litren, dem Fünftel einer Drachme und Silberäquivalent für ein Pfund Bronze. Das Damareteion wurde lange Zeit 480/479 v. Chr. datiert – es galt als Fixpunkt für die gesamte Münzchronologie und darüber hinaus –, wird aber jetzt gut ein Jahrzehnt später angesetzt.
Einen Höhepunkt nicht nur der sizilischen, sondern der Münzkunst schlechthin bilden die Jahre von etwa 425 bis kurz nach 400 v. Chr. Die Hälfte aller uns namentlich bekannten antiken Stempelschneider arbeitete im Laufe dieser Generation auf Sizilien. In Syrakus ragen vor allem Kimon und Euainetos hervor. Kimon verdanken wir ein wunderbares Tetradrachmon mit dem Kopf der Quellnymphe Arethusa. Frontal, mit leichter Wendung nach links blickt sie uns an; ihre Locken treiben im Wasser, vier Delphine umschwimmen ihr Gesicht. Auf das Haarband hat der Künstler wie ein Ornament seinen Namen geschrieben. Die Zartheit des Reliefs, das Ebenmaß des Antlitzes finden nicht ihresgleichen. Die Rückseite der Münze zeigt eine siegreiche Quadriga im dramatischen Moment der Umrundung der Wendemarke.
Euainetos hat ebenso wie Kimon Drachmen, Tetra- und Dekadrachmen sowie Goldmünzen signiert. Er arbeitete

Oben und Mitte links: Alexander der Große, um 325 v. Chr. Kopf des Herakles / Zeus. Silber-Tetradrachmon (Memphis), 17,17 g. Tübingen, Universität

Unten und Mitte rechts: Ptolemaios II., um 250 v. Chr. Kopf der Arsinoe II. / Doppelfüllhorn. Gold-Oktadrachmon, 27,79 g. Privatsammlung nicht nur für Syrakus, sondern auch für andere Städte, ein Beweis dafür, daß renommierte Graveure Selbständige waren und Fremdaufträge ausführen konnten. Seine Werke sind über mehr Jahre zu verfolgen als die irgendeines anderen Meisters. Offenbar hat er in späteren Jahren als Werkstattbesitzer gezeichnet, nicht als ausübender Künstler. Bei Phrygillos von Syrakus darf als gesichert gelten, daß er auch Ringsteine geschnitten hat; zwei von ihm gezeichnete Gemmen sind erhalten. Außer in Syrakus signierten Künstler vor allem in Katane (Catania) und in Kamarina, aber auch in anderen Poleis.

Als die Karthager im letzten Jahrzehnt des 5. Jahrhunderts v. Chr. auf Sizilien eine Griechenstadt nach der anderen eroberten, entging Syrakus nur knapp dem gleichen Schicksal. Aber der Preis für die Bewahrung der äußeren Freiheit war, daß Syrakus unter das Kommando von Dionysios, dem Tyrannen, geriet. Dionysios behielt zunächst die alten Prägungen bei, führte dann jedoch eine revolutionäre Neuerung ein: eine Binnenwährung von großen, weit überbewerteten Bronzemünzen, also eine Kreditwährung. Nur für unabdingbare Zahlungen an Söldner und dergleichen gab es hohe Gold- und Silberwerte.

In der Anarchie nach dem Zusammenbruch des Dionysios-Reiches holten die Syrakusaner aus ihrer Mutterstadt Korinth einen Schiedsmann, Timoleon (im Amt 344 – 337). Dieser führte die Bronzewährung weiter und prägte Münzen im Wert von mindestens einer Drachme mit dem sorgfältig gestalteten Kopf des Zeus Eleutherios, des Befreiers, daneben jedoch auch Statere von korinthischem Typus mit syrakusanischer Legende. Die vollständige Rückkehr zur Silberwährung erfolgte erst unter Agathokles, der von 317 bis 289 an der Macht war. Er hat vielleicht als persönliches Wappen die Triskeles, eine Art dreibeiniges Rad, als Beizeichen auf die Münzen gesetzt. Von da an bleibt sie das Wahrzeichen von »Trinakria«, der dreieckigen Insel Siziliens. König Hieron II. von Syrakus (275 – 215) führte schließlich ein rein hellenistisches Münzsystem ein, mit überbewertetem Silbergeld nach ptolemäischem Vorbild.

Das Alexanderreich

Das Reich Alexanders des Großen (336 – 323) entstand aus der Verschmelzung des ererbten Königreichs Makedonien mit dem eroberten Perserreich. Beide Vorgänger besaßen eine eigene Münztradition. Philipp II., Alexanders Vater, hatte Tetradrachmen von 14,5 Gramm und kleinere Silberwerte nach dem sogenannten thrako-makedonischen Standard geprägt, der in der Region üblich war. Für die von ihm eingeführten Goldmünzen hatte er den attischen Standard gewählt, Statere von 8,6 Gramm und Teilwerte. Im Perserreich war nur der Westen, Kleinasien und die Levante, monetarisiert gewesen. Dareios I. (521 – 486) hatte in Kleinasien Goldmünzen von 8,4 Gramm, die sogenannten Dareiken, und Silbersigloi (Schekel) nach eigenem Standard in Umlauf gesetzt; seine Nachfolger führten die Prägungen fort. Die Reinheit des »dareikischen Goldes« wurde zum Qualitätsbegriff. In der Zeit des Peloponnesischen Krieges begannen auch die Kleinasien verwaltenden Satrapen Münzen zu emittieren, sei es im Namen des Großkönigs, sei es in eigenem Namen. Zur wichtigsten Münzstätte der Satrapenmünzen entwickelte sich Tarsos in Kilikien.

Alexander gründete seine Reichsprägung vollständig auf den attischen Münzfuß. Die parallele Emission von Gold und Silber – bei Vorrang des Silbers – setzte beide Traditionen fort, die makedonische und die persische. Die Nominale in Gold sind Statere, Doppelstatere und Teilwerte, die in Silber vor allem Tetradrachmen und Drachmen, seltener Dekadrachmen; hinzu kommen Bronzewerte. Fast alle Silbernominale tragen als Bilder den Kopf des Ahnherrn Herakles sowie einen thronenden Zeus mit Zepter und Adler, dazu die Legende ALEXANDROU.

Wann Alexander seine Reichsprägung eingeführt hat, ist noch nicht eindeutig geklärt. Lange Zeit dachte man, sie beginne gleich nach seiner Thronbesteigung 336 v. Chr. Neuerdings neigt man mehr der Ansicht zu, erst nach der Einnahme von Tarsos und dem Sieg bei Issos im November 333 hätten die Voraussetzungen dafür bestanden. Gewiß hat die Anzahl ausgebrachter Wertmetallmünzen nicht unbedingt mit dem Schuldenstand einer Herrschaft zu tun. Im Falle Alexanders verwundert jedoch, daß seine Finanzlage vor dem Übergang über den Hellespont von zuverlässigen Quellen als ausgesprochen schlecht bezeichnet wird. Hat er da bereits im eigenen Namen emittiert? Falls nicht, müssen wir trotzdem keine Lücke annehmen, da die Typen Philipps II. postum weitergeprägt wurden.

Wenn die Zuweisungen richtig sind, haben annähernd 30 Münzstätten zu Lebzeiten Alexanders in seinem Namen geprägt. Die wichtigste blieb die ganzen Jahre über Amphipolis in Makedonien, die östlichste war Babylon. Relativ spät, um 325 v. Chr., kam eine Münzstätte in Ägypten hinzu, wohl nicht die Neugründung Alexandria, sondern die alte Hauptstadt Memphis. Die Produkte dieses Ateliers sind von einem hervorragenden Künstler beeinflußt, dessen sensibler und zugleich plastischer Stil zukunftsweisend war. Nach Alexanders Tod wurden seine Typen weiter belassen, außer in Ägypten kurzfristig auch mit dem Namen seines Halbbruders Philipp III. (323 – 317) gezeichnet. Zweieinhalb Jahrhunderte lang sind dann postume Münzen Alexanders und des Lysimachos, überwiegend Tetradrachmen, von den verschiedensten Autoritäten nachgeprägt worden – ein grandioser Erfolg der Gattung.

Die Diadochenreiche

Der Herakleskopf auf den Silbermünzen Alexanders sollte ursprünglich kein Bildnis des Königs sein, wurde jedoch schon bald als solches aufgefaßt. In den Nachfolgestaaten wurden verschiedene postume Bildnisse geschaffen, alle mit Attributen der Göttlichkeit ausgestattet. Klassisch geworden ist dasjenige der Münzen des Lysimachos von

Thrakien. Es zeigt den Kopf Alexanders mit einem Widderhorn, das ihn als Sohn des Zeus Ammon ausweist. In seiner schlichten Einprägsamkeit ist das Bildnis die Erfindung eines großen Meisters. Das gleiche gilt für die Rückseite der Münze mit Athena. Die Göttin trägt auf der Hand eine Nike, welche ihrerseits die aufgestapelten Lettern von Lysimachos' Namen bekränzt.

Bildnisse lebender Menschen auf Münzen waren in Kleinasien seit dem späten 5. Jahrhundert v. Chr. bekannt. Jedem Athener muß ein 412/411 emittiertes Tetradrachmon als Sakrileg erschienen sein: Es verbindet auf der Rückseite eine Eule mit den Buchstaben BAS (Münze des Großkönigs) und zeigt auf der Vorderseite den Kopf eines die Kyrbasia tragenden Persers, wohl des Satrapen Tissaphernes. Im 4. Jahrhundert häuften sich dann die Bildnisse von Satrapen und Dynasten im persisch bestimmten Kleinasien.

Als erster Grieche, der sein eigenes Bildnis auf seine Münzen setzte, kann der Diadochenkönig Ptolemaios von Ägypten gelten, auch er bezeichnenderweise mit einem göttlichen Attribut, der Ägis des Zeus. Die Rückseite trägt meist das Wappen des Ptolemaios, einen Adler, der auf einem Blitz steht. Die Tetradrachmen der Ptolemäer sind auf einem Münzfuß ausgebracht, der um rund 17 Prozent leichter ist als der attische. Das sollte verhindern, daß sie aus dem silberarmen Ägypten abflossen. Sie blieben für viele Generationen ein »immobilisierter« Münztyp; allerdings sank nach und nach der Reinheitsgrad ihres Metalls.

Während die Ptolemäer nur gelegentlich einmal eine Silberserie mit anderen Typen emittierten, ist ihre reiche Goldprägung in der Typenwahl beweglicher: Es erscheinen nicht nur Bildnisse der jeweils regierenden Könige, sondern auch von deren Frauen. Diese spielten in der Dynastie eine besondere Rolle, wie sich noch in der letzten Königin zeigt, der berühmten Kleopatra. Die prachtvollen goldenen Oktadrachmen hatten einen Wert von 100 Silberdrachmen und hießen *mnaeia*, Einminenstücke. Im übrigen war Ägypten der einzige Diadochenstaat, der ab der Mitte des 3. Jahrhunderts v. Chr. für den Binnenmarkt eine Bronzewährung systematisch ausgestaltete.

Der zweite Diadochenkönig, der sein Bildnis auf Münzen setzte, war Demetrios Poliorketes (306–286). Zusammen mit seinem Vater Antigonos Monophthalmos herrschte er anfangs über große Teile Kleinasiens, dann in Makedonien und vor allem über ein großes Seereich. Sein schönster Münztyp ist jedoch nicht der mit dem Bildnis, sondern ein anderer: eine Nike, die auf dem Bug eines eroberten Kriegsschiffes vom Sieg kündet, während der Schutzherr Poseidon den Dreizack schwingt. Die Münzen der folgenden drei Könige der Antigonidendynastie blieben bildnislos. Zur Zeit der letzten beiden Herrscher waren Bildnisse dann so allgemein üblich geworden, daß sie sich auch in dem zurückhaltenden Makedonien durchsetzten, nicht ohne Hinweise auf göttliche und heroische Vorfahren.

Noch ein dritter General Alexanders vermochte ein dauerndes Reich zu stiften: Seleukos (312–280), der in Vorderasien herrschte. Er scheint sich selbst nie auf Münzen gesetzt zu haben, sondern nur den Königstitel (ab 305) wie die anderen Diadochen auch. Wohl aber kennen wir sein Bildnis von postumen Darstellungen. Prägnant ist das um 275 v. Chr. von Philetairos von Pergamon geschlagene Bildnis, das Seleukos mit der Binde eines Heros zeigt, ein charakteristisches Werk der pergamenischen Münzkunst, die früh zu eigenständigem Ausdruck gefunden hat.

Unter den Nachfolgern Seleukos' I. pflegte man auf die Vorderseite der Münzen das Bildnis des jeweils regierenden Königs zu setzen und auf die Rückseite Apollon, den Schutzgott der Dynastie, später auch Zeus. Eine große Zahl von Ateliers war im gesamten Reich aktiv, dessen Osten erst von Seleukos I. monetarisiert wurde. Als bedeutendste Münzstätte trat Antiocheia am Orontes hervor, die westliche Hauptstadt (heute Antakya). Bei den Seleukiden finden wir die längste und qualitätsvollste aller griechischen Porträtreihen und mehr noch als bei den Antigoniden eine unendliche Vielfalt an Kleinwerten in Bronze.

Der späte Hellenismus

Ab dem 2. Jahrhundert v. Chr. leben zahlreiche Prägungen von Poleis wieder auf, die zuvor in die großen Territorialreiche eingegliedert waren. Dies hängt ursächlich mit dem Ausgreifen Roms ins östliche Mittelmeer zusammen und mit den »Freiheitserklärungen« für griechische Städte; die von Korinth durch den römischen Feldherrn Flamininus im Jahre 196 v. Chr. ist die erste gewesen. In den Münzen spiegelt sich die römische Politik des *divide et impera*, des »teile und herrsche«, ebenso wie der ungebrochene Partikularismus der Griechen. Das im Namen von Königen ausgebrachte Silbergeld verschwand weitgehend aus dem Umlauf, es wurde überprägt oder umgeschmolzen. Hieraus erklärt sich das kometenhafte Auftauchen und Erlöschen zahlreicher ephemerer, vor allem kleinasiatischer Tetradrachmenemissionen. Auch Athen intensivierte ab etwa 166 v. Chr. seine zuletzt nur noch schütteren Emissionen mit den traditionellen Typen Athenakopf und Eule in »neuem Stil«, zu einer Zeit, in der die Laurion-Bergwerke weitgehend erschöpft waren. Hervorstechende Merkmale der neuen Serien sind ein breitgehämmerter Schrötling, ein verfeinertes Kontrollsystem mit Namensnennung der verantwortlichen Person sowie ein die Rückseitendarstellung umrahmender Kranz. Die neuen Athener Tetradrachmen hießen hiernach sogar offiziell *stephanephora*, »Kranztragende«. Zahlreiche Poleis folgten der Mode solcher Rückseitenrahmung, zu Anfang des 1. Jahrhunderts v. Chr. auch Mithradates VI. (121/120–63), der König von Pontos und erbitterte Gegner Roms. Ferner prägte eine Anzahl von Städten Goldmünzen; das Metall hatte noch keine hoheitsrechtliche Bedeutung wie später im römischen Kaiserreich.

Eine Ausnahme von der Kleinstaaterei bilden die Staatenkonföderationen, zu denen sich eine Anzahl Poleis zusammengeschlossen hatten. In ihnen waren Maße, Gewichte und Münzen vereinheitlicht, so im Achäischen Bund auf der Peloponnes, wo jeder emittierende Bündner seine Namensinitialen oder ein Symbol aufbrachte. Die Stücke waren nicht gerade schön, aber praktisch.

Monetarisierung und ökonomische Entwicklung

Sechs Jahrhunderte umfaßt die Geschichte der autonomen griechischen Münzprägung. 300 weitere Jahre wurden im östlichen Mittelmeer Münzen mit griechischer Aufschrift emittiert; sie zeigen meist den Kopf des regierenden römischen Kaisers. Diese »Greek Imperials« fallen außerhalb der in unserem Abriß gezogenen Grenzen.

Der außerordentliche Typenreichtum dessen, was in rund tausend Münzstätten geprägt wurde, spiegelt die Produktivität und die Vielfalt griechischen Geistes. Zu Geschichte und Religion, zu Handel und politischen Verbindungen, zu Verfassung und Gesellschaft der Poleis mit ihren Traditionen sind die Münzen eine unschätzbare Quelle. Dies gilt vor allem für kleine Poleis, über die die erhaltene literarische Überlieferung nicht viel mitteilt.

Die Entwicklung von der wappenartigen Darstellung über das Götterbild bis zum menschlichen Bildnis ist einzigartig und grundlegend für die abendländische Münze bis heute. Das Götterbild zeigt, wer für das Wohlergehen des Staates und die Sicherheit des Staatsschatzes verantwortlich war. So ist in Athen die Staatskasse im Parthenon auf der Akropolis untergebracht gewesen. Auch Privatleute schätzten diese Sicherheit. Heiligtümer wuchsen in die Rolle von Banken hinein, agierten wie Banken, liehen gegen Zinsen aus; manche emittierten sogar eigenes Geld, wie Olympia oder Delphi.

Bei aller Begeisterung über die ästhetischen Qualitäten vieler griechischer Münzen dürfen wir jedoch nicht vergessen, daß sie zuerst und vor allem Geld waren. Wie hoch war ein Tageslohn? Was kostete eine Ware? Um nur zwei Beispiele zu nennen: Ein Schöffe erhielt im Athen des späteren 5. Jahrhunderts ein Tagegeld von drei, dann vier Obolen; Facharbeiter wie Steinmetzen verdienten eine Drachme pro Arbeitstag, Söldner ähnlich viel. Zum Vergleich: Ein Medimnos Gerstenmehl, etwa 40 Liter, kostete 422 v. Chr. in Athen eine Drachme und zwei Obolen.

Was waren die Gründe für eine Prägung? Meist waren sie gewiß ökonomischer Natur: Man benötigte Mittel für militärische Zwecke, große Bauvorhaben, Getreideimport und ähnliches. Aber auch Prestigegründe konnten eine Emission veranlassen, wenn beispielsweise eine Stadt die Erringung ihrer Unabhängigkeit bekannt machen wollte. Wir sahen, daß in den ersten zwei Jahrhunderten vor allem große Werte geprägt wurden. Ende des 5. Jahrhunderts v. Chr. begann mit dem Siegeszug des Bronzekleingeldes die Monetarisierung des täglichen Lebens. Sie wurde dann im Römischen Reich und darüber hinaus zur Grundlage aller ökonomischen Entwicklung.

Oben: Demetrios Poliorketes, um 300 v. Chr. Nike auf Schiffsbug / Poseidon. Silber-Tetradrachmon (Salamis auf Zypern), 17,24 g. London, British Museum

Unten: Antimachos I. von Baktrien, um 180 v. Chr. Kopf des Königs / Poseidon. Silber-Tetradrachmon, 17,00 g. Antimachos trägt die makedonische Kappe (Kausia). London, British Museum

Oben: Pergamon, um 280/270 v. Chr. Kopf Seleukos' I. / Athena. Silber-Tetradrachmon, 17,10 g. Privatsammlung

Unten: Achäische Liga, nach 227 v. Chr. Kopf des Zeus / Liga-Monogramm, Stadtinitialen und Kopf der Athena in Lorbeerkranz. Silber-Triobol (Kaphai in Arkadien), 2,45 g. München, Staatliche Münzsammlung

Griechische Handwerker – Technischer Fortschritt und demokratische Kunst

In einer Zeit, in der das Œuvre eines Architekten in allen seinen Aussagen dokumentiert und diskutiert wird und in der Künstler durch die weltweite Verbreitung ihrer Werke zu bekannten und berühmten Gestalten der Zeitgeschichte werden können, ist es sehr schwierig, sich von der sozialen Stellung und der öffentlichen Wertschätzung eines griechischen Künstlers eine Vorstellung zu machen. Dabei ist zusätzlich zu beachten, daß diese Wertschätzung in der Zeit vom 8. Jahrhundert v. Chr. bis zum Ende der klassischen Epoche deutlichen Wandlungen unterlag.

Zum Selbstverständnis griechischer Handwerker und Künstler

In Stein gemeißelte Abrechnungen für Bauarbeiten auf der Akropolis von Athen zeigen ein Phänomen, das heute schwer verständlich ist: Die Arbeiten wurden nach einem sehr geringen Stundenlohn berechnet, der für Sklaven und Freie gleich war und sich nur an der Leistung orientierte. Es gibt keine Hinweise für eine unterschiedliche Bewertung von handwerklicher und künstlerischer Arbeit.

Im 7. und zu Beginn des 6. Jahrhunderts v. Chr. nahm Korinth unter den griechischen Städten eine führende Rolle ein. Seine strategisch günstige Lage auf dem schmalen Isthmos, der das Festland mit der Peloponnes verbindet, bot eine ideale Ausgangsposition für den Handel im gesamten Mittelmeer. So finden wir Produkte Korinths von Syrien bis nach Spanien. Gegenstand des korinthischen Fernhandels waren vor allem Güter des gehobenen Bedarfs, feine Öle und wohlriechende Essenzen. Für deren Transport schufen die korinthischen Töpfer meist kleinformatige, kugelige Gefäße, sogenannte Aryballoi, oder längliche Salbflaschen, sogenannte Alabastra (Abb. S. 385). Die Außenseiten dieser Gefäße verzierten sie mit Friesen aus Tieren und Fabelwesen, unterbrochen von Ornamenten, die den ganzen Gefäßkörper organisch umspannten. Diese für Griechenland neuen Formen und Figuren entstanden durch den engen Kontakt korinthischer Händler mit den alten Kulturnationen des östlichen Mittelmeeres, insbesondere mit den Völkern der Levante und des Zweistromlandes.

Es nimmt nicht wunder, daß die Handwerker Korinths, darunter auch die Töpfer, in dieser Zeit innerhalb der Stadt eine verhältnismäßig starke Position einnahmen, wie uns Herodot berichtet: »Ich sehe, daß auch bei den Thrakern, den Skythen, den Persern, den Lydern und fast allen Nichtgriechen die Handwerker und ihre Nachkommen geringer geachtet werden als die übrigen Bürger. Wer von körperlicher Arbeit frei ist, gilt für edel, besonders wer sich der Kriegskunst widmet. Das haben sämtliche Griechenstämme übernommen, besonders die Spartaner. Am wenigsten verachten die Korinther die Handwerker« (*Historien* 2, 167; Übersetzung von Josef Feix).

In der Nähe von Korinth, in der Gemarkung Penteskouphia, wurden am Ende des vergangenen Jahrhunderts zahlreiche zerbrochene Tontäfelchen gefunden. Sie haben unterschiedliches Format und waren zumeist auf beiden Seiten bemalt. Es handelt sich um Weihgaben, die in einem uns unbekannten Heiligtum des Meergottes Poseidon gestiftet wurden und später unter die Erde gelangten. Löcher an vielen Fragmenten weisen darauf hin, daß die Tontäfelchen ursprünglich aufgehängt waren.

Die Vorderseite zeigt meist den Meergott Poseidon selbst, manchmal zusammen mit seiner Gemahlin Amphitrite,

Bronzekopf eines bärtigen alten Mannes aus dem Schiffsfund von Porticello. 1969 wurde im Meer vor Porticello das Wrack eines griechischen Schiffs entdeckt, das im frühen 4. Jahrhundert v. Chr. in der Straße von Messina Schiffbruch erlitten hatte. Als Überreste der Ladung fanden sich zahlreiche Fragmente von Bronzestatuen, darunter der Kopf eines bärtigen alten Mannes (Höhe 39 cm). Wahrscheinlich handelt es sich um das Bildnis eines Philosophen. Die Kopfform mit den eng anliegenden, welligen Strähnen erinnert an das in römischen Kopien überlieferte älteste Porträt des Sokrates (Abb. S. 288 rechts).
Reggio Calabria, Museo Nazionale

Oben: Arbeiter in einer Tongrube. Korinthisches Tontäfelchen. Breite 8,3 cm. 6. Jahrhundert v. Chr. Mit einer Hacke werden die zähen Tonklumpen abgelöst, in Körben gesammelt und aus der Mulde gehievt. Von oben hängt ein Wassergefäß herab, aus dem sich die Arbeiter erfrischen können. Berlin, Antikensammlung

Unten: Meister und Gehilfen am Töpferofen. Korinthisches Tontäfelchen. Höhe 9 cm. 6. Jahrhundert v. Chr. Rechts ist noch die Ecke des Schürhalses zu erkennen und darüber ein Bein. Berlin, Antikensammlung

Rechte Seite: Verschiedene korinthische Salbölgefäße. Solche Gefäße für feine Öle und wohlriechende Essenzen sind in der Regel klein, haben eine enge Mündung und einen oft leicht nach innen geneigten breiten Mündungsrand, damit beim Ein- und Ausgießen nichts verlorengehen konnte. Die kugeligen Aryballoi wurden meist von Männern benutzt, die flaschen- oder schlauchförmige Alabastra von Frauen. Heller Ton sowie Verzierung mit Tierfiguren und Fabelwesen sind kennzeichnend für korinthische Keramik. München, Antikensammlungen

oder aber Motive, welche die Gottheit erfreuen sollten, wie zum Beispiel ein Pferd oder einen Reiter. Auf der Rückseite dagegen haben sich die Stifter selbst der Gottheit zu Gesicht gebracht: Die Täfelchen zeigen alle Stadien der Arbeit beim Töpferhandwerk, beginnend mit dem Abbau der Tonerde in Gruben (Abb. links oben) und dem Transport des Rohtons mit Säcken bis in die Werkstatt. Dort wurde der Ton gestampft und geknetet, bevor die Gefäße auf der Drehscheibe geformt und schließlich bemalt werden konnten. Am häufigsten finden wir jedoch die Arbeit am Töpferofen dargestellt. Diese Arbeit erforderte die größte Erfahrung; denn die Regulierung der Luftzufuhr des Ofens war entscheidend für das Gelingen des Brandes, und dem Töpfer standen dabei keine Hilfsmittel wie das Thermometer zur Verfügung. Eine Unachtsamkeit konnte einen Fehlbrand zur Folge haben und die Formarbeit von Wochen zunichte machen. Das Bruchstück eines Täfelchens zeigt die Bedienungsmannschaft am Ofen (Abb. links unten): Ein Arbeiter, von dem nur noch ein Bein erhalten ist, steht auf dem Schürhals des Ofens, während der Meister mit der Schürstange in der Hand das Geschehen überwacht. Ein weiterer Gehilfe hinter ihm hält ein Gefäß.

Doch auch bei großer Sorgfalt ließ sich ein Fehlbrand nicht immer vermeiden, und es leuchtet ein, daß gerade diese Arbeit des Töpfers den besonderen Schutz der Gottheit erforderte. Deshalb legten anscheinend manche Töpfer von Korinth so ein kleines Täfelchen mit in den Ofen und stifteten es dann nach geglücktem Brand dem wohl beim Volk besonders beliebten Heiligtum des Poseidon.

Die Täfelchen aus Penteskouphia vermitteln uns einen kleinen Einblick in den sozialen Status der Töpfer im 6. Jahrhundert v. Chr. in Korinth und ihre etwas zwiespältige Lage. Die Handwerker geben sich bei ihrer Arbeit deutlich als Individuen zu erkennen; sie sind durch Namensbeischriften oder auch durch individuelle Gebrechen wie einen verkrüppelten Fuß gekennzeichnet. Andererseits wird aber deutlich, daß ihre gesellschaftliche Wertschätzung dieser Selbstdarstellung nicht entspricht; denn die Motive aus dem Leben und der Arbeit der Handwerker erscheinen auf der Rückseite der Täfelchen und sind der Bildersprache der Vorderseite untergeordnet.

Dieses ambivalente Selbstverständnis der Handwerker ist nicht auf Korinth beschränkt, sondern findet sich auch in anderen griechischen Städten. Athen war in der archaischen Zeit die große Konkurrentin von Korinth und hatte es im Laufe des 6. Jahrhunderts v. Chr. geschafft, die korinthischen Exporterzeugnisse auf den Märkten des Mittelmeeres zurückzudrängen. Grund dafür war unter anderem die Herrschaft des Peisistratos (561/560–528/527), der es verstand, die Macht des alten Landadels zu beschneiden und die wirtschaftlichen Bedingungen für Handwerk und Handel entscheidend zu verbessern. Es verwundert daher nicht, daß neue Bevölkerungsgruppen nun zu einigem Wohlstand gelangten und dieser Wohlstand auch zu einem neuen Selbstbewußtsein führte. Die Anfänge sind für uns

Oben und rechte Seite: Attische Kleinmeisterschale. Höhe 13 cm. Um 540 v. Chr. In der Randzone sind zwei Szenen aus einer Töpferwerkstatt dargestellt. Die eine zeigt den Meister mit einem Gehilfen an der Drehscheibe. Er hat einen Tonklumpen zu einem massiven Zylinder »zentriert« und wird diesen im nächsten Arbeitsschritt »aufbrechen« und zur Gefäßform hochziehen. Auf der Gegenseite sitzt der Töpfer vor dem fertigen Gefäß, einer Schale, und ein Kunde sieht ihm zu. Karlsruhe, Badisches Landesmuseum

Unten: Töpferwerkstatt. Schulterbild einer attischen Hydria. Um 520/510 v. Chr. Rechts schürt ein Arbeiter den Töpferofen, während ein anderer Brennmaterial heranbringt; links wird eine Amphora bemalt, ein Gefäß auf der Scheibe gedreht und ein fertiges zum Ofen getragen. München, Antikensammlungen

allerdings schwer zu greifen, doch tauchen schon bald nach der Mitte des 6. Jahrhunderts auf attischen Vasen einzelne Motive aus der Arbeitswelt der Handwerker auf. Dabei ist auch das Handwerk vertreten, dem die Vasen ihre Entstehung verdanken.

Auf einer schwarzfigurig bemalten Trinkschale aus der Zeit um 540 v. Chr. (Abb. oben links und rechts), sind auf den Außenseiten zwei Szenen aus einer Töpferwerkstatt gezeigt. In der Mitte steht eine große Drehscheibe mit einem konisch zulaufenden Fuß. Der rechts sitzende Gehilfe hat sie mit einer Hand angefaßt und ist bereit, sie in Schwung zu setzen. Der Töpfer selbst hat einen zylinderförmigen Rohtonbatzen in der Mitte der Scheibe aufgesetzt und wird nun daraus ein Gefäß formen. Auf dem gegenüberliegenden Bild ist das Gefäß bereits fertig. Es ist eine Trinkschale, und damit wird das Bild zu einem Selbstbildnis des Schalentöpfers. Die vornehm gekleidete Gestalt rechts der Drehscheibe ist wohl einer der müßiggängerischen Athener, die den Tag in der Palästra oder mit Gesprächen verbrachten und dabei auch an den Handwerksbetrieben Halt machten, um zuzusehen oder auch bestimmte Raffinessen der Herstellung zu diskutieren. Schon bei Homer spielt zum Beispiel die Dorfschmiede als Treffpunkt und Versammlungsplatz eine Rolle.

Die Arbeit in einer Töpferei am Ende des 6. Jahrhunderts v. Chr. zeigt uns das Schulterbild eines Wassergefäßes (Abb. links unten). In einem großen Raum, dessen Decke durch eine Säule abgestützt wird, finden verschiedene Arbeitsgänge statt: Große Gefäße werden auf der Drehscheibe geformt, von Gehilfen bemalt oder zum Ofen getragen, an dessen Schürhals ein Arbeiter mit einer Stange hantiert. Alles überwacht ein Mann mit weißem Haar, das sein fortgeschrittenes Alter andeutet. Wir werden uns die Athener Töpfereibetriebe als kleinere Werkstätten vorstellen müssen, bei denen Familienmitglieder und Gehilfen verschiedener Altersstufen nebeneinander tätig waren. Der weißhaarige Mann mit seinem Stab deutet auf eine hierarchische Verteilung der Funktionen hin.

Das Leben und Treiben im Kerameikos, dem Töpferbezirk von Athen, wirkte allem Anschein nach äußerst befruchtend auf die Produktion. Der Kampf um Absatzmärkte, wie zum Beispiel Etrurien, spornte Töpfer und Vasenmaler zu Höchstleistungen an. Im Rahmen dieses Wettstreits entstand um 530 v. Chr. eine neue Maltechnik, bei der die Figuren tongrundig ausgespart blieben. Die rotfigurige Maltechnik bildete die Voraussetzung dafür, daß in den folgenden Jahren die Maler immer neue Möglichkeiten der Körperdarstellung auf den Vasenbildern erproben konnten. War einem Maler zum Beispiel die Rückenansicht einer Figur besonders gut gelungen, so stellte dies eine Herausforderung dar, die von anderen Kollegen angenommen wurde. Besonders im Umkreis des Malers Euphronios, einem der sogenannten Pioniere, scheint dieser künstlerische Wettkampf heftig gewesen zu sein. So hat Euthy-

Oben: Tanzende Zecher. Bild auf einer Bauchamphora des Malers Euthymides. Um 510 v. Chr. München, Antikensammlungen

Unten: Schmied bei der Arbeit. Innenbild einer attischen Trinkschale. Um 500 v. Chr. Berlin, Antikensammlung

Rechts: »Erzgießereischale«. Attische Trinkschale. Durchmesser 30,5 cm. Um 480 v. Chr. Berlin, Antikensammlung

mides, ein Kollege und Konkurrent des Euphronios, auf einer Amphora seinem Bild die Beischrift »Wie niemals Euphronios (gemalt hat)« hinzugefügt (Abb. links oben). Auf den Vasenbildern erscheinen in dieser Zeit aber nicht nur Töpfer, sondern auch Angehörige anderer Handwerkszweige. Um 500 v. Chr. ist eine Trinkschale entstanden, deren Innenbild einen Schmied bei seiner Arbeit zeigt (Abb. links unten). Er sitzt auf einem Stuhl und hält mit einer großen Zange ein Stück rotglühendes Eisen auf dem Amboß fest, während er mit der rechten Hand den Hammer zum Schlag erhoben hat. Die kegelförmige Spitzkappe ist ein charakteristisches Kleidungsstück der Schmiede. Seitlich sieht man eine weitere Zange und ein anderes Gerät an der Werkstattwand hängen.

Die Darstellung schwerer körperlicher Arbeit nimmt bei diesem Gefäß den wichtigen Platz im Innenbild ein. Wer die Schale beim Trinkgelage benutzte, sah den Schmied immer wieder aus dem Wein auftauchen. Die Außenseiten der Schale sind dagegen mit konventionellen Themen geschmückt, mit tanzenden jungen Zechern, die unter allerlei Schabernack vom Gelage nach Hause ziehen.

Eine bekannte Schale in der Berliner Antikensammlung zeigt auf den Außenseiten eine komplette Werkstatt für den Bronzeguß. Solche Werkstätten fanden sich in Athen in unmittelbarer Nähe des Kerameikos an dem Hügel am Westrand der Agora, auf dem heute noch der Tempel des Schmiedegottes Hephaistos und der Athena steht. Natürlich kannten sich die Handwerker, und die Töpfer waren wohl auch manchmal in den Bronzegußwerkstätten anzutreffen. Da sie viel Erfahrung bei der Verarbeitung von Ton hatten, wurden sie sicher von den Gießern um Rat gefragt, bei denen der Ton für die Herstellung der Gußformen ebenfalls eine wichtige Rolle spielte.

Einblick in eine solche Kunstgießerei gewähren uns die Bildfriese der Berliner »Erzgießereischale« (Abb. rechts). Am aufschlußreichsten ist die Figurengruppe rechts unter dem Henkel: Auf einer Unterlage aus Ton liegt eine noch nicht ganz vollendete Statue. Ein Arbeiter hat den rechten Arm der Figur gefaßt und holt mit dem Hammer zu einem wohldosierten Schlag aus. Der Kopf der Statue ist noch nicht auf dem Hals befestigt, sondern liegt auf dem Werkstattboden zwischen den Beinen des Arbeiters. Links sitzt ein anderer Arbeiter vor einem hoch aufgemauerten Ofen, dessen Feuer ein Gehilfe von hinten mit einem Blasebalg anfacht. Die beiden bereiten wohl gerade die Lotverbindung vor, mit der der Kopf der Statue befestigt werden soll, während ein weiterer junger Arbeiter, auf den langen Hammer gestützt, abwartet.

Die gegenüberliegende Seite zeigt in der Mitte die überlebensgroße Statue eines Kriegers. Er steht im Ausfallschritt und hat mit der rechten Hand die Lanze zum Stoß erhoben, während er mit seinem linken Arm den schweren Rundschild vor sich hält. Die Wangenklappen des Helms mit dem hohen Busch sind nach oben geklappt. Das Schema dieser Kämpferstatue ist seit der archaischen Epoche geläu-

F2294

fig. An ihren Beinen machen sich zwei Arbeiter zu schaffen. Der rechte sitzt auf einem Hocker, der linke steht. Beiden gemeinsam ist die Arbeitshaltung: Sie stützen sich jeweils mit dem linken Arm ab, während sie mit der rechten Hand ein Schabeisen zu sich heranziehen. Dieses Glätten der Oberfläche war in der Antike eine der letzten Arbeiten; denn man legte großen Wert auf eine ganz saubere und glänzende Oberfläche der Bronzestatuen. Daß wir uns in einer Werkstatt befinden, zeigen nicht nur die Arbeiter und die rechts an der Wand aufgehängten Geräte; die Statue selbst ist noch nicht auf einer Basis aufgestellt, sondern wird von einem Holzgerüst fixiert.

Links und rechts der Gruppe stehen zwei ältere Männer, auf ihren Stock gestützt, und verfolgen interessiert den Gang der Arbeiten. Zu ihrer Kennzeichnung dienen neben der vornehmen Kleidung auch die neben ihnen abgebildeten Geräte. Ein Ölfläschchen (Aryballos) und ein Schaber (Strigilis) sind zu einem Set zusammengebunden, wie es in der Palästra zur körperlichen Reinigung gebraucht wurde. Ganz gleich, wie man die beiden Männer deutet, als Besitzer der Werkstatt oder müßige Besucher, auf jeden Fall zeigt das Nebeneinander von Verhaltensweisen der angesehenen Bürgerwelt und des Handwerkeralltags, daß der Bereich der Arbeit in den Jahren vor den Perserkriegen eine Steigerung in der allgemeinen Wertschätzung erfahren hat. Handwerker- und Bürgerwelt stehen in diesen Bildern einander durchaus gleichwertig gegenüber.

Auch die Göttin Athena kann jetzt bei der Arbeit dargestellt werden, wie eine Weinkanne aus der Zeit um 470 v. Chr. beweist (Abb. rechts oben). Von ihrer üblichen Rüstung trägt die Göttin nur den Helm. Den Mantel hat sie um die Hüfte geschlungen, um die Hände zur Arbeit frei zu haben. Sie ist gerade dabei, ein Pferd aus Ton zu bauen, wohl ein Modell für einen Bronzeguß. In der linken Hand hält sie einen Batzen Rohton, während sie mit der rechten die Nüstern formt. Ein großer Klumpen Ton liegt zu ihren Füßen. Eine besondere Raffinesse des Vasenmalers besteht darin, daß er die Konsistenz des rohen Tons durch dick aufgetragenen Schlicker naturalistisch wiedergegeben hat.

Für dieses neue Selbstbewußtsein griechischer Handwerker und Künstler gibt es auch noch andere Belege. Auf einer Votivstele aus Marmor (Abb. rechts unten), die im ausgehenden 6. Jahrhundert v. Chr. entstanden ist, sitzt ein Mann auf einem Stuhl und hält in seiner linken Hand zwei Trinkschalen eines Typs, wie er in der Zeit zwischen 525 und 450 v. Chr. hergestellt wurde. Der Dargestellte, dessen Namen wir nicht mehr entziffern können, war demnach ein erfolgreicher Schalentöpfer, der von dem Zehnten seines Gewinns eine Marmorstele auf der Akropolis weihen konnte. Er hat sich zwar nicht bei seiner Arbeit abbilden, aber die Schalen als deutlichen Hinweis auf die Grundlage seines Wohlstandes beifügen lassen. Daß dies kein Einzelfall war, zeigen andere Stelen: Ein Arzt wird mit Schröpfköpfen dargestellt, ein Schuster mit dem Leisten in der Hand.

Links: Bildhauerwerkstatt. Außenbild einer attischen Trinkschale. Durchmesser 31,3 cm. Um 490/480 v. Chr. Ein bärtiger Mann arbeitet mit Hammer und Meißel an einer Pferdestatue, vermutlich aus Marmor. Neben ihm steht Athena mit Helm, Lanze und Ägis; Athena Ergane verlieh den Handwerkern ihre Kunstfertigkeit. Zuschauer mit Spazierstöcken rahmen die Szene. München, Antikensammlungen

Rechts oben: Athena Ergane. Bild auf einer attischen Weinkanne (Oinochoe). Höhe 21,5 cm. Um 470 v. Chr. Athena formt ein großes Pferd aus Ton. An der Wand hängen Bügelsäge, Drillbohrer und zugehöriger Bogen. Zu Füßen der Göttin liegt ein Haufen Tonerde als Arbeitsmaterial. Die Substanz des Tons ist durch grob aufgetragenen Malschlicker angedeutet. Berlin, Antikensammlung

Rechts unten: Weihrelief eines Töpfers. Marmorstele von der Athener Akropolis. Spätes 6. Jahrhundert v. Chr. Der Stifter ließ sich sitzend mit einer Anzahl getöpferter Schalen in den Händen darstellen. Auch seine Tracht, ein einfacher Hüftmantel, weist ihn als Handwerker aus. Athen, Akropolis-Museum

Bilder des Handwerks finden sich besonders häufig in der Zeit zwischen etwa 520 und 480 v. Chr., danach nimmt ihre Zahl deutlich ab, und gegen Mitte des 5. Jahrhunderts v. Chr. verschwinden sie fast völlig. Dieser Zeitraum war in Athen innenpolitisch von einer starken Dynamik bestimmt. Die Söhne des Peisistratos, Hippias und Hipparchos, hatten große Schwierigkeiten, sich gegen die Opposition anderer Adliger und vor allem eines zu Geld und Wohlstand gelangten Bürgertums zu behaupten. Hipparchos fiel 514 v. Chr. einem Attentat zum Opfer, Hippias mußte vier Jahre später aus Athen fliehen. Die im Zuge einer »Umwertung aller Werte« sich neu formierende, auf ein demokratisches Miteinander hinzielende Gesellschaft machte es für kurze Zeit möglich, daß auch ideologische Vorurteile wie die Geringschätzung der körperlichen Arbeit ansatzweise überwunden werden konnten. Einem daraus resultierenden Aufbrechen der Konventionen bildlicher Darstellung verdanken wir den Einblick in Leben und Treiben attischer Handwerker in der ausgehenden Archaik und der beginnenden Klassik.

Technischer Fortschritt und Kunstentwicklung

Keramik

Wie erwähnt, hatten die korinthischen Töpfer ihre zeitweise Vormachtstellung auch durch technische Neuerungen erreicht. Sie hatten neue Gefäßformen erfunden, wie den Aryballos oder den sogenannten Kolonettenkrater, und hatten die Gefäße sehr feinwandig gestaltet. Vermutlich hat dabei auch eine Verbesserung des Brennofens eine Rolle gespielt. Während die frühen athenischen Vasenmaler die Figuren nur im Umriß angegeben hatten, entdeckten die Korinther die Vorteile der sogenannten schwarzfigurigen Malweise, bei der die Binnenstrukturen des Körpers durch geritzte Linien, aber auch durch den Auftrag von Deckweiß und Farbe modifiziert gestaltet werden konnten, so daß ein wesentlich plastischerer Eindruck entstand. Diese Mal-

weise erzielte zusammen mit der hellen Untergrundfarbe des korinthischen Töpfertons eine Wirkung, welche allem Anschein nach breite Käuferschichten ansprach.
Welche Rolle die Nachfrage spielte, zeigt sich am Beispiel eines korinthischen Kolonettenkraters aus der Zeit um 570 v. Chr. (Abb. oben). Auf einem langen Friesband sind Krieger dargestellt, die zum Kampf ausziehen; einer verabschiedet sich von zwei Frauen, einem alten Mann und einem Knaben, während der andere mit der Namensbeischrift Antimachos gerade auf den Streitwagen steigt. Der Krater ist zu einer Zeit entstanden, als die attische Keramik die korinthische in der Wertschätzung der Käufer auch außerhalb Athens schon überholt hatte. Zu ihren Merkmalen gehörte, daß der Ton wegen seiner starken Eisenhaltigkeit rötlich brannte. Im vorliegenden Fall hat der korinthische Töpfer versucht, durch den Auftrag von dünnem Tonschlikker diesen warmen rötlichen Farbton nachzuahmen; doch konnten auch solche Kunstgriffe nicht verhindern, daß die attischen Gefäße die korinthischen bis zur Jahrhundertmitte fast ganz von den Märkten des Mittelmeeres verdrängten. Ab 550 v. Chr. produzierten die korinthischen Töpfer ausschließlich für den heimischen Markt.
Für die weitere Entwicklung der attischen Vasenmalerei war eine technische Neuerung von entscheidender Bedeutung. Um 530 v. Chr. wurde im Kerameikos von Athen, vielleicht in der Werkstatt des sogenannten Andokides-Malers, eine neue Malweise erfunden: Waren bisher die Figuren in Schwarz auf den Ton gemalt worden, so wurden jetzt die Gestalten im schwarz abgedeckten Tongrund ausgespart. Dies bot für die Mal- und Zeichentechnik neue, bisher ungeahnte Möglichkeiten; denn jetzt konnten die Künstler Muskeln, Schulterblätter oder ähnliche Details mit dünnen Linien auftragen und waren nicht mehr gezwungen, Ritzlinien zu verwenden, wie es bei der schwarzfigurigen Malweise üblich war. Erst diese Umkehr der Farbwerte machte es den attischen Malern möglich, in der

Zeit von 520 bis 480 v. Chr. die Wiedergabe der menschlichen Gestalt in allen ihren Spielarten zu einem hohen Grad an Vollkommenheit zu führen.

Eine ähnlich folgenreiche Erfindung hat die Entwicklung der Keramik in der Epoche des Hellenismus bestimmt: die Ausbildung der Reliefkeramik. In Anlehnung an das mit silberner Treibarbeit verzierte Geschirr der Fürsten stellten die Töpfer nun Keramik her, bei der die Bilder plastisch ausgeformt waren. Die Bildmotive wurden dabei mit Hilfe von sogenannten Patrizen in Negativformen aus Ton gestempelt. In diesen Matrizen oder Modeln wurden dann die Gefäße geformt. Dieses Geschirr trat einen Siegeszug über die ganze Mittelmeerwelt an und verdrängte völlig die bemalten Gefäße. Das neue Verfahren ermöglichte eine Produktion von einigermaßen gleichmäßiger Qualität, da sich die Formen für die Bildmotive leicht über weite Strecken transportieren ließen und Keramik dieser Art auch von weniger geschickten Handwerkern oder von solchen, die mit der griechischen Bilderwelt nicht so vertraut waren, hergestellt werden konnte.

Hinweise auf technische Neuerungen

Die Bedeutung technischer Neuerungen darf bei der Betrachtung antiker Kunst nicht außer acht gelassen werden. Sie wurden im Kreise der Handwerker und Künstler diskutiert und akzeptiert, doch fanden sie kaum Eingang in die Literatur, weil es damals die uns vertraute Form der Fachliteratur für diese Gebiete nicht gab. Die Verbreitung der Kenntnisse erfolgte vielmehr durch den persönlichen Kontakt in der Werkstatt. Wie hoch aber die Rolle technischer Erfindungen eingeschätzt worden sein muß, können wir noch an einzelnen Nachrichten erkennen. So erwähnt Herodot einen Künstler namens Glaukos: »Als Alyattes den Krieg gegen Milet beendet hatte, starb er nach siebenundfünfzigjähriger Regierung. Er stiftete als zweiter König aus diesem Geschlecht Weihgeschenke nach Delphi, weil er von seiner Krankheit genesen war: einen großen silbernen Mischkrug und einen kleinen eisernen Untersatz, der aus Teilen zusammengeschweißt war, eines der sehenswertesten Stücke in Delphi, ein Werk des Glaukos aus Chios, der bekanntlich als einziger Künstler auf Erden die Methode erfunden hatte, Eisen zusammenzuschweißen« (*Historien* 1, 25; Übersetzung von Josef Feix).

Als im Hellenismus die ersten Kunstgeschichten entstanden, ordnete man die Werke der Bildhauer, Maler und Architekten nach Epochen und Künstlern, wobei in einigen Fällen auch Fortschritte durch technische oder formale Neuerungen Erwähnung fanden. So wurde den beiden Künstlern Rhoikos und Theodoros von Samos die Erfindung des Bronzegusses von Statuen zugeschrieben: »Die ersten, die Bronze schmolzen und Statuen gossen, waren Rhoikos, der Sohn des Philaios, und Theodoros, der Sohn des Telekles, aus Samos« (Pausanias 8, 14, 8; Übersetzung von Ernst Meyer). Die Nachricht kann zwar in dieser Form

Linke Seite: Korinthischer Kolonettenkrater. Höhe 26,7 cm. Um 570 v. Chr. Über einem Tierfries ist in der Bauchzone der Auszug zweier Krieger in den Kampf dargestellt; der eine nimmt Abschied von seiner Familie, der andere besteigt den Streitwagen. Durch den Auftrag von dünnem Tonschlicker hat der korinthische Töpfer den warmen rötlichen Farbton attischer Keramik nachzuahmen versucht.
Berlin, Antikensammlung

Oben: Bronzestatuette eines Pferdes mit durchbrochener Standplatte. Die 8,9 cm hohe Votivstatuette aus Olympia ist in der zweiten Hälfte des 8. Jahrhunderts v. Chr. in einer korinthischen Werkstatt entstanden.
München, Antikensammlungen

Unten: Pergamenischer Trinkbecher mit Reliefauflage. Höhe 7,4 cm. Um 175/170 v. Chr. Dargestellt sind der Raub Ganymeds durch Zeus' Adler und ein Mädchen mit heiligem Schlangenkorb. Auf der Rückseite ist ein Satyr im Hain des Priapos zu sehen, eine tanzende Mänade mit Krotalen-Klappern und eine andere mit der Leier.
Berlin, Antikensammlung

nicht stimmen, doch liegt ihr wohl ein besonderes Verdienst der beiden um die Entwicklung des Bronzegusses zugrunde. Auch in der Geschichte der Malerei galten rein formale oder technische Neuerungen als durchaus der Überlieferung wert, wie eine Bemerkung des römischen Rhetorikers Quintilian zeigt: »Dann brachten Zeuxis und Parrhasios, im Alter nicht weit voneinander entfernt, beide etwa zur Zeit des Peloponnesischen Krieges – denn ein Gespräch des Sokrates mit Parrhasios findet sich bei Xenophon –, der Kunst die größte Steigerung. Der erstere soll die Technik von Licht- und Schattengebung erfunden, der zweite die Linienführung verfeinert haben« (*Institutio oratoria* 12, 10, 4; Übersetzung von Helmut Rahn).

Unser Problem heutzutage besteht allerdings darin, daß wir technische Neuerungen meist nur sehr schwer fassen können; denn offensichtlich waren griechische Handwerker bestrebt, am vollendeten Werk alle Spuren des Herstellungsprozesses zu tilgen. Hier hilft uns ein an sich beklagenswerter Umstand weiter, nämlich die fortschreitende Zerstörung antiker Bau- und Kunstdenkmäler durch Umweltschäden und die dadurch veranlaßte umfassende Untersuchung vieler Werke. Die Arbeit der Restauratoren zur Rettung der Kunstwerke hat in den letzten Jahren viele Erkenntnisse erbracht, die uns Aufschluß über die Herstellungstechnik geben.

Bronzeguß

Ein Bereich, in dem der technologische Fortschritt eine besonders wichtige Rolle spielte, war der Bronzeguß. Die Freilegung und Erforschung mehrerer Werkstätten für den Guß von Statuen hat in den letzten Jahren unsere Kenntnis dieses Handwerkszweiges beträchtlich erweitert. Wir können jetzt feststellen, daß sich technologische Fortschritte wie ein roter Faden durch die ganze Geschichte des griechischen Bronzegusses ziehen.

Das Grundprinzip des Bronzegusses ist in der griechischen Antike gleich geblieben. Die zu gießende Figur wurde aus Wachs geformt und mit Ton ummantelt. Diese sogenannte Gußform wurde erhitzt, bis der Ton hart gebrannt und das Wachs durch eine Öffnung an der Unterseite ausgelaufen war. In die Hohlräume wurde dann die flüssige Bronze gegossen, eine Mischung aus durchschnittlich neun Teilen Kupfer und einem Teil Zinn. Nach dem Erstarren des Metalls wurde die Form zerschlagen und der Rohguß freigelegt. Dieses in seinen Grundzügen bis in die Neuzeit verwendete Verfahren hat manche Technikhistoriker zu einer allzu statischen Vorstellung vom Bronzehandwerk verleitet. Die Praxis sah jedoch ganz anders aus. Da der hauptsächlich verwendete Arbeitsstoff, der Ton, durch die hohen Temperaturen des geschmolzenen Metalls bis an seine Grenzen belastet wurde, eignete sich das skizzierte Verfahren nur für den Guß kleinformatiger Bronzestatuetten. Beispiele dafür fanden sich vor allem in den großen Heiligtümern wie Delphi und Olympia, wo Hunderte von kleinen Tierfiguren ausgegraben wurden (Abb. S. 393 oben). Unter ihnen sind auch einige, deren Guß nicht ganz geglückt war. Die Handwerker hatten in solchen Fällen versucht, die Fehler möglichst zu beheben. Dabei läßt sich deutlich feststellen, daß in geometrischer Zeit zwar der kleinformatige Guß eine beachtliche Perfektion erreicht hatte, nicht aber die Fähigkeit, Metallteile zu löten. Bei einem verunglück-

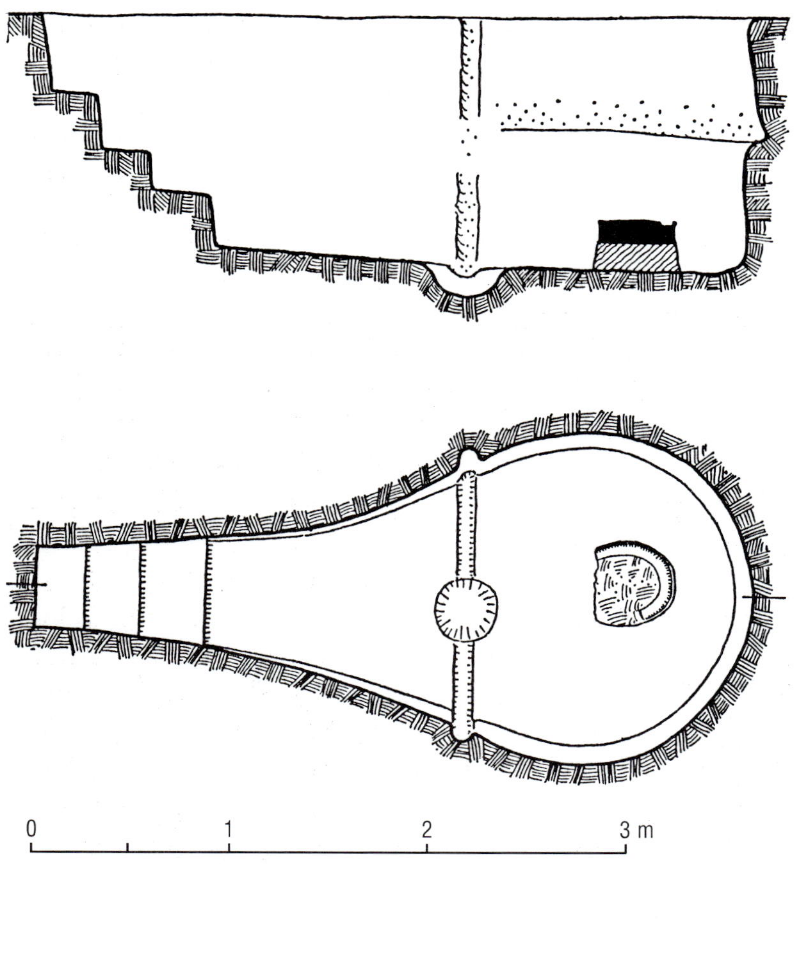

Links: Gießgrube aus dem 2. Jahrhundert v. Chr. auf der Athener Agora. Längsschnitt und Plan von J. Travlos. Die Gießgrube mit birnenförmigem Grundriß ist rund 1,50 m tief. An der Schmalseite führen Stufen hinab. Ein Podest aus stark gemagertem Ton diente als Aufsatz für die Form. Die etwa in der Mitte verlaufenden Eintiefungen waren Widerlager für eine Wand, die den Zweck hatte, die Erdmenge zu begrenzen, mit der die Form umgeben wurde.

Rechts: Gußformfragmente eines archaischen Kuros. Mitte 6. Jahrhundert v. Chr. In der nach dem Guß zerschlagenen Form wurde eine Statue von zwei Drittel Lebensgröße gegossen. Athen, Agora-Museum

Rechte Seite: Kopf einer archaischen Jünglingsstatue. Bronze. Höhe 19,3 cm. Um 530/520 v. Chr. Berlin, Antikensammlung

ten Guß waren zum Beispiel die Hörner nicht »gekommen« und beim Versuch, sie nachträglich mit Bronze anzugießen, war ein recht amorphes Gebilde entstanden. Die Gießer haben sich daher mehr auf mechanische Verbindungen verlassen. So wurden bei einem anderen Fehlguß die Hörner durch Draht ersetzt.

Gegen Ende der geometrischen Epoche, wohl im 8. Jahrhundert v. Chr., gelang den Gießern in Griechenland die Erfindung des Hohlgusses, die ihnen ganz neue Möglichkeiten eröffnete und eine Steigerung der Größe erlaubte. Bei diesem Verfahren wurde das Bildwerk über einem tönernen Kern aus Wachs modelliert und dann mit einem Gußmantel umgeben.

Figuren ab einer bestimmten Größe konnten jedoch nicht in einem Stück gegossen, sondern mußten aus mehreren Teilen zusammengefügt werden. Dafür war eine hochentwickelte Schweiß- und Löttechnik nötig. Die griechischen Gießer verwendeten wegen der größeren Haltbarkeit Hartlot, das heißt dieselbe Bronzelegierung wie für die Einzelteile. Dadurch ließen sich auch Farbunterschiede des Metalls vermeiden. Die technischen Voraussetzungen dieser Löttechnik waren in Griechenland im 6. Jahrhundert v. Chr. gegeben oder wurden in dieser Zeit entwickelt.

Reste einer archaischen Bronzegußwerkstatt wurden auf der Agora von Athen entdeckt. In einer in den Felsboden eingetieften Grube fanden sich unzählige Bruchstücke eines zerschlagenen Gußmantels, aus denen sich in mühevoller Kleinarbeit ein Teil des Formmantels rekonstruieren ließ (Abb. links). Wir wissen nun, daß dort um 540 v. Chr. eine Statue im vertrauten Standschema eines Kuros gegossen wurde, die etwa zwei Drittel Lebensgröße erreichte. Unter den Fragmenten des Formmantels fanden die Ausgräber auch Teile, die vom Guß des Kopfes stammten. Dabei stellte sich heraus, daß die Form für den Guß der Mundpartie zweimal vorhanden war. Demnach erfolgten zwei Versuche, den Kopf der Statue zu gießen. Ob der Grund dafür ein Gußunglück war oder eine Änderung formaler Art, können wir nicht entscheiden. Sicher ist nur, daß Kopf und Körper der Statue getrennt voneinander gegossen wurden; das ergibt sich auch aus der geringen Tiefe der Gießgrube, in der die Form ausgegossen wurde.

Wie perfekt griechische Handwerker am Ende des 6. Jahrhunderts das Löten und Schweißen mit Zinnbronze beherrschten, zeigt uns der Kopf einer Jünglingsstatue aus Kythera in der Berliner Antikensammlung (Abb. rechts). Untersuchungen der letzten Jahre haben uns seine Herstellungstechnik besser verstehen lassen. Das Tonmodell wurde in zwei Schichten aufgebaut, die aus unterschiedlich gemagertem Ton bestanden, aber beide eine starke Beimengung von Haaren aufwiesen. Damit wurde erreicht, daß der Gußkern gut trocknete und keine Risse dabei entstanden. Auf dem Tonkern wurde anschließend mit Wachs der Kopf modelliert. Der Guß erfolgte dann allerdings nicht in einem Stück, sondern die überstehenden Locken wurden nochmals abgenommen, gesondert gegossen und

danach in einem mühsamen und langwierigen Arbeitsprozeß angelötet. Die Haltbarkeit der Lötungen war so gut, daß nur wenige Lockenteile verloren gingen. Die Augen wurden später bei den abschließenden Arbeiten aus anderem Material eingesetzt, was ihnen eine besonders starke Ausdruckskraft verlieh.

Das beschriebene Verfahren brachte für die Gießer vor allem zwei Schwierigkeiten mit sich. Zum einen wurde die Wachsschicht, in der die Oberfläche ausgebildet war, beim Formen mit der Hand unregelmäßig dick und der Guß dadurch erschwert. Als noch gravierender aber erwies sich, daß im Falle eines Fehlgusses die gesamte Formarbeit verloren war. Deshalb entwickelten die Gießer zu Beginn des 5. Jahrhunderts v. Chr. das sogenannte indirekte Gußverfahren. Das zu gießende Objekt wurde nun völlig in Ton aufgebaut, und von seinen Teilen nahm man tönerne Hilfsnegative ab. Diese wurden zusammengesetzt und die Innenseiten mit Wachs ausgestrichen. Auf diese Weise ließ sich nicht nur eine recht gleichmäßige Wandstärke erzielen, sondern auch ein mißratenes Teilstück jederzeit nochmals herstellen. Auch für den Guß mehrfiguriger Gruppen bot das Verfahren eine bedeutende Erleichterung. Nicht zufällig fand diese Entwicklung zu Beginn der klassischen

Zeit statt; mit neuen formalen Ansprüchen an die Skulptur nahm auch der Bronzeguß einen rapiden Aufschwung und gedieh zur höchsten Blüte.

Die Tonform des Kuros von der Athener Agora war zum Ausgießen mit der Bronze in eine Grube gestellt und ringsum mit Sand und Erde festgestampft worden. Das sollte verhindern, daß die Form durch den Druck des einfließenden Metalls zerbrach. Für die nach dem indirekten Verfahren aufgebauten großen Formen mußten natürlich ganz andere Vorkehrungen getroffen werden. Nötig waren jetzt Gußgruben, in denen die zu gießenden Teile aufgebaut, eingeformt, gebrannt und schließlich ausgegossen wurden. Derartige Gruben konnten eine Tiefe von 3,50 Meter erreichen, ohne daß ihre Funktionsfähigkeit beeinträchtigt wurde. An der Bewältigung der auftretenden Probleme haben die Gießer der klassischen Zeit immer weiter gearbeitet.

Die ausgereifteste Technik weisen hellenistische Gußgruben auf. Eine besonders gut erhaltene kam in Rhodos zutage, das für seine Bronzeplastik berühmt war: »Vor allem aber bewunderungswürdig war der Koloß des Sonnengottes zu Rhodos, den Chares aus Lindos, ein Schüler des Lysippos, gefertigt hatte. Dieses Bildwerk war 70 Ellen hoch. 56 Jahre später wurde es durch ein Erdbeben gestürzt, erregt aber auch liegend noch Bewunderung. Nur wenige umklaftern seinen Daumen, und die Finger sind größer als viele Statuen ... In derselben Stadt befinden sich noch hundert andere Kolosse, die zwar kleiner sind, aber überall, wo sie einzeln aufgestellt wären, den Ort berühmt machen würden« (Plinius, *Historia naturalis* 34, 41 f.).

Die Gußgrube an der Diagoridenstraße in Rhodos (Abb. S. 398) war in ihrer gesamten Länge von rund 15 Metern in den gewachsenen Fels gemeißelt; Seitenwände und Boden waren mit Lehmziegeln verkleidet. Aus der in der Mitte aufgebauten Gußform führte ein Kanal zu einer Vertiefung im Grubenboden. War die Gußform aufgebaut, so mußte sie als erstes ausgebrannt werden. Zu diesem Zweck verkleinerten die Arbeiter die Grube durch zwei aus Lehmziegeln mit Holzhinterfütterung gebaute Trennwände, in denen nur eine Öffnung zum Schüren blieb. Durch die Isolierung der Grubenwände mit Lehmziegeln entstand eine Art von Ofen mit idealen Heizbedingungen. Das ausfließende Wachs gelangte durch den unterirdischen Kanal aus dem Bereich des Feuers. Dies war wichtig; denn sonst hätte sich das heiße Wachs explosionsartig entzünden und die Form zerstören können.

Die Entwicklung solcher Gußgruben erfolgte in der zweiten Hälfte des 4. Jahrhunderts v. Chr. In ihnen konnten nun auch große Gußteile nahezu serienmäßig und mit einem geringen Anteil von Fehlgüssen hergestellt werden. Mit ihrer – nach heutigen Maßstäben – zwar einfachen, doch sehr ausgereiften und effektiven Technik bildeten sie die Voraussetzung für die im Hellenismus üblichen gewaltigen Standbilder, deren Höhepunkt für uns der »Koloß von Rhodos« darstellt.

Wie hervorragend die Brandbedingungen in solchen Gruben waren, dokumentieren auch zahlreiche Formmantelfragmente, die in einer Werkstatt im thessalischen Demetrias ans Tageslicht kamen. Ein Bruchstück vom Guß einer weiblichen Büste (Abb. unten) bezeugt schon die Kenntnis des »aufsteigenden Gusses«, bei dem die Bronze vom Trichter zuerst bis auf den tiefsten Punkt der Form geführt wurde und von unten her aufsteigend die Hohlräume füllte. Bei diesem Verfahren wurde die Gefahr des Fehlgusses möglichst klein gehalten.

Außerdem zeigen die Formmantelfragmente von Demetrias, daß die Suche nach technischen Neuerungen sich nicht auf die Heizbedingungen beschränkte, sondern auch die Form selbst betraf. Ein Problem, das sich den Gießern vor allem bei zunehmender Größe der Form stellte, war die Entlüftung. Beim Eingießen des flüssigen Metalls mußte die eingeschlossene Luft rasch entweichen können, weil

Für Gold dient (als Lötmittel) Chrysokolla (Malachit), für Eisen Tonerde, für massive Kupferstücke Galmei, für Kupferblech Alaun, für Blei mit Marmor Harz, für Blei mit Blei Zinn, für Zinn mit Zinn Öl und dasselbe für die Verbindung von Werkblei mit Bronze oder von Werkblei mit Silber. Plinius, *Historia naturalis* 28, 94

Links: Bruchstück eines Formmantels aus Demetrias. Volos, Museum

Rechts: Bronzestatue eines jungen Mannes. Höhe 1,94 m. Um 340/330 v. Chr. Die Bronze wurde im Meer bei Antikythera gefunden, einer kleinen Insel im Süden der Peloponnes; sie stammt aus einem Transport von Kunstwerken, der im Altertum auf dem Weg von Griechenland nach Italien Schiffbruch erlitten hat. Die Statue ist aus vielen kleinen Bruchstücken neu zusammengesetzt worden. Kopf, Arme und Beine waren, wie bei antiken Großbronzen üblich, gesondert gegossen und durch Lötung mit dem Rumpf verbunden. Die Augen sind in buntem Material eingesetzt, die Wimpern aus Bronzeblech geschnitten. Man hat der Figur einen Wettkämpfer gesehen, der vielleicht einen Ball in der vorgestreckten Rechten hielt. Auch das Bild eines Heros wurde darin vermutet, Perseus mit dem Medusenhaupt oder Paris mit dem Apfel. Athen, Nationalmuseum

Oben und unten: Große Gießgrube an der Diagoridenstraße in Rhodos. Aufnahme nach der Freilegung (oben) und schematischer Längsschnitt (unten). Die für den Guß einer monumentalen Statue bestimmte Grube ist in ihrer gesamten Länge von rund 15 m in den gewachsenen Fels gemeißelt. Seitenwände und Boden waren mit Lehmziegeln verkleidet. Zwei Querwände aus Lehmziegeln mit Holzhinterfütterung bildeten um die Gußform eine Art von Ofen. Das beim Ausbrennen der Form ausfließende Wachs gelangte durch einen unterirdischen Kanal aus dem Bereich des Feuers und sammelte sich in einer Vertiefung im Grubenboden.

Rechte Seite, innen: Griffspiegel aus Zinnbronze. Länge 19,8 cm. 8. Jahrhundert v. Chr. Spiegelscheibe und Handgriff sind aus einem Stück gegossen. Im Bildfeld des Griffs ist ein Krieger zwischen zwei Pferden dargestellt, ein beliebtes Motiv geometrischer Zeit.
Berlin, Antikensammlung

Rechte Seite, außen: Griffspiegel aus Bronze. Länge 36,1 cm. Um 560 v. Chr. Scheibe und Griff sind aus einem Stück gegossen. Das getriebene Schmuckblech wurde angelötet. Es stellt eine Episode aus der Ilias *dar: Priamos bittet Achill um die Freigabe von Hektors Leichnam.*
Berlin, Antikensammlung

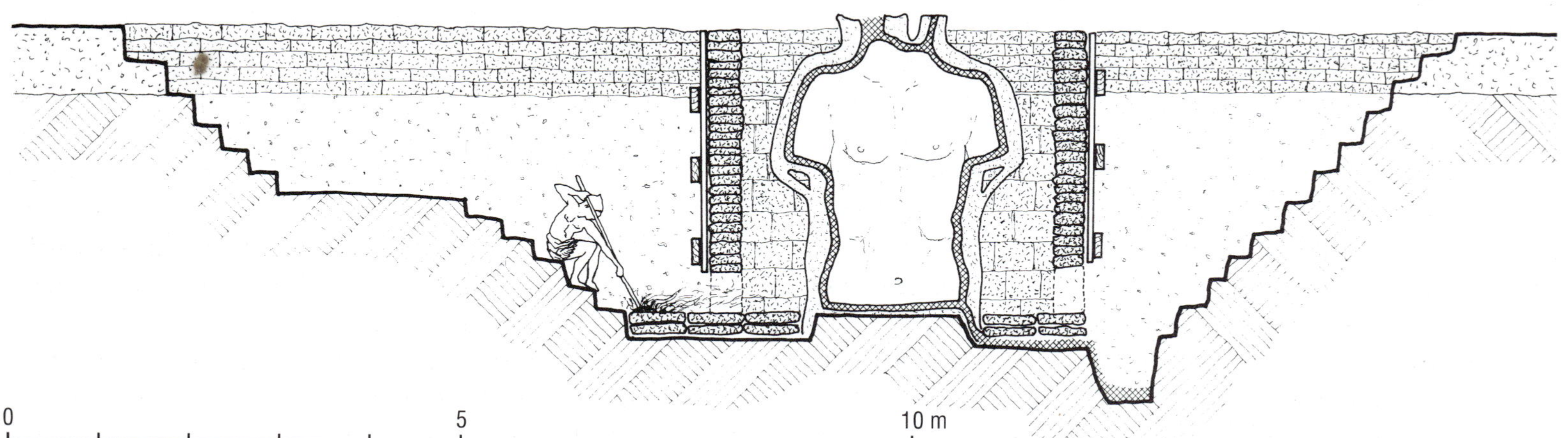

sonst die Form zerbrochen wäre. Deshalb legten die Arbeiter ein zunehmend dichteres Netz von Entlüftungsleitungen rings um die Form. Diese Leitungen wurden nach oben zu gebündelt und endeten in trichterförmigen Öffnungen. Erschien beim Guß in diesen Öffnungen das Metall, so war die Form völlig ausgefüllt.
Die Untersuchung von Werkstätten für den statuarischen Bronzeguß gibt also Aufschluß darüber, wie fortlaufend daran gearbeitet wurde, die Bedingungen für den Guß sicherer zu machen und immer größere Güsse immer perfekter zu ermöglichen. Wir müssen dabei eine Wechselwirkung annehmen zwischen dem Künstler, der das Modell herstellte, und dem Gießermeister, der es umsetzte. Beide waren sicher in der Regel beim Guß anwesend, der bei großen Statuen in der Nähe des Aufstellungsortes erfolgte; denn ein Transport war oft nur schwer möglich oder hätte das Kunstwerk gefährdet. Wie der Gießermeister mit einer Weiterentwicklung der Technologie auf Herausforderungen des formenden Künstlers geantwortet hat, so wird dieser auch seinerseits neue technische Möglichkeiten des Gießens in den Gestaltungsprozeß miteinbezogen haben.

Spiegel

Ein weiteres Gebiet, auf dem der Einfluß technischer Neuerungen auf die Objektgestaltung nachvollziehbar ist, sind die griechischen Spiegel. Die Griechen kannten den seit dem Mittelalter vertrauten Glasspiegel nicht. Sie machten sich aber die Erkenntnis zunutze, daß ebene und glatt polierte Metallflächen durchaus eine gute Spiegelwirkung haben. Dieses Wissen war auch schon in Ägypten und den Ländern des Vorderen Orients verbreitet. Bronze war das beliebteste Metall für die Herstellung von Spiegeln.
Die frühesten bisher bekannten griechischen Spiegel stammen noch aus der geometrischen Zeit, aus der Mitte des 8. Jahrhunderts v. Chr. Es handelt sich dabei um sehr flache Gebilde, die aus einer runden oder leicht ovalen Scheibe und einer Griffplatte bestehen. An dem oben links abgebildeten Exemplar ist die ursprünglich metallisch glänzende Spiegelscheibe durch die Patina stumpf geworden und hat jede Spiegelwirkung verloren. Die Griffplatte ist mit kreisförmigen Ornamenten verziert und zeigt in ihrem Zentrum ein beliebtes Motiv geometrischer Zeit, einen Krieger, der

zwei Pferde führt. Wir haben in ihm einen Hinweis auf die adligen Kämpfer zu sehen, die mit dem Wagen in den Kampf zogen und sich im Einzelkampf bewährten.
Dieser Spiegeltyp blieb auch in den folgenden Jahrhunderten in Gebrauch; Änderungen ergaben sich natürlich bei der Größe und der künstlerischen Ausgestaltung dieser Geräte. In der Mitte des 6. Jahrhunderts v. Chr. ist ein recht großer Handspiegel (Abb. S. 399 rechts) entstanden. Seine leicht gewölbte runde Scheibe mit einem Durchmesser von etwa 18 Zentimetern bildete das Gesicht des Betrachters ganz ab. Zur Verzierung des Griffs wurde ein kleines getriebenes Bronzeblech aufgelötet. Es zeigt eine Episode aus der *Ilias*: In wilder Rache hatte Achill den Leichnam Hektors um die Stadt geschleift und weigerte sich, ihn zu bestatten. Deshalb ging Hektors Vater Priamos, der greise König von Troja, unter dem Geleit des Gottes Hermes nachts ins Lager der Griechen und erbat die Freigabe des Leichnams. Gezeigt ist der entscheidende Augenblick, in dem Priamos ans Kinn des Achill greift, um mit diesem Gestus das Mitleid des Siegers zu erwecken. Der Leichnam Hektors liegt am Boden.

Beiden Spiegeln ist gemeinsam, daß Spiegelscheibe und Griff aus einem Stück gefertigt sind. Die Scheibe selbst ist relativ flach. Um das Gesicht ganz darin spiegeln zu können, mußte sie recht groß sein. Das Gerät wurde dadurch schwer und unhandlich. Hinzu kam, daß das Polieren mit der Hand feine Unebenheiten in der Oberfläche nicht ausgleichen konnte und so wohl immer leichte Verzerrungen die Freude am Spiegelbild trübten.
Ein wesentlicher Fortschritt ließ sich hier nur erzielen, wenn die runde Spiegelscheibe getrennt hergestellt und auf einer mechanischen Drehbank nachbehandelt wurde, so daß sich eine ganz gleichmäßige Oberfläche ergab. Solche Spiegel entstanden am Ende des 6. Jahrhunderts v. Chr. und wurden in der Folgezeit immer zahlreicher. Im 5. Jahrhundert waren Spiegel mit getrennt geformter Scheibe die Regel. Als Beispiel kann ein sogenannter Standspiegel dienen (Abb. oben links). Sein Griff hat die Form einer Säule mit einem ionischen Kapitell. Darauf sitzt frontal eine Sphinx; ihre Flügel bilden gleichzeitig die Körper von zwei Schwänen, deren Köpfe das Auflager der Spiegelscheibe tragen. Dieser sehr kunstvolle Aufbau befriedigte das

Bedürfnis der vermögenden Bevölkerungsschichten nach einer repräsentativen Ausschmückung solcher Geräte, darüber hinaus weist er auf ein Problem bei ihrer Fertigung hin. Denn beim Verbinden der Scheibe mit dem Griff gab es Schwierigkeiten. Hartlot kam dafür nicht in Frage, weil die dazu erforderliche hohe Hitze die empfindliche Scheibe beschädigt oder verzogen hätte. Weichlot wiederum war nicht so haltbar und konnte sich beim täglichen Polieren des Gerätes lösen. Deshalb war eine möglichst große Auflage nötig; sie wurde durch das Zwischenstück erzielt und in ihrer Wirkung noch durch ein Ornament in Form eines Blattes verstärkt, das von hinten her in die Wölbung der Scheibe eingriff.

Wie die Drehbank aussah, mit der die griechischen Bronzehandwerker solche perfekten Scheiben herstellten, wissen wir nicht. Weder hat sich bei Grabungen ein derartiges Werkzeug gefunden, noch gibt es antike Abbildungen davon. Daß eine Drehbank verwendet wurde, ist jedoch aus den Werkspuren zu erschließen: Bei den Spiegelscheiben seit der frühen Klassik, also etwa ab 480 v. Chr., weist die Rückseite konzentrische Kreise auf, die reliefartig aus dem Untergrund hervortreten (Abb. S. 400 rechts). Solche Strukturen ließen sich nur mit Hilfe einer Drehbank herstellen. Sie liefern den seltenen Hinweis darauf, daß antike Künstler, stolz auf eine neue mechanische Fähigkeit, aus Werkspuren ein Ornament machten und die Rückseite der Spiegel damit dekorierten. Mit Hilfe der Drehbank konnten die Bronzehandwerker nicht nur exakt runde und gleichmäßige Spiegelscheiben herstellen, sondern sie auch leicht gewölbt gestalten. Der nach hinten umgebogene Rand sicherte die Stabilität bei geringerer Metallstärke, wodurch das Gerät handlicher wurde. Die Beherrschung dieser Technik bildete die Voraussetzung für die Kreation eines neuen Spiegeltyps im 4. Jahrhundert v. Chr.: des Klappspiegels, der sich in der Folgezeit großer Beliebtheit erfreute und die anderen Spiegelformen weitgehend vom Markt verdrängte (Abb. unten). Dafür wurden zwei runde Scheiben benötigt, die genau aufeinander abgestimmt sein mußten. Die untere war die eigentliche Spielgelscheibe, während die obere als Deckel diente und die Spiegelfläche vor dem Anlaufen schützte. Verbunden waren beide Teile durch ein Scharnier; an einem kleinen Griff ließ sich der Spiegel zum Gebrauch öffnen. Dieser Spiegeltyp war nicht nur in der Handhabung sehr praktisch – die Spiegelscheibe mußte nicht durch eine Hülle geschützt werden –, sondern kam auch dem Bedürfnis des Publikums nach modischem Ornament entgegen; denn die Deckel wurden meist mit Reliefs in Treibarbeit verziert, eine Kunstgattung, die sich besonders im Hellenismus großer Beliebtheit erfreute und neben dem kostbaren Tafelgeschirr in den Spiegeln ein wichtiges Medium für ihre Verbreitung fand.

Politik und Technik im klassischen Athen

Grabungen am Südabhang der Akropolis haben am Ende des vergangenen Jahrhunderts eine tiefe Grube aufgedeckt. Darin enthaltener Abfall deutete darauf hin, daß es sich um die Installation einer Bronzegußwerkstatt handelte. Die Grube wurde im Laufe der Jahrhunderte mehrfach für den Guß von Statuen verwendet, ein Umstand, der die Interpretation der Befunde erschwerte. Trotzdem ließ sich nachweisen, daß die Grube zum erstenmal in der Mitte des 5. Jahrhunderts v. Chr. benutzt wurde, und zwar für den Guß einer etwa neun Meter hohen Statue. Die Lage der Werkstatt spricht dafür, daß diese Statue auf der Akropolis aufgestellt wurde. Nun wissen wir über die Bauten und

Linke Seite, außen: Standspiegel aus Bronze. Höhe 32,5 cm. Um 470 v. Chr. Der Griff hat die Form einer Säule mit ionischem Kapitell. Kopf und Flügel der auf dem Kapitell sitzenden Sphinx tragen das Auflager der angelöteten Spiegelscheibe. Das Zwischenstück in Form eines Blattornaments greift in die Wölbung der Scheibe ein, um eine möglichst große Auflage zu erzielen. Berlin, Antikensammlung

Linke Seite, innen: Standspiegel aus Bronze. Höhe 43 cm. Um 460 v. Chr. Als Spiegelträger dient die Figur einer stehenden Frau, die in der rechten Hand einen Vogel hält und mit der linken den Peplos rafft. Die konzentrischen Kreise auf der Rückseite der Scheibe stammen von der Nacharbeit auf der Drehbank. Baltimore, The Walters Art Gallery

Rechts: Klappspiegel aus Bronze mit Lötspuren des Scharniers. Durchmesser 13,5 cm. 350/325 v. Chr. Auf den Deckel sind zwei getriebene Schmuckbleche aufgelötet, links der bocksfüßige Gott Pan, rechts eine Frau in Chiton und Mantel, die sich auf einem Felsvorsprung unter einem Baum niedergelassen hat, wohl eine Nymphe. Klappte der antike Benutzer den Spiegel auf, um sich in der Scheibe zu betrachten, so bot ihm ein graviertes Bild auf der Innenseite des Deckels eine reizvolle Variante oder Fortsetzung des Motivs der Außenseite. Die Nymphe kauert hier nackt in einer Grotte und wäscht ihr Haar. Das Wasser plätschert von einem Löwenkopf ins Becken, und ein Pansgesicht an der Grottenwand, in der Felsstruktur kaum erkennbar, sieht der Badenden zu. Berlin, Antikensammlung

Hephaisteion in Athen. Ansicht von Nordosten (rechts) und südliche Ringhalle nach Osten (links). Der Tempel auf dem Hügel am Westrand der Athener Agora wurde nach der Mitte des 5. Jahrhunderts v. Chr. errichtet, also etwa gleichzeitig mit dem Parthenon. Da im plastischen Schmuck Herakles und Theseus eine besondere Rolle spielen, brachte man ihn früher mit diesen beiden Heroen in Verbindung und gab ihm den Namen »Theseion«. Doch sprechen Bauinschriften für die Weihung an Hephaistos und Athena, den erfindungsreichen Schmiedegott und die Stadtgöttin, die als Athena Ergane den Handwerkern ihre Kunstfertigkeit verlieh. In der Umgebung des Heiligtums lagen Werkstätten von Schmieden und Bronzegießern. Der dorische Peripteros ist der besterhaltene Tempel Griechenlands. In byzantinischer Zeit wurde er in eine Georgskirche verwandelt.

Wollt ihr Töpfer mir lohnen den Spruch, so ruf' ich Athene:
Komm und hüte den Ofen mit schirmenden Händen, o Göttin,
daß schön schwarz vom Brand die Krüg und Häfen hervorgehn,
wohl durchglüht, so zahlt auch jedermann voll nach dem Preise.
Alles verkaufe sich reich am Marktplatz, reich in den Gassen,
reich verdient ihr und rühmt, wie wohl euch mein Sprüchlein gediehen.
Sinnet ihr Töpfer jedoch, mich frech zu betrügen, so ruf' ich
über den Ofen die Rotte der Poltergeister zusammen,
rufe den Schlagentzwei, den Haubold, Trümmerich, den Krickkrack,
rufe den Schmeißein, der kennt sein Gewerb, schlägt alles zuschanden,
feget durch Esse und Haus, so platzt euer Ofen und poltert
krachend zuhauf, daß lautes Geschrei von Töpfern ertönet.
Bückt aber einer sich drüber, versengt ihm knisternd die Lohe
rings das ganze Gesicht. So lernt mir, Sitte zu üben.

Lied vom Töpferofen, aus der Erzählung vom fahrenden Sänger Homer (Übersetzung von Wolfgang Schadewaldt)

Statuenweihungen auf der Akropolis im 5. Jahrhundert verhältnismäßig gut Bescheid: In Frage kommt eigentlich nur die große Bronzestatue der Athena Promachos, die aus Beutegeldern der Perserkriege vom Bildhauer Phidias geschaffen wurde und an die Siege bei Marathon und Salamis erinnern sollte.

Aus Inschriften geht hervor, daß die Arbeiten an dem kolossalen Standbild mindestens acht Jahre dauerten. Dazu waren natürlich Werkstattbauten nötig. Nachuntersuchungen haben ergeben, daß die zentrale Gießgrube wohl von zwei großen Hallen flankiert war, in denen Material gelagert und verschiedene Vorarbeiten ausgeführt wurden. Die beiden Hallen, deren genaues Aussehen unbekannt ist, sind die frühesten Werkstattbauten, die wir in Athen, ja in ganz Griechenland, kennen. Andere wurden auf der Akropolis entdeckt (Plan S. 406). Die systematischen Grabungen am Ende des 19. Jahrhunderts haben dort neben den Bauten aus der Glanzzeit Athens, dem Eingangstor der Propyläen, dem Erechtheion und dem Tempel der Athena Parthenos, Spuren einer ganzen Reihe von Bauten ans Licht gebracht. Neben Vorgängerbauten und kleineren Heiligtümern gehören dazu auch drei Gebäude, die als Werkstätten, oder besser Bauhütten, genutzt wurden. In der Südostecke der Akropolis stand ein großes rechteckiges Gebäude mit zwei Räumen. Scherben und Statuenbruchstücke unter seinen Fundamenten ergaben, daß es nach dem Persereinfall (480 v. Chr.) errichtet wurde. Im hinteren Raum fand sich eine Unmenge von feinen Marmorsplittern, Überbleibsel von Steinmetzarbeiten, die hier wohl für den nahen Parthenon ausgeführt wurden. Die im Verhältnis zur Größe des Raumes geringe Mauerstärke läßt es fraglich erscheinen, ob ein Dach vorhanden war, doch ist eine Art Fachwerk, das als Träger geeignet gewesen wäre, nicht auszuschließen. Trotz der leichten Bauweise wurde die Anlage nicht nur vorübergehend benutzt, sondern nach Abschluß der Arbeiten durch den Anbau eines Tores in eine Kultstätte zur Verehrung einer Lokalgottheit umgewandelt.

Ein Werkstattbau für eine kurzzeitige Nutzung befand sich dagegen unmittelbar südlich des Parthenon. Es handelt sich um ein knapp 40 Meter langes Gebäude, das wie der Tempel ostwestlich ausgerichtet war und in der Aufschüttung ruhte, mit der der Staatsmann Kimon das Plateau der Akropolis erweitert hatte. In der Fundamentierung der Mauern fanden sich verworfene Säulentrommeln vom Parthenon. Dieser Bau, in dem vielleicht die Dachbalken des Parthenon bearbeitet wurden, mußte nach der Beendigung des Tempelbaus wieder abgerissen werden, verstellte er doch den Blick von Süden auf den neuen Prachtbau der Göttin Athena.

Eine dritte Bauhütte hatte wiederum länger Bestand. Es handelt sich um eine große rechteckige Anlage westlich des Parthenon am Rande des Plateaus. Ihr Kernbau ist in der Mitte des 5. Jahrhunderts entstanden und hat aufgrund seiner Maße wohl dazu gedient, das Goldelfenbeinbild der

Athena Parthenos bis zu seiner Fertigstellung aufzunehmen, wie die bronzene Statue der Athena Promachos ein Werk des Phidias. Später wurde eine Säulenhalle angefügt, vielleicht im 4. Jahrhundert v. Chr., als das Gebäude für die Aufbewahrung verschiedener Geräte und Gegenstände aus Bronze, als »Chalkothek«, genutzt wurde. Außerdem muß auf dem Gelände der Akropolis noch mindestens eine weitere Werkstatt gestanden haben. Das geht aus einem Inschriftenfragment mit Abrechnungen für den Bau des Erechtheion hervor. Darin sind Kosten für die Wiederherstellung einer Werkstattwand aufgeführt, die dadurch verursacht wurden, daß die in dieser Werkstatt angefertigten Balken nicht durch die Türen herausgeschafft werden konnten und deshalb eine Mauer teilweise eingerissen werden mußte.

Die Athener Werkstattbauten aus dem 5. Jahrhundert v. Chr., noch dazu in einer solchen Häufung, sind eine singuläre Erscheinung. Da es schon vorher in Athen und anderswo große Bauunternehmungen gab, die sicher ebenfalls Werkstätten erforderten, stellt sich die Frage, warum wir aus früherer Zeit keine vergleichbaren kennen.

Von den Bauten der perikleischen Epoche im weitesten Sinne existieren verschiedene Bauabrechnungen oder Fragmente davon. Sie dokumentieren eine Praxis, die uns heute gut verständlich ist, aber vor dem 5. Jahrhundert v. Chr. in Griechenland unbekannt war. Grundlage dieser Praxis war ein radikales demokratisches System, in dem die Volksversammlung über alle öffentlichen Angelegenheiten zu entscheiden hatte.

Nun war es natürlich organisatorisch nicht möglich, sämtliche Details eines öffentlichen Bauvorhabens, die Verwendung bestimmter Materialien und so weiter, im großen Rahmen der Volksversammlung zu diskutieren. Deshalb wurde aus ihrem Kreis eine bestimmte Anzahl von Leuten gewählt, die eine Kommission bildeten und sozusagen zwischen die Gemeinde als Auftraggeber und die mit der Ausführung des Projekts betrauten Handwerker traten. Sie hatten im Planungsstadium die Vorschläge, die aus der Volksversammlung kamen, zu bündeln und den Architekten oder Bildhauern zu vermitteln, ein Vorgang, der sich heutzutage am ehesten mit den Modalitäten einer Ausschreibung vergleichen läßt. Andererseits mußte die Kommission die detaillierten Vorschläge von Architekten und Künstlern der Volksversammlung erläutern und zur Beschlußfassung unterbreiten, auf heutige Verhältnisse übertragen also eine Art Gutachten erstellen. Solche Vergleiche mit modernen Gepflogenheiten sind allerdings mit großer Vorsicht zu behandeln.

Während der Bauausführung war die Kommission, deren Mitglieder jährlich wechseln konnten, verantwortlich für die ordnungsgemäße Abrechnung. Damit erfüllte sie, wiederum auf heutige Zustände übertragen, in etwa die Aufgabe eines Rechnungshofs. Die Abrechnung erfolgte nach einem Modus, der sich allem Anschein nach im antiken

Wirtschaftsleben als der günstigste erwiesen hatte: Die Kommission sorgte selbst für die Beschaffung der Rohstoffe und stellte sie den Arbeitern zur Verfügung. Das gilt auch für so billige Materialien wie Ton oder Haare, wie wir aus den Abrechnungen für die Athena-Promachos-Statue ersehen können. Zum einen waren antike Unternehmen nicht kapitalstark genug, um größere Bauabschnitte vorzufinanzieren. Zum anderen hatten die Kommissionsmitglieder so die Möglichkeit, die Bezugsquelle der Rohmaterialien selbst zu bestimmen und dabei wirtschaftspolitische Belange zu berücksichtigen oder Preisvorteile auszunutzen. So besagt eine Abrechnung aus Eleusis aus dem 4. Jahrhundert v. Chr., daß das Kupfer für eine genau definierte Arbeit am Telesterion aus Marion auf Zypern bezogen werden solle. Dieses Dokument zeigt, daß man über die Eigenschaften metallischer Rohstoffe Bescheid wußte; es ergibt aber erst dann seinen vollen Sinn, wenn man weiß, daß Marion eine athenische Kolonie mit privilegierten Beziehungen zur Mutterstadt war.

Die Wahl der Kommissionen erfolgte zeitweise durch das Los. Es konnte also jeden athenischen Vollbürger treffen. Bei der Vielzahl öffentlicher Bauten, die im 5. und 4. Jahrhundert v. Chr. in Athen ausgeführt wurden, war sicher eine größere Anzahl von Bürgern gleichzeitig mit Überwachungsaufgaben beschäftigt. Neben den großen Repräsentationsbauten wurden kleinere Gebäude und Funktionsbauten, aber auch Weihe- und Ehrenstatuen errichtet. Die geschilderte Abrechnungspraxis brachte es mit sich, daß die Mitglieder einer Kommission viel Zeit vor Ort verbrachten: Die Rohstoffe mußten kontrolliert, abgezählt, abgewogen und auf ihre Qualität geprüft werden. Die Beteiligten gelangten auf diese Weise in engen Kontakt mit Handwerkern und Künstlern, gewannen Einblick in deren Arbeit und bekamen so eine neue, umfassendere Vorstellung vom Kunstwerk. Anders als in der Archaik rückte nun der Entstehungsprozeß an sich, das Werden des Baus oder Kunstwerks in den Mittelpunkt des Interesses: Nicht mehr das vom Tyrannen geschaffene fertige Werk trat den Bürgern vor Augen, sondern jeder einzelne Schritt bei seiner Entstehung wurde verfolgt und erörtert. Wir können sicher sein, daß jede technische Neuerung und jeder Fortschritt in weiten Kreisen der athenischen Vollbürger diskutiert wurden und sich dabei ein Sachverstand auf breiter Basis entwickelte, wie er kaum wieder erreicht wurde. Technische Details, wie zum Beispiel die Verstärkung der Architrave über dem Durchgang der Propyläen durch Eisen, die einer Verbesserung der Statik diente, wurden gewiß eingehend besprochen.

In diesem Zusammenhang gewinnen die vier großen Werkstattbauten auf und an der Akropolis ein neues Gewicht. Sie dienten natürlich in erster Linie der Fertigung, waren aber auch Schauplatz reger Diskussionen über den Fortgang der Arbeit, denn die Kommissionsmitglieder dürften sich dort häufig und für längere Zeit aufgehalten haben. Daß gerade in Athen zwischen 470 und 440 v. Chr. auf der Akropolis vier große Werkstattkomplexe entstanden, von denen drei noch ein teilweise langes Nachleben hatten, hängt wohl nicht nur mit dem gewaltigen Bauprogramm der perikleischen Zeit zusammen, sondern auch mit der neuen, bis dahin nicht gekannten Intensität der Diskussion über die Planung und Durchführung der Arbeiten. Die in den folgenden Jahren errichtete Phidias-Werkstatt in Olympia – bis vor einiger Zeit die einzige bekannte gut erhaltene Werkstatt – paßt in dieses Bild. Auch sie war so solide gebaut, daß sie über Jahrhunderte hinweg als Werkraum verwendet und schließlich in späthellenistischer Zeit durch die Aufstellung eines Altars in ein Heiligtum umgewandelt wurde.

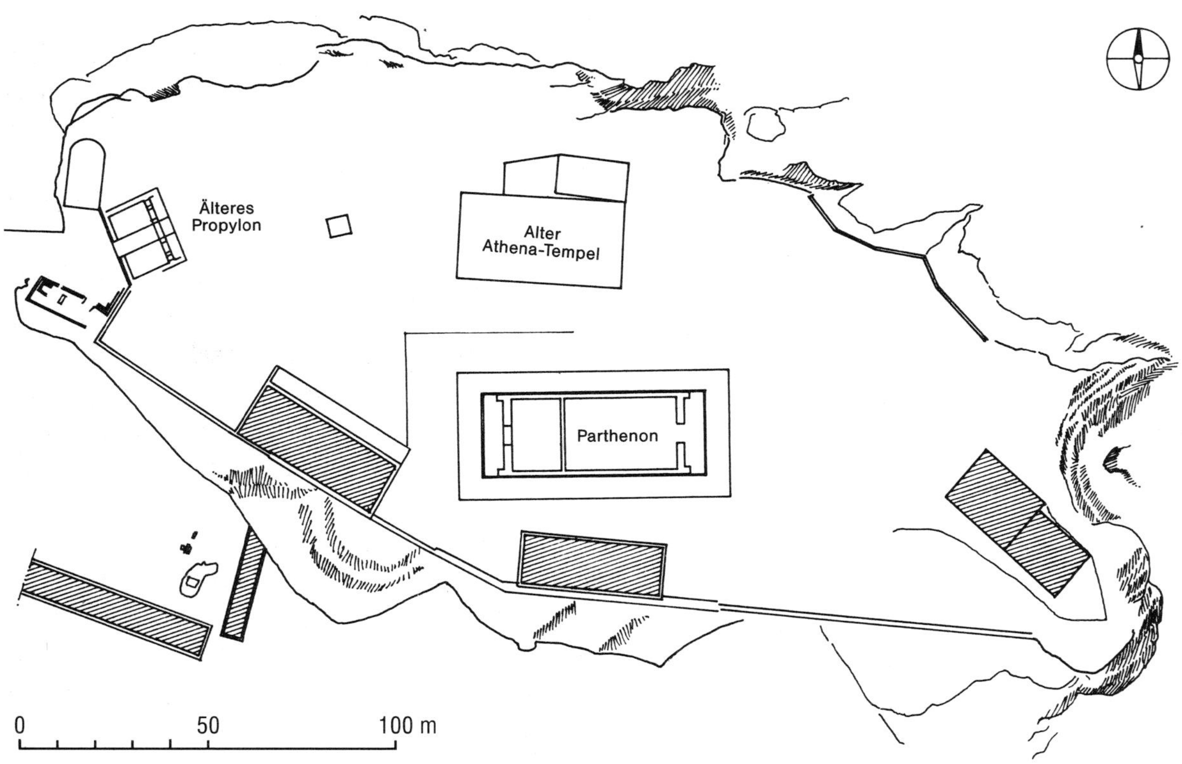

Vorhergehende Doppelseite: Die Athener Akropolis von Südwesten. Blick vom Pilopappos-Hügel.

Links: Plan der Akropolis von Athen. Die Werkstattbauten sind schraffiert eingetragen.

Rechte Seite: Korinthisches Kapitell. Von Polyklet dem Jüngeren als Modellstück für die Tholos im Asklepios-Heiligtum von Epidauros gearbeitet. Der zwischen 360 und 320 v. Chr. errichtete Rundbau mit dorischer Peristasis hatte im Innern der Cella einen Ring korinthischer Säulen. Das Modell, nach dem die Steinmetzen die Kapitelle gestalteten, wurde nach Abschluß der Arbeiten neben der Tholos vergraben. Epidauros, Museum

Die stattlichen Werkstattbauten auf und an der Akropolis waren nicht zu übersehen. Sie vermittelten ein Gefühl für die Bedeutung der dort stattfindenden Arbeiten. Im Bewußtsein der Athener waren sie aber auch Orte, an denen die von ihnen gewählten Kommissionen Entscheidungen vorbereiteten, eine Funktion, die diese Gebäude in das neue politische System der Polis integrierte. In der gleichen Zeit wurde im griechischen Haus der Andron, der »Männersaal«, zur festen Einrichtung. Hier versammelten sich bei den wechselseitigen Einladungen die Männer zum gemeinsamen Umtrunk, dem Symposion, bei dem man nicht nur feierte, sondern sich auch mit Angelegenheiten der Polis befaßte. Ähnlich wie der Andron der klassischen Zeit zur Entstehung und Gestaltung der Demokratie beigetragen hat, dürften von den Werkstattbauten Impulse für die Technikdiskussion und den technischen Fortschritt ausgegangen sein.

Die angeführten Beispiele legen es nahe, der Frage der technischen Entwicklung bei der Interpretation antiker Bau- und Kunstwerke eine größere Bedeutung einzuräumen als bisher. Man ging in der Vergangenheit meist von einem sehr statischen Technikbegriff aus. Ihm lag die Erkenntnis zugrunde, daß in der gesamten Antike hauptsächlich Menschenkraft eingesetzt wurde, die reichlich und zu günstigen Preisen vorhanden war. Somit entfiel der Zwang zu energie- und arbeitsparenden Innovationen. Unterstützt wurde diese Sicht durch Untersuchungen zur allgemeinen Geschichte der Technik. Danach schien technischer Fortschritt in der Antike tatsächlich kaum erkennbar zu sein. Doch fragen die Ingenieure meist nur nach dem Grundprinzip und übersehen die wichtigen Verbesserungen im Detail: So blieb beim Guß in der verlorenen Form das Prinzip gleich, und dennoch erfolgten im Laufe einer planvollen Entwicklung viele Veränderungen.

Man wird künftig davon ausgehen müssen, daß in dem komplizierten Geflecht aus verschiedenen Faktoren, die bei der Entstehung eines Kunstwerks mitwirken, neben der politischen, religiösen oder sozialen auch die Komponente des technischen Fortschritts innerhalb eines Handwerkszweigs Beachtung verdient.

Wirkung und Erforschung der materiellen Kultur der Griechen

Die Griechen haben auch die Verbreitung ihrer Kultur ins Werk gesetzt. Obwohl sie politisch keine Einheit bildeten und gerade die Eigenständigkeit ihrer einzelnen Städte, der Poleis, hoch bewerteten, fühlten sie sich kulturell zusammengehörig und verschieden von anderen Völkern. Die Menschen waren für sie entweder Griechen oder Nichtgriechen, Hellenen oder Barbaren – wobei der Begriff »Barbar« ohne eine grundsätzlich negative Bedeutung all jene bezeichnete, die ein unverständliches Idiom, also nicht griechisch, sprachen. Die kulturelle Identität der Griechen war sprachlich vermittelt, und wenn man Sprache in einem umfassenden Sinn versteht, dann gehören Denkweisen und Verhaltensregeln ebenso dazu wie die Ausdrucksformen der Kunst. Sprachlich vermittelt – das bedeutet aber auch, daß die griechische Kultur auf Kommunikation hin angelegt war, daß sie auch nach außen wirken wollte.

Weltkultur der Antike

Die im 8. Jahrhundert v. Chr. einsetzende und – mit nachlassender Intensität – bis ins 5. Jahrhundert v. Chr. hinein praktizierte Gründung von Kolonien im ganzen Mittelmeergebiet einschließlich der Region des Schwarzen Meeres hat die griechische Kultur schon früh international verbreitet. Die Kolonien, die griechische Siedlungen waren und in Kontakt blieben zu den Mutterstädten in Griechenland, hatten gewöhnlich eine starke kulturelle Ausstrahlung auf das Umland, dessen nichtgriechische Bevölkerung sich in der Regel noch auf dem Niveau prähistorischer Zivilisationen befand. Hier wirkte die griechische Hochkultur in erster Linie durch ihre Artefakte, also die dem Anderssprachigen am leichtesten begreifbaren Formen der Kunst und die Sprache von Bildern. Gewiß gab es auch Rückwirkungen vom Umland auf die Kolonien, aber sie sind innerhalb der Entwicklung der kolonialen Kunstproduktion nur selten eindeutig nachzuweisen; denn die Griechen haben Anregungen von außen nahezu restlos mit ihren eigenen Formvorstellungen verschmolzen. Dagegen bleibt der Anteil der Griechen vor allem an der Ausbildung einer neuen Hochkultur in Italien unübersehbar. Die etruskische und später die römische Kunst sind ohne den Import und die Nachahmung, dann die auswählende Übernahme der griechischen Formensprache nicht zu denken.

Gegenüber den Hochkulturen des Orients und Ägyptens waren die Griechen zunächst und vorwiegend die Empfangenden, doch konnten sie schon im 6. Jahrhundert v. Chr. ihre Kunst dorthin exportieren. Die Mischkunst der Lyder in Westkleinasien zum Beispiel ist stark griechisch geprägt – der Lyderkönig Kroisos (um 560–546) war bekanntlich ein Griechenfreund –, und selbst die Perserkönige bedienten sich bei der Ausschmückung ihrer Residenz Pasargadai griechischer Steinmetzen. Im 5. und 4. Jahrhundert v. Chr. haben beispielsweise die Dynasten und die Oberschicht im südkleinasiatischen Lykien oder in Sidon (im heutigen Libanon) die Formensprache der griechischen Kunst zur Selbstdarstellung benutzt.

Der Eroberungszug Alexanders des Großen und die von Alexanders Generälen begründeten Diadochenreiche haben die griechische Kultur in der Epoche des Hellenismus zur herrschenden Kultur im Mittelmeerraum und teilweise auch darüber hinaus werden lassen. Voraussetzung dafür waren die auch innere Schwäche der altorientalischen Kulturen – nur die ägyptische erwies sich als weitgehend resistent gegenüber der griechischen –, die Konzentration von politischer Macht und staatlicher Repräsentation in griechischen Händen, die Ausbreitung des Griechischen als Amts- und Verkehrssprache und schließlich ein weit-

Der Tempel von Segesta im Nordwesten Siziliens wurde in der zweiten Hälfte des 5. Jahrhunderts v. Chr. erbaut. Die Segestaner waren keine Griechen, sondern Barbaren. Sie gehörten zu dem schon vor der griechischen Kolonisation hier seßhaften Volk der Elymer. Als Gegenspielerin von Selinunt widersetzte sich Segesta hartnäckig der griechischen Landnahme. Das verhinderte jedoch nicht die Hellenisierung der Stadt, die sich durch griechische Bauleute einen Tempel errichten ließ.

Links oben: Kampfszenen der Friese des »Nereidenmonuments« von Xanthos. Das um 400 v. Chr. errichtete Grabmal hat die Form eines kleinen ionischen Tempels, und auch sein reicher Skulpturenschmuck ist stark griechisch geprägt. Dynasten und Oberschicht im südkleinasiatischen Lykien benutzten zur Selbstdarstellung die Formensprache der griechischen Kunst und beschäftigten in Griechenland ausgebildete Künstler.
London, British Museum

Links unten: Ein Fries mit archaistisch stilisierten Tänzerinnen schmückte das um 340 v. Chr. erbaute Propylon des Heiligtums auf Samothrake. Er zeigt, daß die Griechen schon früh Kunstformen ihrer eigenen Vergangenheit als historische Stile wahrnahmen und gezielt einsetzen konnten. Die in archaischer Manier wiedergegebenen Tänzerinnen machen die Ehrwürdigkeit des Kultes anschaulich.
Samothrake, Museum

Rechts: Relief aus Gandhara mit einer Szene der Buddha-Legende. 3. Jahrhundert n. Chr. Die Formen der griechischen Kunst gelangten in der Epoche des Hellenismus bis nach Indien. Im Verbund mit anderen künstlerischen Traditionen trugen sie zur Entstehung der Gandhara-Kunst bei, die den Buddha erstmals in Menschengestalt darstellte.
Berlin, Museum für Indische Kunst

Bedenke, Du wirst in die Provinz Achaia gesandt, das wahre, unverfälschte Griechenland, wo, wie es heißt, zuerst Bildung und Wissenschaft und selbst der Ackerbau erfunden worden ist, wirst entsandt, um Ordnung in die Verfassung freier Städte zu bringen, das heißt: zu Menschen, die im besten Sinne Menschen, zu Freien, die im besten Sinne Freie sind, die dies von der Natur verliehene Recht auf Freiheit durch Tüchtigkeit, Verdienste, Freundschaft, schließlich auch durch getreuliche Erfüllung von Verträgen behauptet haben. Hab Ehrfurcht vor ihren göttlichen Stadtgründern, den Namen ihrer Gottheiten! Hab Ehrfurcht vor ihrem alten Ruhm und überhaupt vor ihrem Alter, das bei Menschen ehrwürdig, bei Städten heilig ist! Erweise ihrer Vergangenheit Ehre, ihren Großtaten, auch ihren Mythen! Kränke niemanden in seiner Würde, seiner Freiheit, ja, auch nicht in seiner Eitelkeit! Halte Dir vor Augen, daß es das Land ist, das uns nicht etwa nach einem Siege über uns Rechtssatzungen und Gesetze aufgezwungen, sondern auf unsre Bitte hin geliefert hat, daß es Athen ist, wohin Du gehst, Lacedämon, das Du verwaltest; ihnen den letzten Schatten einstiger Größe, den Rest der Freiheit zu rauben wäre hart, grausam und barbarisch.

Plinius der Jüngere an Maximus, Briefe 8, 24, 2 ff.
(Übersetzung von Helmut Kasten)

gehend einheitlicher Wirtschaftsraum. Die Formen der griechischen Kunst gelangten so bis nach Indien und Pakistan – bedeutende Funde wurden im heutigen Afghanistan und in den angrenzenden Regionen gemacht –, sie beeinflußten dort vorübergehend die Kunstproduktion an den Höfen einheimischer Dynasten und trugen im Verbund mit anderen künstlerischen Traditionen zur Entstehung der Gandhara-Kunst bei, die den Buddha erstmals in Menschengestalt darstellte. Für die Ausbreitung des Christentums wurden die Hellenisierung großer Teile des Judentums und die Existenz einer griechischen Weltkultur entscheidend; das Alte Testament war in Alexandria ins Griechische übersetzt worden, im hellenistischen Griechisch ist das Neue Testament verfaßt.

Daß die Kultur einer vergleichsweise winzigen Region zu einer Weltkultur werden konnte, daß es ihr gelang, fremden Gedanken und Vorstellungen ganz verschiedener Herkunft ihre eigene Sprache zu leihen – dieser Vorgang ist mit dem Hinweis auf günstige äußere Umstände nicht ausreichend erklärt. Eine wichtige Tatsache kommt hinzu: Die Griechen selbst haben ihre Kultur nicht nur exportiert, sondern auch exportfähig, anwendbar, neuen Zwecken dienstbar gemacht. Entscheidende Schritte dazu wurden im 4. Jahrhundert v. Chr. getan, also im unmittelbaren Vorfeld des Hellenismus. Damals propagierte der attische Redner Isokrates ein neues Verständnis der alten Unterscheidung von Hellenen und Barbaren: Nicht mehr Herkunft und Muttersprache, sondern die Teilhabe an der griechischen Bildung mache den Hellenen aus. Man konnte demnach kulturell zum Griechen werden – wie Alexander der Große, der als Makedone nicht zu den Griechen im engeren Sinn zählte und dennoch zum Repräsentanten Griechenlands und Verbreiter der griechischen Kultur wurde. Im 4. Jahrhundert v. Chr. haben die Griechen ihre politischen, literarischen und künstlerischen Errungenschaften aus früherer Zeit als bleibenden Besitz angesehen, als nicht

vergangen, sondern als immer aktuell: Nachgeahmt werden zum Beispiel der literarische Stil des Historikers Thukydides wie auch bestimmte Kennzeichen archaischer und klassischer Statuen. Vor allem die Formen der Literatur und der bildenden Kunst erscheinen so als wiederverwertbar; sie können aus ihrem ursprünglichen Zusammenhang gelöst und in neue Zusammenhänge eingefügt werden. Damit aber waren die inneren Voraussetzungen geschaffen für den Hellenismus, die Ausbreitung und immer neue Aneignung der griechischen Kultur.

Die Römer traten das Erbe der hellenistischen Reiche an. Ihre Verbindung mit der griechischen Kultur war von jeher eng gewesen, doch mit der politischen Führungsrolle im Mittelmeergebiet eigneten sie sich die kulturelle Tradition der Griechen in umfassender Weise an: Kunst und Literatur sowie andere Errungenschaften des Hellenismus wie der älteren Epochen werden zu Vorbildern, werden in Dienst genommen und weiterentwickelt; sie gehen ein in die römische Kultur. Kunst und Literatur der Zeit des Kaisers Augustus (30 v. Chr. – 14 n. Chr.) zeigen die übernommenen griechischen Vorbilder bereits umgeschmolzen zu etwas Neuem und Selbständigem, das eine eigene Nachwirkung haben wird. Unmittelbare Rückgriffe auf die griechische Kultur vor allem in Literatur und Kunst hörten während der römischen Kaiserzeit nicht auf. Sie erweisen die fortdauernde Anwesenheit der griechischen Kultur, die zwar als vergangen und abgeschlossen, aber als unverändert wichtig, als »klassisch« betrachtet wurde. Das Griechische blieb nicht nur die Sprache der Gebildeten und die wichtigste Literatursprache – an geschriebenen Texten sind uns aus der römischen Kaiserzeit weit mehr griechische als lateinische überliefert –, es war nach wie vor Verkehrssprache in weiten Teilen des Reiches.

In der Spätantike fielen der westliche, Latein sprechende und der östliche, Griechisch sprechende Teil des Römischen Reiches zunehmend auseinander. Kaiser Konstantin

Der höchste Begriff idealischer männlicher Jugend ist sonderlich im Apollo gebildet, in welchem sich die Stärke vollkommener Jahre mit den sanften Formen des schönsten Frühlings der Jugend vereinigt findet. Diese Formen sind in ihrer jugendlichen Einheit groß und nicht wie an einem in kühlen Schatten gehenden Lieblinge, und welchen die Venus, wie Ibycus sagt, auf Rosen erzogen, sondern einem edlen und zu großen Absichten geborenen Jünglinge gemäß: daher war Apollo der schönste unter den Göttern…
Nach der Betrachtung über die Bildung der Schönheit ist zum zweiten von dem Ausdrucke zu reden. Der Ausdruck ist eine Nachahmung des wirkenden und leidenden Zustandes unserer Seele und unseres Körpers und der Leidenschaft sowohl als der Handlungen. In beiden Zuständen verändern sich die Züge des Gesichts und die Haltung des Körpers, folglich die Formen, welche die Schönheit bilden, und je größer diese Veränderung ist, desto nachteiliger ist dieselbe der Schönheit. Die Stille ist derjenige Zustand, welcher der Schönheit sowie dem Meere der eigentlichste ist, und die Erfahrung zeigt, daß die schönsten Menschen von stillem, gesittetem Wesen sind. Es kann auch der Begriff einer hohen Schönheit nicht anders erzeugt werden als in einer stillen und von allen einzelnen Bildungen abgerufenen Betrachtung der Seele. In solcher Stille bildet uns der große Dichter den Vater der Götter, welcher allein durch das Winken seiner Augenbrauen und durch das Schütteln seiner Haare den Himmel bewegte; und so ungerührt von Empfindungen sind die mehrsten Bilder der Götter… Da aber im Handeln und Wirken die höchste Gleichgültigkeit nicht stattfindet und göttliche Figuren menschlich vorzustellen sind, so konnte auch in diesen der erhabenste Begriff der Schönheit nicht beständig gesucht und erhalten werden. Aber der Ausdruck wurde derselben gleichsam zugewägt, und die Schönheit war bei den alten Künstlern die Zunge an der Waage des Ausdrucks, und als die vornehmste Absicht derselben, wie das Zimbal in einer Musik, welche alle anderen Instrumente, die jene zu übertäuben scheinen, regiert.
Der Vatikanische Apollo sollte diese Gottheit vorstellen, in Unmut über den Drachen Python, welchen er mit seinem Pfeile erlegte, und zugleich in Verachtung dieses für einen Gott geringen Sieges. Der weise Künstler, welcher den schönsten der Götter bilden wollte, setzte nur den Zorn in die Nase, wo der Sitz derselben nach den alten Dichtern ist, die Verachtung auf die Lippen: diese hat er ausgedrückt durch die hinaufgezogene Unterlippe, wodurch sich zugleich das Kinn erhebt, und jener äußert sich in den aufgeblähten Nüstern der Nase.

Johann Joachim Winckelmann,
Geschichte der Kunst des Altertums (1764)

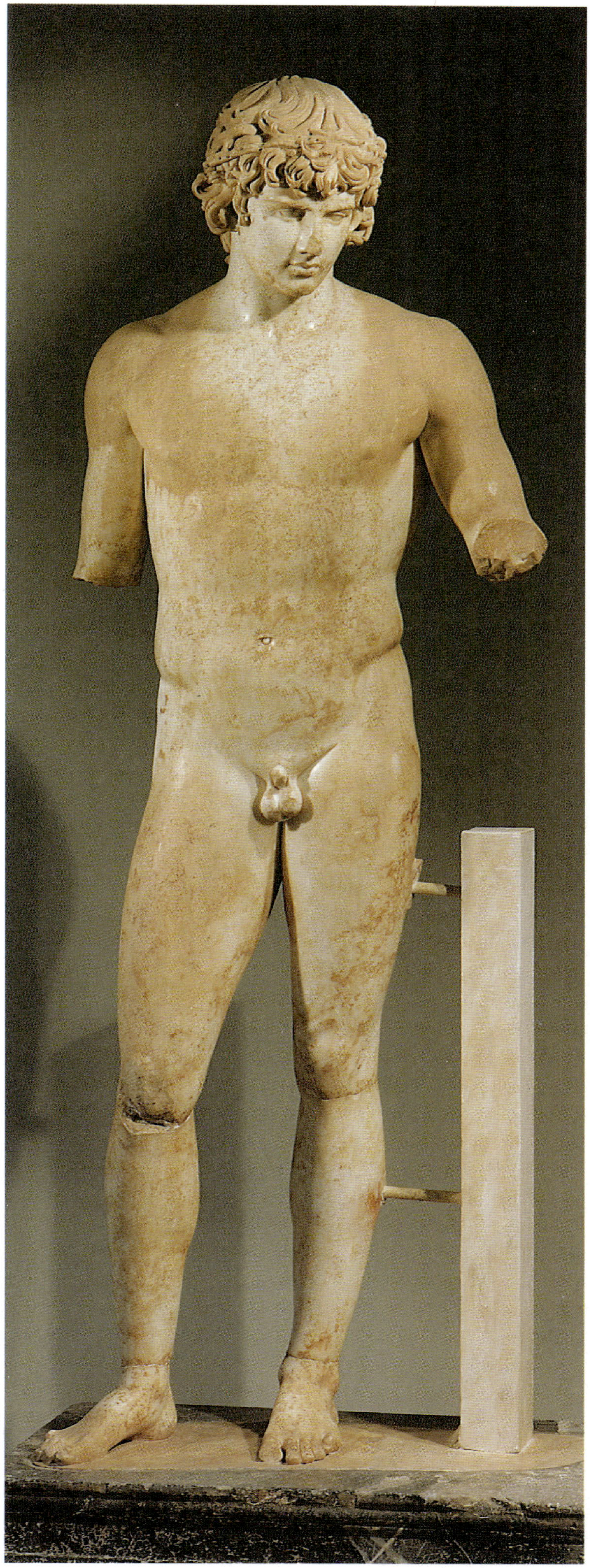

Links: Der »Apollon im Belvedere«, seit Winckelmanns beschreibender Interpretation eine der in der Neuzeit berühmtesten Antiken, ist die römische Marmorkopie einer um 320 v. Chr. geschaffenen Bronzestatue, vielleicht ein Werk des attischen Bildhauers Leochares. Vor der Folie des großen Mantels erscheint in leichtfüßiger Bewegung der nackte jugendliche Körper. In der vorgestreckten Linken hielt der Gott den rächenden Bogen, in der gesenkten Rechten den entsühnenden Lorbeer. Pfeile steckten im Köcher auf dem Rücken. Charakteristisch für Apollon auch die üppige Frisur, die ursprünglich wohl mit den komplizierten Haartrachten archaischer Kuroi zusammenhängt. Der Gott erscheint – aber er vollführt keine zielgerichtete Handlung und wendet sich nicht an den Betrachter. Rom, Musei Vaticani

Rechts: Statue des Antinoos aus dem Apollon-Heiligtum von Delphi. Kaiser Hadrian ließ seinem früh gestorbenen jungen Freund Antinoos, der 130 n. Chr. im Nil ertrunken ist, göttliche Verehrung zuteil werden. An zahlreichen Orten wurden ihm Statuen geweiht, die in Haltung und Formensprache griechische Meisterwerke verschiedener Entstehungszeit zitieren. Das Bildnis des schönen Jünglings aus Bithynien wird durch die klassische Stilisierung ins Zeitlose gehoben, in die als fernes Ideal empfundene Sphäre der jugendlichen Heroen und Götter des griechischen Mythos. Delphi, Museum

hatte im Jahre 330 die Hauptstadt von Rom nach Konstantinopel, das griechische Byzantion, verlagert. Konstantinopel wurde auch das kulturelle Zentrum des Oströmischen, dann des Byzantinischen Reiches. Hier pflegte man das griechische Erbe: Berühmte Kunstwerke der klassischen Epochen wurden aus Griechenland in die neue Hauptstadt gebracht – Jahrhunderte vorher war schon die Stadt Rom von Feldherren und Kaisern mit erbeuteten griechischen Werken ausgestattet worden. Auch wenn das Interesse an den alten Griechen im Byzantinischen Reich Schwankungen unterworfen war – es gab Renaissancen und deren Gegenteil –, so steht doch fest, daß die Tradition der griechischen Kultur sich dort am längsten ununterbrochen erhielt. Nach der Einnahme von Konstantinopel durch die Türken im Jahre 1453 bewahrte die griechische Kirche einen Teil des Erbes bis in die Gegenwart.

Im Westen, im Abendland, waren die Griechen zwar nicht ganz vergessen, aber sie hatten lange Zeit keine bedeutenden Nachwirkungen. Es war das Römische Reich, auf das Kaiser und Papst sich beriefen. Römische Antiken und byzantinische Kunstwerke wurden in den Schatzkammern des Mittelalters aufbewahrt. Griechische Philosophie und Wissenschaft waren im Osten aber auch zu den Arabern gelangt; arabische Gelehrte vermittelten zum Beispiel die Kenntnis von Schriften des Aristoteles in den Westen.

Renaissance und Barock

Das christliche Mittelalter verstand sich trotz aller Polemik gegen das Heidentum als unmittelbare Fortsetzung der (römischen) Antike. Die etwa in Rom erhaltenen antiken Bauten und Bildwerke blieben einbezogen in die Gegenwart: Als selbstverständlicher Bestandteil der Umwelt wurden sie bewundert oder zerstört, christlich umgedeutet oder in neue Zusammenhänge eingefügt. Erst die Renaissance begriff das Altertum als eine abgeschlossene Epoche, und aus der Perspektive des historischen Abstands wurde es zum Vorbild für die Erneuerung der allgemeinen Lebensverhältnisse, insbesondere der Literatur und Kunst. Zuerst in Italien, dann auch nördlich der Alpen wurden seit dem 15. Jahrhundert antike Denkmäler gesammelt, ausgegraben, in Reproduktionen verbreitet und wissenschaftlich

Links: Nach ihrem Sieg bei Plataiai (479 v. Chr.) ließen die verbündeten griechischen Staaten aus erbeuteten persischen Bronzewaffen eine Schlangensäule gießen und stifteten sie als Weihgeschenk nach Delphi. Die Köpfe der drei ineinandergewundenen Schlangenleiber trugen einen goldenen Dreifuß. Kaiser Konstantin ließ das berühmte Denkmal um 330 n. Chr. nach Konstantinopel bringen und im Hippodrom aufstellen.

Rechts: Die Kolossalstatuen der Dioskuren und ihrer Pferde auf dem Quirinalsplatz in Rom stammen aus den Thermen des Kaisers Konstantin; es sind Schöpfungen der römischen Kaiserzeit nach griechischen Vorbildern des 5. Jahrhunderts v. Chr. Die schon im Mittelalter berühmten Gruppen wurden 1589 neu aufgestellt und einem Brunnen zugeordnet. 1786 setzte man zwischen sie einen der Obelisken vom Mausoleum des Kaisers Augustus.

PIVS VI PONT MAX
PIVS.VI..PONT.MAX.
D . ABSOLVENDVM . SVPERERAT
O . CRATERE . EXCITATO . SALIENTE
SYMPLEGMA . CONSVMMAVIT
A . D . MDCCCXVIII . PONTIF . XIX .

Links oben: Der um 1700 entstandene Kupferstich zeigt den Aktsaal der Akademie der Künste zu Berlin. In zwei Halbkreisen sitzend, zeichnen die Schüler einen männlichen Akt. Zahlreiche Gipsabgüsse antiker Statuen befinden sich vor und an den Wänden des runden Saales; sie waren bevorzugte Modelle und Studienobjekte. Die großen Figuren sind (von links nach rechts): der Herakles Farnese, die Laokoon-Gruppe, die Venus Medici, der Hermes Farnese und der Satyr mit der Fußklapper.

Links Mitte: Metopen des Parthenon in Athen. Zeichnungen von Jacques Carrey, der 1674, also 13 Jahre vor der Explosion im Parthenon, sämtliche Metopen der Südseite zeichnete, ferner die beiden Giebel, den ganzen Westfries und große Teile des Frieses der drei anderen Seiten. Paris, Bibliothèque Nationale

Links unten: Das Museum Maffeianum in Verona zählt zu den ersten Sammlungen, in die altgriechische Werke gelangten. Kupferstich aus: Scipione Maffei, Verona illustrata *(1732).*

Rechts: Ruine des sogenannten Poseidon-Tempels in Paestum. Der berühmte Kupferstecher und Radierer Giovanni Battista Piranesi, ein gelernter Architekt, druckte 1756 vier Bände mit Ansichten der antiken Denkmäler Roms. 1777 fertigte er Zeichnungen von den Tempeln in Paestum, außerdem maßstäbliche Aufnahmen mit Hilfe des befreundeten Architekten Benedetto Mori. Die Stichfolge von 20 Veduten der Tempelruinen hinterließ er unvollendet. Sein Sohn Francesco hat sie zu Ende geführt und mit großem Erfolg publiziert. Die maßstäblichen Aufnahmen sind niemals veröffentlicht worden und offenbar verlorengegangen.

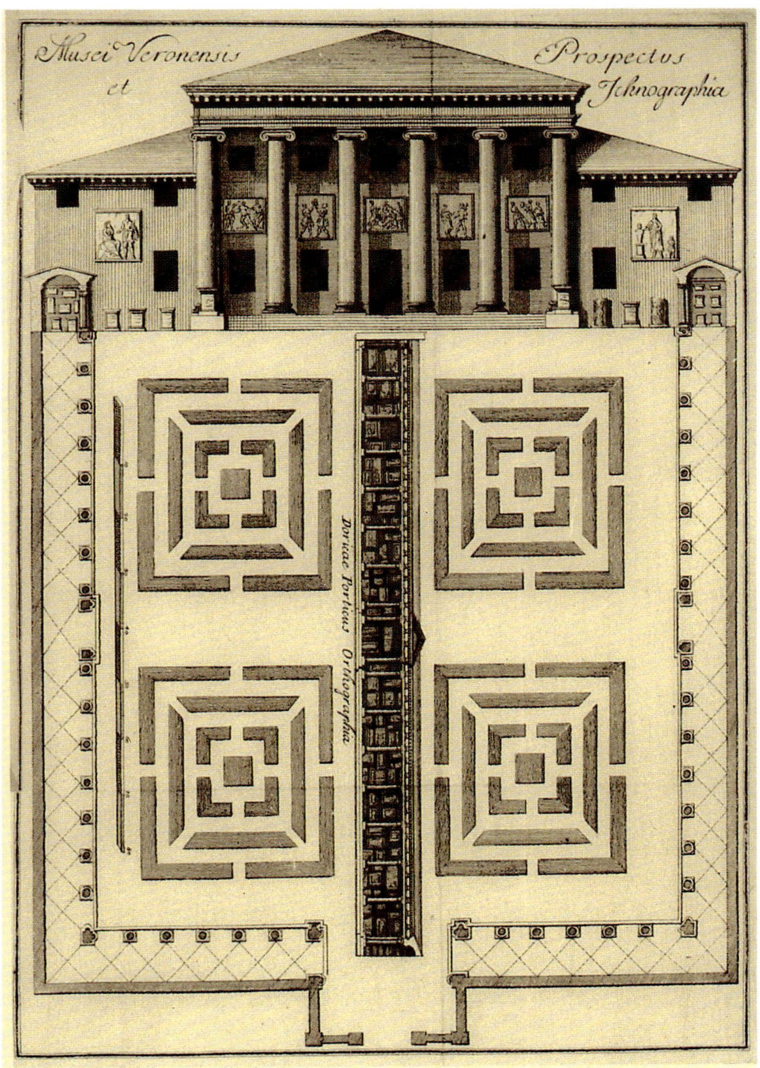

Auch die Galerie, die den Vorhof einfaßt, ist kleinlich, und die kannelierten dorischen Zwerge nehmen sich neben den glatten ionischen Riesen armselig aus. Doch wollen wir das verzeihen in Betracht der schönen Anstalt, welche unter diesen Säulenlauben angelegt ist. Hier hat man die Antiquitäten, meist in und um Verona gegraben, gesammelt aufgestellt. Einiges soll sogar sich im Amphitheater gefunden haben. Es sind etrurische, griechische, römische bis zu den niedern Zeiten und auch neuere. Die Basreliefs sind in die Wände eingemauert und mit den Nummern versehen, die ihnen Maffei gab, als er sie in seinem Werke »Verona illustrata« beschrieb. Altäre, Stücke von Säulen und dergleichen Reste; ein ganz trefflicher Dreifuß von weißem Marmor, worauf Genien, die sich mit den Attributen der Götter beschäftigen. Raffael hat dergleichen in den Zwickeln der Farnesine nachgeahmt und verklärt.

Der Wind, der von den Gräbern der Alten herweht, kommt mit Wohlgerüchen wie über einen Rosenhügel. Die Grabmäler sind herzlich und rührend und stellen immer das Leben her. Da ist ein Mann, der neben seiner Frau aus einer Nische wie zu einem Fenster heraussieht. Da stehen Vater und Mutter, den Sohn in der Mitte, einander mit unaussprechlicher Natürlichkeit anblickend. Hier reicht sich ein Paar die Hände. Hier scheint ein Vater, auf seinem Sofa ruhend, von der Familie unterhalten zu werden. Mir war die unmittelbare Gegenwart dieser Steine höchst rührend. Von späterer Kunst sind sie, aber einfach, natürlich und allgemein ansprechend. Hier ist kein geharnischter Mann auf den Knien, der eine fröhliche Auferstehung erwartet. Der Künstler hat mit mehr oder weniger Geschick nur die einfache Gegenwart der Menschen hingestellt, ihre Existenz dadurch fortgesetzt und bleibend gemacht. Sie falten nicht die Hände, schauen nicht in den Himmel, sondern sie sind hienieden, was sie waren und was sie sind. Sie stehen beisammen, nehmen Anteil aneinander, lieben sich, und das ist in den Steinen sogar mit einer gewissen Handwerksunfähigkeit allerliebst ausgedrückt. Ein sehr reich verzierter marmorner Pfeiler gab mir auch neue Begriffe.

Johann Wolfgang von Goethe, *Italienische Reise*, (1786)

untersucht. Die Texte der antiken Autoren wurden – soweit sie im Mittelalter durch Abschreiben erhalten geblieben waren – neu herausgegeben und durch den eben erfundenen Buchdruck verbreitet. Genaueres Studium gerade der Texte führte dazu, daß die Antike nicht mehr als Einheit erschien, sondern als gegliedert in geschichtliche Epochen. Die Unterscheidung zwischen griechischer und römischer Antike wurde schon durch die Sprachen nahegelegt. Doch die Kenntnis des Griechischen war im Westen zeitweise fast ganz verlorengegangen. Den ersten wieder regelmäßigen Griechischunterricht erteilte seit 1397 in Florenz der Byzantiner Manuel Chrysoloras. Nach der türkischen Eroberung von Konstantinopel (1453) kamen byzantinische Gelehrte in größerer Zahl nach Italien, und von hier aus verbreitete sich dann ein erneuertes Interesse an den Errungenschaften der alten Griechen.

Die Kenntnis der materiellen Kultur der Griechen war dennoch gering; in dieser Hinsicht blieben die in Italien entstandene Renaissance und noch das Zeitalter des Barock römisch geprägt. Griechenland war weit entfernt und schwer zu erreichen, es war zudem schon unter der byzantinischen Regierung zu einer kulturellen Provinz abgesunken, die von ihrer großen Vergangenheit kaum mehr etwas wußte. Verbindungen zum Westen wurden vor allem durch den Handel aufrechterhalten. Insbesondere Italiener und Franzosen ließen sich auch auf Dauer in Griechenland nieder und übten sogar die Herrschaft über Teilgebiete aus. Diese Verbindungen gingen sehr zurück, nachdem das Land in das Osmanische Reich eingegliedert worden war: Die Stadt Athen wurde 1456, die Athener Akropolis 1458 von den Türken eingenommen; der Parthenon, seit dem 5. oder 6. Jahrhundert in eine Marienkirche verwandelt, wurde nach 1466 zur Moschee. Über die Handelskontakte gelangten gelegentlich auch altgriechische Kunstwerke in den Westen, vor allem nach Italien in die Sammlungen der Medici in Florenz, die Häuser der venezianischen Kaufleute oder in das Museum Maffeianum in Verona. Ihren besonderen Wert erkannte man aber erst später.

Griechenlandbesucher mit historischen Interessen blieben in der frühen Neuzeit selten. Einer der ersten und wichtigsten war der Italiener Cyriacus von Ancona (1391–1452), der auf mehreren Reisen Griechenland, die Inseln der Ägäis und Kleinasien erforschte. Cyriacus und wenige andere Reisende gaben in ihren Berichten Auskünfte über Land

Links oben: Die Reste des kolossalen Kuros, den die Naxier gegen Ende des 7. Jahrhunderts v. Chr. in das Apollon-Heiligtum auf Delos stifteten, wurden schon 1420 von dem Florentiner Geistlichen Cristoforo Buendelmonti beschrieben und 1445 von dem gelehrten Reisenden Cyriacus von Ancona gezeichnet. Das marmorne Standbild war gut 10 m hoch. Neben ihm ließ der Athener Staatsmann Nikias 417 v. Chr. eine Bronzepalme als Weihgeschenk aufstellen. Wie Plutarch berichtet, wurde die Palme vom Wind umgerissen; sie brachte dabei auch die Statue zu Fall, die jedoch wieder aufgerichtet wurde. Erhalten blieben davon nur Bruchstücke. Die Basis, ein 5,11 x 3,50 m großer Block von 70 cm Höhe, befindet sich an der Nordwand des »Oikos der Naxier«. 500 Schritt davon entfernt liegen der mächtige Oberkörper und die Beckenpartie. Ein Fragment der linken Hand wird im Museum auf Delos verwahrt. Das Britische Museum besitzt ein Stück der Standplatte (Plinthe) mit Zehen des linken Fußes. Andere Teile der Figur, die als Sammlerstücke fortgeschafft wurden, sind verlorengegangen, wie das gegen 1670 vom Kopf abgesägte Gesicht. Vieles wanderte auch in den Kalkofen. Einschnitte an der Basis und der Beckenpartie zeigen, daß man diese Stücke ebenfalls für den Abtransport zerlegen wollte.

Links unten: Der im 15. Jahrhundert in Rom gefundene »Torso im Belvedere« ist ein Werk des Bildhauers Apollonios, Sohn des Nestor, aus Athen. Apollonios, dessen Signatur auf der Vorderseite des Felsensitzes angebracht ist, war im 1. Jahrhundert v. Chr. in Rom tätig. Der Torso hat Künstler der Renaissance und des Barock fasziniert wie kaum eine andere Schöpfung antiker Kunst; zahllose »Zitate« geben Zeugnis davon. Zu den ersten Bewunderern gehörte Michelangelo, der in seiner Figur des »Tages« in der Medici-Kapelle von Florenz das kraftgeladene Spiel der Rückenmuskeln variierte. Auch die Ergänzung und Deutung der Figur haben Künstler wie Gelehrte seit der Renaissance beschäftigt. Für Winckelmann, der dem Torso eine ausführliche beschreibende Interpretation widmete, war Herakles auf dem Löwenfell dargestellt. Tatsächlich handelt es sich um ein Pantherfell. Daraus folgte eine Vielzahl von Benennungen, etwa der Silen Marsyas, ein Unhold wie Skiron oder Polyphem, ein Gigant, auch der verwundet auf Lemnos ausgesetzte Heros Philoktet oder der aus dem Wahnsinn erwachte, über sein Schicksal sinnende Aias.
Rom, Musei Vaticani

Rechts: Die im 1. Jahrhundert v. Chr. oder n. Chr. enttandene Laokoon-Gruppe wurde 1506 auf dem Esquilin in Rom gefunden, im Bereich der Domus Aurea Neros und der Titus-Thermen. Man identifizierte den Fund sogleich mit einem von Plinius dem Älteren gerühmten Werk. Laokoon, Priester des Apollon in Troja, wird von den Göttern für einen schweren Frevel bestraft: Zwei Schlangen töten ihn und seine beiden Söhne am Altar, wo sie vergeblich Zuflucht suchten. Die Figuren der seit ihrer Entdeckung hochberühmten Gruppe erscheinen vor einem imaginären Hintergrund wie in einem Hochrelief; das grausame Geschehen präsentiert sich übersichtlich und zugleich aus einer gewissen Distanz heraus. Diese Art der Darstellung soll den Betrachter dazu veranlassen, die Erzählung des Mythos zu überdenken, sie verallgemeinernd als Gleichnis für menschliches Leid und tragische Verstrikkung zu verstehen.
Rom, Musei Vaticani

Wenn mehrere Künstler gemeinsam ein Werk schaffen, gereicht dies ihrer Berühmtheit zum Nachteil, da der Ruhm weder einem allein zufällt, noch alle gleichmäßig daran teilhaben können. Ein Beispiel ist der Laokoon, der sich im Palast des Titus befindet, ein Werk, das allen anderen Werken der Malerei und Bildhauerkunst vorzuziehen ist. Aus einem Block schufen ihn, seine Kinder und die erstaunlichen Windungen der Schlangen auf einen Ratsbeschluß hin die überragenden Künstler Hagesander, Polydoros und Athanodoros aus Rhodos.

Plinius, *Naturalis historia* 36, 37

Links: James Stuart beim Zeichnen des Erechtheion auf der Athener Akropolis (oben). Korenhalle des Erechtheion (unten). Der Maler James Stuart und der Architekt Nicholas Revett hielten sich seit 1751 für mehrere Jahre in Griechenland auf, um die Ruinen antiker Bauten zu untersuchen, zu vermessen und in Zeichnungen exakt wiederzugeben. Sie publizierten ihre Arbeiten in einem vierbändigen Tafelwerk.

Rechts: Der um 500 v. Chr. erbaute Aphaia-Tempel auf Ägina wurde durch die englischen Architekten Robert Chandler und William Pars 1765 erstmals vermessen und gezeichnet. Zu dem gleichen Zweck suchte 1811 eine Gruppe junger Forscher und Künstler das Trümmerfeld des einsam gelegenen Heiligtums auf, darunter der Architekt Carl Haller von Hallerstein. Sie entdeckten bei ihren Untersuchungen die herabgestürzten Giebelskulpturen des Tempels, die über Athen nach Rom gelangten. Dort wurde der ganze Fund von dem bayerischen Kronprinzen Ludwig erworben, der den dänischen Bildhauer Bertel Thorvaldsen mit der Restaurierung und Ergänzung der »Ägineten« beauftragte. Der heutige Zustand der Ruine ist das Ergebnis denkmalpflegerischer Maßnahmen, die der griechische Antikendienst um 1960 durchführte.

Ansicht der Westseite des Tempels der Minerva (Athena) Polias und des Pandroseion. Der türkische Herr, der eine lange Pfeife raucht, ist Disdar Aga; auf die Schulter seines Schwiegersohns Ibrahim Aga gestützt, schaut er unseren Arbeitern zu, die gerade mit dem Ausgraben des Fundaments und der Stufen unter dem Sockel der Karyatiden beschäftigt sind. Er pflegte uns von Zeit zu Zeit zu besuchen, um sicherzugehen, daß wir das Gebäude nicht beschädigten; in Wahrheit aber, um aufzupassen, daß wir uns nicht einen Schatz aneigneten. Ein anderes Motiv für die mühseligen Nachforschungen in seiner Burg konnte er sich nämlich nicht vorstellen. Auf seinen Befehl hin waren zwei Türken im Pandroseion postiert; sie sollten unser Vorgehen im Auge behalten und ihm Entdeckungen melden. Das kleine Mädchen mit dem Lamm ist Ibrahim Agas Tochter; ein Negersklave paßt auf sie auf. Das Lamm soll schön fett und am Beiram-Fest verspeist werden, das vor der Tür stand, als dieses Bild gezeichnet wurde.

James Stuart und Nicholas Revett, *The Antiquities of Athens, Measured and Delineated*, Band II (1787)

und Leute, notierten antike Inschriften, beschrieben und zeichneten die noch sichtbaren Spuren der alten Griechen. Hier sind erste Ansätze archäologischer Tätigkeit zu erkennen: Es wird versucht, aus der materiellen Hinterlassenschaft, aus Ruinen und Inschriftsteinen geschichtliche Erkenntnisse zu gewinnen.

Das hatten die alten Griechen selbst schon gelegentlich getan: Im 5. Jahrhundert v. Chr. schloß der Historiker Thukydides aus der Art der Bestattung und den Beigaben in Gräbern auf der Insel Delos, daß hier einst Leute aus dem Volk der Karer ansässig gewesen seien (Thukydides 1, 8, 1). Auch andere Grabfunde erregten Aufmerksamkeit: Die römischen Kolonisten, die auf Veranlassung Caesars das zerstörte Korinth neu besiedelten (44 v. Chr.), stießen beim Wegräumen der Trümmer und beim Aufbau der Stadt auf Bestattungen, die korinthische Keramik aus der archaischen Epoche enthielten. Die Funde ließen sich teuer verkaufen (Strabon 8, 6, 23). Im 2. Jahrhundert n. Chr. war der Schriftsteller Pausanias Augenzeuge, als im Heiligtum von Olympia zufällig Gräber aus alter Zeit aufgedeckt wurden. Als Beigaben fand man Waffen und Pferdegeschirr (Pausanias 5, 20, 8 f.).

Im Zeitalter der Gegenreformation und des Barock verhielt man sich gegenüber der Antike anders als in der Renaissance: Die Unmittelbarkeit des Zugriffs, die Begeisterung über eine neu entdeckte Welt wurden abgelöst vom Bemühen um die gelehrte Deutung des Details. Das Interesse verlagerte sich vom Künstlerischen auf das Philologisch-Historische. In Studierstuben und in den Kuriositätenkabinetten der Fürstenhöfe entstanden gewichtige Schriften mit dem Ziel, den gebildeten Zeitgenossen die Geschichte, die Religion und das Alltagsleben der antiken Völker umfassend darzustellen und auch durch archäologische Zeugnisse zu erläutern. Die Arbeitsleistung der »Antiquare« des 17. Jahrhunderts verdient Respekt; sie vereinte die Aufmerksamkeit für die merkwürdige Einzelheit mit dem Bemühen um die Dokumentation ganzer Objektgruppen. Doch schon damals drohte die Gefahr einer Zersplitterung des Wissens. Ihr versuchte man in den Jahren um 1700 durch vielbändige Publikationen zu begegnen, die – weitgehend auf der Grundlage des älteren altertumswissenschaftlichen Schrifttums – den bisher bekannten Bestand an antiken Monumenten vom ägyptischen Obelisken bis zum spätantiken Gebrauchsgerät systematisch zusammen

faßten und auch in Abbildungen zugänglich machten. Diese »Thesauri«, das heißt »Schatzkammern« genannten Werke stellten gleichsam Rohstoff bereit für die im 18. Jahrhundert sich vollziehende Neuorientierung der Archäologie und Altertumswissenschaft.

Die Neuentdeckung Griechenlands

Die Wiederentdeckung und Neubewertung der Griechen war ein Prozeß, der von verschiedenen Faktoren bestimmt wurde: Rom, Italien und die dortigen Sammlungen bleiben zwar noch für lange Zeit zumindest das geographische Zentrum der Archäologie, doch hatte sich die altertumswissenschaftliche Forschung bereits im 17. Jahrhundert immer mehr in die Niederlande, nach England und nach Frankreich verlagert. Die wirtschaftliche Blüte und die politische Bedeutung dieser Staaten, vor allem ihre Seeherrschaft und ihre Handelsbeziehungen, schufen die äußeren Voraussetzungen dafür, daß der Blick der Liebhaber und Erforscher des Altertums sich weitete. Die Ruinenstätten Griechenlands und des Vorderen Orients wurden leichter als zuvor erreichbar, eine vergrößerte Zahl von Reisenden brachte von dort Beschreibungen und Zeichnungen von Bauten und Bildwerken, aber auch Originalstücke in die westeuropäische Heimat zurück.

Um 1670 erschienen der erste Plan des neuzeitlichen Athen mit seinen Sehenswürdigkeiten und die erste Gesamtansicht der Akropolis mit dem noch weitgehend unzerstörten Parthenon. Dieser wurde erst 1687 zur Ruine, als im Krieg zwischen Venezianern und Türken eine Bombe das im Gebäude eingerichtete Pulvermagazin traf. Vorher, im Jahre 1674, hatte Jacques Carrey den damals noch recht gut erhaltenen Skulpturenschmuck des Tempels gezeichnet – eine Dokumentation von bleibendem Wert. Carrey gehörte zur Begleitung des Marquis de Nointel, des französischen Botschafters am türkischen Hof, der Hohen Pforte in Konstantinopel. Auch andere westliche Diplomaten nutzten ihre Sonderrechte zu ausgedehnten Reisen und Forschungen in Griechenland. Unter den Griechenlandreisenden des 17. und 18. Jahrhunderts waren Engländer besonders zahlreich. Griechenland gehörte neben Italien zu den klassischen Stationen der »Continental Grand Tour«, einer Studienreise zur kulturellen Bildung der Angehörigen des britischen Adels und wohlhabenden Bürgertums.

Thomas Howard, Earl of Arundel (1585–1646), war einer der ersten Engländer, die sich länger in den südlichen Ländern aufhielten. Er kam zwar nicht selbst nach Griechenland, ließ aber dort antike Bildwerke und Inschriften für sich erwerben. Seine Sammlung gehörte zu den bedeutendsten ihrer Art – ein großer Teil davon befindet sich heute im Ashmolean Museum in Oxford –, sie schien, wie Zeitgenossen bemerkten, das alte Griechenland nach England zu verpflanzen, *to transplant old Greece into England.* Auch andere Sammlungen und Museen füllten sich mit Antiken, die in Griechenland, auf den Inseln der Ägäis oder in den antiken Küstenstädten Kleinasiens zufällig gefunden, gezielt ausgegraben oder demontiert und dann nach Westeuropa transportiert worden waren. Diese Ausplünderung hielt lange an; die lokalen Behörden haben ihr nur schwachen Widerstand entgegensetzen können. Zu Anfang des 19. Jahrhunderts kamen zum Beispiel die Skulpturen des Parthenon aus Athen nach London, die Giebelfiguren des Aphaia-Tempels von der Insel Ägina nach München, die Aphrodite von der Insel Melos, die »Venus von Milo«, nach Paris. In Griechenland wurde der Export von Antiken erheblich erschwert, nachdem das Land 1832 unabhängig geworden war. Aus der Türkei konnten noch bis in das frühe 20. Jahrhundert größere Fundkomplexe ausgeführt werden, zum Beispiel die Friese des Großen Altars von Pergamon nach Berlin (1878–1886) und Skulpturen aus Ephesos nach Wien (1896–1906).

Ob es zulässig sei, antike Kunstwerke aus ihrer Heimat herauszuholen und damit einen geschichtlichen Zusammenhang zu zerstören – diese Frage wurde seit dem Abtransport der Parthenon-Skulpturen durch Lord Elgin (1802–1812) immer dringender gestellt und zunehmend negativ beantwortet. Das 17. und 18. Jahrhundert kannte derartige Skrupel kaum, und man muß auch zugestehen, daß die entführten griechischen Antiken damals eine wichtige Funktion erfüllten und eine bedeutende Wirkung hatten: Sie lenkten das Interesse auf die Griechen und ihre Kultur und – was nicht selbstverständlich war – auf die gesellschaftlichen und politischen Begleitumstände der kulturellen und künstlerischen Blüte Griechenlands. Im Zeitalter der Aufklärung und der Bürgerlichen Revolution gab die materielle Hinterlassenschaft der Griechen einen Anstoß zur Diskussion über menschliche Freiheit und über Demokratie. Die Kunstwerke, die man sich – mit oder ohne offizielle Genehmigung – angeeignet hatte und die man in Museen bewunderte, haben schließlich auch dazu beigetragen, daß die westeuropäischen Völker sich im Freiheitskampf der Griechen auf deren Seite stellten.

Seit etwa der Mitte des 18. Jahrhunderts wurde die griechische Architektur neu entdeckt. Auch hier spielten Engländer eine führende Rolle. Der Maler James Stuart und der Architekt Nicholas Revett hielten sich seit 1751 für mehrere Jahre in Griechenland auf, um die Ruinen von Tempeln und anderen Bauten zu untersuchen, zu vermessen und in

Skulpturen vom Ostgiebel des Parthenon in Athen, die mit den »Elgin Marbles« nach London gelangt sind. Thema des um 440/432 v. Chr. gearbeiteten Giebels ist die Geburt der Athena aus dem Haupt des Zeus (ihre Figuren sind verloren). Andere Götter wohnen dem großen Ereignis bei – mitwirkend, zuschauend oder bloß anwesend. Dionysos (links), der mit seinen Trabanten und mit wilden Tieren im Gebirge zu Hause ist, sitzt im Giebel, an einen Felsen gelehnt, auf einem Raubkatzenfell. Vielleicht hielt er als Gott des Weines ein Trinkgefäß in der Rechten. Ihm gegenüber in der rechten Giebelhälfte drei Göttinnen (oben). Die bequem ausgestreckt Gelagerte präsentiert die Reize ihres üppigen Leibes im raffinierten Kontrast zu den dünnen, faltenreichen Gewändern, dem Chiton, der von der rechten Schulter gerutscht ist, und dem um den Unterkörper gelegten Gewand. Es ist Aphrodite, und sie stützt sich auf den Schoß vielleicht ihrer Mutter Dione, die den Arm um sie legt. Die Benennung der daneben Sitzenden ist ganz unsicher. London, British Museum

Schon seit Jahrhunderten wird ein schwunghafter Handel mit griechischen Altertümern betrieben, Münzen wie Skulpturen. Was immer man entdeckte, fand schon bald seinen Käufer unter den Fremden und Kaufleuten, die in dieses interessante Land kamen. Daher sind solche Stücke über ganz Europa verbreitet, und es gibt kaum eine Kunstsammlung von einiger Bedeutung, die sich nicht einer Anzahl griechischer Kunstwerke rühmen könnte. Unter diesen Umständen scheint es erstaunlich, daß überhaupt noch wertvolle Stücke in Griechenland vorhanden sind, wo man sich so wenig um neue Funde durch Ausgrabungen bemüht. Griechische Skulpturen und Münzen kann man in Rom, Paris, London und sogar Sankt Petersburg genauso günstig erstehen wie im Herkunftsland selbst.

Hugh William Williams, *Travels in Italy, Greece and the Ionian Islands* (1820)

Zeichnungen exakt zu reproduzieren. Ihre Arbeiten wurden durch britische Mäzene unterstützt, die seit 1732 bestehende »Society of Dilettanti«. Andere Gelehrte und Künstler, Franzosen und Engländer vor allem und teilweise ebenfalls von der Society of Dilettanti gefördert, verfolgten in Griechenland und Kleinasien die gleichen Ziele. Das Ergebnis waren prachtvolle Publikationen, die als Dokumentationen bis heute nicht veraltet sind.

In derselben Zeit wurden auch die Tempel in den griechischen Kolonialstädten Unteritaliens und Siziliens, vor allem in Paestum und Agrigent, genauer studiert. Die griechische Architektur, die man bislang hauptsächlich durch die Schrift des römischen Architekten Vitruv kennengelernt, also nur in der Theorie wahrgenommen hatte, trat nun mit einem Schlag anschaulich und in großer Vielfalt ins allgemeine Bewußtsein. Die Wirkung auf die zeitgenössische Baukunst der zweiten Hälfte des 18. und des frühen 19. Jahrhunderts war enorm: In Europa und in den eben gegründeten Vereinigten Staaten von Amerika baute man »klassizistisch« – und zwar nach griechischen Mustern. Die Begeisterung für die griechische Architektur setzte sich so schnell durch, daß die seit der Renaissance hochgeschätzten Bauten der Römer an Ansehen verloren. Im Streit zwischen den Anhängern der Griechen und den Freunden der Römer gehörte der berühmte Kupferstecher Giovanni Battista Piranesi (1720–1778) zu den Verteidigern der Größe der römischen Architektur.

Man bevorzugte die griechische Baukunst, weil man in ihr ein Heilmittel gegen die vermeintlichen Auswüchse der Architektur des Barock sah: Sie verkörperte Klarheit der Konstruktion und Einfachheit der Einzelformen und galt daher als naturgemäß, das heißt den natürlichen Bedürfnissen der Menschen und den sachlichen Erfordernissen menschlichen Bauens entsprechend. Das Programm einer mit Hilfe der Griechen erneuerten Architektur stand im Zusammenhang mit einer geistigen Bewegung des 18. Jahrhunderts, die man »Vorromantik« nennen kann und deren einflußreichster Sprecher der französische Philosoph Jean-Jacques Rousseau (1712–1778) war. Diese Bewegung widersetzte sich dem Fortschrittsglauben und dem Kulturoptimismus der Aufklärung und propagierte die Rückkehr zu einem einfachen, naturverbundenen Leben. Bei den frühen Völkern, insbesondere den Griechen, fand man ein derartiges Leben verwirklicht; Natur und Griechentum konnten geradezu gleichgesetzt werden. Indem man sich von dem Pathos der römischen Geschichte und der lateinischen Schriftsteller abwandte, deren Stoffe das französische Barockdrama und deren Geist die Epoche Ludwigs XIV. bestimmt hatten, las man mit neuen Augen die Dichtungen Homers. Homer erschien als Repräsentant des Natürlich-Ursprünglichen und dieses als charakteristisch für die Griechen schlechthin.

Winckelmann

Hier knüpfte auch jener deutsche Gelehrte an, der als Begründer der modernen Archäologie und Kunstwissenschaft gilt: Johann Joachim Winckelmann (1717–1768). Winckelmann erhob die Kunst der Griechen zum Vorbild für die Kunst seiner Zeit und machte sie auch zu einem zentralen Gegenstand der Altertumswissenschaft. Nachahmung der Alten, um selber unnachahmlich zu werden, war das Thema seiner 1755 erschienenen ersten Schrift; die ausführliche Begründung dafür lieferte seine »Geschichte der Kunst des Altertums« von 1764 – ein Werk, das erstmals die Kunst der antiken Völker, vor allem die der Griechen und Römer, in Epochen gliederte.

Nur in den Werken der Griechen ist für Winckelmann die Idee der Schönheit, der höchste Zweck der Kunst, mit den abgebildeten Formen der Natur identisch. Die Anschauung der griechischen Kunst könne daher besser als das Studium der verderbten Kunst und Natur der Gegenwart den Künstler zur Erkenntnis der wahren Natur und der in ihr erscheinenden Idee der Schönheit bringen. Um die Masse der erhaltenen antiken Monumente zu ordnen und die besonderen Kennzeichen der griechischen Meisterwerke zu beschreiben, benutzte Winckelmann den Begriff »Stil«. Damit sind jene formalen Eigenschaften gemeint, die den Kunstwerken einer bestimmten Nation, einer Epoche, einer Werkstatt oder eines Künstlers gemeinsam sind. Erst der Stilvergleich ermöglicht die historische Einordnung, auch die Datierung einzelner Werke.

Der besondere Rang der griechischen Kunst besteht nach Winkelmann auch darin, daß ihre einzelnen Epochen durch eine organische Entwicklung – Wachstum, Blüte und Verfall – miteinander verbunden sind. An dieser Entwicklung haben – wie an jeder Kunst – auch äußere Faktoren einen wichtigen Anteil: die klimatischen Bedingungen sowie die gesellschaftlichen und politischen Zustände. Die Periode der höchsten Blüte der griechischen Kunst, das 5. und 4. Jahrhundert v. Chr., war die Zeit der politischen Freiheit, und zwischen beiden sieht Winckelmann einen engen Zusammenhang. Deshalb beginnt für ihn nach dem Verlust der Freiheit auch der künstlerische Niedergang. Die Römer, die Griechenland knechteten, erscheinen als Zerstörer der schönen Künste, nicht einmal ein eigener Stil wird ihnen zugestanden. Neu und folgenreich war außerdem, daß Winckelmann die Malerei von ihrem angestammten Platz als vornehmste der Künste zugunsten der Plastik ver-

Links: »Ich will der Stifter werden einer Sammlung antiker Produkte der Bildhauerkunst«, schrieb der bayerische Kronprinz Ludwig 1806 an seinen Kunstagenten in Rom. Zehn Jahre später legte er den Grundstein zur Münchener Glyptothek, die 1830 eröffnet wurde. Der Bauherr wünschte ein »rein hellenisches« Gebäude. Sein Architekt Leo von Klenze rückte in den Zwischenentwürfen jedoch zunehmend davon ab; er kombinierte den Säulenportikus einer griechischen Tempelfront mit niedrigeren Seitenflügeln in der Art römischer Profanbauten. Auf die Frage, ob er das Ziel »reiner Nachahmung oder vielmehr Wiedergeburt griechischen Sinnes und griechischer Form erreicht oder verfehlt habe«, gab Klenze zur Antwort: »So wie Palladio durch sinnreiche Übertragung römischer Architekten auf seiner Zeit und seines Landes Bedürfnisse groß und unsterblich war, so möchte ich es mit der Griechen Werken versuchen; dies ist der einzige mögliche Weg, mehr als ein glatter Plagiant zu werden.«

Rechts: Das 1759 durch eine Parlamentsakte gegründete Britische Museum in London erwarb 1772 die Antiken der Sammlung Hamilton, 1814 die Friesplatten aus dem Tempel in Bassae und 1816 von Lord Elgin die Parthenon-Skulpturen. Das klassizistische Museumsgebäude wurde 1823–1847 von dem Architekten Robert Smirke erbaut.

drängte. Dies hatte nicht nur äußere Gründe – von griechischer Malerei ist fast nichts erhalten –, es bedeutete auch eine Stellungnahme gegen die als verlogen empfundene Malerei des Barock.
Indem Winckelmann die griechische Kunst und überhaupt die Kunst in das Zentrum seiner wissenschaftlichen Arbeit rückte, gab er den archäologischen Studien insgesamt einen neuen Mittelpunkt. Ausgehend von der Kunst und auf sie bezogen, konnte nun ein abgestuftes Gesamtbild der materiellen Überlieferung der Antike entworfen und die Zersplitterung der Detailforschung überwunden werden. Auch die Werkzeuge dafür standen bereit: die Begriffe »Stil« und »Entwicklung«. Archäologie war von nun an für eine lange Zeit Archäologie der Kunst, insbesondere der griechischen Kunst.
Winckelmanns Schriften wurden rasch in andere europäische Sprachen übersetzt; ihre Wirkung war in Literatur, Kunst und Geistesleben nicht geringer als in der Wissenschaft. Die enge Verknüpfung der Blüte der Kunst mit der politischen Freiheit traf in der Epoche der Französischen Revolution auf begeisterte Zustimmung. Als Napoleon die berühmtesten Antiken aus Italien entführte und nach Paris in sein »Musée Napoléon« bringen ließ, verteidigten einige Zeitgenossen diesen Raub mit dem Hinweis, daß die in Freiheit geschaffenen griechischen Werke Eigentum derer seien, die die Freiheit wiederhergestellt hätten.

Klassizismus – Romantik – Positivismus

In der bildenden Kunst des Klassizismus spielte die Skulptur eine hervorragende Rolle; hier konnte man die Forderung nach einer Rückbesinnung auf die Griechen besonders eindrucksvoll verwirklichen. Die Bindung an die antiken Muster brachte freilich die Gefahr mit sich, daß Gelehrsamkeit die schöpferische Freiheit einengte und die Kunst des Bildhauers sich vor allem im geschickten Kombinieren verschiedener Vorlagen und in der technischen Bravour zeigte. Die Geschichte der Plastik des 19. Jahrhunderts lehrt jedenfalls, daß Werke, die Neues formulierten und neue Seherfahrungen vermittelten, eher in Opposition zur antikisierenden Formensprache geschaffen wurden, welche nur für kurze Zeit »revolutionär« gewesen war, dann aber um so länger im Dienste konservativer Gesinnung und offizieller Repräsentation stand.
Nicht nur Architektur und Plastik, sondern auch das Kunstgewerbe des Klassizismus orientierte sich an griechischen Vorbildern; die Erneuerung sollte alle Lebensbereiche erfassen. Der englische Kunsttöpfer Josiah Wedgwood (1730–1795) ahmte mit großem Erfolg antike Gefäße nach, darunter auch figürlich dekorierte griechische Vasen. Diese Vasen hielt man damals für etruskisch, und deshalb nannte Wedgwood den Ort seiner 1769 gegründeten, noch heute bestehenden Werkstätten »Etruria«. Für die etruskische Herkunft der Vasen sprach der Fundort vieler Stücke, das ehemals von Etruskern besiedelte Mittelitalien. Außerdem waren die Etrusker im 18. Jahrhundert in Mode gekommen, und man war geneigt, ihnen vieles zuzuschreiben. Zunehmende Funde im südlichen Italien, im Gebiet der ehemaligen griechischen Kolonialstädte, sprachen dann immer mehr für eine griechische Herkunft der Vasen. Der Streit der Gelehrten dauerte bis weit in die erste Hälfte des 19. Jahrhunderts. Die auf die Vasen gelegentlich aufgemalten Inschriften wiesen den Weg zur richtigen Lösung: Die schwarzfigurig und rotfigurig dekorierten Gefäße stammen zum größten Teil aus Athen; sie waren von den Etruskern importiert und offenbar gern als Grabbeigaben benutzt worden. Das bestätigte sich, als Funde in Griechenland selbst bekannt wurden. Doch an keinem Ort waren die Funde so reich wie in den etruskischen Nekropolen; von dort kamen die meisten und am besten erhaltenen attischen Vasen in die europäischen Sammlungen. Schließlich lernte man, auch die übrige griechische Keramik nach Her-

Links: Der seit 1797 in Rom tätige dänische Bildhauer Bertel Thorvaldsen schuf 1802 das Tonmodell für die überlebensgroße Statue des griechischen Helden Jason, deren Ausführung in Marmor er 1828 vollendete. Plastisches Vorbild war neben dem »Apollon im Belvedere« (Abb. S. 412) eine Statue, von der man damals noch nicht wußte, daß es sich um eine Kopie von Polyklets »Speerträger« (Abb. S. 267) handelt. So ähnlich das Standmotiv auf den ersten Blick erscheint – es fehlt die Prägnanz der Querbezüge, die in dem klassischen Werk den organischen Zusammenhang des Körpers sichtbar machen. Beide Arme sind angewinkelt und belastet; über dem linken hängt das erbeutete Goldene Vlies, der rechte trägt den Spieß. Der fast ins Profil gedrehte Kopf wirkt isoliert; er unterbricht den rhythmischen Zusammenhang der Glieder. Obwohl der Künstler eine allseitig gleichermaßen durchgebildete Plastik schaffen wollte, dominiert die Vorderansicht. Auf den Umriß hin angelegt, setzt sich die Figur deutlich aus Einzelelementen zusammen. Sie verkörpert ein durch Addition einzelner Schönheiten errungenes Ideal. Die künstlerische Darstellung dieses Ideals wirkt demonstrativ, kühl und abweisend. Später hat Thorvaldsen sich von dem Werk distanziert, das ihn einst berühmt machte. Auf die Frage, warum er so lange am »Jason« gearbeitet habe, antwortete er: »Weil ich die Figur haßte… ich wollte mich zeigen, bevor ich Rom verließ. Ich lief täglich zum Vatikan und schluckte alles, was ich von den Antiken schlucken konnte, und sah mich auf dem Heimweg nicht um. Dann arbeitete ich darauf los… Es war nicht das geringste von meinen eigenen Gedanken an der ganzen Statue, und weil es etwas Großes werden sollte, strengte ich mich weit über meine Kraft an.«
Kopenhagen, Thorvaldsens Museum

Rechts innen: Der in Ruvo gefundene Volutenkrater ist eines der im 4. Jahrhundert v. Chr. in apulischen Werkstätten geschaffenen rotfigurigen Prunkgefäße, die durch Größe (Höhe 1,22 m), Darstellungsreichtum und Farbigkeit die Produkte attischer Werkstätten übertrumpften. Die zur Ausstattung eines Grabes bestimmte Vase zeigt ein Bildprogramm zum Thema Unterwelt: Um den Palast des Hades scharen sich Gestalten des Totenreiches.
Karlsruhe, Badisches Landesmuseum

Rechts außen: Die »Vase d'Austerlitz« der Manufaktur von Sèvres, eine 1,33 m hohe Prunkamphore nach unteritalisch-griechischem Vorbild, wurde am 4. Mai 1806 im Grand Cabinet Napoleons in Saint-Cloud aufgestellt. Mit einer für Porzellan seltenen Konsequenz ist hier eine rotfigurige Umrißmalerei auf schwarzem Grund nach dem Muster attischer und apulischer Vasen ausgeführt. Der damals so genannten »manière étrusque« folgt auch die allegorische Darstellung auf Napoleons Sieg bei Austerlitz.
Rueil-Malmaison, Musée National du Château de Malmaison

kunft und Entstehungszeit zu klassifizieren und Produkte Athens oder Korinths von solchen zu unterscheiden, die in Nachahmung attischer oder korinthischer Vasen in Etrurien oder in Süditalien hergestellt wurden.

Eine folgenreiche Erweiterung ihres Blickfeldes verdankte die Altertumswissenschaft in der ersten Hälfte des 19. Jahrhunderts dem Einfluß der Romantik: die Entdeckung des archaischen und religiösen Griechentums sowie seiner Verbindungen mit dem Orient. Im Gegensatz zu den Autoren der Weimarer Klassik, die – wie Goethe in seiner »Iphigenie« – die griechischen Mythen als Kunstwerke verstanden und als Beispiele reiner Menschlichkeit deuteten, wiesen Gelehrte wie Friedrich Creuzer (1771–1858) und Karl Otfried Müller (1797–1840) auf Mysterienkulte und urtümliche Riten hin und versuchten, die mythischen Erzählungen als Symbole für die Auseinandersetzung der archaischen Menschen mit den Kräften der Natur zu begreifen. Von hier führt der Weg zu Johann Jakob Bachofen (1815–1887), dem Entdecker des Mutterrechts, und zur modernen Religionsgeschichte, aber auch zu Friedrich Nietzsche (1844–1900). Nietzsche fügte dem von Winckelmann gefeierten »Apollinischen«, der hellen, rationalen Seite der griechischen Kultur, das »Dionysische« als gleichgewichtige Nachtseite hinzu.

Die von der Romantik geprägte archäologische Forschung betrachtete die Griechen mehr von den Anfängen ihrer Geschichte her statt von der Höhe ihrer klassischen Leistungen. Dadurch wurden die Besonderheiten der verschiedenen griechischen Landschaften hinsichtlich ihrer historischen, religiösen und künstlerischen Entwicklung deutlicher als zuvor. Auch ging es nicht mehr vorwiegend um einzelne Kunstwerke, sondern um die griechische Kul-

tur als Lebenszusammenhang und Spiegel eines Volkscharakters. Landschaftsformation und Mythos, bildende Kunst und Alltagsgerät, Anlagen der Wasserversorgung und Straßenbau, Gräber und Tempel wurden als Einheit aufgefaßt. Folgerichtig wandte sich das Interesse der Wissenschaft der materiellen Hinterlassenschaft der Griechen in ihrer ganzen Breite zu. Die damals – um die Mitte des 19. Jahrhunderts – einsetzende Spezialisierung der Forschung ließ das erstrebte Gesamtbild allerdings bald in einzelne Materialkomplexe zerfallen. Mit großem, auch organisatorischem Aufwand wurden ganze Denkmälergattungen wie griechische Vasen und Grabreliefs in monumentalen Publikationen, die zum Teil noch heute nicht abgeschlossen sind, wissenschaftlich aufgearbeitet. Die »positivistische« Altertumsforschung der zweiten Hälfte des 19. Jahrhunderts hatte sich zum Ziel gesetzt, die historische Durchdringung der gesamten Antike auf eine unanfechtbare, jederzeit nachprüfbare Grundlage zu stellen. Doch die großen Materialpublikationen markierten in der Zeit gegen 1900 ebenso wie schon in den Jahren um 1700 den Abschluß einer Wissenschaftsepoche, zugleich waren sie das Zeichen für die Notwendigkeit eines Neubeginns mit veränderter Zielsetzung.

Ausgrabungen und Museen im 19. Jahrhundert

Die zweite Hälfte des 19. Jahrhunderts war die Zeit der großen Ausgrabungen in allen Teilen der Alten Welt. Damals begann auch für die Wiederentdeckung des Alten Griechenland eine neue Epoche. Die Ausgräber ergänzten und bereicherten das Bild, das bisher vor allem auf den Berichten der Reisenden beruht hatte. Je weiter man in die Tiefe

des Bodens vordrang, um so mehr erfuhr man über die frühen Perioden der griechischen Kultur. Beobachtungen der Abfolge der Schichten im Boden stellte auf der Akropolis in Athen schon Ludwig Ross (1806–1859) an, der unmittelbar nach der Gründung des Königreichs Griechenland für zehn Jahre in den Dienst des Königs getreten war (1833–1843). Doch dauerte es noch geraume Zeit, bis die genaue Dokumentation der Schichten als Voraussetzung einer Chronologie sich überall durchgesetzt hatte. Daß historische Erkenntnis und nicht das Gewinnen von Schätzen das Hauptziel von Ausgrabungen zu sein hat – das war nicht von Anfang an selbstverständlich. Gerade die spektakulären, besonders aufwendigen Grabungen im letzten Drittel des 19. Jahrhunderts waren auch nationale Prestigeunternehmungen der europäischen Staaten, und für die ausgegebenen Summen wollte man zumindest einen Teil der Funde in die heimischen Museen bringen. Der Vertrag über die deutschen Ausgrabungen in Olympia (seit 1875) sah keine Teilung der Funde, sondern – in sehr eingeschränktem Umfang – die Abgabe von »Dubletten« vor. Außerdem durften die Ausgräber Kopien und Abformungen der Fundstücke herstellen. Der Reichskanzler Bismarck nannte diesen Vertrag »für Deutschland äußerst ungünstig« und weigerte sich – jedoch ohne Erfolg –, eine weitere Finanzierung der Grabung zu befürworten.

Die Archäologie war schon damals populär, und es schien gerechtfertigt, ihre kostspieligen Untersuchungen mit öffentlichen Mitteln zu fördern. Ein Außenseiter wie Heinrich Schliemann (1822–1890) hat zur Popularität der archäologischen Wissenschaft gewiß mehr beigetragen als viele Gelehrte. Seine Ausgrabungen in Troja (seit 1871), Mykene, Orchomenos und Tiryns – seit 1882 in Zusammenarbeit mit dem Architekten Wilhelm Dörpfeld (1853–1940) – haben einen vorher nahezu unbekannten Abschnitt der griechischen Geschichte anschaulich werden lassen, die Epoche der mykenischen Kultur (etwa 1600–1100 v. Chr.). Die verwandte, etwas ältere minoische Kultur Kretas (etwa 2600–1100 v. Chr.) erforschten seit dem Ende des 19. Jahrhunderts britische Archäologen wie Arthur Evans (1851–1941), der den großen Palast von Knossos ausgrub. An verschiedenen Fundplätzen trat in frühen Schichten zunehmend die sogenannte geometrische Keramik zutage. Damals, in einer Zeit naturalistischer Kunst, fiel es noch schwer, sie ästhetisch zu würdigen. Alexander Conze (1831–

Linke Seite: Blick von Norden auf das Heiligtum der »Großen Götter« von Samothrake. 1858 besuchte Alexander Conze die durch ihren Mysterienkult berühmte Insel. In der Publikation seiner Reise äußerte er die Meinung, daß man dort bei Ausgrabungen »auf reiche Ergebnisse« rechnen könne. Versuchsgrabungen des französischen Vizekonsuls Champoiseau führten 1863 zur Entdeckung der »Nike von Samothrake« (Abb. S. 430). Drei Jahre später erfolgten im Auftrag der französischen Regierung weitere Untersuchungen, 1873 und 1875 die österreichischen Ausgrabungen unter Alexander Conze. Eine neue Phase der Erforschung Samothrakes begann 1938 mit den systematischen Grabungen des Institute of Fine Arts der New York University. 1956 wurden fünf Säulen des Hieron, eines tempelartigen Gebäudes für Einweihungsriten, wieder aufgerichtet.

Oben: Der Artemis-Tempel von Ephesos, eines der Weltwunder des Altertums, wurde nach dem Verbot der heidnischen Kulte (394) zerstört und als Steinbruch benutzt. Was übrigblieb, bedeckten im Lauf der Zeit die Fluten des Kaystros mit einer 6 m hohen Schlammschicht. Den verschollenen Wunderbau wieder ans Licht zu bringen war die Idee des englischen Architekten John Turtle Wood. Da er das Kuratorium des Britischen Museums nicht für sein Vorhaben gewinnen konnte, begann er 1863 auf eigene Kosten mit der langwierigen Suche. Ein Inschriftenfund im Theater brachte ihn auf die richtige Spur. Außer Fundamenten fand er Architekturglieder und Skulpturen des archaischen Tempels und vom Neubau des 4. Jahrhunderts v. Chr. Viele Stücke gelangten in den Besitz des Britischen Museums. Am Ort hat man eine Säule als Wahrzeichen aufgerichtet.

1914) erkannte als erster, daß diese Keramik die früheste Phase der eigentlichen griechischen Kultur repräsentierte, die Periode zwischen der mykenischen Epoche und der Zeit des »orientalisierenden« Stils (1100–700 v. Chr.).
Große archäologische Projekte waren im letzten Drittel des 19. Jahrhunderts außerdem: die österreichischen Ausgrabungen auf der Insel Samothrake 1873 und 1875 – die erste Grabung, die über einen eigenen Fotografen verfügte – und in Ephesos (seit 1895), die französischen Ausgrabungen auf der Insel Delos (seit 1877) und in Delphi (seit 1880), die griechischen Ausgrabungen in Epidauros (seit 1881), in Eleusis (seit 1882) und auf der Akropolis in Athen (seit 1885), die deutschen Ausgrabungen in Pergamon (seit 1878), in Magnesia am Mäander (1891–1893), in Priene (1895–1899), auf der Insel Thera (1896–1901) und in Milet (seit 1899), die italienischen Ausgrabungen auf Kreta (seit 1884) und die amerikanischen in Korinth (seit 1896).
Viele dieser Grabungen sind noch nicht abgeschlossen, und ihr Ende ist auch nicht in Sicht: Meinte man früher, die Reste einer antiken Stadt oder eines Heiligtums vollständig wieder freilegen zu können, so weiß man heute, daß der Boden einer historischen Stätte unendlich viele Informa-

tionen enthält. Wie ein Laboratorium bietet er den Stoff für Versuche verschiedener Art; man kann aus ihm Erkenntnisse gewinnen, zum Beispiel über Opferbräuche oder die Entwicklung des Kunstgewerbes, aber auch über Fauna und Flora der Vergangenheit. Daß die Ausgrabung einem naturwissenschaftlichen Experiment ähnlich sei, formulierte Ernst Curtius (1814–1896), der erste Leiter der deutschen Olympia-Grabung, schon im Jahre 1876. Inzwischen unterstützen naturwissenschaftliche Untersuchungsmethoden die Arbeit des Archäologen in der Grabung und im Museum; vor allem Probleme der Altersbestimmung und der Materialbeschaffenheit lassen sich so besser lösen. Bei seiner eigentlichen Aufgabe, der historischen Interpretation von Funden, bleibt der Archäologe aber auf die geisteswissenschaftlichen Methoden angewiesen.

Das 19. Jahrhundert war auch die Epoche der großen Museen, in denen man die schon früher gesammelten und die soeben erst ausgegrabenen materiellen Zeugnisse der Antike zu konzentrieren versuchte. Oft geplant zum Zweck der Erziehung der Nation durch Kunst und Geschichte, wurden sie auch ein wichtiger Bestandteil der kulturellen Selbstdarstellung der jeweiligen Staaten. Seit 1834 betrieb man in Athen die Errichtung eines zentralen archäologischen Museums; der heute noch benutzte Bau wurde 1889 vollendet. Bedeutende griechische Werke und Fundkomplexe befinden sich auch im schon 1753 gegründeten Britischen Museum in London, im Louvre in Paris, in den Museen in München und Berlin (seit 1830) sowie im Archäologischen Museum von Istanbul (seit 1892).

Die Museen sollten einen möglichst vollständigen Überblick über die griechische Kultur und Kunst vermitteln. Da man dies mit den vorhandenen Originalwerken nicht immer erreichen konnte, erlebten die Sammlungen von Gipsabgüssen eine neue Blüte. Solche Sammlungen von maßgetreuen Nachbildungen antiker Skulpturen hatten seit der Renaissance eine wichtige Funktion insbesondere bei der Ausbildung von Künstlern. In Akademien und in Ateliers stellten sie Schülern und Meistern die geschätzten antiken Vorbilder vor Augen. Künstler wie Peter Paul Rubens (1577–1640) und Anton Raphael Mengs (1728–1779) besaßen selbst große Abgußsammlungen. Diego Velázquez (1599–1660) und Nicolas Poussin (1593–1665) kauften in königlichem Auftrag in Rom Abgüsse für Madrid und Paris.

Gian Lorenzo Bernini (1598–1680), der italienische Bildhauer und Architekt, sagte 1655 in einer Rede vor der Pariser Akademie: »Wenn Sie meinen Rat hören wollen, meine Herren, dann möchte ich der Akademie den Vorschlag machen, Gipsabgüsse von sämtlichen schönen Antiken anzuschaffen: Statuen, Reliefs und Büsten, damit die jungen Leute daran lernen. Man läßt sie die antiken Modelle abzeichnen, um ihnen zunächst die Idee des Schönen beizubringen, an die sie sich dann ihr ganzes Leben halten können. Es hieße sie verderben, wenn man sie von vornherein vor das Naturbild setzte. Die Natur ist fast immer matt und kleinlich, und wenn die Vorstellung der Schüler von ihr genährt wird, werden sie niemals etwas wirklich Schönes und Großes schaffen können ...«

Auch wer aus anderen Gründen an antiker Kunst interessiert war, fand im Abguß die Anschauung, die er suchte und die die beschwerliche Reise zum Original ersetzen konnte. Nachdem die antike Skulptur zum Gegenstand historischer Forschung geworden war, erhielten die Sammlungen von Gipsabgüssen eine neue Funktion: Sie stellten nicht mehr in erster Linie formale Muster bereit, sondern wan-

Links: Die »Nike von Samothrake«, ein Hauptwerk der hellenistischen Plastik, wurde 1863 in dem Heiligtum auf Samothrake gefunden und ebenso wie das 1879 ausgegrabene Schiffsvorderteil, auf dem die Figur stand, nach Paris gebracht. Die ursprünglich etwa 2,80 m hohe Statue besteht aus gelbweißem, vielleicht parischem Marmor, das Schiff aus graublauem Kalkstein von der Insel Rhodos. Die Siegesgöttin ist in rauschendem Flug vom Olymp herabgekommen und landet gerade auf dem Schiff. Nike und Schiff standen in einem Wasserbecken und waren Teil einer Brunnenanlage. Das Monument wurde vermutlich um 190 v. Chr. zum Dank für einen Seesieg gestiftet.
Paris, Musée du Louvre

Rechts: Abgußsammlung der Freien Universität Berlin.

delten sich zu Museen, die die Entwicklungsgeschichte der Plastik umfassend demonstrieren sollten. Jetzt legten auch Universitäten große Abgußsammlungen an – sie sind bis heute für die Forschung ebenso wichtig geblieben wie für die Ausbildung Klassischer Archäologen. Schwerpunkt der Studien in Abgußsammlungen war die griechische Plastik, deren Eigenart im Unterschied zu römischen Schöpfungen man im Verlauf des 19. Jahrhunderts besser zu erfassen lernte. Dazu trugen die zahlreichen Neufunde bei, die im Abguß vervielfältigt und weit verbreitet wurden. Die Abgußmuseen füllten sich – so sehr, daß die vollgestellten Säle auf die Besucher schließlich wie Alpträume von Gips wirkten. Unersetzbar erschien jetzt der Anblick der Originals, der Reiz der antiken Oberfläche, das Spiel des Lichtes auf Marmor und Bronze, was im übrigen der Sehweise des Impressionismus entsprach, die im ausgehenden 19. Jahrhundert die Betrachtung auch der antiken Kunst beeinflußte.

Zwischen den Weltkriegen
Neuhumanismus und Expressionismus

Ebensowenig wie die überfüllten Abgußsammlungen konnten die sorgfältig klassifizierten Materialmengen, die die Wissenschaft im 19. Jahrhundert zusammengetragen hatte, die Archäologen und ihr Publikum auf Dauer befriedigen. Wie schon Nietzsche nach »Nutzen und Nachteil der Historie für das Leben« (1874) gefragt hatte, so fragte man nach dem Nutzen der angehäuften Gelehrsamkeit, suchte man nach Maßstäben, die Wichtiges von Unwichtigem zu unterscheiden erlaubten. Ein neues Verständnis der Antike bahnte sich an, doch erst das Erlebnis des Weltkriegs (1914–1918) verhalf ihm zum Durchbruch. Die durch den Krieg offenbar gewordene Erschütterung der bisherigen Ordnungen und Lebensverhältnisse gab auch Anlaß, die Rolle der Altertumsstudien und überhaupt den Bezug des Altertums zur Gegenwart zu überdenken.

Das Asklepios-Heiligtum von Epidauros, die berühmteste sakrale Heilstätte des Altertums, liegt in einem Talkessel oberhalb der antiken Hafenstadt Epidauros im Nordosten der Peloponnes. Die Hauptbauten entstanden im 4. und 3. Jahrhundert v. Chr. Aber auch danach herrschte noch eine rege Bautätigkeit, denn das Heiligtum genoß bis in die römische Kaiserzeit hohes Ansehen. Griechische Ausgrabungen seit 1881 haben die ausgedehnte Anlage freigelegt. Um das Kultzentrum mit Altar und Tempel des Asklepios, einem Tempel der Artemis und der Tholos (im Luftbild auf der linken Seite im Mittelgrund nahe dem rechten Bildrand) sind die zahlreichen Nutzbauten angeordnet. In zum Teil zweigeschossigen Hallen konnten sich die Patienten zum Heilschlaf niederlegen. Es gab auch ein prächtiges Gästehaus mit 160 Zimmern, die um vier Säulenhöfe gruppiert waren. Ganz links erkennt man die große Palästra mit einem später eingebauten Odeion, westlich davon das von Bäumen umgebene Stadion. Das in eine Mulde gebettete Theater (oben) wurde im 3. Jahrhundert v. Chr. aus Kalkstein erbaut und ein Jahrhundert später um 21 Sitzreihen erweitert. Seine »Harmonie und Schönheit« hat schon Pausanias (2, 24, 5) gerühmt. Es ist das am besten erhaltene Theater Griechenlands und wird heute wieder zu Festspielen benutzt. Der Zuschauerraum bietet Platz für über 10 000 Zuschauer.

Der Klassische Philologe Werner Jaeger (1888–1961) entwarf das Programm eines »Dritten Humanismus« (nach dem ersten Humanismus der Römer und dem zweiten der Renaissance): Betont wurde der überzeitliche Wert der Schöpfungen der griechischen Kultur, und man bemühte sich, die fortdauernde Aktualität der alten Griechen in neuer Weise zu begründen. Der »Dritte Humanismus« hatte in der Wissenschaft eine internationale Wirkung, im deutschen Sprachgebiet erreichte er auch breite Schichten des gebildeten Bürgertums. Die etwa gleichzeitige Bewegung des Expressionismus setzte sich ebenfalls intensiv mit den Griechen auseinander. Sie war fasziniert von der archaischen Kunst des 7. und 6. Jahrhunderts und der frühklassischen der ersten Hälfte des 5. Jahrhunderts v. Chr. und sah in ihr ein heilsames Gegenbild zur modernen Zivilisation. Wie sehr dies als ein auch moralischer Appell gemeint war, mag das vielzitierte Gedicht Rainer Maria Rilkes von 1908 zeigen. Es ist dem aus Milet stammenden, jetzt

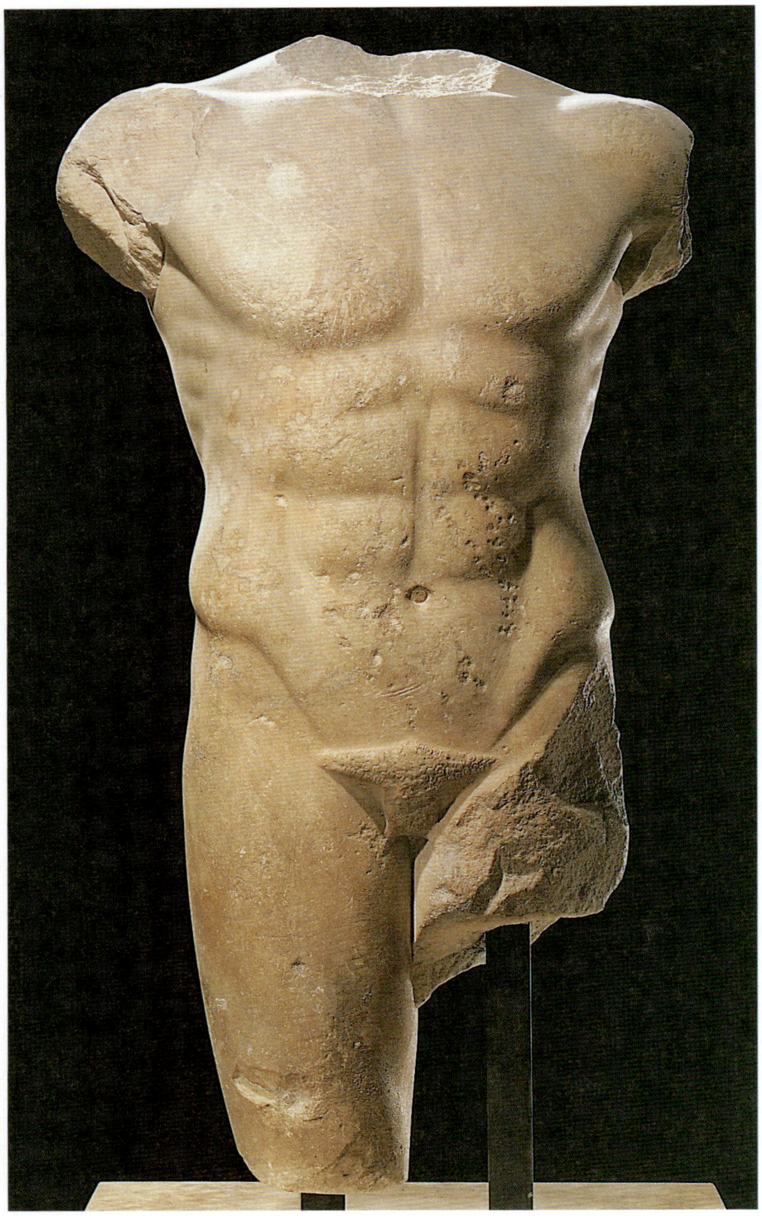

im Louvre aufbewahrten Torso einer Männerstatue gewidmet, die in der Übergangszeit zwischen Archaik und Klassik im frühen 5. Jahrhundert geschaffen wurde:

Archaischer Torso Apollos

Wir kannten nicht sein unerhörtes Haupt,
darin die Augenäpfel reiften. Aber
sein Torso glüht noch wie Kandelaber,
in dem sein Schauen, nur zurückgeschraubt,

sich hält und glänzt. Sonst könnte nicht der Bug
der Brust dich blenden, und im leisen Drehen
der Lenden könnte nicht ein Lächeln gehen
zu jener Mitte, die die Zeugung trug.

Sonst stünde dieser Stein entstellt und kurz
unter der Schultern durchsichtigem Sturz
und flimmerte nicht so wie Raubtierfelle;

und bräche nicht aus allen seinen Rändern
aus wie ein Stern: denn da ist keine Stelle,
die dich nicht sieht. Du mußt dein Leben ändern.

Werke wie die archaischen Kuroi und Koren und der frühklassische Skulpturenschmuck des Zeus-Tempels von Olympia erfuhren jetzt auch in der Wissenschaft eine gerechtere Würdigung. Sie galten nicht länger als die unvollkommenen Vorläufer der klassischen Kunst, vielmehr erkannte man in ihnen ästhetisch gleichrangige Äußerungen einer noch jugendfrischen Kultur.
Die frühgriechische Plastik, deren Gebundenheit, Klarheit und Sprödigkeit man schätzte, wurde jetzt statt der klassischen zum Leitbild für die zeitgenössische Skulptur. Anders als in der Epoche des Klassizismus um 1800 nahm man aber kaum mehr bestimmte Meisterwerke zu Vorbildern, die in den neu geschaffenen Skulpturen deutlich erkennbar blieben. Vorbildlich wurden vielmehr allgemeine formale Eigenschaften oder Strukturen, also das, was der Künstler bei der Betrachtung und dem Vergleich verschiedener antiker Werke als wesentlich empfunden hatte. Die Neigung zur abstrahierenden Analyse von Kunstformen bestand auch in der Wissenschaft: Ein wichtiges Ziel der archäologischen Forschung in den Jahren nach 1920 war die Erkenntnis von überzeitlichen Formstrukturen, von Konstanten im Fluß der geschichtlichen Veränderung. So fragte man, ob Griechisches, Orientalisches und Römisches sich grundsätzlich, das heißt ohne Rücksicht auf die Zeitstellung und die historischen Umstände voneinander unterscheiden lasse und ob der jeweils andere Volkscharakter der Grund dafür sei. Man wollte zum Wesen der Griechen und zum Wesen ihrer Schöpfungen vordringen.
Interessiert an Problemen der künstlerischen Form, hatte die Klassische Archäologie in der Epoche zwischen den beiden Weltkriegen einen engen Kontakt zur Neueren Kunstgeschichte. Daraus ergaben sich Impulse für die Erforschung der Stilgeschichte der griechischen Kunst. Niemals zuvor sind stilistische Unterschiede so detailliert beobachtet und Stilentwicklungen so intensiv für die Chronologie ausgewertet worden. In zentralen Bereichen der Plastik, der Keramik und der Architekturdekoration wurden Feindatierungen erzielt, die die im 18. und 19. Jahrhundert gewonnene Vorstellung von der Geschichte der griechischen Kunst erheblich bereicherten und absicherten.

Gegenwart

Die Konzentration auf die Kunst hatte auch negative Folgen: Die Erforschung von Formentwicklungen drohte sich zu verselbständigen und zum Spiel unter Spezialisten zu werden, während andere Aspekte der materiellen Kultur vernachlässigt wurden. Kunstgeschichte erschien schließlich als ein isoliertes, von eigenen Gesetzen bestimmtes Geschehen. Kritik an dieser Konzeption hatte es immer gegeben; sie verstärkte sich im Jahrzehnt 1960/70, als das Interesse, das man der griechischen Kultur zuwandte, sich tiefgreifend veränderte. Gefragt wurde jetzt nach den tatsächlichen Lebensbedingungen der Griechen, nach den wirtschaftlichen, sozialen, politischen Voraussetzungen

Linke Seite: Torso einer Männerstatue aus Milet. Marmor. Um 480/470 v. Chr. Höhe 1,32 m. Paris, Musée du Louvre

Rechts: Auguste Rodin (1840–1917) gilt als erster »moderner« Bildhauer. Charakteristisch für seine Arbeitsweise sind Fragmentierung und »Assemblage«, das »Zusammensetzen von Stücken«. Der »Schreitende«, eine 0,84 m hohe Bronze (enstanden wahrscheinlich 1888), kombiniert einen Rumpf und ausschreitende Beine, die nach verschiedenen Modellen geformt sind. Da es bei dieser Figur um den Ausdruck des Schreitens als Bewegung im Raum ging, konnte Rodin, die Konvention des vollständigen Menschenbildes mißachtend, auf Kopf und Arme verzichten. Auch die spontane, subjektive Modellierung bricht mit den akademischen Regeln. Die Oberfläche schließt sich nicht fest zusammen, sondern ermöglicht dem Licht ein »malerisches« Spiel. Das Werk ist ein Zeugnis »impressionistischen« Sehens und Gestaltens und bleibt dennoch der »klassischen« Tradition verpflichtet: Ohne bestimmte Vorbilder zu zitieren, wecken die Motive der Ausfallstellung und die Kunstform des Torso die Erinnerung an antike Skulpturen. Paris, Musée Rodin

Folgende Doppelseite: Der dem Zeus geweihte Große Altar von Pergamon wurde unter König Eumenes II. (197–159) auf einer eigenen Terrasse am Burgberg der Stadt erbaut. Wegen seiner Größe (etwa 36,5 m breit, 34 m tief und 10 m hoch) und der Pracht seiner Ausstattung wurde er bereits in der Antike bewundert. Seine Ruinen beschrieb Cyriacus aus Ancona, der 1431 und 1444 Pergamon besuchte. Zwei Platten des einst 120 m langen Gigantenkampf-Frieses, der den Sockel schmückte, kamen um 1625 in die Sammlung des Earl of Arundel. 1878 begann die von den Berliner Museen betreute Ausgrabung. Die Reste des Altars wurden mit Genehmigung der türkischen Regierung nach Berlin gebracht. Das 1930 eröffnete Pergamon-Museum enthält die Rekonstruktion der Westseite mit der fast 20 m breiten Freitreppe und auf der Höhe der umlaufenden Säulenhallen den Innenhof, in dem der eigentliche Opferaltar stand.

Links oben: Die Säulenschäfte des archaischen Apollon-Tempels von Korinth sind aus einem einzigen Steinblock von über 6 m Höhe gearbeitet. Sieben Säulen der Ringhalle, teilweise mit Architrav, widerstanden den schon im Altertum am Isthmos besonders häufigen Erdbeben. An gestürzten Teilen finden sich Spuren des feinen Stucks, mit dem der Kalkstein einst überzogen war, darüber Reste einer Putzschicht römischer Zeit. Der Tempel ist bei der Zerstörung Korinths durch Mummius im Jahr 146 v. Chr. ausgebrannt und nach der Neugründung der Stadt restauriert worden.

Links unten: Der hellenistische Artemis-Tempel von Sardes ist unvollendet geblieben. Im 18. Jahrhundert standen noch sechs Säulen mit Architrav. Zwei waren es noch, als amerikanische Archäologen 1910–1914 den Tempel freilegten. Sie mußten eine 10 m hohe Erdschicht wegräumen, bis das Fundament zum Vorschein kam.

Rechts: Im Heiligtum der Athena Pronoia in Delphi errichtete der Architekt Theodoros aus Phokaia um 380 v. Chr. einen prächtigen marmornen Rundbau, die »Tholos«. Einige Teile der Architektur wurden 1938 von den französischen Ausgräbern rekonstruiert.

kultureller Leistungen, nach Arbeit und Lohn, Alltag und Fest. Die Klassische Archäologie griff marxistische Interpretationsansätze auf und betrachtete Kunst und Kultur der Griechen als Zeugnisse sich wandelnder gesellschaftlicher Zustände. Statt der Form rückte der Zweck des einzelnen Werks in das Zentrum des Interesses, wichtiger als der Künstler wurde der Auftraggeber. Wo und wie war eine Statue aufgestellt, und für welches Publikum war sie gedacht? Welches Programm stand hinter bestimmten Bauvorhaben? Solche Fragen ließen sich nur im Zusammenwirken mit den anderen Disziplinen der Altertumswissenschaft, der Klassischen Philologie und der Alten Geschichte, beantworten. Darüber hinaus waren auch die Methoden und die Ergebnisse anderer Geistes- und Sozialwissenschaften zu berücksichtigen. Dank derartiger interdisziplinärer Verbindungen verstand man besser, daß die bildende Kunst eine Art Sprache ist, ein Mittel der Kommunikation, und daß in dieser Sprache der Kunst sich der Wandel menschlicher Vorstellungs- und Denkweisen spiegelt. Daraus ergaben sich zwei allgemeine Ziele der gegenwärtigen Forschung: die Untersuchung der Kommunikationsvorgänge innerhalb der griechischen Kultur und die Beschreibung von Denk- und Handlungsmustern in bestimmten historischen Situationen.

Die Bereitschaft, Kunst und Leben, materielle Kultur und Geschichte eng aufeinander zu beziehen, ja als Einheit zu sehen, hat uns die alten Griechen aber keineswegs nähergerückt; deutlich geworden ist vielmehr die historische Besonderheit, mehr noch: die Fremdheit der Griechen. Zwischen ihnen und uns besteht ein nicht nur zeitlich großer Abstand, doch ergibt sich eben daraus auch jene Spannung, die neugierig macht und zu Einsichten führt. In einem seiner Statischen Gedichte (zuerst veröffentlicht 1948) beschreibt Gottfried Benn ein ferngerücktes Griechenland:

Leuké – die weiße Insel des Achill!
Bisweilen hört man ihn den Päan singen,
Vögel mit den vom Meer benetzten Schwingen
streifen die Tempelwand, sonst ist es still.

Anlandende versinken oft im Traum.
Dann sehn sie ihn, er hat wohl viel vergessen,
er gibt ein Zeichen, zwischen den Zypressen,
weiße Zypresse ist der Hadesbaum.

Wer landet, muß vor Nacht zurück aufs Meer.
Nur Helena bleibt manchmal mit den Tauben,
dann spielen sie, an Schatten nicht zu glauben:
»Paris gab dem den Pfeil, den Apfel der«

Andererseits sind die alten Griechen scheinbar mitten unter uns: Die erhaltenen attischen Tragödien und Komödien werden in unseren Theatern gespielt, auf die Griechen beruft man sich in der philosophischen Diskussion, und die Erzählungen des griechischen Mythos sind noch nicht vergessen. In vielbesuchten Museen und touristisch erschlossenen Grabungsstätten wird die materielle Hinterlassenschaft der Griechen gepflegt und studiert. Dennoch bleibt zu fragen: Ist die Kultur der Griechen für uns heute eine Kultur wie viele andere, oder hat sie wegen ihrer weit-

reichenden Wirkung einen besonderen Rang? Ist und war sie bedeutsam nur für das Abendland oder auch darüber hinaus?
Der Zugang zur griechischen Kultur wurde technisch erleichtert wie nie zuvor; die Hindernisse, die die frühen Griechenland-Reisenden zu überwinden hatten, sind dem heutigen Touristen unbekannt. Schwieriger geworden aber ist die Wahrnehmung des historischen Zusammenhangs: Die frühen Reisenden sahen die antiken Stätten in einer seit dem Altertum kaum veränderten Landschaft. Erhaltene Ruinen waren – auch durch erneute Nutzung – eingebunden in das Leben und Treiben der Gegenwart und dienten zugleich als Wegweiser in die Vergangenheit; im Boden versinkend, von Pflanzen überwuchert, ließen sie Geschichte unmittelbar anschaulich werden. Was der heutige Besucher von Ruinen- und Ausgrabungsplätzen wahrnimmt, ist eine künstliche Inszenierung: Gereinigte, in Teilen rekonstruierte Architekturreste und Grundrisse bilden ein nach Gesichtspunkten der Denkmalpflege hergerichtetes Ensemble, das als solches historisch nie existierte. Die einzelnen Objekte vertreten unterschiedliche zeitliche Zustände in fast willkürlicher Auswahl, und sie werden durch moderne Verkehrswege und touristische Anlagen zusätzlich voneinander isoliert. Damit nicht genug: Die archäologischen Stätten und Einzelmonumente sind zu ihrer Umgebung in einen scharfen Kontrast geraten – es gibt nur noch wenige Ausnahmen von dieser Regel. Wie Relikte aus einer anderen Welt stehen sie in einer Landschaft, die erst in unserem Jahrhundert den Bedürfnissen der modernen Zivilisation angepaßt und damit radikal verändert wurde. Ruinen und Grabungsplätze wirken heute stärker denn je wie Präparate. Dem entspricht übrigens die gegenwärtige Ausgrabungspraxis, die dem Laborversuch immer ähnlicher wird. Die isolierten Ruinen und die ebenso isolierten Einzelinformationen über die griechische Kultur zu einem anschaulichen Ganzen zu verbinden fällt in unseren Tagen auch dem Wissenschaftler nicht leicht. Es bleibt eine nie zu vollendende Aufgabe. Vielleicht aber sind es für uns gerade die Fragmente, die zu Steinen des Anstoßes werden und den Prozeß der Erkenntnis in Gang setzen.

ANHANG

Bassae. Inneres der Cella des Apollon-Tempels. Der Apollon Epikurios geweihte Tempel in dem Bergheiligtum der arkadischen Stadt Phigalia wurde gegen Ende des 5. Jahrhunderts v. Chr. erbaut, Pausanias zufolge von Iktinos, dem Architekten des Parthenon in Athen. Die Cella des dorischen Peripteros war wie ein reichgeschmückter Saal ausgestattet. Dicht vor den Längswänden standen je fünf ionische Halbsäulen, durch Zungenmauern mit der Wand verbunden. In der Mitte zwischen dem letzten Paar schloß eine freistehende Säule die beiden Reihen zusammen (Basis im Vordergrund). Diese Säule trug ein korinthisches Kapitell, das älteste bekannte Akanthuskapitell. Das an allen vier Seiten umlaufende Gebälk besaß einen skulptierten Fries. Die Marmorplatten mit Szenen der Amazonen- und Kentaurenkämpfe sind ins Britische Museum gelangt.

Zeittafel

um 2500	Ende der neolithischen Zeit und Beginn der Bronzezeit in der Ägäis
um 2700–2000	Frühhelladische, frühkykladische, frühminoische Kultur
um 2000	Beginn der minoischen Palastzeit auf Kreta; Beginn der Einwanderung der Indoeuropäer nach Griechenland
um 2000–1650	Mittelhelladische, mittelminoische Zeit
um 1700	1. Zerstörung der minoischen Paläste; Wiederaufbau
um 1650–1200	Späthelladische, spätminoische Zeit, mykenische Kultur
um 1650–1550	Schachtgräber
um 1450	2. Zerstörung der minoischen Paläste; Beginn der mykenischen Herrschaft auf Kreta
um 1500–1250	Kuppelgräber
um 1400–1200	Mykenische Paläste
um 1200–1050	Zerstörung des mykenischen Griechentums; »Dorische Wanderung«
um 1200–1000	Submykenische, subminoische Zeit
um 1100	Ende der Bronzezeit und Beginn der Eisenzeit
um 1050–800	Dunkle Jahrhunderte; »Ionische Wanderung«
um 1000	Übernahme der phönikischen Alphabetschrift
ab etwa 800	Befahrung der Mittelmeerküsten
um 800–700	Homer, *Ilias* und *Odyssee*
776	Beginn der Siegerliste von Olympia
um 750–550	Kolonisation im Westmittelmeer und Schwarzmeergebiet
740–720	1. Messenischer Krieg: Unterwerfung Messeniens durch Sparta
um 700	Spartas Verfassung, die »Große Rhetra«; Hesiod
um 680–650	König Pheidon von Argos
um 650–600	Aufkommen der Münzprägung
um 650	Archilochos aus Paros
um 650–585	Tyrannis des Kypselos und Periander in Korinth
um 624	Aufzeichnung des geltenden Rechts in Athen durch Drakon
um 600	Alkaios und Sappho auf Lesbos
um 600–570	Tyrannis des Kleisthenes in Sikyon
594/593	Solons Gesetzgebung und Reformen in Athen: Schuldenerlaß zugunsten der Kleinbauern; Abstufung der politischen Rechte nach vier Vermögensklassen (Timokratie)
584	Vorausberechnung einer Sonnenfinsternis durch Thales
582	Neuordnung der Pythischen Spiele von Delphi
566/565	Stiftung der Panathenäischen Spiele
561–528	Tyrannis des Peisistratos in Athen
um 560–546	König Kroisos von Lydien
um 550–500	Errichtung des Peloponnesischen Bundes
546	Eroberung Lydiens durch Kyros (559–529), den Gründer des Perserreiches; Ionien wird persisch
538–527	Tyrannis des Polykrates in Samos
535	Seeschlacht bei Alalia
534	Einrichtung der Tragödienwettbewerbe in Athen
528/527	Hippias, der älteste Sohn des Peisistratos, übernimmt die Tyrannis in Athen
514	Harmodios und Aristogeiton ermorden Hipparchos, den Bruder des Hippias
513–512	Skythenfeldzug der Perser unter Dareios I. (521–486) an die untere Donau
510	Sturz des Hippias in Athen
508/507	Reformen des Kleisthenes: Beginn der Demokratisierung in Athen
um 500	Tod des Pythagoras aus Samos in Metapont
500–494	Ionischer Aufstand; Zerstörung Milets durch die Perser
492	Feldzug des Mardonios nach Thrakien und Makedonien
490	1. Perserzug unter Datis und Arthaphernes; Schlacht bei Marathon: Sieg der Athener unter Miltiades
488–472	Tyrannis des Theron in Akragas
487/486	Einführung der Archontenlosung und des Scherbengerichts in Athen; Themistokles erhält nach Verbannung seiner politischen Gegner durch Ostrakismos die Möglichkeit zur Durchführung des Flottenbauprogramms
485–466	Tyrannis der Deinomeniden Gelon, Hieron und Thrasybulos in Syrakus
481	Gründung eine Kampfbundes (Hellenische Symmachie) unter Spartas Führung
480	2. Perserzug unter Xerxes I. (486–465); Seeschlacht am Kap Artemision; Tod des Leonidas mit 300 Spartiaten am Thermopylenpaß; Verwüstung Böotiens und Attikas; Seesieg der Griechen bei Salamis; Gelon von Syrakus besiegt bei Himera die Karthager
479	Landschlacht bei Plataiai; Sieg der griechischen Flotte in der Seeschlacht am Mykale; Bau der Stadtmauern von Athen gegen den Einspruch Spartas
478	Befreiung der ionischen Städte durch die griechische Flotte unter dem Spartaner Pausanias; Abberufung des Pausanias durch die Ephoren; Sparta scheidet aus dem Krieg gegen Persien aus
477	Gründung des 1. Attischen Seebundes; Dauerkrieg des Bundes gegen Persien
474	Seeschlacht bei Kyme: Hieron von Syrakus besiegt die Flotte der Etrusker
472	Aufführung der *Perser* des Aischylos
470	Themistokles wird auf Betreiben Kimons durch Ostrakismos verbannt und stirbt im persischen Exil (um 459); Kimon, Sohn des Miltiades, setzt als Führer der Seebundsflotte den Krieg gegen Persien fort
468–457	Zeus-Tempel von Olympia
um 468	Kimons Sieg am Eurymedon
464	Messenischer Aufstand; 3. Messenischer Krieg bis 455
462	Entmachtung des Rats vom Areopag in Athen auf Antrag des Ephialtes und Perikles
461	Verbannung des spartanerfreundlichen Kimon durch Ostrakismos; Ermordung des Ephialtes; Athen kündigt das Bündnis mit Sparta und schließt ein Bündnis mit Argos, dem spartanischen Erbfeind
461–429	Führende Stellung des Perikles als erster Mann im athenischen Staat (als Stratege); Ausbau der Demokratie durch Einführung von Tagegeldern für die Amtsträger (461) und durch Erweiterung des passiven Wahlrechts (458); Bürgerrechtsgesetz (451): Nur wer beiderseits von attischen Eltern abstammt, kann Vollbürger sein
460–457	Bau der »Langen Mauern«
460	Bündnis Athens mit Megara; Korinth und Ägina verbünden sich mit Sparta
458	*Orestie* des Aischylos
457	Bündnis Spartas mit Theben; Sieg der Spartaner und Thebaner bei Tanagra, der Athener bei Oinophyta
456	Unterwerfung Äginas durch Athen
455	Niederlage des Seebundes in Ägypten
454	Verlegung der Bundeskasse von Delos nach Athen; Zentralisierung des Seebundes in Athen
451	Waffenstillstand zwischen Athen und Sparta auf fünf Jahre unter Vermittlung des aus der Verbannung zurückgekehrten Kimon
449	Sieg des Seebundes in der Land- und Seeschlacht bei Salamis auf Zypern; Friede des Kallias: Ende der Perserkriege
447–432	Erbauung des Parthenon in Athen

447 Niederlage der Athener bei Koroneia; Böotien macht sich von Athen unabhängig; Erhebungen auf Euböa; Abfall von Phokis und Megara
446 Friede zwischen Athen und Sparta auf 30 Jahre
442 *Antigone* des Sophokles
441–439 Samischer Krieg: Samos wird nach dem Abfall vom Seebund hart bestraft
434 Krieg zwischen Korinth und Korkyra; Athen tritt gegen Korinth auf
432 Korinth unterstützt den Abfall seiner Kolonie Potideia vom Seebund; Athen schließt Megara vom attischen Markt aus; Korinth setzt auf einer Tagung des Peloponnesischen Bundes den Beschluß zum Krieg gegen Athen durch
431–404 Peloponnesischer Krieg; Einfälle des Archidamos in Attika (»Archidamischer Krieg«, 431–421); Operationen der athenischen Flotte an den Küsten der Peloponnes
431 *Medea* des Euripides
430 Herodot stirbt in Thurioi
429 Kapitulation Potideias; Niederlage des athenischen Belagerungsheeres bei Spartalos; Ausbruch der Pest in Athen; Tod des Perikles; Volksführer in Athen wird Kleon, Führer der Oligarchen ist Nikias
428/427 Lesbos wird nach dem Abfall vom Seebund hart bestraft; Hinrichtung der Verteidiger von Plataiai durch die siegreichen Spartaner und Thebaner
427 *König Ödipus* des Sophokles; Gorgias von Leontinoi in Sizilien als Gesandter seiner Vaterstadt in Athen
425 Niederlage der Spartaner auf Sphakteria und Gefangennahme von 120 Spartiaten; Ablehnung eines spartanischen Friedensangebots durch Kleon, der für eine offensive Kriegführung eintritt
424 Spartanische Heeresreform unter Brasidas; Zug der Spartaner nach Thrakien, wo sie die Küstenstädte zum Abfall von Athen veranlassen
423 *Die Wolken* des Aristophanes
422 Niederlage der Athener bei Amphipolis; Tod des Kleon und des Brasidas
421 Friede zwischen Athen und Sparta auf 50 Jahre (Friede des Nikias): Wiederherstellung des Status quo ante; der Attische Seebund bleibt bestehen, der Peloponnesische Bund löst sich auf
418 Schlacht bei Mantineia: Sparta besiegt die von Athen unterstützten Verbündeten Argos, Elis und Mantineia
416 Athen erzwingt mit Waffengewalt den Anschluß der Insel Melos an den Attischen Seebund und bricht den Frieden von 421 durch Überfälle auf die Küste Lakoniens
415–413 Sizilische Expedition der Athener: Auf ein Hilfegesuch Segestas hin entsendet Athen ein Expeditionsheer unter Alkibiades und Nikias, das Sizilien erobern soll, aber vor Syrakus, das der Spartaner Gylippos verteidigt, zugrunde geht; Alkibiades wird vorher abberufen und flieht nach Sparta
415 *Die Troerinnen* des Euripides
413 Sparta besetzt auf Anraten des Alkibiades die Festung Dekeleia, um Attika zu verwüsten (»Dekeleischer Krieg«); Abfall der Bündner von Athen
412 Persien unterstützt Sparta (»Ionischer Krieg«)
411 *Lysistrate* des Aristophanes
411/410 Oligarchenherrschaft in Athen; Erhebung des athenischen Heeres auf Samos, das Alkibiades zurückholt; zum Strategen gewählt, besiegt er die spartanische Flotte bei Kyzikos (410); Wiederherstellung der Demokratie in Athen
409 Eingreifen der Karthager in Sizilien; Zerstörung von Selinunt, Himera, Akragas (406) und Gela (405)
408 *Orest* des Euripides
407 Sturz und Verbannung des Alkibiades nach der Niederlage der athenischen Flotte bei Notion
406 Erfolg der Athener in der Seeschlacht bei den Arginusen; Ablehnung von Spartas Friedensangebot
406–367 Dionysios I. Tyrann von Syrakus
405 Seesieg der Spartaner unter Lysander bei Aigospotamoi
405 *Die Frösche* des Aristophanes
404 Belagerung und Kapitulation Athens; Friedensbedingungen: Schleifung der »Langen Mauern«, Auflösung des Attischen Seebundes und Verpflichtung zur Heeresfolge; Sparta erzwingt die Einführung der Oligarchie (Herrschaft der »Dreißig Tyrannen«) in Athen
403 Wiederherstellung der Demokratie in Athen
401 Schlacht bei Kunaxa: Tod des persischen Prinzen Kyros, der sich gegen seinen Bruder Artaxerxes II. erhoben hatte; Rückzug der Zehntausend
400–394 Krieg zwischen Sparta und Persien
399 Sokrates wird zum Tode verurteilt
397–395 Korinthischer Krieg
394 Konon aus Athen schlägt als persischer Admiral die spartanische Flotte bei Knidos; Sparta besiegt die vereinigte Streitmacht Thebens und Athens bei Koroneia
388 Sperrung des Bosporus durch eine spartanisch-persische Flotte
387 Platon gründet die Akademie in Athen
386 Königsfriede (Friede des Antalkidas) zwischen Athen und Sparta unter Vermittlung des Perserkönigs
377 Gründung des 2. Attischen Seebundes
377–353 Maussollos Satrap in Karien
371 Landfriede zwischen Athen und Sparta. Schlacht bei Leuktra: Niederlage der Spartaner gegen die Thebaner unter Epaminondas; Befreiung Messeniens und Arkadiens (369); Ende der Vormachtstellung Spartas
362 Schlacht bei Mantineia: Sieg der Thebaner über Sparta und Athen; Epaminondas fällt; Ende der thebanischen Hegemonie
359–336 Philipp II. von Makedonien
357 Philipp II. erobert Amphipolis und Pydna
357–354 Bundesgenossenkrieg; Zerfall des Attischen Seebundes
348 Philipp II. erobert Olynth
346 Friede des Philokrates zwischen Makedonien und Athen
344 Sturz Dionysios' II. von Syrakus durch Timoleon
340 Gründung des Hellenenbundes gegen Makedonien
338 Schlacht bei Chaironeia: Philipp II. besiegt das griechische Koalitionsheer
337 Korinthischer Bund unter Philipps Patronat *(strategos autokrator)*
336 Ermordung Philipps II.; Alexander wird König der Makedonen und Feldherr der Hellenen
335 Zerstörung Thebens; Schulgründung des Aristoteles
334 Alexander eröffnet den Feldzug gegen Persien; Schlacht am Granikos; Schlacht bei Issos (333)
331 Gründung von Alexandria; Schlacht bei Gaugamela
327–325 Indienzug Alexanders
323 Tod Alexanders in Babylon
323/322 Lamischer Krieg: Athen wird bei Krannon und Amorgos besiegt; Freitod des Demosthenes
310–289 Agathokles Tyrann in Sizilien
um 310 Gründung der stoischen Schule in Athen durch Zenon
306/305 Annahme des Königstitels durch die Diadochen
301 Schlacht bei Ipsos; Antigonos verliert Syrien und Kleinasien an Seleukos und Lysimachos
um 300 Schulgründung Epikurs in Athen
um 295 Gründung des Museion in Alexandria durch Ptolemaios I.
281 Schlacht bei Kuropedion: Niederlage und Tod des Lysimachos; Ende der Diadochenkämpfe
280–270 Pyrrhos von Epirus (306–262) kämpft im Tarentinischen Krieg gegen Rom
279–276 Antigonos Gonatas König in Makedonien
275–214 Hieron II. von Syrakus
272 Ende des Tarentinischen Krieges; Unteritalien unter römischer Herrschaft
227 Sizilien wird römische Provinz
223–187 Antiochos III., der Große
222 Niederlage Spartas bei Sellasia durch den Achäischen Bund und Makedonien
212 Eroberung von Syrakus; Tod des Archimedes
197 Schlacht bei Kynoskephalai
196 Freiheitserklärung des Flamininus
190 Schlacht bei Magnesia
168 Schlacht bei Pydna; Ende des Königtums der Antigoniden
148 Makedonien römische Provinz
146 Zerstörung von Korinth; Ende des Achäischen Bundes
133 Pergamon fällt durch das Testament Attalos' III. an Rom
121–63 Mithradates VI. von Pontos
86 Sulla erobert Athen
64 Syrien römische Provinz; Ende des Seleukidenreiches
30 Ägypten römische Provinz; Ende des Ptolemäerreiches

Archäologische Stätten

Abdera Thrakien/Griechenland. Siedler aus Klazomenai in Lydien gründeten um 650 v. Chr. bei der Mündung des Nestos eine Kolonie, die bald darauf von Thrakerstämmen zerstört wurde. Ein Jahrhundert später kamen neue Zuwanderer aus Teos. Fruchtbarer Boden, Handel mit dem Hinterland und Silberbergwerke brachten Wohlstand. Abdera war Heimat des Sophisten Protagoras (um 485–415) und Demokrits (um 460–380/370), des Hauptvertreters der Atomistik. Nach kurzer Perserherrschaft wurde die Polis Mitglied des Attischen Seebundes. Mit der Niederlage gegen die Triballer 376 v. Chr. büßte sie ihre wirtschaftliche und politische Bedeutung ein. 362 folgte die Eingliederung ins Makedonenreich. Nach dessen Untergang wurde Abdera »freie Stadt« unter Roms Obhut. Aus archaischer Zeit ist bisher nur eine Nekropole bekannt. Die Neustadt wurde im 5. und 4. Jahrhundert v. Chr. nach dem hippodamischen System angelegt. Gut erhalten ist das von Türmen flankierte Westtor. Aus Quadermauerwerk errichtete, mit Mosaiken ausgestattete Wohnhäuser gehören der hellenistischen und römischen Zeit an.

Aigai Vergina, Makedonien/Griechenland. Das erst in jüngster Zeit lokalisierte Aigai war seit dem frühen 7. Jahrhundert v. Chr. Residenz der Argeaden, des alten makedonischen Königsgeschlechts. Als Archelaos um 406 v. Chr. die Hauptstadt nach Pella verlegte, blieb Aigai königliche Begräbnisstätte. Dort wurde Philipp II. 336 v. Chr. bei einer Feier im Theater ermordet. Zwischen 1938 und 1974 fanden im Bereich des 1861 entdeckten Palastes Grabungen statt. Seit 1976 wurden von M. Andronikos zum Teil ungeplünderte Kammergräber und mehrere öffentliche Bauten freigelegt. Der noch im 4. Jahrhundert v. Chr. erbaute Palast, ein zweistöckiger Bau mit Peristyl, bedeckt eine Fläche von 90 x 105 m. Einer der Räume ist mit Kieselmosaiken ausgestattet. In der ersten Hälfte des 3. Jahrhunderts entstand ein Anbau an der Westseite. Unterhalb des Palastes kamen ein kleiner Tempel der Ruhmesgöttin Eukleia und das Theater zutage, beide aus dem 4. Jahrhundert v. Chr. In die zweite Hälfte dieses Jahrhunderts datieren drei Kammergräber in einem Tumulus. Das größte barg reiche Beigaben aus Gold, Silber, Bronze und Elfenbein (im Museum von Thessaloniki), die an den Makedonenkönig Philipp II. denken ließen. Eine Wandmalerei mit Jagdszenen schmückt die Fassade. Die beiden anderen Gräber sind im Inneren mit Wandmalereien ausgestattet (Raub der Persephone, Wagenrennen). In den ebenfalls mit Malereien geschmückten Gräbern des »Bella-Tumulus« stehen Throne und Klinen aus Marmor. Ähnliches Grabmobiliar findet sich auch in dem bereits 1938 entdeckten »Romaiosgrab« und in weiteren Kammergräbern bei Vergina.

Aigai Aiolis/Türkei. Die auf einer Anhöhe am Fluß Tisnaios gelegene Stadt kam 218 v. Chr. unter pergamenische Herrschaft und erlebte in den folgenden Jahrzehnten ihre Blütezeit. Um 155 v. Chr. wurde sie von Prusias II. von Bithynien eingenommen und verwüstet. Finanziert durch die Könige von Pergamon, entstanden im 2. Jahrhundert v. Chr. stattliche Bauten. Die 75 m lange und bis zu einer Höhe von 10 m erhaltene Stoa an der Agora hatte drei Geschosse. Auch von weiteren Hallen sind Reste erhalten, ebenso vom Buleuterion, Gymnasion und Theater. An Kultstätten besaß Aigai zwei Tempel, ein Demeter-Heiligtum und das Orakel des Apollon Chresterios im Pythikos-Tal. In diesem Heiligtum wurde erst im 1. Jahrhundert v. Chr. ein Tempel errichtet, von dem der Türrahmen der Cella noch aufrecht steht. Die Stadtmauer ist teils in Polygonal-, teils in Quadertechnik erbaut.

Ägina Griechenland. Die Insel im Saronischen Golf weist prähistorische und mykenische Siedlungsspuren auf. Gegen 950 v. Chr. ließen sich Dorer nieder. Im 7. und 6. Jahrhundert trat Ägina als bedeutende Handels- und Seemacht hervor. Hier wurden die ersten Münzen des griechischen Mutterlandes geprägt. Nach zahlreichen Auseinandersetzungen konnte Athen 456 v. Chr. die nahe Rivalin ausschalten und zum Eintritt in den Seebund zwingen. Zu Beginn des Peloponnesischen Krieges wurde die Bevölkerung von der Insel vertrieben und durch attische Kleruchen ersetzt. Der Spartaner Lysander führte 407 v. Chr. die dorischen Bewohner zurück. In der Reichweite der Flotten Spartas und Athens war es Ägina fortan verwehrt, eine selbständige Politik zu führen. Von 322 bis 229 stand es unter makedonischer, ab 210 unter pergamenischer Herrschaft. Auf der höchsten Erhebung der Insel, dem 524 m hohen Gipfel des Oros, wurde Zeus Hellanios in einem Heiligtum verehrt. Ließ Zeus dort Wolken aufziehen, erkannten die Seefahrer im Saronischen Golf darin eine Warnung des Gottes vor nahendem Sturm. Eine Bergkuppe an der Ostküste trägt das Heiligtum der Aphaia, einer mit Athena gleichgesetzten Göttin. Der gut erhaltene dorische Tempel aus dem frühen 5. Jahrhundert v. Chr. ersetzte einen kaum 100 Jahre älteren Vorgänger. Seine Giebelgruppen gelangten 1827 in die Münchener Glyptothek. Die antike Stadt lag an der gleichen Stelle wie der heutige Hauptort der Insel. Sie verfügte über zwei Häfen, einen Handelshafen, in dem man heute landet, und einen Kriegshafen in der benachbarten Bucht. Ihr Mittelpunkt war die Halbinsel im Norden der Häfen (Kap Colonna). Dort befanden sich die Grabheiligtümer der Stadtgründer Phokos und Aiakos sowie ein Apollon geweihter Tempel. Von dem dorischen Peripteros aus dem späten 6. Jahrhundert v. Chr. sind die Fundamente und eine Säule erhalten. Das westlich davon gelegene Gebäude wird als Attaleion gedeutet, als Kultbau zu Ehren Attalos' II. von Pergamon, der wohl Theater und Stadion am Abhang des Stadthügels gestiftet hat.

Aigosthena Porto Germeno, Megaris/Griechenland. Die nördlichste Stadt der Megaris in einer Bucht des Korinthischen Golfs lag an der antiken Straße von Böotien nach Megara. Ihre mit zahlreichen Türmen bewehrte Ringmauer aus dem 4. Jahrhundert v. Chr. ist noch in voller Höhe erhalten.

Akragas Agrigent, Sizilien/Italien. 582 v. Chr. von Gela und dessen Mutterstadt Rhodos gegründet, erlangte die Stadt im Südwesten Siziliens bereits unter dem Tyrannen Phalaris (um 570–554) eine bedeutende Machtstellung. Theron (488–472), an dessen Hof Pindar zeitweilig zu Gast war, dehnte ihr Gebiet durch die Eroberung Himeras bis ans Tyrrhenische Meer aus. Zusammen mit seinem Schwiegersohn Gelon von Syrakus errang Theron 480 v. Chr. bei Himera den großen Sieg, der Karthago für sieben Jahrzehnte auf seine Stützpunkte im Westen der Insel beschränkte. Im Krieg zwischen Athen und Syrakus (415–413) neutral, erlag Akragas 406/405 den Karthagern, die die Stadt plünderten und zerstörten. Einen gewissen Aufschwung brachte erst wieder die Zeit Timoleons (um 340 v. Chr.), der als zweiter Gründer galt. Nach der Eroberung durch die Römer 210 v. Chr. wurden die Bewohner versklavt und neue Siedler angesetzt. Der um 483 v. Chr. in Akragas geborene Naturphilosoph Empedokles soll von seinen Mitbürgern gesagt haben, sie schwelgten, als würden sie morgen sterben, und bauten, als würden sie ewig leben. Vom Baueifer der Akragantiner zeugen heute noch die Reste zahlreicher Tempel. Der zur Zeit des Phalaris auf der Akropolis errichtete Zeus-Tempel wird unter dem Dom von Agrigent vermutet. Santa Maria dei Greci steht auf den Fundamenten eines Athena-Tempels aus dem frühen 5. Jahrhundert v. Chr. Aus der gleichen Zeit stammt der Antentempel eines Demeter-Heiligtums, der sich bis zu 8 m Höhe in der Kirche San Biagio erhalten hat. Einzigartig ist die Reihe der Tempel auf dem Felsabsturz, der die Stadt nach Süden zum Meer hin begrenzt. Den östlichen Eckpunkt markiert der gegen 450 v. Chr. erbaute sogenannte Juno-Lacinia-Tempel, von dem noch ein Teil der Peristasis aufrecht steht. Nahezu vollständig erhalten blieb der ein Vierteljahrhundert jüngere sogenannte Concordia-Tempel. Vom sogenannten Herakles-Tempel aus spätarchaischer Zeit stehen noch neun Säulen. Den Anblick eines riesigen Trümmerfeldes bietet das Olympieion. Der 113 m lange und 56 m breite Bau wurde nach 480 v. Chr. begonnen und nie vollendet. Statt einer Peristasis hatte dieser größte dorische Tempel der Antike durch Halbsäulen und Atlanten gegliederte Außenmauern. Westlich des Olympieion liegt ein Temenos chthonischer Gottheiten mit insgesamt 15 Altären, drei megaronartigen Bauten und zwei ummauerten Bezirken, die eine Abfolge offener Räume enthalten. Im Umkreis erhoben sich drei weitere Tempel, darunter der sogenannte Dioskuren-Tempel, von dem Teile im 19. Jahrhundert falsch rekonstruiert wurden. Als Baumaterial diente bei allen Tempeln von Akragas der einheimische ockerfarbene Muschelkalk.

Akrai Palazzolo Acreide, Sizilien/Italien. 664 v. Chr. als erste Kolonie von Syrakus gegründet, hatte Akrai die Funktion eines militärischen Vorpostens, der die Flußtäler des Heloros (Tellaro) und Anapos (Anapo) kontrollierte. Seine Geschicke blieben stets mit denen der Mutterstadt verbunden. Seit dem frühen 19. Jahrhundert finden an dem über 700 m hoch gelegenen Platz Grabungen statt. Sie legten Teile der Befestigung frei und die Straße vom West- zum Osttor. Ihr Basaltpflaster ist über eine Länge von 250 m sichtbar. Das Theater mit ursprünglich 14 Sitzreihen entstand im 3. Jahrhundert v. Chr. Ein benachbartes Gebäude diente als Buleuterion. Mehrere Latomien oder Steinbrüche im Stadtgebiet wurden seit hellenistischer Zeit als Heiligtümer genutzt und mit Reliefs ausgestattet, die Opfer- und Totenmahlszenen darstellen (Intagliatella, Templi Ferali). In einer nahe gelegenen Talsenke befinden sich zwölf Felsreliefs mit Kybele und ihren Begleitern.

Apollonia Poian, Albanien. Kolonisten aus Korkyra und Korinth gründeten am Anfang des 6. Jahrhunderts v. Chr. die Stadt im Gebiet der illyrischen Taulantier. Apollonia begann in der zweiten Hälfte des 5. Jahrhunderts v. Chr. eigene Münzen zu prägen. Es gelangte unter die Herrschaft des Pyrrhos von Epirus, schloß nach dessen Tod (272 v. Chr.) einen Freundschaftsvertrag mit Rom und blieb seither von Rom abhängig. Die von einer 4 km langen Ringmauer umgebene Stadt und ihre Nekropole wurden durch italienische und russisch-albanische Grabungen erforscht. Auf dem höchsten Hügel stand ein Apollon geweihter Tempel. Während davon nur mehr Grundmauern existieren, steht von einem anderen spätarchaischen Peripteros auf einer Anhöhe am Flußhafen noch eine Säule aufrecht. Auch das Theater und eine hellenistische Stoa wurden freigelegt.

Argos Peloponnes/Griechenland. Der Hauptort der ostpeloponnesischen Landschaft Argolis, noch heute unter demselben Namen an derselben Stelle, liegt 5 km von der Küste entfernt am Fuß des 289 m hohen, steilen Burgbergs Larisa (heute Kastro), an den sich nach Nordosten mit dem Sattel Deiras der 80 m hohe Hügel Aspis (»Schildbuckel«, heute Haghios Elias) anschließt. In mykenischer Zeit erhob sich auf der Larisa eine Burg; nach der dorischen Einwanderung war sie die Akropolis von Argos und Festung bis in die Türkenzeit. Argos gelangte im 7. Jahrhundert v. Chr. unter Pheidon auf einen Höhepunkt politischer Macht und wurde zum Hauptrivalen Spartas auf der Peloponnes. Von der antiken Stadt blieb nicht viel erhalten; am bedeutendsten ist das am Südosthang der Larisa aus dem Fels geschlagene Theater, das unter Kaiser Hadrian erneuert wurde. Eine gute Wegstunde von Argos entfernt liegt im Norden der fruchtbaren Ebene das Heraion, das berühmte Heiligtum der Landesgöttin Hera. Seine Reste wurden durch amerikanische Grabungen 1892–1895 aufgedeckt. In drei Terrassenstufen steigt das Temenos den Hang hinauf. Die oberste wurde im 8. Jahrhundert v. Chr. durch eine Polygonalmauer gestützt. In der zweiten Hälfte des folgenden Jahrhunderts entstand auf dieser Terrasse ein langgestreckter Peripteros, ein Bau aus Holz und Lehm, der 423 v. Chr. einem Brand zum Opfer fiel. Am Fuß der Stützmauer wurden im frühen 6. Jahrhundert v. Chr. zwei Hallen errichtet; es sind die beiden ältesten bekannten dorischen Hallen. Noch im selben Jahrhundert entstand auf der mittleren Terrasse ein Banketthaus mit großem Peristylhof; im folgenden kamen ein Säulensaal und die Südstoa mit treppenartig gestuften Stützmauern hinzu. Im Zentrum des Platzes baute der einheimische Architekt Eupolemos zwischen 420 und 400 v. Chr. einen neuen Tempel. Erhalten sind davon außer den Fundamenten nur Bruchstücke des Oberbaus und des reichen Skulpturenschmucks. Das Hera-Bild aus Gold und Elfenbein in diesem Tempel war ein Werk Polyklets, des berühmtesten Künstlers aus Argos. Für die Spiele zu Ehren der Göttin legte man im 4. Jahrhundert ein Gymnasion an und um 300 v. Chr. ein Theater, das etwa 20 000 Zuschauern Platz bot.

Assos Troas/Türkei. Assos wurde im 7. Jahrhundert v. Chr. von Methymna, einer Stadt auf der benachbarten äolischen Insel Lesbos, gegründet. Die auf einem küstennahen, 238 m hohen Trachytkegel in Terrassen angelegte Stadt war stark befestigt. Ihre mit Türmen und Torbauten bewehrte Ringmauer, die bis zu einer Höhe von 14 m erhalten ist, wird in das 4. Jahrhundert v. Chr. datiert, an manchen Stellen sind noch Reste einer älteren Mauer vorhanden. Auf dem höchsten Punkt der Akropolis wurde um 530 v. Chr. ein Athena geweihter Tempel erbaut, ein dorischer Peripteros, der an beiden Fronten mit Reliefs geschmückte Metopen und Architrave besaß (in den Museen von Istanbul, Boston und Paris). Das Buleuterion und die Hallen an der Agora sowie Theater und Gymnasion entstanden wohl zur Zeit der pergamenischen Herrschaft (241–133). Als Hermias, ein Schüler Platons, über die Stadt gebot, hielt sich Aristoteles drei Jahre lang (348–345) in Assos auf.

Athen Attika/Griechenland. Athens Bedeutung entsprechend, hat sich das wissenschaftliche Interesse seit jeher auf diese Stadt konzentriert. Keine andere antike Metropole, Rom ausgenommen, ist heute historisch und archäologisch ähnlich gut erforscht. Neben zahlreichen Grabungen, die griechische Archäologen seit dem 19. Jahrhundert durchführten, haben die Untersuchungen des Deutschen Archäologischen Instituts im Kerameikos (seit 1907) und diejenigen der American School of Classical Studies auf der Agora (seit 1931) dazu beigetragen, das Bild des archaischen und klassischen Athen zu rekonstruieren. Als die ersten archäologischen Erkundungen einsetzten, war Athen noch eine kleine Provinzstadt des Osmanischen Reiches. 1834 wurde es Hauptstadt des neuen Königreiches Griechenland, im 20. Jahrhundert zur modernen Millionenstadt. Auch deren Wahrzeichen ist noch die Akropolis mit ihren klassischen Bauten. Der Burgfelsen war in mykenischer Zeit ein mit kyklopischen Mauern befestigter Fürstensitz gewesen und in archaischer Zeit zum Sitz der Götter geworden. Bei der Brandschatzung der Stadt durch die Perser (480 v. Chr.) sanken auch ihre Heiligtümer in Schutt und Asche. Nachdem Themistokles durch neue Verteidigungsanlagen dafür gesorgt hatte, daß Athen weniger verwundbar war, konnte Perikles darangehen, ein Bauprogramm zu verwirklichen, das den politischen wie kulturellen Vorrang Athens aufs großartigste zum Ausdruck bringen sollte. Die Polis war aus den Perserkriegen als Großmacht hervorgegangen und sah sich gleichzeitig im Zenit ihrer schöpferischen Kraft. In der Kasse des Seebundes lagen die Mittel für kostspielige Bauten bereit. So entstanden auf der Akropolis von 447 bis zum Ausbruch des Peloponnesischen Krieges im Jahr 431 der Parthenon und die Propyläen. Nach dem Frieden von 421 folgten das Erechtheion und der Tempel der Athena Nike. Im Mittelalter wurde die Akropolis wieder Burg. Als sie, in jahrhundertelangen Kämpfen immer wieder befestigt und verwüstet, 1834 von Truppen und Geschützen geräumt wurde, waren Parthenon und Propyläen durch Umbauten und Pulverexplosionen demoliert, der Nike-Tempel völlig verschwunden. Fast alles, was vom Skulpturenschmuck des Parthenon noch vorhanden war, hatte Lord Elgin um 1810 nach England überführen lassen. Die Freilegung und Restaurierung der Monumente auf der Akropolis, die ein Plan Karl Friedrich Schinkels von 1836 als Stätte des Königspalastes vorsah, stand im ersten Jahrzehnt unter der Leitung von Ludwig Ross. Schon 1835 konnte er den Nike-Tempel wieder errichten, dessen Stufenbau und Bauglieder bei der Beseitigung einer türkischen Bastion zutage gekommen waren. Der Abbruch des »Frankenturms« über dem Südflügel der Propyläen erfolgte 1874 auf Kosten Heinrich Schliemanns. 1885 begannen die griechischen Ausgrabungen auf der Akropolis, in deren Verlauf im »Perserschutt« zahlreiche Tempelreste und Weihestatuen aus vorklassischer Zeit entdeckt wurden (im Akropolis-Museum). Ab 1900 ging man daran, die gestürzten Teile des Parthenon wieder aufzurichten. Heute ist das einzigartige Bauensemble durch Massentourismus und Luftverschmutzung gefährdet. Das Gebiet der Agora war seit byzantinischer Zeit zum Wohnviertel geworden. Nachdem bereits an verschiedenen Stellen Ausgrabungen stattgefunden hatten, übernahm die American School 1931 den gesamten Agora-Bereich und beseitigte bis auf eine Kirche aus dem 11. Jahrhundert die spätere Bebauung. Die noch andauernden Grabungen haben unter anderem die Stoa Basileios aus der Mitte des 6. Jahrhunderts und das alte Buleuterion aus dem frühen 5. Jahrhundert v. Chr. freigelegt, ferner die Tholos, in der seit 465 die Prytanen speisten, den Zwölfgötteraltar, einen gepflasterten Abschnitt der Panathenäenstraße, die Zeus-Stoa und andere Hallen. Die zweigeschossige Stoa des Attalos wurde 1952–1956 rekonstruiert und beherbergt das Agora-Museum. Auf dem Hügel im Westen der Agora erhebt sich der besterhaltene Tempel Griechenlands, ein 444 v. Chr. fertiggestellter Peripteros, der dem Schmiedegott Hephaistos und der Stadtgöttin Athena geweiht war. Nordwestlich der Agora liegt der Kerameikos, das Töpferviertel. In diesem Bereich wurden Teile der Stadtmauer und zwei Tore aufgedeckt, das Doppeltor (Dipylon) und das Heilige Tor, von dem die Straße nach Eleusis ausging. Zwischen den beiden Toren sind die Reste des Pompeion zu sehen. In dem um 400 v. Chr. errichteten Gebäude sammelte sich der Festzug der Panathenäen und fand anschließend daran das Festmahl der Würdenträger statt. Außerhalb der Mauern des Kerameikos wurde eine Gräberstraße freigelegt. Die reichen Funde an Grabstelen und Keramik geometrischer, archaischer und klassischer Zeit verwahrt teils das Kerameikos-Museum, teils das Nationalmuseum. Der antike Kaufmarkt lag östlich der Agora, bis ins 19. Jahrhundert der Platz des Basars. Zur Zeit Caesars

ADRIATISCHES MEER
ITALIEN
ILLYRIEN
Epidamnos
Taulantier
Apollonia
Atintanen
Molosser
KESTRINE
Thyamis
E
KORKYRA
Korkyra
Thesproten
Ephyra
ELAIATIS
Kyme
Neapolis
PITHEKUSSAI
Lukaner
Iapyger
Tarent
Metapont
Messapier
Poseidonia
Elea
Herakleia
Laos
TYRRHENISCHES
MEER
Sybaris/
Thurioi
Bruttier
Terina
Kroton
K. Lakonion
STRONGYLE
AIOLOS - INSELN
Skylletion
Hipponion
LIPARA
Medma
Metauron
Kaulonia
Lokroi
IONISCHES MEER
Anaktorion
LEUKAS
KEPHALLENIA
Panormos
Eryx
Soloeis
Motye
Segesta
Lilybaion
Elymer
Himera
Sikaner
Tyndaris
Mylai
Zankle/
Messana
Rhegion
Tauromenion
Ätna
Naxos
K. Zephyrion
SIZILIEN
Selinus
Herakleia
Minoa
Sikuler
Kentoripa
Inessa
Morgantina
Hybla
Katane
Akragas
Leontinoi
Gela
Megara Hyblaia
Akrai
Syrakus
Kamarina
Heloros
Kasmenai
K. Pachynos
MALTA
0 50 km
Herakleia
Thermopylen
LOKRIS
Thronion
EPIKNEMIDIA
MALIS
Alope
Orobiai
Erineon
Boion
Kytinion
DORIS
LOKRIS
DAULIS
Elatea
Opus
OPUNTIA
EUBÖA
Myonia
Triteia
Parnaß
Amphissa
Delphi
Orchomenos
Kopai
Euripos
Chalaion
Krisa
Daulis
Chaironeia
Kopaissee
LOKRIS OZOLIS
Kirrha
PHOKIS
Ptoion
Mykalessos
Chalkis
Tolophon
Koroneia
Haliartos
BÖOTIEN
Eretria
Thespiai
Theben
Tanagra
Delion
Oropos
Asopos
Leuktra
Hysiai
Oinophyta
Siphai
Kithairon
Rhamnus
Panakton
Parnes
Aigosthena
Eleutherai
ATTIKA
Dekeleia
ACHAIA
Pellene
Pagai
MEGARIS
Acharnai
Marathon
Geraneia
Megara
Eleusis
Pentelikon
Sikyon
Nisaia
Kolonos
Korinth
ISTHMOS
Krommyon
Salamis
Athen
Isthmia
Piräus
Phaleron
ARKADIEN
Phleius
Oneion
Kenchreai
Brauron
Kleonai
SALAMIS
Prasiai
Nemea
Solygeia
K. Speiraion
PARALIA
Orchomenos
Orneai
Ägina
Thorikos
Mykene
ÄGINA
Laurion
ARGOLIS
KEKRYPHALAIA
Mantineia
Argos
Tiryns
Epidauros
K. Sunion

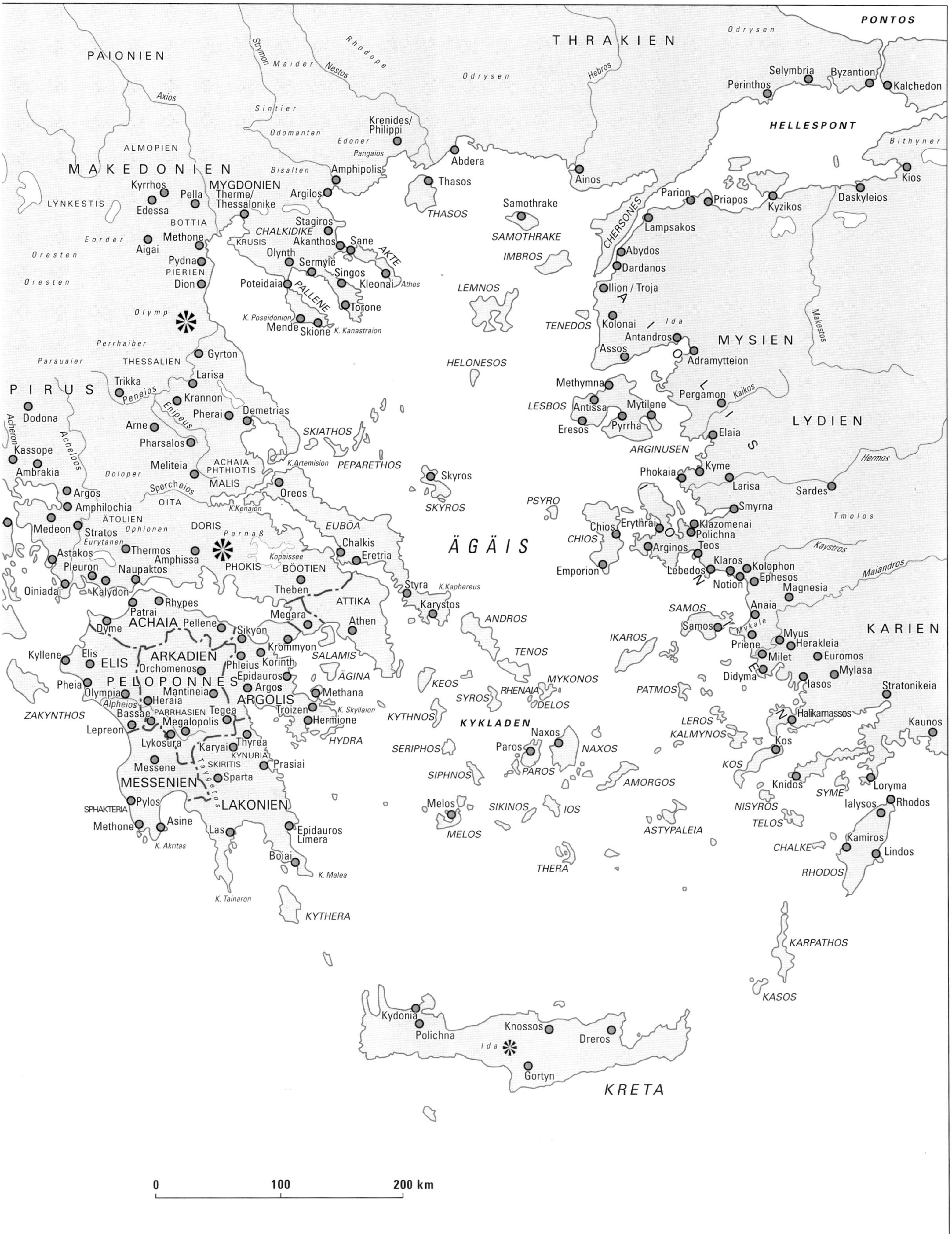
PONTOS
THRAKIEN
PAIONIEN
MAKEDONIEN
MYGDONIEN
THESSALIEN
PIRUS
ÄTOLIEN
DORIS
PHOKIS
BÖOTIEN
ATTIKA
ACHAIA
ARKADIEN
ELIS
PELOPONNES
ARGOLIS
MESSENIEN
LAKONIEN
EUBÖA
ÄGÄIS
KYKLADEN
MYSIEN
LYDIEN
KARIEN
HELLESPONT
KRETA
Byzantion
Kalchedon
Selymbria
Perinthos
Abdera
Ainos
Thasos
Samothrake
Amphipolis
Pella
Aigai
Dion
Olympia
Athen
Korinth
Sparta
Delphi
Milet
Ephesos
Smyrna
Pergamon
Ilion / Troja
Sardes
Knossos
Gortyn
Rhodos
Lindos
Halikarnassos
0 100 200 km

entstand dort ein von Säulenhallen umgebener Platz, an dessen Südseite der bis zum Dach erhaltene »Turm der Winde« aufragt. Am Südhang der Akropolis wurde das berühmte Dionysos-Theater ausgegraben. Die vom Theater ausgehende Tripodenstraße säumt noch eines der Denkmäler siegreicher Choregen, das 335/334 v. Chr. errichtete Lysikrates-Monument. 15 Riesensäulen blieben vom Olympieion stehen, dem zur Zeit des Tyrannen Peisistratos begonnenen und von Kaiser Hadrian fast 700 Jahre später vollendeten Tempel des Olympischen Zeus südöstlich der Akropolis. Noch weiter östlich liegt das 1896 wiederhergestellte Stadion.

Bassae Arkadien/Griechenland. Gegen Ende des 5. Jahrhunderts v. Chr. weihten die Bewohner der Stadt Phigalia in dem zwei Wegstunden entfernten Bergheiligtum dem Apollon Epikurios einen Tempel. Pausanias zufolge dankten sie damit für die Hilfe bei einer Pest im Jahre 429. Er nennt als Schöpfer des von ihm bewunderten Tempels den Architekten des Parthenon in Athen, Iktinos. Der wieder aufgerichtete dorische Peripteros ist aus lokalem Kalkstein erbaut. Nur der Skulpturenschmuck, die Kapitelle im Inneren der Cella, die Kassettendecken der Fronthallen und das Dach bestanden aus Marmor. Die Cella war ungewöhnlich reich ausgestattet. Vor den Längswänden standen je fünf ionische Halbsäulen und in der Mitte zwischen dem letzten Paar eine freistehende Säule mit korinthischem Kapitell. Das an allen vier Seiten umlaufende Gebälk war mit einem Relieffries geschmückt (im British Museum, London).

Belevi Ionien/Türkei. In Belevi, 11 km von Ephesos entfernt, steht die Ruine eines Mausoleums aus dem 3. Jahrhunderts v. Chr., das im Aufbau dem berühmten Maussolleion von Halikarnassos glich. Der Sockel mit fast 30 m Seitenlänge ist aus dem anstehenden Fels gehauen. Auf dem kubischen Unterbau erhob sich eine Säulenarchitektur korinthischer Ordnung. Ein in der Grabkammer gefundener Sarkophag befindet sich im Museum von Selçuk.

Brauron Vraona, Attika/Griechenland. Das Heiligtum an der attischen Ostküste war Artemis Brauronia geweiht, die auch auf der Athener Akropolis einen Kultbezirk besaß. Kleine Mädchen, die Arktoi, »Bärinnen«, hießen, dienten der Göttin als Priesterinnen. Griechische Grabungen in den Jahren 1948–1963 ergaben, daß ein erster Tempel aus dem 7. oder 6. Jahrhundert im frühen 5. Jahrhundert v. Chr. durch einen dorischen Antentempel ersetzt wurde. Gegen Ende dieses Jahrhunderts entstand ein hufeisenförmiger Hallenbau, dessen Säulen teils wieder aufgerichtet sind. Der an der Nordseite der Tempelterrasse beginnende Westflügel und der Nordflügel hatten insgesamt zehn quadratische Räume, in denen hölzerne Klinen standen, wie mit Blei ausgegossene Dübel für die Füße erkennen lassen. Inschriftensockel an der Rückwand der Nordhalle trugen Weihreliefs und Standbilder der »Bärinnen« (im Museum von Brauron). Eine weitere Halle hinter der Nordstoa diente ebenfalls der Aufstellung von Weihgeschenken.

Chios Ägäis/Griechenland. Die 858 km² große Insel liegt auf der Höhe von Izmir (Smyrna) vor der kleinasiatischen Westküste. Sie beansprucht, die Heimat Homers zu sein, denn der Dichter des unter seinem Namen überlieferten Apollon-Hymnus nennt sich der »Blinde von Chios«. »Schule des Homer« heißt ein Felsheiligtum der Göttin Kybele an der Ostküste, 6 km nördlich der Inselhauptstadt, die wie die einstige Polis den Namen der Insel trägt und noch an derselben Stelle liegt. Schon früh blühten auf Chios Handel, Keramik und Bildhauerei. Die Insel galt im Altertum als besonders begünstigt und reich. Ihre berühmtesten Erzeugnisse waren der Wein und das zu vielen Drogen verarbeitete Harz des Mastixstrauchs. Die antiken Reste sind gering. Ausgrabungen erfolgten im Heiligtum des Apollon Phanaios und in den von der frühen Bronzezeit bis in die Spätantike reichenden Siedlungen bei Emporio, beides Stätten im Süden der Insel. An einer Bucht im Nordosten konnte der Militärstützpunkt Delphinion lokalisiert werden, den die Athener nach Chios' Abfall vom Seebund 412 v. Chr. errichteten.

Chryse Gülpinar, Troas/Türkei. Ausgrabungen im 19. Jahrhundert und in jüngerer Zeit legten das Smintheion frei, den Tempel des Apollon Smintheus. Der um 200 v. Chr. erbaute Pseudodipteros ionischer Ordnung war mit reicher Bauornamentik in der Art des jüngeren Artemision von Ephesos versehen.

Delos Kykladen/Griechenland. Die kleine felsige Insel inmitten der Kykladen wurde als Geburtsinsel Apollons eine hoch verehrte Kultstätte des Gottes, der unter dem Namen Delios angerufen wurde. Heilige Palme, Hörneraltar (Keraton), Kranichtanz (Geranos) und bis in die Spätzeit gehütete mykenische Kultmale weisen auf die weit zurückliegenden Ursprünge des delischen Heiligtums. Die Delia, das große Fest der ionischen Griechen mit gymnischen und musischen Agonen, soll der attische Heros Theseus gestiftet haben. In archaischer Zeit spielte die Nachbarinsel Naxos die Hauptrolle bei der Ausgestaltung des Heiligtums. Nach den Perserkriegen übernahm Athen die Leitung. Delos war offizieller Sitz des Attischen Seebundes, bis 454 v. Chr. wurde die Bundeskasse im Apollon-Tempel verwahrt. Athen ließ 426 v. Chr. eine zweite »Reinigung« vornehmen: Alte Gräber wurden auf die benachbarte Insel Rheneia übertragen, künftige Bestattungen und Geburten auf der »Heiligen Insel« verboten. Ab 316 v. Chr. war Delos unabhängig und Mittelpunkt des »Bundes der Inselgriechen«. 166 v. Chr. wurde es durch Rom wieder Athen unterstellt und zum Freihafen erklärt. Die Folge war ein enormer Aufschwung der Stadt, in der sich viele fremde Kaufmannsgruppen niederließen. Im Mithradatischen Krieg 88 und 69 v. Chr. schwer heimgesucht, verlor Delos bald darauf infolge der veränderten politischen Verhältnisse seine Bedeutung als Handelszentrum. Pausanias fand die Insel im 2. Jahrhundert n. Chr. menschenleer. Die seit 1873 durchgeführten französischen Ausgrabungen haben Heiligtümer, Märkte und ausgedehnte Wohnviertel freigelegt. Im Apollon-Heiligtum erhoben sich nebeneinander drei Tempel: der schlichte »Porostempel« aus dem 6. Jahrhundert v. Chr., in dem ein berühmtes Kolossalbild Apollons stand, geschaffen von den äginetischen Erzgießern Tektaios und Angelion; der »Große Tempel«, ein nach 478 begonnener und um 300 v. Chr. fertiggestellter dorischer Peripteros aus delischem und parischem Marmor; dazwischen der 425–417 v. Chr. erbaute »Tempel der Athener«, ein dorischer Amphiprostylos aus pentelischem Marmor. Im Norden und Osten der Tempelgruppe lagen fünf Schatzhäuser, südwestlich davon das »Haus der Naxier«, neben dem eine 9 m hohe Marmorstatue des Apollon aufragte, eine Weihung der Naxier wie die im ausgehenden 7. Jahrhundert v. Chr. angelegte Löwenterrasse an der zum heiligen See führenden Prozessionsstraße. Zu Beginn der hellenistischen Zeit wurde der Apollon-Bezirk erweitert. Als neuen Abschluß im Norden errichtete Antigonos Gonatas um 250 v. Chr. eine 120 m lange Säulenhalle. Eine Stiftung der Antigoniden war auch die »Stierhalle« vor der Ostmauer des Temenos. Das langgestreckte Gebäude mit reichem Skulpturenschmuck dürfte zur Aufnahme eines Schiffs als Weihgeschenk bestimmt gewesen sein. Die Südhalle an der Zugangsstraße des Heiligtums ließen wohl die Könige von Pergamon erbauen. Ihr gegenüber entstand gegen 200 v. Chr. eine weitere Stoa, gestiftet von Philipp V. von Makedonien, wie die Inschrift auf dem Gebälk verkündet. Das westlich an den Apollon-Bezirk grenzende Artemision erhielt im 2. Jahrhundert v. Chr. einen Tempel mit ionischer Säulenfront. In seinem Fundament sind Reste von Vorgängerbauten des 7. Jahrhunderts und noch älterer Zeit erhalten. Der Platz um den neuen Artemis-Tempel wurde im Norden und Osten mit einer rechtwinklig angelegten Säulenhalle umgeben. Die Stadt im Umkreis des Heiligtums ist weitgehend durch die rege Bautätigkeit hellenistischer Zeit geprägt. Delos erhielt ein Theater für etwa 5000 Zuschauer, zwei Palästren, ein Gymnasion, Stadion und Hippodrom. Mit den Kaufleuten aus dem östlichen Mittelmeer hielten ägyptische und orientalische Gottheiten ihren Einzug. Die ihnen geweihten Heiligtümer wurden auf Terrassen beiderseits des Inopos-Tals errichtet. Kaufmannsgruppen wie die Poseidoniasten aus Berytos (Beirut) bauten repräsentative Vereinshäuser. An der »Agora der Italiker« hatten die Kaufleute aus Italien ihre Geschäftsräume. Der einst von zweigeschossigen Säulenhallen umgebene, 70 x 100 m große Platz liegt nördlich des Apollon-Heiligtums im Bereich des Letoon am heiligen See. Die alte Agora der Delier schließt sich südlich an das Heiligtum an. Von dort und vom »Platz der Hermiasten« am Hafen erstreckt sich die Wohnstadt den Hang des Kynthos hinauf. Ihre nur zum Teil mit Schieferplatten belegten engen, unregelmäßigen Straßen waren beiderseits von den ursprünglich bis zu 12 m hohen Mauern mehrstökkiger Häuser eingeschlossen. Die Häuser der Wohlhabenden besitzen stets einen geräumigen Säulenhof mit einer Zisterne darunter; manche haben auch zwei Peristyle. In mehreren Häusern blieben schöne Fußbodenmosaiken und Reste der Wanddekoration erhalten. Die reichen Skulpturenfunde aus Delos, vorwiegend archaischer und hellenistischer Zeit, sind teils im Athener Nationalmuseum, teils im Museum auf der Insel zu sehen.

Delphi Phokis/Griechenland. Das Apollon-Heiligtum hoch über dem Pleistos-Tal am Südhang des Parnaßmassivs war Sitz des berühmtesten Orakels der griechischen Welt. Funde von Idolen zeigen, daß unter den steil aufragenden Felswänden der Phädriaden schon im 2. Jahrtausend v. Chr. ein Heiligtum bestand. Apollon, so der Mythos, tötete den Drachen Python, der dort am Erdschlund der Gaia wachte, und nahm das Heiligtum in Besitz. Von dem besiegten Drachen, einer Ausgeburt der Erdgöttin, übernahm der Gott den Beinamen Pythios. Pythia hieß seine wahrsagende Priesterin. Zunächst stand Delphi unter der Vorherrschaft von Kirrha, einer phokischen Stadt in der fruchtbaren Mündungsebene des Pleistos. Im 1. Heiligen Krieg (600–590) unterlag Kirrha einem Bündnis von Thessalern, Sikyonern und Athenern. Schutz und Verwaltung des Heiligtums lagen von da an in den Händen der Amphiktyonen oder »Umwohner«. Damals erhielten auch die mit musischen, gymnischen und hippischen Agonen begangenen Pythischen Spiele ihre Satzung. Spätere Versuche der Phoker, das Heiligtum wieder an sich zu bringen, scheiterten. Nach dem 3. Heiligen Krieg (356–346) wurde Makedonien als Retter Delphis in die Amphiktionie aufgenommen. Seit 294 v. Chr. gehörte das Heiligtum zum Gebiet der Ätoler, die 279 einen Angriff der Gallier abwehrten. Zur Erinnerung daran wurde das Fest der Soterien gestiftet. Von 105 bis 126 n. Chr. amtierte der Schriftsteller Plutarch aus Cheironeia als Oberpriester. Noch Konstantin der Große und seine Nachfolger ließen Kaiserstatuen in Delphi aufstellen. Am Ausgang des 4. Jahrhunderts brachte das Verbot heidnischer Kulte durch Theodosius I. auch für das delphische Heiligtum das Ende. In seinen Ruinen entstand das Dorf Kastri. Französische Ausgrabungen seit 1880 haben den von einer Mauer umgebenen und in drei Terrassen ansteigenden heiligen Bezirk freigelegt. Auf der mittleren Terrasse, von einer Polygonalmauer gestützt, steht der Apollon-Tempel, dessen Cella Delphis Kultmale barg, den Omphalos oder »Nabel der Welt« und das Grab des Dionysos. Hier stand auch der Dreifuß, auf dem Pythia ihre Eingebungen empfing. Der erste Tempelbau fiel 548 v. Chr. einem Brand zum Opfer. An seiner Stelle entstand im späten 6. Jahrhundert v. Chr. mit Spenden aus aller Welt, vor allem der attischen Alkmeoniden, ein langgestreckter dorischer Peripteros, von dessen Giebelskulpturen bedeutende Reste erhalten sind (wie zahlreiche andere Funde im Museum von Delphi). Dieser Tempel wurde 373 v. Chr. durch Brand oder Erdbeben zerstört. Beim Wiederaufbau, der sich bis um 320 v. Chr. hinzog, behielt man den Grundriß des archaischen Vorgängers fast unverändert bei. Vor den zum Teil wieder aufgerichteten Frontsäulen steht der gleichfalls rekonstruierte große Altar, den Chios gestiftet hat. Am Platz um den Tempel und entlang der in Serpentinen emporführenden heiligen Straße reihen sich in kaum überschaubarer Menge die Basen von Weihgeschenken und die Fundamente von Schatzhäusern. Zum Teil monumentale und figurenreiche Denkmäler fast aller großen Ereignisse der griechischen Geschichte machten Delphi zu einer »Ruhmeshalle Griechenlands«. Eines der 23 ausgegrabenen Schatzhäuser griechischer Städte, das der Athener aus dem späten 6. Jahrhundert v. Chr., wurde 1906 wieder aufgebaut. Im 2. Jahrhundert v. Chr. entstand am Hang oberhalb des Tempels ein Theater mit 5000 Sitzplätzen. Stadion und Gymnasion waren schon im 4. Jahrhundert außerhalb der Temenos-Mauer angelegt worden, das Stadion unmittelbar am Fuß der Felswand, das Gymnasion auf einer Terrasse jenseits der Schlucht, in der die Kastalische Quelle entspringt. Noch weiter talabwärts, in der Marmaria, besaß Athena Pronaia ihr Heiligtum. Auch dort standen zwei Schatzhäuser. Der Tempel, ein dorischer Peripteros, wurde um 510 v. Chr. am Platz eines Vorgängers erbaut, im 4. Jahrhundert v. Chr. bei einem Felssturz beschädigt und daraufhin durch einen Prostylos ersetzt, für den man eine weniger gefährdete Stelle am Westende der Terrasse wählte. Zwischen den Ruinen der beiden Tempel liegt die der Tholos, eines Rundbaus aus dem frühen 4. Jahrhundert v. Chr., der vielleicht dem Heros Phylakos, dem Wächter des delphischen Heiligtums, geweiht war. Ein Kranz von 20 dorischen Säulen – drei davon sind wieder aufgerichtet – umgab die kreisrunde Cella mit korinthischen Säulen im Inneren.

Didyma Ionien/Türkei. Die auch Didymaion genannte Orakelstätte des Apollon liegt 20 km südlich von Milet. Das Heiligtum stand unter der Obhut dieser mächtigen Handelsstadt und war mit ihr durch einen Prozessionsweg verbunden. Die heilige Straße säumten im 6. Jahrhundert v. Chr. aufgestellte Marmorlöwen und Sitzbilder von Apollon-Priestern aus dem Geschlecht der Branchiden (in den Museen von London und Istanbul). Durch englische und französische Archäologen begonnene Forschungen in Didyma wurden ab 1905 durch Theodor Wiegand und in späteren deutschen Ausgrabungen fortgesetzt. Wie andernorts scheinen die eingewanderten Ioner eine ältere Kultstätte übernommen zu haben. Aus dem 8. oder 7. Jahrhundert v. Chr. wurden Mauerreste eines Temenos aufgedeckt, in dem die Kultmale, die Orakelquelle und der heilige Lorbeer Apollons, unter freiem Himmel verehrt wurden. Südlich davon entstand im späten 7. Jahrhundert v. Chr. eine etwa 15 m lange Halle. Gegen 540 v. Chr. begannen die Milesier mit dem Bau eines ionischen Dipteros von 85 m Länge. Wie Milet fiel dieser Tempel nach der Niederwerfung des Ionischen Aufstands (494 v. Chr.) der Zerstörung anheim. Die Bronzestatue Apollons, ein Werk des Kanachos aus Sikyon, wurde von den Persern nach Ekbatana verschleppt. Seleukos I. veranlaßte um 300 v. Chr. die Rückführung des Kultbilds und unterstützte mit einer Stiftung den wenige Jahre vorher in Angriff genommenen Neubau eines Tempels. Geplant war ein Riesenbau mit doppeltem Säulenkranz gleich dem Artemision von Ephesos. Von dort kam einer der beiden Architekten, Paionios; ihm zur Seite stand Daphnis von Milet. Ein 3,15 m hoher siebenstufiger Stylobat, 109,34 m lang und 51,13 m breit, sollte 120 Säulen von 19,70 m Höhe tragen. Obwohl bis weit in die römische Kaiserzeit am jüngeren Didymaion gebaut wurde, blieb der Säulenkranz unvollendet. Die Cella hatte wie beim Vorgänger kein Dach. Ein Naiskos in dem offenen Hof nahm das Kultbild auf. Drei Säulen und beträchtliche Teile der Wände stehen auf dem wohlerhaltenen Stufenbau noch aufrecht.

Dion Pierien/Griechenland. In der für die Makedonen heiligen Stadt am Nordfuß des Olymp stiftete König Archelaos (414–399) ein Heiligtum des Zeus Olympios und Olympische Spiele. Dion wurde im Bundesgenossenkrieg (220–217) von den Ätolern zerstört, erholte sich wieder und überflügelte später als römische Kolonie alle anderen Städte Pieriens. Griechische Ausgrabungen um 1930 und seit den sechziger Jahren förderten die auf das 4. Jahrhundert v. Chr. zurückgehende Stadtanlage mit regelmäßigem Straßennetz und turmbewehrter Ringmauer zutage. Das Theater und der Tempel eines seit etwa 500 v. Chr. bestehenden Demeter-Heiligtums entstanden in hellenistischer Zeit.

Dodona Epirus/Griechenland. Nach griechischen Ausgrabungen von 1878 und 1929–1935 haben Untersuchungen seit 1952 die Geschichte der abgelegenen Orakelstätte des Zeus geklärt. Keramikfunden zufolge reicht die Besiedlung bis ins 3. Jahrtausend zurück. Aus dem 8. Jahrhundert v. Chr. kamen Reste eherner Dreifußkessel zutage. Spätestens seit dieser Zeit war Dodona Nationalheiligtum der Thesproter. Dort feierten sie alljährlich, später alle vier Jahre, das Fest der Naia. Erst im 4. Jahrhundert v. Chr. erhielt der Kultbezirk ein »Heiliges Haus« und eine Temenos-Mauer, die ein Geviert von etwa 13 x 11,5 m umschloß. Pyrrhos von Epirus ließ das Temenos um 280 v. Chr. auf etwa 20 m erweitern und an drei Seiten mit Säulenhallen ionischer Ordnung umgeben. Etwa zur gleichen Zeit entstanden kleine Tempel für Zeus' Gemahlin Dione, Herakles und Aphrodite sowie das gut erhaltene Theater, das Stadion und ein ionischer Säulensaal. Nach der Zerstörung durch die Ätoler im Jahr 219 v. Chr. wurde der Zeus-Bezirk in repräsentativerer Form wieder aufgebaut. Der vergrößerte Oikos stand nun in der Mittelachse des Temenos und hatte eine Säulenvorhalle, auf die ein ebenfalls prostyles Propylon ausgerichtet war. Ende des 4. Jahrhunderts fällten christliche Eiferer die heilige Eiche. Schon bald danach erhob sich in dem ehemaligen Heiligtum eine Bischofskirche. Beim Slaweneinfall wurde Dodona von den Bewohnern aufgegeben.

Elea Velia, Lukanien/Italien. Die Stadt an einem Vorgebirge südlich von Paestum wurde um 535 v. Chr. von Phokäern gegründet, nachdem Phokaia unter persische Herrschaft gekommen und eine Ansiedlung auf Korsika mit der Niederlage in der Seeschlacht bei Alalia gescheitert war. Zu den ersten Zuwanderern gehörte Xenophanes aus Kolophon, der Gründer der Philosophenschule von Elea, die nach ihm Parmenides, Xenon und Melissos repräsentierten. In der im Mittelalter verlassenen Stadt finden seit 1962 systematische Ausgrabungen statt. Auf der Akropolis wurden Reste eines ionischen Tempels aus dem frühen 5. Jahrhundert v. Chr. freigelegt, an ihrem Südhang ältere Bauten mit Polygonalmauerwerk. In das 4. und 3. Jahrhundert datieren Terrassen, Säulenhallen und das Theater. Anlagen hellenistischer Zeit sind eine große Altarterrasse und eine Versammlungshalle mit Kryptoportikus sowie die Befestigung der Akropolis und der Unterstadt.

Eleusis Attika/Griechenland. Das berühmte Mysterienheiligtum der Demeter war durch die Heilige Straße mit Athen verbunden. Den über 20 km langen Weg zog die Prozession der Mysten beim Fest der Großen Eleusinien. Griechische Ausgrabungen von 1882 bis 1890 und seit 1930 (mit amerikanischer Beteiligung) haben das gesamte Heiligtum freigelegt. Schon im 2. Jahrtausend v. Chr. stand am Felshang der Akropolis von Eleusis ein Kultbau. Anstelle dieses Megaron wurde im frühen 6. Jahrhundert v. Chr. ein größeres errichtet, an dessen Rückseite ein Adyton abgetrennt war. Der »unbetretbare« Raum blieb als Kultschrein, Anaktoron genannt, in der späteren Kulthalle, dem Telesterion, bestehen. Das erste Telesterion wurde um 525 v. Chr. errichtet, ein Säulensaal von etwa 27 m Seitenlänge, der das Anaktoron in seiner hinteren Ecke barg. Dieser Bau ging beim Persereinfall in Flammen auf. Im neuen Telesterion, das Iktinos, der Architekt des Parthenon, entworfen hat, nahm das Anaktoron die Mitte des etwa 52 x 54 m großen Saals ein. 42 Säulen trugen das Dach. An den Innenwänden erhoben sich ringsum acht Schaustufen, teilweise aus dem anstehenden Fels gehauen. Der einheimische Architekt Philon schuf um 320 v. Chr. eine Vorhalle mit zwölf dorischen Säulen. Um 40 v. Chr. entstanden die Inneren oder Kleinen Propyläen, 200 Jahre später die Großen Propyläen in der Mauer des heiligen Bezirks. Diesen Torbau stiftete Kaiser Marc Aurel, der in die Eleusinischen Mysterien eingeweiht war.

Eleutherai Gyphtokastro, Attika/Griechenland. Die ursprünglich böotische Ortschaft am Südfuß des Kithairon wurde gegen 500 v. Chr. attisch. Von dort kam der Kult des Dionysos Eleuthereus nach Athen. Der Dionysos-Tempel wurde 1938–1940 durch griechische Ausgräber am Fuß des befestigten Hügels aufgedeckt. Die Festung, von den Makedonen in der zweiten Hälfte des 4. Jahrhunderts v. Chr. erbaut ist aus Kalksteinquadern gefügt, hat rechteckige Türme, zwei Haupttore und vier Pforten.

Emporion Ampurias, Katalonien/Spanien. Aus dem Handelsstützpunkt, den Phokäer aus Massalia kurz nach 600 v. Chr. an der iberischen Küste gründeten, entwickelte sich eine wohlhabende Stadt. Ihr ältester Teil ist die Palaiopolis auf der heute verlandeten Insel von San Martín de Ampurias. Gegen 500 v. Chr. entstand die Neapolis auf dem Festland, unmittelbar neben der Iberersiedlung Indika. An diese wiederum schloß sich landeinwärts die römische Kolonie an, die Caesar 45 v. Chr. gründete. Die 1908 einsetzenden Ausgrabungen haben die von einer kyklopischen Mauer umgebene Neapolis und Teile der römischen Kolonie sowie griechische, römische und iberische Nekropolen aufgedeckt (zahlreiche Funde in den Museen von Ampurias und Barcelona).

Ephesos Ionien/Türkei. Die ionische Stadt an der kleinasiatischen Westküste war weithin berühmt durch das Heiligtum der Artemis Ephesia. Sein Tempel, eines der antiken Weltwunder, wurde nach dem Sieg des Christentums bis auf kümmerliche Reste abgetragen, die meterhohe Ablagerungen bedeckten. Erst nach langer Suche konnte John Turtle Wood 1869 den Platz des Artemision finden. 1904 entdeckte David G. Hogarth unter der Basis des Kultbilds das Gründungsdepot mit zahlreichen Votivgaben (im Museum von Istanbul). Weitere Forschungen unternahm das Österreichische Archäologische Institut, das seit 1895 Ausgrabungen im Stadtgebiet durchführt. Der erste Kultbau der Artemis Ephesia ging um 650 v. Chr. beim Einfall der Kimmerier zugrunde. Die wieder aufgebaute Anlage wurde bereits zwischen 630 und 625 vergrößert; eine Temenos-Mauer von 15,50 x 31 m umschloß nun den heiligen Bezirk. An gleicher Stelle entstand seit der Mitte des 6. Jahrhunderts v. Chr. ein Tempel mit einer Grundfläche von 55 x 115 m und doppeltem Säulenkranz. Chersiphron aus Kreta, sein Sohn Metagenes und Theodoros aus Samos waren die Architekten. Viele der Säulen, die zum Teil mit Reliefs geschmückt waren, stiftete der Lyderkönig Kroisos. Fragmente haben sich gefunden, auch von Weihinschriften des Königs. Das gegen 460 fertiggestellte ältere Artemision fiel im Jahre 356 v. Chr. der Wahnsinnstat des Herostratos zum Opfer. Der alsbald in Angriff genommene Neubau stand unter der Leitung des Architekten Paionios. Er übernahm fast unverändert den alten Grundriß, erhöhte jedoch den Unterbau auf 13 Stufen. Auch das jüngere Artemision besaß reichen Skulpturenschmuck. Überreste, darunter eine reliefierte Rundbasis, gelangten ins Britische Museum. Am Ort ist aus diversen Trommeln eine Säule wieder aufgerichtet. Ephesos, die Heimat des Philosophen Heraklit, beteiligte sich nicht am Ionischen Aufstand gegen die Perser und blieb so vom Schicksal Milets verschont. Seit der Zeit des Kroisos lag die Stadt im Umkreis des Artemision. Lysimachos verlegte sie im frühen 3. Jahrhundert v. Chr. weiter nach Südwesten in das Gebiet zwischen den Hängen des Pion und Koressos und dem heute verlandeten Hafen. Die von einer 9 km langen Mauer umgebene Stadt des Lysimachos ist durch Bauten der römischen Kaiserzeit geprägt, in der Ephesos Hauptstadt der Provinz Asia war.

Ephyra Mesopotamon, Epirus/Griechenland. Auf einer kegelförmigen Anhöhe an der Mündung des Kokytos in den Acheron wurde 1958–1964 das Totenorakel von Ephyra ausgegraben. Das labyrinthartige Gebäude mit Polygonalmauerwerk entstand wohl um 300 v. Chr. Bemerkenswert ist die Verwendung von Bögen an den Korridortüren und der Gewölbekonstruktion im Keller des Kernbaus. Bei der Zerstörung von Ephyra durch die Römer 168 v. Chr. ging die Orakelstätte in Flammen auf und wurde danach aufgegeben. Die Stadt lag weiter nördlich; ihre Akropolis war der Bergkamm Xylokastro.

Epidauros Argolis/Griechenland. Das berühmteste Asklepieion der griechischen Welt ging aus einem Heiligtum des Apollon Meleatas hervor. Seit dem frühen 5. Jahrhundert v. Chr. fanden in Epidauros panhellenische Spiele zu Ehren Apollons statt. Im gleichen Jahrhundert wurde Asklepios sein Kultpartner, und in den beiden folgenden ging der Ausbau zur sakralen Heilstätte vonstatten. Griechische Ausgrabungen seit 1881 haben die ausgedehnte Anlage freigelegt. Tempel und Kultbauten waren zwar aufs kostbarste ausgestattet, aber von bescheidenen Ausmaßen im Vergleich zu den Nutzbauten in ihrer Umgebung. Der um 380 v. Chr. errichtete Asklepios-Tempel ist mit einer Grundfläche von 12 x 23 m einer der kleinsten Peripteroi Griechenlands. Den Skulpturenschmuck schuf der einheimische Bildhauer Timotheos, der Parier Thrasymedes das Goldelfenbeinbild im Inneren. Ein weiterer Tempel war Artemis geweiht. Das Schmuckstück des Heiligtums war die Tholos, ein Rundbau mit überreicher Bauornamentik, der zwischen 360 und 320 v. Chr. von Polyklet dem Jüngeren errichtet wurde (bedeutende Reste im Museum von Epidauros). Ein Kranz von 26 dorischen Säulen umgab die runde Cella, in der 14 korinthische Säulen einen schmalen Umgang bildeten. Unter dem Fußboden lag ein Labyrinth aus konzentrischen Kreisen, vielleicht die Behausung der heiligen Schlangen des Asklepios oder eine Stätte chthonischer Riten. Dem Heilbetrieb dienten zweistöckige Hallen, in denen sich die Genesung Suchenden zum Heilschlaf niederlegten, sowie ein ebenfalls zweistöckiges Gästehaus mit 160 Räumen um vier Innenhöfe. Dazu kamen die Gebäude für die Agone des Hauptfestes, Gymnasion, Palästra, Stadion und Theater. Das ausgezeichnet erhaltene Theater wurde zu Beginn des 3. Jahrhunderts v. Chr. am Südhang der Talmulde angelegt und ein Jahrhundert später von 35 auf 55 Sitzreihen erweitert, so daß es nun etwa 14 000 Zuschauer aufnehmen konnte. In der römischen Kaiserzeit entstanden Thermen und andere Bauten. Die Stadt Epidauros lag 10 km östlich des Asklepieion an der Küste des Saronischen Golfs. Bisher wurden dort lediglich Quadermauern und das kleine Theater eines Dionysos-Heiligtums aufgedeckt.

Eretria Euböa/Griechenland. Wie Chalkis, mit dem es im Lelantinischen Krieg um die Vorherrschaft auf Euböa rang, trat Eretria im 8. und 7. Jahrhundert v. Chr. als Handelsmacht und Mutterstadt vieler Koloniegründungen hervor. Wegen der Unterstützung des Ionischen Aufstands wurde Eretria 490 v. Chr. durch die Perser zerstört. Die Stadt war im 1. und 2. Attischen Seebund Mitglied, stand seit 338 v. Chr. unter makedonischer Herrschaft und wurde 198 v. Chr. durch römisch-pergamenische Truppen zerstört. Davon hat sie sich nie wieder erholt. Im Mittelalter existierte Eretria nicht mehr. Seine Reste beim heutigen Nea Psara sind nur zum Teil ausgegraben. Erhalten blieben Abschnitte der Stadtmauer und die Befestigung der Akropolis. Im Heiligtum des Apollon Daphnephoros kamen Fundamente eines dorischen Peripteros aus dem späten 6. Jahrhundert v. Chr. über den Resten von Vorgängern zutage. Das Theater am Abhang der Akropolis und ein benachbarter Dionysos-Tempel stammen aus frühhellenistischer Zeit, ebenso ein Isis-Tempel, eine Tholos, Wohnhäuser und ein Kammergrab.

Gela Sizilien/Italien. 689 v. Chr. von Kolonisten aus Rhodos und Kreta am Ausgang einer fruchtbaren Ebene an der Südküste Siziliens gegründet, entwickelte sich Gela bald zu einer großen und reichen Stadt. Von hier aus erfolgte die Gründung von Akragas. Um 560 v. Chr. errichteten die Geloer ein Schatzhaus in Olympia. Zu Beginn des 5. Jahrhunderts v. Chr. unterwarf der Tyrann Hippokrates große Teile Ostsiziliens. Sein Nachfolger Gelon machte sich 485 zum Herrn von Syrakus, an dessen Seite Gela 415–413 gegen das athenische Expeditionsheer kämpfte. 405 v. Chr. durch die Karthager zerstört, fristete die Stadt ein kümmerliches Dasein, bis sie Timoleon um 340 v. Chr. wieder befestigte und mit Siedlern aus Keos bevölkerte. Nach der neuerlichen Zerstörung durch die Mamertiner um 280 v. Chr. holte der Tyrann Phintias von Akragas die Bewohner in eine nach ihm benannte neue Stadt an der Stelle des heutigen Licata. Ausgrabungen um 1900 und ab 1948 legten auf der Akropolis die Überreste zweier Tempel frei; der eine entstand um die Mitte des 6. Jahrhunderts, der andere kurz nach 480 v. Chr. Bis zu einer Höhe von 13 m blieb die unter Sanddünen begrabene Befestigung aus der Zeit Timoleons erhalten. Die turmbewehrten Mauern sind aus Lehmziegeln über einem Sockel aus Steinquadern erbaut. Sie waren mit Wehrgängen versehen, deren Treppenaufgänge noch existieren. Nördlich der Akropolis ist ein Wohnviertel aufgedeckt, in dem sich ein öffentliches Bad befand.

Halikarnassos Bodrum, Türkei. Die Hafenstadt auf einer Halbinsel im Südwesten Kleinasiens ging aus einer karischen Siedlung hervor, in der sich im späten 2. Jahrtausend v. Chr. Dorer aus Troizen niederließen. Halikarnassos, die Heimat Herodots, bildete zusammen mit Knidos, Kos und den drei Städten auf Rhodos die dorische Hexapolis und war nach der Befreiung von der persischen Herrschaft Mitglied des Attischen Seebundes. Am Ende des Peloponnesischen Krieges kam es erneut in die Gewalt des persischen Satrapen von Karien. Um 367 v. Chr. verlegte der Satrap Maussollos seine Residenz von Mylasa nach Halikarnassos, das er neu befestigen und mit großartigen Bauwerken ausstatten ließ. Auf einer Terrasse oberhalb des Hafens entstand das monumentale Grabmal des Dynasten. Als Architekten sind Pytheos und Satyros überliefert, als Schöpfer des reichen Skulpturenschmucks die Bildhauer Skopas, Leochares, Bryaxis und Timotheos. Ein Erdbeben brachte das Maussolleion im Mittelalter zum Einsturz. Das Steinmaterial wurde im Johanniterkastell St. Peter verbaut. Charles T. Newton konnte 1856 die Stelle, an der das einstige Weltwunder stand, lokalisieren. Seine Ausgrabungen brachten zahlreiche Skulpturen- und Architekturfragmente zutage, die ins Britische Museum gelangten. Eine zweite Grabungskampagne dänischer Archäologen zwischen 1966 und 1977 legte das gesamte Gelände frei.

Heloros Elloro, Sizilien/Italien. Die gegen Ende des 8. Jahrhunderts v. Chr. an der Mündung des Heloros (heute Tellaro) gegründete Tochterstadt von Syrakus war von einem 1,5 km langen Mauerring geschützt, der im Bereich des

Nordtors gut erhalten blieb. Seit 1899 fanden wiederholt Ausgrabungen statt, zuletzt ab 1967. Zutage kamen unter anderem ein Theater mit 17 Sitzreihen, das sich an den Südabschnitt der Mauer anlehnt, und nicht weit davon ein prostyler Tempel sowie eine 68 m lange zweischiffige Stoa aus dem 2. Jahrhundert v. Chr. Unterhalb des Steilhangs im Norden der Stadt wurde ein Heiligtum der Demeter und Kore mit zahlreichen Exvotos entdeckt. Noch weiter nördlich liegt ein hellenistisches Grabmal, eine über 10 m hohe Säule (»Pizzuta«), die aus Steinblöcken geschichtet über einer Felskammer steht.

Herakleia Ionien/Türkei. Herakleia am Latmos wurde im 4. Jahrhundert v. Chr. an der Stelle einer älteren Siedlung gegründet, vielleicht von dem Satrapen Maussollos. Es war eine Hafenstadt, denn der See von Bafa, an dessen steilem Ostufer die Ruinenstätte liegt, war im Altertum ein Meeresarm, der durch die Verlandung der Mäanderbucht zum Binnensee wurde. Die 6,5 km langen Stadtmauern von 2–3 m Stärke stehen teils noch bis zur Brustwehr über 6 m hoch. Ein Athena geweihter Antentempel ist bis auf Dach und Vorhalle erhalten. Nicht weit davon, an der verschütteten Agora, befinden sich das Buleuterion und eine Halle mit Läden, beide aus hellenistischer Zeit. Außerdem sind Reste zahlreicher weiterer Gebäude vorhanden, darunter das Heiligtum des Endymion.

Herakleia Policoro, Lukanien/Italien. Seit dem 8./7. Jahrhundert v. Chr. bestand an dem felsigen Berg Polieion im Hinterland von Siris eine griechische Niederlassung. 433 v. Chr. siedelte Tarent zusammen mit Thurioi die Bewohner von Siris dort an. Die Tarentiner gaben der Stadt den Namen ihres mythischen Ahnherrn und machten sie 374 v. Chr. zum Versammlungsort des Italiotischen Bundes. Ausgrabungen seit 1959 haben die in regelmäßige Insulae eingeteilte rechteckige Stadtanlage des späten 5. Jahrhunderts v. Chr. aufgedeckt, darunter ein Viertel mit Töpferwerkstätten. In der Nekropole kamen bedeutende Vasenfunde zutage.

Herakleia Minoa Eraclea Minoa, Sizilien/Italien. Die gegen 570 v. Chr. gegründete Tochterstadt von Selinunt hieß ursprünglich nur Minoa, angeblich nach König Minos von Kreta. Der Namensteil Herakleia geht auf die Spartaner zurück, die um 505 v. Chr. unter Dorieus versucht hatten, am Kap Drepanon im Westen Siziliens Fuß zu fassen, aber in verlustreichen Kämpfen von den Elymern vertrieben wurden und sich dann in Minoa festsetzten. Bald darauf brachte Akragas die Stadt an der Mündung des Halikos (heute Platani), deren Besitz seit langem zwischen den Nachbarn umkämpft war, in seine Gewalt. 406 v. Chr. wurde sie von den Karthagern erobert. Ausgrabungen seit 1950 legten Teile der Befestigung frei, ferner das Theater, ein Heiligtum und zwei Wohnhäuser mit Innenhof. Die Funde stammen großenteils aus spätklassischer und hellenistischer Zeit, ältere kamen vor allem in der Nekropole zutage.

Himera Imera, Sizilien/Italien. Die westlichste griechische Kolonie an der Nordküste Siziliens wurde 648 v. Chr. gegründet, und zwar von Zankle aus, dem späteren Messana, einer Tochterstadt von Chalkis auf Euböa, aber die Siedler waren verschiedener Herkunft. Um 600 v. Chr. lebte der Chorlyriker Stesichoros in Himera. Ein Jahrhundert später herrschte dort der Tyrann Terillos. Durch Theron von Akragas bedroht, rief er die Karthager zu Hilfe, die 480 v. Chr. in der Schlacht bei Himera von Theron im Bunde mit Gelon von Syrakus geschlagen wurden. Therons Sohn Thrasydaios übernahm das Regiment in Himera. Als die Stadt aufbegehrte, ließ Theron ein schweres Strafgericht über sie ergehen und besiedelte sie mit Dorern. 409 v. Chr. wurde Himera als erstes Opfer der großen karthagischen Offensive zur Rache für 480 total und für immer zerstört. Die Überlebenden fanden in der karthagischen Kolonie Thermai Himeraiai (Termini Imerese) eine neue Heimat. Ausgrabungen um 1930 und ab 1963 legten in der Unterstadt Therons »Siegestempel« frei, in der Oberstadt einen großen Athena-Tempel und zwei weitere Heiligtümer, ferner Teile der aus unbearbeiteten Steinblöcken erbauten Stadtmauer und Wohnviertel mit streifenförmigen Insulae.

Histria Istria, Dobrudscha/Rumänien. Die im 7. Jahrhundert v. Chr. gegründete Tochterstadt von Milet an der westlichen Schwarzmeerküste trug den griechischen Namen der Donau (Hister, Istros). Sie lag in einer Bucht südlich der Donaumündung, die jetzt durch Verlandung vom offenen Meer abgeschnitten ist. Schon bald eine reiche und mächtige Handelsstadt, hatte Histria am Ende des 6. Jahrhunderts v. Chr. unter der Skytheninvasion zu leiden und sich dann der thrakischen Odrysen und der Makedonen zu erwehren. Dem Diadochen Lysimachos mußte es sich zeitweilig fügen, im 1. Jahrhundert v. Chr. auch dem Dakerkönig Burebista. Die Stadt bestand bis zum Einfall der Awaren und Slawen; zu Beginn des 7. Jahrhunderts wurde sie aufgegeben. Außer Gebäuden römischer und byzantinischer Zeit legten die 1914–1916 begonnenen und 1948 wiederaufgenommenen Ausgrabungen Teile der archaischen und hellenistischen Stadtmauern frei sowie das Heiligtum des Zeus Polieus mit einem um 500 v. Chr. erbauten Tempel. Ein dem »Großen Gott« geweihter dorischer Marmortempel neben dem des Zeus wurde von einem Kaufmann aus Thasos im 3. Jahrhundert v. Chr. gestiftet.

Ialysos Rhodos/Griechenland. Ialysos war eine der drei alten Städte auf Rhodos. Seine Akropolis lag auf dem 267 m hohen Berg Achaia (heute Philerimos) 10 km südwestlich der späteren Inselhauptstadt. Seit dem Mittelalter stehen dort ein Kastell und ein Kloster. Außer einem gut erhaltenen Brunnenhaus des späten 4. Jahrhunderts v. Chr. ist noch der Unterbau eines Tempels zu sehen. Der in hellenistischer Zeit über den Grundmauern eines Vorgängers errichtete dorische Amphiprostylos war der Athena Polias und dem Zeus Polieus geweiht. Reste eines Theaters und eines Apollon-Tempels befinden sich in dem nahen Dorf Kastanioi.

Iasos Kuren, Karien/Türkei. Der Sage nach wurde Iasos vom peloponnesischen Argos aus gegründet. Die Stadt war jedoch ionisch. Sie gehörte zum Attischen Seebund und wurde 405 v. Chr. von den Spartanern zerstört. Danach zeitweise wieder eine freie Stadt, wurde Iasos 129 v. Chr. der Provinz Asia eingegliedert. Die Ruinenstätte am Nordende des Golfs von Küllüg liegt auf einer Landzunge, die in der Antike eine Insel war. Seit 1960 finden dort Ausgrabungen italienischer Archäologen statt. Sie erbrachten den Nachweis einer vorgriechischen Siedlung im Bereich der Akropolis. Stadtmauern und öffentliche Bauten stammen aus hellenistischer und römischer Zeit, die aufgedeckten Wohnhäuser sind teilweise älter. Auf dem Festland, im Gebiet der Nekropole, stehen noch die aus mächtigen Quadern erbauten Mauern und Rundtürme einer Festung, die nie vollendet wurde.

Idalion Dhali, Zypern. Die griechisch-phönikische Stadt im Innern Zyperns wird bei den Dichtern der Antike oft als Stätte des Aphrodite-Kults genannt. Bei Ausgrabungen im späten 19. Jahrhundert entdeckte man das Heiligtum der Aphrodite Kurotrophos (Funde im Museum von Nikosia), außerdem Tempel der Athena-Anat und des Apollon-Reshet.

Isthmia Peloponnes/Griechenland. Das Poseidon-Heiligtum auf dem Isthmos von Korinth war Schauplatz der Isthmien, nach den Olympischen die bedeutendsten panhellenischen Spiele. Der Sage nach wurden sie von Sisyphos oder Theseus gestiftet. Die Umwandlung von örtlichen in panhellenische Spiele erfolgte um 580/570 v. Chr., zur Zeit des Tyrannen Periander. Nach der Zerstörung Korinths durch die Römer 146 v. Chr. ging die Leitung auf Sikyon über. Da die Gebäude des Heiligtums im 6. Jahrhundert als Steinbruch für ein Kastell dienten, förderten die amerikanischen Ausgrabungen seit 1952 nur noch wenige Reste zutage. Sie konnten jedoch die Baugeschichte des Poseidon-Tempels erschließen. Der im frühen 7. Jahrhundert v. Chr. aus Holz und Lehmziegeln errichtete Tempel ging durch Feuer zugrunde und wurde um 460 v. Chr. durch einen dorischen Peripteros ersetzt, den man nach einem neuerlichen Brand im 4. Jahrhundert v. Chr. wieder aufbaute. Die römische Zeit umgab den Tempelplatz mit Hallen, erneuerte das hellenistische Theater, erbaute Thermen und ein neues Stadion. Vom Stadion klassischer Zeit sind unter anderem noch die Start- und Zielvorrichtungen zu sehen.

Kallatis Mangalia, Dobrudscha/Rumänien. Die dorische Kolonie an der Westküste des Schwarzen Meeres wurde Ende des 6. Jahrhunderts v. Chr. gegründet, und zwar von Herakleia Pontike (heute Ereğli), einer Tochterstadt Megaras. Sie konnte lange ihre Selbständigkeit behaupten, mußte sich jedoch 313 v. Chr. Lysimachos fügen. 72 v. Chr. eroberte Lucullus die mit Mithradates von Pontos verbündete Stadt; um 50 v. Chr. fiel sie in die Hand des Dakerkönigs Burebista. Unter Augustus wurde Kallatis dem thrakischen Klientelstaat eingegliedert, den Claudius 46 n. Chr. zur römischen Provinz machte. Rumänische Grabungen seit 1949 stellten den Verlauf der Stadtmauer fest, brachten Gebäudereste hellenistischer und römischer Zeit zutage und legten mehrere Areale der Nekropole frei. Hügel-, Kammer- und Kastengräber bargen bedeutende Funde (in den Museen von Mangalia und Konstanza).

Kalydon Ätolien/Griechenland. Die durch Meleagers Eberjagd und andere Sagen berühmte Stadt an der Nordküste des Golfs von Patras war einer der Hauptorte des Ätolischen Bundes. Unter den römischen Kaisern verlor sie jede Bedeutung. Erhalten ist der große hellenistische Mauerring. Das der Artemis Laphria und dem Apollon Laphrios geweihte Hauptheiligtum der Stadt auf einem Bergsporn vor dem Westtor wurde durch dänische und griechische Archäologen ausgegraben. Von den zwei um 575 v. Chr. errichteten Antentempeln blieb der eine bis zur Abtragung in römischer Zeit erhalten, während der Artemis geweihte um 500 v. Chr. mit einer Ringhalle ausgestattet und um 360 v. Chr. durch einen neuen dorischen Peripteros ersetzt wurde. Gleichzeitig erhielt das Temenos ein 12 m breites Propylon. Die vom Stadttor heranführende heilige Straße säumten Schatzhäuser und eine 64 m lange zweischiffige Halle aus dem 2. Jahrhundert v. Chr. Östlich des Laphrion ließ Krateia, die Frau eines Leon aus Kalydon, gegen 100 v. Chr. ihrem verstorbenen Gemahl ein Heroon erbauen. Um ein Peristyl liegen Bankettträume für die Feiern zu Ehren des Toten, in der Mitte ein Kultsaal, unter dem sich die gewölbte Grabkammer mit zwei Sarkophagen befindet.

Kamarina Sizilien/Italien. Die 598 v. Chr. gegründete Kolonie ging bei Auseinandersetzungen mit der Mutterstadt Syrakus ein Bündnis mit den Sikulern ein, unterlag und verfiel 553 v. Chr. der Zerstörung. Von Gela aus neu gegründet, wurde Kamarina beim Karthagerangriff 405 v. Chr. von den Bewohnern aufgegeben. Sie konnten nach dem Friedensschluß zurückkehren, waren aber Karthago tributpflichtig. Timoleon führte 339 v. Chr. der nur schwach bevölkerten Stadt neue Siedler zu und bewirkte damit eine letzte Blütezeit. Im 1. Punischen Krieg ging Kamarina zugrunde. Die Römer eroberten 258 v. Chr. die Stadt und verkauften die Bewohner in die Sklaverei. Ausgrabungen um 1900 und ab 1958 klärten den Verlauf der Stadtbefestigung und legten Wohnviertel aus dem 4. Jahrhundert frei, die auf eine Stadtanlage mit regelmäßigen Insulae schließen lassen. Westlich der Akropolis wurden ein Athena geweihter Antentempel und ein weiterer heiliger Bezirk aufgedeckt. In der großen Nekropole beim Eingang zum Passo Marinaro kamen bedeutende Keramikfunde zutage (im Museum von Syrakus).

Kamiros Rhodos/Griechenland. Kamiros war eine der drei alten Städte auf Rhodos. Nach dem Synoikismos und der Gründung der Stadt Rhodos bestand es noch bis in die Spätantike weiter. Ein großer Teil der an der Westküste gelegenen Stadt ist ausgegraben. Die meisten Gebäudereste stammen aus hellenistischer Zeit. An die Agora grenzt die rechteckige Platzanlage eines Apollon-Heiligtums. Ein weiteres Temenos enthält zahlreiche Altäre. Insulae mit Peristylhäusern säumen die hangaufwärts führende Hauptstraße. Am Rand der Akropolis sind sechs Säulen einer 200 m langen Halle mit Ladenreihen wieder aufgerichtet. Ihr Westflügel durchschneidet eine Zisterne aus dem 6. Jahrhundert. Vom Athena-Tempel auf der Akropolis sind nur noch Grundmauern vorhanden, doch wurde ein reichhaltiges Votivdepot entdeckt. Auch die Nekropole lieferte sehr reiche Funde (in den Museen von Rhodos und London).

Kassope Epirus/Griechenland. Die Stadt Kassope verdankt ihre Entstehung im 4. Jahrhundert v. Chr. einem Synoikismos der Kassopäer, die vorher in Dörfern gesiedelt hatten. Der neue Mittelpunkt ihres Stammstaates und der Landschaft Kassope nördlich des Golfs von Ambrakia gedieh nicht zuletzt durch den blühenden Westhandel. Während der Kriege Roms gegen Makedonien scheint die Stadt von Zerstörungen verschont geblieben zu sein. Ihr Ende kam 27 v. Chr., als Octavian, der spätere Augustus, die Bewohner in seine Neugründung Nikopolis umsiedelte. 1972 nahm das Deutsche Archäologische Institut die von griechischen Archäologen 1952–1955 begonnenen Ausgrabungen wieder auf. Das Stadtareal, an einem Südhang gelegen, ist durch rechtwinklig sich schneidende Straßen in gleichförmige Insulae eingeteilt. Die Agora wird an der Ostseite vom Buleuterion begrenzt, einem theaterartigen Gebäude mit 21 Sitzreihen, an der Nordseite von einer 63 m langen Stoa und an der Westseite von einem weiteren langgestreckten Gebäude, während die Südseite den Blick zum Meer freigibt. Hinter der Stoa wurde ein quadratischer Bau mit 30 m Seitenlänge freigelegt, ein Marktgebäude oder Gästehaus. 17 Räume umgeben einen Hof mit achteckigen Pfeilern. Das Theater wurde im oberen Bereich des Steilhangs angelegt. Typisch für die Bauten von Kassope ist die Verbindung von Polygonalmauerwerk und Fachwerkbau mit Ziegelfüllung; Quaderwerk bleibt besonderen Stellen vorbehalten. Über das Westtor der Stadtmauer wölbt sich ein Bogen mit 3 m Spannweite.

Klaros Ionien/Türkei. Das Apollon-Heiligtum von Klaros lag auf dem Gebiet der Polis Kolophon. Französische Ausgrabungen in den Jahren 1950–1960 legten die gewölbte Orakelkammer unter der Cella eines dorischen Peripteros frei, ferner Bruchstücke einer Kolossalstatue des Apollon, Altar, Stoa und Propylon.

Knidos Karien/Türkei. Die von Peloponnesiern gegründete Stadt an der Südwestspitze Kleinasiens beherbergte auf ihrem Gebiet das Bundesheiligtum der dorischen Hexapolis, das noch nicht aufgefundene Triopion des Apollon. Ausgrabungen im 19. Jahrhundert und seit 1967 ergaben, daß Knidos im 4. Jahrhundert v. Chr. nach dem hippodamischen System neu angelegt wurde. Praxiteles und andere berühmte Künstler schufen damals Götterbilder für die Tempel der Stadt.

Korinth Peloponnes/Griechenland. Begünstigt durch die Lage am Isthmos, entwickelte sich Korinth mit seinem blühenden Handel und Gewerbe im 8. und 7. Jahrhundert v. Chr. zur größten Stadt Griechenlands. Später trat es zwar hinter Athen zurück, spielte aber weiterhin eine bedeutende Rolle bis zur Zerstörung durch Mummius im Jahr 146 v. Chr. Die von amerikanischen und griechischen Archäologen ausgegrabenen Gebäudereste stammen zum größten Teil aus der Zeit nach der Neugründung durch Caesar. Nahe der römischen Agora, die wieder am alten Platz entstand, stehen noch sieben Säulen des archaischen Apollon-Tempels aufrecht. An der Agora wurde ein Brunnenhaus aus dem 5. Jahrhundert v. Chr. freigelegt.

Korkyra Kerkyra, Korfu/Griechenland. Die antike Stadt, eine Kolonie Korinths, lag südlich der heutigen Inselhauptstadt auf der Halbinsel Palaiopolis. Dort wurde um 1910 der Artemis-Tempel ausgegraben, ein dorischer Peripteros aus dem frühen 6. Jahrhundert v. Chr. (Giebelskulpturen im Museum von Korfu).

Kos Dodekanes/Griechenland. Die zweitgrößte der dorischen Inseln vor der Südwestküste Kleinasiens wurde durch die Ärzteschule des Hippokrates (etwa 460–370) berühmt. 366 v. Chr. gaben die Koer ihre alte Stadt auf und gründeten eine neue mit regelmäßigem Plan. Große Flächen davon sind freigelegt und vermitteln das Bild einer wohlhabenden Stadt hellenistischer und römischer Zeit. Das 4 km entfernte Asklepios-Heiligtum, ursprünglich ein Hain des Apollon, wurde im 3. und 2. Jahrhundert v. Chr. zu einer imposanten Terrassenanlage mit Hallen und Freitreppen ausgestaltet. Auf der mittleren Terrasse stand seitlich der zuerst errichtete ionische Antentempel, in der Mittelachse des oberen Hallenhofes ein dorischer Peripteros, der um 170 v. Chr. nach dem Vorbild des Tempels von Epidauros erbaut wurde.

Kroton Crotone, Kalabrien/Italien. Die gegen 700 v. Chr. von Kolonisten aus Achaia gegründete Stadt konnte 510 v. Chr. ihre Rivalin Sybaris auslöschen. 10 km südlich der überbauten antiken Stadt, am Capo Colonna, wurde um 1900 das Heiligtum der Hera Lakinia freigelegt, das Bundesheiligtum der italischen Griechenstädte. Von dem spätarchaischen Tempel steht noch eine Säule aufrecht.

Kyme Cumae, Kampanien/Italien. Das im Norden des Golfs von Neapel gelegene Kyme war die nördlichste griechische Kolonie in Italien und die erste auf dem Festland. Es wurde gegen 750 v. Chr. von Pithekussai (Ischia) und Chalkis aus gegründet. In schwere Kämpfe gegen die Etrusker und die mit ihnen verbündeten Bergvölker verwickelt, besiegte Kyme 474 v. Chr. im Bund mit Syrakus die etruskische Flotte. 421 v. Chr. erlag die Stadt den Samniten; seit 338 v. Chr. war sie Rom untertan. Die 1852 einsetzenden Grabungskampagnen untersuchten die Nekropole und legten auf der Akropolis Reste zweier Tempel frei. 1932 entdeckte Amedeo Maiuri im Akropolisfelsen die »Grotte der Sibylle«, ein chthonisches Heiligtum mit einem in den Fels geschlagenen Gang von 130 m Länge.

Kyrene Kyrenaika/Libyen. Die 631 v. Chr. von Kolonisten aus Thera gegründete Stadt in Nordafrika wurde bis in die Mitte des 5. Jahrhunderts v. Chr. von einer Königsdynastie regiert. Über den Hafen Apollonia verschiffte Kyrene sein berühmtes Erzeugnis, die Droge Silphion. Die bedeutenden Reste der bis in die Spätantike blühenden Stadt wurden 1860/61 durch eine englische Expedition und seit 1914 durch italienische Archäologen freigelegt. Das Hauptheiligtum mit der Quelle Kyre war Apollon geweiht. Sein Tempel, dessen Ringhalle teilweise wieder aufgerichtet ist, wurde gegen 300 v. Chr. anstelle eines spätarchaischen Peripteros erbaut. In die gleiche Zeit datiert das völlig restaurierte Strategeion, ein kleiner Tempel, den drei Feldherren aus Beutegeldern stifteten. An den heiligen Bezirk grenzt ein aus dem Fels geschlagenes großes Theater, das in römischer Zeit zum Amphitheater umgewandelt wurde.

Labranda Karien/Türkei. Das Heiligtum des Zeus Labrayndos oder Stratios gehörte zu Mylasa, dem Sitz der Satrapen von Karien, und war mit der Stadt durch eine heilige Straße verbunden. Herodot beschreibt Labranda als großen heiligen Platanenhain. Im 4. Jahrhundert v. Chr. ließen die Dynasten Maussollos und Idrieus einen Tempel ionischer Ordnung und andere Bauten errichten: eine Stoa, »Oikoi« für die Priesterschaft, zwei »Andra« für die Mahlzeiten bei Kultfeiern und zwei Propyla mit Freitreppen. Schwedische Archäologen haben das Heiligtum 1948–1953 freigelegt.

Larisa Buruncuk, Aiolis/Türkei. Auf der Akropolis von Larisa am Hermos, die durch schwedische Archäologen 1902 und 1932–1934 (mit deutscher Beteiligung) erforscht wurde, standen in archaischer Zeit ein Tempel und ein Megaron. Seit etwa 450 v. Chr. umschloß das Megaron zusammen mit drei weiteren Bauten dieser Art einen Hof. Um 330 v. Chr. entstand der »Neue Palast«, dessen Hof an der Nord- und Südseite jeweils zwei Megara aufweist.

Leontinoi Lentini, Sizilien/Italien. Die Stadt im Hinterland der sizilischen Ostküste wurde um 730 v. Chr. gegründet, und zwar von der weiter im Norden gelegenen chalkidischen Kolonie Naxos aus. Seit 495 v. Chr. Gela und dann Syrakus untertan, rief Leontinoi 427 und erneut 416 v. Chr. die Athener zu Hilfe. Nach deren Niederlage war die Stadt Syrakus ausgeliefert, das Vertriebene aus Akragas und Söldner dort ansiedelte. Die Ausgrabungen seit 1950 haben Reste der Stadtmauern, zweier Tempel und einiger Häuser freigelegt.

Lesbos Ägäis/Griechenland. Mit 1614 km^2 nach Euböa und Kreta die drittgrößte griechische Insel, bot Lesbos Raum für mehrere Städte: Mytilene, Methymna, Antissa, Eresos und Pyrrha. Auf fruchtbaren Böden gediehen Getreide und Wein. Im 8. und 7. Jahrhundert gründeten die äolischen Bewohner Kolonien in der nahen Troas und auf der thrakischen Chersones. Um 600 v. Chr. lebten Alkaios und Sappho auf Lesbos. Die Städte der Insel schlossen sich dem Ionischen Aufstand und nach der persischen Niederlage bei Mykale dem Attischen Seebund an. Athens Widerstand gegen die Ausdehnungsbestrebungen Mytilenes führte 428 v. Chr. zu einem Aufstand dieser Stadt, die erobert und mit der Ansiedlung attischer Kleruchen bestraft wurde. Seit 1958 sind in Mytilene Archäologen tätig. Erforscht wurden die fast 5 km langen Stadtmauern und die antiken Häfen, freigelegt das Theater und ein Vereinshaus, beide aus dem 3. Jahrhundert v. Chr.

Lindos Rhodos/Griechenland. Lindos war eine der drei alten Städte auf Rhodos. Das Gebiet der etwa in der Mitte der Ostküste gelegenen Polis umfaßte mehr als die Hälfte der von Dorern besiedelten Insel. Schon früh eine Seestadt mit weiten Handelsbeziehungen, gründete Lindos im 7. Jahrhundert v. Chr. Gela auf Sizilien und Kolonien an der kleinasiatischen Küste. Unter dem Tyrannen Kleobulos konnte es dort ein Jahrhundert später Festlandbesitz erwerben. Wahrzeichen von Lindos ist der unmittelbar aus dem Meer aufragende Akropolisfelsen mit dem Heiligtum der Athena Lindia, das in hellenistischer Zeit zu einer großartigen Terrassenanlage mit Säulenhallen und Freitreppen ausgebaut wurde. Im Mittelalter entstand auf dem Felsen eine mächtige Johanniterburg. Dänische und italienische Archäologen haben das Heiligtum freigelegt und teilweise rekonstruiert. Am Fuß der Akropolis sind Reste des Theaters und eines Dionysos-Tempels zu sehen, an der Hafenbucht im Norden ein großes hellenistisches Tumulusgrab, Felsgräber an einem Hang westlich der Stadt.

Lokroi Epizephyrioi Locri, Kalabrien/Italien. Die von Siedlern aus der mittelgriechischen Lokris gegründete Kolonie an der ionischen Küste von Bruttium, wie Kalabrien in der Antike hieß, konnte bis zur tyrrhenischen Küste vorstoßen und dort die Stützpunkte Hipponion, Medma und Metauros anlegen. Aus den Grenzkämpfen mit Kroton ging Lokroi als Sieger hervor. Die Auseinandersetzungen mit Rhegion bestand es im Bund mit Syrakus. Bei den 1889 einsetzenden Ausgrabungen in dem 230 Hektar großen Stadtgebiet kamen bedeutende Funde zutage (im Museum von Reggio Calabria). Freigelegt wurden Abschnitte der Ringmauer, Wohn- und Gewerbeviertel, das Theater und mehrere Heiligtümer, darunter ein Hieron der Persephone mit Votivdepot.

Lykosura Arkadien/Griechenland. Die Stadt in der Landschaft Parrhasia beanspruchte, die älteste der Welt zu sein. Teile der Ringmauer zeigen noch, wo sie lag. Auf einer Terrasse des Hügelzugs wurde 1889 ein Heiligtum der mit Persephone gleichgesetzten Göttin Despoina freigelegt. Sein Haupttempel erhielt im 2. Jahrhundert v. Chr. eine Ringhalle, und Damophon von Messene schuf eine Kultbildgruppe, von der zahlreiche Bruchstücke gefunden wurden (im Athener Nationalmuseum).

Magnesia Ionien/Türkei. Magnesia am Mäander, dessen Gründer aus dem thessalischen Magnesia stammten, war Zufluchtsort des verbannten Themistokles. Um 400 v. Chr. gaben die Bewohner ihre immer wieder von Überschwemmungen heimgesuchte Stadt auf und gründeten beim Heiligtum der Artemis Leukophryne eine neue mit hippodamischem Plan. Die 1824 entdeckte Ruinenstätte wurde 1842/43 durch französische Archäologen untersucht. 1890–1893 legte eine deutsche Mission unter Carl Humann das Artemision und die angrenzende Agora frei (Architekturteile und andere Funde in den Museen von Berlin, Istanbul und Paris). Der 206–130 v. Chr. erbaute Artemis-Tempel, ein ionischer Pseudodipteros, war ein Werk des berühmten Architekten Hermogenes, der vermutlich auch den kleinen Tempel des Zeus Sosipolis auf der von Säulenhallen umgebenen Agora entworfen hat.

Megalopolis Arkadien/Griechenland. Nach ihrer Befreiung vom spartanischen Joch durch den Sieg der Thebaner bei Leuktra (371 v. Chr.) gründeten die Arkader einen Bund und als dessen Hauptort Megalopolis, die »Große Stadt«. Der Verlauf ihrer fast 8 km langen Mauer ist im Gelände noch zu erkennen. Englische Ausgrabungen 1890/91 legten das Theater mit ursprünglich über 50 Sitzreihen frei, ferner einen großen Säulensaal (Thersileion) für Versammlungen des Bundes, das Heiligtum des Zeus Soter und die 155 m lange Stoa Philippeios. Aus Megalopolis stammten der Staatsmann Philopoimen und der Historiker Polybios.

Megara Megaris/Griechenland. Die Stadt auf der Landbrücke zwischen Mittelgriechenland und der Peloponnes spielte in archaischer Zeit eine hervorragende Rolle und war Mutterstadt vieler Kolonien. Sie besteht heute noch unter gleichem Namen an gleicher Stelle. 1898 wurde das »Brunnenhaus des Theagenes« entdeckt. Neuere Grabungen legten Spuren eines früharchaischen Athena-Tempels frei, eine Halle, Wohnhäuser und Teile der Stadtmauern.

Megara Hyblaia Sizilien/Italien. Die von Kolonisten aus Megara und Chalkis im 8. Jahrhundert v. Chr. gegründete Stadt an der sizilischen Ostküste erlag 483 v. Chr. Gelon, der die Bewohner nach Syrakus verpflanzte. Vor der Landung des athenischen Expeditionsheeres errichteten die Syrakuser ein Fort an dem verödeten Platz. Erst unter Timoleon entstand dort wieder eine Polis, die 214 v. Chr. von den Römern zerstört wurde. Von da an war Megara nur noch ein Ankerplatz. Den französischen Grabungen seit 1948 gingen italienische Kampagnen 1872–1889 voraus. An der Agora wurden zwei Tempel, Säulenhallen und das Prytaneion der archaischen Stadt aufgedeckt. Die hellenistische bedeckte nur einen Teil des Areals, wie der neue Mauerverlauf zeigt. Ein kleiner dorischer Tempel aus dieser Zeit wurde rekonstruiert.

Messene Messenien/Griechenland. Nach der Befreiung Messeniens von Sparta wurde 369 v. Chr. Messene am Berg Ithome als Hauptstadt des neuen Staates gegründet. Der 9 km lange Mauerring ist teilweise noch bis zum Wehrgang erhalten. Theater und Stadion sind im Gelände zu erkennen. Ab 1957 wurde ein von Säulenhallen und Gebäuden umgebener Platz freigelegt, für den Ausgräber die Agora, nach neuerer Deutung jedoch ein Asklepieion.

Metapont Basilicata/Italien. Die Stadt am Golf von Tarent wurde gegen 700 v. Chr. von Kolonisten aus Achaia gegründet. Pythagoras und seine Anhänger fanden dort nach der Vertreibung aus Kroton Zuflucht. Metapont bestand bis zum 2. Punischen Krieg: 207 v. Chr. wurden alle Einwohner umgesiedelt. Die Ausgrabungen seit 1925 erschlossen eine im 5. Jahrhundert v. Chr. erweiterte Streifenstadt. Bei der Agora wurden ein Theater und Tempel archaischer Zeit freigelegt, darunter ein dorischer Peripteros, der dem Apollon Lykaios geweiht war. Außerhalb der Mauern stehen noch 15 dorische Säulen eines spätarchaischen Tempels aufrecht, den Votivfunden zufolge ein Heiligtum der Hera.

Milet Balat, Ionien/Türkei. Milet war in archaischer Zeit die erste Stadt Ioniens, die bedeutendste Handelsstadt und Mutterstadt zahlreicher Kolonien rings um das Schwarze Meer. In Milet lebten Thales, Anaximander, Anaximenes und Hekataios. Das persische Strafgericht 494 v. Chr. machte die Stadt dem Erdboden gleich. Den Wiederaufbau plante vermutlich Hippodamos aus Milet. Nach einer neuen Hochblüte in der römischen Kaiserzeit führte die Verlandung der Häfen den Untergang herbei. 1868 war eine französische Mission in Milet tätig. Theodor Wiegand leitete die deutschen Ausgrabungen 1899–1914, die 1938 und 1955 wiederaufgenommen wurden (Funde in den Museen von Paris, Istanbul und Berlin). Freigelegt sind unter anderem drei Märkte mit Hallen und einem Buleuterion hellenistischer Zeit, das Heiligtum des Apollon Delphinios und ein Athena-Tempel.

Morgantina Sizilien/Italien. Die Stadt im Innern Ostsiziliens ging aus einer Sikulersiedlung hervor, die im 6. Jahrhundert v. Chr. durch griechische Zuwanderer urbanisiert wurde. Im Sikuleraufstand 459 v. Chr. zerstört, kam Morgantina in den Besitz von Syrakus, das es 424 an Kamarina abtrat und 396 v. Chr. erneut an sich brachte. Wie die amerikanischen Ausgrabungen seit 1955 ergaben, hat die unter Augustus nicht mehr bestehende Stadt im 3. Jahrhundert v. Chr. eine Blütezeit erlebt. Damals entstanden die öffentlichen Gebäude an der Agora und eine Reihe von Häusern mit Peristyl und Mosaiken.

Mykene Argolis/Griechenland. Die Burg der Atriden hat der mykenischen Epoche (um 1650–1200) ihren Namen gegeben. 1874 begann Heinrich Schliemann seine Ausgrabungen innerhalb des mächtigen Mauerrings, dessen »Löwentor« seit 1841 bekannt war. Zwei Jahre später entdeckte er die Schachtgräber aus der Frühzeit Mykenes (Funde im Athener Nationalmuseum). Es folgten griechische und britische Grabungen, die Freilegung des Palastes in der Oberburg, der außerhalb gelegenen Nekropolen mit neun Kuppelgräbern, und von Häusern der Unterstadt, in denen man zahlreiche Linear-B-Tafeln fand. Daß Mykene nach der Zerstörung wieder besiedelt war, zeigen Reste von Häusern geometrischer Zeit und eines archaischen Athena-Tempels auf dem Gipfel des Burgbergs. In hellenistischer Zeit wurde die Unterstadt ummauert. Als Pausanias die »Schatzhäuser« der Atriden besichtigte, bestand diese Stadt nicht mehr.

Naxos Kykladen/Griechenland. Die größte Kykladeninsel (442 km²) war in der Bronzezeit ein Zentrum der Kykladenkultur, wie die Idole aus naxischem Marmor erweisen. Von ihrer Glanzzeit in der archaischen Epoche zeugen die Weihungen nach Delos. Hauptgott der für ihren Wein berühmten Insel war Dionysos. Ein ihm geweihter Tempel aus dem frühen 6. Jahrhundert v. Chr. wurde südlich der Stadt aufgedeckt. Der Apollon-Tempel auf der vorgelagerten kleinen Insel Palati, dessen 6 m hohes Cellator aus Marmormonolithen noch aufrecht steht, wurde von dem Tyrannen Lygdamis begonnen und nach seinem Sturz 524 v. Chr. unvollendet gelassen. In den Marmorbrüchen sind liegengebliebene Blöcke und zwei angefangene Kolossalstatuen zu sehen.

Naxos Sizilien/Italien. Die um 735 v. Chr. von Chalkis aus gegründete Kolonie am heutigen Capo Schisò war ihrerseits die Mutterstadt von Leontinoi und Katane (Catania). 476 v. Chr. verpflanzte Hieron von Syrakus die Bewohner nach

Leontinoi. Als sie ein Jahrzehnt später zurückkehren konnten, bauten sie ihre Stadt mit regelmäßigen Insulae wieder auf. Während der beiden athenischen Expeditionen kämpfte Naxos auf seiten Athens. Zur Vergeltung wurde es 403 v. Chr. von Dionysios I. ausgelöscht. Die Überlebenden fanden 358 v. Chr. in Tauromenion (Taormina) eine neue Heimat. 1953 aufgenommene Grabungen bestimmten den Verlauf der Stadtmauern und legten große Teile davon frei, außerdem ein ummauertes Temenos mit zwei Tempeln und ein Töpferviertel.

Nemea Argolis/Griechenland. Das Zeus-Heiligtum im Tal von Nemea war seit 573 v. Chr. Stätte panhellenischer Spiele, die im 3. Jahrhundert v. Chr. nach Argos übertragen wurden. Vom Tempel, einem gegen 330 v. Chr. erbauten dorischen Peripteros, stehen noch drei Säulen aufrecht; die anderen sind durch Erdbeben gestürzt. Amerikanische Grabungen legten den großen Altar frei, neun Schatzhäuser, ein Gymnasion, das Stadion und Gästehäuser.

Oiniadai Akarnanien/Griechenland. Im Altertum war die Felshöhe Trikardokastro, auf der die Stadt der Oiniaden lag, von einem Mündungsarm des Acheloos umflossen. Von der über 5 km langen Stadtmauer stehen noch große Teile aufrecht. Auch das zum Schutz des Hafens errichtete Kastell ist gut erhalten. Ausgrabungen um 1900 legten aus dem Fels gehauene Schiffshäuser frei, Hausreste, ein öffentliches Bad mit zwei runden Räumen und ein Theater.

Olbia Ukraine. Die Tochterstadt Milets westlich der Mündung des Borysthenes (Dnjepr) war in ihrer Blütezeit im 5. und 4. Jahrhundert ein Hauptumschlagplatz für den Handel zwischen Skythien und Griechenland. Später wurde die Polis von den Skythen abhängig, ein Getenangriff gegen 50 v. Chr. legte sie in Schutt und Asche. Die römischen Kaiser stationierten eine Garnison in Olbia. Nach deren Abzug beim Goteneinfall war die Stadt dem Untergang geweiht. Ihre Wiederentdeckung erfolgte zu Beginn des 19. Jahrhunderts. Die Ausgrabungen legten Teile der Stadtmauern frei, Tempel des Zeus, der Athena und des Apollon Delphinios, die Agora, eine Stoa, Wohnhäuser und eine Werkstatt für Metallverhüttung. Aus Kammergräbern oder Kurganen der Nekropole wurden reiche Funde geborgen (in der Ermitage von St. Petersburg).

Olympia Elis/Griechenland. Das Heiligtum des Zeus Olympios im Alpheios-Tal, die Stätte der bedeutendsten panhellenischen Spiele, wurde 1766 wiederentdeckt. 1875–1881 erfolgten die epochemachenden Ausgrabungen unter Ernst Curtius. Wilhelm Dörpfeld leitete 1906–1929 die deutschen Ausgrabungen, die bis heute andauern. Die reichen Funde verwahrt das Museum von Olympia. Der älteste Bau der Altis, des »Hains«, wie der heilige Bezirk immer hieß, ist der Hera-Tempel. In der Mitte des 7. Jahrhunderts v. Chr. entstand ein einfacher Rechteckbau, der um 600 v. Chr. durch ein Opisthodom und eine Ringhalle erweitert wurde. Nur der Unterbau war aus Stein, der Oberbau aus Lehmziegeln und Holz. Die Holzsäulen wurden bis auf eine im Laufe der Zeit durch Steinsäulen ersetzt. Im 6. Jahrhundert v. Chr. wurden Amts- und Ratsgebäude errichtet, das Stadion und die Schatzhausterrasse angelegt. Auf dieser Terrasse am Fuß des Kronos-Hügels erbauten elf Städte »Thesauroi« für ihre Weihgeschenke. Zwischen 470 und 456 v. Chr. entstand der große Zeus-Tempel, dessen Säulen und Gebälkblöcke heute, von Erdbeben gestürzt, am Boden liegen. Im 4. Jahrhundert v. Chr. erhielt das von Erdwällen eingefaßte Stadion seine endgültige Gestalt. Der Göttermutter Meter wurde in der Altis ein Tempel geweiht (Metroon). Leonidas aus Naxos stiftete ein großes Gästehaus (Leonidaion) und Philipp II. einen Rundbau mit Standbildern der makedonischen Königsfamilie (Philippeion). Gymnasion, Palästra und weitere Nutzbauten kamen in hellenistischer und römischer Zeit hinzu.

Olynth Chalkidike/Griechenland. Olynth wurde beim Rückzug der Perser 479 v. Chr. erobert und war danach Mitglied des Attischen Seebundes bis zum Abfall von Athen 432 v. Chr. Im gleichen Jahr gründeten die Bewohner der Chalkidike durch Synoikismos ein neues Olynth, das bereits 348 v. Chr. von dem Makedonenkönig Philipp II. für immer zerstört wurde. Amerikanische Ausgrabungen 1928–1938 erschlossen eine über 45 Hektar große hippodamische Stadt neben der kleinen Altstadt auf dem Südhügel. 84 x 35 m große Insulae waren in zwei Reihen von je fünf zweigeschossigen Häusern eingeteilt. In einigen Häusern wurden Kieselmasaiken gefunden.

Orchomenos Böotien/Griechenland. Orchomenos liegt im Nordwesten des Beckens, das der um 1890 trockengelegte Kopaissee ausfüllte. Von seiner Macht in mykenischer Zeit zeugen ein Kuppelgrab und Reste eines Palasts. Später war Orchomenos die bedeutendste Stadt Böotiens nach Theben, das die Rivalin 364 und 349 v. Chr. vernichtete. Philipp II. und Alexander ermöglichten den Wiederaufbau. Aus dieser Zeit stammt die gut erhaltene Befestigung. Ausgegraben sind das Theater, ein Asklepios-Tempel und zwei andere Heiligtümer.

Oropos Attika/Griechenland. Von der Stadt Oropos an der Nordostküste Attikas blieben nur geringe Spuren. Im 6 km entfernten Tal eines Wildbachs legten griechische Archäologen 1884–1930 das berühmte Amphiareion frei. Der als Orakel- und Heilgott verehrte mythische Seher Amphiaraos soll dort in einem Erdspalt versunken und aus einer Quelle wieder aufgestiegen sein, um seine Wunder zu wirken. Altar und Tempel standen neben der heiligen Quelle. Um 360 v. Chr. wurde eine zweischiffige Halle von 110 m Länge errichtet. An ihrer Rückwand sind noch Marmorfüße der Klinen erhalten, auf denen sich die Kranken zum Tempelschlaf niederlegten. Ein kleines Theater, dessen Proskenion wieder aufgerichtet wurde, befindet sich in dem Hang hinter der Stoa. Auf der anderen Seite des Bachs kamen Reste ausgedehnter Gebäude für Pilger und Verwaltung zutage.

Paros Kykladen/Griechenland. Der besondere Ruhm von Paros war stets der Marmor, der schon für Idole der Kykladenkultur viel benutzt wurde. Seine feinste Qualität, der von Bildhauern begehrte Lychnites vom Berg Marpessa, hieß so, weil er in Stollen abgebaut wurde und die Arbeiter eine Lampe (Lychnos) benötigten. Die heutige Inselhauptstadt liegt an der gleichen Stelle wie die des Altertums. Ein großenteils aus antiken Werkstücken erbautes Kastell nimmt den Platz des Athena-Tempels auf der Akropolis ein. Außerhalb der Stadt konnten das Delion, das Pythion und andere Heiligtümer lokalisiert werden, auch das Heroon des Dichters Archilochos, der um 640 v. Chr. im Krieg gegen die Nachbarinsel Naxos fiel. Aus Paros stammt das »Marmor Parium«, eine Chronik von der Zeit des attischen Urkönigs Kekrops bis zum Jahr 264/263 v. Chr. (Bruchstücke in Oxford und im Museum der Insel).

Pella Makedonien/Griechenland. Die Stadt am Unterlauf des Axios war seit 406 v. Chr. Hauptstadt Makedoniens. Als Makedonien 148 v. Chr. römische Provinz wurde, verlagerte sich sein Schwerpunkt nach Thessalonike, dem Sitz des neuen Statthalters. Ein allmählicher Niedergang war die Folge; die Ausbreitung der Malaria führte zur Aufgabe der Stadt. 1914 konnte Pella lokalisiert werden. 1957 begannen griechische Ausgrabungen in der regelmäßig angelegten Unterstadt, die luxuriöse Häuser aus dem späten 4. Jahrhundert v. Chr. aufdecken. In einigen Räumen fand man gut erhaltene Kieselmosaikböden (Löwenjagd, Hirschjagd, Raub der Helena, Dionysos auf dem Panther). Auf der Akropolis wird derzeit ein Palast ausgegraben.

Pergamon Bergama, Mysien/Türkei. Pergamon tritt in die Geschichte ein mit Philetairos, der auf dem Burgberg eine Staatskasse des Lysimachos zu bewachen hatte. Da Philetairos vor Lysimachos' Ende in der Schlacht bei Kurupedion (281 v. Chr.) zu Seleukos übertrat, behielt er seine Stellung als Burgkommandant von Pergamon und Dynast der weiteren Umgebung. Sein Neffe Eumenes I. (263–241) fiel von Antiochos I. ab, besiegte ihn bei Sardes (261 v. Chr.) und konnte das kleine Reich nach allen Seiten bedeutend erweitern. Attalos I. (241–197) nahm den Königstitel an und ging ein Bündnis mit Rom ein, das sich für Eumenes II. (197–159) auszahlte: Im Frieden von Apameia (188 v. Chr.) gewann er große Gebiete Kleinasiens. Attalos III. vermachte 133 v. Chr. sein Reich den Römern. Die hellenistische Königsstadt erlebte eine weitere Glanzzeit als Metropole der Provinz Asia. Nachdem Carl Humann 1864 die antike Stätte identifiziert hatte, nahm er 1878 zusammen mit Alexander Conze die Grabungstätigkeit auf, die Wilhelm Dörpfeld und Theodor Wiegand fortführten. 1957 wiederaufgenommen, dauern die Arbeiten bis heute an. Freigelegt wurden auf dem Burgberg Arsenale und Kasernen, der von Hallen umgebene Athena-Bezirk, das Gebäude der berühmten Bibliothek, die Königspaläste und das Theater mit einem Dionysos-Tempel. Der in Berlin rekonstruierte Zeus-Altar stand am Westrand einer tiefer gelegenen Terrasse. Viele Teile waren in einer byzantinischen Festungsmauer verbaut. An den Altarplatz stieß im Süden der »Obere Markt« mit Hallen und anderen Gebäuden, östlich erhob sich das Heroon für den Kult der Könige. Weiter abwärts folgen an einer Geländestufe der »Mittelstadt« das Heiligtum der Demeter und die sich über drei Terrassen ausdehnende Baugruppe der Gymnasien.

Piräus Peiraieus, Attika/Griechenland. Der Haupthafen Athens wurde nach dem Abzug der Perser durch die »Langen Mauern« mit Athen verbunden. Die Neustadt beim Hafen plante Hippodamos von Milet. Bei der Neuplanung von 1834 wurde das System der rechtwinklig sich schneidenden Straßen nachgeahmt, freilich mit anderer Größe der Häuserblöcke. Nicht nur die Stadtanlage, auch das Typenhaus des Hippodamos konnte nachgewiesen werden. Am Kriegshafen Zea wurden fast 200 Schiffshäuser in den Fundamenten festgestellt. Oberhalb von Zea ist ein Theater hellenistischer Zeit freigelegt. 1970 wurde in Moschato ein Kybele-Bezirk aufgedeckt. Auch Heiligtümer der Artemis und des Heros Sarangos sind bekannt.

Poseidonia Paestum, Kampanien/Italien. Die Stadt an dem nach ihr benannten Golf am Tyrrhenischen Meer wurde im 7. Jahrhundert v. Chr. von Sybariten gegründet. Gegen 400 fiel sie in die Hände der Lukaner, die den Ort Paistom nannten. 273 v. Chr. errichteten die Römer die latinische Kolonie Paestum. Weltberühmt sind seit ihrer Wiederentdeckung im 18. Jahrhundert die drei gut erhaltenen Tempel. Einer davon, der um 500 v. Chr. erbaute »Ceres«-Tempel, war Athena geweiht, Hera die zwei anderen, die »Basilica« und der »Poseidon«-Tempel. Ein knappes Jahrhundert trennt diese beiden nebeneinander stehenden Tempel. In archaischer Zeit, um 540 v. Chr., entstand ein gedrungener Bau mit der ungewöhnlichen Säulenzahl von 9 x 18. Der um 450 v. Chr. ausgeführte größere Neubau zeigt die Errungenschaften der frühen Klassik. Als Baumaterial wurde der lokale Muschelkalk verwendet. Aus Blöcken dieses Gesteins ist auch der fast 5 km lange Mauerring errichtet. Im Norden des Stadtgebiets, bei der Mündung des Silaris (Foce del Sele), wurde 1934 ein ummauerter Bezirk der Hera Argiva entdeckt. Vom Tempel, einem spätarchaischen Peripteros, fanden sich außer Grundmauern und Säulentrommeln zwölf figürliche Metopen, von einem um 570 v. Chr. errichteten Schatzhaus über 30 Metopen. In der Nekropole kamen neben lukanischen auch griechische Grabmalereien zutage (im Museum von Paestum).

Priene Ionien/Türkei. Gegen 350 v. Chr. entschlossen sich die Bewohner von Priene, ihre bisherige Stadt, deren Lage unbekannt ist, aufzugeben und am Südhang der Mykale eine neue zu errichten. Die 1673 wiederentdeckte Stätte wurde im 18. Jahrhundert und 1868/69 durch englische Archäologen untersucht. 1895–1899 führten Theodor Wiegand und Carl Humann Ausgrabungen durch, die das Musterbeispiel einer spätklassischen hippodamischen Stadt freilegten. Der von Vitruv gerühmte Tempel der Stadtgöttin Athena, ein Werk des Architekten Pytheos, war durch Erdbeben gestürzt. Wichtige Architekturglieder gelangten in die Museen von London und Berlin. Fünf Säulen wurden wieder aufgerichtet. Gut erhalten sind Theater und Buleuterion.

Ptoion Böotien/Griechenland. Das Orakelheiligtum des Apollon Ptoios in dem gleichnamigen Gebirge nördlich von Theben war zeitweise das Hauptheiligtum Böotiens. Bis weit in die römische Kaiserzeit fanden im Ptoion alle vier Jahre Festspiele statt, die Ptoia. Das auf drei Terrassen angelegte Heiligtum wurde nach 1885 von französischen Archäologen ausgegraben. Neben der dem Orakel dienenden Quellgrotte erhob sich der Apollon-Tempel, ein dorischer Peripteros aus dem späten 4. Jahrhundert v. Chr., der einen archaischen Vorgänger hatte. Auf der Ebene unterhalb des Tempels standen Säulenhallen und andere Gebäude. In der gleichen Talmulde, 1 km weiter westlich, befand sich ein heiliger Bezirk des Heros Ptoios.

Pylos Englianos, Messenien/Griechenland. Auf einer Anhöhe nördlich der Bucht von Navarino (Sphakteria) wurde 1939 ein spätmykenischer Palast entdeckt, der um 1200 durch Brand zerstört und später nie überbaut worden war. Von besonderer Bedeutung sind die dort aufgefundenen Linear-B-Tafeln. Im Umkreis des Palasts liegen Kuppelgräber.

Rhodos Dodekanes/Griechenland. Die drei alten dorischen Städte auf der 1404 km² großen Insel vor der Südwestküste Kleinasiens, Lindos, Ialysos und Kamiros, gründeten durch Synoikismos um 407 v. Chr. an der Nordspitze der Insel eine neue Stadt mit dem Namen Rhodos, die bis heute Hauptort geblieben ist. Ihre Glanzzeit erlebte sie in der hellenistischen Epoche. Das rechtwinklige Straßensystem der hippodamischen Stadtanlage ist noch gut im jetzigen Straßenverlauf erkennbar. Von den antiken Bauten blieb nur wenig erhalten: in der Unterstadt Reste eines Aphrodite-Tempels, auf der Akropolis die restaurierten Ruinen des Apollon-Tempels sowie eines Stadions und Odeions.

Samos Südliche Sporaden/Griechenland. Die 492 km² große Insel ist nur durch einen schmalen Sund vom kleinasiatischen Kap Mykale getrennt. An der Meerenge lag die antike Stadt Samos. Die heutige Ortschaft an ihrer Stelle hieß früher Tigani; zur Erinnerung an den Philosophen Pythagoras aus Samos wurde sie in Pythagorio umbenannt. Nach Auffassung Herodots hatten die Samier »drei der gewaltigsten Bauwerke aller Griechen« geschaffen: den von Eupalinos, einem Baumeister aus Megara, durch den Stadtberg gegrabenen Tunnel einer Wasserleitung, die Hafenmole und einen Tempel, der alle anderen an Größe übertraf. Von jedem dieser Werke sind Reste erhalten. Der Riesentempel stand in dem der Hera geweihten Hauptheiligtum von Samos, 6 km von der Stadt entfernt und durch eine heilige Straße mit ihr verbunden. 1909 begann Theodor Wiegand in dem sumpfigen Gelände an der Mündung des Imbrasos mit den bis heute andauernden Ausgrabungen, die auch die frühen Bauten des Heiligtums erschlossen haben. Schon in der ersten Hälfte des 8. Jahrhunderts v. Chr. ist im Heraion von Samos ein Hekatompedos, ein Tempel von 100 Fuß Länge (33 m), errichtet worden. Gegen Ende des Jahrhunderts wurde er mit einer Ringhalle von 7 x 17 Holzstützen umgeben, um 670 v. Chr. durch einen Neubau gleicher Art und Größe ersetzt. Etwa drei Jahrzehnte später entstand südlich des Tempels eine 70 m lange Halle. Der um 570 v. Chr. begonnene Tempel der Architekten Rhoikos und Theodoros war ein ionischer Dipteros von 52,5 x 105 m Grundfläche (100 x 200 samische Ellen). Kaum vollendet, ging dieser Tempel zugrunde, vielleicht bei dem Aufruhr, der Polykrates zur Macht verhalf (538 v. Chr.). Der Tyrann ließ sogleich einen Neubau in Angriff nehmen, der 40 m weiter westlich zu stehen kam und noch größer war (55 x 112 m). Bis ins 4. Jahrhundert v. Chr. wurde daran gearbeitet, aber der äußere Säulenkranz blieb unvollendet. Von den fast 20 m hohen Säulen steht noch eine einzige bis über halbe Höhe aufrecht. Im Fundament sind zahlreiche Werkstücke des Vorgängers verbaut. Der von Rhoikos errichtete Altar mit reich dekorierten Windschutzwangen bedeckte eine Fläche von 36,5 x 16,5 m.

Samothrake Nordägäis/Griechenland. Die waldreiche Insel vor der thrakischen Küste war von Thrakern bewohnt, als sich Kolonisten aus Lesbos dort niederließen. Von der Polis blieb die Stadtmauer aus grünem Trachyt erhalten. Außerhalb, in einem 100 m entfernten Bachtal, lag das Mysterienheiligtum der Kabiren oder »Großen Götter«, dessen Ruf seit dem 4. Jahrhundert v. Chr. weit verbreitet war. 1863 wurde an dieser Stätte die berühmte Nike im Louvre entdeckt. 1866 und 1923–1925 fanden französische, 1873–1875 österreichische Ausgrabungen statt. Seit 1939 sind amerikanische Archäologen auf Samothrake tätig. Die ältesten aufgedeckten Gebäude, das Anaktoron für die Einweihungsriten und eine Halle, stammen aus dem 6. Jahrhundert v. Chr. Das Hieron, ein Apsidensaal mit Säulenvorhalle, sowie ein Temenos mit Propylon und ein Altarbezirk entstanden in der zweiten Hälfte des 4. Jahrhunderts v. Chr. Arsinoeion und Ptolemaion, das eine ein Rundbau, das andere ein Propylon, zeugen von der Förderung des Heiligtums durch die Ptolemäerkönige.

Sardes Lydien/Türkei. Sardes war Hauptstadt der Lyderkönige und nach 546 v. Chr. Sitz des persischen Satrapen von Lydien. Unterhalb der Akropolis wurde 1910–1914 von amerikanischen Archäologen ein großer Artemis-Tempel ausgegraben. Der um 400 v. Chr. errichtete Altar war zunächst die einzige Kultstätte der Göttin. Ein Jahrhundert später begann man mit dem Bau eines Antentempels, der um 190 v. Chr. zum Pseudodipteros erweitert wurde; die Ringhalle blieb jedoch unvollendet.

Segesta Sizilien/Italien. Die Stadt im Westen Siziliens mit einem berühmten griechischen Tempel war keine Griechenstadt, sondern von Elymern bewohnt. Durch Selinunt bedroht, bewog Segesta 416 v. Chr. die Athener zu ihrer verhängnisvollen sizilischen Expedition. Nachdem das attische Heer vor Syrakus vernichtet war, rief Segesta die Karthager zu Hilfe, deren Offensive die meisten griechischen Städte der Insel erlagen. Der um 420 v. Chr. erbaute Tempel ist bis zu den Giebeln erhalten geblieben. Er steht auf einer Anhöhe außerhalb der Stadtmauern. Am Stadtberg wurde ein Theater mit 20 Sitzreihen und Resten der Bühne freigelegt.

Selinunt Selinus, Sizilien/Italien. Die westlichste Griechenstadt an der Südküste Siziliens wurde 651 oder 628 v. Chr. von Megara Hyblaia aus gegründet. 480 v. Chr. nahm Selinunt auf seiten der Karthager an der Schlacht bei Himera teil. Sein Konflikt mit Segesta löste 409 v. Chr. die große Offensive der Karthager aus, deren erstes Opfer Selinunt wurde. Danach war die Stadt, ohne ihre frühere Bedeutung wiederzuerlangen, Karthago untertan, das die Bewohner 250 v. Chr., im 1. Punischen Krieg, nach Lilybaion (Marsala) verpflanzte. Das war das Ende Selinunts. Erdbeben brachten seine Tempel zum Einsturz. 1551 wurde die Stätte wiederentdeckt, seit dem frühen 19. Jahrhundert wird sie erforscht. Das Hauptinteresse der Archäologen galt den vielen Tempeln. Vier Ringhallentempel archaischer und klassischer Zeit erhoben sich auf der Akropolis. Von einem (Tempel C) sind 14 Säulen samt Architrav wieder aufgerichtet. Jenseits des Flusses Hypsas stand eine zweite Tempelgruppe. Neben dem um 530 v. Chr. erbauten Tempel F wurde etwa zehn Jahre später ein Riesenbau mit einer Grundfläche von 54 x 113 m begonnen (Tempel G). Beide liegen noch in Trümmern, während der gegen 460 v. Chr. entstandene Hera-Tempel bis zum Gebälk wieder aufgerichtet ist. Auf der Anhöhe jenseits des Flusses Selinus, der westlich der Stadt mündet, wurden zwei weitere Heiligtümer freigelegt, das eine der Demeter Malophoros geweiht, das andere dem Zeus Meilichios.

Sikyon Peloponnes/Griechenland. Die Nachbarstadt von Korinth war hochberühmt als Sitz bedeutender Maler und Bronzegießer. Sikyon wurde 303 v. Chr. durch Demetrios Polyorketes zerstört und von der Ebene auf einen höheren Platz verlegt. Während vom archaischen und klassischen Sikyon keine Überreste bekannt sind, wurden in der hellenistischen Neugründung Gebäude freigelegt: ein großes Theater, ein auf Terrassen angelegtes Gymnasion, das Buleuterion und eine 105 m lange Stoa.

Sparta Lakonien/Peloponnes/Griechenland. Von der Stadt der Lakedämonier blieb nichts, das an die Macht ihres Staates erinnern würde. Sparta hatte zwischen freien Flächen fünf Wohnhügel oder »Dörfer«, Pitane, Mesoa, Kynosura, Limnai und Amyklai. Verteidigungswerke entstanden erst in hellenistischer Zeit. Die einzige bedeutende Ruine ist das Theater am Abhang des Akropolishügels, der wichtigste Ausgrabungsplatz das Heiligtum der Artemis Orthia. Von dem berühmten Heiligtum des Apollon Amyklaios sind am Ort nur noch Stützmauern erhalten.

Sunion Attika/Griechenland. Das Poseidon-Heiligtum am Kap Sunion, der Südspitze Attikas, hatte in archaischer Zeit keinen Tempel, nur einen Altar, bei dem kolossale Kuroi als Weihgeschenke standen. Ein 490 v. Chr. begonnener Tempel war wohl noch nicht vollendet, als die Perser das Heiligtum verwüsteten. Gegen 440 v. Chr. wurde der dorische Peripteros errichtet, von dem noch zwölf Säulen aufrecht stehen. Propylon, Stoa und Bankettsaal vervollständigten den heiligen Bezirk. 500 m entfernt liegen die Fundamente des ebenfalls in klassischer Zeit erbauten Tempels der Athena Sunias, der im 2. Jahrhundert v. Chr. Stein für Stein auf die Athener Agora übertragen wurde.

Stratos Akarnanien/Griechenland. Die Stadt am Westufer des Acheloos war Sitz des Hauptheiligtums und Vorort des Bundes der Akarnanen. Ihr gut erhaltener Mauerring entstand nach dem Synoikismos von 314 v. Chr., ebenso der Tempel des Zeus Stratios, dessen Reste durch französische und griechische Grabungen freigelegt wurden. Stratos wurde um 250 v. Chr. Ätolien zugeschlagen und verödete nach der Gründung von Nikopolis (31 v. Chr.).

Sybaris Kalabrien/Italien. Kolonisten aus Achaia und Troizen gründeten gegen 700 v. Chr. die Stadt am Golf von Tarent, deren Reichtum sprichwörtlich wurde. Die Sybariten verdankten ihn der fruchtbaren Ebene sowie dem Handel mit Milet und Etrurien. Im Krieg gegen die Rivalin Kroton wurde Sybaris 510 v. Chr. zerstört. Auf den Ruinen der untergegangenen Stadt oder nicht weit davon entfernt entstand 444 v. Chr. mit Unterstützung Athens die panhellenische Kolonie Thurioi. 1879 wurden Gräber entdeckt, die man aufgrund der Funde Thurioi zuordnete. Die 1969 aufgenommenen Grabungen im Stadtgebiet werden durch den hohen Grundwasserspiegel erschwert. An archaischen Strukturen kam nur wenig zutage. Von Thurioi ist die hippodamische Anlage erkennbar.

Syrakus Sizilien/Italien. 734 v. Chr. gründeten Kolonisten aus Korinth die Stadt, die zur größten und mächtigsten unter den Griechenstädten Siziliens aufsteigen sollte. Syrakus konnte am längsten von allen seine Unabhängigkeit behaupten. 212 v. Chr. wurde es von den Römern erobert und dann Sitz des Statthalters der Provinz Sicilia. Im Straßenverlauf der heutigen Altstadt auf der Insel Ortygia ist noch die Anlage der archaischen Streifenstadt erkennbar. Verbaut in mittelalterlichen Gebäuden, entdeckte man 1862 den Apollon-Tempel, einen um 570/560 v. Chr. entstandenen dorischen Peripteros, der jetzt freigelegt ist. Der Athena-Tempel aus der Zeit um 470 v. Chr. hat sich in den Mauern des Doms erhalten. Auf dem Festland, im Stadtteil Achradina, wurde ein Heiligtum der Demeter und Kore aufgedeckt. Zur Neapolis gehörte die archäologische Zone mit dem aus dem Fels geschlagenen großen Theater, dem Heiligtum des Apollon Temenites und der Felsbettung eines fast 200 m langen Altars, den Hieron II. (275–215) errichtete. Hier liegt auch einer der berühmten Steinbrüche (Latomien) von Syrakus. Landeinwärts, auf dem Plateau Epipolai, erhebt sich die imposante Ruine des Kastells Euryalos. Westlich des Großen Hafens stehen noch zwei Säulen eines archaischen Tempels aufrecht, der dem Zeus Olympios geweiht war.

Tegea Arkadien/Griechenland. Im Heiligtum der Athena Alea bei Tegea wurde um 350 v. Chr. ein neuer Tempel errichtet, nachdem der alte einem Brand zum Opfer gefallen war. Pausanias rühmt diesen dorischen Peripteros aus Marmor als schönsten Tempel der Peloponnes und nennt den berühmten Bildhauer Skopas von Paros als Schöpfer. Von den Skulpturen fanden die Ausgräber nur einige Bruchstücke.

Teos Siğacik, Ionien/Türkei. Die Hafenstadt Teos war Mitglied des Panionion. Schon im 18. Jahrhundert suchte eine Expedition der Society of Dilettanti die Ruinenstätte auf, um nach dem Dionysos-Tempel zu graben, nach Vitruv ein Werk des Hermogenes, der als bedeutendster Baumeister des Hellenismus gilt. Die Überreste des ionischen Peripteros wurden 1965 wieder aufgerichtet. Theater und Gymnasion sind ebenfalls Bauten hellenistischer Zeit.

Thasos Nordägäis/Griechenland. Die Stadt Thasos auf der gleichnamigen Insel vor der thrakischen Küste wurde im frühen 7. Jahrhundert v. Chr. von Kolonisten aus Paros gegründet. Ausgedehnter Festlandbesitz, Edelmetall- und Marmorvorkommen trugen zum sprichwörtlichen Reichtum der Thasier bei. Die antike Stadt lag an der Nordküste, beim heutigen Haupthafen der Insel. Durch französische Grabungen seit 1911 ist sie größtenteils freigelegt. Die in hellenistischer Zeit ausgebaute Agora war allseits von Hallen und Staatsgebäuden umgeben. Auf dem 80 x 90 m großen Platz befand sich ein gesondert ummauerter Bezirk des Zeus Agoraios. Weiterhin wurden Artemis, Poseidon, Dionysos und Herakles geweihte Heiligtümer in der Unterstadt ausgegraben. Im Dionysion entdeckte man ein hellenistisches Choregenmonument mit Statuen des Dionysos und der Musen. Auf der Akropolis erhob sich ein Athena-Tempel, von dem nur noch Fundamente vorhanden sind. Gut erhalten ist die 4 km lange Stadtmauer. Sie geht in archaische Zeit zurück, wurde jedoch mehrfach zerstört und erneuert. Die Tore waren mit Reliefs und Inschriften versehen, die sie unter den Schutz bestimmter Götter stellten.

Theben Thebai, Böotien/Griechenland. Die Hauptstadt Böotiens, noch heute mit demselben Namen an derselben Stelle, hat nur spärliche antike Reste aufzuweisen. Nekropolen mit Kammergräbern, Stücke der Burgmauer, Linear-B-Tafeln, babylonische Siegelzylinder und andere Funde bezeugen die Existenz eines mykenischen Fürstensitzes auf der Akropolis, der Kadmeia, die immer Thebens Mittelpunkt blieb. Auf seine Glanzzeit im 4. Jahrhundert v. Chr., als Theben unter der Führung des Epaminondas und Pelopidas Sparta die Vormachtstellung entreißen konnte, folgte ein jäher Absturz. Beim zweiten Aufstand gegen die makedonische Herrschaft nahm Alexander 335 v. Chr. die Stadt im Sturm. Nur die Heiligtümer und das Haus des Dichters Pindar wurden geschont. 316 v. Chr. ließ Kassander Theben wieder aufbauen, die alte Bedeutung hat es jedoch nie wieder erreicht. 1959 aufgenommene Grabungen legten im Heiligtum des Apollon Ismenios vor dem Elektra-Tor einen dorischen Peripteros des 4. Jahrhunderts v. Chr. frei, dem ein archaischer und ein noch älterer Tempel vorausgingen. Außerdem entdeckte man das Amphiareion und Reste einer Stoa, die vielleicht zum Heiligtum des Iolaos gehörte. In dem 8 km westlich der Stadt gelegenen Kabirenheiligtum sind Bauten hellenistischer Zeit zutage gekommen.

Thera Santorin, Kykladen/Griechenland. Auf der Vulkaninsel im Süden der Kykladen wird seit 1967 eine minoische Siedlung ausgegraben, die bei dem schweren Ausbruch in der Mitte des 2. Jahrtausends v. Chr. untergegangen ist. Ein halbes Jahrtausend nach dieser Katastrophe siedelten sich Dorer aus Lakonien auf Thera an. Ihre Polis hielt bis ins 5. Jahrhundert v. Chr. am Königtum fest, genau wie die Tochterstadt Kyrene in Libyen. Nach französischen und englischen Untersuchungen im frühen 19. Jahrhundert führte Hiller von Gärtringen 1895–1903 systematische Grabungen in Alt-Thera durch. Aus archaischer Zeit stammen Felsinschriften, Reste der »Götteragora«, von zwei Apollon-Tempeln und Häusern. Das übrige gehört überwiegend der Zeit an, in der die Ptolemäer eine Garnison auf der Insel unterhielten (um 275–146): Stoa und Amtsgebäude an der Agora, Dionysos-Tempel, Serapeion und Ptolemaion, Theater, Gymnasion und Privathäuser. Besonders gut erhalten ist ein Marmortempel der Thea Basileia 5 km südlich der Stadt.

Thermos Ätolien/Griechenland. Das Heiligtum des Apollon Thermios war der zentrale Kultort der Ätoler und ihres Bundes. Seit 1897 finden dort Ausgrabungen statt. Sie brachten Spuren ältester griechischer Architektur ans Licht. Der erste Apollon-Tempel, ein Megaron mit gerundeter Rückwand, erhielt vermutlich im 8. Jahrhundert v. Chr. eine Peristasis von 36 Holzsäulen auf Steinplatten, die in Form einer Ellipse angeordnet waren. Auch der um 625 v. Chr. erbaute Tempel mit rechteckigem Grundriß besaß noch Holzsäulen. 218 und 206 v. Chr. wurde Thermos durch Philipp V. von Makedonien verwüstet. Beim Wiederaufbau umgab man das Heiligtum mit einer Festungsmauer.

Thorikos Attika/Griechenland. Die Ortschaft im Bergwerksgebiet von Laurion wurde bereits im 19. Jahrhundert untersucht. Seit 1960 finden dort systematische Grabungen belgischer und griechischer Archäologen statt. Das Theater von Thorikos ist eine Anlage aus der Frühzeit des dramatischen Spiels. Der Sitzraum wurde in breitovaler Form aus dem Geländeabfall herausgehoben, im mittleren 5. Jahrhundert v. Chr. erweitert und gegen 350 v. Chr. umgebaut, aber dabei immer noch nicht als Halbrund gestaltet. Am Rand der Orchestra stand ein kleiner Tempel des Dionysos. Ein aufgedecktes Haus wird um 700 v. Chr. datiert. Häuser aus dem 5. Jahrhundert v. Chr. waren mit Türmen versehen.

Tiryns Argolis/Griechenland. Die mykenische Burg mit ihren gewaltigen Mauern war nach dem Brand um 1200 v. Chr. weiter bewohnt. Im einstigen Megaron entstand um 700 v. Chr. ein Hera-Tempel. Die Stätte wurde schon von Reisenden des 18. Jahrhunderts identifiziert und 1876–1878 von Heinrich Schliemann und Wilhelm Dörpfeld ausgegraben. 1905–1914 und 1926–1929 folgten systematische Grabungen des Deutschen Archäologischen Instituts Athen, seit 1965 auch in der Unterstadt.

Troizen Peloponnes/Griechenland. Die Stadt an der Nordküste der Argolischen Halbinsel galt als Geburtsort des attischen Nationalheros Theseus. Dessen Sohn Hippolytos wurde in Troizen als Stadtheros verehrt. Der ihm geweihte Tempel ist ausgegraben, ebenso das Asklepieion, das im 4. Jahrhundert v. Chr. an einer nahe gelegenen Heilquelle entstand. Die Kranken wurden in einem großen Haus mit Peristylhof und Schlafsälen untergebracht. Es gab darin insgesamt 62 Liegestätten, deren Steinsockel erhalten blieben.

Sammlungen griechischer Kunst

Ägypten
ALEXANDRIA Griechisch-Römisches Museum
Albanien
APOLLONIA Archäologisches Museum
DURRES Archäologisches Museum
TIRANA Archäologisches Museum; Nationales Historisches Museum
Belgien
BRÜSSEL Musées Royaux d'Art et d'Histoire
MARIEMONT Musée Royal
Bulgarien
PLOVDIV Archäologisches Nationalmuseum
SOFIA Archäologisches Nationalmuseum
Dänemark
KOPENHAGEN Nationalmuseum; Ny Carlsberg Glyptotek
Deutschland
ADOLPHSECK Schloß Fasanerie
ALTENBURG Lindenau-Museum
BERLIN Antikensammlung Charlottenburg und Pergamonmuseum
BOCHUM Kunstsammlungen der Ruhr-Universität
BONN Akademisches Kunstmuseum
DRESDEN Antikensammlung im Albertinum
FRANKFURT AM MAIN Liebieghaus; Museum für Vor- und Frühgeschichte
GOTHA Schloßmuseum
GÖTTINGEN Archäologisches Institut der Universität
HAMBURG Museum für Kunst und Gewerbe
HANNOVER Kestner-Museum
KARLSRUHE Badisches Landesmuseum
KASSEL Antikensammlung in Schloß Wilhelmshöhe
KIEL Antikensammlung
LEIPZIG Antikenmuseum
MAINZ Archäologische Sammlung der Universität
MÜNCHEN Glyptothek; Staatliche Antikensammlungen
MÜNSTER Archäologisches Museum der Universität
STUTTGART Württembergisches Landesmuseum
TÜBINGEN Antikensammlung der Universität
WÜRZBURG Martin-von-Wagner-Museum der Universität
Frankreich
AUXERRE Musée Leblanc Duvernoy
BOURGES Musée du Berry
CHÂTILLON-SUR-SEINE Musée Archéologique
COMPIÈGNE Musée Vivenel
LAON Musée de Laon
LIMOGES Musée Adrien Dubouché
LYON Musée des Beaux-Arts
MARSEILLE Musée Borély
PARIS Bibliothèque Nationale, Cabinet des Médailles; Musée du Louvre
SÈVRES Musée National
TOURS Musée des Beaux-Arts

Griechenland
ÄGINA Archäologisches Museum
ARGOS Museum
ATHEN Agora-Museum; Akropolis-Museum; Benaki-Museum; Kerameikos-Museum; Nationalmuseum
CHALKIS Museum
DELOS Museum
DELPHI Museum
HERAKLION Archäologisches Museum
KORFU Archäologisches Museum
KORINTH Museum von Alt-Korinth
KOS Museum
OLYMPIA Museum
PAROS Archäologisches Museum
PELLA Museum
PIRÄUS Archäologisches Museum
RHODOS Archäologisches Museum
SAMOS Museum
SPARTA Archäologisches Museum
THASOS Archäologisches Museum
THERA Museum
THESSALONIKI Archäologisches Museum
VOLOS Archäologisches Museum
Großbritannien
CAMBRIDGE Fitzwilliam Museum
LONDON British Museum
NORTHAMPTON Castle Ashby
OXFORD Ashmolean Museum
Italien
ADRIA Museo Archeologico Nazionale
AGRIGENT Museo Archeologico
ANCONA Museo Archeologico Nazionale
AREZZO Museo Archeologico
BARI Museo Archeologico
BASSANO Museo Civico
BOLOGNA Museo Civico Archeologico
BRINDISI Museo Archeologico
CAPUA Museo Campano
CATANIA Museo Comunale
CEFALÙ Museo Mandralisca
CHIUSI Museo Nazionale Etrusco
FERRARA Museo Archeologico Nazionale
FLORENZ Museo Archeologico Nazionale
FOGGIA Museo Civico
GELA Museo Archeologico Nazionale
GENUA Museo Civico d'Archeologia
GROSSETO Museo Archeologico
LECCE Museo Provinciale
LENTINI Museo Archeologico
LIPARI Museo Archeologico Eoliano
LUCERA Museo Civico G. Fiorelli
MAILAND Museo Archeologico
NEAPEL Museo Archeologico Nazionale
ORVIETO Museo Civico Faina
PAESTUM Museum
PALERMO Museo Archeologico Nazionale
PARMA Museo Nazionale di Antiquità
PERUGIA Museo Archeologico Nazionale
POTENZA Museo Archeologico Provinciale
REGGIO CALABRIA Museo Nazionale

ROM Museo Nazionale Etrusco di Villa Giulia; Musei Capitolini; Museo Nazionale Romano; Musei Vaticani
RUVO Museo Archeologico Jatta
SYRAKUS Museo Archeologico Nazionale
TARENT Museo Nazionale
TARQUINIA Museo Archeologico Nazionale
TURIN Museo di Antichità
VENEDIG Museo Archeologico
VERONA Museo Archeologico; Museo Lapidario Maffeiano
Libyen
KYRENE Museum
TRIPOLIS Archäologisches Museum
Niederlande
AMSTERDAM Allard Pierson Museum
DEN HAAG Gemeentemuseum; Museum Scheurleer
LEIDEN Rijksmuseum van Oudheden
Norwegen
OSLO Nationalgalerie, Antikensammlungen
Österreich
WIEN Kunsthistorisches Museum
Polen
WARSCHAU Nationalmuseum
Rumänien
KONSTANZA Archäologisches Museum
Rußland
MOSKAU Puschkin-Museum
ST. PETERSBURG Staatliche Ermitage
Schweden
LUND Antikenmuseum
STOCKHOLM Nationalmuseum
UPPSALA Gustavianum
Schweiz
BASEL Antikenmuseum/Sammlung Ludwig
GENF Musée d'Art et d'Histoire
Spanien
BARCELONA Museu Arqueològic
MADRID Museo Arquelógico Nacional; Museo del Prado
Türkei
BERGAMA Archäologisches Museum
BODRUM Archäologisches Museum
ÇANAKKALE Archäologisches Museum
ISTANBUL Archäologisches Museum
IZMIR Archäologisches Museum
SELÇUK Ephesus Museum
Ungarn
BUDAPEST Museum der Bildenden Künste
USA
BALTIMORE Walters Art Gallery
BOSTON Museum of Fine Arts
CAMBRIDGE Fogg Art Museum
MALIBU J. Paul Getty Museum
NEW HAVEN Yale University, Art Museum
NEW YORK Metropolitan Museum of Art
PRINCETON Princeton University, Art Museum
Zypern
NIKOSIA Cyprus Museum

Glossar

Adyton »unbetretbarer«, nur den Priestern zugänglicher Raum in einem Tempel
Ägis »Ziegenfell«; von Hephaistos gearbeitete Wehr des Zeus, von Athena getragen; ein schuppenbedeckter und schlangengesäumter Brustumhang mit dem Gorgoneion in der Mitte
Agon Kampf, Wettkampf. An den griechischen Festspielen wurden neben sportlichen (gymnischen) auch musische Agone abgehalten, bei denen Instrumentalisten, Sänger, Rezitatoren, Dichter, Schauspieler und Tänzer auftraten
Agora »Versammlung«; Marktplatz im Zentrum jeder griechischen Stadt, auf dem sich das öffentliche Leben abspielte
Akanthus Pflanze, deren Blatt mit ausgezacktem Rand seit dem 5. Jahrhundert v. Chr. als Ornament nachgebildet und zur Ausgestaltung des korinthischen Kapitells verwendet wurde
Akropolis »Hochstadt«; hochgelegene Burg griechischer Städte, insbesondere der Burgfelsen von Athen mit den seinen Heiligtümern
Akroter Bekrönung des Dachs, Ornamentaufsätze oder plastische Figuren über den Ecken und dem Scheitel eines Giebels
Amphiktyonie kultisch-politischer Verband von Nachbarstaaten *(amphiktyones*, »Umwohner«), besonders von Delphi und Delos
Anathema »was man (der Gottheit) hinsetzt«, Weihgeschenk
Andron »Männersaal«; Raum des griechischen Hauses, in dem der Hausherr seine Gäste empfing und die Symposien stattfanden
Ante vorspringende Mauer mit pfeilerartiger Stirnseite. Jeweils zwei Anten bilden den Pronaos und den Opisthodom der Cella
Antefix Verzierung (Palmetten, Masken) von Dachrand und First, angebracht auf den schildförmig aufgebogenen Enden der untersten Deckziegel und am Scheitel der Firstziegel
Antentempel Tempel (ohne Ringhalle) mit Anten an einer oder beiden Schmalseiten, meist mit Säulenstellung zwischen den Anten
Architrav Tragbalken über den Säulen
Archon »Herrscher«; politisches Führungsamt mit beschränkter, in der Regel einjähriger Amtszeit. Die Archonten wurden von der Volksversammlung (Ekklesia) gewählt
Areopag Hügel Athens zwischen Akropolis und Pnyx, ursprünglich Tagungsort des Rats der ehemaligen Archonten (abgekürzt auch Areopag genannt). In der Demokratie tagte dieser Rat in der Stoa Basileios auf der Agora
Aristokratie »Regierung der Besten«, Adelsherrschaft
Aulos Blasinstrument der Schalmeienart mit doppeltem Rohrblatt. Der Aulos wurde zumeist paarig verwendet (Diaulos, Doppelaulos)
Barbiton siebensaitige Leier
Basileus »König«; in der Frühzeit Repräsentant und Leiter eines nach genossenschaftlichen Grundsätzen geordneten Gemeinwesens, der sein lebenslängliches Amt in der Regel von den Vorfahren geerbt hat; im archaischen und klassischen Athen einer der neun Archonten, der höchste Kultbeamte
Buleuterion Gebäude des Rates *(boulē)*
Cella ummauerter Hauptraum des Tempels
Chariten Göttinnen der freudebringenden Gaben im Gefolge von Aphrodite, Apollon und den Musen, zumeist im Dreiverein
Chiton hemdartig genähtes Gewand aus Leinen, manchmal mit Ärmeln versehen; kann kurz oder lang, gegürtet oder lose getragen werden, mit dem Himation als Obergewand
Chlamys auf der Schulter gesteckter Mantel aus einem großen rechteckigen Wolltuch, vornehmlich für Krieger und Reisende
Chor ursprünglich der Tanzplatz, dann auch der Tanz selbst sowie die Tänzer und ihr Lied *(choros)*. Begleitinstrumente der Gesänge, die zur Literaturgattung der Chorlyrik gehören, waren Kithara und Aulos
Chorege »Chorführer«; zur Übernahme der Kosten einer Choraufführung herangezogener Bürger, dem die Hauptehre des Sieges zukam
chthonische Götter die geheimnisvollen Gewalten der Erdtiefe von meist furchterregender Erscheinung, die getrennt von den himmlischen Mächten ein besonderes Reich bildeten
Demokratie »Volksherrschaft«; im 5. Jahrhundert v. Chr. in Athen aufgekommenes Wort für das System politischer Ordnung, das die Adelsherrschaft ablöste
Demos Volk, Gesamtgemeinde, souveräne Bürgerschaft der »demokratischen« Polis. Das Wort wird auch im Sinn von gemeinem Volk oder Pöbel verwendet, ferner für die Dorfgemeinden einer Polis
Demoten Angehörige eines attischen Demos. Jeder Bürger wurde offiziell mit dem Demotikon benannt, dem Namen des Demos, in dessen Bürgerliste er eingeschrieben war
Diadochen »Nachfolger«, die Feldherren Alexanders des Großen
Dipteros Tempel mit doppeltem Säulenkranz
Drachme Grundeinheit der griechischen Silberwährungen; kann von Stadt zu Stadt unterschiedliches Gewicht besitzen, je nach Münzfuß (attische Drachme: 4,36 g); Mehrfach- und Halbstücke: Didrachmon (2), Tetradrachmon (4), Oktadrachmon (8), Dekadrachmon (10), Hemidrachmon (1/2), Obol (1/6); 60 Drachmen ergeben eine Mine, 6000 Drachmen ein Talent
Dreifuß ein zumeist kunstvoll gestaltetes dreibeiniges Gestell *(tripous)*, das einen Kessel trägt; als Weihgeschenk und Kampfpreis von großer Bedeutung
Dynast »Machthaber«; Bezeichnung für lokale und regionale Gewalten ohne Königstitel
Echinus rundes gewölbtes Glied des dorischen Kapitells; entsprechendes Glied unter der Volute des ionischen Kapitells
Ekklesia »Gesamtheit der Berufenen«, Volksversammlung; zentrales politisches Organ der griechischen Polis. Teilnahmeberechtigt waren alle männlichen Vollbürger ab dem 18. Lebensjahr. In Athen erhielten die Teilnehmer ab 395 v. Chr. ein Tagegeld (Ekklesiastikon)
Entasis konvexe Schwellung dorischer Säulen
Elektron Mischung aus Gold und Silber
Emission Münzausgabe
Epheben volljährige junge Männer von 18 bis 20, die in die Bürgerliste aufgenommen waren und Wehrdienst leisteten
Ephoren die fünf Mitglieder der obersten Regierungsbehörde (Ephorat) in Sparta
Eponymos »den Namen gebend«; nach dem Archon eponymos wurde das Jahr benannt; die eponymen oder Phylenheroen galten als Stammväter der zehn Phylen, auf die Kleisthenes die attische Bürgerschaft aufteilte
Geison Gesims, vorkragende Deckschicht des Gebälks; an den Giebelseiten kommt zum Horizontalgeison das von den Dachecken zum First aufsteigende Schräggeison
Giganten Söhne der Erdgöttin Gaia, ein Riesengeschlecht, das mit den olympischen Göttern um die Weltherrschaft kämpfte
Gorgoneion das maskenförmige Gesicht der Gorgo Medusa, dessen Anblick versteinerte; von Athena der Ägis eingefügt; häufig unheilabwehrendes Schildzeichen und auf Antefixen
Gymnasion öffentliche Anstalt für Leibesübungen und geistige Erziehung
Halteren Handgewichte zum Weitsprung aus Metall oder Stein von halbovaler Form mit Grifföffnung oder -einziehung
Harmosten Befehlshaber spartanischer Garnisonen oder Statthalter in Periökenstädten sowie auswärtigen unterworfenen Städten
Hekatombe Opfer von »hundert« Tieren
Heloten von den Spartiaten unterworfene, an die Scholle gebundene Bewohner Lakoniens und Messeniens
Herme Pfeiler mit Kopf des Hermes als Aufsatz und Phallus auf der Vorderseite; später Schaft, der eine Bildnisbüste und die Namensaufschrift trägt
Heroon Kultbau für einen Heros
Heros Held in der griechischen Mythologie; von einem Gott mit einer Sterblichen gezeugter Halbgott oder durch seine Taten vergöttlicht
Hetären »Gefährtinnen«; käufliche Frauen, die sich von gewöhnlichen Dirnen *(pornai)* dadurch unterschieden, daß sie in Tanz, Flötenund Leierspiel ausgebildet und imstande waren, geistvolle Gespräche zu führen
Hierodulen Sklaven *(douloi)*, die Eigentum eines Gottes waren und als Unfreie zum Personal von Heiligtümern gehörten; in einigen wurde die sakrale Prostitution, die unter orientalischem Einfluß in griechischen Kulten Eingang fand, von Hierodulen betrieben

Himation Mantel in Form eines großen rechteckigen Tuchstücks, das um den Oberkörper gelegt wurde, ohne den rechten Arm zu behindern
Hippodrom Rennbahn für Pferde- und Wagenrennen
Hopliten schwerbewaffnete Fußsoldaten
Hyperboräer »die jenseits des Boreas (des Nordwinds) Lebenden«; sagenhaftes Volk im hohen Norden
Isonomie »Gleichheit vor dem Gesetz«, die jedem Bürger die gleichen politischen Rechte gibt
Isthmos die Landenge von Korinth zwischen Mittelgriechenland und der Peloponnes, heute durch den 6,3 km langen Kanal von Korinth (1881–1893) durchschnitten
Kabiren die »Großen Götter«, die auf Lemnos und Samothrake, in Theben, Milet und Pergamon in einem Mysterienkult verehrt wurden; sie galten als Beschützer der Seefahrt
Kannelur senkrechte konkave Kehlung am Schaft der Säulen
Kapitell der plastisch ausladende »Kopf« einer Säule. Die griechische Baukunst hat für jede ihrer Säulenordnungen, die dorische, die ionische und die korinthische, eine besondere Kapitellform ausgebildet
Katagogion Gästehaus
Kerameikos Stadtbezirk des antiken Athen im Nordwesten der Agora; von alters her Töpferviertel, daher der Name (*kerameus* = Töpfer)
Kerykeion Heroldsstab; Zeichen der Unverletzlichkeit des Herolds (*keryx*), in den griechischen Staaten ein Amt mit vielfältigen Aufgaben; auch Attribut des Götterboten Hermes
Kithara das größte der griechischen Saiteninstrumente, das im Agon und virtuosen Vortrag zum Einsatz kam; Attribut des Apollon
Kleruchen athenische Bürger, die in einer Kleruchie außerhalb Attikas auf einem ihnen zugeteilten Landlos (*kleros*) siedelten
Kline als Ruhebett und Speisesofa das wichtigste Stück kostbarer Inneneinrichtung im Privathaus und in allen Räumen, in denen gespeist oder geruht wurde (Prytaneion, Säle für kultische Bankette, Krankenhäuser); die Kline diente auch als Totenbahre
Koilon »Höhlung«; der muschelförmige Zuschauerraum griechischer Theater (lateinisch *cavea*)
Kolonie Bezeichnung für Städte, die in der im 8. Jahrhundert v. Chr. einsetzenden »griechischen Kolonisation« gegründet wurden
Komos Umzug der Zecher nach dem Gelage; meist tanzen und singen die Komasten zu den Klängen von Aulos und Leier
Koren Weihstatuen langgewandeter Mädchen (*kore* = Mädchen, Jungfrau, Tochter)
Koroplastik Tonbildnerei
Kottabos Gesellschaftsspiel, bei dem der Weinrest aus einem um den ausgestreckten Finger herumgewirbelten Trinkgefäß auf ein Ziel geschleudert wurde
Kosmos Bezeichnung der Behörde in Städten Kretas, eines auf ein Jahr gewählten Kollegiums
Kuros nackte Jünglingsfigur, besonders archaischer Zeit (*kouros* = Knabe, Jüngling, Sohn)
Litra eigentlich (Bronze)-Pfund; Teilwert im Münzwesen Siziliens (Fünfteldrachme), der seinerseits in 12 Unzen geteilt wurde
Lyra übergeordnete Bezeichnung der griechischen Saiteninstrumente (Barbiton, Kithara, Phormix)
Mäander nach dem Fluß in Kleinasien benanntes Bandornament
Mänaden die Frauen im Gefolge des Dionysos, ergriffen von ekstatischem Taumel und Rasen; nach einem anderen Namen des Gottes, Bakchos, heißen sie auch Bakchen
Megaron Hauptraum mykenischer Paläste mit zweisäuliger, offener Vorhalle; auch Bezeichnung für Tempel von einfachem, hausartigem Grundriß ohne Säulenhalle
Metöken ortsansässige Ausländer ohne volles Bürgerrecht, in Handel und Gewerbe tätig
Metope im dorischen Gebälk Füllungsfläche zwischen zwei Triglyphen; Platten aus Holz, Ton oder Stein, oft mit gemaltem oder in Relief ausgeführtem Schmuck
Mine Gewichtseinheit, im Münzwesen 100 Drachmen (60 Minen = 1 Talent)
Mitra Binde um Leib oder Kopf; Bezeichnung für die halbmondförmigen Bronzebleche zum Schutz des Unterleibs, auch der mützenartigen Kopfbedeckung altorientalischer Herrscher
Musen die neun Töchter des Zeus und der Mnemosyne (Gedächtnis): Kleio (Epos und Geschichtsschreibung), Euterpe (Aulodie), Thaleia (Komödie), Melpomene (Tragödie), Terpsichore (Kithara-Musik), Erato (Liebesdichtung), Polyhymnia (Tanz), Urania (Astronomie), Kalliope (elegische Dichtung)
Mysterien Geheimkulte, die den Eingeweihten (Mysten) Reinigung und ein glückliches Jenseits verhießen
Naiskos kleiner Tempel ohne Ringhalle
Naos »Haus der Gottheit«, Tempel; beim Peripteros der aus Wänden bestehende Kernbau mit Cella, Pronaos und Opisthodom
Nekropole Totenstadt, Begräbnisstätte
Nymphen Naturgottheiten in Gestalt schöner junger Mädchen; nach ihren Aufenthaltsorten unterschied man Najaden (Quellnymphen), Oreaden (Bergnymphen), Dryaden (Baumnymphen) und andere
Obolos »Bratspieß«; Teilwert im griechischen Münzwesen (ein Sechstel der Drachme)
Odeion Vortrags- und Konzertsaal
Oikos Haus, Hausstand
Oligarchie »Herrschaft der Wenigen«; Staatsform mit maßgebender Stellung der Begüterten (Timokratie) oder Vornehmen (Aristokratie)
Opisthodom »das hintere Haus«; an die Cella anschließende rückwärtige Halle des Tempels
Orchestra der runde Tanz- und Spielplatz griechischer Theater
Ostrakismos »Scherbengericht« (*ostrakon* = irdene Scherbe), Verbannungsspruch
Palästra Ringschule, Ringplatz; bildete zusammen mit der Laufbahn (*dromos*) das Gymnasion; in der Regel ein großer Peristylhof, umgeben von Aufenthalts- und Übungsräumen
Panathenäen das von »allen Athenern« gefeierte Hauptfest zu Ehren der Athena
Peplos ärmelloses Frauengewand aus einem rechteckigen langen Tuch, das über den Schultern zusammengeheftet, gegürtet oder ungegürtet getragen wurde
Peribolos Umfriedung eines Heiligtums
Periöken »Umwohner«; oft Bezeichnung für eine politisch minderberechtigte Bevölkerungsgruppe
Peripteros Ringhallentempel
Peristasis die Säulenstellung, die den Tempel allseitig umgibt
Peristyl Säulenhallen um einen Innenhof
Phalanx geschlossene, mehrere Glieder tiefe Schlachtreihe
Phyle »Stamm«; Personenverband. Die attische Bürgerschaft war seit der Phylenreform des Kleisthenes in zehn Phylen aufgeteilt
Pinax Bildträger in Gestalt einer rechteckigen Tafel aus Holz, Ton oder Marmor
Pnyx Hügel Athens südwestlich der Agora, auf dem in klassischer Zeit die Volksversammlung tagte (später im Dionysos-Theater)
Polis »Stadt«; Hauptform der griechischen Staatsbildung. Das Wort bezeichnete nicht nur die zentrale Siedlung, sondern auch das ganze Gemeinwesen (»Stadtstaat«), auf dessen Gebiet weitere städtische Siedlungen liegen konnten
Poros poröser Kalkstein, häufig als Baumaterial verwendet
Pronaos »Vortempel«; Vorraum zur Cella
Propylon »Vortor«; Torbau eines Heiligtums
Prostylos Tempel mit Säulenstellung über die ganze Front
Protome Tiervorderteil, mehr als der Kopf, bis zum halben Körper
Prytanen »Vorsteher«; Höchstmagistrate vieler ionischer Städte; in Athen die 50 Abgeordneten einer der zehn Phylen im Rat der Fünfhundert, die ein Zehntel des Jahres die Geschäfte führten; ihr Amtsgebäude war das Prytaneion
Pseudodipteros Tempel mit dem Grundriß wie ein Dipteros, aber ohne innere Säulenstellung, also mit zwei Joche tiefer Ringhalle
Quadratum incusum bildloser Einschlag auf der Rückseite einer Münze, manchmal in Flächen unterteilt
Satrap Statthalter des persischen Großkönigs
Satyrn/Silene menschengestaltige, spaßige und lüsterne Wesen mit Stülpnase, Pferdeohren und Pferdeschweif im Gefolge des Dionysos
Skene Bühnengebäude griechischer Theater
Stater eigentlich das aufgewogene Gleichgewicht; bei den Münzen das Normstück, die wichtigste jeweils geprägte Wertstufe; bei Silbermünzen in der Regel zwei Drachmen (in Korinth drei), bei Elektronmünzen die größte ausgeprägte Wertstufe
Stoa Säulenhalle mit offener Säulenfront und geschlossener Rückwand (lateinisch *porticus*)
Strategen Heerführer, oberste Militärbeamte griechischer Poleis. In Athen wurden jährlich zehn Strategen für die Aufgebote der zehn Phylen gewählt
Symposion »Zusammentrinken«; Trinkgelage, das sich an das gemeinsame Essen anschloß; mit seinen ernsten und heiteren Gesprächen, literarischen, musikalischen und spielerischen Darbietungen eine der wichtigsten Einrichtungen gesellschaftlicher Begegnung im alten Griechenland
Synoikismos »Zusammensiedlung« bisher selbständiger Orte und ihre rechtliche Vereinigung, um eine bestehende Polis zu verstärken oder die Anlage einer neuen zu ermöglichen
Talent größte jeweilige Gewichtseinheit (1 Talent Silber = 60 Minen = 6000 Drachmen). Das attische Talent wog rund 26,2 kg
Temenos der »geschnittene«, das heißt abgetrennte, umgrenzte Bezirk einer Gottheit
Thiasos das ausgelassene Gefolge des Dionysos; auch ein Kultverein
Tholos Rundbau
Thyrsos der von einem Knauf aus Efeu- oder Weinlaub, später auch von einem Pinienzapfen bekrönte Stab des Dionysos und der Mänaden
Timokratie politisches System, in dem Rechte und Pflichten nach Einkommen und Vermögen abgestuft sind
Triglyphe mit »dreifach geschnitztem« Schmuck versehenes Bauglied, das zusammen mit den Metopen das Triglyphon oder den Triglyphenfries im dorischen Gebälk bildet
Tyrannis Alleinherrschaft eines Mannes; in vielen Poleis eine Phase zwischen dem Adelsstaat und einer Timokratie oder Demokratie

Literaturhinweise

AKURGAL, E., Die Kunst Anatoliens von Homer bis Alexander, Berlin 1981
- Griechische und römische Kunst in der Türkei, München 1987

ALSCHER, L., Griechische Plastik, 4 Bde., Berlin 1954–1961

ALTHEIM, F., Weltgeschichte Asiens im griechischen Zeitalter, 2 Bde., Halle 1947–1948

AUSTIN, M., VIDAL-NAQUET, P., Gesellschaft und Wirtschaft im alten Griechenland, München 1984

BAUMANN, H., Die griechische Pflanzenwelt in Mythos, Kunst und Literatur, 3. Aufl. München 1993

BELOCH, K. J., Griechische Geschichte, 4 Bde., 2. Aufl. Straßburg, Berlin und Leipzig 1912–1927; Ndr. Berlin 1967

BENGTSON, H. (Hrsg.), Griechen und Perser (Fischer Weltgeschichte Bd. 5), Frankfurt/M. 1965
- Herrschergestalten des Hellenismus, München 1975
- Griechische Geschichte. Von den Anfängen bis in die römische Kaiserzeit, 6. Aufl. München 1982
- Griechische Staatsmänner des 5. und 4. Jahrhunderts v. Chr., München 1983

BENSON, J. L., Die Geschichte der korinthischen Vasen, Basel 1953

BERVE, H., Miltiades, Berlin 1937
- Die Herrschaft des Agathokles, München 1953
- König Hieron II., München 1959
- Griechische Geschichte, 3 Bde., Freiburg/Br. 1950–1951
- Die Tyrannis bei den Griechen, 2 Bde., München 1976

BERVE, H., GRUBEN, G., HIRMER, M., Griechische Tempel und Heiligtümer, München 1961

BLEICKEN, J., Die athenische Demokratie, 2., erw. Aufl. Paderborn 1993

BLÜMEL, C., Griechische Bildhauer an der Arbeit, 4. Aufl., Berlin 1953

BOARDMAN, J., Schwarzfigurige Vasen aus Athen, Mainz 1977
- Kolonien und Handel der Griechen. Vom späten 9. bis zum 6. Jahrhundert v. Chr., München 1981
- Rotfigurige Vasen aus Athen. Die archaische Zeit, Mainz 1981
- Griechische Plastik. Die archaische Zeit, Mainz 1981
- Griechische Plastik. Die klassische Zeit, Mainz 1987
- Rotfigurige Vasen aus Athen. Die klassische Zeit, Mainz 1991

BOARDMAN, J., DÖRIG, J., FUCHS, W., Die griechische Kunst, München 1966

BROMMER, F., Die Parthenon-Skulpturen, Mainz 1979

BUCHHOLZ, H.-G., Ägäische Bronzezeit, Darmstadt 1987

BURFORD, A., Künstler und Handwerker in Griechenland und Rom, Mainz 1985

BURKERT, W., Griechische Religion der archaischen und klassischen Epoche, Stuttgart 1977
- Antike Mysterien. Funktion und Gehalt, München 1990

BUSCHOR, E., Die Plastik der Griechen, 2. Aufl. München 1958
- Griechische Vasen, 2. Aufl. München 1969
- Das hellenistische Bildnis, 2. Aufl. München 1971
- Vom Sinn griechischer Standbilder, 3. Aufl. Berlin 1978

BUSOLT, G., Griechische Geschichte bis zur Schlacht bei Chaeroneia, 3 Bde., 2. Aufl. Gotha 1893–1904; Ndr. Hildesheim 1967
- Griechische Staatskunde (Handbuch der Altertumswissenschaft), 2 Bde. (Bd. 2 bearb. von H. Swoboda), München 1920–1926

CAMP, J. M., Die Agora von Athen, Mainz 1989

CASSON, L., Die Seefahrer der Antike, München 1979

CHADWICK, J., Die mykenische Welt, Stuttgart 1979

CHARBONNEAUX, J., MARTIN, R., VILLARD, F., Das archaische Griechenland (Universum der Kunst), München 1969
- Das klassische Griechenland (Universum der Kunst), München 1971
- Das hellenistische Griechenland (Universum der Kunst), München 1971

CLASSEN, C. J. (Hrsg.), Sophistik (Wege der Forschung), Darmstadt 1976

CLAUSS, M., Sparta. Eine Einführung in seine Geschichte und Zivilisation, München 1983

CONZE, A., Die attischen Grabreliefs, 4 Bde., Berlin 1890–1923

CURTIUS, L., Die klassische Kunst Griechenlands (Handbuch der Kunstwissenschaft), Potsdam 1938; Ndr. Hildesheim 1959

DEMARGNE, P., Die Geburt der griechischen Kunst. Die Kunst im ägäischen Raum von vorgeschichtlicher Zeit bis zum Anfang des 6. vorchristlichen Jahrhunderts (Universum der Kunst), München 1965

DEPPERT-LIPPITZ, B., Griechischer Goldschmuck, Mainz 1985

DETIENNE, M., Dionysos. Göttliche Wildheit, Frankfurt/M. 1992

DEUBNER, L., Attische Feste, 2. Aufl. Berlin 1932

DIEPOLDER, H., Die attischen Grabreliefs des 5. und 4. Jahrhunderts v. Chr., Wien 1931; Ndr. Darmstadt 1965

DIERICHS, A., Erotik in der Kunst Griechenlands, Mainz 1993

DIHLE, A., Griechische Literaturgeschichte. Von Homer bis zum Hellenismus, 2. Aufl. München 1991

DODDS, E. R., Die Griechen und das Irrationale, Darmstadt 1970

DOHRN, T., Attische Plastik vom Tode des Phidias bis zum Wirken der großen Meister des 4. Jahrhunderts v. Chr., Krefeld 1957

DÖRIG, J., GIGON, O., Der Kampf der Götter und Titanen, Olten 1941

DOVER, K. J., Homosexualität in der griechischen Antike, München 1983

EHRENBERG, V., Sophokles und Perikles, München 1956
- Der Staat der Griechen, 2. Aufl. Zürich und Stuttgart 1965

EKSCHMITT, W., Kunst und Kultur der Kykladen. Bronzezeit, Geometrische und Archaische Zeit, 2 Bde., Mainz 1986

ERRINGTON, M., Geschichte Makedoniens, München 1986

FÄRBER, H., Solons Gestalt und Werk, Bamberg 1944

FAURE, P., Die griechische Welt im Zeitalter der Kolonisation, Stuttgart 1981

FINLEY, M. I., Die Griechen. Eine Einführung in ihre Geschichte und Zivilisation, München 1976
- Die antike Wirtschaft, München 1977
- Das antike Sizilien, München 1979
- Die Welt des Odysseus, München 1979
- Die Sklaverei in der Antike, München 1981
- Die frühgriechische Welt, München 1982

FITSCHEN, K. (Hrsg.), Griechische Porträts, Darmstadt 1988

FLOREN, J., Die griechische Plastik I: Die geometrische und archaische Plastik (Handbuch der Archäologie), München 1987

FRANCKE, P. R., HIRMER, M., Die griechische Münze, 2. Aufl. München 1972

FRÄNKEL, H., Dichtung und Philosophie des frühen Griechentums, 4. Aufl. München 1993

FRITZ, K. VON, Die Griechische Geschichtsschreibung, Bd. 1, Berlin 1967

FUCHS, W., Die Skulptur der Griechen, 4. Aufl. München 1993

GEHRKE, H.-J., Jenseits von Athen und Sparta. Das Dritte Griechenland und seine Staatenwelt, München 1986

GERKAN, A. VON, Griechische Städteanlagen, Berlin 1924

GIGON, O., WOTSCHITZKY, A., Die Kultur des klassischen Altertums (Handbuch der Kulturgeschichte), Frankfurt/M. 1969

GRIMAL, P. (Hrsg.), Der Hellenismus und der Aufstieg Roms (Fischer Weltgeschichte Bd. 6), Frankfurt/M. 1965

GRUBEN, G., Die Tempel der Griechen, 4. Auflage 1986

GSCHNITZER, F., Gemeinde und Herrschaft. Von den Grundformen griechischer Staatsordnung, Wien 1960
- (Hrsg.), Zur griechischen Staatskunde (Wege der Forschung), Darmstadt 1969
- Griechische Sozialgeschichte von der mykenischen bis zum Ausgang der klassischen Zeit, Wiesbaden 1981

HAMPE, R., SIMON, E., Tausend Jahre Frühgriechische Kunst, Fribourg und München 1980
HASENBOECK, J., Staat und Handel im Alten Griechenland. Untersuchungen zur antiken Wirtschaftsgeschichte, Tübingen 1926; Ndr. Hildesheim 1966
– Griechische Wirtschafts- und Gesellschaftsgeschichte bis zur Perserzeit, Tübingen 1931
HAUSMANN, U., Griechische Weihreliefs, Berlin 1960
HEILMEYER, W.-D., Frühgriechische Kunst, Berlin 1982
HEKLER, A., Bildnisse berühmter Griechen, 3. Aufl. (bearb. von H. von Heintze) Mainz 1962
HEUSS, A., MANN, G. (Hrsg.), Griechenland. Die hellenistische Welt (Propyläen Weltgeschichte), Frankfurt/M. 1962
HÖCKMANN, O., Antike Seefahrt, München 1985
HOEPFNER, W., SCHWANDNER, E. L., Haus und Stadt im klassischen Griechenland, München 1986
HOMANN-WEDEKING, E., Die Anfänge der griechischen Großplastik, Berlin 1960
– Das archaische Griechenland (Kunst der Welt), Baden-Baden 1966
HOOKER, J. T., Sparta. Geschichte und Kultur, Stuttgart 1982
HOPPER, R. J., Handel und Industrie im klassischen Griechenland, München 1982
JAEGER, W., Demosthenes, Berlin 1939; Ndr. 1963
– Paideia. Die Formung des griechischen Menschen, 3 Bde., 4. Aufl. Berlin 1959; Ndr. Berlin und New York 1973
KAGAN, D., Perikles. Die Geburt der Demokratie, Stuttgart 1992
KÄHLER, H., Der griechische Tempel – Wesen und Gestalt, Berlin 1964
KAERST, J., Geschichte des Hellenismus, 2 Bde., 3. Aufl. Leipzig und Berlin 1926–1927; Ndr. Darmstadt 1968
KERN, O., Die Religion der Griechen, 3 Bde., Berlin 1926–1938
KIECHLE, F., Lakonien und Sparta, München 1963
KIENAST, D., Philipp II. von Makedonien und das Reich der Achämeniden, Wiesbaden 1973
KINZL, K. H. (Hrsg.), Demokratie. Der Weg zur Demokratie bei den Griechen (Wege der Forschung), Darmstadt 1994
KIRK, G. S., Griechische Mythen. Ihre Bedeutung und Funktion, Berlin 1982
KIRSTEN, E., KRAIKER, W., Griechenlandkunde. Ein Führer zu klassischen Stätten, 2. Bde., 5. Aufl. Heidelberg 1967
KLOFT, H., Die Wirtschaft der griechisch-römischen Welt. Eine Einführung, Darmstadt 1992
KLUGE, K., LEHMANN-HARTLEBEN, K., Die antiken Großbronzen, 3 Bde., Berlin 1927
KNELL, H., Architektur der Griechen, 2. Aufl. Darmstadt 1988
– Mythos und Polis. Bildprogramme griechischer Bauskulptur, Darmstadt 1990
KOCH, H., Der griechisch-dorische Tempel, Stuttgart 1951
– Von ionischer Baukunst, Köln 1956
KRAIKER, W., Die Malerei der Griechen, Stuttgart 1958
KRANZ, W., Griechische Philosophie, 2. Aufl. Wiesbaden 1950
KRAUS, F., Paestum – Die griechischen Tempel, 3. Aufl. Berlin 1976
KREISSIG, H., u. a., Griechische Geschichte bis 146 v. u. Z., 3. Aufl. Berlin 1985
KURTZ, D. C., BOARDMAN, J., Thanatos. Tod und Jenseits bei den Griechen, Mainz 1985
KYRIELEIS, H., Archaische und klassische Plastik, 2 Bde., Mainz 1986
LACEY, W. K., Die Familie im Antiken Griechenland, Mainz 1983
LANGLOTZ, E., Griechische Klassik, 4. Aufl. Bonn 1956
– Die Kunst der Westgriechen, München 1963
LAUTER, H., Die Architektur des Hellenismus, Darmstadt 1986
LEFKOWITZ, M. R., Die Töchter des Zeus. Frauen im alten Griechenland, München 1992
LESKY, A., Geschichte der griechischen Literatur, 3. Aufl. Bern 1971
LINK, ST., Der Kosmos Sparta. Recht und Sitte in klassischer Zeit, Darmstadt 1994
LIPPOLD, G., Die griechische Plastik, München 1950
LOTZE, D., Lysander und der Peloponnesische Krieg, Berlin 1964
LULLIES, R., Griechische Plastik von den Anfängen bis zum Ausgang des Hellenismus, 4. Aufl. München 1979
MAASS, M., Das antike Delphi. Orakel, Schätze und Monumente, Darmstadt 1993
MALLWITZ, A., Olympia und seine Bauten, München 1972
MARINATOS, SP., Kreta, Thera und das mykenische Hellas, 3. Aufl. München 1976
MATZ, F., Kreta und frühes Griechenland (Kunst der Welt), Baden-Baden 1962
MEIER, CH., Die Entstehung des Politischen bei den Griechen, Frankfurt/M. 1983
– Die politische Kunst der griechischen Tragödie, München 1988
– Athen. Ein Neubeginn der Weltgeschichte, Berlin 1993
MELCHINGER, S., Das Theater der Tragödie. Aischylos, Sophokles und Euripides auf der Bühne ihrer Zeit, München 1974
MEYER, ED., Geschichte des Altertums, 5 Bde., Stuttgart 1893–1902
MOMIGLIANO, A., Hochkulturen des Hellenismus. Die Begegnung der Griechen mit Kelten, Juden, Römern und Persern, München 1979
MURRAY, O. (Hrsg.), dtv-Geschichte der Antike, 5 Bde., München 1963
NESTLE, W., Vom Mythos zum Logos. Die Selbstentfaltung des griechischen Denkens von Homer bis auf die Sophistik und Sokrates, 2. Aufl. 1941; Ndr. Darmstadt 1986
NILSSON, M. P., Geschichte der griechischen Religion (Handbuch der Altertumswissenschaft), 2 Bde., 3. Aufl. München 1967–1974
NEUBECKER, A., Altgriechische Musik. Eine Einführung, Darmstadt 1977
OLIVA, P., Solon – Legende und Wirklichkeit, Konstanz 1988
OTTO, W. F., Die Götter Griechenlands, 5. Aufl. Frankfurt/M. 1961
PAPAIOANNOU, K., Griechische Kunst (Ars Antiqua), Freiburg/Br. 1977
PAPASTAVROU, J., Themistokles, Darmstadt 1978
PARKE, H. W., Athenische Feste, Mainz 1987
PHILIPPSON, A., KIRSTEN, E., Die griechischen Landschaften, 3 Bde., Frankfurt/M. 1950–1959
POMEROY, S. B., Frauenleben im klassischen Altertum, Stuttgart 1985
ROHDE, E., Psyche. Seelenkult und Unsterblichkeitsglaube der Griechen, 2. Aufl. 1898; Ndr. Darmstadt 1991
ROLLEY, CL., Griechische Bronzen, München 1984
ROSE, H. J., Griechische Mythologie, 8. Aufl. München 1992
ROSTOVTZEFF, M., Gesellschafts- und Wirtschaftsgeschichte der hellenistischen Welt, 3 Bde., Darmstadt 1955–1956
RUMPF, A., Malerei und Zeichnung der Griechen (Handbuch der Archäologie), München 1953
SCHACHERMEYR, F., Die ältesten Kulturen Griechenlands, Stuttgart 1955
– Perikles, Stuttgart 1969
SCHEFOLD, K., Klassisches Griechenland (Kunst der Welt), Baden-Baden 1965
– Die Griechen und ihre Nachbarn (Propyläen Kunstgeschichte), Berlin 1967
– Griechische Sagenbilder, 5 Bde., München 1978–1992
SCHEIBLER, I., Griechische Töpferkunst. Herstellung, Handel, Gebrauch antiker Tongefäße, München 1983
SCHMALTZ, B., Griechische Grabreliefs, Darmstadt 1983
SCHNEIDER, C., Kulturgeschichte des Hellenismus, 2 Bde., München 1967–1969
SCHNEIDER, H., Das griechische Technikverständnis. Von den Epen Homers bis zu den Anfängen der technologischen Fachliteratur, Darmstadt 1989
SCHUCHARDT, W.-H., Die Epochen der griechischen Plastik, Baden-Baden 1959
– Geschichte der griechischen Kunst, Stuttgart 1971
SCHULLER, W., Die Stadt als Tyrann – Athens Herrschaft über seine Bundesgenossen, Konstanz 1978
– Frauen in der griechischen Geschichte, Konstanz 1985
– Griechische Geschichte, 3. Aufl. München und Wien 1991
SCHWEITZER, B., Die geometrische Kunst, Köln 1969
SEEK, G. A., Das griechische Drama, Darmstadt 1979
SIMON, E., Die Götter der Griechen, 4. Aufl. München 1992
– Die griechischen Vasen, 2. Aufl. München 1981
SNODGRASS, A. M., Wehr und Waffen im antiken Griechenland, Mainz 1984
STROHEKER, K. F., Dionysos I. Gestalt und Geschichte des Tyrannen von Syrakus, Wiesbaden 1958
TARN, W. W., Alexander der Große, Darmstadt 1963
THOMAS, R., Griechische Bronzestatuetten, Darmstadt 1992
TRAVLOS, J., Bildlexikon zur Topographie des antiken Athen, Tübingen 1971
VIERNEISEL, K., KAESER, B., Kunst der Schale – Kultur des Trinkens, 2. Aufl. München 1992
WEBSTER, T. B. L., Hellenismus (Kunst der Welt), Baden-Baden 1966
WELWEI, K.-W., Die griechische Polis, Stuttgart 1983
– Athen. Vom neolithischen Siedlungsplatz zur archaischen Großpolis, Darmstadt 1992
WILAMOWITZ-MOELLENDORFF, U. VON, Der Glaube der Hellenen, 2 Bde., 2. Aufl. Darmstadt 1955; Ndr. 1994
WIRTH, G. (Hrsg.), Perikles und seine Zeit (Wege der Forschung), Darmstadt 1979

Register

Kursive Seitenzahlen verweisen auf Abbildungen bzw. Bildlegenden.

Abbildungsnachweis

G. Amberg, Gröbenzell 20, 81, 175, 223. American School of Classical Studies, Athen 394 r. Antikenmuseum Basel und Sammlung Ludwig (C. Niggli) 130. Staatliche Antikensammlung, München (H. Juranek) 22 o, 138, 301 r, 306 o, 312, 313, 318, 319, 321, 325, 342 u, 347 l, 385. Archäologisches Institut der Universität Heidelberg 118. Archäologisches Institut der Universität Tübingen 363 o. Ashmolean Museum Oxford 113 o, 357 l. Badisches Landesmuseum, Karlsruhe 123 o, 301 l, 386, 387, 427 l. Prof. E. A. Bauer, Weilheim 73, 227 l, 410 u. Bayerische Staatsbibliothek, München 416, 420. C. Bérard (1985) 103 m. Bibliothèque Nationale de France, Paris 89, 309, 311. E. Böhm, Mainz 9 m, 23, 115, 197 o, 408. bpk, Berlin 8 o, 290, 304 l, 306 u, 307, 315, 323 u, 348 o, 363 u, 389, 391 o, 392, 393 u, 399, 400 l, 401 (I. Geske), 117, 293, 322, 351, 384 u, 388 u, 395 (J. Laurentius), 55 r, 284/285, 329, 384 o, 436/437 (J. Liepe), 367 (K. März). The British Museum, London 103 u, 153 o, 295 o, 346, 368. Ny Carlsberg Glyptotek, Kopenhagen 40, 287. DAI, Athen 106 u, 152 o, 153 u, 171, 182, 188, 202, 254 l, 262, 288 l, r, 361, 391 u. Deutsche Bundesbank, Frankfurt/M. 373 o. Staatliche Ermitage, St. Petersburg 369 o. E. Fahmüller, Günding 90 o. Fitzwilliam Museum, Cambridge 345 o. Furtwängler/Reichhold (1900 ff) 136 u, 348, 386 u. The J. Paul Getty Museum, Malibu 340. Hirmer Fotoarchiv, München 374, 375 l, m, 376, 377, 378 o, 381 o, ul. Prof. Dr. W. Hoepfner, Berlin 194 r, 207, 211, 212, 214, 225, 229, 230 u, 232/233, 238 u, 239. Institut für Archäologie der Freien Universität Berlin (J. Laurentius) 431. Martin-von-Wagner-Museum der Universität Würzburg (K. Öhrlein) 106 o, 295 u, 299, 301 l, 320, 364 o, 365. B. D. Merrit (1939) 61. The Metropolitan Museum of Art, New York 134, 343 u, 349 u, 357. D. Möhn, München 110, 121, 237 m, 252 m, 300 r, 304 r, 308, 326, 347 r, 366 o. Monumenti Antichi (1933) 194 o, m, 195. Münzen und Medaillen AG, Basel 360. Staatliche Münzsammlung, München 373 u, 375 r, 381 ur. Musée Rodin, Paris (B. Jarret) 435. Musées Royaux d'Art et d'Histoire, Brüssel 342 o. Museum of Fine Arts, Boston 249, 300 l, 357 r. Museum für Kunst und Gewerbe, Hamburg (B. Frehn) 42. Staatliches Museum Schwerin 352. Museum für Vor- und Frühgeschichte, Frankfurt/M. 103 o, 123 u. Musei Vaticani 274, 275 r, 314. W. Neumeister, München 8 m, 21, 91, 196, 231, 336. F. Parisio, Neapel 289 r, 323 o, 324. H. Patzelt, Ambach 33, 36, 37, 72, 80, 90 u, 194 u, 201, 275, 279. A. Peik, Kelsterbach 220/221. Réunion des Musées Nationaux, Paris (H. Lewandowski) 55 l, 252 r, 273, 305, 316, 317, 327, 353, 427 r, 434. W. Riezler (1924) 349 u. SCALA 310. Prof. Dr. U. Sinn, Würzburg 7 o, 144, 152 m, u, 154, 162, 164, 165, 166, 172, 176, 177, 180, 183, 184, 185, 186/187, 189, 213, 216, 219, 222, 418 o. Soprintendenza Archeologica di Calabria 341. Soprintendenza Archeologica di Ostia 25 l. Soprintendenza Archeologica di Roma 278 r, 283. Stadtmuseum Oldenburg (N. Gehrdes) 112. TAP Service, Athen 102, 129, 148 o, 163, 181, 243 r, 244, 245 u, 247, 251, 298, 303, 328, 330, 331, 343 o, 362, 390 o. F. Teichmann, Stuttgart 6 o, 7 m, 9 u, 10, 14/15, 28, 29, 30/31, 32, 35, 45, 62, 63, 67, 68, 69, 70, 71, 85, 107, 108/109, 111, 119, 120, 128, 131, 137, 139, 141 l, 143, 150/151, 155, 156, 157, 158/159, 160, 161, 167, 168/169, 178, 179, 190, 197 u, 209, 210, 215, 218, 234, 252 l, 263, 268, 269, 286 r, 344, 345 u, 350, 354, 355, 364 u, 366 u, 369 u, 388 o, 390, 393 o, 402, 403, 404/405, 407, 421, 428, 430, 438 o, 439, 440, Vorsatz. E. Thiem, Lotos Film Kaufbeuren 2, 6 m, u, 7 u, 8 u, 9 o, 12, 13, 16/17, 18, 19, 22 u, 24, 25 r, 26, 34, 38, 39, 41, 43, 44, 46, 47, 48, 49, 53, 54, 56, 57, 58, 59, 64/65, 66, 74/75, 76, 77, 78, 83, 84, 86, 87, 88, 92, 93, 94, 95, 96, 98, 99, 100, 101, 105, 113 u, 122, 124, 125, 126, 127, 132, 133, 135, 140, 141 r, 142, 146/147, 149, 173, 193, 199, 200, 204/205, 208, 226, 227 r, 228, 230 o, 235, 236, 237 o, 240, 242, 243 l, 245 o, 246, 250, 253, 254 r, 255, 256, 257, 258, 259, 261, 264, 265, 266, 267, 270, 271, 272, 276, 277, 278 l, 280, 281, 282, 286 l, 289 l, 292, 296, 297, 332/333, 334, 335, 338, 339, 359, 370, 378 u, 382, 397, 410 o, 411, 412, 413, 414, 418 u, 419, 422, 423, 424, 425, 429, 432, 433, 438 u. Thorvaldsens Museum, Kopenhagen 426. G. Vasari, Rom 116, 248, 415. The Walters Art Gallery, Boston 400 r. Prof. Dr. N. Yalouris, Athen 148 u. Dr. G. Zimmer, Berlin 396, 398.